中韩人文交流共同委员会交流合作项目
山东社会科学院创新工程重大支撑项目

中韩人文交流共同委员会交流合作项目
山东社会科学院创新工程重大支撑项目
中 韩 儒 学 交 流 大 会 论 文 集

孙聚友　　石永之◎主编

全球视野下儒学的当代价值与未来展望

——中韩儒学交流大会的探索

中国社会科学出版社

图书在版编目（CIP）数据

全球视野下儒学的当代价值与未来展望：中韩儒学交流大会的探索／孙聚友，石永之主编．—北京：中国社会科学出版社，2015.11

ISBN 978-7-5161-7271-1

Ⅰ.①全…　Ⅱ.①孙…②石…　Ⅲ.①儒学—文集
Ⅳ.①B222.05-53

中国版本图书馆 CIP 数据核字（2015）第 301076 号

出 版 人	赵剑英
责任编辑	冯春凤
责任校对	张爱华
责任印制	张雪娇

出　　版	中国社会科学出版社
社　　址	北京鼓楼西大街甲 158 号
邮　　编	100720
网　　址	http://www.csspw.cn
发 行 部	010-84083685
门 市 部	010-84029450
经　　销	新华书店及其他书店

印刷装订	北京君升印刷有限公司
版　　次	2015 年 11 月第 1 版
印　　次	2015 年 11 月第 1 次印刷

开　　本	710×1000　1/16
印　　张	34.25
插　　页	2
字　　数	562 千字
定　　价	138.00 元

凡购买中国社会科学出版社图书，如有质量问题请与本社营销中心联系调换
电话:010-84083683

前　言

　　中韩两国同属"儒家文化圈"，儒家文明是中韩两国共同拥有的宝贵遗产。习近平总书记指出："孔子创立的儒家学说以及在此基础上发展起来的儒家思想，对中华文明产生了深刻影响，是中国传统文化的重要组成部分。儒家思想同中华民族形成和发展过程中所产生的其他思想文化一道，记载了中华民族自古以来在建设家园的奋斗中开展的精神活动、进行的理性思维、创造的文化成果，反映了中华民族的精神追求，是中华民族生生不息、发展壮大的重要滋养。中华文明，不仅对中国发展产生了深刻影响，而且对人类文明进步作出了重大贡献。""儒学本是中国的学问，但也早已走向世界，成为人类文明的一部分。"（《在纪念孔子诞辰2565周年国际学术研讨会暨国际儒学联合会第五届会员大会开幕会上的讲话》）在新的历史时期，如何传承和创新儒家思想，推动儒学创造性转化和创新性发展，发挥儒家文明在当代社会中的引领作用、教化作用、凝聚作用和导向作用，已成为中韩两国人民的重要共识。加强儒学的研究，推进儒学的交流，成为世界关注的热点和重点议题。

　　2014年7月3—4日，习近平主席访问韩国，与韩国总统朴槿惠就加强两国人文纽带、推动人文交流达成共识，双方共同商定努力将中韩人文交流共同委员会机制打造成为加强两国人文纽带的重要平台，并对外发布了《2014年中韩人文交流共同委员会交流合作项目名录》。其中，"中韩儒学交流大会"是合作项目之一。

　　为了落实中韩两国元首就人文交流达成的共识，完成"中韩儒学交流大会"这个良好的合作项目，中华人民共和国外交部决定，"中韩儒学交流大会"由山东省人民政府负责落实。山东省人民政府外事办公室商定，"中韩儒学交流大会"由山东社会科学院具体承办。韩国外交部决定

"中韩儒学交流大会"的韩方事宜，由驻青岛总领事馆负责落实。驻青岛总领事馆决定，"中韩儒学交流大会"韩方事宜由国立安东大学孔子学院具体承办。在中韩双方的共同努力下，由山东社会科学院联合中国孔子基金会、中国孔子研究院、韩国国立安东大学、韩国国学振兴院等单位共同主办的首届"中韩儒学交流大会"，于2014年8月29日在山东省济南市成功举行。来自中韩两国的专家学者，围绕"儒学的传承与创新"这一主题，就中韩儒家文明的历史传承、当代价值和创新发展，儒家文明的地域性与实践性，儒家文明与中国梦、韩国梦，儒学与亚洲价值观等议题进行了深入广泛的交流探讨，发表了各自的最新研究成果，对儒学在中韩两国的研究与推广发挥了积极的促进作用。会议的成功举办，促进了儒学研究的深入发展，得到了我国外交部和韩国外交部的高度赞扬，受到了媒体的广泛赞誉，取得了很好的社会反响。

2015年，"中韩儒学交流大会"再次被列入《2015中韩人文交流共同委员会交流合作项目名录》，是继续落实中韩两国元首确立的人文交流的重要议题。中韩两国外交部在充分肯定首届"中韩儒学交流大会"成功举办的基础之上，希望第二届"中韩儒学交流大会"扩大会议规模，提升学术影响力，共同办好此次会议。第二届"中韩儒学交流大会"是中韩儒学研究的一次学术盛会，会议得到了中韩两国政府的高度重视。中韩人文交流共同委员会、国际儒学联合会、山东省人民政府外事办公室和韩国驻青岛总领事馆，对本次会议给予了直接指导。《经济日报》《光明日报》编辑部、《大众日报》对会议给予了大力支持。为具体办好中韩儒学交流大会，山东社会科学院特设立了国际儒学研究与交流中心，并将第二届中韩儒学交流大会作为中心的重要工作。

第二届"中韩儒学交流大会"于2015年8月17日在济南召开。会议由山东社会科学院联合中国孔子基金会、中国孔子研究院、韩国国立安东大学、韩国国学振兴院和韩国大邱教育大学共同主办，山东社会科学院国际儒学研究与交流中心、韩国国立安东大学孔子学院具体承办。来自北京大学、复旦大学、中国人民大学、武汉大学、华东师大、中国社会科学院、中国孔子基金会、中国孔子研究院、山东大学、山东社会科学院以及韩国国立安东大学、韩国国学振兴院、韩国大邱教育大学等教学与研究机构的60多位专家学者，围绕着会议主题"中韩儒学比较与发展"，就儒学的当代价值和意义、儒学与社会主义核心价值观、儒家治国理政思想的现代意义、儒家思想与道德建设、儒学在东亚的传播、儒学的未来发展等议题，进行了深入广泛的交流探讨，揭示了儒学在历史演变过程中所产生的社会作用，探讨了儒学在当代社会发展中所具有的现实价值和积极意义。《光明日报》编辑部、《经济日报》、中华人民共和国国务院新闻办公室、《中国社会科学报》、《中国青年报》对会议内容进行了宣传报道。《光明日报》还以整版通栏刊发了会议的学术交流情况，对会议进行了深度报道。人民网、光明网、中国日报网等中央主流媒体及时跟进报道。国际儒学联合会网、中国社会科学院网、中国理论网、中国孔子基金会网、香港凤凰网等网站也进行了报道。《大众日报》专门刊发了与会专家学者的发言。山东卫视《山东新闻联播》栏目、山东人民广播电台等对会议进行了及时报道。中韩儒学交流大会的成功举办，圆满完成了中韩人文交流共同委员会交流合作项目，得到了中韩两国政府的高度赞扬，在国内外产生了积极的影响。

　　为了全面反映两次中韩儒学交流大会取得的学术成果，展示中韩两国学者在全球视野下对儒学的当代价值与未来展望的探索，山东社会科学院决定将两次会议的论文结集为《全球视野下儒学的当代价值与未来展望》出版，力求在促进儒学的研究与交流中，发挥应尽的作用。

目　录

首届中韩儒学交流大会领导致辞

山东社会科学院党委书记
唐洲雁先生的致辞

尊敬的朴振委员长、黄胜炫总领事，
尊敬的王志民副主席，
各位专家学者，女士们，先生们：

    在这秋高气爽、花果飘香的美好时节，中韩两国的专家学者齐聚泉城济南，召开儒学交流大会。这是中韩学术界的一大盛事！

    本次会议是2014年中韩人文交流共同委员会的合作项目之一。大家知道，去年6月，朴槿惠总统对华进行国事访问；今年7月，习近平主席访问韩国，双方就加强两国人文纽带、推动人文交流达成共识。两国元首还共同发布了《2014年中韩人文交流共同委员会交流合作项目名录》。本次大会就是其中的重要项目之一，也是落实最早的项目之一。

    在山东省外事办公室、韩国驻青岛总领事馆的大力支持下，山东社会科学院、中国孔子基金会与韩国安东大学、韩国国学振兴院共同主办了本次会议。作为主办方之一，我们山东社科院倍感荣幸。在此，我谨代表本院和会议主办方，对出席会议的各位嘉宾，表示诚挚的欢迎！

    今天的会议，群贤毕至，大家云集。来自韩国的嘉宾有：韩国亚洲未来研究院院长、原国会外务统一委员会委员长朴振先生；韩国驻青岛总领事馆总领事黄胜炫先生；韩国驻青岛总领事馆副总领事金亨泰先生；青岛市政府经济顾问金熙哲先生；韩国国立安东大学孔子学院院长李润和先生。来自韩国的嘉宾还有：安东大学（文化产业专门大学院）的李孝杰院长；安东大学安东文化研究所的郑震英所长；岭南大学（民族文化研究所）的郑炳硕所长；国学振兴院（古典国译小组）的金淳硕主任；成均馆大学的李致亿研究员；以及韩国驻青岛总领事馆的各位嘉宾。

来自中方的嘉宾有：山东省政协第九、第十届副主席、山东省齐鲁文化研究院院长王志民先生；山东省人民政府外事办公室副主任李永森先生；中国孔子基金会副理事长武卫华先生；山东省文物局副局长高述群先生；孔子研究院院长杨朝明先生；山东社科院副院长姚东方先生。还有来自中国最高学府——北京大学中国文化研究中心的李翔海教授；来自中央媒体——《人民日报》理论部的欧阳辉先生；来自山东大学儒学高等研究院的黄玉顺教授、曾振宇教授；以及山东省外事办公室、山东省文化厅和我院各研究所的嘉宾和媒体朋友们。

各位嘉宾，女士们、先生们，目前，世界已经进入了全球化的时期。全球化是一把双刃剑，它一方面给科学进步、经济发展、信息交流、政治革新带来了新的契机，一方面也对各地区各民族的文明和文化形成强力的冲击！儒学，如何应对这一全球化的浪潮，并在应对中接纳新知、改进自己，作出合乎民族精神与时代精神的新贡献，成为摆在我们面前艰巨的历史使命。

两千多年来，儒学由邹鲁之地走向中华大地，又由中国走向东亚，由东亚走向世界，儒学在不同的时间、不同的地域、不同的国家呈现出了不同的样态，对人类文明进步做出了重大贡献。儒学作为中国传统文化的重要组成部分，是以修己安人、经世致用为其核心特征的。它所追求的"天下为公"的大同社会，成为历代先哲为之奋斗的理想目标。它所倡导的"修齐治平"的人生价值，成为古代为人处世的行为方向。它所强调的"自强不息，厚德载物"的人生态度，构筑了中华民族的主体精神。它所主张的"民吾同胞，物吾与也"的仁爱思想，推动着社会的和谐发展。它所遵循的"天人合一""万物一体"的和谐思想，奠定了处理人与自然关系的基本准则。它所坚持的"革故鼎新""与时俱进"的创新精神，上升为推进时代发展的强大力量。儒学所蕴藏的治国理政和道德建设的丰富深刻思想，反映了中华民族对于道德完善和社会进步的精神追求和理性探索，对于解决当代人类社会面临的难题，有着重要而深刻的现实启示。

探讨儒学的当代价值，我们应从不同的国情出发，古为今用，推陈出新，研究儒学的历史作用，实现儒学的创造性转化和创新性发展，加强儒学研究的交流，这对于实现当代社会物质文明、政治文明、精神文明、社会文明和生态文明的全面进步，推动世界的和平与发展，开创人类社会的美好未来，有着深远而积极的时代意义。

　　本次会议，中韩学者将从自己的视角各抒己见，深入探讨，这对于推动儒学的研究与发展，必将产生重要而深远的影响。让我们再次以热烈的掌声对他们的到来表示衷心的感谢！

　　预祝本次大会取得圆满成功！

　　谢谢！

原山东省政协副主席、山东师范大学齐鲁文化研究院院长王志民先生的致辞

尊敬的各位来宾，女士们，先生们：

大家上午好！

在这个秋高气爽、花果飘香的时节，来自中韩两国的专家学者，以及媒体界的各位朋友们，大家齐聚在美丽的泉城济南，隆重举办中韩儒学交流大会。今天，可谓群贤毕至、其乐融融。在此，我谨对大会的召开表示热烈的祝贺！对出席会议的各位嘉宾表示诚挚的欢迎！

众所周知，山东是儒学的故乡，是儒家文明的发源地。自古以来，齐鲁大地硕学鸿儒众多、仁人志士辈出，孔子、孟子、曾子、颜子等古圣先贤就诞生在这片热土上。由孔子开创的儒家文明是世界上最古老、最伟大的文明之一，也是中华文明的核心和象征。自从汉代"独尊儒术"之后，儒学上升为官方统治思想达两千多年，儒家文化成为中华主流文化。优秀儒家传统文化积淀着中华民族最深沉的精神追求，包含了中华民族根本的精神基因，是中华民族文化独特的精神标识，是中华民族生生不息、发展壮大的丰厚滋养，它为中国人和中华民族的生存、成长和发展提供了信仰支持、纲常伦理、治国理念、人生准则、精神支柱和基本规范。

儒家文明是中韩两国共同拥有的宝贵遗产，如今它由于受到外来文化和市场经济的冲击而面临着重大挑战。为了充分发挥儒家文明在当代社会中的引领作用、教化作用、凝聚作用和导向作用，我想科学的态度应当是，以强烈的历史责任感和使命感，取其精华，去其糟粕，在批判的基础上加以合理继承，并推动它实现创造性转化和创新性发展。为此，我们一要对儒家文明进行深化研究和科学阐释，以掌握充分的话语权；二要推动

儒家文明同世界上其他文明进行深入广泛的对话，推动儒家文明的国际传播和融合发展；三是致力于儒家文明和儒家文化的普及推广工作，使之积淀在人们的精神世界中，发散在社会生活的方方面面；四是要把儒家文明的传承、创新和发展同中韩两国的精神文明和道德文明建设有机结合起来，使它不仅成为中华民族伟大复兴的中国梦的重要支撑，也成为创造"二次汉江奇迹"的韩国梦的重要资源。

女士们，先生们，中韩儒学交流大会是习近平总书记今年访问韩国确立的重要议题之一。本次会议由山东社会科学院、中国孔子基金会、韩国国立安东大学和韩国国学振兴院联合主办，中韩人文交流共同委员会、山东省人民政府外事办公室、韩国驻青岛总领事馆和山东省文化厅给予了大力支援。在此，请允许我对各个主办方和支援单位表示最诚挚的谢意！来自中韩儒学领域的知名专家，将围绕"儒家文明的传承与创新"这一主题，就中韩儒家文明的历史传承、当代价值和创新发展，儒家文明的地域性与实践性，儒家文明与中国梦、韩国梦等议题进行深入广泛的交流探讨。各位专家学者为本次会议做了精心准备，我相信，在大家共同努力下，中韩儒学交流大会一定会增进理解，增进交流，增进友谊，一定会结出丰硕的果实。

最后，预祝本次论坛取得圆满成功！预祝大家在济南工作生活一切顺利！

谢谢！

韩国前国会外务通商统一委员长、韩国外国语大学客座教授、亚洲未来研究院常任代表朴振先生的致辞

　　在中国人文学的故乡，也是孔子故乡的山东省省会济南市举行的中韩儒学交流大会上，我作为会议主题的韩方发言人感到非常高兴。我出生在韩国首尔市市中心的钟路区明伦洞，那时我的家正位于成均馆大学正门前。在成均馆大学明伦堂前的银杏树下，我和我的儿时玩伴在玩耍中度过了快乐的少年时光。大家都知道，成均馆是过去朝鲜时代唯一的大学，明伦堂是成均馆学生们学习儒学、接受礼节教育的地方。这是一个很值得纪念的地方，现在经常会有新人在这里举行传统婚礼。

　　我长大以后成为代表故乡首尔钟路区的国会议员。在担任国会议员的10年里，我每年都要参加在成均馆文庙举行的祭祀孔子的释奠大祭。参加这项活动，使我有机会再次学习孔子的儒学思想和儒学文化，而且还曾见到孔子的后裔，并进行了非常有益的谈话。

　　今天举办的韩国与中国的儒学交流大会的活动，对促进韩中人文交流可谓是正逢其时，具有重大意义。韩国过去从中国接受了儒学，并加以保存，传授给国民，成为东方有代表性的儒学国家。众所周知，韩国有佛教、基督教、天主教等各种宗教，而儒学文化早就已经在韩国人的内心深处占有一席之地。在韩国历史上，朝鲜时代被称为儒学之国，儒学从政治到个人生活都发挥了巨大威力。这是一种政治理念，也是生活伦理，而且国家到处都有传授儒学精神的乡校和书堂。儒家的天命思想、忠孝思想、人本主义哲学，在传统社会文化和人们的意识行为中都有其重要的位置和深远的影响。

　　进入现代社会，儒学文化在韩国人的意识构造中依然占有一定的位

置。我在小学时的"端正生活"课、中学时的"国民伦理"课中，都学习了儒学。在儒学教诲中，"父子有亲，君臣有义，夫妇有别，长幼有序，朋友有信"这些话，我听过无数次，也铭记于心。

在韩国的电视剧中很多地方也可以看到儒学文化的特征，这主要表现在如何以儒家思想处理和解决家庭关系和社会生活中的矛盾。父母与子女之间的矛盾，君与臣之间的矛盾，夫妇之间的矛盾，不同年龄人之间的矛盾，朋友之间的矛盾。这些都是韩国电视剧的主题。传统文化与现代社会的冲突在任何社会都存在，但在韩国表现得更为明显。有重视家庭与社会的儒家文化与个人主义的冲突，尊重传统价值的儒家文化与西方文化的冲突，还有人本主义指向的儒家文化与物质主义的冲突等。

韩国的电视剧《大长今》之所以深受欢迎，是因为集合了全部儒家文化的要素。对已故母亲的孝道，对君王的臣子之道，社会等级关系的秩序和谐，夫妇之间的人伦道德等，都提高了电视剧的趣味性。特别是作为一位女性，在与男性相比受歧视的朝鲜时代，能够克服各种歧视和困难，在君王面前侍奉并获得了"大长今"的封号，取得了成功，以及她努力为含冤之人洗脱罪名的美丽形象，感动了很多人。这种感动，在中国和亚洲可能是共同的。

韩国为保存儒学文化的传统与仪式作出了很多努力，前面讲到的成均馆祭祀孔子的释奠大祭和成均馆的文庙，都是世界优秀的人类文化遗产。

回顾过去，儒学文化为韩国的经济发展和社会发展做出了持续的贡献，这是事实。韩国国民的勤勉、教育、家庭价值，对国家和社会的服务精神等正源于此。追求经济利益的私营企业的劳动者们像一家人一样，秉承共同体精神，努力挥汗劳作被看做是一种美德。

在20世纪60年代和70年代朴正熙总统时期，快速的经济开发是由于立足于朝鲜时代儒学传统的"强盛国家论"和中央集权的官僚体制传统深植于韩国人的脑海中，这是朴正熙政府的经济开发政策得以成功推行的动力。有学者提出这样的主张：对政府的信赖和尊重是受儒学文化的影响；以国家为中心的开发政策之所以能取得成功，是因为儒学社会的共同体主义和对国家尽忠的思想。

西方学者们也指出，儒家文化内在的强大领导力和高度教育热、家庭主义的人际关系、协作、勤勉等文化要素，是韩国、中国、新加坡等国家经济发展的原动力。

美籍华人学者杜维明教授也提到过韩国能克服世界经济危机的原因之一，是受到了努力工作、不求马上得到回报的儒家文化的影响。努力工作了，但不要求现在马上得到报酬，而是以一起努力的共同体意识为经济发展持续努力，同时政府与企业之间互相帮助、共同合作。但是儒家文化的这些优点在现代个人主义的物质社会中，能否开创以个人主义和共同体精神为基础的人类新的未来，这需要我们深思。

也有一些学者尖锐地批评儒家文化的缺点。有人认为 1997 年亚洲外汇危机的原因不是别的，正是源于儒家的传统价值和习惯的消极方面。比如，对家庭的忠诚使族阀主义（面子人事、关系主义）正当化，权威（主义）产生惰性，随之带来政界经济界的腐败。特别是不依靠产品的竞争力，而依靠个人人际关系（网络）的倾向成为阻碍企业发展的绊脚石。还有与市场经济的原则相比较，人际关系更为优先的商业交易文化（特别是银行证券）引起了腐败的蔓延。

另外，还有人认为，对儒家文化的垂直官阶体系习以为常的韩国，社会广泛接纳拥有经济权力的财阀对企业的引导，企业经营世袭也成为常态，最终支配结构的不透明性和族阀经营及垄断体制引起经济结构歪曲，导致经济危机的发生。

但是，对于这些批判也可能会有不同的认识。总之，儒家文化并不是一句话可以规定的，它具有两面性。从结论来说，我认为亚洲儒家文化的未来是光明的。我们的课题是，如何让传统儒家文化的人本主义哲学和价值符合现代社会所要求的时代趋势，我们应该怎样取得新的发展？

一个很明显的例子是，男女有别的传统儒家文化在韩国社会正经历着变化。韩国首任女性总统朴槿惠成为国家领导人，可以说是使韩国社会发生变化的一种文化革命。韩国出现女性总统预示着以后在社会各领域的男女平等，更多女性领导人将会出现。

最后，我相信，本次在山东省举办的中韩儒学交流大会，在各方面都很有意义。通过本次交流大会，就儒学现代化的必要性达成共识，为此进行深入的学术探究，为韩中人文交流提出发展方向，这不仅对韩中两国、对共享儒家文化的亚洲各国，在学术上和社会上也会产生很大影响。

再次祝贺本次会议的举办，感谢大会对我的邀请。

山东社会科学院副院长姚东方先生的致辞

尊敬的各位嘉宾，女士们，先生们：

2014 中韩儒学交流大会"儒家文明传承与创新"研讨会，经过热烈而深入的研讨，现在就要闭幕了。本次儒学交流大会，是具体落实中韩两国首脑达成的"加强人文纽带，扩大和增进人文交流"共识的重要实践。会议时间虽短，但内容丰富，讨论热烈，沟通了感情，交流了成果，促进了研究，会议达到了预期目的。

面对当今社会的各种冲突和危机，世界各国学者都在展望人类未来的前景和思想文化的发展，探求从历史与传统文化中挖掘人文正能量，孔子虽然离开这个世界已经二千五百多年了，但，我们到今天还在世界不同的角落去纪念他，钻研他的思想和学问，更不时有新的体会、新的惊喜。在本次会议上，来自中韩两国的专家学者，围绕着儒家文明的传承与创新这一主题，尽抒宏论高见，提出了许多深有启迪的学术观点。学者们智能的火花，带给我们一些新的体会和惊喜——有的学者从"历史"出发，以"文献"去印证儒家思想的源远流长和当代儒学复兴的历史必然性；有的从"现代"入手，去彰显孔子学说的时代意义和功能；有的从儒学的包容性特征，"和而不同"的思想，论述其助于全球多元文化的良性发展，实现世界文明的和谐，推动人类进步的指导性意义；有的以西学东渐的儒学文化的认知构造与顽强的自我意识为题，对近代儒家学者们关于如何理解与应对西学东渐进行了分析，指出儒学在持守传统精神与吸收中，以应对着西方文明的挑战。有的学者认为大众化是儒家文明创新的重要途径。也有作前瞻式的展望，从政治、经济、社会等不同角度，论述了儒学对当今社会的影响力和重要性。

女士们，先生们：

博大精深的儒家文明，在对自然、社会和人生等诸多方面的认识中，提出了许多富有哲理的深刻思想，具有超越时空的普遍性意义，它是人类文明的重要组成，它对于当今社会文明的全面发展，具有着不可分割的紧密联系和极为重要的促进作用，有待于我们认真深入地研究和发掘，继承和发扬。

加强人文纽带，推进中韩人文交流是两国元首达成的重要共识，凭借深厚的历史根基和两国政府、人民的满腔热忱，两国人文交流领域合作必将得以蓬勃发展并取得丰硕成果；也必将为促进中韩两国和本地区乃至世界的交流与融合做出应有的贡献。

会议即将结束。我谨代表大会感谢全体与会领导、专家学者和媒体朋友们的参与。感谢山东省政府外事办公室、韩国驻青岛总领事馆的大力支持，感谢会务组为本次大会的召开和顺利进行付出的辛勤劳动。

祝各位嘉宾身体健康，一路平安。

谢谢！

第二届中韩儒学交流大会领导致辞

山东社会科学院院长张述存先生的致辞

尊敬的各位来宾，女士们，先生们：

大家下午好！

由山东社会科学院、中国孔子基金会、中国孔子研究院、韩国国立安东大学、韩国国学振兴院和韩国大邱教育大学共同主办，山东社会科学院国际儒学研究与交流中心、韩国国立安东大学孔子学院具体承办的第二届中韩儒学交流大会，现在就要闭幕了。会议得到了中韩人文交流共同委员会、国际儒学联合会、山东省人民政府外事办公室、韩国驻青岛总领事馆的大力支持。在一天的时间里，来自中韩两国的 80 多位专家学者，围绕着中韩儒学的特质、中韩两国儒学的比较、儒学与当代社会的关系、儒学的未来发展等方面的问题，进行了热烈而深入的探讨。在此，我们表示衷心的感谢！

各位来宾，本次中韩儒学交流大会开得圆满成功，我想至少具有以下三个突出特点：

第一个特点，两国政府高度重视，相关部门竭诚支持。

本次大会是 2015 年中韩人文交流共同委员会交流合作项目之一，也是继续落实中韩两国元首确立的人文交流的重要议题。会议得到了中韩两国政府的高度重视，山东省人民政府外事办公室和韩国驻青岛总领事馆，对本次会议给予了直接指导和大力支持。中韩人文交流共同委员会、国际儒学联合会、《经济日报》社、《光明日报》编辑部、《大众日报》总社对会议给予了大力支持。会议各有关部门的竭诚支持，为会议的成功举办奠定了基础。

第二个特点，与会学者范围广泛，学术水平高超卓著。

本次会议学者来自北京大学、复旦大学、中国人民大学、武汉大学、华东师大、中国社会科学院、中国孔子基金会、中国孔子研究院、山东大学、山东社会科学院等国内学术研究机构，以及韩国国立安东大学、韩国国学振兴院、韩国大邱教育大学、庆北大学、龙仁大学、弘益大学、忠南大学、韩国国际脑教育综合大学院大学等韩国高校和研究机构。参会学者都是领域内的领军人物，代表了当前中韩两国儒学研究的学术水平。这次学术交流活动对于中韩两国儒学研究的深入发展，具有重要的推动作用。

第三个特点，研究问题广泛深入，争鸣探讨氛围热烈。

本次会议的主题是"中韩儒学比较与发展"，这个主题非常重要，会议收到 30 多篇高水平的学术论文。学者们从不同的视角，各抒己见，异彩纷呈。

比如，关于当代儒学的价值和意义，学者们认为，应基于对儒家思想自身的思考，去挖掘和发现儒学的现代价值和意义。资本主义并不是人类选择的最终生活方式，现代生活有必要接受儒家传统的调整，让人类在追求内在而不是外在价值的过程中，获得那份属于人的精神富足。儒学不仅可以提供不同于基督教文化的精神动力，而且在维持社会的持续发展、保持社会和谐等方面，提供独具特色的思想资源。

再比如，关于儒学的现代性，是本次会议最富争议性的议题之一。学者们认为，儒学自身的基本原理"仁、义、礼、智、信"的架构，决定了儒学本身就是一个活的、开放的体系，具有自我更新的机能，而且，对于中国社会的现代转型具有重要的启迪意义。

还比如，关于儒家的治道理念，也展开了激烈的讨论。学者们认为，儒家思想作为政治原理在古代之所以能够长期主导东亚的社会和历史，主要原因就在于儒家的治道理念是一个道德与功利、德礼与法刑开放的、互补的结构，是稳定的，又是与时俱进的。从孔子、孟子到荀子，儒家的治道理念，也经历并完成了一次实质性的转变，由以"内圣外王"为特征的"德治"之道，转向了以"隆礼重法"为特征的"法治"之道。对于现代社会发展具有重要的理论意义。

总之，儒家思想在古代社会对中韩两国文化传统的发生、发展起到了支撑作用，也对当今社会发生着重要影响。在加大中韩两国经济交往的同时，全方位促进两国人文交流，特别是加强儒学研究，实现儒家文明的创造性转化和创新性发展，发挥儒家优秀思想在当代社会中应有的引领作用、教化作用、凝聚作用和导向作用，对中韩两国乃至整个世界的未来发展，有着极其重大的理论意义和实践价值。

本次会议的成功举办，是中韩儒学研究史上的一件盛事，将会有力地推动儒学的研究与交流，促进儒学的弘扬和传承，展示儒学的价值和作用。

最后，我谨代表"第二届中韩儒学交流大会"的主办方祝大家返程一路顺风，祝大家事业有成，身体健康，家庭幸福！我们期待着大家的再次相聚！

现在，我宣布，第二届中韩儒学交流大会，胜利闭幕！

韩国驻青岛总领事馆总领事李寿尊先生的致辞

尊敬的山东省政协王志民副主席、山东社会科学院唐洲雁党委书记、张述存院长、安东大学孔子学院李润和院长，各位来宾，大家上午好！

为落实 2014 年中韩两国首脑就加强人文交流所达成的共识，去年（2014 年）成功举办了第一届儒学交流大会，今天在儒学发源地山东省与两国儒学大家共同参加第二届交流会，我感到非常高兴。

中韩两国最大的问题是两国拥有共同的价值观，尤其是韩国和山东省之间的交流非常频繁。今天我们在山东省济济一堂，举办中韩儒学交流大会，意义非常重大。儒学是人们应当遵守的道德哲学，它已经深入到中韩两国人民的日常生活当中，不仅在过去对韩中社会产生了很大的影响，今天依然发挥着巨大的影响力。

中韩两国自 1992 年建交之后，在经济人员交流方面取得的成就非常巨大。今天我们正处于两国发展到更成熟关系的转型期，我认为中韩两国关系应当从过去以制造业为主的经济合作扩大到医疗、环境、IT 等高附加产业的合作交流的同时，应进一步提高合作层次，开展包括教育、文化等人文交流的全方位合作。

我认为，在过去 60 多年间，韩国在产业发展与经济复兴方面，取得了巨大的成就，成为全世界的模范。这些成果的取得，是因为深入韩国国民日常生活中的儒家精神所缔造的强大的精神力量。

今后，中韩两国关系应当在两国人民共同拥有的儒学精神价值的基础上，共同深化发展。在转型期这一重要的时刻，我希望第二届中韩儒学交流大会能够继承韩中两国共同拥有的文化遗产——儒学，并进行深入探讨，为发展面向未来的两国关系打下坚实的基础。

　　韩国驻青岛总领事馆今后将大力支持韩国与山东省之间文化领域的交流合作。最后，祝愿与会的各位来宾身体健康，万事如意。同时，祝愿山东社会科学院的发展蒸蒸日上！

　　谢谢！

孔子的"一"贯之道

中国孔子研究院　杨朝明

中华传统文化的主干是儒家学说，作为儒家学派创始人的孔子，其思想影响既深且远。在弘扬孔子思想时如何抓住要点？怎样把握精髓？现今呈现出的可以说是一种乱象，这大概属于一种探索，是一个必经的阶段。随着不断地摸索，人们慢慢会抓住本质。作为概念，"文化"可以有表层、中层、深层的区分，深层的文化是哲学文化、精神文化，属于价值观层面，是认识论、荣辱观、世界观，这是最紧要的东西。深层的文化决定着中层和表层，人们的衣食住行、婚丧嫁娶等的做法以及制度规则之类，都决定于人们的认识。

我们认为，思考孔子思想精髓、儒家学说精华，只要读《论语》，就可以"不假外求"，这自然就是孔子本人所说"一以贯之"的那个"道"。

一　博大精深，以"一"贯之

关于孔子思想的精髓，如果我们去问孔夫子，他会怎么回答呢？由此我们想到了《论语》中的一段话：

> 子曰："参乎！吾道一以贯之。"曾子曰："唯。"子出，门人问曰："何谓也？"曾子曰："夫子之道，忠恕而已矣。"

有一天，孔子和曾子聊天，孔子对曾子说："吾道一以贯之。""一以贯之"就是用这个"一"来贯通。这个"一"到底是什么？孔子说完就出去了,曾子当然听得明白,于是他说:"唯。"晚辈回答长辈,下级回答上级,学生回答老师,一般都用"唯"或者"诺",就是"唯唯诺诺"。孔子出去后,其他弟子问曾子:"老师所说指什么?"曾子说:"夫子之道,忠恕而已矣。"

那么,可不可以说"一"就是"忠恕"?如果说"是",这个回答也没有大错,但是,这里似乎又不是这么简单。这一点,我们认真读读《论语》一定会体会得到。孔子因材施教,很多时候,孔子是把一些话、一些问题只说给能够听得明白的人。这里也是如此,关于这个"一"的问题,也应该不是所有的弟子都能容易听得很明白的,这里涉及孔子思想、儒家学说的"本体论"问题,涉及了"天道"、"性命"问题。

据《论语·公冶长》,子贡说:"夫子之言性与天道,不可得而闻也。"难道孔子对于"性命"与"天道"就不谈?难道孔子不思索"性命"与"天道"的问题吗?当然不是。孔子这段话"证明性与天道是一个很难了解的问题。即便是孔子生时,群弟子中以言语见称的子贡,亦曾以'不可得而闻也'而兴叹。"① 所谓"兴叹",不是不谈。李学勤先生细致分析了"不可得而闻也"是什么意思,认为这是子贡对孔子的赞叹之词。李先生指出,当时所谓"言"和"闻"每每不仅是说到、听到的意思。"言"有论议之义,"闻"也不只是感官的听,《说文》曰:"闻,知闻也。"子贡的话很明白,说的是孔子关于性与天道的议论高深微妙,连他自己也难于知解。(李学勤:《孔子之言性与天道》,杨朝明主编:《孔子文化辑刊》创刊号,上海文化出版社 2007 年 7 月)

孔子说:"道不远人。人之为道而远人,不可以为道。"既然难于知解,孔子就不会常常说起来。不过,在孔子的弟子中,曾子非常优秀,不然,子思也不会在孔子众弟子中选择而学于曾子。大家知道,《四书》里面的《大学》以及《孝经》都出自曾子,可以说,曾子对孔子之道把握得非常准。孔子对曾子说"吾道一以贯之",那么,曾子是听得明白的。

这个"一以贯之"的"一"到底是什么?其实,孔子不止一次地谈到这个问题。《论语》又记载说:

---

① 金景芳,吕绍纲,吕文郁:《孔子新传》,长春出版社 2006 年版,第 95 页。

子曰:"赐也!女以予为多学而识之者与?"对曰:"然,非与?"曰:"非也,予一以贯之。"

孔子又说自己"一以贯之",我们就不能当成他"随意说说""并无深意"。

《韩诗外传》记载了一个故事。一次,子贡到齐国去,齐景公问他:"你老师是贤人吗?"子贡答:"哪里仅仅是贤人呢,简直就是圣人。"齐景公问:"怎么个'圣'法呢?"子贡说:"不知道。"他刚刚说孔子是圣人,现在却接着说不知道,齐景公当然很生气。子贡对景公说:"自己天天头顶着天,却不知道天有多高;天天脚踏着大地,却不知道地有多厚。"他说自己跟从孔子学习,就好像渴了到江海边去盛水喝。不渴了就走人,为什么要知道江海有多深呢。子贡的回答很睿智、很智慧,他想表达,虽然自己不知道孔子学问有多大,但知道孔子学问很大。

子贡认为孔子"多学而识之",可孔子认为自己不过"一以贯之"。这个"一"是什么?孔子这个"一以贯之"的"一"与"忠恕"之间是什么关系?

其实,这里有一个思维本体论的问题,孔子有一个本体论的思考,这里显示的是他思想的深度与系统性。

二 孔子思想的内在依据

我们今天立身处世,人与人之间如此这般相处,到底正确不正确?比如,我们如何在工作中处理上下级关系,在家庭中如何处理好晚辈与长辈之间的关系,朋友之间如何相处,君臣之道如何把握。所有这些,孔子儒家在思索过程中有没有一个内在的东西?有没有本体论的思考?我们认为,无论孔子还是老子,早期思想家的思考的确都系统而深刻。

前些年,在湖北荆门市一个叫"郭店"的地方发现了一批竹简,这批竹简被称为郭店楚简。郭店楚简是战国中期的竹简。按照李学勤先生的说法,郭店楚简里面儒家的那部分原属于《子思子》。孟子学于"子思之门人",子思非常了不起!我认为,如果没有子思,《论语》的编辑、《孔子家语》的编成可能都是问题,郭店楚简中的儒家简原属于《子思子》

也没有问题。

在郭店楚简中,有一篇名曰《太一生水》的文献,十分引人注目。有人说是道家的,有人说是数术家的。我认为,那时的思想家们有共同的思想资源,在根本问题上有一些共同的思考,我们今天许多细致的区分往往"太过"。比如说各家各派的关系,我们"贴标签式"的分派方法就是不恰当的。其实,所谓"九流十家"之类,是汉代的学者给划分的。

比如孔子向老子问礼,这是不会有任何问题的。那么,《太一生水》这一篇或者就是儒、道两家共有的思考。这是关于宇宙本体问题的思考,"太一"就是宇宙的本体,是最高形上实体,是万物的创始者。

该篇说:

> 太一生水。水反辅太一,是以成天。天反辅太一,是以成地。天地复相辅也,是以成神明。神明复相辅也,是以成阴阳。阴阳复相辅也,是以成四时。

这个"太一"是一个整体,"太一"就是最大、最初的那个"一"。庞朴先生表述说:"太"大于大、最于最。就是比大还大,比最还最,叫做"太"。最初的世界是一种混沌状态,最初的那个"一"(即"太一")首先创生出水,水又反过来辅助太一,于是形成了天。天的出现极其重要、十分关键。天又反过来辅助太一,于是形成了地。天和地相互辅助,于是形成了神明。神和明相互辅助,于是形成了阴阳。阴和阳相互辅助,于是形成了四季。在此之下,还有很多很多,如四季间相互辅助,于是形成了寒热。寒和热相互辅助,于是形成了湿燥。湿和燥相互辅助,最后形成岁,就是一年。

我们读《礼运》篇——《孔子家语》里有《礼运》篇,《礼记》里也有《礼运》篇。我建议大家以后再读《礼运》时最好读《孔子家语》里的《礼运》。为什么呢?对于《孔子家语》的成书问题,这些年我下了很大功夫,我对于《孔子家语》的看法,与学术界的很多朋友交流,大家都是认可的。只要与《礼记》一比较,《孔子家语》的真实性就看出来了。《礼记》和《大戴礼记》经过了汉代的一些改动,这些改编就把汉代的一些纲纪观念、政治因素全都加进去了。当然,这种"加"不是有意的作伪，而是适应当时的社会形势。但是，有一点是十分清楚的，这就是《孔子家语》更加本真。

《孔子家语》的《礼运》篇中说：

> 礼必本于太一，分而为天地，转而为阴阳，变而为四时，列而为鬼神。其降曰命，其官于天也，协于分艺，其居于人也曰养。

这里说"礼必本于太一"，是在谈人类相处的"礼"，其根本或周围本源在哪里，我们为什么要按照"礼"的要求和谐相处。其实最根本之处还在于"太一"。这个"太一"分而为天地，转而为阴阳，变而为四时，列而为鬼神。紧接着，《礼运》说："其降曰命，其官于天也，协于分艺。"这里与《太一生水》如出一辙，特别强调"天"的地位与作用。

在此之后，《礼运》又说"协于分艺"。这是说那个"一"一直在起作用，它处在各种两两相对的关系中。因此，人们在处理两两相对的关系时，要有一个"一"的思维，不能把它分开了。其实，无论《太一生水》还是《礼运》，都是这样相通乃至相同的思考。

关于这一点，《易传》里也有相关论述。《周易》里面的"十翼"，学界认为是孔子所作，这是不会有问题的，特别是把早期的思想文献综合比较，孔子和《易传》的关系就看得更清楚了。尤其在马王堆帛书发现以后，更是如此。《易传》里面也说道：

> 有天地，然后有万物；有万物，然后有男女；有男女，然后有夫妇；有夫妇，然后有父子；有父子，然后有君臣；有君臣，然后有上下；有上下，然后礼仪有所错。

有天地，然后有万物。有万物然后有男女、夫妇、父子、君臣、上下，然后"礼仪有所错"，为什么说这些呢？孔子是在谈天下之"达道"的根源。大家读《中庸》，其中所说的"达道"有什么呢？无非就是君臣之道、父子之道、夫妻之道、兄弟之道、朋友之道，就是天下最基本的人伦关系。"达道"就是大道，大道无非就这几个方面。那么，如何理解、践行君臣、父子、夫妻、兄弟、朋友之道？实际上这些不都是两两相对的吗？不都是天地化生、一步一步过来的吗？

三　老子学说的印证

在老子的学说里，"一"这个概念同样十分重要。老子说："道生一，一生二，二生三，三生万物。"那么，"道"和"一"是什么关系呢？

这里，"一"与"道"一致，把握了"道"，就是把握了"一"；把握了"一"，就把握了"道"。这个"一"，可以理解成一个"整体思维"。那么，"一生二"怎么理解？我认为，就是孔子所说的"执其两端"，任何事物都是一个整体，要把握住事物的两端。任何关系都是相对的，人伦关系自然也是如此。

这个道理并不复杂。比如"君"，他一定是相对于"臣"来说的；一个父亲（或母亲），他一定是相对于其子女来说的。一个人如果还没结婚，当然他就不会有"父亲"（或"母亲"）这个身份。既然任何一种关系都两两相对，那么在处理关系时就要把握两端，这叫"一生二"或者"一分为二"。只有"执其两端用其中"，把握了中道，才能达到一种和谐的状态。"二生三，三生万物"怎么理解呢？很简单，只有"天地位"，才能"万物育"，这个"万物育"便是所生之"三"。没有稳定与和谐，发展就无从谈起。

孔子强调"一"，老子也同样强调"一"。老子说："天得一以清，地得一以宁，神得一以灵。"比如，我们的精神状态，如果一个人不心静，不专心，在思考这个事的时候，同时思考那个事，心里乱糟糟的，可能什么事都干不好，所以就是"神得一以灵"。老子还说"谷得一以盈"，谷物也需要合适的环境，太旱了、太涝了都不行，太热了、太冷了也都不行。

老子又说："侯王得一以为天下正。"这里"侯王"是管理天下国家的人。有一次，鲁哀公向孔子请教"人道孰为大"，孔子回答"人道政为大"。他解释说"政者，正也"，就是首先要自己正。《论语》里有很多类似表述，如"其身不正，虽令不从；其身正，不令而行。"那么，这个"正"是怎么理解的？大家看"正"这个字，上面是"一"，下面是"止"，查《说文解字》，如果是古文的话，上面是"一"，下面是"足"，所以这个"止"实际上就是往哪里走的意思。

知道往哪里走就是"知止"。一个人知止很重要，也就是说，我们需要知止，需要知道自己努力的方向。这个"正"，《说文解字》里接下来解释是"一以止"，知道这个"止"的时候，要把握了这个"一"。知道努力的方向，要坚守、坚持，知一以止，执一以止，这样才是"正"。所以《大学》说："为人君，止于仁；为人臣，止于敬；为人子，止于孝；为人父，止于慈。"作为君主，谁能够管得了你？所以你要"止于仁"；作为父亲，乃是相对子女来说的，所以不能只有强势，要"止于慈"。如果为人君而知其止，为人父而知其止，那么君臣、父子关系就容易处理好了。这句话就不是通常理解的"君让臣死，臣不得不死；父让子亡，子不得不亡"，它是说"君要像君，臣要像臣，父要像父，子要像子"。所以一个侯王治理天下的时候，他自己做好了，天下国家也就容易治理了。

作为一种管理哲学，儒学的精髓就在于强调管理者"身正"。《孔子家语》里有很多论述，比如："凡治君子，以礼御其心，所以属之以廉耻之节也。"对于"君子"，对于为政者进行管理，最重要的就是让他们有荣辱观念，知道是非。例如，我们不应该只把"八荣八耻"贴在墙上，而应该写在心里。"侯王得一以为天下正"，强调的还是"一"。《老子》有这样一句话，叫做"载营魄抱一"。所谓的"抱一"，无非就是能执着、坚持、坚守，守"一"不放。《大学》说："知止而后有定，定而后能静，静而后能安，安而后能虑，虑而后能得。"一个人不知止，不知道努力的方向，不知道自己是谁，不知道自己走向哪里，那怎么行?!

我们现在教育孩子，常说"不要让孩子输在起跑线上"，这话怎么理解？这里有两点必须注意：第一是起点，第二是方向。起点，我们的孩子都有一个共同的起点；方向，应该就是"知止"，就是懂得教育的方向，这个十分紧要！不让孩子输在起跑线上，想让孩子跑得快一些，方向最重要。可以想见，如果跑错了方向，跑得越快越糟糕。所以，"知一以止""执一以止"，实际上要好好把握这个"一"，关键的还是这个"一"。

四 与"中道"学说的联系

那么，我们还要继续追问：这个"一"到底怎么理解？我认为，这个"一"把它作为一个整体进行思考的时候，就是合宜、合理，就是"执其两端用其中"的那个"中"，就是中正。这就是孔子思想的精髓。

什么是"中庸"？"中庸"其实就是"用中"。现在的解释有很多，我觉得东汉郑玄的解释是对的，很简单，"中庸"就是恰当地把握这个"中"。荀子有一句话："礼之于正国家也，如权衡之于轻重也。"治理国家，一定要以礼治国，为国以礼。什么是"中"？孔子说："夫礼，所以治中也。"合乎礼的才是中。

现在，提到中庸，一般往往与"折中""调和"联系起来，认为中庸是没有原则、没有立场，这是对"中庸"的极大误解。什么是中庸？中庸就是把握住一个和谐的状态，比如"权衡之于轻重"，秤砣和物体达到平衡就是中。问题在于事情在发展，条件在变化，所以"中"或者"平衡"随时都会被打破。条件发生变化，就相当于物体去掉或增加，于是"中"或者"平衡"被打破了，要达到新的"中"或"平衡"，秤砣必须进行相应的移动。问题的关键是：移动多少，这是距离；往哪移动，这是方向；移动快慢，这是速度。三者必须综合考虑，例如你虽然知道往哪移动，也知道移动多少，但是迟迟没有移动，那么平衡也容易被打破。所以要达到"中"，非常不容易，必须对事物有一个整体的、通盘的把握和了解，只有这样才能做到"中"。所以，中庸就是一个不断纠偏的过程。

如何纠偏？这就是孔子提出的方法，就是"一"的方法。既然是"一"，就要把握其两端。孔子自己在"空空如也"时，往往就"叩其两端"，从而能够"用其中""执其中"。比如君臣关系，一定是君相对于臣，臣相对于君。君在这一端上，如果只考虑君，那相当于往外的方向，考虑臣就是向"反"（即"返"）的方向，"返"就是返回的意思，所以老子说"反者，道之动"，这个"返"就是往回思考。我们很多当父母亲的教育孩子时，只考虑自己，不考虑孩子的感受，就不合适。只有往回看，换位思考，考虑孩子，才能做得好，对孩子更加慈爱。所以，这个"执其两端用其中"，就是把握一种和谐的状态，是能够"天地位，万物育"的一种方式。由此，孔子所谓"一以贯之"，曾子将其解释为"忠恕而已矣"，这两者之间的联系就很清楚了。

任何一个人，要做到"一"，都必须先修己，想好自己是谁，做好自己，然后换位思考。"忠"就是修己，"恕"就是推己及人，"忠恕"就是在修己基础上的推己。为什么？因为有两端，因为这是"一"，这是一个整体，所以必须先修己再推己。很多人只想着别人对自己怎么样，也应该想想自己对别人怎么样，孔子思想的精髓就在这里。我们的世界是人组成的，所有的人把握好了自己就好办了。从人的属性上也应该这样，人有两重属性，我们是"自然的人"，同时还是个"社会的人"。作为一个自然的人，我们有喜怒哀乐，有七情六欲，有时我们会想"我们想怎样做"；但是作为一个社会的人，我们应该怎么做？"想怎么做"和"该怎么做"有时候是冲突的。怎么处理？儒家思考最深刻的，就是"人心惟危，道心惟微，惟精惟一，允执厥中"。"人心"就是人的自然性，"道心"就是人的社会性，在"人心"和"道心"之间"允执厥中"。

如何才能做到"允执厥中"呢？要"惟精惟一"，这里又谈到了"一"，什么是"精"？"精"就是选择，"一"就是把握、坚持。选择了就去执行，择善固执，拳拳服膺，这就是"惟精惟一"，这样就能做好自己。我们读《中庸》，一定要读出、读懂一个字，那就是"诚"。《中庸》说到了"至诚"，"至诚无息，无息则久，久则悠远，悠远则博厚，博厚则高明"，最高明的人其实就是最能坚守善的人，"择善固执"很重要。做人要有一种真诚，懂得天道、地道之间的那个人道。不修己，不可能推己，但是一个只修己的人，如果不推己，这个修行还是有问题的，还是没有修养到位。

五　孔子的"忠恕"之道

有一位英国作家，他谈到孔子时说："因为有了孔子的学说，伟大的中华民族比世界上别的民族更和睦和谐地共同生活了几千年。"他还说，不要以为中国只有孔子，其实还有很多人，比如说老子。但是他说："也许老子在远方孤寂的群山中已经达到了很高的境界，也许老子已经达到了无为而治，但是中国人选择了孔子而不是老子，应该说是一件好事。"

这个英国人对老子的理解比较片面，他以为老子看透了一切。就像一个安徽学者鲍鹏山先生，他就说老子太厉害了，老子看透了世间的一切，甚至死后都不愿意和我们的祖先埋在一起。老子最后去了哪里？人们

"不知所终"，他毅然决然地走人了，走得仿佛没有牵挂。孔子和老子的不同就在这里。老子走了，孔子依然留了下来，孔子"知其不可而为之"，他关心世间的一切。既然他要关心人世，就必然面临如何处世的问题。

那么，问题就简单了。治理国家要用礼，问题是礼如何把握。管理国家，孔子强调"正"。孔子没有说过"以德治国"，他是说"为国以礼"，治理国家要做到"一团和气"肯定很难，治理国家必须遵循治理国家的规则，按照规律来。为国以礼，必须讲原则，讲规律，了解管理的方略；为政以德，作为为政者本人必须有德性，这是对为政者"一"的要求。

我谈这个"一"，想说明什么问题呢？关于为政，孔子说："君君，臣臣，父父，子子。"对这句话，传统上有误解，认为是强调君权和父权，是所谓"君让臣死，臣不得不死；父让子亡；子不得不亡"。实际上，恰恰相反，孔子强调的是："为人君，止于仁；为人臣，止于敬；为人子，止于孝；为人父，止于慈；与国人交，止于信。"他强调的是父、子、君、臣各自的修为。

一个人在世界上，同时既是君又是臣，既是父又是子，在社会上扮演不同的角色，既然如此，我们就要做好自己。我们既然都是社会的人，都有自己的社会身份，也必须做好自己，其实孔子的意思就是这样。但是，到了汉代，中国进入帝制时代，这些原则变了味，就成为"君为臣纲""父为子纲"。

本来，"君为臣纲""父为子纲"也没有什么问题，只是后人理解出了极大的偏差。"君为臣纲"，就是说工作中拍板的时候，下级服从上级；在家里，有几个孩子，讨论问题时，大家意见不一样，拍板的是父母，这叫"父为子纲"。但由于理解的片面性，现在就有人就坚决地认为"三纲一个不能留"。

其实，这就是缺少了"一"的思维，与孔子背道而驰。如果按照孔子所说的君臣是"一"、父子是"一"、夫妇是"一"，就不会如此这般。我们背离了孔子，还说这是孔子说的，今天我们讲"一"，用意就在这里。刚才我反复引用《大学》里的话："为人君，止于仁；为人臣，止于敬；为人子，止于孝；为人父，止于慈；与国人交，止于信。"那么，为什么不把《大学》和《论语》结合起来读呢？这也不奇怪，为了批孔子，就不管别的了。

《礼运》说"礼本于太一"，"太一"生化万物而"协于分艺"，有天地然后有阴阳、四时、鬼神，有男女、有夫妇、有夫子、有君臣，有上下、有礼仪，其实还有很多两两相对的东西，比如生与死、动与静、本与末、先与后、心与身、知与行、高与低、忠与恕……这些看似两端，本质却是两两相对，一体两面，互参互动。它们依存转化，彼此生发，不可分割。我们现在思考问题，必须考虑到这个层面，这就相当于一枚硬币，一个硬币有反面才有正面，正面和反面是两位一体的，是一体两面。由此我们想到，现在讨论问题时，治理国家是"德治"重要还是"法治"重要？面对义利的抉择时，到底"义"重要还是"利"重要？没完没了地唠唠叨叨，实际上两个都重要。例如义和利，你真正理解什么是利的时候，你就会先义后利，义以为利。听到人们问这些问题，就好像听到他在问"爹和娘哪个重要"，实际上这两个是不可分的。有的女人问丈夫："我和你妈掉在水里，你先救谁？"这样的人就没有"一"的思维，显得有点"二"。一个人"二"起来的时候，麻烦就来了。可见，这个"一"的思维，非常重要。

孔子儒家谈修养，"一"实在是须臾不可离的。所以《中庸》就反复说到了这个"一"：

> 天下之达道五，所以行之者三。曰：君臣也，父子也，夫妇也，昆弟也，朋友之交也，五者天下之达道也。知，仁，勇，三者天下之达德也，所以行之者，一也。或生而知之，或学而知之，或困而知之，及其知之，一也。或安而行之，或利而行之，或勉强而行之，及其成功，一也。

> 凡为天下国家有九经，曰：修身也。尊贤也，亲亲也，敬大臣也，体群臣也，子庶民也，来百工也，柔远人也，怀诸侯也……凡为天下国家有九经，所以行之者，一也。

孔子思想最核心的是仁。什么是仁？我们都知道孔子说的"仁者，爱人"，但郭店楚简发现后，看看郭店楚简的仁字，作"息"，上边是身，下边是心。什么意思？有人说是心里想着自己，当然不是这样，是曾子所说的"三省吾身"，就是反省自己。人只有"修己"才能"推己"，只有"忠"才能"恕"。孔子讲，培养爱心要从"亲亲"开始，培养敬从悌开始。据《孔子家语》，孔子讲得十分清楚精到，他说"立爱自亲始"，培养爱心从孝敬父母开始。人只有"亲亲"，才能"不独亲其亲"，才能"老吾老以及人之老"，才能"泛爱众"，才能"让世界充满爱的阳光"。孔子"仁"的学说，其逻辑已经很清楚了。

孔子"一"的思维，曾子解释为"忠恕"，忠恕就是"修己安人"。我常对年轻朋友讲，如果有人问你"何为儒学？"你就回答："儒学是修己安人之学"或者说"儒学就是忠恕之学"，这是孔子自己表述得很清楚的。"忠"与"恕"哪个更重要？子贡也曾向孔子请教过："有一言而可以终身行之者乎？"孔子就说，如果一个字的话，"其恕乎"，大概就是"恕"吧。孔子强调的"恕"，就是在修己基础上的推己。由此，我们自然想到孔子的"一贯之道"，他反反复复思考的就是如此，社会的伦理与政治的伦理无一不是如此。

《孔子家语·三恕》篇讲道："有君不能事，有臣而求其使，非恕也；有亲不能孝，有子而求其报，非恕也；有兄不能敬，有弟而求其顺，非恕也。士能明于三恕之本，则可谓端身矣。""三恕"的根本在哪里呢？就是修己、推己，修己才能推己，一个人能做到推己，问题就解决了。所以孔子说：所求乎子以事父，所求乎臣以事君，所求乎弟以事兄，所求乎朋友先施之。孔子开出了一个修己做人的良方。如果照着做，很多的问题就解决了！

孔子为什么反复强调"恕"，孔子继续解释说："己所不欲，勿施于人。"大家看重这句话，原因在于这是贯通孔子思想的一点。如果我们理解了孔子的"一贯之道"，我们就不会再比较哪个高哪个低。有一个名人，他说自己接触了一段时间的孔子后抑郁了，后来读老庄就解脱了。他可能既没有读懂孔孟，也没有读懂老庄。我们确实要好好品味一下孔子的"一贯之道"。

孔子在《礼运》篇里还说："人藏其心，不可测度也。美恶皆在其心，不见其色。"人喜欢什么，讨厌什么，喜欢、讨厌到怎样的程度，其实都在他自己的内心里面，孔子说："欲一以穷之，舍礼何以治之？"这里还是讲"一",讲怎样讲求"天下之达道"。孔子说得明白,这个"一"不就是"礼"吗?打通孔子说的"礼本于太一"与"吾道一以贯之",这样理解就可以了。

"宗族文化"：中国的现状与韩国的未来

韩国国立安东大学　郑震英

　　韩国的安东、岭南，中国的徽州、福建等地的古村落还保存着许多儒家文明的遗产。这些地区具有两点共同之处：保存了古代的儒家文明、宗族社会发达。因此，可以用"宗族文化"这一术语把这些地区的儒家文明和宗族社会遗留的有形和无形文化遗产概念化。即，宗族文化是指把焦点放在以中国祠堂为中心的宗族和以韩国宗家为中心的门中，具体内容是在村落的空间范围内形成的多样的建筑物和生态环境，以及在这之中形成的居民日常生活及礼仪、追求的伦理道德、家族或共同体的价值。

　　"宗族文化"一度被认为是"文化大革命"、近代化等政治或经济法则和美名下的封建遗物或残骸，成为破坏和取缔的对象，至少被认为是没有现实意义和价值的老古董。但是这样的行为和想法在今天是不容许的，因为这不仅是破坏文化也是对我们生活方式的否定。因为我们充分认识到文化不是从没有中创造出来的，进步和发展不是从自身的破坏和否定中争取来的。现在，宗族文化不应该再被破坏或放置不管，而应成为我们生活中有意义的一部分，如何继承和创新是我们的使命。与此相关，在韩国对宗族文化的象征——宗家进行多样的学术调查，定期召开"宗家论坛"，相比其他任何时期给予更多关心。

一　中国和韩国宗族文化的现状

　　本文通过和中国宗族文化的比较，探索作为儒家文明典型之一的韩国宗族文化的现状，如何继承和创新。中国的宗族文化不仅从现状上而且其成立和发展的过程也是韩国宗族文化的好典范。

作者 2012 年考察了徽州地区的许多古村落。在作者眼中，古村落即宗族文化的现场被严重破坏或衰败搁置，甚至这些遗迹由于城市扩建而消失，因开通道路形成新的居住地而导致空洞化。但是另一方面也目睹了由于国家或地方政府的文化遗产保存、保护政策或通过村落内部的力量为修缮、保存所做的努力。后者的典型事例是 1999 年黄山市黟县的宏村和西递两个村子从被联合国教科文组织的世界文化遗产收录开始，落后的村落获得重新被关注的契机，成为观光地，备受瞩目。当然，文化政策或观光并不是保存"宗族文化"。祠堂、古屋化身销售商品的场所或开发和保存不平衡并存。更严峻的问题是，居民对村落或建筑物的历史和文化一无所知，建筑物和居民从精神和文化上彻底分离，他们不是建筑物的主人，只是仅仅作为管理人履行其职能。

即使那样，从宗族文化的现场得以保存、保护这点来说也是幸运的。然而，这种政策的优惠毕竟有限。太多宗族文化的文化遗产成为废墟最终消失。湖南大学的一个报告指出，在中国历史和文化价值很高的传统村落每年平均减少 7.3%，这意味着在中国每天消失 1.6 个传统村落（2012 年）。这可以说是中国宗族文化所处的现状。

然而，更值得关心的不是如何保护宗族社会的有形文化。因为有形文化可以通过国家或地方政府的努力进行维持、保存，但不能维持、保存其中内含的生活方式的意义和价值。儒家文明的继承和创新不是指单纯维持、保存建筑物。如果那样的话，尽管有国家的文化政策的支持，在中国以宗族社会和儒家文明为基础形成的日常生活方式即生活仪礼和家族或共同体的生活方式等将很难找到，也难以复原。我认为这正是中国宗族文化的现状，也是文化遗产保护政策的局限。

韩国的情况和中国的现状有许多不同之处。因为与中国相比，许多更接近原型的儒教文化得以保存。在乡校和书院等地举行释奠礼和享祀，宗孙居住在宗族文化的象征——宗家并且对祖先进行传统的祭祀礼成为很好的例证。中国和韩国的差异是因为近代政治社会环境变化，宗族社会成立和发展的历史过程不同导致的。然而未来不容乐观，说不定中国的现状会成为韩国的未来。

韩国的宗家虽未成为废墟但是在维持、保存、继承和创新这点来说仍处于危机之中。首先在管理上存在困难。和中国一样，韩国的宗家规模很大。这种规模以很多家庭为前提。然而，现在成为老夫妇或一个人的居住空间。当然也有不少无人居住房屋空闲的情况，很难期待进城的子女回来。随着世界变化，建筑物的很多用途失效。和规模相比，小家庭的数量增加，老龄化加重，很难对大建筑物一一地修缮。和中国一样，韩国的传统房屋大部分为木质建筑，没有人为修缮的话很容易腐蚀。

为了解决这些问题，韩国也指定文化遗产定期修缮、管理或干脆选定管理人日常管理。从大方向来说和中国的文化遗产保护保存政策无异。然而和中国的不同之处是，建筑物和主人的关系非常紧密。可以说韩国的宗孙为了建筑物献身牺牲。宗家的主人宗孙可以在城市，在更好的现代环境里享受安逸的生活，但是宗孙们回到古建筑过吃力的生活。因为他们具有通过守护建筑物来守护祖先的荣誉这一使命感和诏命意识。宗孙有与荣誉感并存的牺牲精神。不仅如此，他们也努力地守护在这个空间曾被追捧的仪礼和精神价值。

在这点上可以说至少韩国不仅仅是保存有形文化遗产，也维持保存了一部分无形的生活方式和价值。然而未来将很难期待宗孙们的献身和牺牲。不管怎么说这是不太可能的，因为未来宗孙的想法和意志不可能和现在年长宗孙的想法一致。

二 韩国和中国宗族社会的发达和特征

中国特别是徽州宗族社会的成立可以说开始于两晋、唐末和五代的混乱以及宋南迁等时候的北方名门大姓的集体南移。他们为了与当地土著民竞争，积极应对社会不安，宗族的集团化和团结不可缺少。为此最切实的问题是增加人口。通过开发新的定居地夯实宗族社会的经济基础。然而以农业为基础的经济基础也存在局限。特别是地形上土地少的徽州地区无法再依存农业。寻找在商业上的物质基础也不再是局限于单纯的人口增加的问题。明朝中期，徽州的宗族社会进一步发展，意识到对族人的社会保障和教育等各种义务。族产的扩大和要求强迫青壮年男性去外地经商。

程朱理学在徽州这样的人文环境里形成发展，同时规定徽商和宗族社会的伦理道德价值和社会规范，即儒学和商人的理想和价值一致。这样的徽州理学被徽商和宗族社会支持保护。可以说徽州的宗族社会和徽商、程朱理学是一个命运共同体。这样形成的中国宗族社会与韩国相比具有水平开放的特征。

韩国的宗族社会至少在 16 世纪形成。主导它的是乡村的士族集团。他们大体在 14 世纪以后慢慢形成，士族出自于吏族家系，把不属于地方郡县行政业务的性理学当做学问和政治意识形态进行武装。士族在脱离吏族的过程中远离曾是他们长久居住地和生存根据地的小镇或在其他小镇的外围建立新的根据地。这些地区当时大部分是未开发的状态。他们在开发这些地区的同时，通过各种方法增加奴婢的数量，以此确保经济基础。另一方面，理解、实践性理学，通过科举进入中央政界，16 世纪中后期成长为主导国家政治的政治势力。

依靠土地和奴婢的韩国乡村士族，其物质基础到 16 世纪无法进一步扩大。无法继续开垦，奴婢的抵抗日趋深化。随之，夯实经济基础和进入关联密切的中央政治之路受到很大制约。乡村士族的经济资源无法进一步扩大。商业的发展、参与，不管是在制度上还是社会上都被遏制，因此商业的发展不仅依旧无法立足而且士族阶层对它的认识绝对化。与在中国徽州不同，韩国的儒学依旧固守有差别的职业观。

乡村士族定居、开拓的村落社会其人员构成不是同族集团而是多种姓氏构成的异姓杂居村。因为老传统不是中国式的亲迎礼，而是韩国传统的男归女家，以子女均分相续制为基础。在人口自然增长下，如果没有新资源为前提保障，子女均等继承制度只会引起经济下滑。作为支配层，士族们的乡村生活与下层农民有差别。这不仅是对儒学的极高见识，也在包括衣食住行在内的日常生活和仪礼中。

为了追求儒学知识和儒教的生活方式，最重要的是确保稳定的经济基础。然而，子女平均继承制度不符合士族的欲求。结果，儒教的理想即祖先的遗业和遗训没有继承，家门的永久性也未保持。士族们积极应对这一现实，他们没有选择分散和均等而是选择集中和差等。这种选择的逻辑和理念出自宗法。宗法是和亲迎礼一起作为儒教新的家族秩序被收容的。在这种情况下，长子为中心的继承制得到士族社会全体的缄默同意。宗孙或长子有在经济和社会上的优越地位，对此支系或次子抵抗或提出不满的情况几乎没有，反而渐渐地想通过宗孙或长子的社会经济地位来保障自身的社会身份地位。

　　韩国的宗族社会以集中和差等为前提，经过18世纪，到19世纪、20世纪初得到扩大和很大发展。然而，韩国的宗族社会在扩大和发展的过程中也不是没有问题的。最大的问题之一是由于限定的资源集中和差等，许多次子和支系孙子经济贫困日益加重。没有针对贫困的宗族成员的对策。即使宗孙持有很多土地和族产也不给解决宗族成员的贫困问题。和救济贫困宗族成员或未来投资相比，优先考虑维持宗家或事业为先，这是实际目的。尽管如此，与经济贫困相比，宗族社会可持续发展带来更大的痛苦和不安。因为朝鲜社会是严格的身份等级社会，以身份为基础实施赋税制度。因此，脱离宗族即放弃这种既得利益。同样情况下，被驱逐是最坏的情况。在除农业外其他产业没有发展的情况下，贫困是不可避免的问题，所以像命运一样只能接受。

　　朝鲜的宗族社会是以差别为前提成立的，那就是对庶子的差别。庶子自朝鲜初期开始从限定的政治特权和经济基础上被排除。然而到了朝鲜后期庶子通过多种方法对此反抗。在个别人家或郡县单位经常发生嫡庶间的大大小小的问题，为了改善嫡庶差别的法律制度，庶子在全国范围内展开运动。虽然在法律制度层面取得了一定的成果，但是在个别家门差别一点也没有减少，反而强化。在这种情况下，庶子可采取的普遍方法是脱离以嫡孙为中心的宗族。他们迁移到别处，隐瞒自己的出身，也有一部分人以祖先的别处地产为基础构建新的宗族社会。不管怎么说，嫡庶差别是韩国宗族社会最大的缺点，到今天也没有完全消失。这点也可以说是和中国宗族社会的不同特征。与中国的宗族社会相比，韩国的宗族社会具有垂直性、闭锁性的特征。

三　韩国宗族文化的未来

　　上面探究了韩国和中国的宗族文化形成、发展过程和今天的现状。再次整理如下。如果说中国的宗族社会是以祠堂为中心，具有水平开放特征的话，那么韩国的宗族社会就是以宗家和宗孙为中心，具有垂直闭锁性。如果说中国的宗族社会成长繁荣会通过扩大族产带动宗族的发展，那么在韩国与宗家的发展不同，呈现庶孽和支孙的脱离和贫困。因为韩国的宗族社会发展带来的是社会身份制度的压迫。然而现在身份制度再不能绑在很多贫困的支系孙子麾下。当然，作为法定或表面制度，这样的差别不会明文规定或清楚地表现出来。然而有意识无意识还是存在这样的差别。

韩国宗族文化的又一个特征是指向过去。大部分为了祖上出名的祖先。在韩国有什么样的祖先决定了现实的社会政治地位。当然没有闲暇去关心如何救济贫困的宗族或给后孙的未来投资。维持韩国宗族社会的价值始于解决这样的问题。前者的问题即把垂直闭锁的韩国宗族社会系统换为水平开放的宗族社会决非易事。然而，今天为解决这样的问题提供好的条件。因为这关系到宗族社会是不是可以维持、继承这一切实的问题。

前面提及韩国的宗族社会是以宗孙为中心形成的。韩国宗族社会的问题正是由此开始的。即未来宗孙大部分是独生子或没有继承人的情况也不少。虽然只有一个子女的家庭很难再领养义子，但是在宗孙的政治社会性权威退化的现实情况下，找到只赋予责任和义务的宗孙继承人也不是易事。即使当代确定了继承人，也很难确定下一代如此。更大的问题是宗孙继承人的婚姻问题。因为宗孙的地位成为婚姻的绊脚石。

宗孙被赋予的义务和责任是继承宗统和奉行祭祀祖先，也有守护保存宗家的建筑的责任。在现实生活中任何一件都不是容易的事。一部分人认为生来是宗孙是"天刑"或无可奈何的命运。不管怎么说，宗孙不在意味着继承宗族文化的主体不在。即意味着只留下无形文化遗产，无形文化没能被继承。

要使继承宗族文化有意义的话就得解决这个问题。再次回顾中国的宗族社会，有必要考虑转换为不是以宗孙而是宗族成员为中心的宗族社会。这种转换已经具备了现实可行的法定条件。即1989年修订的亲族法中把既存的以长子为中心的继承制度换为儿子女儿平等继承制。长男自动继承的祭祀祖先制度也可以通过子女选择继承。在韩国的历史上与此相同的财产继承和祭祀继承制度并不陌生。因为16世纪中后期以前是惯用子女均分相续和轮回奉祀，或外孙奉祀。今天的亲族法和回归原来的韩国传统无大差异。然而与财产继承不同，祭祀的继承不是简单的问题。因为祖先祭祀还固守着由长男侍奉的儒教家族理念。虽然长男不得不接受，但是在他的夫人即大儿媳的立场上看是非常不妥当的。作为长男对宗孙和宗妇更不妥当。祭祀的问题对韩国的宗族社会来说是烫手山芋。

但问题是儿子和女儿共同承担祭祖责任的轮回奉祀，或外孙奉祀不能成为解决祭祀问题的根本性对策。因为在独生子女或无子女时代没有共同承担责任的兄弟姐妹。如果不能放弃祭祖的儒教价值，那简化祭祖的形式或减少次数说不定成为应对方案。现在韩国以 4 代奉祀为基本，名节祭（新年和中秋）和时祀，忌祭祀，宗孙的话大部分奉行不迁位祭祀。全部履行的话一年超过 10 余次。4 代奉祀转化为 2 代奉祀，父母和祖父母合并的话就可以减少次数。中秋和时祀合并或者所有祭祀合为名节祭进行。也可以考虑减少祭祀食物的种类或改变料理方法。不管如何，以后摸索多样的变化变得更为切实。这样的变化已经完全不陌生。

摸索这些变化时，可能有人提出这样的问题，即这是否可以称为儒教文化。因为韩国社会认为体现儒教价值的嫡长子家系继承和奉行的祖先祭祀近来被极大地损毁。由于固守儒教或儒家文化为不变的真理，与此类似的问题可能被提出。儒教也应该对法则和名分进行革新，使之符合现实的变化。4 代奉祀原来并不是从士庶人家进行的，朱子制定家礼；徽州理学从士农工商的严格职业观上重新规定士和商有同等的角色和价值。这些事实可以确保革新的正当性。

今天，在韩国宗族文化不仅是作为文化遗产也是作为具有生活价值和意义的儒家文明存在，为此儒教自身的革新不可避免。我认为今天这次学术会议的根本目标也在于此。那么革新的主体由谁担当呢？当然是相关学者的义务，但是不仅仅局限于他们，还需要儒家文明负责人的积极参与。韩国名门大家提出这样的问题也是很有意义的。在韩国的岭南、安东有很多名门，存在很多以儒家的生活方式生活或以此为志向的学者。希望他们不拘泥于过去的儒学，为了倡导现在和未来的儒学发挥作用。在克服韩国宗族社会出现的这几个问题时，韩国的宗族社会依然可能成为展现家族和共同体价值的、具有丰富的儒教文化传统的社会组织。

（中文校对：石永之）

关于西学东渐的儒学文化的认知
结构与顽强的自我意识

韩国岭南大学　郑炳硕

　　本文旨在从文化认知结构的同化与调节的视角，对儒家学者如何理解与应对影响深远的西学东渐展开分析。通过这种视角，分析儒家文化的危机以及产生这种危机的背景是什么。具体来说，在与西方天主教、西方科技文明的相遇与交汇的过程中，儒学的自我认知与文化层面的发展构想；以及在东亚，近代东西文明的交汇中，东亚各国的应对等问题为范围展开分析。特别是想通过"在关于西方文化的评价与需求中，显露出儒学顽强的自我意识"的角度进行分析。通过儒家文化认知结构的应对观点，分析关于从西学东渐的清末至今约 150 余年的时间中，儒学顽强地既没有抛弃自身的自我意识，并且想吸纳西方优秀的科学技术与政治制度的情况。面对西方的挑战，儒家的历史使命就是，如何在保存与继承传统儒家文化的认知图式与思维模式的情况下，同时吸收现代的西方文化。在此，传统儒家学者采取的方式不是非此即彼的彻底替换，而是取舍选择的文化发展构想。这种方式从根本上讲，可以视为儒家学者在坚守固有的文化优越感与自尊心中展现出的文化发展构想。

　　16 世纪以后，儒学又面临着基督教的挑战。但是，当时的儒家学者对那些想要改变他们精神世界的传教士漠不关心，当时基督教想要变换非常坚定的儒家精神世界的企图，可以说是非常渺茫的。但是跟随形而上的天主教而来的科学技术，对于当时的儒家来说却有很大吸引力。鸦片战争以后的中国不得不开始积极地关心西欧列强拥有的先进武器、制作技术和西方文明，紧接着开始对西方政治制度等问题的讨论产生更大的关心。在这种巨大的西学东渐的波涛中儒家学者重新思考自己，并且通过在儒学中"更需要什么"并且"必须抛弃且调整什么"而更加直接地面对根本且深刻的问题。这种苦闷不仅在19世纪，在经过了20世纪甚至到现在都可以说是一个一直存在的问题。

一　西学试图改变儒家思想的挑战与失败

西方技术真正引进入中国的时期可以说是16世纪后半期。最早在中国进行传教活动的是耶稣会传教士罗明坚与利玛窦①，他们展开了真正的传教活动并将西学传入中国。他们编纂了中文版教科书并且尽全力进行传教，当时出版的有代表性的出版物是罗明坚的《天主圣教实录》与利玛窦的《天主实义》等。在这些耶稣会传教士之前，已经有其他的基督教传教士来中国进行了传教活动。最早的要数7—8世纪来到中国的聂斯脱利派，也就是景教。②再有就是13世纪元朝的时候的弗朗西斯科天主教，当时景教的传教活动虽然不是很活跃，但似乎依然维持着命脉。

耶稣会的中国传教是从方济各·沙勿略（Francisco Xaverius）（1506—1552）开始的。他不仅仅在印度传教也在日本进行了传教，沙勿略认识到只有在中国进行传教才可能实现在东亚传教的活动，要完成这些，他认为需要有高水准学识与人格的传教士。继承了沙勿略遗志的范礼安（1538—1606）③，1579年从印度果阿将米克尔卢杰艾里叫到澳门并开始学习汉文，并与当时已经来到果阿的年轻神父利玛窦一起承担了在中国的传教事业。之后中国基督教教会的实际创始人利玛窦引用儒家经典语言翻译了神学。利玛窦与当时中国杰出的士大夫一起交游，学习中国的语言、风俗以及儒家经典，并向他们传达了西方知识。经过这些过程，在

---

①　冯承钧翻译 Louis Pfister 的《Notices biographiques et biographiques sur les Jesuites de l'ancienne mission de Chine》为《在华耶稣会士列传及书目》（中华书局，北京，1995）在15—30页中记录 Ruggierri 的中文名字为罗明坚。他是意大利人，1579年7月达到澳门。

②　关于景教请参考 A. C. Moule，Christians in China before the Year 1550（London，1930）和杨森富的《唐元两代基督教兴衰原因之研究》，刘小锋主编，《道与言》（上海三联书店，1995）。当时的景教在贞观九年（635年）进入中国一直到会昌五年被禁止，一共流行了210年。

③　Alexandre Valignani 是意大利人，在《在华耶稣会士列传及书目》中被记载为范礼俺。

1603 年出版了《天主实义》。

耶稣会传教士们刚开始来中国的时候，比起儒学他们更加了解佛教。他们为了让中国人接受他们的传教，最初的努力就是想穿着僧侣的袈裟利用佛教的语言传播福音。相反，利玛窦发现了支配中国人意识世界的价值体系不是佛教而是儒学。利玛窦认为，对于传播基督教而言，儒学比佛教的影响力更大，于是，利玛窦脱掉僧侣的袈裟开始穿儒服，这当然是他确信儒教与基督教有共存可能性的一种表达，同时也是传教上的一种捷径。他的这种决断就是"补儒易佛"，也就是对于佛教或者道教采取强烈的批判态度，而对儒学却展现出低姿态的迎合态度①，同时展现出暗中摸索修整与批判态度的样子②。在耶稣会传教士看来，佛教徒是偶像崇拜者，儒家学者是潜在的基督教徒。他在数年间学习中文与儒家经典的结果就是，发现了基督教与儒学之间可以共存的许多要素，利玛窦在自己写的《天主实义》中，对像神或者死后上天堂等这样的基督教教义根据儒家经典进行了婉转的说明。所以东西哲学本质上的交流可说是从《天主实义》开始的。

利玛窦认为天主教的天主和儒学中的"上帝"或者"天"是一样的存在，并且认为中国儒家传统文化是值得肯定的。但是他认为，后来的宋明理学却因为受到佛教与道教崇拜偶像的影响，最终导致了无神论的主张，特别是以理气论为基础的宇宙发生论是有问题的，利玛窦是以亚里士多德的基本哲学概念框架与托马斯主义的神学思想为基础对此予以了批判。这就是说，利玛窦对先秦儒学是肯定的，但是对新儒学形而上学式的观点却是否定的。他虽然在耶稣会传教士中是公认的中国通，但是却很难克服在广东生活十余年的语言障碍、环境的不安定与文化差异，并且很难完全理解中国学问的精髓。之后他在 1595 年 6 月到 1598 年 6 月搬到江西省南昌生活。利玛窦开始很满足南昌的人文环境，因为那里的儒者或者一

---

① 利玛窦在《天主实义》中干脆把道家与佛家称为"二氏"，给人以低下的感觉，但是反而对于儒家却展示出了肯定的观点。例如《天主实义》上卷第二篇《解释世人错认天主》中说了以下的话。"二氏之谓，曰无曰空，于天主理大相剌谬，其不可崇尚明矣。夫儒之谓，曰有曰诚，虽未尽闻其释，固庶几乎！"朱维铮主编：《利玛窦中文注释集》，复旦大学出版社，2001年，第 15 页。

② 请参考李天纲：《中国礼仪之争》，上海古籍出版社，1998 年版，第 21 页。

般人都友好地对待他这个西方人。他甚至于把为什么会受到友好对待这一问题作为重要主题，几次跟澳门和罗马的人通信①。在这种友好的氛围中，他期望着在南昌仅仅一年的传教活动也许比在广东 14 年的传教收获更大，但是一年以后，利玛窦却得到了更大的失望，因为友好的氛围与传教活动的效果并不一致。他认为他并没有真正把握南昌士大夫为什么对耶稣会传教士友好，利玛窦仅仅肤浅地理解了"儒学"，无法区别具有开放性的阳明学和官方意识形态的朱子学，他忽视了江西南昌正是与王阳明或者说阳明学有着密切关系的事实。因为从陆王学的观点来看，所有人都可能成为像禹王一样的圣人（"涂之人可以为禹"），无论东西南北都可能出现圣人，而且东圣西圣心同理同。所以对南昌的士大夫来说，从西方来的天主教的真理也没有什么异常。不久以后明白了这样事实的利玛窦，在给朋友的信中坦承，在南昌拯救灵魂的事业决不简单，甚至"虽然辛苦了很久但是成果基本为零"。由此他认为其传教战略需要修整。

使利玛窦不得不调整传教战略想法的理由应该有很多，其中最重要的是，改变儒家的精神世界以拯救灵魂的事太难了，为此他们有必要后退一步，从总体上改变他们的传教方向与方式。通过说教注入形而上学式的天主教教理，使中国人信从天主教是没有什么效果的。最大的问题就是，把构成中国人精神世界的儒家世界观改变成异域基督教信仰的世界观是不容易的。这种紧张的局势从一开始就产生了大量的困难，同时传教战略也没能得到很多调整。

因此，耶稣会的传教士们想谋求安静并且间接的传教手段。这个战略的调整方向和内容大体可以简称为"缓进策略"和"变更传教手段"。这里所说的"缓进政策"是限制通过讲演或者说教，激进地救济人们灵魂的传教活动，而是采取通过著作的传教方式，先转变成通过西方科学技术吸引人的方式。为了打开中国人的精神世界之门，需要宗教以外的其他方式，其中一个就是科学技术。他们认识到比起直接的传教天主教的教理，通过介绍西方优秀的科学技术的方向更加有效。这是因为与宗教信仰不同，科学存在普遍性的特点，所以超越了东方和西方的价值意向，无论在

① T. Venturi 编，罗渔译，请参考《利玛窦书信集》上册，台北光启出版社，辅仁大学出版社，1986 年，第 178—179 页，第 208—210 页，第 229—230 页。

哪儿都可以普遍适用。科学的这种普遍性特点多少可以缓和因为中国与西方的价值冲突所产生的对传教心理的抗拒感。① 就此而言，这个时期的西学与科学是密不可分的。

当时以利玛窦为首的耶稣会传教士注重的战略是，通过对中国人传播科学真理而启示引领真理，从形而下的科学技术开始到形而上的天主教世界，通过运用科学技术引导至天主教教义的战略。像这样耶稣会传教士在中国传教中所选择的缓进策略中最重要的任务，就是介绍和出版西方的科学或者文化方面的著作。唯其如此，当时传教士著作中，科学或者文化方面的著作比起直接传播宗教的书籍要多很多。② 作为一种诱饵的科学技术，即数学、天文学、地理学等发挥的效用可以说是很大的。从明到清初的 200 年间，以利玛窦为代表的西方传教士带来的西方文化与科学技术给传统的儒家思想带来了新的希望，对经学研究与实学兴起产生了影响。这种新的希望与冲击给中国人以新视野，在提供纠正中国学术界弊端的机会方面也是非常振奋人心的。就传教而言，科学技术不是核心，仅仅是副产品。但是在清末再次产生的西学威力使中国的儒家陷入冲击中，使他们不得不重新调整文化层面的认知结构与思维方式。

二 与西学东渐相对应的儒家文化的 认知结构：同化与调节

从利玛窦开始，西方的传教士与商人，还有外交官都想尝试进入的中国人精神世界的门紧紧关闭，不容易打开。用形而上学的基督教世界观代替儒家的精神世界，拯救中国人灵魂的尝试最终在儒家坚固且执着的自我抵抗下失败了。西方传教士认识到改变中国人的精神世界这个工作不是一朝一夕可以实现的，切实感受到了直接引入天主教教理的方式的限制，要通过运用科学技术也就是所谓慢慢的缓进战略。由此，耶稣会传教士们的尝试引起儒家学者们相当的关心与反响。但是，即使引起了儒家士大夫的

---

① T. Venturi 编，罗渔译，请参考《利玛窦书信集》，台北光启出版社，辅仁大学出版社，1986 年上册第 178—179 页，第 208—210 页，第 229—230 页。

② 同上。

关心并且在某种程度上有了反响，他们依然顽强地拒绝了完全调节文化层面的认知结构的试图与努力。近代中国，儒家学者为了理解对西方科学文明的态度，他们应该有对他们所具有文化层面的认知结构有正确的把握才行。所谓的文化层面的认知结构借用了让·皮亚杰的发生认知理论中的概念，就是在分析文化层面的现象时使用的概念。

所谓的认知结构，皮亚杰关注着生物学中的有机体为了适应环境使自身的构造发生变化的现象，把这适用于人类就是根据环境的要求，认知结构要不断地去再构成的理论，这就是适用于文化冲突的概念。① 为了说明，为了适应不断变化的环境认知结构怎么去对应以及再构成的问题，皮亚杰使用了"图式"概念。所谓图式就是指在现有存在的认知结构，关于世界就是指"理解的框架"。所以文化层面的认知图式可以说是希望有某一种文化具备世界与人类、事物的"理解的框架"。这个图式不是与生俱来的，而是在与环境的接触中通过反复的活动与经历而形成的。通过与环境的相互作用而形成的适应过程被称为人类的发生认知，在此特别是同化（assimilation）与调节（accommodation）这两个机制相互有机作用着。所谓同化是指认知主体把认知对象符合于具有的现有认知结构或者图式中而解释或者理解的现象。受到新的刺激或者冲击时，按照现有具备的认知结构进行解释的倾向称为同化。与之相反，调节是指用现有的认知结构无法接受新的对象时，而产生的变化现有认知结构的过程。也就是说赋予某种认知对象根据新的特性和压力而改变现有具备的认知图式的过程。换句话说，直面新环境或者世界，发现与自我具有的认知图式之间产生差异的时候，为了可以容纳这个刺激而修整现有的图式或者准备新的图式。像这样面对西方文化挑战的儒家文化层面的认知结构应对过程，和通过赋予的环境相互作用而实现有机体的同化调节的作用过程是非常相似的。

西方的科学技术文明给具有过文化优越感的中国儒家学者们以想象不到的巨大冲击与痛苦。中国儒家学者们具备的这种文化优越感至少与他们具备过的地理意识有着基本的关联。在他们具备的地理意识中，即使有"天下"的概念也没有"世界"的概念。这种观念是根据天下的中心意义

_____

① T. Venturi 编，罗渔译，请参考《利玛窦书信集》，台北光启出版社，辅仁大学出版社，1986 年上册第 178—179 页，第 208—210 页，第 229—230 页。

的"中国"与她周围的"蛮夷"而存在的"华夷"的秩序而产生的。儒家文化内容中的圣人之道和礼乐秩序是区分文明与野蛮的唯一尺度，这个构成了儒家根本的文化层面的认知结构。孟子说："吾闻用夏变夷者，未闻变于夷者也。"（《孟子·滕文公上》）[1]

因为具有文化优越感的中国教化蛮夷是非常自然的事情，所以文化的传播方向当然是从中国向其他蛮夷教化圣人之学与礼乐这一个方向。那么中国儒家学者们在西方科学文明的冲击中，通过同化的方式能吸收包容到自身固有的概念体系中吗？或者想根据环境的变化调节自我固有的认知结构吗？西学改变中国的时候，近代中国儒家学者们的第一个反应是把自己的儒家文化的固有概念和价值尺度标准化，把西方文明认知并理解为自身的认知结构与语言概念。他们只启动了符合于传统的认知结构或者图式，而解释和理解的同化机制。很难说在读了"四书""五经"的近代中国士大夫的立场，不得不只能运用自身的传统认知结构与语言概念认知并理解西方的文化事物。对于西方科学技术文明，儒家学者们依旧展现了他们的韧性与坚固的儒家式自我意识与认知结构。儒家学者们坚持想要通过强制的同化认知方法，把近代西方各种不一样的新奇事物分纳入他们的传统范围、概念中去进行理解。[2]

在鸦片战争以前，西方近代科学的物理、化学、数学、天文学等在中国的语言概念中找不到正好对应的概念。以西方传教士们的影响和实学的影响使明清时期的学者们把"格物致知"看成具有科学性质的东西是非常有局限的，但是以自然科学的意义开始转用并且使用。[3] 并且方以智（1611—1671）把全体学问分成了质测、宰理、通几三个分类，其中把质测学当成自然科学的对应概念而使用。众所周知，方以智这种观念的形成很大程度地受西学的影响。但是对批判西方的科学技术文明的儒家学者们把保守的西方科学技术分类为"术数""技艺""技巧"的对应概念，相对于根本义理这仅仅是规定为末端了。当时保守派领袖倭仁（1804—1871）说"立国之道，尚礼义不尚权谋；根本之图，在人心不在技艺。"

---

[1]　T. Venturi 编，罗渔译，请参考《利玛窦书信集》台北光启出版社，辅仁大学出版社，1986 年上册第 178—179 页，第 208—210 页，第 229—230 页。

[2]　同上。

[3]　同上。

（《倭文端公遗书》）

在此，西学的权谋，技艺，或者术数等都被表达出来了，但都认为是微不足道的东西，而且是有碍于更根本的正人心或者礼义的有消极否定意义的东西。所谓"术数"一般是指占卜、星相、阴阳灾异、天文历算等，所以一般儒家学者们对这些是持有否定态度或者消极的眼光的。在近代，中国的儒学家们在某种程度上发现了否定西学的理由。第一个理由当然是因为用中国中心的文化层面认知图式，通过强制的同化方式把近代科学技术的刺激硬放进固有的概念体系中去理解。在此，儒家学者们彻底把西学限制为"用"的领域，且牵强附会为"技巧"或者"术数"。在这种情况下，作为近代传统派儒家学者们的认知结构通过术数正在改变中国的事实无论如何还是很难相容的。但是，尽管有这些儒家学者们顽强的文化自我意识的抵抗，但是在新的环境挑战下，仍然不可避免地渐渐陷入，如果不调节自身文化层面的认知图式就不行的情况中。因为他们会发现，把西学归结为单纯的技巧或权谋，越是主张圣人之道的儒家式价值体系，中国只会变得越来越危机的现实。在此，儒家学者们面临着文化层面的认同性危机，为了摆脱这个危机，在思考调节文化层面的认知图式的同时，不得不谋求新的文化层面的发展构想。

三　儒学危机与文化认知图式调节的可能性：取舍选择的体用观与全面替换的整体观

鸦片战争中，英国殖民主义者们的坚船利炮彻底击垮了中国军队，并且打开了一直以来都紧紧关闭的中国大门。此事件带来了巨大的冲击，以儒学为中心的中国和儒学影响下的东亚传统文化，对儒学的效用性提出了疑问，并导致了儒学的认同性危机。鸦片战争以后，中国遭遇的西方与之前的明末清初他们所见的西方相比，已经是经历了产业革命与政治革命，在经济与军事方面都完全超过了中国的不一样的西方，而且他们是与迎合儒家的亲儒派耶稣会传教士有着本质区别的殖民主义者。在这种情况下，想维持中国数千年间自然而然具有的文化层面的认同性或者优越感已经是第二个问题了，更加紧迫的是，甚至于连中国这个国家本身的存在可能都很成问题了。在此，儒家文化的认同性危机就是传统的文化危机，同时也意味着民族危机更加严重。

那么，儒家学者们想要怎么解决这个儒家的认同性危机呢？换言之，即怎样处理儒学与西学的紧张关系？这个认同性的危机与其说是因为儒学的内部原因，倒不如说是根据西方文化的冲击而发生的。对于西学冲击的反应，首先在逻辑上可以分为两大类。一个是维持传统儒学的文化层次的纯正性，顽强地拒绝西学；另一个就是必须要完全接纳西学而进行全面的文化变化或者调节文化层面的思维图式。这需要在这两者之间冷静地选择其一，这就像在两个完全不一样的语音中非要选择哪一个作为自己的语言一样，选择对象的两种语言中一个是历史逐渐形成的故乡语言；另一个是实际上很有用的外部世界语言。在这里所说的故乡语言，当然是指儒家文化传统，外部世界的语言象征着现代西方文明。万一他们因为社会环境的变化不得不选择一个的事实却不是仅仅限定于单纯的语言选择。因为，这里要求选择包含着他们的世界观、道德、人生观的全部文化图式或者模式的决断。①

在关于朝鲜维持着传统儒家文化层面的纯正性并且拒绝西学的立场，可以举卫正斥邪论这个例子。卫正斥邪是以"继承传统的文化意识与政治制度同时把西方列强的挑战规定为帝国主义的侵略，通过排斥他们的所有文明来寻找保全民族的道路"为观点。② 华西李恒老（1792—1868）可以说是具有这种见解的典型人物。特别是在丙寅洋扰（1866）以后对于西方列强的频繁挑战，他展现了不仅仅是对于天主教而且是批判西方全部文明的更加强烈的斥洋立场。进入朝鲜的西方文物有很多种，但他却说这些都是奇怪的不祥的，不仅对百姓的日常生活不祥，而且是会引起更大灾祸的东西，并且认为不接受西方的器物是拒绝西学的最有效的方法。当然，当时因为由西方列强的帝国主义肆意掠夺、武力挑衅和不平等通商等而产生的损失，有充分的理由可以把西学或者西方判断为邪。

说不定用否定拥有强大实力的外国势力来确保自己的认同性是非常自然的现象。但现实情况分明是不能紧闭大门维持传统文化的纯正性。在此陷入了不得不根据新的现实环境来调节认知图式，变化现有文化的情况

---

① 参考陈强立：《论近百年来儒家的文化发展构想》，《鹅湖》，17 卷第 10 期，1992 年 4 月，第 25 页。

② 吴锡源：《华西的义理思想和斥邪正思想》，华西学会，《华西学论丛》，创刊号，2004 年 11 月，第 14 页。

中。那么，近代儒家学者们用什么方式来调节或者变形他们的思维图式，建立文化层面的发展构想呢？那么要把文化层面的认知图式调节到哪一个程度呢？文化层面认知图式的调节可以分为两大类。首先一个是部分（甚至是表面的）调节或者属于低的阶段；另一个就是不仅仅是部分而且连内部都调节得属于较高阶段的调节，可以分为这两个阶段。① 可以说前者是一种取舍选择的形态，后者是全面交替形态的调节。所谓的取舍选择就是保存自我吸收别的事物长处的形态，也就是以张之洞（1837—1909）说过的"旧学为体，新学为用"② 为基础的"中学为体、西学为用"就是属于这个。后者全面交替形态主张的核心是通过整体的调节改造内部是必须的。是因为有能让西方的科学技术或者是制度变成可能的精神层面的主题，有逻辑的学习交替它也是一种需要的主张。

但是当时大部分的儒家们都有一种想要部分调节认知图式，在低阶段进行的强烈意识。这种意图在保存他们传统文化的同时，把西方的新文化收入囊中却不是两者择一的方式。但是对这种作为缓和这种中学与西学紧张的折中论的"中体西用"的观点，从谭嗣同（1865—1898）和严复（1854—1921）那里受到了有根本逻辑上瑕疵的批判。③ 谭嗣同认为洋务派强调的科学技术，也就是属于"中体西用"里面的"西用"的船舶、火车、电或者制铁等器物或者技术等，是属于西方文化的枝叶而不是根本。谭嗣同从基本上否定"中体"与"西用"的二元论，把西方文化的"体"和"用"看成是一个有机整体。严复也认为"中体西用"与"以牛为体以马为用"④ 是一样的。严复的这种批判，指责"中体西用"的观点是无视文化具有整体性特性的论点。也就是说中学有中学的体用，西学有西学的体用。在这一点上，日本的福泽谕吉（1835—1901）评价文化为单线发展的进化论序列。

而且文明不是正在死亡的事物而是活着并且会改变的东西。改变并且

---

① 参考劳思光著：《中国文化路向问题的新检讨》，东大图书公司，1993 年，第 47—49 页。

② 《张文襄全集》，《劝学篇》，文海出版社，台北，1963 年。

③ 《谭嗣同全集》，《报见元征书》，"所谓洋务，第就是所见之轮船已耳，电线已耳，火车已耳……凡此皆洋务之枝叶，非其根本。"

④ 参考严复：《与崴脚报主人论教育书》，《严几道诗文钞》，文海出版社，台北，1969 年，卷四，第 19 页。

进步的东西一定会经过顺序和阶段。也就是说从野蛮到半开化，从半开化到文明的进步，并且现在这个文明实际上也是在进步的。①

在这里，福泽谕吉说过把文明看成是进步，并且把西方文明看做是最高阶段的文明，日本要把学习这种西方文明当做是目标的话。② 并且在他的《文明论之概略》中说，想学习西方的时候有一点一定要注意，具体一点就是"文明的精神"，这是产生欧洲与亚洲之间差异的原因。所以强调单纯只学习西方文明的外形是困难的，一定要首先具有这种文明的精神然后与外形相互相应。③ 这就是以福泽谕吉为首的日本明治维新派从根本上把西方文明看成是一个不可分的整体。正因为如此，他们主张不仅要学习模仿西方的技术文明，还要学习和模仿把这些技术变为可能的精神层面的文明。与福泽谕吉的主张相比，中国的洋务派和朝鲜的东道西器论者维护着儒学固有的精神和世界观，只关心军事技术或者机器制造等物质层面，这两种观点是有着明显区别的。

四　儒学的顽强自我意识与文化的发展构想：中体西用与返本改新

在西势东渐下，儒家学者为了适应近代新形势，提出与西学结合新的文化层面的发展构想。一开始想与西学结合的洋务派，在"中学为体、西学为用"的原则下吸纳"西艺"，也就是西方的近代科学技术，在接下来出现的初期变法派们想吸纳"西政"，也就是西方的政治学说。他们关心西方的科学技术或者政治学说，是什么让西方变得强大，以及如何才能为我所用。在这种观点下，鸦片战争以后出版《海国图志》且努力介绍西方的魏源（1794—1856）提倡"师夷之长技以制夷"的师夷说④，他所

---

① 参考福泽谕吉：《文明论之概略》，《福泽全集》，国民图书株式会社，东京第四卷，第10—17页。

② 《文明论之概略》，第 10 页。

③ 同上书，第 16 页。

④ 在魏源《海国图志叙》，《默觚——魏源集》（辽宁人民出版社，1994）第 270 页有关于写《海国图志》这本书的理由的话，即为了用蛮夷打蛮夷而写，把蛮夷的长处技巧作为老师而压制蛮夷（为以夷攻夷而作，为师夷长技以制夷而作）。

说的要学习蛮夷的长处和技能就是在鸦片战争里发挥威力的大炮和军舰。第二次鸦片战争（1856—1860）以后，冯桂芬（1809—1874）在《校邠庐抗议》中主张引进西学，这西学的内容是数学、物理学等自然科学。他主张把中国的人伦名教当做原本，用西方的富强作为补充。[①]

1880年代王韬（1828—1897）或者郑观应等被称为早期变法派的知识分子们想在议会制度或者学校制度中寻找西方富强的根本，把关心的问题移到对于议会制度领域的学习。也就是说，清末把西学的内容从机械技术领域到自然科学领域又到社会制度的领域进行了扩大。洋务派把圣人之道的传统价值体系作为中心的文化层面思维构造进行部分的调节，仅仅把西学限制于"用"（技能）的范围之内，展现了寻求像西方一样的富国强兵的中体西用的观点。通过中体西用把富国强兵当做目标的观点，是想把从经世致用与内圣外王的传统儒家理念中出来的中国的道与西方的器相结合，把中体西用的观点通过西方的科学技术或者政治制度来实现。

实际上，在中体西用的观点中一直把西学或者西方文明限定于用的部分的主张的历史是久远的。一般来说"中体西用"的观点仅仅被看做是从张之洞开始的，但实际上相当于中体西用最原始形态的内容在他之前很久就已经出现了。具体来说乾隆四十七年（1782）完成初稿，五十四年印刷出版的《四库全书总目提要》把西学分类为子部杂家类。[②] 在《四库全书总目提要》中把西学的内容归属为末端的技术，并且探求的法则也是非常支离破碎的，所以并不是全面无视西学的价值。至少在科学技术层面上承认其有很多成就，在技能层面的内容虽然仅仅采取一部分，但是叙述了禁止传达西学学术层面法则的事。[③] 鸦片战争爆发大概半个世纪以前出现的这种对西学的官方评价和政策，与以后在清末出现的中体西用论或者近代朝鲜王朝末期的东道西器论的观点是一脉相承的。

特别是，虽然接受西方的科学技术，但是经常在朝鲜东道西器论学者

---

① 冯桂芬：《探西学议》，《校邠庐抗议》，"以中国之伦常名教为原本，辅以诸国富强之术。"

② 《四库全书总目提要》，卷125，《子部·杂家类·存目二》，"特所格之物皆器数之末，而所穷之理又支离神怪而不可诘，是所以为异学耳。"

③ 《四库全书总目提要》，卷125，《子部·杂家类·存目二》，"欧罗巴人天文推算之密，工匠制作之巧，实愈前古……国朝节取其技能，而禁传其学术，……。"

们的观点中，发现彻底排斥对宗教部分的观点。比如金允植以"排斥西方的宗教接受技术"①的伦理为基础，主张为了拯救道，器也要一起发展。申箕善（1851—1909）认为西方的法是耶稣教，所以对于如果效仿西方的法就是效仿他们的教的赤邪派的批判，②主张通过道器相分的伦理，主张道的不变性与器的随时易变性。

这就是不明白道与器其实是分离的。在古今和宇宙里不变的是道，随时在变且无法固定的是器。把什么称为道呢？三纲五常和孝悌忠信就是道，三纲五常的道与太阳跟星星一样发光，纵使是去了蛮夷的土地也是不能毁掉的。那么器是什么呢？礼乐、行政、服饰、器用等就是这个器。这些即使在尧、舜、禹以及殷、周的时代里依然是有损益的，那么在数千年以后是怎样的呢？只要有利于国家的话纵使是蛮夷的法也可以实行。③

因为儒家的道德与支配秩序是不可分的，所以申箕善主张维持现状，并且容纳西方发达的技术器械以谋求富国强兵的理论。他把道具体地分为三纲五常和孝悌忠信等儒家的道德体系，他认为这个道是超越了时间和空间，绝对不变的具有普遍性的东西。与之相比，器是随着时间而变化的无法固定的东西，所以如果那个能对国家或者百姓有益的话就算是蛮夷的法也是可以容纳的。这种作为一种儒家式的随时变通的观点，东道西器论所主张的立场在金允植那里也可以发现。④东道西器论者们作为熟知西器的优越性的有经验的人们正视了现实。他们主张容纳西器的事是一种现实的对策。他们在维持着儒学的同时又想容纳西方文明的试图中应该可以说，是试图为"东道西器"作逻辑上的辩解。⑤

---

① 金允植：《晓谕国内大小人民》，《金允植全集二》，第81页，"斥其教，校其器。"

② 申箕善：《农政新编》序言，"西人之法耶稣之教也，其效法是服其教也。"

③ 申箕善：《农政新编》序言，"是不知道与器之分也，夫古穷宙而不可易者道也。随时变异而不可常者器也。何谓道。三纲五常孝悌忠信是已。尧舜周孔之道炳如日星，虽之蛮貊之邦不可弃也。何谓器？礼乐行政服饰器用是已。唐虞三代尚有损益于数千载之后乎，苟合与时苟利于过，虽夷狄之法可行也。"

④ 金允植：《十六私议—第六页市》，《金允植全集一》，第489页"法如果穷了就变化，变化了就通了，自古以后没有不变的法。"（法穷则变，变则通，自古未有不变之法）

⑤ 请参考朴正心：《通过申箕善儒学经纬发现的东道西器论的特征I》，《历史与现实》，60号，第316页。

主张中体西用论或者东道西器论的人们在顽强地不抛弃儒家式世界观的同时，试图结合现实所需的西方的科学技术。换言之，这就意味着根据儒家顽强的自我意识，就算变化文化层面的认知结构，也不会不顾一切地大范围地发动调节机制。时代越发展这种坚固的儒家文化层面的认知结构越要调整，也就是说积极改变的趋势或倾向开始变强大了。这种趋势实际上从康有为（1909—1995）和梁启超（1873—1929）等维新派①，就算到熊十力（1885—1968）、牟宗三（1909—1995）等现代维新派学者都出现了非常明显的倾向。

现在新儒家学者与在传统文化和西方文化中要选择哪一个的国粹主义或者全盘西化论的二者择一的方式不同，采取把这两个作为都可选择的方式，与中体西用的观点没有什么不同。现在新儒学家和中体西用在承认儒家的传统的价值体系和文化体系的观点上很相似，中体西用的观点是想通过强制的同化认知方式把西方文明分别归入儒学的传统范畴、概念中来理解的倾向，与之相比，现代新儒家强调普适意识，留心中国文化具有的超越文化本性的探索，同时展示想要部分调节文化层面认知图式的企图。与仅仅把西方科学技术限制于用的部分而认为体的部分是坚定不动的中体西用的立场不同，现在新儒家认为体的部分也需要慎重地调节。但是这个方式依然不是用西方的东西代替，而是在儒学的范畴内图谋发掘新的或者调节再认识的方法，这就是"返本改新"的观点。也就是说，现在新儒家的文化层面的发展构想意味着在维持着儒家哲学范畴与世界的情况下，努力接受现代西方文化并且变为己有。这个问题通过熊十力和牟宗三来简单看一下吧。

熊十力为了解决辛亥革命的失败原因和2000年间有影响力的儒学为什么会这样的没落这两个问题，他认为需要把精神方面的革命变成可能的主题或者新的自我定位，要出现可以适应新历史环境的有创造性的哲学体系。这个哲学体制至少一方面要继承中国的传统；另一方面就是要能解决当时中国的现实问题的体系才可以。关于这个熊十力的解决方案就是通过

① 维新派的西用范围更加大，包含了科学技术以外的西方政治制度。与之相比，他们所说的中体仅仅是把礼乐教缩小到所谓的道德范畴。关于这个请参考房德邻《儒学的危机与嬗变》，文津出版社，1991年，第82—83页。

被称为"体用不二"和"即体即用"的形而上学式的本体论的成立，而实现自我的问题。[1] 他认为西方的思想或者文化中决不只是有实用科学，因为它里面有深奥的形而上学、宗教、伦理，所以只有通过系统的研究才能说是真正学习了西方的精华。这不仅是对全部社会论者的批判，同时也是对"中体西用者"的批判。换句话说，就像中国文化中有体用一样，西方也一样的不仅仅有用还有体，所以他主张中国与西方的真正结合不是无体之用和有用无体的结合。

在熊十力强调的体用的观点想重新规定方法程序和文化层面的发展构想，他的意图是为了复兴传统中国文化或者儒学，反而成立了只有破坏传统文化具有盲目的偶像才可能探求普遍真理的前提。在此，他说需要调节文化层面的认知图式。但是熊十力通过对中国文化本体论式的探求，认为可以对西方哲学的基础有批判性的探求，并且要建立为了实现真正学习与探求的基础。只有这样才能真正学习西方的智慧。[2] 也就是说，熊十力为了学习西方，强调对儒学彻底地分析和认识这一前提。

牟宗三以传统的儒家哲学为基础，吸收汇通西方思想与文化，展示了想要再建现代化儒学的试图。为了在现代条件下继续发展儒学，第一需要观察传统儒学的长处和它缺乏的要素是什么，拯救该救的，摸索不足的，也就是所谓的损益方式。牟宗三算是传统儒学具备的内圣心理学普遍价值比较高的，他认为外王是不足的，现在新儒家的任务是建立现时代需要的新外王理论。在儒家学说发展的第三阶段，儒家应该负起的责任可以说是展开这个时代需要的外王理论。现今这个时代需要的新外王就是科学和民主政治。[3]

从根本上来说，就是缺乏科学技术和民主主义。牟宗三说"内圣强外王弱"，他认为需要开展现代意义的新外王论。为此，他提出了有名的从内圣到开出现代化意义的外王论，也就是"内圣开出新外王"。在此所说的新外王内容已经不再是传统儒学里面所说的齐家、治国、平天下，而

---

① 参考郑秉锡：《熊十力与现代新儒家的形成》，《东阳哲学研究》，第 17 集，第 44—47 页。

② 参考杜维明著：《探究真实的存在：熊十力》，林镇国译；罗义后编，《论新儒家》，上海人民出版社，1991 年，第 396 页。

③ 牟宗三：《政道与治道》，学生书局，1970 年，第 12 页。

是指西方近代的民主主义与科学技术。现在新儒家提出了"怎样在保存传统内圣的同时，在它的基础上导出以西方民主主义和科学技术为代表的现代化新外王"这一问题。牟宗三把"内圣开出新外王论"通过所谓的"良知自我坎陷"来解决。简单来说，就是与通过传统儒学道德心的直通（直接导出或者扩大）所说的内圣外王不同，为了导出民主政治和科学一定要把道德心转换为认识心。也就是说道德主体暂时坎陷，转换出认知主体，才能在此开展客观的科学技术和民主制度。换句话说，通过这种转换的理论理性与道德理性无关，理性的构造性表述与成果（也就是知识）也变得与道德不相关。在此理论理性的活动与成就都是非道德的（不是指违反道德或者非道德）。[1] 道德理性的自我坎陷说是想把儒家自身所具有的本质精神与民主主义，科学间的关系用特定的方式处理的理论。把道德转换为非道德，也就是道德中立，分化科学与政治，使科学的独立性与政治的独立性变成可能。通过所谓道德理性的自我坎陷，使科学与近代化国家、政治、法律都可以在此出现的观点就是新外王理论。[2]

牟宗三通过良知自我坎陷理论从内圣到新外王的开展，有着现实性的限制，德性主体与知性主体，即道德与知识的关系仍然无法摆脱体用本末的传统关系，依然有内圣强大而外王弱小的传统限制。关于牟宗三所说的新外王理论，学界的评价是两极分化的。但是我们在此所关注的点是，儒学的自我意识或者说认知图式依然在完全拒绝着全面性的调节。

五　结束语

前面我们通过所谓儒学的文化认知结构的视角，在从西学东渐的清末至今约 150 年的时间里，儒学顽强坚持的自我意识同时又想容纳西方优秀的科学技术和政治制度的情况进行了分析。在西方的挑战下，儒家学者的历史使命就是怎样保存传统儒学的文化认知图式与思维方式的同时吸收现代西方文明。传统儒家所采取的方式不是非此即彼的全面替换而是取舍选

---

① 牟宗三：《政道与治道》，学生书局，1970 年，第 58 页。

② 参考郑秉锡：《对于儒家的圣王理念的批判性的研究》，《哲学研究》，第 61 集，第204—205 页。

择的体用文化层面构想。这种方式从根本上看就是儒家学者从他们具有的文化优越感或者自尊心里流露出的文化层面的发展构想。

实际上所谓体用论的文化发展构想，正如严复所指出的那样，中体西用在逻辑上受到了限制，这犹如"牛体马用"一样。假如维新派主张的"中体西用论"或者徐光启（1562—1633）或者李之藻（1565—1630）所说的"西学中源论"是事实的话，除此之外，中国文化与西方文化分明是没有内在联系的异质东西，所以无法随意结合中体和西用。从历史层面来看，以洋务派为中心主张中体西用的人们的观点是没能成功的。因为已经用多次战争的失败来最有效地证明了它。

那么怎样做才能使儒学既能传承自我又能全面吸收西方文化呢？最有效的方法就是寻找儒学与西方文化的内在统一性。为了让这个成为可能，首先要对儒学进行仔细的分析，区分即使在现在也依然有普适性的儒学传统思想和封建余毒（杜维明语）的部分。把构成中体或者东道的内容称为伦常名教（洋务派的冯桂芬），三纲五常和孝悌忠信（申箕善）等的儒家封建纲常名教的秩序体系，与此相对的杜维明把儒家认同性称为是发掘他们固有具备的儒家式意义的理性主义或者人道主义等的资源。[1] 虽然有过度阐释的嫌疑，但是这些尝试可以看成是在寻找东西文化的内在联系。

儒家学者在一开始就把西方传教士传来的科学技术分类到了经世学，他们当时也许没有想到这些东西会威胁到儒学的价值认同。在历史发展过程中，由于西方文明的强烈且持续的影响，大部分人都完全放弃了儒学固有的思维图式。但是他们必须扪心自问，在放弃儒学的固有思维图式之前，对于儒学那些在现代社会还依然有适用价值的部分，有没有进行认真的分析和研究。

（中文校对：石永之）

---

① 参考杜维明著：《儒学第三期发展的前景问题》，林镇国译，罗义后编，《评新儒家》，上海人民出版社，上海，1991 年，第 122—126 页。

近代儒学界的变化与宗教化运动的开展

——以朴殷植建立大同教运动为中心

韩国国学振兴院　金淳硕

儒家思想到底是宗教还是哲学？这是一个在学界仍没有定论的课题。如果称之为儒教，就具有较强的宗教性；如果称之为儒学，则包含较强的哲学意味。若要称之为儒教，就要首先定义何为宗教。然而，"宗教的定义就如同宗教学者的数量那样多种多样"。加地伸行对"把宗教设定为必须怀有敬畏心绝对皈依的唯一神"的宗教观进行了批判，他把宗教定义为"死亡和死后的说明者"。

主张儒家思想不是宗教的学者认为，儒教是摆脱了迷信和政教一体的意识革命，是以人为中心的当世伦理规范，是否定来世的现实主义，并据此判断儒教不是宗教。池田秀三对"儒教宗教论"和"儒教非宗教论"进行研究分析后做出了这样的结论："我不是主张儒教不是宗教，而是说还达不到宗教的程度。"他的结论指出，在儒教中虽然有宗教的要素，但还不充分判断为宗教。对儒教不是宗教的这种见解，一些学者将其批评为用西方人的观点，用以基督教为标杆形成的宗教概念，将宗教分为"完全宗教"和"不完全宗教"。

所谓宗教并不具有一定的实体，它是"人类生活中与圣灵相通的经验的表象""只是在人类的生活中展示宗教性乃至宗教的形式而已"。进而，从儒教中，我们可以发现对超现实存在的信仰、教团组织形态，还有存在主义神学家田立克用宗教的本质规定的"终极关怀"①的信念体系等。

---

① 终极关怀（ultimate concern）是宗教性的关心，即对终极存在（ultimate reality）的疑问，是基督教学者 Paul Tillich 提出的概念。Joachim Wach 积极接受，并确认为超越特定宗教传统的综合性的宗教定义。Wach 在"宗教经验的多样性"（The Varieties of Religious Experience）中将终极存在解释为对"人类的意识存在"的深刻而总结性的感受。参考安阳圭，《终极存在的涅槃》，《宗教研究》，第 40 页，韩国宗教学会，2005 年秋。

西欧人把佛教和道教经典翻译为"圣经〔scripture〕",把儒教经典翻译为"古典〔Classic〕",是有区别的。东亚人不仅研究儒教经典,而且内化于心,按照其教诲进行生活,获得内心的力量和勇气,儒教经典的作用与圣经修行的功能是相同的。

因此,就如同西方人信赖圣经那样,儒教经典成为东方人的生活中的重要教材。儒教中天、上帝和太极等"对最终存在的最终关心"成为经典,但同时也十分重视像"洒扫应对"①那样的日常生活品德。由于儒教包括了人类生活的大部分内容,因此,不能适用西欧的二分法框架来判断它的特征。因此,我们为了理解儒教的宗教性,应当从"儒教宗教论"和"儒教非宗教论"二者选其一的思考中解脱出来,把目光投向儒教所内含的宗教性格。

儒家思想就是这样,既可以被看作宗教,也可以被看作哲学。本文将对从 19 世纪末到 20 世纪初外国势力侵略时期在韩国兴起的儒家思想的宗教化运动的现象进行分析研讨。生活在大韩帝国末期,日帝占领时期的朴殷植(1859—1925)通过儒教的宗教化运动,凝聚国民精神,开展恢复国权的活动。作为其努力的一个环节,主导了大同教建立运动。这个时期,儒教的宗教化运动统一了被分裂的国内舆论,通过儒教努力从外国势力中保持独立。

一　西欧宗教的传入和大韩帝国末期宗教界的变化

门户开放之后开始传入的基督教是和儒教不相容的宗教,为什么这么说呢?因为基督教不祭祀先祖,把上帝置于君权之上。但基督教中还包含着令人恐惧的武器和能够救人于绝境的医术以及学校、轮船、汽车等文明利器。朝鲜王朝被帝国主义列强打开门户后,儒生们依然担当着社会的指导阶层的角色。他们在威胁国家存亡的危机中确认自身的信念,并按照信念采取果断的行动。但是这些努力却被无视,因为儒生没能保护好国家,国权丧失的责任自然落到了他们的头上。

儒生的抗日运动大体上分为保守派的为正斥邪论和东道西器论者的爱

---

①　洒扫应对:洒水清扫庭院,听候吩咐的意思。小孩在上学前应具备的品德之一。

国启蒙运动以及主张自强论的开放派。其中，开展儒学的宗教化运动的是东道西器论者。他们以现代化的方向和民族精神为基础，在恢复国权的斗争过程中起到了很大的作用。他们没有用理学的义理论的方法来宣传，而是用鼓吹民族精神乃至国魂的方法，查明文字和历史等民族文化的实体，从而形成了民族共同体的意识。主导儒学宗教化运动的代表事例可以从朴殷植和张志渊等人主导的大同教运动以及李成熙、李炳宪、宋基植、朴章炫等人主导的孔教运动中找到。

儒学的宗教化运动就是道德和伦理，即精神上固守传统，形式上靠近西方的东道西器论者们开展的救国运动，又被称为中道改革、稳健改革和改良主义，等等。以传统思想为基础，同时接纳现代事物，同时具备了保守性和改革性。在保守派的立场上误认为开放派，而在开放派的立场上来看却被误认为保守派。

大韩帝国末期，开展儒学宗教化运动的改新儒学人士的共同点是为了拯救处于危机中的国家，号召全体国民团结一致。而这就需要有一个让国民团结的思想的凝聚点，这个凝聚点就是儒教。出现这样的想法的原因是由于相信西方国家信奉基督教，重视科学，从而走上了强国之路。因此要接受西方文明，建设近代民族国家，富国强兵，就必须有一个国教。改新儒学人士认为儒教在我国具有思想中心的作用，为了凝聚国民思想，大同教运动便在这样的背景下展开了。

1907 年李完用、申箕善等亲日人士组织大同学会，打着扩大儒教的旗号，显示出儒生界亲日化的意图。大同学会以儒道为内核，新文化为外衣，使新旧思想统一起来，以力图发展儒学的名义，由 13 名发起人创立起来。推举申箕善为首任会长，制定工作方针。大同学会每个周日开展巡回讲演会，宣传学会的成立宗旨，也着重宣传启蒙知识。在同年 12 月 1 日举行的总会上，总督伊藤博文参加并发表演讲，清楚地指明了学会发展的负责人。

日帝动员亲日儒生们通过演讲会、年会等形式，谋划儒生界的亲日化。大同学会本来的目的不在儒教改革，而是为了确保与日本政界核心势力相勾结的亲日势力。大同学会 1909 年 10 月改名为孔子教。日帝为实现儒生界的亲日化，积极采取攻势，一部分儒生们协助日帝开展工作。儒生界亲日化倾向一经显现，朴殷植、张志渊等民族志士们便建立大同教来对抗大同学会。

朴殷植认为，要建设富国强兵的国家，只有全体国民信奉一种宗教才能聚集强大的力量，以此为基础成就大事业。他从西方基督教中找到了与此相对应的例子。他强调，如果软弱的儒生界不进行改革，国家就将灭亡。他在宗教中寻找解决克服危机的方案。朴殷植认识到，比起宗教的自然功能，拯救民族于危难才是更重要的。

儒学的宗教化运动作为回答时代面临的问题，追求强化儒教体质的新的认识和实践，在思想史上具有明显的倾向性。东道西器论者中一部分人士开展的儒教的宗教化运动是通过改革儒教来找到应对现状的方法，是当时救国运动的一环。儒教是我们精神文化的根基，因此，根据现实情况进行儒教的改革，才能凝聚国民精神，进而以凝聚人心的基础达到实现现代化的目标。他们试图从儒教中找到实现理想的大同社会的实践方案。

儒教改革论者对儒教进行宗教化改革的动机大概可以总结为两个。一是因内乱和改革导致封建体制瓦解，儒教理念衰退，为保存儒教凝聚国民精神而改革。二是为了反制日帝的民族精神抹杀政策。开展儒教宗教化运动的儒学者们通过这个运动，重新树立衰退的国魂，灵活应对日帝的压制。出于对信仰的热情，追求再建一个宗教化的儒教，继承传统儒教文化在我们传统文化中积蓄的力量。

二 大同教建立运动和世界和平主义

朴殷植将西方文明的两轴理解为科学和宗教。物质文明的发达来自于科学，精神文化来源于基督教。在东洋社会，能够代替基督教的首推儒教。东方国家虽然崇信孔子，但是却不及西方国家对宗教的崇信。西方各国由于保持对宗教的信仰，因此得以保存国脉。但是，我们亚洲为什么不能坚持维护孔子的学问呢？他发现西方先进国家强盛的原因之一就是信奉宗教，认为从宗教中可以凝聚国民精神力量，宗教是推动国家发展的原动力。儒教在东方社会中流传久远，然而却不像佛教、基督教那样繁盛，原因就是原本简单而清晰的孔子思想随着岁月的流逝失去了其核心和本源，变得繁杂而且空泛，很多人无法理解。他认为将儒教定位为国教，团结全体国民，是克服现实危机的可行方案。① 从这点可以看出，他所主导的儒教宗教化运动带有民族运动的特性。

为建立大同教而开展的较为具体而成熟的讨论是在 1909 年 8 月 31 日。这一天，在北部红岘李范圭的家中召开了发起会议，宣布大同教的教名是为了表明孔子的大同主义而命名的。当天出席人员有 60 余名，选任李容植为总长。之后，1909 年 9 月 11 日召开总会，举行了大同教创立仪式。此时，朴殷植和张志渊等人一起作为主要成员参与活动，选任的大同教干部如下②：总长：李容植；总司：李范圭、李胤钟；宗教部长：朴殷植；教育部长：元泳义；编辑部长：张志渊；掌财部长：李秉韶；典礼部长：赵宛九；议事部长：申夏均。

孔子诞辰纪念日创立的大同教的教名其来源从《礼记》和《春秋》中可以找到。朴殷植从《礼记》的《礼运》篇和《春秋》的《公羊传》中寻找大同思想的根源，认为孔子的大道就在大同思想中。《礼记》中展现的大同世界是这样的：

> 大道之行也，天下为公，选贤与能，讲信修睦。人们不只把自己的父母当做父母，不只爱护自己的子女。老人老有所养，年轻人有用武之地，小孩得到养育，鳏寡孤独都得到照顾。男人有事可做，女人找到归属。大道之行，不仅懂得珍惜财物，而且知道奉献社会，不仅尊重能力，而且懂得尊重人。由此，歪门邪道断绝，盗贼消失，夜不闭户，路不拾遗。③

朴殷植认为历史发展都是按照从乱世经过升平再到太平，即按照大同的世界规律运行的，因此，为实现最高阶段的大同世界而创立了大同教。④ 创立之后，随即在成均馆丕闻堂举行了开教仪式。开教仪式上，教长以下各部大臣和多位干部以及绅士 200 余名参加。⑤ 当时的大同教中，官僚作为主要参加人员。首届总长李荣植为前任学部大臣，他再次被任命

---

① 刘准基：「韩国民族运动和宗教活动」，国学资料院，2002 年，第 83 页。

② 同上。

③ 『礼记』第九「礼运」，『汉文大系』十七，东京：富山房，1984 年，第 1～2 页。大道之行也，天下为公，选贤与能，讲信修睦；故人不独亲其亲，不独子其子，使老有所终，壮有所用，幼有所长，鳏寡孤独废疾者，皆有所养，男有分，女有归；货恶其弃于地也 不必藏于己，力恶其不出于身也，不必为己。是故谋闭而不兴，盗窃乱贼而不作，故外户而不闭。

④ 金基承：「白巖 朴殷植 思想的变迁过程」，20 页。

⑤ 「大同开教」，『大韩每日新报』，1909 年 10 月 12 日，第 3 页『杂报』。

为学部大臣后，由金允植担任总长①。大同教 1909 年 11 月 14 日召开议事会选举干部，公布了新制定的规则。②

　　大同教在全国范围内扩张，在十三个道建立支部组织开展活动，选任当时皇城新闻社社长柳瑾为地方部长。之后，为扩张教势的努力没有间断。1910 年 1 月将教主孔子像供奉在会馆内。③ 同年 7 月 17 日，大同教干部金相卨视察平安北道支教。从这些事例可以看到为了扩张教势付出了很大的努力。④

　　大同教的财政状况非常困难。初期完全依靠干部和官僚的捐助金，⑤后来财政状况更加恶化，变为一般会员每月捐助 10 钱。⑥ 尽管财政困难，大同教干部们还是计划刊发"圣经"。⑦ 由于主导大同教的主要人士都是具备改革愿望的人，因此常与儒生界人士之间发生摩擦。大同教会员在成均馆丕闻堂穿常服进入大成殿，经常发生因服装不当被拒绝，这还算是比较好的例子。⑧

　　大同教干部中，像李容植、金允植、李址镕等官僚出身的人多，因此比较容易得到学部的支援。汉城北部安东畿湖学会的会馆和学校竣工后，大同教立刻向学部请愿准备利用这个会馆。⑨ 接到请愿的学部随即批准其使用畿湖学会会馆。⑩

　　大同教内，朴殷植、张志渊等成为中心力量。日帝为了使儒生界亲日，大力开展怀柔攻势，作为把握我们灵魂和精神的一环，创立了一进会和大同学会。大同学会在 1907 年是出于确保支持势力的目而建立的，声援日本的强制合并。这个学会于 1909 年 10 月改名为孔子教，紧随一进会

　　① 『大韩每日新报』，1909 年 10 月 14 日，第 3 页『杂报』。

　　② 「大同教的社会」，『大韩每日新报』，1909 年 12 月 14 日，第 1 页『杂报』。

　　③ 「孔子肖像奉安」，『大韩每日新报』，1910 年 1 月 30 日，第 1 页『杂报』。

　　④ 「大同教讲师招聘」，『大韩每日新报』，1910 年 5 月 6 日，第 1 页『杂报』。

　　⑤ 「补助金捐赠」，『大韩每日新报』，1909 年 12 月 18 日，第 2 页『杂报』。大同教运营财政困难，副教长李志龙和参教员尹德永捐助数百元。

　　⑥ 「月年金 缴纳」，『大韩每日新报』，1910 年 4 月 3 日，第 2 页『杂报』。

　　⑦ 「圣经发刊协议」，『大韩每日新报』，1910 年 7 月 3 日，第 2 页『杂报』。

　　⑧ 『大韩每日新报』，1909 年 10 月 12 日，第 2 页『杂报』。

　　⑨ 『大韩每日新报』，1909 年 11 月 2 日，第 3 页『杂报』。

　　⑩ 「会馆许可」，『大韩每日新报』，1909 年 11 月 12 日，第 3 页『杂报』。

开展亲日活动。① 大同教的教理竭力宣传孔子的教诲中天下的大同和正理，崇尚孔子，以天下人一起回归仁爱为主要内容。② 这是脱离当时流行的社会进化论和民族主义界限的世界和平主义的思想。朴殷植在大同教创立仪式上发表的"孔夫子诞辰纪念会演讲"中，对大同教传播到世界各地，促进世界进步，实现天下为公的美好理想进行了展望。③

朴殷植少年时代学习朱子理学，青年时期学习实学和西欧启蒙思想，壮年时期立志于世界和平主义，经历了不同的思想阶段。他在大韩帝国末期主导参与的大同教建立运动是根植于世界和平主义思想上的。他的世界和平主义是建立在各民族独立自主，相互信赖的基础上的一种和平共存的追求。若要在弱肉强食和优胜劣汰的生存竞争的环境里，在残酷的现实世界中维持世界和平，每个民族必须拥有维护和平的力量。为此，通过发展教育和产业来实现富国强兵。④ 他立足社会进化论，一边推行这样的主张，一边渴望着人伦和道德的回归。他的世界和平主义不是依靠力量的伦理，而是以道德为基础的。然而，他认识到若想在帝国主义列强的侵略中求得生存，就需要具备内在的力量储备。

进入1910年，大同教突破一进会的不断拉拢和破坏，不断扩张本教势力。为了扩展本教势力，同年1月25日开始，开设会馆，教务员一边传教，一边着手开展发布教规和著书立说工作。⑤ 同年4月，大同教总馆开设讲习所，着手开展教育工作，学员达到50余名。教师由大同教员担任，免费授课。⑥ 尽管大同教持续积极开展活动，但由于受到总督府的监视和打压，1910年8月，随着国家的灭亡，大同教也被随之解散。

大同教设立运动从以下三点来看，具有近代儒学试图自我发现的深刻意义。第一，从长期保守而僵化的儒学思想中解脱出来，接纳西方近代思想，采取了现实改革论的立场。第二，赋予儒学宗教色彩，开创了组织教

① 刘准基：「韩国近代儒教改革运动史」，亚细亚文化社，1999年，第85页。
② 「孔夫子诞辰纪念会讲演」，『全集』第5卷，第458—462页。
③ 同上。
④ 同上。
⑤ 「大同开讲」，『皇城新闻』，1910年1月23日，「杂报」。
⑥ 慎镛厦，「朴殷植的儒教求新论·阳明学论·大同思想」，『历史学报』第73辑，1977年，第80—81。

团的新局面。克服西方科学、哲学、宗教的分裂现象，通过综合的认知，强调儒学具备宗教性的特性，让儒教向超越民族间矛盾和分裂的世界和平主义方向发展。第三，儒学的宗教化为通过教育和产业奖励的实践性提供了担保，提出了富国强兵的具体方案，从这点来看，已经脱离了以往空泛的框架，发展为实践性的运动，但却由于日帝的打压遭受挫折。

　　大同教除了具备的优秀思想做基础之外，也存在不少缺陷。首先，儒教本质上带有帝王学的特性，因此，虽然有必要将它和民智与伸张民权联系到一起，但是却不能成功。第二，将儒学的经典翻译为易懂的文章的工作以失败告终。第三，引领教团发展的后备力量不足，教团不能开展组织化建设。第四，大同教的人员构成有问题。首任会长李容植和次任总长金允植，还有次任副会长李址镕等在1910年亡国后，被任命为中枢院译官，接受恩爵，为日帝侵略所利用。其中李址镕为乙巳5敌之一。

三　结论

　　19世纪末，西欧势力的入侵震惊和冲击了长期封闭的朝鲜社会。西方人具备让人惊讶的科学文明的利器，宗教拥有至上的权力，君权之上存在上帝。这些对于当时作为领导阶层，接受儒学价值体系的儒学者们都是无法接受的异端。特别是拒绝祭祀先祖，更被认为是无父无君的异端而受到打压。西方宗教势力通过设立宣教学校和医院开展传教活动，朝鲜人信徒逐渐增多。究其原因，是因为西方的宗教中，主张万民平等的普遍的价值观在没落的知识分子和平民中间扩散的结果。

　　不仅如此，随着日本侵略的加强，朝鲜人的危机意识也逐步增强。相反，基督教重视人类的尊重，强调自立精神，是教会势力扩散的又一个原因。此时，也是朝鲜的宗教界在艰难的外部环境中自发地进行教团整顿，强化步教活动的时期。东学党开除李容九等亲日派，果断改名为天道教，为扩张教势而整顿教团。佛教摆脱朝鲜王朝长期抑佛政策的影响，自发设立宗团，通过现代化学校的运营，开始接纳现代事物。

　　在这种状况下，儒生界通过自我反省，决定准备新的方案。部分具有改革意向的儒家学者在主张儒学界改革的同时主张开展宗教化运动。朴殷植就是其中的一员。他在初期埋头于朱子理学，随着他1898年开始在独立协会活动，逐步变身为开化思想家。他看到朱子学说空泛理论泛滥的弊端，通过具有实践性的阳明学知识，力图把儒学升华为宗教。他将西欧文明的两个轴理解为科学和宗教，认为西欧的物质文明的发达来源于科学，之所以能够实现富国强兵，是因为以基督教为中心，从皇帝到一般国民团结一致的结果。

他相信，为了国家强盛，全体国民必须团结力量，而凝聚点就应该是宗教。在韩国，这个凝聚点就应该是儒教。这是因为儒教在韩国流传久远，深入民心，获得广泛的支持。以此为基础，他开展了大同教运动。试图通过儒教的国教化，回归道德和伦理，接纳西方科学，发展产业，从而实现富国强兵。他认为，为建设强大的国家，就应当学习西欧的新科学，为学习这些新知识，就需要有优秀的老师，刊发众多的科学文明书籍，还要翻译大量的外文资料。为此，要派遣聪明的学生到西欧留学，学习他们的先进科学。

不仅如此，还要大量建立学校，提高国民知识水平和综合素质，才能实现富国强兵的梦想。出于这样的想法，他创立大同教并尽力普及推广。他认为，西方的科学技术领先东方，但西方的精神文化却并不比东方先进。因为在东方精神文化的根基儒教中，保存着西方人所不具备的道德和伦理。朴殷植认为，只有当物质文明和精神文化协调一致，相辅相成的时候，才能真正实现富国强兵。真正的富国强兵只有当儒教国教化，成为全体国民的一致信仰，再通过发展现代产业，实现物质财富的积累，才能最终实现。为了向更多的人普及新知识，他认为应尽快设立学校施行韩国文字教育，主张不是所有人都必须学习深奥的学问，要根据自身情况开展专业教育，提升大众综合素质。

大同教虽然遵循孔子的教诲，但并不是把孔子作为唯一神来信奉，而是力导唤醒人类内心潜在的道德性。这样的信仰出现在现实世界的时候，会带来世界和平和人类文化的进步。大同教是根植在世界和平主义思想的基础上的。世界和平主义是以各民族独立自主、相互信赖为基础的和平共存的追求。在严酷的现实世界，在弱肉强食和优胜劣汰的生存竞争环境中，若要维持世界和平，每个民族都应该具备维持和平的力量。朴殷植的世界和平主义不是依靠力量，而是以道德为基础。但他也认识到要想从帝国主义列强的侵略中获得生存，就必须积蓄内在的实力。

　　大同教建立运动从长期保守的思想中脱离出来，接纳西欧近代思想，站在改革的立场上，赋予儒学宗教色彩，开创了组织教团的新局面。通过发展教育和近代产业，提出了富国强兵的具体方案，脱离了以前空泛的理论框架，使运动更加务实可行。大同教超越民族主义层面，消减了纷争和分裂，竞争和对立，拥有致力于世界和平的优秀教理。但是，大同教从建立伊始，就有亲日人士参与，没有形成教理的体系化。而且，没有培养推动教团的后备力量，因此在日帝的干涉和打压下，没有进一步发展而最终被解散。

（中文校对：沈旺）

儒家思想与东亚现代化

北京大学中国文化研究中心　李翔海

一

近几十年来，"儒家思想与现代化"的关系一直是一个见仁见智的问题。围绕这一问题，形成了鲜明的对垒：一种观点认为，儒学是一种与现代化逆向的精神力量，有人甚至在归根结底的意义上把儒学看作是"封建遗毒"。这种观点可以溯源到马克斯·韦伯对"宗教与现代化"关系的考察及其对儒教与现代化关系的具体论述。另外一种观点认为，儒学是促进包括中国在内的东亚地区现代化的精神力量，即使仅从儒学自身的内在展开而言，也必然会将东亚社会带入现代化的进程之中去。这一派观点可以现代新儒家为代表。

从历史的事实看，儒学的确曾经是中国封建社会长期占主导地位的意识形态。在这个时期，就儒学作为一个整体所起到的社会作用而言，确实可以认为，儒学是为维护封建统治服务的。但由此将儒学完全归结为封建遗毒，并由此认定它只能是与现代化逆向的精神力量则未必妥帖。

首先，文化的发展自有其内在的继承性或连续性。即以韦伯对资本主义产生之历史过程的考察而言，其结论也是认为资本主义作为欧洲社会发展的现代形态，它是扎根于古老的基督教传统之中的。比起基督教来，儒学的确具有鲜明的现世性，这一品格使它总是在与特定现实的紧密关联之中生存和发展。但是，正如不少论者已经注意到的，在中国哲学中，实际上是涵括了不少在西方文化中属于宗教的内容的。① 就儒学而言，它的确

---

① 参见陈来：《有无之境——王阳明哲学的精神》，人民出版社 1991 年版，第 18—19 页。

具有某种关涉于人之价值源泉的终极关怀的意义，从而可以说在传统社会中在相当的程度上充任了中国文化中"宗教性"的角色。如果我们承认这一点并且保持逻辑上的内在一致，由韦伯对新教伦理与资本主义精神的考察，应当并不排除曾经作为封建社会之主导思想的儒学与现代化之间的正向关系。因为众所周知，基督教也同样曾是欧洲中世纪的主导思想。

其次，儒家思想在其现实的表现形态上可以说是一个包容了差异的大系统。就其思想渊源来看，它显然是扎根于中国古代的宗教与伦理思想之中的。当儒学为孔子所创立时，中国尚处于前封建社会，至少是封建专制尚未完备的历史时期。就其思想内容而言，其中固然有直接为封建专制体制服务的成分，但它超越的文化理想——大同之世，则显然不能为封建专制所框限。就其中不同的思想倾向而言，以荀子、董仲舒为代表的注重君权、强调君权之优位性的有关主张固然属于儒学的范畴；以孟子为代表的民本思想也属于儒学的范畴；明末清初顾、黄、王三大儒痛斥专制之非也依然是在儒学内部寻找思想根源。把儒家思想都看作是"封建遗毒"未免失之笼统。

最后，韦伯有关儒学不能导致资本主义产生的结论是以新教伦理与资本主义精神之间的内在关联为参照的。在有关超越性的问题上，儒学确实不同于基督教。但是西方式的资本主义是否只可能有基督教伦理这个唯一的精神动源？人类走向现代化是否只有西方式一种途径？这些均是一些尚可存疑的问题。韦伯的有关结论显然带有"欧洲文化中心论"的历史遗迹。

现代新儒家的有关主张正可以看作是要冲破"欧洲文化中心"论、探讨一条东方式现代化道路的理论努力，这无疑是有着积极意义的。但由此而力图论证仅仅由儒学发展的内在逻辑也能导引出现代化，这种理论态度则又是非历史的。儒学并没有把东亚社会由传统带入现代化，相对于西方而言，东亚地区的现代化是后起的、外发的，这应当是一不争的历史事实。同样，所谓"工业东亚"的经济起飞也不能拿来作为儒学可以内在地发展出现代化的例证。因为不论是内在的社会结构还是外在的国际环境，都已经不同于儒学占主导地位的时代了。

在20世纪90年代中期出版的《儒学与现代化——中韩日儒学比较研究》一书中，黄秉泰博士提出了这样一种主张：对于现代化过程而言，儒学是一种逆向的精神力量；但当现代化完成了之后，儒学对于巩固现代化的成果却有着积极意义。他指出："由于儒学有一种反现代化的偏见，倾向于维护为统治阶级既得利益集团服务的社会政治制度，而反对社会、国家、经济和文化的现代化，它很难为现代化的进程做出贡献。只有当现代化任务完成之后，在一个现代工业化国家里，才能开始探寻儒学支持现代化的潜在因素。"① 这可以看作是一个介乎于上述两种意见之间的结论。问题在于，作者指出了儒学不可能成为东亚现代化的内在精神动源，但却没有指出其内在精神动源究竟是什么。这个问题对于我们探讨东亚现代化，显然是重要的。况且儒学作为一个内在于东亚社会的文化传统，究竟怎样才能将它"挥之即去"，在现代化沿在进行时将它"牢牢封住"；而又"召之即来"，在完成工业化以后，再把儒学这个"潘多拉的魔盒"打开，也很难具备操作性。因而这一主张也未必妥当。

二

笔者认为，我们完全可以在承认东亚现代化是一个后起的、外发的、被迫的过程，东亚现代化不能不深受西方现代化影响的前提下，来探讨儒家思想与东亚现代化之间的关系。尽管作为现代多元文化中的一种，儒学没有也不可能对东亚的现代化起到内在的决定作用，但它又的确是影响东亚现代化特质的重要的文化因素之一。

在韦伯看来，儒学之所以不能像基督教那样，成为现代化的精神动源，最主要的原因乃在于儒学在人的内在世界与超越世界之间不存在类似于基督教的紧张关系。撇开其结论不谈，在这里，韦伯的确抓住了儒家文化与基督教文化的一个重要差别。不少现代新儒家学者将这种差别指认为是"外在超越"与"内在超越"的不同。② 将儒家文化价值系统的基本特点概括为"内在超越"虽然有其未妥处，但却的确在中西文化的对举中凸显了儒家文化的特质及其与基督教文化的差别。

---

① 黄秉泰：《儒学与现代化》，第 506 页，社会科学文献出版社 1995 年版。
② 参见余英时：《从价值系统看中国文化的现代意义》，载《中国思想传统的现代诠释》，江苏人民出版社 1989 年版。

笔者认为，所谓"内在超越"与"外在超越"的差别，在根本上是源自于儒家文化与基督教文化中人性结构上的不同。在基督教中，人是带着原罪来到人世的，因而人性在其主导方面是恶的。但是，基督教并不是要促使生性本恶的人逐渐走向毁灭，而是相反，要使他们最终得到拯救与新生。而由于人性本恶，如果任其"率性而行"，其结果只能是走向人类的自我毁灭。因此，人性本恶的人类在归根结底的意义上是不能自救的，而只能是求助于一个"纯善"的、外在而超越的存在——上帝。由此，基督教文化中的事实世界与价值世界、现实世界与超越世界不但被分成了两极，而且不可避免地产生了矛盾与张力：一方面是恶的现实世界，一方面是善的超越世界；而联结两者、由恶的现实世界向善的超越世界转进的纽带就只能是高悬上帝的利剑，来对秉性本恶的人类施以外在约束，以使他们不得不去恶为善。

儒家文化的人性结构则与基督教文化的人性结构大相径庭。就其主流而言，儒家强调人性本善。在儒家看来，人的本性虽然也有恶的成分（如所谓气质之性），但就其主流而言却是善的。这种善性最根本的表现乃在于在人性中不仅存在着孟子所谓"不虑而知""不学而能"的良知、良能的根芽，而且通过对它不断地加以培护与修养，可以使之成为"沛然莫之能御"的、"犨犨以为义"的内在精神动源。儒学的根本宗旨，正在于要点醒、开发人人所本具的道德良知，通过不断的道德修养，尽心知性以知天，不仅成为一个对他人、对社会尽伦尽责的君子，而且成为一个能够充分体现天地宇宙之超越精神——生生之德的德性生命存在。不仅立德、立功、立言，而且"上下与天地同流"，以成就生命的不朽。而这也正是人之生命的价值与意义所在。

不难看出，不同于基督教把人的拯救付诸外力，在儒学中人之拯救最根本的力量源泉则在于自己，在于自己内具的善性，尽管它并不排斥外力的助缘作用。正是由于人性本善，因而人具有了自力奋斗、自我救赎的可能性；善性的不断推动，则使得人能够不容易地沿着纵贯之路，通过"下学而上达"，不断地把自我的生命推进到一个新的境界。也正是由于人之善性作为人自觉自愿为善的内在根据与力量源泉，儒家文化才不需要"上帝"这样一个外在的约束者。由此，儒学中没有事实世界与价值世界、现实世界与理想世界的外在二分，两个世界之间西方式的、外在化的紧张对立也就自然不会出现了。韦伯正是据此认为，儒家不可能像基督教那样成为资本主义产生的精神动源。

韦伯关于儒学中两个世界之间缺乏紧张关系并且和谐共处的思想不可视为无见。不同于基督教在二分的对立中所凸显的紧张，儒学是以追求和谐为其价值理想的。但是儒学正是在对人之身心、人与人之间、人与社会、人与天地宇宙之间的普遍和谐的追求中，遭遇到生命内在的紧张。不仅气质之性与义理之性之间总是存在着"天理"与"人欲"之间的紧张，做一个君子还是做一个小人作为生命存在的抉择总是使儒者保持"诚""敬"之心，而且即使做了君子也依然有着内在的紧张。对于一个"仁以为己任"的君子而言，其作为一个人的义务与责任是"死而后已"的。可见，这种"为仁由己"而又"死而后已"的生命历程应当说总是处于戒慎恐惧之中。儒者的紧张与基督教徒的紧张之间的确有形式上的不同，但是基督教所表现出来的两分世界的外在紧张并不足以否定儒者发自生命根处的内在紧张。

我们并不认为，只有韦伯所谓的两个世界之间的紧张关系才能成为现代化的精神动源。但是人性结构不仅在文化系统中占有重要的位置，往往对文化传统的不同走向产生根本性的影响，而且它作为一种文化积淀，还直接影响到人们终极关怀的方式以及与此相关联的社会伦理道德规范。可以说，正是由于特定的人性结构，儒学才具有了与天合德式的终极关怀与义务型的伦理规范，而不同于基督教神主人仆、天人二分的终极关怀以及以权力型为基本特质的伦理规范。

可以把韦伯所谓两个世界之间的紧张成为资本主义产生之精神动源的论断，理解为基督教徒在以符合基督教规范的形式解决自己的终极关怀问题的过程中不自觉地导致了以资本主义的制度架构为主体的现代社会的到来。如果韦伯把现代化的精神动源归之于人之终极关怀的研究范式能够成立，那么同样可以认为，儒家式的终极关怀在现代东亚社会中也可以成为推进现代化的精神力量。儒者的理想目标是追求普遍和谐，并由此和谐而使天地宇宙间的万事万物均抵于生机盎然之境。而在现代社会中，一个前现代的社会必然是一个充满困顿与苦难、矛盾而决非和谐的社会。因此，一个儒者要想面对现实而求得人生价值意义的安顿，就必须积极投身于推进现代化的运动之中去，以求克服紧张与矛盾并求得和谐。由此，儒学作为东亚社会现代化可能的精神动源，就表现出了不同于基督教的两个特点：第一，人们对于现代化的追求不是不自觉的而是自觉的；第二，人们投身于现代化的建设可以是基于内在的动力而不是迫于外在的压力。

我们并不认为，在现代东亚社会，只有儒学才能充任人们的终极关怀。但是毫无疑义，现代东亚社会在终级关怀方面没有也不可能成为基督教的一统天下。儒家文化作为东亚社会的主流传统之一，时至今日应当说依然还有其强韧的内在生命力。即以中国大陆而言，在儒家销声匿迹几十年之后，现在又有一些在马列主义文化氛围中长大的人依然从自己的生命根处归于儒家，这便是儒家内在生命力的见证。而向未来，儒学虽然很难重新成为东亚社会的主流思想，但是它作为多元文化中的一元而存在应当说是确凿无疑的。在这个意义上，儒学是有可能以其独导的特质为东亚现代化提供某种不同于基督教的精神动源的。

<h2 style="text-align:center">三</h2>

如果说终极关怀的不同形式还主要是关涉到文化理念的层面，体现为一种精神方向，那么，儒家的伦理规范在人们的社会行为规范中则有着更为直接的表现。这方面，已经有了不少具体论述。笔者认为，在整体上，儒家义务型的伦理规范在以下三个方面当可对东亚地区的现代化起到一定的辅助作用。

第一，生命精神的贯通相续可以为社会的持续发展提供深厚的资源背景。儒家不同于基督教，不追求通过上帝的拯救来求得个人生命的永生。相反，它把生命的本质看作是一种生生之德的绵延与体现，不仅将自我生命看作是对祖先生命的延续，而且子孙后代的生命也是一己生命之延续。长辈与晚辈之间最基本的伦理规范就是"父慈子孝"。一方面，它要求作长辈的不仅要以自己的德性生命为晚辈树立足可师法的生命形象，而且要本着对子女的慈爱之怀，尽心尽力地在事业与生活的方方面面为子女创造尽可能充分地发挥生命之德慧的条件与机会，甚至为此而牺牲自我的利益乃至生命亦在所不惜。在当代中国，不少老一辈的农民，就是因为"望子成龙"而节衣缩食、省吃俭用，甚至靠卖血来供应自己的子女接受高等教育。这其中所体现出来的长辈对子女的无私奉献精神就浸透了儒家义务型伦理的要求。

另一方面，儒家又强调做子女的对长辈要尽"孝"。而最高的孝德，用《中庸》的话说就是所谓"善继人之志，善述人之事"。换言之，只有真正地继承了父辈的志业并将之发扬光大，才是真正能够光宗耀祖的事。由此，个人的生命也就不仅是一己之事，而且也是为了更好地延续先辈的德慧生命。这就为后辈不断努力把前辈的志业进一步推向前进注入了内在的动力。

由此，生命在时间中的绵延同时也就成为一个长辈与晚辈之间互尽德性义务的流动不已的过程。这种生命精神的贯通在一定意义上正可以看作是为事业的持续发展提供了内在于人性、亲情的根据。这种基于德性伦理的义务性要求自有其易于导向保守、因循的不足之处，但它也以不同于基督教权利型伦理的形式表现了儒家思想中内含的"可久、可大"之道，从而成为社会持续发展深厚的资源背景。

众所周知，自 20 世纪 60 年代末以来，工业东亚地区一直保持了较高的持续增长速度。而今，日本已经成为世界性的经济强国，中国台湾、中国香港、韩国与新加坡也被人们目为"亚洲四小龙"。而在工业东亚地区，"家族经营制"成为其企业制度的一个重要组成部分。在与西方现代企业制度的比较中，不少论者已经清楚地看见了这一点。终身雇佣制、时年工序制以及以寻求劳资一体化为目标的企业工会制被视为日本现代企业制的三大支柱。其中，终身雇佣制又是其最重要的基础。而正如日本老一辈著名经济学家高桥龟吉所指出的："终身雇佣制的实质，在于企业雇佣关系家族化，这是许多国内外有识之士的一致看法。"[①] 有人指出，"我们看到日本及韩国的现代化发展中有着较为突出的家族模式（及其'现代转化'的'团队集体主义'）动力"[②]。"家族模式"的动力或许是多方面的，但是这种基于人性亲情的德性精神的纵向贯通无疑应当是其中的一个重要方面。

第二，在社会的横向结构上，儒家义务型伦理以整体为本位的价值取向也对东亚现代化有着相当程度的影响。与基督教文化中神人对立、个人

---

① 高桥龟吉：《战后日本经济跃进的根本原因》，辽宁人民出版社 1984 年版，第 323 页。
② 鲁凡之：《论"四小龙"》，香港广角镜出版有限公司 1988 年版，第 80 页。

本位的价值取向不同，儒家文化不仅在人与超越世界的关系上强调"天人合德"，而且在个人与群体的关系上十分注重整体的和谐，从而形成了以整体为本位的文化特征。而这一点在一定程度上也可以看作是东亚地区的共同特点。正如有的论者已经指出的，日本和朝鲜文化中的整体主义特色甚至比中国还要浓厚："中国儒学虽也因强调家族而具有集团主义——集体主义倾向，但却还没有'朝鲜化儒学'及'日本化儒学'的强烈。"（鲁凡之：《论"四小龙"》，第65页）以日本为例，早在70年代，美国学者马文·吉·沃尔夫就注意到，政府与财界、企业界的一体化是日本经济制度与西方其他国家经济制度的一个重要差别。在当时他甚至危言耸听地指出，日本这种由中央加以控制的"政企联合体"的经济制度"正在逐渐成为与苏联的军事政府威胁不相上下的一种对世界和平安定的潜在威胁"①。日本经济发展中表现出来的鲜明的整体主义特征于此可见一斑。

强调个人权利，以个体为本位可以看作是西方现代化伦理的基本规范之一。但是，个体本位的极度膨胀已经给包括西方自身在内的世界范围内的现代化进程带来了负面影响。这是许多西方有识之士也已经注意到了的。工业东亚没有完全照搬西方以个体为本位的现代化模式，而是自觉不自觉地融入了注重整体的传统特色。整体意识有助于人们更好地处理个体与整体的关系，通过总体性的关照，求得最大限度的整体效益；最好地处理眼前与长远的关系，从一个动态的过程出发追求整体的最佳效绩而不为短期效应所框限；可以启导人们自觉地追求不同经济制度的差异互补、恰当定位，以推动不同经济制度之间的相互融汇。从工业东亚的实际情况看，这种以整体为本位的伦理规范对于工业东亚经济的发展应当说较好地起到了助缘作用。为了形容日本政府、财企界乃至社会的高度一体化情状，有的西方人将日本允称为"股份公司日本"。但是就是这个"股份公司日本"却在世界范围内创下了不少第一的业绩，以至于有的美国人惊呼："为了和日本竞争市场，必须创造一个日本式的美国股份公司。"②

第三，从微观经济伦理来看，儒学代表了一种"人性主义的管理体

---

① 马文·吉·沃尔夫：《日本经济飞跃的秘诀》，军事译文出版社1985年版，第3页。
② 美国通用汽车公司前总经理詹姆士·洛林语。参见高桥龟吉：《战后日本经济跃进的根本原因》，第320页。

系"。西方以科学管理为特色的管理体系，注意了充分发挥人的工具理性，由此促进了工业化的发展，但也面临着理性演化为控制人性以获得利益的机制、导致管理系统中个体与群体的创造力趋于枯竭的内在弊端。儒家的管理思想则首重人的价值理性的安顿，它所注重的不是对人施以外在束缚，而是点醒人的内在自觉，它以对人性普遍潜能的高度自信为前提，从而突显出了发挥人性、开拓人力，促进个人的自我实现与激发内在的创造力的管理特色。儒家人性主义的管理思想，应当可以成为东亚经济现代化的重要思想资源。不仅如此，正如成中英先生指出的，儒家人性论的管理思想还有其世界性意义："如果现代的管理科学能够辅以人性论的管理哲学，如果现代西方的科学管理能够辅之以人性论的管理方法，则科学管理体系的缺失也就能避免，而管理的有效性和管理的价值也就自然提升了。"①

四

简短的结论：

一、本文不赞成把儒家思想完全看作是与现代化逆向的观点，也不赞成认为儒学能够独立发展出现代化的价值系统的后设性研究范式，主张将儒学放在现代东亚社会的实际背景之中，在承认东亚现代化过程具有后起性、被迫性的前提下，具体探讨儒学与东亚现代化之间的关系。

二、本文认为，作为在东亚现代化中起作用的多种因素之一，儒学对于东亚现代化可以在一定的程度上起到助缘作用。尽管它不是东亚现代化的决定性因素，但却是造成东亚式现代化道路之独异特质的重要文化因素。

三、在此基础上，本文具体指出，对于东亚现代化而言，儒学不仅可以提供不同于基督教文化的精神动源，而且在维持社会的持续发展、保持社会横向关系的和谐平衡以及在微观经济管理方面提供独具特色的思想资源。

四、最后可以指出的是，对于全球性的现代化进程而言，儒学所提供

---

① 成中英：《西方管理危机与儒家人性智慧》，载《哲学研究》1993 年第 3 期。

的思想资源与基督教文化主导下的西方现代化模式之间可以构成一个互有借鉴意义的互补结构。在人类文化之一般的高度，这或许可以看作是儒学作为人类文化的主流传统之一，对于人类的现代化进程所能做出的历史性贡献。

论儒学的现代性

山东大学儒学高等研究院　黄玉顺

有一种普遍的流俗观念：儒学是一种"传统"，即是一种可以被现代人抛弃或保守的东西；换言之，儒学是一种古代的、前现代的东西。人们谈到"儒学"时，往往作如是观，而不论他们所持的是否定、还是肯定儒学的立场。唯其如此，才有诸如"儒学与现代性"这样的话题，人们热衷于争论儒学与现代性之间是否可以融通的问题，似乎"儒学"与"现代性"素无瓜葛。这种"常识"实在令人诧异：人们对"现代儒学"早已客观存在的事实竟然视而不见。而更令人惊诧的是：人们却又在那里研究"现代新儒学"之类的现代儒学。这种吊诡现象，其来有自，一个基本原因就是并未明白究竟何为儒学，儒学的本来面目及其基本原理已被长久地遮蔽了。为此，本文改变发问方式，即不再问"儒学与现代性"这样的"伪问题"，而是直截了当地承认"儒学的现代性"，并由此发问：儒学现代性的学理依据是什么？其现实依据又是什么？其所展现的历史样态如何？

一　儒学现代化的历史与现状

儒学的现代性早已不仅仅是一种理论上的设想，而是一种历史事实；换言之，儒学现代化的历史进程早已启动了。让我们先从一个逻辑分析入手，它将我们带向事实。这个逻辑就是：假如儒学本质上只是前现代的东西，那就不会有现代性的儒学形态的存在；然而下述事实告诉我们，确确实实存在着现代性的儒学或儒学的现代形态，这就表明了儒学确实具有现代性。为此，我们首先讨论儒学现代化史，因为现代化（modernization）

的历史进程乃是现代性（modernity）的历时显现，儒学的现代性就展现在儒学现代化的历史进程中。这里，我们讨论几种最典型的儒学现代化版本。

（一）20世纪现代新儒家的儒学现代化

谈到现代性的儒学或现代儒学，20世纪兴起的"现代新儒学"无疑是一种典型。作为儒学现代化的一种典型形态，现代新儒学内部尽管存在着若干差异，却有一个突出的共性，那就是儒学的哲学化，谓之"儒家哲学"。①这种理论形态并不像有的学者所说的不过是"（西方）哲学在中国"②，而确实是儒学本身的一种现代形态，亦即现代的"中国哲学"。按有的学者的说法，标准的现代"中国哲学"其实就是"清华传统"的两系，即冯友兰一系和金岳霖一系③；那么，冯友兰的"新理学"尽管汲取了西方新实在论（neo-realism）④，却是"接着讲"的程朱理学⑤；金岳霖的"道论"尽管汲取了西方逻辑学的方法，但其所论也是中国学术的本体之"道"。⑥其实，其他的现代新儒学也是标准的中国哲学、儒家哲学。其中最大的一系即"熊—牟"一系，熊十力的"新唯识论"尽管汲取了佛学唯识论和叔本华意志论（voluntarism）⑦，然而"毕竟归本《大易》"⑧；牟宗三的"道德的形上学"尽管汲取了康德哲学，但其实也是"接着讲"的儒家心学。总之，它们都是儒学自身的理论形态。假如以为一旦汲取了外来因素就不再是儒学了，那么，宋明儒学也就不是儒学了，

① 参见黄玉顺主编：《现代新儒学的现代性哲学》，中央文献出版社2008年2月第1版。

② 郑家栋：《"中国哲学"的"合法性"问题》，原载《世纪中国》（www.cc.org.cn）、《中国哲学年鉴（2001年）》，转载于《中国社会科学文摘》2002年第2期。

③ 杨生照：《现代中国哲学中的"清华传统"研究》（一）（二），《当代儒学》第三辑、第四辑，广西师范大学出版社2013年版。

④ 王鉴平：《冯友兰与新实在论——新理学逻辑分析法评述》，《社会科学研究》1987年第2期。

⑤ 冯友兰：《贞元六书·新理学》，华东师范大学出版社1996年版，第5页。

⑥ 金岳霖：《论道》，商务印书馆1940年版，1985年重印。

⑦ 熊十力后来有所改变，更倾向于康德哲学。见《熊十力全集》卷四，湖北教育出版社2001年版，第325页。

⑧ 熊十力：《新唯识论（壬辰删定本）删定记》，见《体用论》，中华书局1994年版，第6页。

因为它也汲取了外来因素，亦即佛学；但人们都承认宋明儒学乃是货真价实的儒学，可见"汉话胡说"之类的逻辑不能成立。

既是哲学，则必定采取古今中外一切哲学共同的基本架构，即"形上—形下"模式，亦即用唯一绝对的"形而上者"来阐明众多相对的"形而下者"何以可能。这就是说，哲学既有形而上学的层级，也有形而下学（post – metaphysics）的层级。①因此，我们可以由此来分析现代新儒学的现代性。

1. 现代新儒家形下学的现代化

形而下学通常包括两大领域：广义知识论，处理自然界的基本问题②，为科学奠基，略对应于中国古代所谓"物理"；广义伦理学，处理社会界的基本问题，为政治哲学奠基，略对应于中国古代所谓"人伦"。

就这两大领域而论，现代新儒学具有明确的现代性，那就是旗帜鲜明地诉诸"民主与科学"。按照唐君毅、牟宗三、张君劢和徐复观《为中国文化敬告世界人士宣言》的说法：尽管"中国文化历史中，缺乏西方之近代民主制度之建立，与西方之近代的科学，及各种实用技术，致使中国未能真正地现代化工业化"；但"我们不能承认中国之文化思想，没有民主思想之种子，其政治发展之内在要求，不倾向于民主制度之建立，亦不能承认中国文化是反科学的，自古即轻视科学实用技术的"③。因此，现代新儒学的基本诉求就是所谓"内圣开出新外王"，亦即从儒家的心性之学开出现代的民主与科学，即牟宗三所说的从"道统"开出"政统"与"学统"④。

这里尤其值得一提的是：现代新儒家的现代政治哲学所达到的现代化水平，是今天所谓"大陆新儒家"未能企及的。最典型代表就是公认的中国"宪法之父"张君劢，不仅翻译介绍了大量宪制文献，还亲自拟定了几部影响深远的宪法草案；尤其是他所设计的"四六宪法"，被公认为中国制宪的一个典范。他那里所存在的问题是：这样的形下学未能足够充

---

① 这里的"physics"不是现代"物理学"之义，而是古希腊哲学的用法。

② 此所谓"自然界"，包括人及人类社会的自然性质方面，亦即所谓"社会科学"，而非人文学术研究的对象。

③ 唐君毅：《中华人文与当今世界》，台北：学生书局1975年版，第897页。

④ 牟宗三：《论道统、学统、政统》，见《生命的学问》，广西师范大学出版社2005年版。

分地与其形上学有机地结合起来，尽管其形上学"新宋学"也是儒学现代化的一个版本。①

2. 现代新儒家形上学的现代化

现代新儒家的形下学，有其形上学的基础，这就是所谓"开出"的涵义，即哲学上所说的"奠基"（foundation – laying）②，由此才能形成"形上—形下"的哲学系统架构。学界经常有人批评现代新儒学"内圣开不出新外王"③，其理据之一是：前现代的形上学怎么可能开出现代性的形下学？两者根本不能接榫。这是误读了现代新儒学的形上学，以为那只是前现代的、"传统"的心性之学。其实，现代新儒学的心性之学，决非古代传统的心性论，而是一种现代化的形上学，即已是一种现代性的哲学。例如牟宗三的"两层存有论"，本体界的存有论通过"智的直觉"证成"人虽有限而可无限"，现象界的存有论通过"良知自我坎陷"转出"知性主体"，进而开出"政统"（民主）与"学统"（科学），这哪里是古代儒家的心性论？它其实基于康德的基本观念架构"现象与物自身"④，而康德哲学无疑是一种现代性的哲学。至于现代新儒学究竟为什么"内圣开不出新外王"，那是下文将要讨论的另外一个问题。

（二）帝国时代后期的儒学现代化

其实，儒学的现代化并非到了 20 世纪的现代新儒学那里才突然出现，这个历史进程早在中华帝国的后期便已发轫了。从秦朝到清朝的中华帝国时代，可以分为前后两个时期，其转折点是在唐宋之际：自秦汉至隋唐是中华帝国的上升时期（至"盛唐气象"而达到巅峰），儒学的主流是帝国儒学的缔造与完善，其经典标志是《五经正义》⑤；自宋朝至清朝是中华

① 参见黄玉顺：《超越知识与价值的紧张——"科学与玄学论战"的哲学问题》，四川人民出版社 2002 年版，第 142 页。

② 参见黄玉顺：《形而上学的奠基问题：儒学视域中的海德格尔及其所解释的康德哲学》，《四川大学学报》2004 年第 2 期；人大复印资料《外国哲学》2004 年第 5 期全文转载。

③ 朱学勤：《老内圣开不出新外王——从〈政道与治道〉评新儒家之政治哲学》，《探索与争鸣》1991 年第 6 期。

④ 牟宗三：《现象与物自身》，台湾学生书局 1976 年版。

⑤ 孔颖达等：《五经正义》，包括《周易正义》14 卷、《尚书正义》20 卷、《毛诗正义》40 卷、《礼记正义》70 卷、《春秋左传正义》36 卷，见《十三经注疏》，中华书局 1980 年版。

帝国的下降时期（尽管其间也有"中兴"），儒学的时代性质与倾向发生了分化，其经典标志是从"五经"体系（及"十三经"体系）转换为"四书"体系。①

现有的"中国哲学史""儒学史"之类研究，存在着一个很大的问题，就是缺乏历史哲学的视野，儒学的历史往往被叙述为一种脱离生活的纯粹概念游戏，而无关乎中国社会的发展与转型，遮蔽了生活方式的演变与转换在观念中的反映。有鉴于此，我们才提出了"重写儒学史"的问题。例如既有的所谓"宋明理学"研究，我们几乎看不到渊源于市民生活方式的现代性观念。然而事实正相反，这里存在着一种必然的逻辑：人们的生活方式必定会在他们的文学艺术、宗教、哲学等观念中反映出来；宋明以来，工商经济的兴盛、城市的繁荣、市民生活方式的发展，必定在儒学的观念上有所反映。这正如标志着西方观念现代化转型的"文艺复兴"，乃发生于中世纪的后期。对于中国来说，这就是所谓"内生现代性"（inherent modernity），即：现代性并非近代才由西方强加给中国的，而是中国社会发展的内生性现象；西方现代化模式所能影响于中国的，只是现代化模式的细节，而非其基本的历史走向。否则，我们无法理解下述儒学现象：

帝国后期的儒学，大致分化为两种趋向：一种是"守成"的儒学，即帝国儒学的进一步精致化，其典型是宋代的"理学"，其根本特征是将"人欲"与"天理"对立起来，将"人心"与"道心"对立起来，而其所谓"天理""道心"实质上是帝国伦理政治规范的形上学化，戴震斥之为"以理杀人"②；另一种则是"开新"的儒学，即儒学的现代转换，其典型是明代"心学"当中的一些思潮，其根本特征是以心为本、以人心为天理，个体及其本真生活情感得以彰显。

当然，心学的情况颇为复杂，并非铁板一块。就王阳明本人而论，其形下层级的伦理政治哲学，仍然在致力于维护帝国时代的社会规范及其制度；然而其形上层级的以心本体取代性本体（由个体之心来体证天理），

---

① 王阳明虽然谈"《大学》古本"，但仍尊从"四书"体系。见王阳明《大学问》，《王阳明全集》，吴光等点校，上海古籍出版社 2011 年版。

② 戴震：《与某书》，见戴震《孟子字义疏证》，中华书局 1982 年版。

确实开启了儒学走向现代性的可能，所以才会出现王门后学中的儒学现代
化倾向。这里最典型的莫过于以王艮为代表的泰州学派，其思想观念颇具
现代性。王艮作《明哲保身论》，倡言"爱身如宝"："吾身保，然后能保
一家矣"；"吾身保，然后能保一国矣"；"吾身保，然后能保天下矣"。①
而其所谓"身"即个体自我，乃是家、国、天下的根本价值尺度："身是
本，天下国家是末"；"吾身是个矩，天下国家是个方。"（《答问补遗》）
这显然与前现代的家族主义、君主主义价值观大相径庭，乃至背道而驰。
这种心学传统不仅开辟了儒家形下学的现代性道路，例如黄宗羲对君主专
制的批判（《原君》）②；而且开辟了儒家形上学的现代性道路，例如王船
山对儒家传统的先验人性论的批判（《尚书引义·太甲二》）③、戴震的直
接视人情、人欲为天理的思想（《孟子字义疏证·理》），如此等等。

（三）21 世纪大陆新儒家的儒学现代化

让我们的目光从古代返回当下的现实。儒学的现代化进程，历经帝国
后期的一些儒家学派，近代的洋务儒学与维新儒学，发展到 20 世纪的现
代新儒学，一直在步步演进、层层深入；然而到了 21 世纪的所谓"大陆
新儒学"，却出现了一些逆向性的思潮。当然，实际的大陆新儒学远非所
谓"以蒋庆为中心、包括陈明在内的一小撮人"④，而是一个很大的群体。
须注意的是，他们并非统一的学派；恰恰相反，其思维方式、思想观点、
价值取向、政治立场等颇为不同，甚至相去甚远，乃至截然对立：有原教
旨主义者，有马克思主义者、新左派，还有自由主义者，等等。他们之间
唯一的"底线共识"，似乎仅仅只是"儒家"这个标签。其中最值得警惕
的，就是我所说的"逆向性思潮"，其实是相悖于儒学现代化之历史大趋
势的逆流，例如鼓吹前现代的君主主义、家族主义、男权主义的"三
纲"，甚或鼓吹作为现代性的一种异变形态的极权主义。就此而论，大陆
新儒家比起现代新儒家来说，不是进步了，而是退步了。

---

① 王艮：《王心斋全集》，江苏教育出版社 2001 年版。

② 黄宗羲：《明夷待访录》，中华书局 2011 年版。

③ 王夫之：《尚书引义》，中华书局 1976 年版。

④ 李明辉：《我不认同"大陆新儒家"》，见"共识网"：www. 21ccom. net/articles/thought/
zhongxi/20150126119523_ all. html。

但这毕竟并不是大陆新儒家的全部。事实上，大陆新儒家当中仍然有人在继续致力于儒学的现代化：不仅致力于儒家形下学的现代化，即顺应现代生活方式而重建儒家伦理学与政治哲学，而且致力于儒家形上学的现代化，即重建儒家的存在论，总之就是突破帝国儒学"形上—形下"的观念架构，回归原典儒学，亦即回归生活本源及其本真情感显现，以建构现代性的儒学理论形态。

那么，上述儒学现代化史的事实何以能够发生？这里既有生活方式的现实依据，也有儒学原理的学理依据。

二　儒学现代性的现实依据：中国社会的现代转型

本节讨论儒学现代性的现实依据，是与下节将要讨论的儒学原理相一致的，这套原理最重要的关键词，就是"生活"：一切皆源于生活而归于生活；也就是说，生活即是存在，生活之外别无存在。① 《易传》将这个观念形上学化，谓之"天地之大德曰生""生生之谓易"（《周易·系辞传》）②，意谓"易"即"生生"，亦即生活的衍流。

关于这套原理的更为详尽的叙述将在下节展开，这里在历史哲学的范畴下简要叙述：作为生活的显现样式，生活方式的演进乃是一切历史及观念史的本源。③生活方式，梁漱溟谓之"生活的样法"，并以之为"文化"的"源泉"。④具体来说：（1）生活方式的转换导致社会主体的转换。有怎样的生活方式，便有怎样的人的主体性，诸如宗族、家族、公民个人等。生活生成主体；主体创造生活：这是生活本身的事情，即是"生活本身

---

① 参见黄玉顺：《面向生活本身的儒学——黄玉顺"生活儒学"自选集》，四川大学出版社 2006 年版，第 59 页。

② 《周易》：《十三经注疏·周易正义》，中华书局 1980 年版。

③ "生活方式"是一个比马克思所讲的"社会存在"——"生产方式"更为宽泛的概念。

④ 梁漱溟：《东西文化及其哲学》，见《中国现代学术经典·梁漱溟卷》，河北教育出版社 1996 年版，第 33—34 页。参见黄玉顺：《当代儒学"生活论转向"的先声——梁漱溟的"生活"观念》，《河北大学学报》2008 年第 4 期。梁谈"生活的样法"，兼顾共时维度（中西印之差异）与历时维度（时代转换）；我这里谈历史哲学，侧重历时维度。

的本源结构"①。（2）生活方式及其主体的转换导致社会情感倾向的转换，其根本是"仁爱"情感对象的转换。按照儒家思想，先有"由仁义行，非行仁义"（《孟子·离娄下》）②，仁（生活情感）是先行于人（主体性）的，而非相反；③然后才有"我欲仁"（《论语·述而》），即"人能弘道，非道弘人"（《论语·卫灵公》）④，人是"制礼作乐"——建构社会规范及其制度（弘道）的主体，而非相反。（3）社会主体及其情感对象的转换导致社会规范及其制度的转换，于是乎有历史形态的转换，如王权社会、皇权社会、民权社会等。

（一）中国社会的历史形态

仅就可靠文献记载而论，中国历史可分三大社会形态，其间存在着两次社会大转型及其观念大转型：

1. 王权时代（夏商西周）：其生活方式是基于农耕的宗族生活，其基本所有制是土地公有制（"溥天之下，莫非王土"⑤），其社会主体是宗族（clan family）（自天子至诸侯大夫等构成大宗小宗），其伦理是宗法伦理，其政治体制是王权政治（《春秋》"尊王"乃源于此），其治理方式是贵族共和（并非"专制"），其国家体制及世界秩序是王国及诸侯国构成的"天下"秩序（基于宗法血缘）（《大学》"家—国—天下"同构的"修—齐—治—平"乃基于此），其政治主权者（sovereign owner）是王族及诸侯宗族，其核心价值观念是宗族宗法观念，等等。

【中国社会第一次大转型（春秋战国）：从王权社会转向皇权社会；观念上伴随着"轴心时代"的"百家争鸣"。】

2. 皇权时代（自秦汉至明清）：其生活方式是基于农耕的家族生活（"家族"概念并不同于"宗族"概念），其基本所有制是土地私

---

① 黄玉顺：《爱与思——生活儒学的观念》，四川大学出版社 2006 年版，第 222—223、228—232 页。

② 《孟子》：《十三经注疏·孟子注疏》，中华书局 1980 年版。

③ 孟子此语极为深刻："行仁义"是主体性行为，然而其前提是主体的生成；主体生成于仁爱情感之中，这就是"仁义行"，而不是人在"行仁义"，此即《中庸》所讲的"诚自成""道自道"。

④ 《论语》：《十三经注疏·论语注疏》，中华书局 1980 年版。

⑤ 出自《诗经·小雅·北山》，见《十三经注疏·毛诗正义》，中华书局 1980 年版。

有制（春秋战国时期伴随着土地私有化和地主阶级的出现），其社会主体是家族（home family）①（始于春秋战国时期大夫之"家"的日渐强势）（帝国时代最重要的政治斗争其实并非所谓"阶级斗争"，而是各大家族之间的斗争），其伦理是家族伦理（所谓"父要子亡，子不得不亡"乃基于此）（政治伦理亦基于家族伦理，故《孝经》主题为"移孝作忠"），其政治体制是皇权政治（所谓"专制"），其治理方式是宰辅制度，其国家体制及世界秩序是帝国及藩属国的"天下"秩序（并非基于宗法血缘），其主权者是皇族（帝国时代所封之"王"没有主权而不同于诸侯），其核心价值观念是家族宗法观念，等等。

【中国社会第二次大转型（近现当代）：从皇权社会转向民权社会；观念上伴随着所谓"新轴心期"的"新学"的"百家争鸣"。】

3. 民权时代（当代趋势）：其生活方式是基于工商的市民生活（现代化伴随着城市化），其所有制是以私有制为主体的混合所有制（发达国家亦然）②，其社会主体是个体（决非核心家庭 nuclear family），其伦理是以个体为基础的家庭伦理（核心家庭并不否定夫妻双方各自的法定的独立自主地位），其政治体制是民主政治（尽管各国民主政治的具体模式有所不同），其治理方式是代议制度，其国家体制及世界秩序是国族（nation）③及国族间的国际秩序，其主权者是公民（所谓"国家主权"其实最终源于公民授权），其核心价值观念是人权观念，等等。

以上对中国社会历史形态的简要勾勒，基于对生活方式演变的历史观察，限于篇幅，这里不作历史文献的烦琐引证。

（二）中国社会的现代转型

上文描述的民权社会，究竟是否确为中国社会的历史趋向，乃是当代中国以至当今世界的重大课题，关乎近代以来的"中国问题"——"中国向何处去"的问题。为此，这里择要略加讨论：

---

① 宗族家庭和家族家庭皆可归之于宗法家庭（patriarchal family）。

② 对于当代中国来说，土地私有是一个很值得讨论的课题。

③ 国族（nation）旧译"民族国家"，很容易与前现代的"民族"（ethnic / nationality）概念和普遍性的"国家"（state）概念相混淆，故此另译。

1. 关于生活方式。有一点是确定无疑的：中国正在现代化；现代化至少是绝大多数中国人的诉求；极少数人即便不赞成，也无法抗拒这个进程。另一点同样是确定无疑的：无论怎样看待现代化、认识现代性，现代化必定伴随着城市化。这就是说，传统农村必定消解或者转变：要么变为城镇，要么变为非传统意义上的"农村"，实质上是城市体系、工商体系的一种附属的组成部分。这无关乎价值判断，而是一种事实陈述。这显然就意味着：中国人的生活方式必定而且正在由前现代的农民生活转变为现代性的市民生活。

于是，儒学面临着这样的逻辑：假如儒学只能与前现代的农民生活、家族社会、君主制度捆绑在一起，那就意味着儒学必定迅速灭亡（余英时称现代儒学已是魂不附体的"游魂"即基于此）①。梁漱溟的"乡村建设运动"之所以失败，根本原因即在于此。所以我一再讲：为儒学复兴计，与其搞"乡村儒学"，不如搞"城市儒学"。

2. 关于社会主体。一个社会的生活方式决定了这个社会的主体：宗族社会的主体就是宗族（王族与其他贵族）；家族社会的主体就是家族（皇族与其他家族）；那么，市民生活方式中的社会主体又是谁？人们容易想到家庭的现代形式——核心家庭。这其实是大谬不然的。现代社会并不以家庭为社会主体。经济活动及其权利主体并不以家庭为单位；家庭财产也非不可分割的东西，夫妻双方的经济收入是各自独立而自由处置的。政治活动及其权利主体也不以家庭为单位，夫妇及其成年子女各自享有独立的政治权利，例如选举权与被选举权。这一切都是由现代法律制度给予保障的。

今天一些儒者试图恢复古代的宗法家庭，那显然是徒劳无益的。有些儒者倡导"家庭本位"，而且其所谓"家庭"实质上是前现代的宗族或家族的观念，试图以这样的家庭为基础来"纠正"现代性的经济、政治与社会生活，不免令人想起"螳臂当车"的成语。

3. 关于家庭形态。上述社会主体的现代转换，与家庭的演变密切相关。家庭并非永恒的范畴，而是佛学所谓"生住异灭"的东西，其"异"即其历史的变异。相应于中国社会的三大历史形态，家庭也有三种历史形

---

① 余英时：《现代儒学的困境》，见《现代儒学论》，上海人民出版社 1998 年版。

态，即发源于古代氏族部落的宗族家庭、此后的家族家庭（两者合称宗法家庭）和现代的核心家庭。

家庭的功能发生着历史的演变，呈现着递减的趋势，可借用经济学的话语加以分析：（1）上古的宗族家庭，既是人的扩大再生产单位（人口繁育），也是物质生产、甚至精神生产的单位（所谓"学在王官"即指精神生产为王族所垄断）。（2）中古的家族家庭，仍然是人的再生产单位，而且仍然是物质生产单位（家族农耕），但基本上不再是精神生产单位：帝国时代的宗教、哲学、文学艺术等都不再以家庭为创作主体（例如"诗圣""诗仙"无法世代相传）（从司马谈到司马迁那种学术世袭只是个别现象）。（3）现代的核心家庭，则仅仅是人的再生产单位，不再承担物质生产、精神生产的功能，个人作为物质生产者或精神生产者的身份，是与其作为家庭成员的身份截然分离的。这表明了社会主体的个体化。

不仅如此，家庭由"异"而"灭"的现象似乎正在开始发生。这是基于两点观察：一是家庭形态的多元化趋势，例如离异、甚或非婚的单亲家庭的增多（后者意味着生育与家庭开始发生分离），同性恋家庭的合法化，这些家庭显然已不符合传统"家庭"的定义；二是独身现象的世界性增长趋势，愈发达的国家独身者愈多。这些现象都是很值得关注和研究的。

当今一些儒者的思想倾向，存在着两层误区：一是将儒学与家庭、甚至前现代的宗族家庭和家族家庭捆绑在一起；二是混淆了现代核心家庭与古代宗法家庭的本质区别。这样一来，其思想理论之悖谬就可想而知了。

4. 关于情感倾向及其伦理效应。儒家不仅视仁爱为人的最基本的情感①，而且以仁爱情感来阐明一切存在——不仅以之阐明善何以可能，而且以之阐明恶及其克服何以可能。这是极有道理的，我曾另文加以论述。②而人的主体性的情感是一种意向性活动，即有其指向性，亦即有其对象。仁

---

① 仁爱原是一种情感，尽管有些儒家学派将其提升为形而上的本体存在、或者设置为形而下的道德规范。参见黄玉顺：《爱与思——生活儒学的观念》，第二讲，"二、情"。

② 我将这种观念概括为"爱，所以在"，见拙文《爱，所以在：儒学与笛卡儿哲学的比较》，见《儒家思想与当代生活——"生活儒学"论集》，光明日报出版社2009年版。关于爱的情感的绝对优先性，可参见拙文《儒学与情感现象学比较研究》三篇，分别载《东岳论丛》2007年第6期、《中国社科院研究生院学报》2007年第3期、《社会科学研究》2007年第6期。关于爱不仅可阐明善何以可能，而且可阐明恶及其克服何以可能，可参见拙文《荀子的社会正义理论》，《社会科学研究》2012年第3期、《中国社会科学文摘》2012年第8期。

爱情感亦然,决非抽象的东西,而是有其具体的倾向对象的,故孔子并不仅仅以"爱"释"仁",而是释之以"爱人"。(《论语·颜渊》)① 而情感的倾向对象也不是抽象的,而是与具体的社会生活方式、历史形态联系在一起的,如孟子谈"爱君"(《孟子·梁惠王下》)②,其前提是这个社会形态存在着君主。这样一来,仁爱情感也就导向了伦理问题。

孟子有一番话,被认为是儒家主张"爱有差等"(《孟子·滕文公上》)的经典表述:"君子之于物也,爱之而弗仁;于民也,仁之而弗亲。亲亲而仁民,仁民而爱物。"(《孟子·尽心上》)这样的"差等之爱",通俗地说就是:爱亲人胜过爱他人,爱他人胜过爱他物。这种观念被认为是儒家伦理的基础,谓之"血亲伦理",并因此而遭到批判③。而可笑的是,今天一些儒者竟然认可而且坚持这种血亲伦理,并以此来抗拒现代文明,殊不知这完全误解了孟子的伦理思想:其一,孟子儒家的仁爱观念不仅仅有"差等之爱"的一面,还有"一体之仁"的一面,后者才是建构伦理规范的根据;其二,"差等之爱"固然是生活情感的实情,但它只是"一体之仁"的一种实现方式;而且,当其落实于伦理问题时,也并不是抽象的,它取决于具体的社会生活方式。孟子所处理的是宗法社会的伦理问题,因而血亲伦理在当时确实是正当的、适宜的;而这同时也就意味着,它在现代社会不再是正义的。这恰恰是孟子儒学原理的体现④。按照儒学原理,现代社会伦理决非以核心家庭为本位的血亲伦理,而是以个体为本位的社会伦理。

个体伦理并不是对家庭伦理的否定,两者并不构成对立关系;事实上,在现代社会,个体伦理恰恰是对家庭伦理的支持。即以爱情—婚姻—家庭问题而论,现代核心家庭的成立基于夫妻双方的婚姻契约,这种契约关系又基于由双方的爱情所导致的信赖,而这种爱情关系则又基于双方独

---

① 原文:"樊迟问仁。子曰:'爱人。'"

② 原文:"盖《徵招》《角招》是也,其诗曰:'畜君何尤?'畜君者,好君也。""好君"意谓"爱君"。

③ 刘清平:《论孔孟儒学的血亲团体性特征》,载《哲学门》第1卷第1册,湖北教育出版社2000年版;《美德还是腐败?——析〈孟子〉中有关舜的两个案例》,载《哲学研究》2002年第2期。

④ 黄玉顺:《孟子正义论新解》,《人文杂志》2009年第5期。

立自主的个体地位。反之，前现代社会通常是没有真正的爱情的，"男欢女爱"并非现代意义的"爱情"；这是因为爱情的基础是男女双方独立自主的个体性，然而这种个体性在宗族社会和家族社会中是不存在的，所以我们看到的历史事实是：前现代社会的婚姻通常是宗族之间或家族之间的联姻，遵行"父母之命，媒妁之言"的规范程序，而非男女个体之间由爱情而自由结合的结果。

　　这也包括"道德"问题。现代社会有一个突出的特点：在"私德"问题上，普通公民享有较大的道德空间，这是基于现代性的"自由"价值观念的，即私人领域（private）与公共领域（public）的划界（严复所谓"群己权界"）①；然而人们对立法者、政治家等公共人物，则有较高的"私德"要求，因为他们的私人动机及其行为后果往往直接关乎公共领域的社会规范及其制度的公正性与公平性，即正义性。

　　5. 关于政治体制。前现代的政治体制是君主政治，即王权政治或皇权政治；而现代性的政治体制则是民权政治，亦即民主政治。②这也是与生活方式和社会主体的转换相一致的。然而当今有一部分儒者居然反对民主政治，宣扬所谓"王道政治"，实在滑天下之大稽：所谓"王道"是与春秋时期诸侯争霸的"霸道"相对而言的，就其本义而论，连帝国时代的皇权政治都不在其范围，仅指宗族时代的王权政治而已。

　　6. 关于治理方式。在中国，王权时代的治理方式是贵族共和。所谓"共和"并不仅有"周召共和"那样的"虚君共和"③，而是以"实君共和"为常态的，颇类似于柏拉图所谓"共和国"（republic）（通译为"理想国"），作为天下共主的"王"并不是"干纲独断"的专制独裁，这一点在《尚书·周书》中是非常明显的。到了帝国时代或皇权时代，才有了所谓"专制"；然而就其治理方式而论，则是宰辅制度，皇上其实并不那么"自由"。至于现代国家的治理方式，尽管有时也会采取直接民主的

---

① 严复将约翰·密尔的《论自由》译作《群己权界论》，可谓深得现代"自由"价值观念之要领。

② 现代威权主义（modern authoritarianism）和极权主义（totalitarianism）都只是走向现代性过程中的一种变异形式，这是应当另文讨论的问题。

③ 参见黄玉顺：《制度文明是社会稳定的保障——孔子的"诸夏无君"论》，《学术界》2014年第9期。

形式，例如偶尔的全民公决（但要注意与民粹主义相区别），但常态是间接民主，即代议制。

7. 关于国家体制及世界秩序。中国历史上经历了列国时代（王权时代）和帝国时代（皇权时代），如今则是国族时代。"国族"（nation）既非前现代的"民族"（ethnic / nationality），也非贯通古今的"国家"（state）概念，而是一个现代性的概念。因此，说"中国是一个多民族国家"是很荒诞的，因为前现代意义的"多民族"（nationalities）与现代性意义的单一"国家"（国族 nation）是矛盾的。

现代世界秩序亦非古代的"天下"秩序，而是国族之间的国际秩序。这种世界秩序同时实行着两条政治规则、"双重标准"，即民主规则和实力规则；因此，最具实力的国族成为现代"帝国"，通过经济、政治、军事手段掌控世界秩序，谓之"帝国主义"。这虽然与古代"天下主义"具有形式上的类似性，但却存在着本质区别，即前现代与现代性的区别。以国族为基础的这种世界秩序所存在的上述问题，表明国族本身是存在问题的，并非人类社会的终极理想；至于未来的超国族时代（supranational age）及其观念上的超国族世界主义（supranational cosmopolitism）或超国族主义（supranationalism）前景如何，则不是本文的课题。这里只想指出：如今某些儒者鼓吹的国族主义（nationalism 旧译"民族主义"）的"天下主义"恐有帝国主义之嫌，值得反思。

8. 关于政治主权者。"主权"（sovereignty）这个词是由前现代借用而来的，它与"君权"是同一个词（但"朕即国家"之"朕"其实并不代表他本人，而是王族或皇族的代表）。然而，与社会主体的转换相一致，现代社会的主权者不再是王族、诸侯或皇族，而是公民。这里尤须指出的是：国家或政府决非主权者；主权者是公民，国家只是在操作的意义上经公民授权而代行主权，这就犹如一个公司的法人代表并不就是这个公司的所有权人，所有权人乃是股东。

9. 关于核心价值观念。上述分析已经充分表明，现代社会的核心价值观念并不基于宗族或家族那样的集体，甚至也不基于现代核心家庭这样的集体，当然也不基于"企业单位"和"事业单位"这样的集体，而是基于个体（individual），这就是"人权"观念，所以宪法才特别强调"国家尊重和保障人权"①；而人权之"人"（human）并不是作为集合名词的"人民"（people），更不是乌合的"大众"（mass），而是个人（person）。唯其如此，诸如"自由""平等""民主""法治"这样的观念才必须被列入"核心价值观"，因为这些观念无不基于"人"之"人权"。

然而一些儒者反对这些现代价值观念，斥之为"西方"的"个人主义"，这也是值得警惕的。这里特别要指出的，是这样一种思维方式：以"中西之争"来掩盖"古今之变"，将历时性问题偷换为共时性问题，以此抗拒现代文明价值。这样的"儒家"决非真正的儒家，至多不过是原教旨主义的儒家。真正的儒家必须、也能够解答上述现代性的生活方式中的问题，这就是儒学的现代性。

（三）现代生活方式的观念效应

上文所提到的现代性"核心价值观念"，实际上是现代性的生活方式在观念上的必然反映。一个时代的观念，乃是那个时代的生活方式的产物，这是因为：观念是人的主体性的创造；然而有怎样的生活方式，才会有怎样的人的主体性。较之前现代的社会主体即宗族或家族，现代性的社会主体是个体，这是因为在现代性的生活方式中，社会生活的行为者都是个体性的：人们以个人的身份参与社会经济生活，如求职与任职，他们并不代表家庭，而只是作为个体的职场人员；人们也是以个人的身份参与政治生活的，如选举与被选举，他们也不代表家庭，而只是作为个体的公民，等等。这一切必然在观念上体现出来，那就是个体主义。

学界有一种误解，以为西方现代的个体主义是基于基督教传统的，似乎西方早在中世纪就是个体主义的了。然而事实正相反，西方古代与中国古代一样是家族集体主义的，家族利益与家族荣誉高于一切；个体主义的兴起是与西方的现代化过程、文艺复兴和启蒙运动等密切联系在一起的。以基督教而论，正是经过马丁·路德等人的宗教改革（Religious Reform），才从教会的集体主义转变为了教徒的个体主义，这就是马克斯·韦伯所谓"新教伦理"（Protestant work ethic）②。

----

① 见《中华人民共和国宪法》第三十三条。
② 马克斯·韦伯：《新教伦理与资本主义精神》，阎克文译，上海人民出版社2012年版。

与西方宗教改革具有同等性质的观念变革，也早已发生在儒学内部，那就是本文第一节所叙述的儒学现代化的历史。儒学的这种自我变革，是符合儒学原理的。然而，今天一些儒者将儒学与个体主义对立起来，从而导致对一系列现代价值观念的否定，这对于中国走向现代性、实现现代化来说是极其错误的思想倾向，同时也不符合儒学原理。

三　儒学现代性的学理依据：儒学基本原理的澄清

所谓"儒学"，可以是复数的概念，即自孔子之后"儒分为八"以来，出现过各种各样的儒学历史形态，同一历史时期也往往存在着旨趣各异、甚至大相径庭的儒家学派；但我们这里所要讨论的作为"儒学原理"的"儒学"则是单数的，即古今中外所有儒学的共同原理。①这些原理已经被遗忘或遮蔽了，亟须重新加以揭示。

（一）正本清源：关于儒学的若干误读

对儒学原理的遮蔽与遗忘，导致了关于儒学的种种误读，这里仅以儒学核心范畴"仁义礼智"为例，以见一斑。人们通常将"仁义礼智"理解为"儒家伦理"或"道德"。这种观念源自朱熹，他将《孟子·公孙丑上》的"四端"与《周易·干文言》的"君子四德"（元亨利贞）联系起来，并附会以理学的观念，提出："元者……于人则为仁，而众善之长也；亨者……于人则为礼，而众美之会也；利者……于人则为义，而得其分之和；贞者……于人则为智，而为众事之干。"②

这样的"四德"观念其实是讲不通的。所谓"德"是什么意思？在传统儒学中，"德"只有形上与形下两种用法，形上之德谓之"德性"，形下之德谓之"德目"（道德条目），而这两者其实是矛盾的："四德"究竟是形上的东西、还是形下的东西？

所谓"德性"，尽管是形上的观念，却也有两种截然不同的理解。程

---

① 儒学也有"中外"之分，不仅存在着韩国儒学、越南儒学，等等，还有诸如美国的波士顿儒学、夏威夷儒学之类，参见蔡德贵：《试论美国的儒家学派》，共识网（www. 21ccom. net）。

② 朱熹：《周易本义》，上海古籍出版社1987年版。

朱理学的"德性"是先天的（apriori）或先验的（transcendental），即是"天理"，亦即所谓"性即理"（《遗书》卷二十二下）①。但这其实并非孟子的原意，孟子所谓"性"并非人们所误解的先天或先验的东西。他讲"仁义礼智根于心"（《孟子·尽心上》），然而此"心"却是"恻隐之心"等"四端"情感（《孟子·公孙丑上》）（朱熹也承认这是"情"而非"性"②）；此"情"萌生于"乍见孺子将入于井"之类的生活情境，须经过"扩而充之"（《孟子·公孙丑上》）"先立乎其大者"（《孟子·告子上》），这才被确立为形上的"德性"，这体现了轴心时代建构形而上学的过程。孟子的观念是符合汉语"性"之本义的，如许慎讲，"德"作为"得"的同源词，意谓"行有所得"（《说文解字·彳部》）③，即是在行为、践行、生活中获得的东西。后来王夫之"性日生而日成"（《尚书引义·太甲二》）的观念，与此吻合。总之，"仁义礼智"尽管后来被确立为形上德性，但其本源却是自然而然的生活情感。

所谓"德目"，亦即道德条目，是说形下的伦理规范。将"仁义礼智"一概视为形下的伦理道德规范，这也是片面的。如上所述，儒家所谓"仁义礼智"皆发端于生活情感；即便在接下来的思想建构中，它们也是处在不同的理论层面上的。在儒家话语中，所有一切形下的伦理道德规范及其制度安排，统谓之"礼"，例如一部《周礼》，就是一整套伦理规范建构及其制度安排④；由此可见，凡"礼"之外的"仁""义""智"均非伦理道德规范的范畴。事实上，"仁义礼"乃是一个立体的思想理论结构系统（本文暂不论"智"），这就是下文将要揭示的儒学原理。

（二）追本溯源：儒学的思想视域问题

上文谈到，现代新儒学"内圣开不出新外王"。从思想方法上看，这是由于他们仍然停留于"形上—形下"的思想视域（horizon of thought），

---

① 程颢，程颐：《二程集》，中华书局 1981 年版。

② 朱熹：《孟子集注·公孙丑上》卷三："恻隐、羞恶、辞让、是非，情也；仁、义、礼、智，性也。"见朱熹：《四书章句集注》，中华书局 2012 年第 2 版。

③ 许慎：《说文解字》，大徐本，中华书局 1963 年版。

④ 黄玉顺：《"周礼"现代价值究竟何在——〈周礼〉社会正义观念诠释》，《学术界》2011 年第 6 期。

而缺乏某种本源性的视域。上文也谈到,自轴心时代以来,哲学形而上学形成了一种"形上—形下"的思维模式。这种模式无法回答、甚至根本没有意识到"存在者何以可能"的问题,即:不仅"形而下者"而且"形而上者"何以可能? 本源性的思想视域是说:这些存在者皆源于存在;而存在——先在于任何存在者的存在,就是生活及其原初本真的情感显现,在原典儒学中,那就是生活情境中显现出来的仁爱情感。唯其如此,儒学以仁爱情感为所有一切的大本大源,此即《中庸》所说的"不诚无物"[①]:假如没有真诚的仁爱情感,一切存在者都不存在。正是在这样的本源视域中,儒家建构起自己的一套原理。现代新儒学的"内圣"指向形而上者,其"外王"指向形而下者;但这两种存在者、先验的"两层存有",皆须为之奠基的存在——生活的观念,皆须为之开源辟流的生活情感的观念,否则便是无本之木、无源之水。

(三) 儒学原理:儒学的观念层级建构

我经常讲:"儒家没有新的,然而儒学是常新的。"所谓"儒家没有新的"是说,儒家总是以仁爱论万事,否则他就不是儒家了;所谓"儒学是常新的"是说,儒家的具体的学说、思想理论、学术形态总是随历史时代而推陈出新的,一时代有一时代之儒学,故有王权时代之儒学、皇权时代之儒学、民权时代之儒学。然而万变不离其宗,"吾道一以贯之"(《论语·里仁》),这些不同的儒学形态蕴涵着一套共同的原理;儒学之所以能够"日新"(《大学》),也是由于这套原理。这套原理包含许多范畴,形成一套复杂的理论结构,这里限于篇幅,仅讨论其核心结构,即"仁→义→礼"的结构。

1. 礼:社会规范及其制度

众所周知,"礼"是儒家的关切所在;换言之,儒家所关注的是社会群体生存秩序,亦即社会规范及其制度。然而,关于儒家的"礼",人们存在着严重的误解。诚然,一个人生活在社会上,必须遵守社会规范,否则便无以立足,所以孔子讲"立于礼"(《论语·泰伯》)、"不学礼,无以立"(《论语·季氏》)、"不知礼,无以立"(《论语·尧曰》),要求人

---

① 《礼记》:《十三经注疏·礼记正义》,中华书局1980年版。

们"克己复礼"(《论语·颜渊》);一个社会群体也必须建立一套社会规范,否则"无礼则乱"(《论语·泰伯》),所以孔子强调"为国以礼"(《论语·先进》)、"齐之以礼"(《论语·为政》)。但如果仅限于这样理解"礼",那就很成问题了。试问:假如既有的社会规范及其制度本身就不正当或已不合时宜,"礼"不合"理",难道人们也应当遵守吗?例如,现代人还应当遵守"君为臣纲,父为子纲,夫为妻纲"的规范吗?还应当遵守"在家从父,出嫁从夫,夫死从子"的规范吗?原教旨主义儒家的一个根本失误,就是将过去既有的"礼"视为儒学的凝固不变的根基。

这就是正义论问题,即社会规范及其制度是否正义的问题。儒家严格区分两种不同的"正义",即行为正义和制度正义。"行为正义"是说:唯有遵守社会规范及其制度的行为才是正义的行为,所以应当"非礼勿视,非礼勿听,非礼勿言,非礼勿动"(《论语·颜渊》)。但是,遵守制度规范是有前提的,那就是:这个制度本身是正义的制度。此即"制度正义"问题。人们没有服从暴政、遵守恶法的义务。这才是孔子关于"礼"的更根本的思想:"礼有损益"。他指出:"殷因于夏礼,所损益可知也;周因于殷礼,所损益可知也;其或继周者,虽百世可知也"(《论语·为政》)。这就是说,三代之礼是不同的,将来之礼也还会是不同的。所谓"损益"是说:在生活方式发生变化的情况下,对既有的礼制体系,应当去掉一些旧的规范(损)、增加一些新的规范(益),从而形成一套新的礼制。

这是孔子的伟大思想之一。孟子称孔子为"圣之时者"(《孟子·万章下》),实基于此。显然,按照孔子"礼有损益"的思想,宗族时代的制度经过损益变革而转为家族时代的制度,家族时代的制度经过损益变革而转为国族时代的制度,这是天经地义的。问题在于:我们根据什么来进行损益?制度变革的价值尺度是什么?这就是"义",即正义原则。所以,孔子指出:"义以为质,礼以行之"(《论语·卫灵公》)。"义"是为"礼"奠基的价值原则。这就构成了儒学原理中最核心的理论结构"义→礼",即:正义原则→制度规范。

2. 义:正义原则

所谓"正义原则",就是据以进行社会规范建构及其制度安排的价值原则。这在中国话语中叫作"义"，荀子甚至直接谓之"正义"①；所以，人们用汉语"正义"来翻译西语"justice"。符合这种价值尺度的制度规范就是正义的，反之就是不正义的。因此，人们遵守制度规范，本质上是遵从正义原则。例如，即便在宗法社会的君臣、父子的伦理关系中，人们应当遵从的其实也不是君、父，而且也不仅是当时的伦理政治规范，而是其背后的正义原则，故荀子明确说："从道不从君，从义不从父。"（《荀子·子道》)②

与"礼"（制度规范）的损益性不同，"义"（正义原则）具有普遍性，古人谓之"通义"，这是因为："义"或"justice"仅仅意味着一系列抽象化的、原则性的判断：公平的、公正的、正当的、恰当的、适当的、适宜的……。这些语义涵项可以分为两类：正当；适宜。因此，儒学原理的正义原则包含两条：

（1）适宜性原则：社会规范建构及其制度安排必须具有适宜的效果，即适应于一个社会群体的基本的生活方式。此即《中庸》所谓"义者，宜也"。唯其如此，宗族社会有宗族性的制度规范，家族社会有家族性的制度规范，而现代社会有现代性的制度规范，因为这些社会形态各有其特定的生活方式。

（2）正当性原则：社会规范建构及其制度安排必须出于正当的动机。故孟子说："义，人之正路也。"（《孟子·离娄上》）何谓正当动机？在儒家，那就是仁爱。这样一来，我们就得到了儒学原理的这样一个核心结构：仁→义→礼，即：仁爱精神→正义原则→制度规范。

3. 仁：仁爱情感

在社会规范建构及其制度安排中，是否依据正当性原则，即是否要求仁爱的动机，这是中国正义论与西方正义论之间最根本的区别之一。这涉及如何准确理解、全面把握儒家"仁爱"观念的问题。反儒人士认为，儒家所谓"仁爱"就是"差等之爱"，因此，儒家的制度规范就是基于血亲伦理的东西，这样的制度规范当然就是不公平、不公正的，因为它必然

---

① 黄玉顺：《荀子的社会正义理论》，《社会科学研究》2012 年第 3 期；《中国社会科学文摘》2012 年第 8 期转载。

② 王先谦：《荀子集解》，《新编诸子集成》本，中华书局 1988 年版。

更有利于立法者及其亲近者。而可悲的是，许多儒家人士也认为儒家的"仁爱"就是"差等之爱"，儒家的伦理就是以家庭亲情为基础的伦理。双方都不明白，儒家的仁爱观念固然承认"差等之爱"的生活情感，但却并不以此为制度规范建构的一般性原则；恰恰相反，正当性原则所要求的是"一体之仁"，即对"差等之爱"的超越，这也就是儒家"恕道"在伦理与政治领域的贯彻：在建构或选择制度规范时，应当"己欲立而立人，己欲达而达人"（《论语·雍也》）、"己所不欲，勿施于人"（《论语·卫灵公》），例如孟子所讲的"老吾老以及人之老，幼吾幼以及人之幼"（《孟子·梁惠王上》），等等。

当然，应当承认，儒家在历史上的制度规范建构，确实与家庭伦理有密切关系；但是，那并不是以"差等之爱"为原则的结果，而是适宜性原则的要求，即正当性原则与适应性原则相匹配的结果：在前现代的宗法社会生活方式下，正当而适宜的制度规范必定是与宗法伦理一致的。然而这恰恰意味着：在现代性的生活方式下，正当而适宜的制度规范决不是基于宗法伦理或家庭伦理的设计，而只能是基于现代权利观念的设计。这一切正是儒学原理的要求。

正是由于上述儒学原理，儒学才必定在中国社会现代转型中获得现代性；换言之，现代性乃是儒学原理的必然蕴涵。当然，儒学现代性的展开、儒学的现代化，这个历史进程尚未完成，我们还"在路上"；不仅如此，人们还时不时地误入迷途，例如前述当代儒家中的一些危险倾向。

儒家礼学与人的发展

山东社会科学院文化研究所　涂可国

　　先秦儒家特别推崇制礼作乐的周公，向往周代的礼治秩序和礼乐文明。正是为了应对春秋战国时期"礼崩乐坏"的社会混乱景象的挑战，儒学得以应运而生。在两千多年的发展过程中，历代儒家经过不断损益，建构了较为丰富的礼学思想，开创了中华礼仪文明的气象。无可否认，儒家礼学不够系统和条理，儒学家也没有上升到理性层面去构建完整的礼学思想体系，但是，儒家礼学因其精深广博而值得我们关注：一是以孔子为代表的儒家不仅为个人的日常生活提出了各种知礼、学礼、依礼、尊礼、循礼而行的种种要求，还从"不知礼，无以立"（《论语·尧曰》）出发，为统治者制定了各种礼治方略、建制；二是儒家礼学不仅有《周礼》《仪礼》《礼记》（统称为"三礼"）等专门性著作，"四书""五经"以及《荀子》等儒家经典也阐述了诸多礼学问题；三是不同时期的儒家典籍既提出了各种各样的礼规、礼节、礼数、礼容、礼仪等具体行为要求，还围绕礼的义理结构就礼的内涵、根据、起源、内容、特点、要求和功能等一系列问题作了深度探析。

　　随着明清实学思潮的兴起以及西方文化的入侵，儒学遭到了一批激进人士的批判，而受到攻击最大的不是"仁"这一儒家核心原理而是儒家的孝道文化和礼学文化，其中一个主要方面或向度即是认为儒家的重礼思想给人的发展带来极大的负面影响。早在明清时期，戴震就对礼教进行了批判，发出了"以理杀人"的呐喊。"五四"运动时期，一些激进反传统人士也把攻击的矛头直指儒家的礼教。更有甚者，有人指明由儒家礼学文化参与生成的封建礼教成为历代统治者剥削人民、压迫人民的工具。改革开放以后，在"文化热"中，许多人也对儒家之礼治、礼教大加挞伐。

刘再复、林岗在《传统与中国人》一书中，先是陈述了周作人、鲁迅、陈独秀等先觉者如何揭露中国日常生活、家庭生活中"吃人"的风俗后，然后把吃人连同自私、冷漠都归结为儒家的仁义忠恕和礼治秩序，并得出结论说，礼治秩序即礼教，在模塑中国人的主奴根性方面确实扮演了不同寻常的角色。进入 21 世纪，一些人也极力抨击在"国学热""儒学热"过程中出现的穿礼服（儒服、汉服等）、行揖礼等尊礼现象，认为它只是一种虚饰，使人同现代生活相脱节而显得格格不入。

在当代，儒家礼学文化要重建、要复兴、要致用，就必须正本清源，澄清附加在它上面的种种误读、误解，准确把握它的精神实质和社会功能。根据笔者的体悟，由儒家礼学文化所衍生出来的中国古代礼规、礼节、礼教、礼俗，从总体上还是有助于传统中国人的行为有所遵循，有助于传统中国人合理地待人处世，有助于为传统中国人的发展建构良好的社会秩序。

一 辞让之心：礼的丰富意蕴

在我国，"礼"的观念起源很早。孔子说："殷因于夏礼，所损益可知也；周因于殷礼，所损益可知也。其或继周者，虽百世，可知也。"（《论语·为政》）这表明，夏商周三代礼就已经历史性地存在而可以被认知，只是呈现出有损有益的变革而已。以孔子为代表的先秦儒家力图恢复周礼，以后"礼"又被后儒赋予了极为丰富的意义。

1. 礼的本质。

在当前儒学界，许多人把"礼"归结为社会制度，并由此探讨儒家制度伦理学问题（如制度正义）。"礼"是一个会意词，由示和豊所组成，"豊"是行礼之器，故此它的本义是举行仪礼以祭神求福。在长期的历史发展过程中，"礼"被赋予了以下含义：一是根据道德观念、风俗习惯、历史传统等而形成的社会生活仪节，如典礼、婚礼、丧礼等；二是用以调节人的社会行为的各种准则，如礼治、礼规、礼节、礼教、礼俗等；三是表达仁爱、尊敬、谦让等情感、态度的行为方式，如礼让、礼遇、礼赞及先礼后兵等；四是指在人际交往过程中用来表示庆贺、友好、敬意等心意的所赠之物，如礼物、礼品、礼金和献礼等。由此可见，"礼"包含制度但不等于制度，它从总体上说是一种调节天人关系、人际关系和社会关系的规范。

在儒家思想体系中，一般说来，礼大致包括礼法、礼义和礼仪三大方面，在孔子所致力恢复的周礼当中，这三者浑然一体，虽然更多的是指宗法等级制度和家族制度，但也包含着礼仪、礼节、礼规等意蕴，因而是一种政治规则、行为准则和伦理规范的混合体。可以说，不论是"三礼"之礼、《中庸》所说"礼仪三百，威仪三千"，还是先秦之后诸儒所讲的各种"礼"，无疑是集各种含义于一体，只是由于儒家的泛伦理化取向，使儒学之礼更多的是指调节人行为的伦理规则、原则。

就先秦儒家礼学而言，孔子所说的"为国以礼"（《论语·尧曰》、《论语·为政》），其中之"礼"大体是指政法制度、宗法制度。不可否认，当孔子对"仁"作出新的历史解释赋予其以"全德之称"，同时纳"礼"入"仁"、使"仁"成为"礼"的本根和内在精神时，"礼"的伦理意蕴就逐渐凸显出来。最典型的例证莫过于由孔子所提出来的"克己复礼为仁"（《论语·颜渊》）、"人而不仁，如礼何？人而不仁，如乐何？"（《论语·八佾》）等命题。相对而言，孟子更为强调并发展了"仁义"，不如孔子那样重视礼，而且，他很少谈周礼、周制，而把"礼"作为同仁、义、智相提并论的"四德"。

荀子所讲的"礼者，法之大分"（《荀子·劝学》）、"乐合同，礼别异"（《荀子·礼论》）等，其中之"礼"，既指政法制度、宗法制度，又含有行为规范之义；既具有规制、礼仪、礼节、礼俗的内容，又葆有伦理之意义，从而肯认了礼的道德规范意蕴，凸显了礼的伦理道德本质。一方面，荀子常将礼义连用。与孟子礼义并用一样，荀子也经常礼义合称。他说："制礼义以分之，以养人之欲，给人之求"（《荀子·礼论》）。显然，这里的"礼"就包含了礼德意义。另一方面，荀子强调礼以体德。荀子说："礼也者，贵者敬焉，老者孝焉，长者弟焉，幼者慈焉，贱者惠焉。"（《荀子·劝学》）据此，俞荣根曾经指出："忠、孝、弟、慈、惠，等等道德都是礼的表现，礼是诸德之总。"[1] 与之相反，笔者认为，仁才是诸德之总，而礼是诸德之外在表现，荀子这里所讲的"礼"作为道德准则，

---

① 俞荣根：《儒家法思想通论》，广西人民出版社 1998 年版，第 409 页。

体现的正是对贵者、老者、长者、幼者和贱者这一类社会角色所应遵循的敬、孝、弟、慈、惠等道德规范。

要正确理解荀子所言谈的礼的真正含义，还必须科学把握他所提出来的"礼法"概念。荀子纳法入礼，纳礼入法，礼法互通，礼法联用，在儒学史上首次提出了"礼法"范畴。荀子致力于把礼上升到法的制度层面，以此去调控人的社会化行为。早在《吕刑》中即已将礼提高到"五刑之属三千"的威仪高度而凸显礼的法制内含。荀子更是明确指出："非礼，是无法也。"（《荀子·修身》）"礼者，法之大分，类之纲纪也，故学至乎礼而止矣。夫是之谓道德之极。"（《荀子·劝学》）礼既是法的根本，也是万事万物的纲要。荀子之所以立足于"隆礼重法"的经世理念将礼法视为一体，从根本上说是为了伦理政治化、法律化，是由于礼法的强制和惩治乃是实现社会安定和睦的重要手段，从具体上说是为了适应封建大一统和君主制需要推动礼的制度化、法典化，以增强礼的权威性、强制性、实效性，进而改变孔孟儒学重德轻刑、重礼轻法以致难以见世、经世的被动局面。杜国庠认为荀子"所谓的礼，几乎与法无别"①。国内有的学者为了抑孟扬荀，认为孟子主张德治而荀子主张法治，在治道问题上制造新的孟荀对立。有的甚至因此像"文革"时期一样在学派性质上不加区分地把荀子判定为法家。殊不知，荀子之"礼"尽管融入了"法"，经过了"法"的洗礼和改造，尽管他的"法"纳进了"礼"的框架，赋予了"礼"的内涵，因而在某种意义上可以说礼即是法、法即是礼，但是，荀子并没有把礼与法两者完全等同起来，他从辩证法出发既看到了礼、法的同一性也揭示了礼、法的差异性。他的"隆礼重法"思想并不意味着他把礼、法在内涵、价值、意义、地位等方面同等看待，而是作了相对区分；也没有根本改变孔孟德主刑辅、礼主法辅的王道主义思想路线，而只是相对于孔孟儒学重德轻刑、重礼轻法的偏颇更为强调法的地位和作用罢了；实际上，他对法家思想在吸收的基础上进行了批判，而始终坚持主张礼主法辅、先礼后法，如他讲"礼仪生而治法度"（《荀子·修身》）——"礼"是制定法度的渊源，可以说，荀子赋予了"礼"极为广泛的规范意义而把"法"纳入其中，他本质上是一个儒家化的礼治主义者而不是法

---

① 杜国庠：《中国思想史论集》，汕头大学出版社 1997 年版，第 290 页。

家化的法治主义者。

2. 礼的根据与起源。

儒家认为，礼有其大本大源，有其深厚的自然社会的根基，《礼记》讲："故圣人作乐以应天，制礼以配地。"（《礼记·乐记》）《孝经·三才》指出："夫礼，天之经也，地之义也，民之行也。"荀子说："天地者，生之本也；先祖者，类之本也；君师者，治之本也。无天地恶生？无先祖恶出？无君师恶治？三者偏亡焉，无安人。故礼，上事天，下事地，尊先祖而隆君师，是礼之三本也。"（《荀子·礼论》）儒家是如何看待礼的起源或来源的呢？台湾东南科技大学通识教育中心的曾暐杰在《荀子思想再定位与儒家体系的重建——反思、批判与方法》一文中认为，孔子的核心之道不是所谓形而上的"仁"而是形而下的"礼"，荀子的"礼"不具有形上根源价值，而重视其在社会脉络中的制约性，并达到教化与内化善的效果；荀子所谓的"礼"不具有内在根源价值意义，而是从故有传统与习俗、人的需要以及现实环境三者互动之下所整合而形成的道德体系，而孔子的"礼"显然也是如此，二者有其一致性，同样有着实用主义的性格；荀子对于礼的来源之解释即为："凡礼，事生，饰欢也；送死，饰哀也；祭祀，饰敬也；师旅，饰威也：是百王之所同，古今之所一也，未有知其所由来者也。"（《荀子·礼论》）其中并没有一丝追求"礼"背后的形上根源与价值的企图，而只是注重于"礼"的实际治乱与教化作用。①

在笔者看来，无论是孔子所言说的礼，还是孟子所理解的礼，抑或是荀子所谈论的礼，其本身的确是用以调节不同社会境遇中人的行为的外在社会规范。但是，孔孟荀在论述礼的根源、来源时，或是赖于传统与习俗，或是基于天地，或是归于内在心性（包括人的欲望、需要等），或是依于社会关系、环境，并没有否定"礼"有着形而上的根源。尤其是孟子把"礼"归结为人内在的辞让之心——"辞让之心，礼之端也"（《孟子·公孙丑上》）。荀子把礼追溯至人的欲望："礼起于何？曰：人生而有欲，欲而不得，则不能无求；求而无度量分界，则不能不争；争则乱，乱

---

① 曾暐杰：《荀子思想再定位与儒家体系的重建——反思、批判与方法》，载涂可国、刘廷善主编《荀子思想研究》，山东人民出版社 2015 年版。

则穷。先王恶其乱也，故制礼义以分之，以养人之欲，给人之求，使欲必不穷于物，物必不屈于欲，两者相持而长，是礼之所起也。故礼者，养也。"（《荀子·礼论》）

二　以礼为大：礼的社会功能

相对于礼的本质、根据、起源、内容和特点，儒家对礼的功能更为重视，阐述也更为全面，因此必须作专门解读。《礼记·哀公问》讲孔子主张"礼为大"。礼之所以为大，儒学之所以重礼，之所以要求人知礼、尊礼、循礼、践礼、行礼，不仅在于早期儒者以相礼为生，在于为儒家所推崇的一代"大儒"周公开创了"制礼作乐"的先河，还在于在儒家看来礼具有多种社会意义、作用和功能。

1. 道德表达功能。

一是表达道德品性。"道德仁义，非礼不成。"（《礼记·曲礼》）儒家认为，礼是德性伦理的具体化，仁义道德正是通过各种各样的礼仪、礼节、礼俗、礼容等得以展现、表达和修饰。孔子从回答子夏的提问中提出了"绘事后素"的思想，领悟到了仁先礼后的道理（《论语·八佾》）。而由他所讲的"克己复礼为仁。一日克己复礼，天下归仁焉！为仁由己，而由人乎哉？"（《论语·颜渊》）说明合礼是为仁的重要标准，是仁爱这一内在道德的外在表征。而孔子所说的"人而不仁，如礼何？"则表明践履礼必须以仁为基础。孔子还讲："君子义以为质，礼以行之，孙以出之，信以成之。"（《论语·卫灵公》）这说明"义"是"礼"的实质，而"礼"是"义"得以表现出来的重要途径。孟子不仅把礼作为特定的道德品质——如孟子所倡导的仁义礼智四德，还对仁礼关系作了生动而深刻的阐发。在孟子看来，仁是人内在主观的道德本源，义是人所应当做的事（适宜），而要将它们真正转化为人外在的行为就必须依赖于礼进行节制和文饰，正所谓"礼之实，节文斯二者是也"（《孟子·离娄上》）。用孟子自己的话来概括就是仁宅、义路、礼门。由于礼是出自人的辞让、恭敬之心（"辞让之心，礼之端也"），它比仁义具体而实在，因此，仁义必须借助于五伦（即父子有亲、君臣有义、夫妇有别、长幼有序、朋友有信）等礼规（实即道德规范）得以彰显。在这里，亲、义、别、序、信是人

应为的义。荀子同样强调礼以行义。他说:"行义以礼,然后义也。"(《荀子·大略》)

二是表达道德情感。在儒家话语体系中,仁义不仅仅属于德性伦理,同时还属于道德情感,是情理合一的人的文化情感,因而以礼体仁、以礼成义,也就意味着礼具有表达道德情感的功用。当然,人类的情感及其道德情感是丰富多样的,礼不仅能够表达仁义这类核心道德情感,还能够表达其他多样化的道德情感。孔子在对待祭礼的态度上最为明确地表明了儒家十分重视礼的道德情感传达功能。祭礼的形式不重要,祭礼的内容才重要。有时孔子坚守"三年之丧"这一形式化的规定。守三年之丧不仅是当时的通制、礼制,更重要的是可以借此表达对父母的仁心、孝心和感恩之情。孔子批评认为守三年之丧太长、不如周年为宜的宰予"不仁",并以是否"心安"作为取舍和评判的标准①。有时为了情感,孔子认为可以牺牲祭礼的形式。与荀子主张厚丧不同,孔子更为重视丧礼的情感表达。他有言:"大哉问!礼,与其奢也,宁俭;丧,与其易也,宁戚。"(《论语·八佾》)在孔子看来,丧礼与其奢华,不如注重哀戚之情的兴发,从而反映了人在从事种种行礼过程中应有内心的尊敬和怀恋。更进一步,孔子认为即便丧礼不足、丧礼简易也不能不注重哀痛之情的传达:"丧礼,与其哀不足而礼有余也,不若礼不足而哀有余也。"(《礼记·檀弓》)荀子同样注重礼的仪式与感情有机结合。他指出:"凡礼,始乎梲,成乎文,中乎悦校。故至备,情文俱尽;其次,情文代胜;其下,复情以归大一也。"(《荀子·礼论》)最为完备的礼是所要表达的感情和礼节仪式都能尽善尽美,次一等的礼是使所要表达的感情和礼节仪式互有参差,而最下等的礼就是使所要表达的感情回归到原始质朴的状态。

三是表达道德价值。

2. 道德教化功能。

在儒家看来,礼是为人之方,知礼、尊礼、循礼、践礼、行礼是培养人仁义道德品质的重要途径、手段和方式。

---

① 其实宰予不是不重视礼,他之所以认为"守三年之丧"的礼制不可取,正是由于他从功利主义出发认定"守三年之丧"会带来"礼坏乐崩"的后果:"三年之丧,期已久矣。君子三年不为礼,礼必坏;三年不为乐,乐必崩。"(《论语·阳货》)

孔子强调克己复礼可以为仁："一日克己复礼，天下归仁焉。"（《论语·颜渊》）他还进一步指出："道之以政，齐之以刑，民免而无耻；道之以德，齐之以礼，有耻且格。"（《论语·为政》）这里，孔子比较了政治、法治与德治、礼治效用的差异，认为如果只是运用行政手段和刑罚手段去治理民众，管理国家，那只会使民众避免犯罪，但不能培养他们的廉耻之心；但如果用道德来治理百姓，用礼义来约束他们，则人们不但有廉耻之心，而且能纠正自己的过错。显然，孔子无意完全否定法治的作用，不过他揭明了其内在局限性，而凸显了德治、礼义在教化民众方面的重要价值。

荀子更是从多种角度阐述了以德治国的道德教化作用：从礼是从人修身、待人的根本原则出发，指出："不法礼，不足礼，谓之无方之民；法礼足礼，谓之有方之士。"（《荀子·礼论》）从日常生活角度，荀子对重礼产生的作用也作了深刻阐释。他说："凡用血气、志意、知虑，由礼则治通，不由礼则勃乱提僈；食饮、衣服、居处、动静，由礼则和节，不由礼则触陷生疾；容貌、态度、进退、趋行，由礼则雅，不由礼则夷固僻违，庸众而野。"（《荀子·修身》）再次，强调遵礼可以使人养生安乐："治民不以礼，动斯陷矣"（《荀子·大略》），管理民众不根据礼，一行动就会出错。人性均贵生乐安，而要达到此目的，就务必依礼而治。荀子讲："故人莫贵乎生，莫乐乎安，所以养生安乐者莫大乎礼义。"（《荀子·强国》）

从礼法起源角度，荀子认为礼义法度可以矫正扰化人之情性："古者圣王以人之性恶，以为偏险而不正，悖乱而不治，是以为之起礼义、制法度，以矫饰人之情性而正之，以扰化人之情性而导之也。"（《荀子·性恶》）从圣王礼义之治的意义角度，荀子指出："今人之性恶，必将待圣王之治，礼义之化，然后皆出于治，合于善也"（《荀子·性恶》）等。

《大学》在讲到"絜矩之道"时指出："所谓平天下在治其国者，上老老而民兴孝，上长长而兴弟，上恤孤而民不倍。"这是说，平天下的根本在治好国，而治好国应掌握测量方正的法则，因为为政者的德行可以教化民众培养孝悌信等品德。

3. 道德示范功能。

儒家十分强调和赞许君王以德治国对于人民大众道德品质的表率作

用。孔子在《论语》中多处论及于此。他在回答季康子如何从政之问时指出：“子欲善而民善矣。君子之德风，小人之德草。草上之风，必偃。”（《论语·颜渊》）可见，小人（含民众）的道德是受君子（含统治者）道德左右的。同样在回答季康子问政时，孔夫子说：“政者，正也。子帅以正，孰敢不正？”（《论语·颜渊》）统治者带头行正道，老百姓没有不行正道的。《论语·子路》也谈到孔子讲述了正己正人问题，他说：“苟正其身矣，于从政乎何有？不能正其身，如正人何？”只要统治者自己能够端正自己的言行，那么从政就不是一件难事，就可以达到正人的目的。孔子还直接明了地揭示了君子的道德带动作用。他这样说：“上好礼，则民莫敢不敬；上好义，则民莫敢不服；上好信，则民莫敢不用情。”（《论语·子路》）这里，孔子从道德权威角度强调统治者只要自身讲究礼义信等品德，就会促使民众诚实敬重顺从。作为孔子的私淑弟子，孟子尽管更多的是从社会政治维度言说儒家德治的功能，可他也认识到了德治的道德示范作用，他较为有名的论断“惟大人为能格君心之非。君仁莫不仁，君义莫不义，君正莫不正”（《孟子·离娄上》）即是讲述“上行下效”的问题。

荀子的“隆礼重法”思想强调礼是确立人们身份、地位的等级制度，是制约人性、调控行为的行为规则和规范，是治国的根本大法，认为礼具备改造人性、为政治民、救善除恶、使君爱民等作用，从而指出圣王制礼、隆礼、循礼可以引导民众弃恶从善。他解释说，君主的以身作则能够化导民众：“故为人上者必将慎礼义，务忠信然后可。”（《荀子·强国》）在传统中国社会，儒家政治目标之一就是君师合一，而荀子特别强调“师法”的作用。他说：“师者，所以正礼也……无师，吾安知礼之为是也。”（《荀子·修身》）还讲：“人有师有法而知则速通，勇则速威，云能则速成，察则速尽，辩则速论。”（《荀子·儒效》）

从现实政治生活来说，儒家揭示的德治的道德教化示范功能，通过汉以后一大批儒学化的官吏在政治活动中身体力行、为民表率、敦风化俗得到体现。例如《汉书·黄霸传》讲地方官吏黄霸在坚持以德治政之际，致力于用儒家伦理去教化劝导民众，他的功绩得到汉宣帝的褒奖，诏曰：“百姓向化，孝子恭弟，贞妇顺孙，日益众多，田者让畔，道不拾遗，养视鳏寡，赡助贫穷，狱或八年亡重罪囚，吏民向于教化，兴于行谊，可谓贤人君子矣。"

4. 行为调控功能。

一是能为行为确定标准尺度。孔子将礼视为评价各种美德的尺度和界限："恭而无礼则劳，慎而无礼则葸，勇而无礼则乱，直而无礼则绞。"（《论语·泰伯》）荀子也指明礼可以为人立身提供行为准则，他把礼看成人道之极，视为人社会实践活动的准绳："礼者，人之所履也。"（《荀子·大略》）

二是礼能够节制人的行为。在谈述"正名"思想之后，孔子为卫国的国君陈述了如下治理政事的道理："事不成，则礼乐不兴；礼乐不兴，则刑罚不中，刑罚不中，则民无所措手足。"（《论语·子路》）他又说："上好礼，则民易使也。"（《论语·宪问》）由此我们不难理解孔子为何那么推崇礼乐文明，因为它在促使刑罚法制文明保持恰当的前提下，可以为百姓的行为找到正确定位，使之不致举措失当。孟子把礼置于人的辞让之心上，这就为人克制私心奠定了道德情感基础。荀子似乎更为关注实行礼治主义对于矫正和控制人的行为的调控功能。在谈到礼的起源时，他提出了礼"养"的功能："先王恶其乱也，故制礼义以分之，以养人之欲，给人之求，使欲必不穷乎物，物必不屈于欲，两者相持而长。"（《荀子·礼论》）从客体来说，外在之物总是有限的，必须加以合理分配；从主体来说，人的欲望总是多样的，且具有膨胀性，于是物与欲之间会产生矛盾。为了使人的欲望保持在适当范围之内（物欲两者相持而长），为了使社会不致因欲望的诱导而产生争斗、造成混乱，为了使人的行为可控、社会有序，就必须制定礼义并据此调控人之欲求（养人之欲，给人之求）。可见，荀子所谓的"养欲"并非指用物满足人的欲望和需要，而是用礼义去调节人的欲望进而调节人的行为。

三是礼能为角色定位。儒家主张礼治，以差别性的行为规范即礼作为维持社会、政治秩序的工具，同法家主张法治，以同一性的行为规范即法作为维持社会、政治秩序的工具，原是对立的。在某种意义上，礼就是根据一个人在社会生活中的身份关系等而确立的行为方式，大致相当于人的角色体系，它表明了一个人所应承担的责任以及相应的权利。荀子不仅阐发了礼的"养"的功能，还揭示了礼的"别"的功能。荀子在《荀子·礼论》篇中不仅提出了"礼者养也"，还讲"君子既得其养，又好其别"。

一般学者认为，"养"和"别"属于礼的不同作用，陈大齐区分了礼的三种作用：分、养和节。邓小虎指出"养"和"别"并非相对独立的两种作用，而实际上是同一种作用的两种描述，也就是说，"养"和"别"其实只是礼的作用的不同侧重点，实际上，"养"固然需要在"别"的规范之下进行，而"别"之所以可能也必然仰赖于"养"的不同措置。① 笔者认为，荀子所说的礼的"分"就是"别"，"养"就是"节"，因而其礼的功能作用主要体现为"养"和"别"。而在荀子那里，礼的"别"的功能又主要体现在两个方面：一方面是与"养"相联系的"别"。"先王恶其乱也，故制礼义以分之，以养人之欲，给人之求，使欲必不穷乎物，物必不屈于欲，两者相持而长。"（《荀子·礼论》）另一方面是与社会身份相联系的"别"。荀子认为制礼义可以使人等差有序，各安其分，"故制礼义以分之，使有贫富贵贱之等"（《荀子·王制》）。他从尊崇先王之道视角指出："先王案为之制礼义以分之，使有贵贱之等，长幼之差，知贤愚、能不能之分，皆使人载其事而各得其宜。"（《荀子·荣辱》）"礼者，贵贱有等，长幼有差，贫富轻重皆有称者也。"（《荀子·富国》）礼要求人做符合自己社会身份的事，也就是孔子所讲的"正名"—— 君君、臣臣、父父、子子，从而使人明了自己所处的义务、权利，并以此选择正当的行为举止，从而使人际之间可以正确进行行为期待，便于人与人之间的沟通和互动。

5. 安邦定国功能。

礼可以使人进行合理社会定位。礼的一个社会功能就在于它把人在社会关系体系中的位置确定下来，提供建立社会结构和社会调适的规则和标准。礼能够区分社会上的不同差别，这就使每个人各按自己地位的高低顺序而安分守己、各尽本分，从而维持社会良好的秩序。可见，礼作为一种社会调控机制，它可以对社会秩序起到整合调节的作用。

礼是维系人际关系的纽带。传统中国社会往往会通过送礼和还礼这一模式来保持人际关系的协调、沟通和畅达。正如《礼记·曲礼》云："礼尚往来，往而不来非礼也，来而不往非礼也。"借助于礼尚往来，传统中

---

① 参见邓小虎《荀子思想中的"养"与"别"》，载涂可国、刘廷善主编《荀子思想研究》，山东人民出版社 2015 年版。

国社会借助于"投桃报李"的情义纽带，实现了人际关系的融通和延展。也许正是由于有上述四种功能，《论语·学而》中有子才说："礼之用，和为贵"——礼的最主要功用就是追求和谐。

国无礼不正。荀子的礼治主义同样对德治的安定作用有独到的分析。他认为，礼就如同衡、绳墨、规矩一样，依据它去治国，就可以正国、定国。他说："故礼及身而行修，义及国而政明，能以礼挟而贵名白，天下愿，令行禁止，王者之事毕矣"（《荀子·致士》）、"国无礼则不正"（《荀子·王霸》）。礼作为国家的根本大法，是国之命脉所系，因此荀子强调："隆礼贵义者其国治，简礼贱义者其国乱"（《荀子·议兵》）、"得礼义然后治"（《荀子·性恶》）、"礼者，表也。非礼，昏世也。昏世，大乱也"（《荀子·天论》）。一言以蔽之，"人无礼不生，事无礼不成，国家无礼不宁"（《荀子·大略》）。从国家的角度来讲，"礼"可治国："足国之道，节用裕民而善臧其余。节用以礼，裕民以政。"（《荀子·富国》）也就是说，荀子认为按照礼制节约费用、使百姓富裕，那就一定会有仁义宽厚的美名足以安抚天下。由此可见，"礼"是整个社会存在和发展必然遵从的准则："天下从之者治，不从者乱；从之者安，不从者危；从之者存，不从者亡。"（《荀子·礼论》）

三 重礼尊礼：礼的道德要求

1. 以礼存心。由于礼具有多种社会作用，因而儒家强调人要隆礼、习礼、尊礼、学礼，并提出了"以礼存心"的道德要求。孟子把礼作为同仁义智一起的"四德"加以倡扬，要求人像君子一样"以仁存心，以礼存心"（《孟子·离娄下》），把践行礼，化为个人内心信念。

2. 兴诗立礼。

孔子一方面从正面强调要立礼、尊礼。他不仅把礼看作人安身立命的根本，提出"不学礼，无以立"（《论语·季氏》）、"兴于诗，立于礼"（《论语·泰伯》）等，还指出要成就仁德务必做到"四勿"，即"非礼勿视，非礼勿听，非礼勿言，非礼勿动"（《论语·颜渊》）。孔子依据礼提出了孝的一个基本规定——"生，事之以礼；死，葬之以礼，祭之以礼。"（《论语·八佾》）他认为，即使是射箭比赛一类的竞争也要以礼让为先，体现出"君子之争"的风范："君子无所争，必也射乎！揖让而升，下而饮，其争也君子。"（《论语·八佾》）另一方面，孔子又从反面坚决反对各种"僭礼"行为，对季氏"八佾舞于庭"（《论语·八佾》）、"旅于泰山"（《论语·八佾》）表示不可容忍。

3. 为国以礼。更为重要的是儒家强调"为国以礼""君使臣以礼"，倡导在治国时注重礼教。同时在现实生活中，孔子注重树立谦谦君子的形象，处处用礼来指导自己的日常生活起居。与孟子相对重仁义轻礼教不同，荀子把礼看作人道之极、道德之极，视礼为法之大分、类之纲纪，立足于"礼义者，治之始也"（《荀子·王制》）、"法者，治之端也"（《荀子·君道》）的礼法并重思想，而强调隆礼重法："人君者隆礼尊贤而王，重法爱民而霸。"（《荀子·强国》）他认为"贫而无谄，富而无骄"不如"贫而乐，富而好礼"（《论语·学而》）、"道之以德，齐之以礼，有耻且格"（《论语·为政》），强调"君使臣以礼，臣事君以忠"（《论语·八佾》），执政者应以礼让为国（《论语·里仁》），使人约之以礼（《论语·雍也》）。孟子不像孔子那样重视礼，也未单独加以强调，况且他也基本不提周礼，仅把礼作为同仁义智一起的"四德"之一，提出仁宅、义路和礼门的逻辑架构，认为礼是出自人的辞让之心，它对仁义加以修饰和节制。不过，他也提出了一些同礼治有一定关联的主张和观点，例如"非仁无为也，非礼无行也"（《孟子·离娄下》）、"言非礼义，谓之自暴也"（《孟子·离娄下》）。荀子较为全面地阐述了礼治，明确提出了"隆礼重法"的治国思想。他把礼视为治国的常规："治之经，礼与刑。"（《荀子·成相》）界定为治之始、治辨之极；强调礼是处理政事的指导原则，如果不依礼而行，政事就无法完成："礼者，政之挽也。为政不以礼，政不行矣。"（《荀子·大略》）指明礼是强国之本，认为"国无礼不正""国之命在礼"；指出实践礼是实施王道政治的重要环节："能以礼挟而贵名白，天下愿，令行禁止，王者之事毕矣"（《荀子·致士》），从而揭示了礼治在为政治民中的重要作用。

汉代秦以后，刘邦后来认识到礼对于治理朝政的价值而命叔孙通制礼，使"自诸侯王以下莫不震恐肃敬……无敢观哗失礼者"（《史记·叔孙通传》）。自此，在儒生的倡导下，历朝历代封建统治者注重礼仪、礼制和礼治，同时也涌现出了一大批像叔孙通、高堂生、孟卿、后巷、刘向、马融、郑玄、何承天等礼学大家；同时，礼学开始走向礼治，礼学遂蔚为大宗。郑玄所注《三礼》也成为儒学重要经典。唐代不仅出现了很多《三礼》注疏，还形成了直接服务于朝政的礼典如《贞观礼》、《大唐开元礼》等。宋明理学虽然弱于外王，未有成系统的礼治思想，但他们大多把"礼"等同于"理"，明清之际，戴震等人曾批评封建礼教，指斥理学的"存天理，灭人欲"是以"礼"杀人，这也从反面说明"礼"仍是宋明理学的核心观念之一。自从儒学在汉代上升为官方统治思想以后，在其重礼、好礼、隆礼等思想的长期浸润下，中国传统社会形成了如费孝通在《乡土中国》一书中所指出的"礼治秩序"。

四 以礼成人：礼的人文作用

在笔者看来，要正确分析评价儒家重礼思想对于人发展产生的作用及影响，必须遵循以下几种思路。

1. 普遍之礼与特殊之礼。

冯友兰在谈到如何对待中国道德遗产时，提出要注意区分"共相"和"殊相"。在认识儒家礼德的作用和意义时，同样应遵循这一思路。儒家不仅强调了礼的重要性，认为"不学礼，无以立"（《论语·季氏》）、"上好礼，则民易使也"（《论语·宪问》）、"安上治民，莫善于礼"（《礼记·乐记》）。还提出了一系列重礼的行为要求，如"君君，臣臣，父父，子子"（《论语·颜渊》）、"克己复礼"（《论语·颜渊》）、"博学于文，约之以礼"（《论语·颜渊》）、"礼以行之"（《论语·卫灵公》）等，同时，也就具体的日常生活、政治生活提出了明确的要求。另外，儒家还把礼乐教育作为成人的基本素质加以强调，认为"文之以礼乐，亦可以为成人矣"（《论语·宪问》）。应当承认，儒家将重礼、尊礼、循礼作为一般的行为规范有助于培养人的好礼作风，有助于整合社会秩序，有助于为个人发展创造一个安定、有序、和谐的社会关系环境，有助于提高人们的文明礼貌水平。正因如此，新时期党和国家大力号召人民群众"树新风、讲礼貌"，社会上也强调"礼让三先"。要知道，懂礼貌是文明人的基本标志。只是孔子主张恢复周礼，以及《礼经》等对人的具体循礼要求如

"夫死不嫁"等，以及旧中国的一些陈规陋俗和繁文缛节，确实存在束缚人、限制人的问题，正因如此，我们才要倡导简风革礼、移风易俗。

2. 思想之礼与政治之礼。

出于对"礼崩乐坏"的社会混乱状况的反思，先秦儒家提出了重礼、约礼、尊礼、隆礼的思想，这些思想表达了儒家对长幼有序、各安其分、尊卑有序、各司其职等理想社会的向往，表达了他们对新的人际关系和社会秩序建构的美好设想。儒家礼学的经典是《周礼》、《仪礼》和《礼记》，《周礼》为国家典政大法，《仪礼》是士民的行为规范，《礼记》是后儒的心得笔记。这些文献特别是《春秋》贯穿着重礼观念，均旨在使人践履。不论是孔孟儒家的重礼观念，还是"三礼"，其向往人间秩序构建的人文主义礼治精神，具有普遍而恒常的适用性，今天仍需要加以发扬，何况目前社会上违礼不讲礼现象日渐增多，许多人的行为陷入失序、失范、失轨状态。当然，四书五经也夹杂着不少旧礼、繁礼、陋礼等成分，这些对人的健康发展带来了消极影响。儒家把礼作为社会政治制度、治国大法加以倡导，提出"以礼让为国"，这同样适合于治国安邦的政治需要。司马谈认为，虽然"儒者博而寡要，劳而少功，是以其事难尽从"，但"其序君臣父子之礼，列夫妇长幼之别，不可易也"（《史记·太史公自序》）。也许由于重礼能够适应封建统治者的需要，导致汉武帝把儒学政治化，使儒家礼学服务于政权。历代王朝如汉、魏晋南北朝、唐等高度重视礼学礼制，制定了各种礼仪，这固然促进了儒家重礼思想向政治儒家礼治的转化，但出于维护封建专制的需要，当权者包括政治儒家，一方面利用先秦儒家及"三礼"中一些消极落后的礼学观念；另一方面则进行某些歪曲、损益，并适应了政权、族权、父权的特点，给礼治带来过于严酷、过于烦琐、脱离人性定式等弊端。"五四"运动把"吃人""杀人"以及人的主奴根性主要归咎于儒家礼治思想显然过于偏激，应当说，依附于封建制度的政治之礼要承担更多责任。

3. 实质之礼与形式之礼。

不可否认，儒家礼学思想中存在着对某些虚饰、形式、落后的礼仪、礼法、礼节的赞许、认同和肯定，例如《中庸》所说的"礼仪三百，威仪三千"，孔子本人也过分推崇复礼、循礼，讲究等级之礼，他严厉指责鲁大夫，表示子贡爱羊我爱礼（《论语·八佾》），并要求人们做到"四

勿":"非礼勿视，非礼勿听，非礼勿言，非礼勿动。"（《论语·颜渊》）
主张以礼事君，以礼教人，以礼为国，以礼从政。这种泛礼治主义无疑会
造成人为礼而礼的形式主义的不良后果，使人落于礼套不能自拔，成为各
种礼教的牺牲品。但是，儒家终究创设了一种实质之礼，这就是仁礼互
摄，由仁来规定礼，认为失去了仁的支撑，礼变得无意义，只是空壳和仪
表而已："人而不仁，如礼何？人而不仁，如乐何？"（《论语·八佾》）
这表明，外在的礼节礼仪必须体现内在仁爱情怀，而不仅仅是为了管辖
人、约束人。孟子进一步认为礼的功能就在于对仁义进行节制和修饰。于
是，礼不再是一种外在强制的社会规范，而是发自人类主体仁心的根本要
求，循礼尊礼不再是形式化的程序规整，而是个人展现仁道的门径——仁
宅、义路、礼门。孔子本人也把礼纳入义礼结构之中，认为礼不过是义的
外在化："义以为质，礼以行之。"（《论语·卫灵公》）从而为礼注入义
理。孔子还说："丧，与其易也，宁戚。"（《论语·八佾》）这里，孔子
把注重真情看作是礼的根本。同时，他表示不忍心接受"为礼不敬"
（《论语·八佾》），赞赏"文质彬彬"的君子（《论语·雍也》）。尤其是
孟子，虽然重礼，但反对死守礼节，而主张以权变态度对待它。他指出，
男女授受不亲固然是礼，但一旦嫂嫂掉在水里，就应伸手相救，因为这是
一种应变的策略，孟子显然反对死守礼规的形式主义礼教。在当代，儒家
对实质之礼的阐释告诉我们，只要抱有仁心正义和真诚情感去行礼、践
礼，以礼存心，不仅会使自己变成有礼之人，也能培养人仁爱、谦恭、正
义的品性。

"仁"成为中国自由主义伦理基础是否可能?

山东大学儒学高等研究院　曾振宇

新儒家徐复观尝言:"儒家之'仁'是中国自由主义的伦理基础。"①这是"儒家自由主义"代表人物非常重要的一大学术观点,时至今日,其重要性越来越显明。儒家仁学成为中国自由主义伦理基础是否可能?何以可能?这是学界需从理论高度深入探讨的一大课题。

一　孔子:仁者"爱人"与"仁者安仁"

在语源学上,"仁"字起源与东夷文化密不可分。罗振玉《殷墟书契前编》2卷19页的第1片卜辞中收录一个很像"仁"的字。杨荣国认为,"卜辞中有'仁'字"②。从传世文献考证,仁和人、夷,形、音、义皆同,章太炎先生曾经指出:"仁,古文作𡰥,与古文夷同,盖古文仁、夷同字也。"③王献唐先生继而指出,"人和夷是一个字。所谓'仁道'即是'人道','人道'又即是'夷道',因而秦汉以来,有'夷人仁'和'君子国'的记述"④。庞朴先生观点与王献唐类似,他认为从尸从二的古"仁"字,与"尸方"(夷方、人方)文化有关,"古'仁'字从尸实系

---

① 徐复观:《中国自由社会的创发》,《学术与政治之间》,台湾学生书局1985年版,第293页。

② 杨荣国:《中国古代思想史》,人民出版社1973年版,第89页。另参见孟世凯:《甲骨文中"礼"、"德"、"仁"字的问题》,《齐鲁学刊》1987年第1期;刘文英:《"仁"之观念的历史探源》,《天府新论》,1990年第6期;白奚:《"仁"字古文考辨》,《中国哲学史》2000年第3期。

③ 王宁主持整理:《章太炎说文解字授课笔记》,中华书局2010年版,第329页。

④ 王献唐:《山东古国考·山东古代的姜姓统治集团》,青岛出版社2007年版,第286页。

从夷，而从夷之所以为'仁'，当是夷风尚仁，风名从主的缘故"①。有关"夷风尚仁"、"夷俗仁"的记载，在《论语》、《山海经》、《礼记》、《风俗通》、《世本》、《汉书·地理志》、《说文解字》、郑玄《仪礼》注等文献中多有证验。《后汉书·东夷列传》云："夷者，柢也，言仁而好生，万物柢地而出。"②王国维先生尝言："故自五帝以来，政治文物所自出之都邑，皆在东方，惟周独崛起西土。"③王国维所说的"东方"，就是《后汉书·东夷列传》所说的"东方曰夷"的"东方"。夏商制度文明不仅多源自东夷，有些核心伦理价值观（譬如"仁"）也出于东夷。

在儒学史上，孔子贡献之一在于将"仁"提升为位居诸德之上的上位概念。仁是"全德"，孝、义、忠、信、礼、智等具体德目是仁之精神在不同层面、不同领域的彰显与证明。在哲学性质上，孔子"仁"之核心为"爱人"。但是，在实践伦理学与工夫论层面，孔子主张"立爱自亲始。"④孔子仁学进而凸显出"爱有差等"的根本特征。"立爱自亲始"可从两大向度解读：首先，仁爱之心源自何处？历代儒家对此解释不一，在孔子思想体系中，仁爱之心源自孝，"孝弟也者，其为仁之本与"（《论语·学而》）。"本"是根、是基，有根才有枝繁叶茂。王弼说："自然亲爱为孝，推爱及物为仁也。"⑤滋生于自然亲情之上的孝爱，推而广之，就呈现为仁爱；其次，"立爱自亲始"彰显出孔子仁学思想体系内在的逻辑方法论：

其一，由家至国、家国并举，家庭伦理放大为社会政治伦理。"临之以庄，则敬；孝慈，则忠；举善而教不能，则劝。"（《论语·为政》）"君子笃于亲，则民兴于仁；故旧不遗，则民不偷。"（《论语·泰伯》）郭店楚简《六德》亦云："男女不别，父子不亲；父子不亲，君臣无义。"⑥

其二，推己及人。孔子仁学强调爱人如己，由爱己之心扩展为爱他人

---

① 庞朴：《庞朴文集》第二卷，山东大学出版社 2005 年版，第 72 页。

② 范晔：《后汉书》卷八十五《东夷列传》，中华书局 1965 年版，第 2807 页。

③ 王国维：《殷周制度论》，《观堂集林》上册，中华书局 1959 年版，第 452 页。

④ 《礼记·祭义》，孙希旦：《礼记集解》，中华书局 1989 年版，第 1215 页。

⑤ 王弼：《论语释疑》，楼宇烈校释：《王弼集校释》，中华书局 1980 年版，第 621 页。

⑥ 刘钊：《郭店楚简校释》，福建人民出版社 2005 年版，第 119 页。

之行。"己所不欲，勿施于人。"（《论语·颜渊》）"己欲立而立人，己欲达而达人。"① 郭店楚简《六德》也有类似的记载："孝，本也。下修其本，可以断讪。"② 儒家的逻辑方法论可以高度概括为一个"推"字，从己推及他人，从家推及天下。从这一逻辑思维模式出发，家庭伦理自然放大成为社会伦理，对父母亲的孝爱自然就扩充为对全社会的仁爱之心。"故人不独亲其亲，不独子其子。使老有所终，壮有所用，幼有所长，矜寡孤独废疾者，皆有所养。"③ "老吾老及人之老，幼吾幼及人之幼。"孔子仁爱，既顺遂自然亲情，又得以实现人生社会远大理想。儒家仁学自然亲切，切实可行。《中庸》言："仁者人也，亲亲为大。""亲亲"是爱之源、爱之起始。孟子起而踵之，提出仁爱三种境界："君子之于物也④，爱之而弗仁。于民也，仁之而弗亲。亲亲而仁民，仁民而爱物。"（《孟子·尽心上》）第一层境界是"亲亲"，"亲亲，仁也。敬长，义也"（《孟子·尽心上》）。"亲亲"是人之所以为人的起始，是仁之源头活水；第二层境界是"仁民"，焦循《正义》对"亲"与"仁"有所甄别："《说文·人部》云：'仁，亲也。'亲即是仁，而仁不尽于亲。仁之在族类者为亲，其普施于民者，通谓之仁而已。仁之言人也，称仁以别于物；亲之言亲也，称亲以别于疏。"⑤ 相对于"亲"而言，"仁"的适用范围更广。以"亲亲"之爱推广至天下大众，四海一心，天下一家；第三层境界是"爱物"，以生发于自然亲情基础上的爱心，向外辐射推广，能到达的空间极限便是"爱物"，"爱物"即张载哲学意义上的"物与"。万物齐一，天人同一。程颐对此曾有一个详细的论证："人之初生，受天地之中，禀五行之秀，方其禀受之初，仁固已存乎其中。及其既生也，幼而无不知爱其亲，长而无不知敬其兄，而仁之用于是见乎外……能亲亲，岂不仁民？能仁民，岂不爱物？若以爱物之心推而亲亲，却是墨子也。"⑥ "爱物"与"物与"是一种天地境界，这一境界是对天地人关系之洞察与

① 《论语·雍也》，张岱年先生甚至认为，这12个字就是对"仁"范畴的界定。
② 刘钊：《郭店楚简校释》，福建人民出版社2005年版，第119页。
③ 《礼记·礼运》，孙希旦：《礼记集解》，中华书局1989年版，第582页。
④ 朱熹《四书集注》："谓禽兽草木。"
⑤ 焦循：《孟子正义》卷十三《尽心章句上》，中华书局2006年版。
⑥ 《河南程氏遗书》卷二十三，《二程集》，第310页。

觉解，也是对人在宇宙中责任与使命的觉悟。因此，天地境界就是圣人境界，所谓圣人境界，意味着这一境界是哲学的而非宗教的。天地境界最重要的不在于提供高深的知识，而在于提升人之生命境界。正如冯友兰先生所言："一个人可能了解到超乎社会整体之上，还有一个更大的整体，即宇宙。他不仅是社会的一员，同时还是宇宙的一员。他是社会组织的公民，同时还是孟子所说的'天民'。有这种觉解，他就为宇宙的利益而做各种事。他了解他所做的事的意义，自觉他正在做他所做的事。这种觉解为他构成了最高的人生境界，就是我所说的天地境界。"①

孔子仁学是"爱有差等"与"爱无差等"的辩证统一。在此基础上，孔子进一步将仁"向高度提"②，"仁者安仁，知者利仁"（《论语·里仁》）是孔子儒学标志性命题，是孔子思想所达到的道德形上学的最高哲学成就。孔子把"仁"分为"安仁"与"利仁"两类，《礼记·表记》进而将"仁"细分为三类："仁有三，与仁同功而异情。与仁同功，其仁未可知也，与仁同过，然后其仁可知也。仁者安仁，知者利仁，畏罪者强仁。""安仁"也可理解为"乐仁"，《大戴礼记·曾子立事》有"仁者乐道，智者利道"③ 的记载，正好可作佐证。孔子以"仁"为"安"、为"乐"，实质上是说明仁出自人之普遍本性，仁内在于生命本然，仁不是外在的强制性行为准则。仁是自由意志。正如牟宗三先生所言：孔子之"仁即是性，即是天道"④。仁既然源自普遍人性，就具有普遍性特点，普遍性意味着平等性。人性平等思想，在孔子思想中已有所萌芽。《史记·滑稽列传》裴骃《集解》云："安仁者，性善者也；利仁者，力行者也；强仁者，不得已者也。"⑤ 以"仁"为"安"、为"乐"，说明仁是"善"。因为仁善，所以人人安于仁、乐于仁。反求诸己，体悟自性先验性存有仁心仁德，人性天生有善，无须外假，人生之幸福莫过于此。也正是在这一意义上，君子可以"安仁""乐道"。徐复观先生将孔子人性学说高度概括为"人性仁"，也正是基于这一材料有感而发。既然"仁者安仁"，而

---

① 冯友兰：《中国哲学简史》第二十八章，北京大学出版社 1985 年版，第 377 页。

② 牟宗三：《名家与荀子》第三讲，吉林出版集团有限责任公司 2010 年版，第 133 页。

③ 孙希旦：《礼记集解》卷五十一《表记》，中华书局 1989 年版，第 1301 页。

④ 牟宗三：《名家与荀子》第三讲，吉林出版集团有限责任公司 2010 年版，第 135 页。

⑤ 司马迁：《史记》卷一百二十六《滑稽列传》，1959 年版，第 3214 页。

非"利仁",仁就不是手段,而是目的本身。君子行仁,是内在仁心仁德之彰显,不做作,不虚饰,自然纯粹,天然混一。犹如鱼不离水,瓜不离秧。"安仁者不知有仁,如带之忘腰,履之忘足。利仁者是见仁为一物,就之则利,去之则害。"① 朱熹的这一训释,通俗易懂,切近要害②。"上者率其性也,次者利而为之。"③ 卢文弨所说的"率其性",也就是孟子仁学思想体系中的"由仁义行"。与此相对,"利仁"之仁,是外在于人心的价值规范,"利仁"是孟子思想中的"行仁义",是朱熹所说的"硬去做"④。"是真个见得这仁爱这一个物事好了,犹甘于刍豢而不甘于粗粝。"⑤ "利仁"既然是"以仁为利而行之"⑥,行仁是手段,而非目的,因此智者之仁含有极强的以人为中心的社会功利性。"至若欲有名而为之之类,皆是以为利也。"⑦ 王夫之认为,"安仁、利人,总是成德境界"⑧。

二 孟子:"仁义礼智根于心"

孔子仁学有三大贡献:其一,把仁提升为位居诸具体德目之上的上位概念,仁是"全德";其二,仁者"爱人"观念,涵盖了人类道德生活的全部范围,为全人类道德生活提供了普适性原则。恰如牟宗三先生所言,"仁是可以在我们眼前真实的生命里头具体呈现的"⑨。仁不离人,仁不离日常之"在",这恰恰正是儒家仁学具有永恒生命力之奥秘;其三,孔子"仁者安仁"之论,实属空谷足音,发前人之未发,孔子仁学进而上升到了一个前所未有的道德形上学高度。因为"仁者安仁"命题已经触及到了一个前人未曾涉及的理论领域:仁者何以"安仁"?换言之,仁存在的

---

① 黎靖德编:《朱子语类》卷二十六,中华书局 1994 年版。

② 朱熹这一表述或受庄子影响,《庄子·达生》篇云:"忘足,履之适也;忘腰,带之适也;忘是非,心之适也。"

③ 王聘珍:《大戴礼记解诂·曾子立事》卢文弨"注",中华书局 1983 年版,第 77 页。

④ 黎靖德编:《朱子语类》卷二十六,中华书局 1994 年版。

⑤ 同上。

⑥ 程颢、程颐:《二程集·河南程氏外书》卷六,中华书局 2004 年版,第 381 页。

⑦ 同上。

⑧ 王夫之:《读四书大全说》卷四,《船山全书》第 6 册,岳麓书社 1996 年版,第 624 页。

⑨ 牟宗三:《中国哲学十九讲》第二讲,吉林出版集团有限责任公司 2010 年版,第 31 页。

正当性何在？美中不足的是，孔子虽然已有人性平等思想之萌蘖，但对人性平等与"仁者安仁"并未详细论证。儒学史是一部递深递佳往前发展的学说史，孔子没有完成的哲学问题，留给了"吾所愿，乃学孔子"的亚圣。孟子接过思想"接力棒"，从心性论高度深入论证人性平等与仁存在的正当性，也就是仁者何以"安仁"？通而论之，孟子从三大维度证明"仁"存在之正当性：

1. 证诸人类普遍情感经验

韦政通对孟子的论证方式评论说："孟子的性善论，不是经由知识上曲折的论证的过程所得到的结果，他是直接就当下流露在具体生活中的恻隐、羞恶的德性的表现，而印证到人性普遍价值的存在。"[1] 这种"具体的普遍"的例子比较多，我们主要分析其中的一个事例——"孺子入井"："所以谓人皆有不忍人之心者，今人乍见孺子将入于井，皆有怵惕恻隐之心。非所以内交于孺子之父母也，非所以要誉于乡党朋友也，非恶其声而然也。由是观之，无恻隐之心，非人也；无羞恶之心，非人也；无辞让之心，非人也；无是非之心，非人也。恻隐之心，仁之端也；羞恶之心，义之端也；辞让之心，礼之端也；是非之心，智之端也。"（《孟子·公孙丑章句上》）既然"乍见孺子将入于井"，皆会"诱发""怵惕恻隐之心"，证明"四心"如同人之"四体"，皆是先验的存有，与后天人文教化无涉，甚至与知识论也无关。这种形式逻辑上的枚举推理，其结论真实可靠吗？王夫之对此提出疑问："且如乍见孺子将入于井，便有怵惕恻隐之心，及到少间，闻知此孺子之父母却与我有不共戴天之仇，则救之为逆，不救为顺，即此岂不须商量？"[2] 王夫之的这一反驳失之偏颇。如果因不共戴天之仇而弃孺子入井于不顾，这已经是由后天的伦理价值观支配其行为。但是，孟子力图要证明的是：人之仁义礼智"四心"，超越后天人文教化与知识。不是"乍见孺子将入于井"会滋生出我的恻隐之心，而是恻隐之心本来就存在于我心，孺子入井只不过是触动、引发了我内在

---

① 韦政通：《中国思想史》，上海书店出版社 2003 年版，第 185 页。
② 王夫之：《读四书大全说》卷八《孟子》，《船山全书》，岳麓书社 1996 年版，第 943 页。

的恻隐之心而已。"稍涉安排商量,便非本心。"①

2. 形式逻辑证明

以杞柳与杯棬之辨为例分析,"告子曰:'性,犹杞柳也;义,犹杯棬也。以人性为仁义,犹以杞柳为杯棬。'孟子曰:'子能顺杞柳之性而以为杯棬乎?将戕贼杞柳而后以杯棬也?如将戕贼杞柳而以为杯棬,则亦将戕贼人以为仁义与?率天下之人而祸仁义者,必子之言夫!'"(《孟子·告子章句上》)在这一场辩论中,孟子的言辞至少有两点逻辑上的纰漏:其一,告子认为,仁义等善端源自后天教化,属于荀子哲学意义上之"伪"。告子并未讨论以杞柳加工成杯棬是否戕贼人性,孟子巧妙地把辩论的主题转换为因顺抑或戕贼杞柳之性而为杯棬。在事实层面上,因循杞柳之性而为,只能是杞柳,而非杯棬。在逻辑意义上,顺杞柳之性而为杯棬,恰恰证明告子仁义后出观点是正确的。实际上,孟子理应从类比推理角度,指明告子以杞柳、杯棬论证人性与仁义犯了"异类不比"的逻辑错误。其二,告子并未主张戕贼杞柳之性才能编织杯棬、戕贼人性而成仁义。从前后辩论语境分析,告子的观点当是顺杞柳之性而为杯棬。但是孟子虚设论敌②,认为告子倡言戕贼杞柳之性而为杯棬,批评告子所言将祸害天下。朱熹曾经一针见血地揭明孟子的内心焦虑:"言如此,则天下之人皆以仁义为害性而不肯为,是因子之言而为仁义之祸也。"③孟子担忧告子之言一出,天下人势必以为仁义本非人性所有、因循仁义有违于人性,芸芸众生因而弃仁义于不顾,恣意妄为。正因为如此,孟子才会如此猛烈抨击告子之说。从《孟子》文本保留的几大逻辑论辩可以看出一大特点:孟子人性学说立论方式在形式逻辑层面确实存在一些瑕疵。有的学者因此指出,孟子论性善并不是主要通过形式逻辑来证明,"而主要是通过生命体验启发人们对于自己良心本心的体悟,只要体悟到了自己有良心本心,就会相信良心本心是人所固有的,就会对性善论坚信不疑"④。这非常使人容易地想到格劳秀斯的自然法,自然法的证明有两种途径,其中

---

① 王夫之:《读四书大全说》卷八《孟子》,《船山全书》,岳麓书社 1996 年版,第 943 页。

② 参见杨泽波:《孟子评传》第八章,南京大学出版社 1998 年版,第 399 页。

③ 朱熹:《孟子集注》卷十一,第 325 页。

④ 杨泽波:《孟子与中国文化》第四部分,贵州人民出版社 2000 年版,第 199—200 页。

之一就是证诸人之普遍本性。一个普遍的结果往往需要一个普遍的原因，这种原因往往代表了人类的常识。孟子性善说尽管在形式逻辑上不尽完善，但在人类常识意义上却无法否认。杨泽波甚至认为，"仅仅依靠形式逻辑是读不懂性善论的"[①]。

3. 从"即心言性"到"即天言性"

唐君毅认为，孟子学的本质是心学，孟子人性论的特点是"即心言性"[②]。徐复观也认为，"性善"两字，到孟子才明白清楚地说出，"由人心之善，以言性善"[③]。牟宗三进而认为，中国学术思想可大约称之为"心性之学"，此"心"代表"道德的主体性"[④]。孟子"即心言性"的目的之一，在于从道德形上学探寻仁义礼智诸善端的源起与正当性。"尽其心者，知其性也。知其性，则知天矣。"[⑤] 此处之"心"不是认知之心，而是德性之心，"是价值意识的创发者"[⑥]。"心"有其具体内涵："仁义礼智，非由外铄我也，我固有之也，弗思耳矣。"[⑦] 仁义礼智作为心之具体内涵，是先验的存有，是生命的内在本然属性，所以孟子一再强调"仁义礼智根于心"[⑧]。既然仁义礼智"根于心"，也就证明仁义礼智是"在我者"，而非"在外者"[⑨]。沿着孟子人性论这一运思路向，我们可以真正读懂何谓"万物皆备于我"[⑩]。《经籍纂诂》释"备"为"丰足"[⑪]。《荀子·礼论》云："故虽备家，必踰日然后能殡，三日成服。""万物皆备于我"并不是知识论意义上的命题，而是境界论与形而上学意义上的命题。"万物皆备于我"之"我"，近似于庄子"吾丧我"之"吾"，"吾"是"以道观之"的"大我"，而非拘泥于主客体认识框架的"小

---

① 杨泽波：《孟子与中国文化》第四部分，贵州人民出版社 2000 年版，第 199—200 页。
② 唐君毅：《中国哲学原论·原性篇》第一章，中国社会科学出版社 2005 年版，第 14 页。
③ 徐复观：《中国人性论史》第六章，华东师范大学出版社 2005 年版，第 99—100 页。
④ 牟宗三：《中国哲学的特质》，上海古籍出版社 1997 年版，第 69 页。
⑤ 《孟子·尽心章句上》，第 349 页。
⑥ 黄俊杰：《中国孟学诠释史论》第三章，社会科学文献出版社 2004 年版，第 109 页。
⑦ 《孟子·告子章句上》，第 328 页。
⑧ 《孟子·尽心章句上》，第 355 页。
⑨ 同上书，第 351 页。
⑩ 同上书，第 350 页。
⑪ 阮元等撰集：《经籍纂诂》卷六十三，中华书局 1982 年版，第 1378 页。

我"。① 陆象山把"万物皆备于我"解释为万物皆备于"吾之本心"②，是作心学向度的发挥。实际上，孟子"万物皆备于我"的命题旨在表明：君子"所性"源自心，"自我立法"③，无须外假。尤其值得注意的是，性之善不仅仅是一道德精神，而且是人生之幸福与快乐，"反身而诚，乐莫大焉"。章太炎评论道："反观身心，觉万物确然皆备于我，故为可乐。"④ 善是乐，善是幸福。这一思想与康德哲学深相契合。康德实践理性中的"善"蕴含幸福，善不仅仅是道德律，有幸福才是至善。

"心善是否可能？"这一疑问已通过上述"乍见孺子将入于井"等生命体验与逻辑论辩进行证明。接下来的问题在于：心善何以可能？孟子的回答为"心之官则思，思则得之，不思则不得也"⑤。"思"即"省察"，"省察"之枢要在于"慎独"，"慎独"之义即陆象山所言"不自欺"⑥。因此，孟子的观点可梳理为：心能思，"自明诚"，所以心善。天道为"诚"，既真且善；人道当为"诚"，但人需"思"，也就是"诚之"，才能臻至"诚"理想生命境界，这一境界也就是真善美境界。"大人者，不失其赤子之心者也。"⑦ 赤子之心"纯一无伪"⑧，赤子之心即"诚"。因此，天人在"诚"这一境界维度上，有望通过"思"而臻于合一。东汉赵岐对心善何以可能的探究基本上延续了孟子的思路："性有仁义礼智，心以制之，惟心为正，人能尽极其心，以思行善，则可谓知其性矣。知其性，则知天道之贵善者也。"⑨ 但是，如果断言孟子人性论只是"即心言性"，可能陷于偏曲之论。实际上，孟子并没有停留在"以心言性"的思维阶段，而是百尺竿头更进一步，以"天"论性、"即天言性"，这恰恰正是孟子人性思想卓然高标之处。冯友兰指出："孟子因人皆有仁、义、

① 参见何中华：《孟子"万物皆备于我"章臆解》，《孔子研究》2003 年第 5 期。

② 陆九渊著，钟哲点校：《陆九渊集》卷一《书》，中华书局 1980 年版，第 5 页。

③ 黄俊杰：《中国孟学诠释史论》第三章，社会科学文献出版社 2004 年版，第 109 页。

④ 章太炎：《国学讲演录·诸子略说》，华东师范大学出版社 1995 年版，第 175 页。

⑤ 《孟子·告子章句上》，第 467 页。

⑥ 陆九渊著，钟哲点校：《陆九渊集》卷三十四《语录上》，中华书局 1980 年版，第 418 页。

⑦ 《孟子·离娄章句下》，第 292 页。

⑧ 朱熹：《孟子集注》卷八，第 292 页。

⑨ 焦循：《孟子正义·尽心章句上》，诸子集成本，中华书局 2006 年版，第 517 页。

礼、智之四端而言性善。人之所以有此四端，性之所以善，正因性乃
'天之所与我者'，人之所得于天者。此性善说之形而上的根据也。"① 在
"尽心—知性—知天"逻辑框架中，天无疑是位格最高的哲学本体。在孟
子思想体系中，"天"范畴的含义比较繁复，既有自然之天的表述，也有
主宰之天、运命之天和义理之天的成分，但分量最重的还是义理之天。牟
宗三认为，荀子之天"乃自然的，亦即科学中'是其所是'之天"，而孔
孟之天是"形而上的天，德化的天"②。"有天爵者，有人爵者。仁义忠
信，乐善不倦，此天爵也；公卿大夫，此人爵也。"③ 仁义忠信是"天
爵"，源自天，"天爵以德，人爵以禄"④。既然仁义忠信出乎天，孟子进
而认为"人人有贵于己者"⑤。"贵"有"良贵"与"非良贵"之别，公
卿大夫是"非良贵"，仁义忠信是"良贵"，"良者，本然之善也"⑥。本
然之善的仁义忠信，人人皆备，所以孟子说"饱乎仁义"⑦。

谈及"天"，自然涉及"命"，二者在孟子思想中密不可分。"莫之致
而致者，命也。"⑧ 徐复观认为，此"命"是"法则性质的天命"，有别
于"人格神性质的天命"⑨。儒家自孔子"为仁由己"开始，已将命与性
相牵扯，"不知命，无以为君子也"⑩。继而演进至楚简《性自命出》和
《中庸》"天命之谓性"等哲学命题的出现，期间已经历几代人的哲学思
考与努力，孟子性命观正处于孔子与《性自命出》《中庸》之间的位置。
如果仔细揣摩，我们发现《孟子·万章》之"命"表面上是"人格神性
质的天命"，但孟子要阐释的一个核心思想为"天与之，人与之"。在
"天视""天听"背后，隐藏的是人心。因此，孟子之"命"蕴含"法则

---

① 冯友兰：《中国哲学史》第六章，华东师范大学出版社 2000 年版，第 101 页。

② 牟宗三：《历史哲学》，台湾学生书局 1988 年版，第 113 页。

③ 《孟子·告子章句上》，第 336 页。

④ 焦循：《孟子正义·告子章句上》赵岐"注"，诸子集成本，中华书局 2006 年版，第
469 页。

⑤ 《孟子·告子章句上》，第 337 页。

⑥ 朱熹：《孟子集注》卷十一，第 336 页。

⑦ 《孟子·告子章句上》，第 336 页。

⑧ 《孟子·万章章句上》，第 308 页。

⑨ 徐复观：《中国人性论史》，华东师范大学出版社 2005 年版，第 98—100 页。

⑩ 《论语·尧曰》。

性质的天命"之义项。不仅如此，还需揭明的一点在于：徐复观的论断可能也不尽完善，如果把孟子之"命"单纯界定为"法则性质的天命"，性善只是外在的"命"。实际上，孟子的"命"与"心"相结合，哲学意涵已经出现了新气象。"存其心，养其性，所以事天也。夭寿不贰，修身以俟之，所以立命也。"① "事"之含义为"奉承而不违"②，"立命"指"全其天之所付，不以人为害之"③。存诸心之性是天之所命，当因循而不违。全性而生，顺命而行，方是"立命"。命已不能简单理解为"法则性质的天命"，命已内化为生命内在诉求。命是内在的生命本然，而非外在的强制规范。正因如此，在孟子思想中，有"行仁义"与"由仁义行"之区别。韩婴对孟子人性学说的理解，可谓入木三分："子曰：'不知命，无以为君子。'言天之所生，皆有仁义礼智顺善之心。不知天之所以命生，则无仁义礼智顺善之心。无仁义礼智顺善之心，谓之小人。"④ 这段话中出现了天、命、心、性四个概念，仁义礼智是天之所"命"，因而具备普遍性、绝对性特点。仁义礼智存诸心而显现为性与情，仁义礼智是性也是情。不知命则不识心，命与心相印证，恰恰正是孟子人性学说精髓之所在。命意味着绝对性，心意味着普遍性。领悟了命与心性的内在关系，才能理解孟子"人皆可以为尧舜"的命题。何以人"为"则可以成为尧舜？赵岐作了很好的诠释："言人皆有仁义之心，尧舜行仁义而已。"⑤"人皆可以为尧舜"的道德与逻辑基础在于人皆有此"心"，顺心而"为"，犹如"掘井"。半途而废，"犹为弃井"⑥。持之以恒，方可见涌泉。具体就孟子本人而言，"四十不动心"⑦。"不动心"方能"养浩然之气"，作为生命理想境界的"浩然之气"，"配义与道"于心，方能彰显这一生命气象。仁义内在于人心而成命，仁义不是外在的强制规范。郭店楚简《五行》有"义形于内谓之德之行，不形于内谓之行"记载，正与孟

---

① 《孟子·尽心章句上》，第349页。
② 朱熹：《孟子集注》卷十三，第349页。
③ 同上。
④ 韩婴撰，许维遹校释：《韩诗外传》卷六，中华书局1980年版，第219页。
⑤ 焦循：《孟子正义·告子章句下》，诸子集成本，中华书局2006年版，第477页。
⑥ 《孟子·尽心章句上》，第358页。
⑦ 《孟子·公孙丑章句上》，第229页。

子"仁义内在"相印证。①

孟子无论是证诸人类普遍情感经验和逻辑，抑或"以心言性"、"即天言性"，皆旨在阐明一个真理：人性有"善端"。善端即善质，善质不同于善。善端与善质是"未发"，善是"已发"。孟子人性之"善"来源于天，落实于心为命，此命在人性上显现为"四端"。人性平等观念，经过孟子的证明，由此跃上一个新台阶。王夫之曾经评论说："天是神化之总名，四时百物不相悖害之理，吾性亦在其中。"② 就"尽心—知性—知天"这一运思路向和思想架构而言，天是理论预设，而人性有善端则是真理。需辨明的一点是：孟子人性学说中的"善"是与善恶相对之善？还是绝对之善？宋代程颢的论述值得我们深思：" '生之谓性'，性即气，气即性，生之谓也。人生气禀，理有善恶，然不是性中元有此两物相对而生也。有自幼而善，有自幼而恶，是气禀有然也。善固性也，然恶亦不可不谓之性也。盖'生之谓性'，'人生而静'以上不容说，才说性时，便已不是性也。"③ 对此段话应作两方面解读：其一，在"生之谓性"层面，"性即气，气即性"，由于气禀之差异，人有善有恶，善恶皆谓之性。善是道德之善，善即正当性，善是相对于恶而言之善，善是包涵具体内涵之善；其二，在"人生而静"层面，乃性之本体。性之本体没有善恶二物相对而生，"不是性中元有此两物相对而生"。天命之性为善，善已不蕴含具体的内涵。不合气而言，更非与恶相对之善。此"善"已是绝对之善，不可以善恶言之善。程颢认为，孟子所说的性是性之本体，告子所言性是气质之性。因此，孟子之善是绝对之善，是不可以善恶言之善。其后张九成进一步发挥道："夫孟子之所论性善者，乃指性之本体而言。非与恶对立之善也。"④ 宋代学者的这一观点，很容易使人联想起柏拉图的"善"。柏拉图所谓的"善"不只是一个伦理原则，善作为最普遍的本质是存在之源，因而高于存在，善既超越世间万物又内在于它们之中。二程和张九成等人论"善"之思想，从形而上高度大大深化了孟子性善说，

---

① 刘钊：《郭店楚简校释·五行》，福建人民出版社 2005 年版，第 69 页。与此观点相左的记载，可参阅《管子·戒》"仁从中出，义从外作"。

② 王夫之：《四书笺解》卷八，《船山全书》，岳麓书社 1996 年版，第 359 页。

③ 程颢、程颐：《河南程氏遗书》卷一，《二程集》，中华书局 2004 年版，第 10 页。

④ 张九成：《孟子传》卷二十六，文渊阁《四库全书》本，第 484 页下。

在儒学史上是一大进步。但是，我们也需指出，二程和张九成等人采用
"六经注我"方式得出的观点，反映的只是宋学的理论高度，并不意味着
孟子哲学中的"善"已是绝对之善，已是不与恶相对之善。实际上，孟
子人性学说中的"善"还只是一包含具体内容的伦理精神，"善"是与恶
相对而言之善，善是道德之善。

孟子的"四心""四端"说及其证明方式，从心性论高度证明仁出于
天，因而具有"命"之绝对性。仁是善，又具有正当性特点，仁是善与
正当性的完美统一。孟子仁论与天、命、心、性相结合，论证了仁的来源
和正当性，证明了人性何以平等，在人性平等基础上进而证明"仁者安
仁"是否可能？孔子开创的仁学演进至孟子，以仁为核心的道德形上学
基本建立，这是孟子在思想史上所建立的"丰功伟业"。朱熹对此评论
说："孟子发明四端，乃孔子所未发。人只道孟子有辟杨、墨之功，殊不
知他就仁心上发明大功如此。看来此说那时若行，杨、墨亦不攻而自退。
辟杨、墨，是捍边境之功；发明四端，是安社稷之功。"① 冯友兰先生也
说："孟子言义理之天，以性为天之部分，此孟子言性善之形上学的根据
也。"② 朱熹、冯友兰之论，确乎不谬！

三　董仲舒："阳气仁"

儒家仁学衍变至董仲舒思想，又出现了一个新的变化：在孟子以心性
论仁基础上，董仲舒继而以"气"论仁，从阴阳气论高度论证仁观念的
源起及其存在之正当性，也即从气学高度证明"仁者安仁"是否可能？
儒家仁学由此又跃上了一座新的道德形而上"山峰"。

为了梳理董仲舒思想的内在逻辑理路，在阐释其气学与仁学关系之
前，十分有必要先考辨其天论，因为天论与气论有着密不可分的内在逻辑
关联。董仲舒的天论有一个核心的观点："天人之际，合而为一"③ "以类
合之，天人一也"（《春秋繁露·阴阳义》）。董仲舒思想体系中的"天人

---

① 黎靖德编：《朱子语类》卷五十三，中华书局 1994 年版，第 1290 页。
② 冯友兰：《中国哲学史》第十二章，华东师范大学出版社 2000 年版，第 217 页。
③ 董仲舒：《春秋繁露·深察名号》。曾振宇：《春秋繁露新注》，商务印书馆 2010 年版。
以下引此书，只标明书名与篇章名。

合一"命题，涵括三个层面的内容：

其一，天人同质。"天人之际，合而为一。同而通理，动而相益，顺而相受，谓之德道。""天"指与人类社会相对的自然界，但它不是现代意义上的自然界，而是万物有灵论意义上的大自然，"天"与"自然界"是一种形式逻辑学意义上的交叉关系，而非同一关系。"以类合之，天人一也"（《春秋繁露·阴阳义》）。天与人在本质上都是充满生命活力的泛伦理存在，都是"生气"本体在不同界域、不同层面上的彰显与证明。参悟了这一点，我们才能茅塞顿开地理解董仲舒何以反复多次、不厌其烦地论证天有喜怒哀乐之情感，人也有喜怒哀乐之情感，天通过春夏秋冬四季的清暖寒暑来表达它的诉求，"天亦有喜怒之气、哀乐之心，与人相副"。（《春秋繁露·阴阳义》）

其二，天人同构。天与人不仅在性质上趋同，在结构上也相近。"为生不能为人，为人者天也。人之人本于天，天亦人之曾祖父也。"（《春秋繁露·为人者天》）人类生命源出于天，人类生命体是天之缩影。天道十月而成，人十月而生；天道无二，目不能二视、耳不能二听；天圆形、头圆形；一年有三百六十日，人三百六十个骨节；天有四时十二个月，人有四肢十二个关节……天象与人象、天数与人数一一对应，了无间隔。按照这种比附逻辑，天与人在"类"与"数"上的相同相近还可以无限地枚举下去。

除了天人同质、天人同构互渗之外，构成"天人合一"学说的第三大层面的义项，是泛伦理学意义上的"天人同德"："是故王者唯天之施，施其时而成之，法其命而循之诸人，法其数而以起事，治其道而以出法，治其志而归之于仁。仁之美者在于天，天仁也，天覆育万物，既化而生之，有养而成之，事功无已，终而复始，凡举归之以奉人，察于天之意，无穷极之仁也。"（《春秋繁露·王道通三》）天抚育万物、泛爱群生、谦退自让、周而复始、诚而有信，有"仁"之德。"仁，天心也。"（《春秋繁露·俞序》）人"受命于天"（《春秋繁露·王道通三》）所以"取仁于天而仁也"（《春秋繁露·王道通三》）。人之血气是先天的存有，"化天志而仁"（《春秋繁露·为人者天》），血气化天志，显现为仁德，仁德是自然德性。人之仁德源自天，落实于人心，具体体现为"父兄子弟之亲，有忠信慈惠之心，有礼义廉让之行，有是非逆顺之治"（《春秋繁露·王道通三》)。作为自然德性之仁是上位概念,已可统摄忠、信、慈、惠、礼、义、廉、让诸德目。所以,天人同德也可表述为天人同仁。既然"天高其位而下其施"(《春秋繁露·离合根》),遍爱万物,那么是否除人类之外,其他物类也先天性地具有仁义之德?董仲舒的回答是否定的,在他看来,"天地之精所以生物者,莫贵于人"(《春秋繁露·人副天数》)。董仲舒立足于人类中心论立场,而非老庄的万物平等论立场,认为人禀气周全,人无"疢疾",物"疢疾"有缺陷,所以人贵于万物。"人受命乎天也,故超然有以倚。物疢疾莫能为仁义,唯人独能为仁义;物疢疾莫能偶天地,唯人独能偶天地。"(《春秋繁露·人副天数》)

　　但是,有一点必须指出,在董仲舒思想体系中,"天"并非其最高范畴。能代表董仲舒思想"最顶层设计"的哲学范畴是"气"。气类似于康德哲学意义上的"公设",是其思想体系框架的"拱心石",其他概念譬如天、人、性、仁、义,等等,正因为有气这一宇宙本根无须证明或不可证明的先验存在,才获得存在的正当性。"故人惟有终始也,而生不必应四时之变,故元者为万物之本,而人之元在焉。安在乎?乃在乎天地之前,故人虽生天气及奉天气者,不得与天元,本天元命,而共违其所为也。"① 气、一、元是同一概念,都是指谓宇宙本根。气先于天地,气无方所,气无终始,气是一抽象的存在,气已获得了绝对的形式,所以气"不得与""不可见"(《春秋繁露·重政》)。董仲舒所界定的气,类似于黑格尔所说的"思想的一种抽象"② 和"普遍的本质"③。在宇宙论层面上,天范畴往往与气可以相互替代、相互说明,所以《春秋繁露》一书中经常出现"天气"一词。天是气的隐喻之原型,气是无形无象的本原。"为生不能为人,为人者,天也。人之人本于天,天亦人之曾祖父也。此人之所以乃上类天也。"④ 此处之"天"与"曾祖父",实质上都是气之具象化表述,在具象化背后隐伏的是抽象的万物之根。厘清了气与天之逻辑关系,才能读懂董仲舒建构在气学基础上的宇宙图式:"天地之气,合

　　① 《朱子语类》卷四,第68页。
　　② 《春秋繁露·天地阴阳》云:"天地之间,有阴阳之气,常渐人者,若水常渐鱼也。所以异于水者,可见与不可见耳,其淡淡也。"
　　③ 黑格尔:《哲学史讲演录》第1卷,商务印书馆1995年版,第332页。
　　④ 同上书,第185—186页。

而为一，分为阴阳，判为四时，列为五行。行者，行也，其行不同，故谓之五行。五行者，五官也，比相生而间相胜也。故为治，逆之则乱，顺之则治。"（《春秋繁露·为人者天》）气—阴阳—四时—五行（金木水火土）—五行（仁义礼智信）—五官，构成一庞大、完备而又相互感应、相互证明的宇宙理论。在这一宇宙论中，董仲舒提出了一个不同寻常的观点："阳气仁"（《春秋繁露·五行相生》）。"阳气仁"如何可能？董仲舒认为，天有"大数"，以十为终。阳气在正月开始出现，天地万物也从正月开始萌芽；阳气兴盛于夏季，万物蓬勃生长于夏季；阳气开始衰退，万物也随之凋零。"物随阳而出入，数随阳而终始。"① 阳气有生育万物之德，所以阳气有仁之德；换言之，仁德是阳气本质属性之彰显。上述"天仁"，只不过是"气仁"的直观化表述。在《阳尊阴卑》等篇中，董仲舒详细罗列了阳气之诸多德行：阳气仁、阳气暖、阳气予、阳气宽、阳气爱、阳气生。总而言之，阳气善，阴气恶。"恶之属尽为阴，善之属尽为阳。"（《春秋繁露·阳尊阴卑》）气有阴阳，也就意味着气有善恶。天与人既然在"数"与"类"层面皆"相副"，"天之所为人性命"（《春秋繁露·阳尊阴卑》），从阳气仁、阴气恶，进而推导出人性有善有恶，自然而然就是合乎逻辑的演进："栣众恶于内，弗使得发于外者，心也，故心之为名栣也。人之受气苟无恶者，心何栣哉？吾以心之名得人之诚。人之诚，有贪有仁。仁贪之气，两在于身。身之名，取诸天。天两有阴阳之施，身亦两有贪仁之性；天有阴阳禁，身有情欲栣，与天道一也。"（《春秋繁露·如天之为》）"天有阴阳"即气有阴阳，阳气善阴气恶，显现在人心，表现为性"有贪有仁"，"阴阳之气，在上天亦在人"（《春秋繁露·深察名号》）。人性之仁源出于气，由此得到了哲学证明。在董仲舒人性学说中，有两大概念不可混而为一：善与善质。为此，董仲舒将性比喻为禾苗，将善比喻为米粒："米出禾中，而禾未可全为米也；善出性中，而性未可全为善也。善与米，人之所继天而成于外，非在天所为之内也。天之所为，有所至而止，止之内谓之天性，止之外谓之人事。事在性外，而性不得不成德。"（《春秋繁露·如天之为》）"人之诚，有贪有仁"之"仁"只是人性之中的善质，是自然德性。仁是"未发"，犹如未抽穗

---

① 《春秋繁露·阳尊阴卑》。在《天地阴阳》篇章中，有"天志仁"表述，含义一致。

之禾苗；有仁之善质，"而成于外"，才可称之为善，善是"已发"，善是"人事"。善有待于后天的教化，而切不可完全归结为先天的性，"善当与教，不当与性"（《春秋繁露·深察名号》）。也恰恰正是在这一意义上，董仲舒批评孟子不识"性"，其错误在于未厘清善与善质两大概念的区别："然其或曰性也善，或曰性未善，则所谓善者，各异意也。性有善端，动之爱父母善于禽兽，则谓之善，此孟子之善。循三纲五纪，通八端之理，忠信而博爱，敦厚而好礼，乃可谓善，此圣人之善也。"（《春秋繁露·深察名号》）孟子将人之性与禽兽之性相比较，把人性之中的善质等同于善，所以孟子言"性已善"（《春秋繁露·深察名号》）；董仲舒认为自己严格地将善与善质相区分，将"天之所为"与"继天而成于外"一分为二，所以坚信与倡言"性未善"（《春秋繁露·深察名号》）。实际上，董仲舒的人性学说在观点与价值指向上，与孟子心性学说多有相通相同之处，这或许恰恰正是董仲舒所没有清晰意识到的问题。两人都强调善与善质的区别，都强调后天教化的重要性：孟子一再告诫"行仁义"不可混同于"由仁义行"，董仲舒反复论证"善过性，圣人过善"（《春秋繁露·深察名号》）。在儒家人性学说史上，董仲舒其实更多的是从正面继承与发展了孟子的心性思想，而非批判和否定孟子学说。历史多有庄子所言"吊诡"之处，于此可窥其一斑。

四　程颐：天理至善

在中国思想史上，真正有独创性的思想家必定有几个独特的范畴、概念。二程兄弟"自家体贴出来"的"天理"，就是"伊洛之学"最具标志性的范畴。天理是位阶最高的哲学范畴，理与气不再"滚在一起"[①]，气已经从理（天理）这一本体中彻底剥离。在气渐行渐远的同时，"性"却离天理越来越近。"性即理也，所谓理，性是也。"[②]"性即理"之"即"不是谓词"是"，而是"若即若离"之"即"，含有"融和"之义。

---

① 牟宗三：《心体与性体》第二册，第164页。
② 《河南程氏遗书》卷二十二上，程颢、程颐：《二程集》上，王孝鱼点校，中华书局2004年版，第292页。

从人与本体关系视域立论，性是天理在人之彰显与落实，自然而然具有"善"的品格。"气有善不善，性则无不善。人之所以不知善者，气昏而塞之耳。"① "自理言之谓之天，自禀受言之谓之性，自存诸人言之谓之心。"② 性是天理本质在人之实现，具体而言，仁义礼智信忠孝廉耻都是性之固有内涵。"父止于慈，子止于孝，君止于仁，臣止于敬。"③ "仁、义、礼、智、信五者，性也。"④ 父慈子孝、长幼有序、夫妇有别、兄友弟悌，各有所止，当止其所止则安，失其所止则乱。在社会伦理诸德目中，仁的地位最高，仁是"体"或"全体"，义、礼、智是"支"："仁者，全体；四者，四支。仁，体也。义，宜也。礼，别也。智，知也。信，实也。"⑤ 在社会伦理体系层面，仁是集合概念，义、礼、智、信、忠、孝、廉、耻等是仁之精神在各个社会关系准则中的具体表现。"学者须先识仁。仁者，浑然与物同体。义、礼、知、信皆仁也。识得此理，以诚敬存之而已，不须防检，不须穷索。"⑥ 因此，仁有"公"之品格，"又问'如何是仁？'曰：'只是一个公字。学者问仁，则常教他将公字思量。'"⑦ 公与私相对，私是人欲、"客气"，公的基本内涵是"克尽己私"⑧。克尽己私方能彰显天理之中正特性，仁是"公"，自然意味着仁是善；仁善的根据来自"无不善"的性。

由此而来，性善何以可能？已是水到渠成之势。"如天理底意思，诚只是诚此者也，敬只是敬此者也，非是别有一个诚，更有一个敬也。天理云者，这一个道理，更有甚穷已？不为尧存，不为桀亡。人得之者，故大

---

① 《河南程氏遗书》卷二十一下，程颢、程颐：《二程集》上，王孝鱼点校，中华书局2004年版，第274页。

② 《河南程氏遗书》卷二十二上，程颢、程颐：《二程集》上，王孝鱼点校，中华书局2004年版，第296—297页。

③ 《周易程氏传》卷四，程颢、程颐：《二程集》上，王孝鱼点校，中华书局2004年版，第968页。

④ 《河南程氏遗书》卷二上，程颢、程颐：《二程集》上，王孝鱼点校，中华书局2004年版，第14页。

⑤ 同上。

⑥ 《河南程氏遗书》卷二十二上，程颢、程颐：《二程集》上，王孝鱼点校，中华书局2004年版，第16—17页。

⑦ 同上书，第285页。

⑧ 同上书，第286页。

行不加，穷居不损。这上头来，更怎生说得存亡加减？是佗元无少欠，百理具备。"① 天理既是自然法则，又是人类社会应然法则，所以称之为"百里具备"。不仅如此，天理还是人性善何以可能之形而上学根据："天下之理，原其所自，未有不善。"② 天理是善的！在程颐思想体系中，对天理善何以可能的证明，从《易传》"生生之谓易"的观点中寻求了理论资源，"'生生之谓易'，是天之所以为道也。天只是以生为道，继此生理者，即是善也。善便有一个元底意思。'元者善之长'，万物皆有春意，便是'继之者善也'。"③ "生生"之德是"继之者善"意义上的"元善"，天理善属于"继之者善"。其实，在程颐思想逻辑结构中，天理善更是一"公设"。人性之善，因为天理善的先验客观存有，才获得存在的合理性。不仅如此，需指出的一点是：天理之善是至善，不是与恶对立的善，而是超越了善恶对立的善。天地万物"无独必有对"，皆是对象性存在。但是，天理是"独"，"独"也就是"元"，"元者物之先也。物之先，未有不善者"。④ 如果说"未有不善"还属于正言反说，以否定句形式表述天理至善的正面含义，那么以下师生之间的问答已跨越伦理学高度，直接从本根论视域讨论天理何以至善："或曰：'《大学》在止于至善，敢问何谓至善？'子曰：'理义精微，不可得而名言也，姑以至善目之，默识可也。'"⑤《大学》中的"止于至善"只是实践理性层面的概念，并不是一哲学范畴。但是，二程于此所回答的显然已不是伦理学意义上的"至善"，而是本体世界层面的"至善"。天理至善不可以概念、范畴界定，只可以"目之"与"默识"。或许这正是东西方旧形而上学共同面临的一道哲学之"槛"，所以康德会为人类理性划定一范围。人类虽不能认识与

① 《河南程氏遗书》卷二上，程颢、程颐：《二程集》上，王孝鱼点校，中华书局2004年版，第31页。

② 《河南程氏遗书》卷二十二上，程颢、程颐：《二程集》上，王孝鱼点校，中华书局2004年版，第292页。

③ 《河南程氏遗书》卷二上，程颢、程颐：《二程集》上，王孝鱼点校，中华书局2004年版，第29页。

④ 《河南程氏粹言》卷二，程颢、程颐：《二程集》下，王孝鱼点校，中华书局2004年版，第1268页。

⑤ 《河南程氏粹言》卷一，程颢、程颐：《二程集》下，王孝鱼点校，中华书局2004年版，第1208页。

证明，但可以信仰。信仰虽不能证明，但可以相信。"目之" 与 "默识"，显然都属于信仰。也正是在这一意义上，天理至善也是 "命"。"理也，性也，命也，三者未尝有异。穷理则尽性，尽性则知天命矣。"① 理是命，理善也是命，这是程颐哲学一大命题。此处之 "命"，蕴含两层义旨：

其一，命意味着平等性。"人之于性，犹器之受光于日，日本不动之物。"② "犬、牛、人，知所去就，其性本同，但限于形，故不可更。如隙中日光，方圆不移，其光一也。"③ 儒家自孔子 "仁者安仁"、孟子 "四端之心" 肇始，就开启了人性平等之先河。程颐起而踵之，从天理高度论证人性源出于天理，因此天地万物和人类皆在性理层面存有共同的性，"'天命之谓性'，此言性之理也"④。自尧舜以至平民百姓，皆本来就具有共同的性理，皆拥有生命的尊严，皆具备内在自我超越的道德生命。

其二，"命" 意味着绝对性。"天之赋与谓之命，禀之在我谓之性，见于事业谓之理。"⑤ "在天曰命，在人曰性。"⑥ 程颐用性沟通天人，贯通形而上、形而下。在性理意义上，性源自天理，所以又称之为性命。性命观念表明：作为 "天之赋与" 的性命，在本体层面与天理无二，只是在实践理性领域有本与用的区分。天理与性理恒常自存而遍在，先天地而独立，即使天地山河塌陷，理、性、命仍然 "颠扑不破"。理善不与恶对，善是独立的、固有的、先在性的善。

程颐关于天理至善的思想，对胡宏思想产生了深刻影响。"宏闻之先君子曰：'孟子所以独出诸儒之表者，以其知性也。'宏请曰：'何谓也?'先君子曰：'孟子道性善云者，叹美之辞也，不与恶对。'"⑦ 胡宏认为，

---

① 《河南程氏遗书》卷二十一下，程颢、程颐：《二程集》上，王孝鱼点校，中华书局2004年版，第274页。

② 《河南程氏遗书》卷三，程颢、程颐：《二程集》上，王孝鱼点校，中华书局2004年版，第67页。

③ 《河南程氏遗书》卷二十四，程颢、程颐：《二程集》上，王孝鱼点校，中华书局2004年版，第312页。

④ 同上书，第313页。

⑤ 黄宗羲：《宋元学案》卷十五，中华书局1986年版，第630页。

⑥ 《河南程氏文集》卷九，程颢、程颐：《二程集》上，王孝鱼点校，中华书局2004年版，第606页。

⑦ 胡宏：《胡宏集》附录一《宋朱熹胡子知言疑义》，吴仁华点校，中华书局1987年版，第333页。

孟子性善的含义并非指谓"人性善"或"性是善的","善"只是一形容词,赞叹"性无限美好","善"已不能对"性"作任何限定,也非与"恶"相对之"善"。"或问性,曰:'性也者,天地之所以立也。'曰:'然则孟轲氏、荀卿氏、扬雄氏之以善恶言性也,非欤?'曰:'性也者,天地鬼神之奥也,善不足以言之,况恶乎?'"①"性"作为天理在人之落实,善不足以概括、描述性之特质,恶更无从表征与形容之。性理层面的性已超越善恶对立,因为善恶只能评判后天的"已发",发而中节则为善,发而不中节则为恶。但本然之性属于"未发"层面,远远超出了善恶能够评判的畛域。胡宏的善恶"不足以言"性论,通过对孟子人性论的阐发,对程颐天理至善思想有所推进。

缘此,我们不禁要问:恶有独立的形上来源吗?程颐认为恶不存在形而上学的根据,恶与天理本体无关,恶与性命无涉,恶只与气有关。"气有善不善,性则无不善。"②"寿夭乃是善恶之气所致。仁则善气也,所感者亦善。善气所生,安得不寿?鄙则恶气也,所感者亦恶。恶气所生,安得不夭?"③ 在程颐思想体系中,气只是质料而已,已不是张载哲学意义上的"气本"。天理是至善无恶,气有善有恶。恶不存在一个超越经验世界的形上根源,天理无须对恶负责。理与气已经截然相分,气须对恶负责,恶源自恶气。纯善无恶之天理与有善有恶之气,成为程颐哲学一大主题。

五 结语

孔子仁学有三大贡献:其一,把仁提升为位居诸具体德目之上的上位概念,仁是"全德";其二,仁者"爱人"观念,涵盖了人类道德生活的全部范围,为全人类道德生活提供了普适性原则;其三,"仁者安仁",

---

① 胡宏:《胡宏集》附录一《宋朱熹胡子知言疑义》,吴仁华点校,中华书局1987年版,第333页。

② 《河南程氏遗书》卷二十一下,程颢、程颐:《二程集》上,王孝鱼点校,中华书局2004年版,第274页。

③ 《河南程氏遗书》卷十八,程颢、程颐:《二程集》上,王孝鱼点校,中华书局2004年版,第224页。

已蕴含人性平等思想萌芽，儒家仁学臻于一个前所未有的哲学高度。因为"仁者安仁"命题开始触及到了这样一个重大理论问题："安仁"何以可能？换言之，仁存在的正当性何在？孔子虽然对"仁者安仁"并未作详细而深入论证，但问题的首次提出比对该问题的证明更具有哲学价值。在孔子之后，孟子"即心言性"、"即天论性"，从性命论、形式逻辑和生命经验三大层次证明仁为天之所"命"，落实于人心为善端。命意味着普遍性，普遍性意味着人性平等。仁义诸善端是先验的存有，与知识论无关。善端不同于善，人性有善端，未必没有趋向恶之性向。在人禽之别思维路向上，人人应当自觉以"四端"为性，实现生命内在超越。孟子仁学，从心性论视野证明"仁者安仁"是否可能，儒家仁学哲学思辨性与逻辑严密性大大增强，儒家以仁为核心的道德形上学基本建立。汉代董仲舒发前人之未发，以气论仁。与孔子、孟子不同之处在于：董仲舒力图从本根论高度证明——"恶"——是否存在一个独立的来源？气有阴阳，阳气善阴气恶，显现在人心，表现为人性"有贪有仁"，"阴阳之气，在上天亦在人"。人性之仁端源出于气这一运思路向与观点，有别于孟子将"天"定位为理论预设的逻辑架构，也破除了汉代诸多学者"性善情恶"思维定势。运思路向与观念，令人耳目一新。儒家以仁为核心的道德形上学演进至董仲舒，又展现出了一丝新的哲学气象。在中国哲学史上，二程、朱子"仁学"标志着以仁为核心的儒家道德形上学达到了巅峰水平。"人伦者，天理也。"天理至善！天理之善是至善，不是与恶对立的善，而是超越了善恶对立的善。理善，所以仁善！这是儒家哲学一大跃进！二程和朱熹以"天理"论仁，以体用言仁，以生生之意喻仁。通过引入体用、性情、动静、已发未发等范畴与理论深入探讨与开拓儒家仁学新内涵、新境界，而且也使孔、孟仁学中某些模糊不清的概念与表述逐渐明晰、丰富与精确。经过二程和朱子的创造性诠释，儒家仁学广度和深度上都获得了重大的提升，理论形态趋向成熟与完备，儒家道德形上学臻于巅峰状态。寻求至善，是儒家一大思想主题。从伦理学意义上的《大学》"止于至善"出发，一直到形上学意义上的程颐天理至善思想的诞生，历代儒家探求至善的哲学步履递进递佳。程颐天理至善思想的出现，标志着儒家仁学成为中国自由主义伦理基础得以可能。

关于创新儒教文化的小考

韩国安东大学文化产业专门大学院　李孝杰

1. 首先对"韩流"引起令亚洲瞩目的韩流文化产业发展道路进行简单的介绍。韩流以 1990 年中期的韩国电影、电视剧、歌谣（K – POP）为中心兴起。深受美国文化影响的国内民众对以韩国传统文化为素材的电影和电视剧开始表现出巨大的关心。10 余年间韩国储蓄能量并向中国和日本等国家输出电视剧（《冬季恋歌》,《大长今》）等内容，获得了极高的人气，具备了映像产业的基础。在歌谣市场上也产生了与此相同的变化。"徐太志和孩子们"以 10 多岁的青少年为中心重新整编韩国大众歌谣的这一决定提供了契机。90 年代融合集歌曲—舞蹈—作词—作曲—组合于一身的新形式的青少年歌谣消费层渐渐增多，并成立了专门的企划社，2000 年代初开始进行 K – POP 的海外输出。

2. 以 K – POP 和韩国式映像产业为两个轴心的韩国文化产业的成功原因有很多。其中核心原因是把韩国的文化内容与西欧的文化形式进行结合，并对产业系统内的竞争力和多样性进行创造性的融合。最近以韩国历史代表性的英雄"李舜臣"为原型拍摄的电影《鸣梁海战》的观看人数超过了在韩好莱坞电影《阿凡达》的观影人数，创下了韩国历代电影中最高的观影纪录。这样的事实也正说明韩国形成了自己的文化商品消费市场。我们能清楚地知道韩国人的包括好莱坞电影的文化消费动态已然成为兴行的标志。连好莱坞电影公司投资的大制作电影都在韩国首映。不仅是电影，还有其他的文化商品，甚至是新的一般生活用的商品，韩国正成为能反映世界商品消费的趋势的重要的试验台。

3. 韩国拥有自己的文化消费市场不单纯是因为规模。事实上韩国文化消费市场的规模从世界整体上来看非常微弱。主要因为韩国文化消费市场最集中，抢先展现了 21 世纪世界文化消费的趋势。它具有未来指向性和融合性，同时拥有实验性和对新媒体亲和性的要素。更重要的是韩国文化使这些成为可能。现在，韩国文化在传统文化的基础上也积极接收西欧文化，并对它们进行巧妙地融合。以前有一段时间认为传统文化低下，西欧文化先进，但现在更加了解到传统文化的重要性，现在走的路线是在传统文化的基础上加上西欧文化的形式。

4. 最近韩国文化正以传统文化为基础成长。但这种成长不是因为政府政策的支持。韩国文化的成长动力是在炽热的市场经济中幸存的能力。现在的文化不是通过少数专家的艺术才能和政策的支持向大众扩散的形态，而是在资本主义产业体制下文化企业把文化产品以一定的形态生产出来，通过大众的购买并得到证明时产生自生力。要使文化得到发展，应该首先把握文化消费的动态，了解大众对文化的需求。

5. 应该在韩国传统文化里找寻韩国的文化消费动态和文化需求。这里有韩国人应该了解系统的儒教文化的理由。在日本侵略时期我们了解到韩国文化在韩国的历史发展中遭到了阻碍。从被殖民统治到解放后，从1960—1990 年 30 年间经济发展和进行民主化的期间，我们也一直在学习优秀的西欧文化。但从 1990 年到现在的 20 年间才正是韩国的文化得到实质发展的时期。经历文化发展的时期我们再次陷入了苦恼。我们现在面临的是通过文化发展经济还是对人们的生活进行质的提升的问题。可以说现在的韩国文化以经济成长为中心，增加提升生活品质的内容。

6. 韩国社会以 30 年的经济发展和民主化为基础，在此后 20 年间韩国的文化得到了发展，导致吹起韩流之风的文化力量得到了发展。在这个基础上韩国传统文化的儒教文化占据重要地位。但在过去的 20 年间在韩国儒教文化之前，没有任何一个政策是让文化发展的，谁也没有这样的意识。这只是潜在文化力量在无意识的情况下出现的结果。我们现在才能发现这个力量。这是一个非常重要的事实。如果以后也是有意识地把儒教文化放在前面或通过政策支持引导儒教文化，那么就暗示着失败率会很高。世界上存在的大部分文化是大众的文化，依靠大众直接的参与得到持续的发展。

7. 儒教文化作为承担着韩流砥柱潜在角色，其本质是什么？我认为是"仁"和"义"的精神。这里只对"仁"进行简单的介绍。孔子提出的"仁"用现在的语言来说就是"同感和关心"。把人与人的关系紧密联系的伟大的行动原理是人类社会不变的真理。不考虑个人的特殊情况，把普遍理性放在个人情况之前，并企图把所有人放在这个框架里的行为只能使社会表面得到安定，并使个人的情感受伤。个人创伤累积，创伤的社会总量超过一定的界限的话，这个社会肯定会倒塌。但孔子主张的"仁"相比普遍理性更优先看重相互尊重个人的情感。如果相互主义的关怀不通用，产生矛盾的时候，孔子会说什么呢？在批判别人前应对自己扮演的角色进行反思。这就是孔子的思想"修己—治人"也叫"克己—复礼"。社会陷入混乱时如果所有的人都为难别人，那么这个社会就会陷入更大的混乱。孔子提出的解决社会混乱的方法对未来的社会仍然有效。即"遇到问题，自己先行动起来去解决问题，那么所有的人都会信服"的同感行为原理。最近出访韩国的教皇得到了韩国人的共鸣，历史影响李舜臣也得到韩国人的尊敬，这些都是因为实践了这个原理。

8. 但感动韩国社会的英雄们的指导者中谁也没把"孔子"的名字和"儒教"的教诲放在前面。只是通过大众日常生活中自然的行动表现，在大众日常意识中无意识的混融其中的形态进行传达。韩国映像文化的情节能感动韩国人正是因为儒教文化的核心价值起到了作用。在这里我们能发现如下重要的文化原则。即让文化得到发展的力量在于"把熟悉的东西用新的角度审视"的事实中。也就是"温故知新"和"法古创新"的能力。在21世纪复兴儒教文化的价值也正在于此。

9. 最后想对复兴儒教文化官员的作用进行说明。现代社会中官员对文化的支配力十分微弱。民众自发的参与，适应资本主义的生活方式，文化才能具有生命力。所以官员应扮演支持提高民众文化生产能力的角色。我们期望在韩国官员要把文化、教育、活用文化资源支援事业、文化生产工具的公共使用设施等作为重点事业，假如把活用文化资源作为支援事业，就能为古典翻译和数据库事业成为多样文化产业的重心这一任务提供帮助。这样的事情是企业无法涉及的领域。国际协力事业也可以成为其中一员。

人文学潮流中儒学的前进方向

韩国成均馆大学　李致亿

一　人文学科，危机与潮流之间

如今，在韩国对人文学科存在两种不同的视角。一种是认为人文学科正处于危机之中的人文学危机论；另一种是将人文学科视为一种潮流。

虽然也存在"人文学科始终处于危机之中又怎会成为一种潮流"的看法，但整个氛围也非同寻常。迈克尔·桑德尔的《何为正义》销售量达 50 万部时，这在表面上显现出人文学科是一种潮流，但最终是当这位人文学者出演只有顶级艺人出演的电视综艺节目时这种潮流才达到真正的顶峰。书店的人文书籍专柜明显被扩大，买书的人异常多。人文学讲座也同样在互联网上和现实中活跃地进行。去年某财团策划每月定期展开的人文学大众演讲，在能容纳 2000 多人的大讲堂中进行了好几天，这使得人们真正感受到人文学的潮流。

但是另一方面，人文学科始终处于危机中。尤其是在大学里人文学科始终没有人气。大学的人文学科专业面临逐渐减少以至消失的趋势。人文学科毕业的学生就业率很低，学生们不选择人文学科专业也是符合市场原理的，因此，在大学里人文学相关专业正处于被减缩乃至废除的危机。人文学专业学者立足之地锐减，博士毕业的失业者也逐步增加。不管怎样说人文学科是一种潮流，但对于教授人文学的学者来说始终称不上什么潮流。

为什么会出现这种状况呢？简单说来，在需求与供给的不平衡中可以找到答案。人文学的需求者大部分并不是大学人文学专业的学生（包括大学其他专业的学生）而是一般人，而供给者只想为大学供给而非人民大众。这就像是消费者都去大型超市购物，而生产者反而只向传统市场供给物品的道理一样。当前现状是就业虽越来越艰难，但急于就业的大学生不具有人文学专业学历。同时，在这为就业而学习的学生和为其就业而努力的学校的立场来说人文学专业方面的投资存在危险性。当然就市场理论来说必然存在这种现状。总之，与大学中人文学科存在危机的现象相反，已步入社会而且经济状况相对稳定的人对人文学的关心不断增多。

由于本文的主题不是探讨人文学科的危机或潮流，所以在此不再做进一步探讨，不管危机也好潮流也罢，我们要寻找人文学科学者所要传达给我们的启示。在大学里人文学科危机并不是一种新的现象。人文学科始终处于危机之中，人文学科之所以仍然存在，只不过是因为人文学学者们努力通过教育延续其命脉。用新的视角看的话人文学科又是一种潮流。也可以说是一种临时现象，或也能说是一种预想之外的持续状态。不管怎么说，普通人对人文学科的关心度增加，这是值得高兴的事。但并不能止步，人文学者应顺应潮流继续努力，做出积极的回应。这既是人文学者的责任，也是一种义务。那么为迎接人文学科潮流的时代，我们儒学应该怎样做？又要走向何种道路呢？这就是本文的主题所在。

二　人文学潮流，以及儒学的大众化

响应人文学潮流的道路毋庸置疑便是儒学的大众化。儒学的大众化是有希望的，其原因如下：第一，因为儒学是一门人生的学问。儒学与忽视人生现实追求人生彼岸的宗教不同，也不同于看重事变与论理的西欧哲学。理论是为适应人生而形成的，人生又因为儒学理论变得丰富。第二，儒学是以东亚的精神气质为基础的传统文学，因为它是以2500年的历史与文化为中心的文学。无须多言，过去融入东亚集体精神之中的儒学不会因为时代的变化而发生很大的改变。通晓儒家思想对我们来说并不是一件难事。那么到底什么是儒学大众化呢？又该如何实现儒学大众化呢？

在韩国，许多儒学研究者共同呼吁将儒学经典韩文化。大部分韩国人别说是汉文，也没接受过系统的汉字教育。自然就不可能接触到以汉文为原著的儒家经书。因此即便是对儒学感兴趣，看到汉文原著的儒家经书也会立马放弃。这样原本通过研究解说文来解决这个问题也变成绝非易事。

研究者们的研究著作对那些非专业人士来说并没有多大吸引力。"原著难理解，但是其解说的研究著作更混乱"，在此基础上依靠研究著作来理解儒学思想依然是一件难事。

完整的译著虽然少，但以《论语》为首的史书算是出版较多的了。2014年出版的《论语》译著，以及与其相关的史书达40余册，到现在为止出版的相关史书数不胜数。以《论语》为代表，对儒学的关心不断提高的消息虽然值得高兴，但是仔细看来，儒学经典的韩文译著并没有"正本化"也是事实。比如说，像基督教的圣经一样译本都正本化的话，不就可以让翻译学者们低价出译本了么？这也是韩国儒学界长期思考的课题。

总之，这两个问题——研究著作的地位调整与儒学经典的韩文正本化，对于韩国儒学大众化来说是必需的事情。但是这也是局限于基础设施的构建上。基础设施构建若以研究者自身的忠实研究与一定水平的支援为后盾就不算是什么大问题了。

也存在基础设施不能解决问题的领域。这关乎研究者们个人的研究方向问题。对于研究者自身来说，学术的深度和与大众交流之间的沟壑该如何填补呢？当然若有既能保证学术上的深度，又能保证与大众间的交流（通俗易懂）的力量就再好不过了。但二者兼得并不是件容易的事情。若追求学术深度则会缺少与大众的交流，若是致力于与大众交流则会忽视学术深度。在学术领域，处在这社会分工极快的社会更是如此。当然也存在不能实现与大众交流的领域。例如，解读甲骨文，或是发掘与考证古典文献事业，这些都是离人民大众较远的工作领域。如果也要求研究者给儒学大众化做贡献的话，这是不合理的要求。像理科方面的纯粹科学，对于研究这种学问领域的学者来说，首先要有研究的热情。如果在这种研究领域并没有多大兴趣或不付出努力的话，人文学科的根源也会枯竭。但是在能与大众交流的领域，以哲学解析儒学的研究者就不可能完全忽视与大众的交流，这是研究者站在自身所处的位置上所要考虑并解决的问题。

接下来是人文学者与大众交流的问题。自己怎样做学问又怎样接近大众，成功的学问研究与大众化都能实现么？以简单的语言解说经典，易于理解地解说思想，以华丽的修饰来吸引大众，果然就能实现大众化么？论者在此持怀疑态度。当然很多普通人能以此更多地了解儒家思想，也可以说是一种成功。但是我认为若要真正实现儒学的大众化，还须进一步努力。

为此，在胡乱吹捧人文学潮流之前，有必要先分析一下人文学潮流的起因。因为这也是顺应人文学潮流走向怎样的儒学大众化之路在方向设定上所必须考虑的因素。

关于人文学潮流，从其表面原因来看：第一，可以说是经济上的富裕引起的。就不说亚伯拉罕·马斯洛的需求层次理论，不解决经济问题，就不可能对人文学关心，这是人之常情。虽说世界经济萧条就是存在危机的信号，但这也不是那种关乎金融经济的问题。虽存在贫富的差距，起码在北半球除朝鲜地区之外是基本不存在因温饱问题而威胁生命的状况。总之，谁都在享受着今非昔比的物质上的富裕，这是一个事实。在这点上可以成为所有人对人文学的关心的基础。

另一个原因虽然说是在同样的物质富裕条件下引起的，但在不同视角上也能够解释，就是面对物质主义者制造出来的虚像，而进行的自我反省。上个世纪的东亚在追求西欧化的潮流中走来。本以为成功实现西欧化，跻身于经济先进国的话所有的问题就都可以解决，其效果仅限于局部。西欧化虽脱离了贫困带来了物质上的富裕，但由此失去的东西更多。因为西欧化和物质化而丢失的东西，这些正是现代人文学潮流中所追求的东西，这种说法夸张么？我不这么认为。

人们对于人文学的狂热从细节原因来说有很多种——满足好奇心，成为有教育和品位的人等——以此虽可以解释，从以上观点出发，最合理的理由就是对幸福的追求。所有人都在追求幸福，但又屡屡失败。在领悟到高度发展的经济社会并不能幸福的这一事实之后人们开始对幸福进行再定义。人们在享受物质上的丰裕的同时开始思考社会的冷漠。虽然不能立马放弃物质上的富裕，但是越来越多的人开始向往充满正义与信任的社会。因为感觉到了由竞争引起的敌对的社会的紧张与疲惫，现在更多的人渴望充满关爱与温情的社会。个人的幸福与社会的和平，超越物质富裕的虚像，才是在人文学上所追求的正确的目标。

总之，人民大众现在像期盼甘霖一样真正的期待着人文学。在这种形式之下，对于人文学潮流的儒家学者最期待的是对《论语》的补充。"孟氏使阳肤为士所，问于曾子。曾子曰：'上失其道，民散久矣，如得其情，则哀矜而勿喜。'"（《论语·子张》）若人文学热风最终践踏人们苦痛的话，也不是一件始终值得高兴的事。高兴之前，怜悯的姿态也许才是现代人文学者所需要的。

三　成功的儒学想要实现大众化

人们经常说"为了××的发展"这样的话，儒学也不例外。"儒学的发展"这样的话虽然常说，但"儒学的发展"这种东西真的存在么？即使儒学发展了对人们的生活又有什么实质性地帮助呢？当然有。但是顺序需要换过来。并不是因为儒学发展了而人们的生活有了帮助，而是因为儒学思想对人们的生活有帮助所以才发展了。所以孔子说的"人能弘道，非道弘人"一样，儒学是为了人们而存在，并不是人们为了发展儒学而研究学问。在此观点上，为了现在真正的儒学发展和大众化，儒学家应该做些什么才是真正应该思考的。

为了真正实现儒学的大众化，第一，要真正了解人民大众对于儒学所真正期盼的是什么。第二，要明确恢复儒学的色彩并给予回应。儒学对人们来说到底是什么？儒学对人们贡献了什么？假设自然科学是向人们呈现物质世界的原貌，改变它们使人们的生活便利富裕，则人文学各个学科有各自对应的目标，也有对人类社会做贡献的固有使命。文化能使人们的感情丰富，实现心灵的沟通。历史是为了记录过去，折射现在与未来，在该目标对应的范畴中，当靠近人民大众的时候才是实现学问的大众化的时候。那么儒学在寻找儒学的本质特征乃至固有色彩并按其方式完成学问的时候，也就自然地实现了大众化。在此就不可能存在任何问题。因为真正所追求的哪怕有困难也不回避，即使能轻易到手，若不需要的话也不予理睬。

论者认为儒学的本质特性存在于圣学之中。圣人所达到的道路是为己之学。走这条路的人是君子，所谓君子就是实施修己安人的人，儒学前进的关键就是为己之学与修己安人。这虽是所有儒学家都知晓的事实，但是是谁也不会走的特殊道路。（其实这段话不过是本人没有走上这条道路而进行自我反省的开始）

儒学是修己安人乃至修己治人的学问，这两个因素缺一不可。即使在传统时代，儒学家们进入仕途的意义不是为了获得权力与财物，而是实施治人的义务。所谓治人不是说要支配别人，认识一条谋求社会安宁与幸福的道路，更进一步说是为了实现大同社会的理想而努力的道路。以前走上仕途就是抓住了实现抱负的机会，这也意味着自觉承担责任。治人的意义从大了说并不是唯独只有官职才能实现治人。所有的职业都有其社会意义，所有的职业都相当于治人。过去的农、工、商人对于曾属于平民的普通百姓也有责任与义务，实现这份责任与义务也就是参与了治人。在当今职业多样化的现代其意义更是扩大了。在现代社会在人人平等的实质上也是参与"治人"。"治人"若以修己为基础，修己是通过为己之学实现的。儒学是天生的科学，也是修己之学。"古之学者为己，今之学者为人"（论语「宪问」）批判弟子们的治学姿态的孔子，与认为任何人找到其本性的话都能成为圣人的孟子的思想不同，不是为己之学的学问不是儒学，儒学的真正目标是成为圣人。为了成为圣人，为此不懈努力的为己之学，以及以此在社会治人，论者认为这就是儒学所要向人们展现的儒学色彩与优点。

具体说来，如果儒学当中为了实现修己治人的为己之学的治学面貌不存在的话，就不可能实现真正的儒学的复活。这也是其他人文学者或是西方哲学所不能发现的仅儒学有的武器。那么是儒学家的话就得超越在大学讲堂以哲学或论文形式表现的论文哲学，应实施以接收为根本的为己之学与实践儒学。不是只解析以前的儒学成果，而是将儒学看做人生的精神，在儒学家们引领过去灿烂历史的道路上，重新开始，更进一步。

那么现在儒学界所需要的是习得古典知识以及超越，并且恢复圣学。如果称作是圣学过于沉重的话，称作"实践儒学"也是不错的。儒学家必须要做的事是通过实践儒学取得自身的变化与成就，以及幸福。儒学者要向人们传达的不单纯是知识，是变化的方法与幸福的方法。即儒学如何使人们变化，使人们幸福，通过学问与人生亲自展现的东西。已体验过的人们的话语与文章与那些"易于理解地语言"、"华丽的修辞包装的语言"相比将会成为更相符大众的话语、文章。这不是新的理论。以前传统时代的儒学家们实际努力实践的就是这条道路。

在我看来，人们所想要人文学就是这样的。不是为了拿积累的知识向别人展现教养而学的人文学，而是为了自身的改变而学的人文学，以及人们共同把团体变得更温馨，所有人都能幸福的人文学，他们所想要的就是这种人文学。在现在的潮流中就充满了这种渴望。

从人文学潮流的现实来看，也存在对此是否只是一时的潮流的担忧。人民大众很迅速也很准确。教授学问的学者们不回应他们的愿望的话，就会遭遇背离。到了那时候，被称为"连人文学都不懂的没有教养的人们"，也不能非难他们。这是因为如果人文学的潮流一时之间结束的话，不是大众的错误而是在此没有正确回应的人文学者们的错。

有的东西称作名牌。真正的名牌是即使不打广告人们也会拿着钱争相购买。实现名牌人文学的道路取决于人文学学者们。儒学在人文学成为名牌上有充足的资产。是过去的 2500 年间圣贤们为其铺路所积累的德。儒学正处于成为名牌的绝好位置上，但任重而道远。曾子的"任重道远"的叹息就在于此。

论儒家的社会教化管理思想

山东社会科学院国际儒学研究与交流中心　孙聚友

儒家的社会教化管理思想，是儒家管理学的重要组成部分。作为中国传统教化思想的主体构成，儒家的社会教化管理，可以分为两个方面：一是教；二是化。教是利用各种特定的教育形式，逐渐有序地对人们的思想和行为进行规范教育；化是通过利用特定的社会文化氛围，潜移默化地对人们的思想和行为进行熏陶感染。《礼记·学记》中言："君子如欲化民成俗，其必由学乎。玉不琢，不成器；人不学，不知道。是故古之王者建国君民，教学为先。"荀子也说："不富无以养民情，不教无以理民性。故家五亩宅，百亩田，务其业而勿夺其时，所以富之也。立大学，设庠序，修六礼，明七教，所以道之也。《诗》曰：'饮之食之，教之诲之。'王事具矣。"（《荀子·大略》）北宋李觏指出，社会管理在于实现安人的目的，"所谓安者，非徒饮之食之治之令之而已也，必先于教化焉。"（《李觏集·安民策第一》）。社会管理要以教化为起点，教化管理是社会治理的重要内容。欲使人守德向善，必须实施特定的教育活动和运用特定的文化氛围，培养人们的道德品行，提升人的道德自觉意识和道德自律意志，保证人们识得和遵守社会行为规范准则，调节社会成员之间的和谐关系，维系社会秩序稳定，实现人的存在完善，推进社会和谐有序正常运行。

儒家的社会教化管理，既重视教化的组织建构，它包括教化机构的设立、教化人员的组成、教化制度的制定、教化方式的确立等方面，更重视教化的具体内容，它主要包括道德教化和学识教育两个方面。儒家充分认识到了德礼政刑在社会教化管理中的作用，具有以德礼教化为本，以政刑制裁为辅的特点，它将德礼教化的作用置于政刑制裁的作用之上，展示了儒家文化的思想特点和价值取向。

一 教化管理的社会作用

儒家认为，人类社会的进步发展，不是由外在异己于人类自身的虚幻力量所决定的，而是由人类自身的社会实践活动所决定的。人类能否进步发展，不仅在于人类能否建构起合于至善的人文之道，更在于人类能否在自身的社会行为中，自觉主动地实践人文之道。因此，儒家的社会管理，特别重视教化在提升人的道德修养和规范人的社会行为中的作用。而社会教化的存在前提，不仅是由社会运行和发展的客观要求所决定，而且是成就和实现人的存在的社会属性的客观要求所决定。

儒家认为，人之所以为人，在于人是生存于由特定的社会纲纪和规范而建构起的社会之中的，具有自身的社会角色和社会职能。社会的存在是人类自身生存发展的客观需求产物，如果不能保证社会的存在，则人类难以实现自身的存在。荀子说："古者圣人以人之性恶，以为偏险而不正，悖乱而不治，故为之立君上之势以临之，明礼义以化之，起法正以治之，重刑罚以禁之，使天下皆出于治，合于善也。"（《荀子·性恶》）他指出，如果不对人类的行为进行控制管理，则社会就会随之陷入混乱无序状态，以至人类自相残杀而走向灭亡。"今当试去君上之势，无礼义之化，去法正之治，无刑罚之禁，倚而观天下民人之相下也；若是，则夫强者害弱而夺之，众者暴寡而哗之，天下之悖乱而相亡不待顷也。"（《荀子·性恶》）所以，要想保证人类的生存，必须要有控制管理，这样才能保证社会的正常运行，实现人的存在的社会属性。社会运行和发展的客观要求，决定着必须对人的行为进行管理。而要有效地管理人的社会行为，必须实施社会教化。教化的目的就在于让人们识得自身的社会角色和社会职能，提升自身的道德，规正自身的行为，遵循社会的纲纪和规范要求。

社会教化的目的在于成就人的存在的道德善性，而人的道德善性是通过人的社会行为体现出来的。人应当持守什么样的行为方式，才能体现出人的存在的道德善性，实现社会的和谐有序的运行发展。儒家认为，人的存在的行为方式，是以持守以礼为核心、以仁为本质的德、礼、政、刑的人道规范为准则的。只有遵循德礼政刑的社会规范，才能保证社会的正常运行发展。德礼政刑是人道的具体内容，人道是明分使群、群居合一之道，它具体表现为特定的社会组织结构和纲纪规范，是人类在其自身生存发展中产生形成的客观历史产物，是人类社会得以和谐运行的根本保证。德礼刑政是治辨之极，强国之本，其作用在于规范人的存在的社会行为，满足社会"养人之欲，给人之求"的生存需求，保证社会和谐有序的发展，遵循它则社会就能够顺利进行，违之则社会就会陷入无序混乱之中。因此，持守以德、礼、政、刑的人道为规范的行为方式，是人类自身生存发展的社会客观需求。

具体而言，礼是儒家对于人的存在的行为方式的设制和规范，它不仅是构成社会纲纪规范准则的重要内容，而且是维护社会组织结构和谐运行的重要保证。礼作为人的存在的行为方式，并非仅仅局限于外在礼仪、礼节的遵守，它是以践履仁德为其特征，因而一方面礼具有促成管理群体团结、和谐的积极力量，另一方面礼具有保证管理群体实现仁德的规范作用。礼作为管理方法的原则，它的作用在于"定亲疏，决嫌疑，别同异，明是非"，确立人们之间的社会关系地位，明确人们的社会行为规范，"礼者，贵贱有等，长幼有差，贫富轻重皆有称者也"，"礼也者，贵者敬焉，老者孝焉，长者弟焉，幼者慈焉，贱者惠焉"（《荀子·富国》），"礼者，所以固国家，定社稷，使君无失其民者也。主主臣臣，礼之正也；威德在君，礼之分也；尊卑大小，强弱有位，礼之数也"（《新书·礼》）。所以，治理社会，要循之以礼，"人无礼则不生，事无礼则不成，国无礼则不宁"（《荀子·修身》）。《礼记·曲礼上》亦说："道德仁义，非礼不成；教训正俗，非礼不备；分争辨讼，非礼不决；君臣上下父子兄弟，非礼不定；宦学事师，非礼不亲；班朝治军，莅官行法，非礼威严不行。"以德礼作为教化的内容，规范人们的行为准则，是在长期的历史发展过程中逐渐损益而积淀形成的。它既是中国传统社会教化管理的特点，也是儒家教化管理的特点。

礼贯穿于人的一切社会关系和行为之中，就人的社会关系而言，儒家特别重视"五伦"的社会关系及规范。"五伦"是中国传统社会对于整个社会中人与人之间关系的揭释，早在大舜之时，统治者就提出了在社会组织管理中要重视"五伦"的道德教化。孟子说："人之有道也，饱食煖衣、逸居而无教，则近于禽兽。圣人有忧之，使契为司徒，教以人伦，——父子有亲，君臣有义，夫妇有别，长幼有叙，朋友有信。放勋曰：'劳之来之，匡之直之，辅之翼之，使自得之，又从而振德之。'"（《孟子·滕文公上》）管理民众，如果只是满足其物质生活的需求，而不加教化，则人与禽兽差不多了，所以圣人为此而忧，设立了主管教化的机构和人员，以人伦五常道德规范来教化民众，使父子之间有血缘亲情，君臣之间有礼义之道，夫妇之间挚爱而有内外之别，长幼之间有尊卑之序，朋友之间有诚信之德。通过推行人伦教化，人们识得和持守彼此之间的关系及行为规范，整个社会就会形成和谐良好的局面。

教化管理是以成就人的存在完善，实现社会的进步发展为其目标追求的。儒家认为，成就人的存在完善，离不开社会的教化，教化在实现人的存在完善过程中发挥着重要的作用。儒家的社会教化是建立在人性可塑的理论基础上的，人性具有的可塑特点是教化管理存在的基础和依据。虽然儒家学者对于人性的认识，存在着不同的思想观点，但都指出了人性是人与动物区别开来的存在特征；人性是可以加以塑造而非固定不变的；人性塑造的价值指向在于成就人的善性；人的善性表现为人的存在的道德属性；道德属性展示了人的存在的社会属性，它构筑了人的存在的行为方式，决定了人的存在的价值取向。人性由待成到已成是由人的社会行为所决定的，但人性是达致善，还是达致恶，是由人的自身行为所决定的，而教化管理在其中具有着重要的作用。

儒家认为，人生存于社会之中，并非具有了已成的与动物区别开来的本质属性，也并非生而具备了仁义礼智的道德人格。荀子说："凡人有所一同：饥而欲食，寒而欲暖，劳而欲息，好利而恶害，是人之所生而有也，是无待而然者也，是禹桀之所同也。目辨白黑美恶，耳辨声音清浊，口辨酸咸甘苦，鼻辨芬芳腥臊，骨体肤理辨寒暑疾养，是又人之所常生而有也，是无待而然者也，是禹桀之所同也。可以为尧禹，可以为桀跖，可以为工匠，可以为农贾，在注错习俗之所积耳……尧禹者，非生而具者也，夫起于变故，成乎修为，待尽而后备者也。"（《荀子·荣辱》）人的自然属性和趋利避害的心理特征，都是相同的，但人的道德善恶和才能高低的差别，却是由个人在长期的社会活动中，对于自身行为的不同择抉所决定而形成的。尧、禹并不是生来就具备高尚的美德，而是由他们在纷纭复杂的社会活动中，能够长期地端正自身品行，努力修身向善，才达致了自身道德的完善。虽然儒家充分肯定了人具有自我修德向善的自觉意识和主动能力，通过正心诚意的修身工夫，皆可具备止于至善的道德人格，但并不是每个个体都能自觉主动地修德向善。只有通过社会教化管理，才能保证人们在现实社会行为过程之中，成就自身存在的社会属性，展示自身的道德善性。由于人的道德善性是由个体的社会行为具体体现出来的，所以每个人都要正心诚意地对待自身的社会行为，以是否合于道德要求来取舍抉择自身的行为。而教化管理作为社会管理的重要内容，它在人的善性成就中，具有重要的地位和作用，它能够培养和提升人们对于道德善性识得成就的自觉意识和自律意志，自我主动地遵循践履德礼政刑的社会规范，这是教化管理得以存在的重要前提和客观需求。

二　教化管理的具体方法

儒家关于教化的具体方法，是以道德礼义的教化为其特点的。《礼记·乐记》中说："礼以道其志，乐以和其声，政以一其行，刑以防其奸。礼乐刑政，其极一也。"作为社会管理活动所应持守的纲纪规范，德礼政刑的作用是为了保证社会和谐有序地正常运行。孟子在揭释社会管理的方法时，指出了刑罚和法律在社会管理中不可缺少的作用。他说，"不以规矩，不成方圆"，"上无道揆也，下无法守也，朝不信道，工不信度，君子犯义，小人犯刑，国之所存者幸也"（《孟子·离娄上》），社会管理必须要有明确的法律和规范，这样才能保证社会运行的稳定性和有序性。但如果不能首先教化管理，让民众识得自身应遵守的行为规范，而对违背社会规范的民众实施杀戮，这就是暴政。故孔子反对"不教而杀"，认为"不教而杀谓之虐"（《论语·尧曰》）。暴政不可能管理好民众，也不可能治理好社会。孟子说："以佚道使民，虽劳不怨。以生道杀民，虽死不怨杀者。""杀之而不怨，利之而不庸，民日迁善而不知为之者。夫君子所过者化，所存者神，上下与天地同流，岂曰小补之哉？"（《孟子·尽心上》）荀子从隆礼和重法的角度进行了论述，强调了社会教化的社会管理中的作用。他说："故为之立君上之势以临之，明礼义以化之，起法正以治之，重刑罚以禁之，使天下皆出于治，合于善也。"（《荀子·性恶》）礼与刑的社会管理方法，是治理国家的根本大端，只有隆礼与重法并行，国家才能得到治理。他主张，要让民众明确自身所应持守的社会规范，否则，"不教而诛，则刑繁而邪不胜；教而不诛，则奸民不惩；诛而不教，则勤励之民不劝；诛赏而为类，则下疑俗俭而百姓不一"（《荀子·富国》）。只有实施社会教化，隆礼重法，才能实现治国安民的目的。

儒家认为，在社会教化管理中，德礼与政刑作为人的行为的纲纪规范，它们在管理中的功效是不同的。孔子说："道之以政，齐之以刑，民免而无耻；道之以德，齐之以礼，有耻且格。"（《论语·为政》）外在强制性的政令和法律，能够使民众免于违法犯罪，但却不能使民众形成知耻向善的道德意识；而内在自觉性的道德和礼义，却能够使民众树立起知耻向善的道德意识，自觉地遵循社会纲纪规范，端正自身的社会行为。因此，在对人的行为管理上，儒家特别重视德礼教化，提倡德教，强调道德教化有利于维护社会秩序的稳定，保持社会的正常运转。所以，"教民亲爱莫善于孝，教民礼顺莫善于悌。移风易俗莫善于乐，安上治民莫善于礼。礼者，敬而已矣"（《孝经》）。孟子对于教化管理的认识，也是特别注重德教，指出使人服从管理的两种方式，一是以力服人；二是以德服人。他说："以力服人者，非心服也，力不赡也；以德服人者，中心悦而诚服也。"（《孟子·公孙丑上》）以力服人，人们并不是从内心里服从，只是屈服；而以德服人，人们却是出于内心愉悦的自觉自愿服从。由此，孟子提出了"善教"优于"善政"的观点，认为"仁言，不如仁声之入人深也。善政，不如善教之得民也。善政，民畏之；善教，民爱之。善政得民财，善教得民心"（《孟子·尽心上》）。善政是通过法度禁令的强制方式来约束人们的社会行为，而善教则是通过道德礼义的教化来端正人们的内在意识，让人们自觉地遵守社会规范。

德礼政刑在社会教化管理中的作用，是相互补充的，二者不可偏废。德礼是以内在自觉性管理为特点的，政刑是以外在强制性管理为特点的。以德礼为特点的内在自觉性管理，是通过人们对于德礼规范的识得践履，预先防止不合于管理活动要求的行为的出现，它是一种积极主动性的管理。而以政刑为特点的外在强制性管理，是通过对已经产生的不合于管理活动要求的行为的纠治矫正，将其纳入到纲纪规范的要求中，这是一种消极被动性的管理。德礼管理在于防患于未然，而政刑管理在于制裁已然的行为。"礼者禁将然之前，而法者禁于已然之后"（《大戴礼记·礼察》）。《礼记·经解》说："昏姻之礼废，则夫妇之道苦，而淫辟之罪多矣。乡饮酒之礼废，则长幼之序失，而争斗之狱繁矣。丧祭之礼废，则臣子之恩薄，而倍死忘生者众矣。聘觐之礼废，则君臣之位失，诸侯之行恶，而倍畔侵陵之败起矣。故礼之教化也微，其止邪也于未形，使人日徙善远罪而不自知也。是以先王隆之也。"德礼教化具有止邪于未形的作用，它能够潜移默化地引导人们日趋于善，既能防恶又能劝善。而政刑只能消极地诛恶，制裁已有的行为。

德礼教化管理经过儒家的更新损益和阐释彰扬，以其丰富的表现形式和显著的社会作用，在中国传统社会的管理和文化思想的构成之中，占据了重要的地位，具有着卓越的价值。

三　教化管理的实施形式

儒家的社会教化管理，特别重视教化管理实施的形式，并提出了许多具体的实施方法，促进中国传统社会教化管理的发展。

首先，儒家指出了实施经典教育的教化方式。经典教育有利于规正人的言语行为，提高人的道德水平。经典蕴含着历史积淀的丰富治国经验和教训，更有利于管理者以此来增加自身的管理智慧。学习儒家经典，可以规正人的言语行为，这是教化管理的重要方式。孔子特别重视《诗》教，他曾说："小子何莫学夫《诗》？诗，可以兴，可以观，可以群，可以怨。迩之事父，远之事君；多识于鸟兽草木之名。"（《论语·阳货》）"《诗》三百，一言以蔽之，'曰：思无邪。'"（《论语·为政》）《诗经》三百篇，其核心特点就是思想纯正，没有邪念。《诗经》中所阐发和蕴含的道德义理，近则可以运用它来侍奉父母，远则可以运用它来服侍君主。关于经典教化的内容和作用，荀子也曾进行了详细的说明。他说："学恶乎始？恶乎终？曰：其数则始乎诵经，终乎读礼；其义则始乎为士，终乎为圣人。真积力久则入，学至乎没而后止也。故学数有终，若其义则不可须臾舍也。为之，人也；舍之，禽兽也。故《书》者，政事之纪也；《诗》者，中声之所止也；《礼》者，法之大分，类之纲纪也；故学至乎《礼》而止矣。夫是之谓道德之极。《礼》之敬文也，《乐》之中和也，《诗》《书》之博也，《春秋》之微也，在天地之间者毕矣。"（《荀子·劝学》）经典学习的教化作用，就在于修养自身的道德。而要修身自身的道德，学习经典是一个重要的方法和途径。荀子指出,《书》记载着先王的政事,《诗》合乎于中和之德,《礼》规定着社会的纲纪规范,只有学习经典,才能全面认识做人的道德规范和行为要求。经典所包含的道德规范和行为原则,可以培养人们的道德,规范人们的行为。因此,重视经典的教化作用,不仅可以实现人们之间社会关系的和谐,也是实现国家的长治久安的重要管理方法。

儒家的社会教化管理思想,不仅重视经典的教化方法,而且重视利用宗族和社区等社会活动进行社会教化。宗法血缘等级伦理关系,以及聚族而居的社会生活方式,是中国传统社会组织结构的重要特点。以宗法血缘关系为纽带,人们之间形成了紧密联系的人际关系。因此,重视宗族和社区的社会教化,运用有力的文化氛围,规范人们的社会行为,有利于风俗习惯的形成,发挥风俗习惯对人们行为的规范作用。因此,儒家特别注重通过宗族和社会的社会活动,来教化民众。古代传统社会的"乡约"、"宗规"、"家训"等,实际上就是在发挥了社会教化的管理作用。它对于人们行为的规范,道德的提升,以及社会的和谐,发挥了十分重要的作用。

儒家的社会教化管理思想,还在于倡导实施音乐的教化措施。音乐不仅可以抒发人的情感,而且可以和谐人际关系。特别是西周以来形成的礼乐文化,对乐教的重视是其内容特点之一。儒家继承了传统乐教的社会教化思想,孔子编纂《诗经》其目的旨在通过音乐的教化形式和作用,陶冶人们的情操,规范人们的行为。孟子也指出,音乐教化是社会管理的重要的手段和方法,无论是雅乐还是俗乐,只要做到与民同乐,都能够在社会和谐中发挥重要作用。荀子曾专作《乐论》,阐述音乐教化的作用,指出音乐教化是社会管理的重要内容,具有移风易俗的社会功能。他说:"修宪命,审诗商,禁淫声,以时顺修,使夷俗邪音不敢乱雅,太师之事也。"治国必须重视音乐的社会教化作用。音乐的社会教化作用,在于通过愉悦的音乐活动,达致人际关系的和谐。他说:"故乐在宗庙之中,君臣上下同听之,则莫不和敬;闺门之内,父子兄弟同听之,则莫不和亲;乡里族长之中,长少同听之,则莫不和顺。故乐者审一以定和者也,比物以饰节者也,合奏以成文者也;足以率一道,足以治万变。是先王立乐之术也,而墨子非之奈何!"音乐蕴含着的礼法制度,能够规范人的行为。

特别是音乐具有着潜移默化的教化功能，能够达到抒发人的情感，和谐人际关系，改善社会风俗的作用。故"乐者，圣人之所乐也，而可以善民心，其感人深，其移风易俗易。故先王导之以礼乐，而民和睦。夫民有好恶之情，而无喜怒之应则乱；先王恶其乱也，故修其行，正其乐，而天下顺焉"。就礼与乐的关系，荀子指出："乐也者，和之不可变者也；礼也者，理之不可易者也。乐合同，礼别异，礼乐之统，管乎人心矣。穷本极变，乐之情也；着诚去伪，礼之经也。"音乐是以追求和谐一致为表现，礼是以区分上下贵贱地位为目的，礼乐都具有着规范人心的作用。而音乐的社会教化，可以表现出"贵贱明，隆杀辨，和乐而不流，弟长而无遗，安燕而不乱"（《荀子·乐论》）的礼法制度特点，能够促进人们遵循礼法制度，进而实现天下治理、社会和谐。

儒家的教化管理思想，旨在通过各种形式的教育，运用特定的文化氛围，培养人的道德品行，丰富人的学识才能，确立人的行为方式及其价值取向，以保证管理活动的顺利进行，实现修齐治平的管理目的。这些思想不仅体现了儒家管理哲学的思想特点，也促进中国传统社会的教育发展。特别是在长期的历史演进中，儒家的教化管理思想，对于中华民族道德水平的提高，对于中国传统社会的进步发展，都发挥了巨大而深远的影响作用。

性善与性恶：千年争讼之蔽与失

——对孟、荀人性善恶之辨的重新解读

山东社会科学院国际儒学研究与交流中心　路德斌

由考察可知，自唐、宋以来，在由儒家主导形成的主流观念中，荀子的性恶论作为其人性论的基本特征和其哲学的重要标志一直被视为是孟子性善论的对立形态，这似乎已成了一个不争的常识，途人皆知，不容置疑。也正缘此，所以我们还可以发现，围绕人性问题，最大而持久的论战并没有按常理在儒家与其他学派之间展开，而是发生在皆以儒者自称的孟、荀之间。倡性善者，扬孟而抑荀；主性恶者，是荀而非孟。一场跨越千年的争讼就是在这样一种非此即彼的相互否定中，潮起潮落，跌宕沉浮，以至于到今天，由孟、荀引发的人性善恶之辨仍然是一桩未能了结的公案。

然而，笔者的研究表明，这场发生在儒家内部的千年讼案实乃一桩无稽无谓且对儒学自身的完善、发展形成严重阻滞和内耗的冤假错案。因为导致这场争讼的所谓"对立"其实并非源自于孟、荀人性理论本身，而全然是由于后儒在观念上的障蔽和认知上的偏失所使然。那么，到底是怎样的一种障蔽竟能使后儒的思考和认知迷失千年之久而不自觉？这千年争讼到底能否化解、又如何化解呢？本文的梳理和解读将为此提供一个新的视角和思路，周洽与否，还望方家不吝赐教。

一　形而上与形而下：两种语境下的人性表达及其意义

当然，从文字记载上看，有一个事实是无法否认的，那就是孟子确实是在道"性善"，荀子也确实是在言"性恶"，有典为据，毋庸置疑。但

现在的问题是：这看起来完全相反的命题是否就意味着两者之间一定是一是一非、势不两立呢？从逻辑上看似乎是这样，传统也确实是这样解读的，但是很遗憾，这是错的！因为事情原本并非如此。何以见得呢？在此，我们不妨从一个日常生活中的简单经验说起。对面走来一人，丧德败行，无恶不作。荀子说："他是人。"这一判断或命题错了吗？当然没错，因为其全部的生物特性都无不在证明他确确实实属于我们的同类，而不是别的什么物种。然而在孟子则不然，他可以成立一个与之相反的命题——"他不是人"。为什么？他这样说："无恻隐之心，非人也；无羞恶之心，非人也；无辞让之心，非人也；无是非之心，非人也。"此人"四心"放失，禽兽不如，故孟子说："他不是人。"一个说"他是人"，一个说"他不是人"，表面看来，这两个判断或命题是多么的对立而不相容，然而事实上，正如大家在生活中亦在经常使用一样，二者显然是可以并行不悖、同时成立的。而之所以如此，在反思中我们会发现，原因其实即在于，前者是一个经验命题，而后一个命题则是一个形上学的命题，两者原本就分属于不同的真理之域，它们在各自的语境中都是真命题，各有自己确定的意义和存在的价值。孟子性善论与荀子性恶论之间的关系其实也正是如此。孟子所谓"性善"是一个形上学的命题，其内涵之规定在"人之所以为人者"；而荀子所谓"性恶"则是一个形而下的经验命题，其内涵并不关涉"人之所以为人"或"人之所以异于禽兽"的问题。一如说"他是人"和说"他不是人"并不能构成对立一样，赞成孟子"性善"，不必排斥荀子"性恶"；认同荀子"性恶"，也同样不能否定孟子"性善"。因为作为在两种不同语境下的人性表达，二者所指涉的内容或对象原本就不是同一个东西。一个在形而下，一个在形而上，既无交集，双方又何来矛盾或对立呢？所以，质而言之，传统儒者在这场千年争讼中的一个根本偏差和失误，就是把本来只是一个经验命题的荀子性恶论错误地或不知不觉地当成了一个与孟子性善论一样的形上学命题来看待，于是乎，无中生有，刀戟相见，一个原本子虚乌有的所谓"对立"遂演变成了一场学术史上实实在在、你死我活的千年大战。可悲！可叹！其前因与后果实值得我们去好好反省和深思。

那么，孟子"性善"作为形上学命题，荀子"性恶"作为经验命题，二者在各自的语境中又是怎样进行推演、论证并进而作出善恶判断的呢？

他们的判断符合人性的真实性吗？

《易经·系辞》曰："形而上者谓之道，形而下者谓之器。"很显然，孟子所谓"性善"之所以是一个形上学命题，正是因为它所要把握的对象不是别的，而是作为形而上者的"道"；同样，荀子所谓"性恶"之所以是一个经验命题，也恰恰是因为它所要把握的对象不是作为形而上者的"道"，而是作为形而下者的"器"。由此以言，孟子所谓"性"我们不妨称之曰"道性"，而荀子所谓"性"则可称之为"器性"。孟子之"性"所以"善"，荀子之"性"所以"恶"，原因无他，正是由于"道性"与"器性"的不同所使然。

我们先来看孟子之"性"何以为"善"。

孟子所要把握的"性"是"道性"，那么，"道性"作为形而上者，对人来说究竟意味着什么呢？概括说来，起码有两点：第一，它是"人之所以为人者"，或者换句话说，也即是"人之所以异于禽兽者"。对人来说，它是一个界限，是一个本质的规定性。无他，人与禽兽无别；无他，人将不成其为人。第二，"道性"之存在，是超验的，也即是说，它处于我们的感官所能感知的范围之外，是唯有通过人的理性也即孟子所谓的心官之"思"，反身内求，才能发现并确证它的存在。所以孟子又说："思则得之，不思则不得也。"（《孟子·告子上》）那么，孟子通过心官之"思"而得到的这个具有"道"的意义的"性"究竟是怎样的呢？《孟子》书中是这样说的：

> 人之所以异于禽兽者几希，庶民去之，君子存之。（《孟子·离娄下》）
>
> 恻隐之心，人皆有之；羞恶之心，人皆有之；恭敬之心，人皆有之；是非之心，人皆有之。恻隐之心，仁也；羞恶之心，义也；恭敬之心，礼也；是非之心，智也。仁义礼智，非由外铄我也，我固有之也，弗思耳矣。（《孟子·告子上》）
>
> 恻隐之心，仁之端也；羞恶之心，义之端也；辞让之心，礼之端也；是非之心，智之端也。人之有是四端也，犹其有四体也。（《孟子·公孙丑上》）

在孟子看来，"四端"之心作为"人之所以为人者"，乃天之所与，人人固有，不论贫富，不管圣凡，即便恶如桀、纣，其"四端"依然固存，只是放而不知、隐而未显罢了。因此，只要他们能反身而诚，尽心以知性，存养之，扩充之，则仍可迁恶就善，进至于"至善"之境，此即所谓："乃若其情，则可以为善矣，乃所谓善也。若夫为不善，非才之罪也。"（《孟子·告子上》）孟子"性善"之判断即是基于这不变的"四端"或"四心"而立论，至于现实生活中的种种恶行或不善，它们既然无改于"四心"本身的存在，那它们当然也就不会影响孟子关于"性善"的判断了。由此以见，孟子所谓"性善"确实是一个形上学的命题，性的善恶只与道德之形而上根据——"四端"的存无有关，而无涉于"四端"在现实的、经验层面的表现如何。

毋庸置疑，"道性"或"本心"的存在绝非是孟子的虚构和造作，因为当我们和孟子一样去面对自我、尽心以思的时候，我们同样能够发现并确证其存在的真实和无妄。孟子"性善"之论，持之有故，言之成理，不可非也。

我们再来看荀子之"性"何以为"恶"。

与孟子不同，荀子所谓的"性"指向的是"器性"，那么这个"器性"又具有怎样的特点呢？相对于"道性"而言，也有两点：第一，作为人的属性，它是人所固有的，但却不属于"人之所以为人者"，因而也并不具有"人之所以异于禽兽"之意义和规定性。第二，与"道性"的超验属性不同，它是经验的，是在人的感官可感知的范围之内的。那么，对人而言，这个"器性"到底是什么呢？在荀子的思维和哲学中又是怎样被把握的呢？我们且看荀子的表述，他这样说：

> 若夫目好色，耳好声，口好味，心好利，骨体肤理好愉佚，是皆生于人之情性者也，感而自然、不待事而后生之者也。……夫好利而欲得者，此人之情性也。（《荀子·性恶》）

> 今人之性，生而有好利焉，顺是，故争夺生而辞让亡焉；生而有疾恶焉，顺是，故残贼生而忠信亡焉；生而有耳目之欲，有好声色焉，顺是，故淫乱生而礼义文理亡焉。然则从人之性，顺人之情，必出于争夺，合于犯分乱理而归于暴。……用此观之，然则人之性恶明

矣。（同上）

很显然，对人而言，这所谓的"器性"其实即是人的与生俱来的自然属性——耳目口腹之欲。在荀子看来，人世间之所以有罪恶产生，之所以有争斗和战乱，归根结底，其最后的根源不在别处，而就是这人人生而固有的"性"，所以他最后得出的结论是："人之性恶。"不过，在此一定要避免和纠正一个人们以往常有的误解，即认为荀子所谓"人之性恶"是说人的自然情欲本身即是恶。因为按照荀子的观念理路，耳目口腹之欲作为"本始材朴"，乃是人生命存在的基础，是天之所就、不可或无的，一如天人关系中"天"即"自然"一样，耳目口腹之欲作为"器性"对人而言同样是属"天"的，是"自然"，它本身是无所谓善恶的。所以，荀子所谓"性恶"的含义绝不在此。那么，其确切的含义到底是什么呢？仔细梳理一下便可知，真正的底蕴其实就在"顺是"二字之上。在荀子看来，耳目口腹之欲本身虽然不是恶，但它却有一个自然而必然的性向——"欲多而不欲寡"（《荀子·正论》），而且这"欲多"之性向本身是没有限度的，正因为如此，所以在"欲恶同物，欲多而物寡"（《荀子·富国》）的生存境遇面前，如果"顺是"——任由人的情性自然宣泄，则必至于偏险拂夺、犯分乱理的境地。情欲本身并不是恶，但不受节制的情欲必然导致恶，此即是荀子所谓的"性恶"。

其实，不需要荀子的论证我们也知道他的结论是正确的，只是人们常常不愿意承认罢了。我们生而为人，是道和器的统一，灵与肉的结合，心底里有上天播下的善良种子，骨血中也潜藏着与生俱来的罪恶根源。孟子是对的，荀子也是对的。

二　性命之分与性伪之分：概念的使用及其障蔽

通过以上的阐述和论证，我们证明，围绕孟子性善论与荀子性恶论而发生在后儒之间的千年争讼其实是一场无稽而无谓的错误。事实上，孟子"性善"与荀子"性恶"之间并不能构成矛盾和对立，因为它们分处在两个不同的真理之域当中，对象不同，进路不同，结论不同，但却都具有不能被否定的真理性。两者之间的这种关系，我们从下面的图表中可以一目了然：

			孟子	荀子
人之属性	道德性	道性	『性』 "人之所以异于禽兽者几希，庶民去之，君子存之。" "恻隐之心，仁之端也；羞恶之心，义之端也；辞让之心，礼之端也；是非之心，智之端也。人之有是四端也，犹其有四体也。"	
	自然性	器性		『性』 "今人之性，饥而欲饱，寒而欲暖，劳而欲休，此人之情性也。" "若夫目好色，耳好声，口好味，心好利，骨体肤理好愉佚，是皆生于人之情性者也，感而自然、不待事而后生之者也。……夫好利而欲得者，此人之情性也。"

从图表中我们可以很直观地看到，两人关于"性"的陈述其实是对人性整体性之不同层面的把握，孟子之"性"所指涉的是人的属性结构中的道德性层面，是人之所以为人者，属于形而上之"道"；而荀子之"性"所指涉的则是人的属性结构中的自然性层面，它不是人之所以为人者，属于形而下的"器"。二者虽然使用了同一个概念——"性"，但内容上却并无交集，没有冲突，即便把他们的表述和结论移放在同一个人的名下，之间依然不会形成矛盾和对立，因为两者原本就没有对立，也不应该有对立。这是其一。

其二，我们从图表中还会有一个很直观的发现，那就是在两人的名下各有一处是空白，在孟子名下缺少的是关于人的自然性也即作为形而下之"器性"的论述，而在荀子名下缺少的则是关于人的道德性也即形而上的、作为"人之所以为人者"的"道性"的论述。

那么，我们不禁要问：这两者在孟、荀的哲学体系里真的就是空白吗？难道在孟子的眼里，人是不食人间烟火的神仙？可以没有或忽略生理的需求而一直生活在形而上的"道"的世界？难道在荀子的观念中，人只能像动物一样一生过着弱肉强食、追逐物欲的生活，而没有一点儿区别于禽兽的价值追求和尊严？答案是否定的。老实说，这两部分内容在二人各自的体系中不但有，而且我们还可以在他们的著作中看到比较充分的论述。只是遗憾的是，这些论述在历史上却常常遭到儒者们的无视、漠视而被排除或忽略掉。为什么会这样呢？因为这两部分内容在孟、荀各自的体系中都不是用"性"一概念来称述的，而是使用了别的概念。偏偏儒者们的思维又常常为概念所拘，只会按图索骥，论人性，就只求知道他们在"性"概念之下说了什么，至于"性"概念之外，则不管、不顾、不论。于是乎，一个好端端的完整的人性理论，在孟子那里就只剩下一个"性善论"，在荀子那里则只剩下了一个"性恶论"。又是可悲！可叹！

那么，关于这两部分内容，孟、荀各自到底都说了些什么呢？在此，我们试作一个简单的梳理，以填补图表中留下的空白。

先看孟子。《孟子》书中是这样说的：

> 口之于味也，目之于色也，耳之于声也，鼻之于臭也，四肢之于安佚也，性也，
>
> 有命焉，君子不谓"性"也。（《孟子·尽心下》）
>
> 耳目之官不思，而蔽于物。物交物，则引之而已矣。（《孟子·告子上》）
>
> 体有贵贱，有小大，……从其大体为大人，从其小体为小人。（《孟子·告子上》）
>
> 养心莫善于寡欲。其为人也寡欲，虽有不存焉者，寡矣；其为人也多欲，虽有存焉者，寡矣。（《孟子·尽心下》）

《孟子》书中与此相关的论述还有很多，但据此我们已足可以了解孟子对作为形而下者的"器性"究竟持有怎样一种观念和态度。其中有两点需要特别注意：第一，在这里，饶有趣味的是，孟子对于人的耳目口腹之欲

也即"器性"的态度和取向竟然比明言"人之性恶"说的荀子更加消极和负面。在荀子,"性"(耳目口腹之欲)作为生命存在的基础,它是"本始材朴",是一种具有天然合理性的存在,因此,道德的目的并非是要寡欲、去欲,而是相反,是要通过以礼"制欲"、"节欲"的方式,在避免"恶"的性向——"从人之性,顺人之情,必出于争夺,合于犯分乱理而归于暴"的同时,更加合理而有效地满足人基于"器性"而有的所欲与欲求,所以荀子说:"礼者,养也。"但在孟子这里就有所不同了,在"人禽异类"的思维方式观照之下,耳目口腹之欲作为人和禽兽共通的属性,被视为是根本缺乏正面价值的"小体",对人而言,它不仅是一种消极无奈的存在,而且更是使人堕落并走向罪恶的根源。正因为如此,所以与荀子"礼以养欲"的理念不同,孟子的看法则是"养心莫善于寡欲"。第二,我们从上面的引言中还可以看到,为了与作为"人之所以为人者"的"四端"之"性"相区别,对于耳目口腹之欲,孟子并没有按照传统习俗而继续袭用"性"一概念,而是使用了另外一个概念——"命"。

再看荀子。在荀子的观念架构中到底有没有关于"道性"也即"人之所以为人者"的觉解和论述呢?有,真真确确的有。若不信,请看《荀子》书中的记载。荀子这样说:

> 人之所以为人者,何已也?曰:……人之所以为人者,非特以其二足而无毛也,以其有辨也。夫禽兽有父子而无父子之亲,有牝牡而无男女之别。(《荀子·非相》)
>
> 水火有气而无生,草木有生而无知,禽兽有知而无义,人有气、有生、有知,亦且有义,故最为天下贵也。(《荀子·王制》)
>
> 义与利者,人之所两有也。……虽桀、纣亦不能去民之好义。(《荀子·大略》)

多么明白无误、不容置辩的表述啊!在荀子的观念中,人并不只是一个只知求利的赤裸裸的肉体存在,与耳目口腹之欲作为自然属性及其本能是与生俱来的一样,对人来说,同样与生俱来的还有另外一重属性和能力,那就是"辨"和"义"。"辨"者,辨物析理,是思辨理性;"义"者,知是知非，是道德理性。正是这"辨"和"义"的统一作为"道性"的存在，才使得人能够超越自身"器性"的束缚，而将自己与禽兽从本质上区别开来。故荀子又说："将使涂之人固无可以知仁义法正之质，而固无可以能仁义法正之具邪？然则涂之人也，且内不可以知父子之义，外不可以知君臣之正。"（《荀子·性恶》）"可以知仁义法正之质"即是所谓的"辨"，"可以能仁义法正之具"即是所谓的"义"。"辨"和"义"是"人之所以为人者"之所在，是"涂之人"所以"可以为禹"之根据，也即是人之所以能够"化性起伪"、迁恶就善之根据。所以在这里，毫无疑问，虽然在具体内容和理路上，荀子对"道性"的认知和把握与孟子对"四心"或"四端"作为"道性"的认知和把握有所不同，但在价值取向上，荀子和孟子却是一致的，荀子的"道性"也是指向善的。

如此而然，我们就不能不感到疑惑了：荀子关于"道性"及其作为"善"之内在根据的如此清楚明白的宣示，为什么到了后儒那里，或者被熟视无睹、置若罔闻，或者被千方百计地证成是一种完全外在或后天的东西呢？这到底是为什么呢？待深入省察过后，我们会豁然发现，问题的症结其实还是在一个概念上，那就是"伪"。

我们知道，在荀子的概念体系中，"善"作为人的本质也即人之所以为人而区别于禽兽者之表征，其实现乃是由所谓的"伪"来担当并完成的，故其言曰："人之性恶，其善者伪也。"（《荀子·性恶》）那么，"伪"字在荀子哲学中的含义究竟是什么呢？又何以会在后人对荀子思想的理解和把握过程中形成错误的导向呢？

唐代杨倞注《荀子》，其注曰："伪，为也，矫也，矫其本性也。凡非天性而人作为之者，皆谓之伪。"训"伪"为"为"，认为凡"人作为之者"即是"伪"。自那以后，杨倞的训释即成了荀书"伪"字的经典解读，而为后儒广泛认同和接受。但反思说来，与有人把"伪"字解读成"诈伪"、"真伪"之"伪"而谬之千里相比，杨倞对"伪"字的训释虽然大体不错，但其将之与"天性"对置起来，却又在不知不觉间对后世产生并形成了另外一个误导——"伪"被完全认成是一种后天的、外在的从而缺乏内在理据的工具性的行为或过程。正缘于此，所以接下来的误读和误解也就不可避免地、自然而然地发生了。既然"伪"是起于后天、本乎外在的，那么由"伪起"而成之"善"，当然也只能是一种完全求之于外而与内在人性无关的东西了。在自唐而后的一千多年的学术发展史上，关于荀书"善者伪也"的这种解读，接代相传，习成自然，俨然成了一个无可置疑的定论。

然而事实上，这种解读是大有问题的。何以见得？我们试作梳理。

究竟什么叫作"伪"？《荀子·正名》曰："情然而心为之择，谓之虑；心虑而能为之动，谓之伪。虑积焉、能习焉而后成，谓之伪。"面对"好利欲得"之自然情性，人心通过"辨义"知能之思虑抉择，并进而付诸行动，这就是"伪"；正确理念的不断累积，良善行为的不断重习，最后达致化性成善之道德人格，这就是"伪"。分析说来，荀子的定义实有两重含义，虑、动为一重，积、习为一重。前者，由内而外，明主体之能动；后者，由外而内，重后天之习成。一言主动，一言被动，两者之间看似互无关联，可以各为一事，但实际上却是由一"心"统贯，无"心"而不成。"心"之于"伪"，犹"体"之于"用"；"体"可以不"用"，而"用"不能无"体"。所以在荀子这里，"伪"绝非是一个可以脱开人"心"而独立自足的行为或过程，"用"是"体"之"用"，"伪"即"心"之"伪"①。而且在荀子看来，"心"之所以能"伪"，"伪"之所以成"善"，正在于人心有"辨"有"义"，有"可以知之质"，有"可以能之具"。否则，不只源起先天的"虑"、"动"之"伪"断无可能，即便是成于后天的"积"、"习"之"伪"也同样无得实现，一如前所引言："将使涂之人固可以知仁义法正之质，而固无可以能仁义法正之具邪？然则涂之人也，且内不可以知父子之义，外不可以知君臣之正。"

由此以见，传统的、由杨倞训"伪"为"为"而形成之解读与观念，相对于荀子的本义来说，显然出现了很大的偏差。这一解读一味凸显并偏执于"伪"的积、习之义，而忽略甚至舍弃了其具有本根意义的虑、动之义，蔽于一曲，以偏概全。尤其严重而致命的是，这种解读无视乃至抽掉了作为活水源头的"心"的存在，使原本体用不二、有本有源的"伪"变成了无源之水、无本之木，干涸枯槁，了无生意。试想一下，没有

---

① 令人惊喜的是，1993年10月于湖北荆门郭店出土的楚墓竹简为此一论断提供了更加有力的佐证。在楚简《老子甲》、《性自命出》和《语丛一》诸篇中，反复出现的"伪"字皆写作上"为"下"心"。此乃"伪"之本字，意即"心之能"。

"心"，"伪"何以为？其虑其动，何以能行？其积其习，何以能成？所以在荀子的观念体系里，"心"较之于"伪"，其实是一个更加重要、更加本质的概念，甚至在很大程度上，我们完全可以用"心"一概念来置换荀书中的"伪"字，如所谓"人之性恶，其善者伪也"，即完全可以转换成另外一个命题——"人之性恶，其善者心也"。以"心"代"伪"，直彻本源，本义未失，歧义自消。

即此，关于荀书"伪"字，我们可以获得两点认知和结论：

第一，荀子以"伪"说"善"，固在强调"善"之实现并非自然而然，而是有赖于人的后天作为或努力。但我们切不可因此而把"伪"简单理解成为一种起于后天、本乎外在的工具性的行为或过程，实质上，从本原处说，"伪"同时也是一种能力，一种植根于人心并以辨义为基础而趋向于"善"的能力。"伪"而成"善"的过程实是一个合外（仁义法正之理）内（辨义之知能）为一道的过程，也即是荀子自己所谓的"心知道，然后可道；可道，然后能守道以禁非道"（《荀子·解蔽》）的过程。

第二，并非人的所有作为皆可称作"伪"，而是只有在人心之辨义知能基础上生发而有的虑动积习才属于"伪"的范畴。也即是说，就价值取向而言，"伪"在荀子的观念体系中实具有"人之所以为人"之内涵及规定。因为人之能"伪"，即在于人之有"辨"有"义"。而一如前文所引，"辨"与"义"在荀子看来，正是人作为人之所以异于禽兽而贵于万物者。所以在荀子，"伪"之所在其实也即是人之所以为人的本质之所在。有台湾学者王庆光先生，更是从汉字构字的角度分析指出，荀子"伪"之概念"似是'人之所以为人'会意字"[1]，眼光独到而敏锐。推论说来，假如荀子只是要强调和表达"作为"之意，那么他其实完全可以使用另外一个同样涵有"作为"之义且在当时已被广泛使用的字——"为"，既简洁明了，亦可避免生出歧义[2]。但事实却是，荀子使用的是"伪"，而不是"为"。到底为什么呢？原因应该很简单，那就是在特别讲

---

[1] 《论晚周"因性法治"说的兴起及荀子"化性起伪"说回应》，《兴大中文学报》第十三期。

[2] 裘锡圭先生在其《纠正我在郭店〈老子〉简释读中的一个错误——关于"绝伪弃诈"》一文中说："郭店简中，表示一般的'作为'之义的'为'字极为常见，都不加'心'旁。"

求"名闻而实喻"的荀子看来,"为"字的字义实在不能够准确或者全面地表达他所想要表达的义涵。那么,荀子的那个由"伪"字可以表达而用"为"字就无法表达的义涵究竟是什么呢?思索说来,恐怕正应了王先生的洞见——"人之所以为人"者也。"伪"字有"人作为之"之义,亦涵"人之所以为人"之义①。

梳理至此,关于孟、荀人性论的对照图表已经可以以一个完整、清晰的面目呈现在我们面前了。请看:

			孟子		荀子
人之属性	道德性	道性	『性』	"人之所以异于禽兽者几希,庶民去之,君子存之。""恻隐之心,仁之端也;羞恶之心,义之端也;辞让之心,礼之端也;是非之心,智之端也。人之有是四端也,犹其有四体也。"	『伪』 "人之所以为人者,何已也?曰:……人之所以为人者,非特以其二足而无毛也,以其有辨也。""水火有气而无生,草木有生而无知,禽兽有知而无义,人有气、有生、有知,亦且有义,故最为天下贵也。"
	自然性	器性	『命』	"口之于味也,目之于色也,耳之于声也,鼻之于臭也,四肢之于安佚也,性也,有命焉,君子不谓'性'也。""耳目之官不思,而蔽于物。物交物,则引之而已矣。"	『性』 "今人之性,饥而欲饱,寒而欲暖,劳而欲休,此人之情性也。""若夫目好色,耳好声,口好味,心好利,骨体肤理好愉佚,是皆生于人之情性者也,感而自然、不待事而后生之者也。……夫好利而欲得者,此人之情性也。"

从这张得到补充的、完整直观的图表当中,关于孟、荀的人性理论,我们又可以获得多少重要的讯息?能够得出怎样的共识并消除几多传统的误解呢?以笔者之见,以下两点具有特殊重要的意义:

---

① 由此以言,说"'伪'与'为',古字通",恐亦有不妥。"伪"之本字从"心"从"为"。从"心"之"为"与无"心"之"为",义涵差别甚大,何以言"通"呢?

第一，孟子和荀子皆是两层人性论。都既有对"道性"的觉解，也都有对"器性"的认知。就孟子而言，他并没有把人只认成是一种纯粹的道德性存在，人皆有之的并不只是恻隐、羞恶、辞让、是非"四端"之心，对每一个个体而言，"口之于味也，目之于色也，耳之于声也，鼻之于臭也，四肢之于安佚也"，同样是人所同欲，生而有之。区别只在于，前者是"大体"，是人之所以为人者，被称作"性"；后者是"小体"，是人与禽兽共通的属性，属于"命"的范畴。而就荀子来说，我们同样不应该将其人性论只看作是一层人性论。牟宗三先生在其《荀学大略》一书中尝有言："荀子所见于人之性者，一眼只看到此一层。把人只视为赤裸裸之生物生理之自然生命。"[①] 又说："荀子只认识人之动物性，而于人与禽兽之区以别之真性则不复识。"[②] 表面上看，话似乎不错，因为在荀子，"性"之所指确实只是一个"人之动物性"。然而，深入研判则会发现，牟先生的结论似有蔽于"名"而不知"实"之嫌。因为在荀子自己的观念系统里，"性"一概念并不能涵盖和代表人性之全体，因此，仅依据此一概念又怎么可能把握到其关于人性的整全性的理解呢？所以，当我们脱开概念的障蔽，由"名"及"实"，由表及里，则必会有一新的发现：荀子的人性论其实是地地道道的两层人性论。一层即是牟先生所指出的"人之动物性"一面，荀子以"性"这一概念来表述其内容，认为"好利而欲得"乃是此一层面之自然性向，若任其自然发展，则必至于"偏险悖乱"之恶；而另一层就是"人之所以为人"即人区别于禽兽的层面，荀子以"伪"这一概念来指涉此一层面的内容，具体而言就是"辨"和"义"，认为人心通过发挥其"辨"、"义"之能，知"道"可"道"，行"道"体"道"，最终必能达致"性伪合"之圣境和"正理平治"之善域。

第二，虽然从内容上说，孟子和荀子都是两层人性论，对人之"道性"与"器性"，皆各有认知和阐述。但我们会困惑地发现，在概念使用上，二人之间却出现了非常不协调或不统一的情形。对作为"人之所以为人者"的"道性"，孟子称之为"性"，荀子却统之以"伪"；对属于

---

① 牟宗三：《名家与荀子》，台湾学生书局1985年版，第223页。
② 同上书，第224页。

人禽共通属性的"器性",荀子反而使用的是"性"一概念,而孟子却说"君子不谓'性'",应谓之曰"命"。令人遗憾的是,这一看似错乱的情形在历史上一直未得到自觉而清晰的梳理,以至于不只是荀子的思想因此而被一再误读和误解,甚至就连荀学的命运也因此之故而走上了一条崎岖坎坷、日暮途穷的不归路。

那么,这一导致严重后果的情形到底是如何产生的?原因又是什么呢?

大家知道,在《孟子·尽心下》有一段辨析"性"与"命"的文字,日后影响颇大。孟子的原话是这样的:

> 口之于味也,目之于色也,耳之于声也,鼻之于臭也,四肢之于安佚也,性也,有命焉,君子不谓性也;仁之于父子也,义之于君臣也,礼之于宾主也,智之于贤者也,圣(人)之于天道也,命也,有性焉,君子不谓命也。

将耳目口腹之欲归为"命",把仁义礼智圣称作"性"。"命"之所属,人禽共通,人所羞为;"性"之所涵,则乃人之所以异于禽兽者,故为之人也,舍之禽兽也。

毫无疑问,自宋、明至今,在国人的文化及心理结构中,占主流地位的"性"观念,其内涵规定及价值取向,正是由孟子的"性命之辨"奠定、确立并一脉相承而来。言"性",即是"人之所以为人者",约定俗成,名闻实喻,现在没有问题,而且似乎也从来没有问题。但事实果真如此吗?非也。如果退回到两千多年前的孟、荀时代,孟子对"性"概念的使用其实是大有问题的。为什么?因为这个由他界定并在日后确实占据主流地位的"性"观念,在当时却并非是一个被普遍认同的说法,而是一种创见和新说,是一个转进。也即是说,在当时还有一种与孟子所言之"性"不同的并且为大众约定俗成的"性"观念。这种"性"观念即是所谓的"生之谓性"之"性"。如孟子自己就说:"口之于味也,目之于色也,耳之于声也,鼻之于臭也,四肢之于安佚也,性也。"意思是说,耳目口腹及其欲望,在传统的观念中是被称作"性"的。而在1993年出土的郭店楚墓竹简中,有《性自命出》一篇,学界公认乃孔子之后、孟子之前的作品，其所言之"性"亦正属此义，其言曰："凡人虽有性，心无定志，待物而后作，待悦而后行，待习而后定。喜怒哀悲之气，性也。及其见于外，则物取之也。……好恶，性也。所好所恶，物也。"其实，从字源上说，"性"之本字即是"生"，"'性'与'生'，古字通用"①。因此，从发生学的角度说，即"生"言"性"较孟子所言之"性"时间居先，在逻辑上也应该是一件自然而必然的事情。所以，与孟子同时的道家庄子也说："性者，生之质也。"（《庄子·庚桑楚》）视"性"为生命存在之自然之质。而在著名的孟、告论辩中，告子所持的也正是这样一种"性"观念。可见，在当时和之前，所谓"生之谓性"的观念才是一般流行的说法。要言之，在当时一般人的观念中，"性"并不是一个用以表征人区别于动物之本质属性的概念，因此它并不具有"人之所以为人"的内涵和规定。而孟子的转进和创新恰在于，作为一个先觉者，他通过"性命之辨"，将儒家自孔子以来对"人"的觉解与发现赋义于这一当时流行的"性"概念当中，使这一原本普通平常的概念具有了超越的形上学意义。在孟子的"性命之辨"中，传统"性"概念所涵盖的内容被其统归在"命"一概念之下，而"性"则被其专用于指称"人之所以为人者"。

　　不容怀疑，孟子作"性命之辨"，其用意当然是想使概念变得更加明晰，想让思想得到更好的传达。但是，在稍后一点儿的荀子眼里，却未必然也。因为在荀子看来，孟子的这种用"旧瓶"来装"新酒"的做法，从根本上违反了"约定俗成"的基本原则，"析辞擅作，以乱正名"，不仅无益于概念的明晰和思想的传达，相反，会愈发导致名实混乱，"使民疑惑，人多辨讼"（《荀子·正名》）。依荀子之见，"性"在当时已是一个"约定俗成"的"实名"或"善名"，在习俗中早已形成了其表征自身并为人们不言而喻的内涵和规定性，概括说来，规定有二：一是"生之所以然"，也即与生俱来，不待人为而有；一是"感而自然"或者说"不事而自然"，也即感物而动，不待思虑而成。也即是说，不论是从"存有"处说，还是从"发用"处讲，"性"都是自然而然的。所以在荀子看来，将符合上述规定性的耳目口腹之欲归于"性"概念之下是没有

————————
① 俞樾：《群经平议》卷三十三。

问题的，但若将作为"人之所以为人者"的仁义礼智圣也归于此类则是大错而特错了。不错，从存有处看，仁义礼智圣之成立也有而且必有其根源于人自身的内在根据，从这个意义上说，它也是"生之所以然者"，但在发用层面，就与耳目口腹之欲截然不同了，仁义礼智圣并非"感而自然"，而是"必且待事而后然者"。所以若将仁义礼智圣归类于"性"概念之下，那岂不是说人人生来即是圣人，人人自然而然即趋向于善？若此，圣人何为？礼义又何用呢？所以荀子说："今孟子曰'人之性善'，无辨合符验。坐而言之，起而不可设，张而不可施行，岂不过甚矣哉！故性善，则去圣王、息礼义矣。"（《荀子·性恶》）

诚然，就孟子观念体系本身来说，其中的"性"概念有其属于自己的、不同于传统的独特内涵和规定，仁义礼智圣也并非自然而然即可实现和达成，同样需要"扩而充之"的后天修养和努力。但问题在于，人是生活在习俗当中的，大多数人的思想和行为也都是受习俗观念所支配的。因此，当孟子以"性善"来表征自己的新思想的时候，其独特的规定和义蕴却很难为大多数人所觉解，关于"性"概念的传统思维定式会在自觉不自觉中将孟子的"性善论"纳入到其所久已习惯了的思维理路中：善是生而有之的，亦是感而自然的。如此而然，则一个致命的误导和危险恐将不可避免地在实践中产生——恃性善而慢修身，任自然而废问学。这样的认知及结果显然是连孟子本人也不愿意看到的，但荀子认为实际的情形恐怕只能如此。

既然孟子不守"名约"而以"旧瓶"装"新酒"的做法是不能接受的，那么在荀子看来，又该用怎样的名称概念去表达和阐述那个属于人禽共通属性的"器性"和作为"人之所以为人者"的"道性"呢？荀子的"性伪之辨"即是由此而展开的。

依荀子之见，"名"之作用和意义，即在于"名定而实辨"、"名闻而实喻"。因此，若制名不当，则必使名实混乱，同异不别，贵贱不明，结果则"志必有不喻之患，而事必有困废之祸"（《荀子·正名》）。所以荀子认为，制名指实，一定要慎之又慎，切不可"析辞擅作"以乱"正名"。那么到底该如何制名呢？荀子给出的总原则即是："有循于旧名，有作于新名。"（同上）具体到"名之在人者"，荀子认为，对人来说，耳目口腹之欲和仁义礼智之善无疑是两类事情，属于"异实"，按照制名之原则，"同则同之，异则异之"，二者当"分别制名以指实"（同上），而不可异"实"而同"名"。具体地说，对于耳目口腹之欲，习俗中已有"约定俗成"之"实名"、"善名"可用，故应"有循于旧名"，仍称名曰"性"；至于仁义礼智之善，乃儒家思想之新发现，于传统中并无相应之"实名"、"善名"可用，故当"有作于新名"，荀子认为可名之曰"伪"。如此而然，则名定实辨，道行志通，无不喻之患，无困废之祸。在荀子看来，孟子的"性命之辨"恰与此相反，既未守"名约"以言"性"（耳目口腹之欲），亦未作新名以指"实"（仁义礼智），结果必然是"名实乱，是非之形不明"（同上），危害性可想而知。正缘此，所以荀子批评孟子说："是不及知人之'性'，而不察乎人之'性'、'伪'之分者也。"（《荀子·性恶》）

　　但历史跟荀子开了个玩笑。荀子肯定不曾想到，自唐、宋开始，随着孟子哲学作为儒家主流思想的被推崇，其有着独特内涵的"性"概念也逐渐获得了普遍的认同而成了"约定俗成"的"实名"、"善名"，相反，他所使用的"伪"概念却在后代儒者那里引发了诸多意想不到的误解和混乱，以至于在很大程度上成了后人准确理解和把握其思想与精神的一道难以逾越的屏障。斗转星移，昨是今非，不免令人唏嘘不已。不过，虽则如此，如若回归孟、荀当时的语境，荀子的"性伪之辨"以及他对孟子的批评显然并非无稽之谈，而是持之有故，言之成理。梳理一下，对应于孟子的"性命之辨"，荀子"性伪之辨"的逻辑理路则可大致表述如下：

　　　　目好色，耳好声，口好味，心好利，骨体肤理好愉佚，是生之所以然者（天之就也），性也，感而自然，亦性也，故君子谓之"性"也；人之有义，人之能辨，是亦生之所以然者（天之就也），性也，有伪焉（即"感而不能然，必且待事而后然者"），故君子不谓"性"也。

三　结语：解蔽与正名

　　诚如大家所知，孔、孟、荀所处的时代堪称是中国文化的"轴心时期"，因而也是一个制名迎新的时代。社会、经济尤其是文化的裂变性发展，使原有的范畴、概念已远远无法满足如雨后春笋般涌现出来的新事物和新思想，于是乎，便出现了如荀子所言的"名守慢，奇辞起，名实乱，是非之形不明，虽守法之吏、诵数之儒，亦皆乱也"（《荀子·正名》）的乱象与乱局。名实眩乱，交结难喻，同名异实者有之，同实异名者亦有之。这当然是一种应该避免的状况，但它却是事实，一个客观的历史存在。所以，作为后来者，如果不知或者无视这一曾经的史实，那么必然会在对当时思想的解读中，无的放矢，错误百出。一如用现代人的"西方"概念去解读唐朝典籍中的"西方"一词一样，悠然不觉，却已谬之千里。

具体到孟、荀的人性理论，我们会发现，其实自宋、明以来，人们事实上一直深陷于一个蔽于"名"而不知"实"的思维误区中而不自觉，让一场无稽无谓、本不成立的讼案竟然延续了千年之久。这一思维上的障蔽不仅导致人们对孟子人性论的认知出现了偏差，把一个丰富、系统的人性理论化约成一单薄、贫乏的"性善论"，而且由于荀学在与孟学的紧张关系中所处的弱势地位，更是让荀学成了这一心术之蔽的主要受害一方，以己夺人，以孟解荀，荀子的思想备遭曲解，荀学的精神湮没不彰。

综合前述，单就孟、荀人性论而言，在历史上，这一思维障蔽所造成的认知错误主要表现为两个方面：

第一，以孟子"性善"对阵荀子"性恶"。

在为"名"所蔽的思维理路下，形式逻辑的推理方式发挥着主导作用：既然孟子是在"人之所以为人"的意义上使用"性"一概念，那么荀子也只能而且也肯定是在"人之所以为人"的意义上使用此一概念；既然一方道"性善"，一方言"性恶"，那么双方必然是水火不容、势不两立；如果说孟子道"性善"是对的，那么荀子言"性恶"就是错的。如此而然，"性善"对"性恶"，关公战秦琼，想不打都不行。然而，历史并非如推理这般简单。不错，孟子在言"性"，荀子也在言"性"，虽同为一个"性"字，却实乃同名而异实。孟子所言之"性"乃"道性"，其内涵及规定是"人之所以为人者"，属于形而上；而荀子所谓"性"则是"器性"，其中并没有"人之所以为人"的内涵及规定性，属于形而下。也即是说，孟子所谓"性善"其实是一个形上学命题，而荀子所谓"性恶"则是一个经验命题。两者完全分处在不同层面之上，分处于不同的真理之域当中，何来矛盾和对立？一如前文所言，面对一个人，我们可因其生物特性而称其"是人"，同时也可因其禽兽之行而责其"不是人"，看似矛盾，实则两行。孟子是对的，荀子也是对的。

再者，就名实关系来说，名无固宜，名无固实。从二人所处时代的特殊历史背景看，孟、荀在"性"概念的使用上并无谁对谁错的问题，问题的关键只在于，二人确实是在不同的意义上使用了"性"这个概念的。所以在此，我们没有理由因为荀子使用了一个与孟子不同的"性"概念而指责其是错误的，我们更没有理由指责他为什么不像孟子一样在"人之所以为人"的意义上使用"性"一概念，因为荀子有自己的"性伪之辨"，有能够自圆其说的根据和理由。荀子的"性"概念就是荀子的"性"概念，而不是孟子的"性"概念，这是其逻辑一贯性和理论一致性的基础。所以，我们在研读《荀子》的过程中，需要始终保持清醒的是，决不可先入为主地从孟子的"性"概念出发去解读甚至偷换荀子的"性"概念，否则，荀子在"性"概念基础上所进行的一切理论思考和建构，在人们的眼中都将变得极其混乱和不合理。对荀子来说，这显然是不公平的。

第二，把两层人性论变成了一层人性论。

在为"名"所蔽的思维理路下，所谓"人性论"，不是别的，就是在"性"一概念之下所阐述的内容。于是，带着这样的理念和成见去检索孟、荀的思想体系，就会很容易地发现，孟、荀的人性论其实很简单，在孟子，就是一个"性善论"；在荀子，则就是一个"性恶论"。至于孟子所谓的"命"，荀子所说的"伪"，皆不能入其法眼，都不属于"人性"的范畴。如此这般看孟、荀，对孟子来说，情况当然还好，因为后人大都推崇"性善论"，并视其为儒家思想之正宗。但对荀子来说，境遇可就惨了，因为在后儒看来，荀子"只一句'性恶'，大本已失"[1]，"是源头已错，末流无一是处"[2]，连翻盘的机会都没有。甚至连牟宗三先生都认为，"荀子所见于人之性者，一眼只看到此一层。把人只视为赤裸裸之生物生理之自然生命""荀子只认识人之动物性，而于人与禽兽之区以别之真性则不复识"。但是事实完全不是这样，当我们脱开"名"之拘蔽，跳出成

[1] 《河南程氏遗书》卷十九。
[2] 胡居仁：《居业录卷之一·心性第一》。

见，据"实"以观，就会发现，不管是孟子还是荀子，都是地地道道的两层人性论。在孟子，除了对作为"人之所以为人者"的"道性"的觉解，他还有对作为人禽共通属性的"器性"的认知；在荀子，他所见于人性者，并不只有一个"器性"，并非"把人只视为赤裸裸之生物生理之自然生命"，而是在这个"器性"之上还有一个将人与禽兽区以别之的"道性"存在。只是在各自的观念体系中，二人是使用了不同的概念来进行表述而已。对作为"人之所以为人者"的"道性"，孟子用的是"性"，荀子用的则是"伪"，同实而异名；对作为生命存在之自然基础的"器性"，孟子是用了"命"一概念，而荀子则是使用了"性"的名称，也是同实而异名。虽然称谓不同，但各自都是其完整人性论不可或缺的组成部分，如果看不到这一点，那就只能说明我们依然深陷在那个蔽于"名"而不知"实"的误区和困境当中。

不止于此，两层人性论的还原，还将使我们在判断其人性论性质问题上获得一个不同于以往的观解维度。传统以"名"定性的失误已让孟子的"性善"与荀子的"性恶"无端对峙了千余年，而在新的视角里，孟、荀之间将被恢复到一种原本真实的关系状态：从"器性"的层面看，荀子和孟子都承认基于人之动物性的"欲"乃是恶之为恶的内在根源（若不然，孟子就没有必要倡导"寡欲"了），如果就此说荀子是性恶论，那么孟子也是性恶论；从"道性"层面说，荀子和孟子都认为善有其在人自身的内在根据（尽管在具体内容上有所不同，孟子主"四端"，荀子主"辨义"），如果据此判定孟子为性善论，那么又怎么可以说荀子是性恶论呢？

最后，在此需要稍加说明的是，本文证明在孟、荀之间并不存在性善与性恶的矛盾和对立，千年的争讼不过是一场因"心术之公患"（蔽于"名"而不知"实"）而产生之误会。但这并不意味着孟子的人性论和荀子的人性论之间是少有差别的，相反，在几乎所有的方面，二者之间都存在着或大或小、或深或浅的差异，有些差异甚至代表着两种不同的心灵形态和哲学精神。比如在"道性"层面，关于"心"，关于"理"，关于何为"人之所以为人者"，以及关于"善"之实现途径与方法等等，孟、荀皆有不同的认知和理路。再比如在"器性"层面，二人虽然都认为耳目口腹之欲乃是人之所以为恶的根源，但对于"欲"本身的态度，却存在着相当大的分歧，孟子要"寡欲"，荀子则主张"养欲"，以至于在儒家内部由此而形成了两种极不相同的义利观念和形态。凡此种种，无疑都是亟待厘清且极具理论与实践意义的问题，但这并非本文所要讨论的内容，笔者拟将另文阐述，故此不赘。

中国近现代保守主义思潮兴起及其评价

山东社会科学院国际儒学研究与交流中心　李军

一　保守主义思潮的产生与发展

自从 1840 年鸦片战争以来，古老封闭的中国被西方列强以挟坚船利炮而来的不平等贸易打开大门，西方文化开始大量进入中国。在此以前，西方文化自明末传教士时代开始，一直是以一种半遮半掩的面目进入中国的。利玛窦神父为了使基督教在中国站稳，不得不在初期采用了"合儒"、"补儒"的方法。在其"天主实义"、"畸人十篇"等书中，用天主教经院哲学来附会中国传统的"诗""书"和孔子的思想，以达到最终"易儒"、"超儒"的目的。但在 1840 年以后，同样是基督教的传教士，却用不着这样小心谨慎，而是可以借助西方列强炮舰外交的保护，公开传播基督教义。至此，西方文化借助列强的军事和经济实力，开始大规模进入中国。

整个中国近代思想史，某种程度上可以说是西方思想文化进入中国的历史。在这一段时间内，整个中国思想界，充斥着西化思潮与反西化思潮的争论。

思想处于活跃期的梁漱溟，在当时轰动一时的代表作《东西文化及其哲学》中，曾为西方文化在中国的发展过程有过一个描述：

> 到咸同年间，因西方文化的输入，大家看见西洋火炮，铁甲，声光化电的奇妙，因为此种是中国所不会的，我们不可不采取它的长处，将此种学来。此时对西方化的态度仅此而已。所以，那时曾文正李文忠等创办上海制造局，在制造局内译书，在北洋练海军，马尾办

船政。这种态度差不多有几十年之久，直到光绪二十几年仍是如此。……这时全然没有留意西洋这些东西并非凭空来的，都有它们的来源。……及甲午之役，海军全体覆没，于是大家始晓得火炮、铁甲、声、光、电、化不是如此可以拿过来的，这些东西后面还有根本的东西。乃提倡废科举，兴学校，建铁路，办实业。……这种运动的结果，科举废，学校兴，大家又逐渐着意到政治制度上面，以为西方化之所以为西方化，不单按照办实业，兴学校，而在西洋的立宪制度，代议制度。

然而辛亥革命的失败，共和制度在中国的流产，使这种"中体西用"思想指导下的改革破产。梁漱溟在亲身经历这一时期后总结说：

> 于是大家乃有更进一步的觉悟，以为政治的改革仍然是枝叶，还有更根本的问题在后头。假如不从更根本的地方做起，则种种做法都是不中用的，乃至所有西洋文化，都是不能领受接纳的。此种觉悟的时期很难显明的划分出来，而稍微显著一点的，不能不算《新青年》陈独秀他们几先生。他们的意思要想将种种枝叶抛开直截了当地去求最后的根本。所谓根本就是整个的西方文化——是整个文化不相同的问题。①

基于这种认识，在整个知识界掀起了一股全盘西化的思潮。

早在胡适陈独秀等人大力鼓吹西化以前，即有保守主义思潮出现。当时这一派的代表人物是以康有为为代表的孔教会人士。

辛亥革命的成功在很多人眼中是一次民族主义的胜利，同时也是自由主义和西化潮流的胜利。这次革命推翻了一个封建王朝，建立起一个共和国；成立了议会，还通过了一个宪法草案。这是一个巨大的胜利成果，它使数千年以来的专制制度和与之相联系的思想和习惯成了过时的事物。在1915 年至 1917 年间不断有人企图恢复帝制和重建清王朝，但事实证明，这些想法和做法都已经过时了，辛亥革命的两个目标——推翻封建王朝和

---

① 《梁漱溟全集》第一卷，山东人民出版社 1989 年版，第 333—334 页。

建立共和国都已最终实现了。

但另一方面辛亥革命又有着很大的局限性，带有强烈的保守的性质。美国芝加哥大学历史系的欧内斯特教授说："这场革命以近代西方模式取代了古老的政府体制。宪法规定，国家主权属于人民，主权由国会加上总统，内阁及司法部门来行使。但不久人们就清楚地看到，新的政治体制不愿将主要的社会名流从他们优越的地位上替换下来，相反，旧的统治者不仅未受到任何损伤，而且还相当积极。……随着社会参与的不断扩大，人民的主权正式得到了承认，这一点是激进的。但与此同时，革命的组成力量，无论他们之间如何争论不休，但都同意将政治权利控制在上层阶级，特别是绅士们手里，这一点又是保守的。"① 而所有保守势力的代表就是袁世凯。

1913 年 6 月，袁世凯刚登上大总统的宝座，便开始宣扬尊孔复古，发布了一系列法令来加速这一进程。如《通令尊崇孔圣文》《祈天典礼告令》和《祭圣告令》等，宣布"天生孔子，为万世表"，孔学如"日月之无伤，江河之不废"。他还通令全国学校恢复被南京政府废止的"尊孔读经"，规定"国民教育以孔子之道为修身大本"，把"尊孔尚孟"列为"教育要旨"，全面恢复经学教育。由康有为担任会长的孔教会于 1912 年成立，并创办《孔教会杂志》。一时各地的孔教会、经学会、孔道会等纷纷出现，一齐鼓吹尊孔复古。康有为的"定孔教为国教"的主张，得到包括黎元洪、冯国璋、张勋等一些军阀官僚的支持，认为现时正需要像孔教这样的准宗教来统一民心。当然作为戊戌变法的领袖的康有为梁启超等人对孔子的看法是不可能与袁世凯张勋的看法完全一样，但反对当时的西化思潮，将儒家思想作为一种工具，来统一全国人民的思想，恢复传统的权威却是完全一样的。萧公权对康有为所进行的孔教运动评价说，康有为希望建立一支专业的宗教队伍来掌管正式的国家宗教。在他看来，教会与国的分裂是使西方国家强盛并维持社会道德的关键。这只是适应当时社会需要所设计出来的，而不是对儒家之道的信仰，"事实上，这场战役的社会—政治目的大大超过了对精神的关怀"②。

---

① P. 欧内斯特：《剑桥中华民国史》，第一部，上海人民出版社 1991 年版，第 224 页。
② 同上书，第 387 页。

在谈到民国初年的保守主义思潮时，有一个问题应该引起我们的注意。这就是应当怎样看待这一思潮的性质。就主要的方面而言，这一时期的保守主义并非完全向着传统的儒家政治观靠拢。比如当时新传统主义的代表人物之一的梁启超，为了与西方文化相对抗，举出了一个中华民族的精神性的本质"国性"。"国性"的概念与过去的其他一些保守主义的概念有相同之处：它们都怀疑西方价值的基本倾向，如个人主义、追求物质财富和功利主义等，都认为中国文化价值的核心内容是与西方文化正相反的，因此可以认为"国性"的概念属于保守主义的范畴。

同样，开始于19世纪末的"国粹"思潮，也是当时的保守主义思潮之一。"国粹"一词来自日本，基本的含义是"民族精神"。1887年，国粹一词开始在日本普遍使用。自明治维新开始的西化运动到此时已经达到顶峰，而国粹运动正是对西化运动的一种反动。以三宅雪岭与志贺重昂为代表的日本国粹派人士将"国粹"定义为一种与日本以外的文化不同性质的东西。志贺说："长久以来大和民族的成长是有目共睹的事实，它玄妙地孕育出自己独有的国粹（nationality），此一国粹在日本本土发展，随着环境而有不同的回应。从孕育、出世、成长到发扬，经过不断地传承与琢磨，它已经成为大和民族命脉相系的传国之宝。"[①] 但日本的"国粹"人士认为，"国粹"并不是要完全排除一切外来的东西，而是要处理好与外来事物的关系。实际上，国粹的内容虽然重要，但更重要的是它的作用，既依靠它使国家强大起来。正是看中了这一点，中国的保守主义人士从日本引进了国粹的概念。

1905年1月，邓实、黄节和刘师培在上海建立了"国学保存会"，创办了《国粹学报》。这批人的学术研究的宗旨是为崩溃中的儒家正统寻找一个有本民族历史根基的替换品。他们改变了过去只是将传统局限于儒家思想的做法，既从儒家也从非儒家的诸子百家和明清时代的思想，甚至从佛学中寻找出需要的内容，作为中国传统文化的源泉与本质。国粹派人士宣称中国自周代以来即丧失了国粹，认为历代的暴政和异族的统治已将中国的国学与国粹摧残殆尽，因此，将其尽快恢复是当务之急。

---

① 见《近代中国思想人物论·保守主义》，时报文化出版事业有限公司1985年版，第94页。

国粹派弘扬古代传下来的民族精神的直接目的，是为了政治上的反满斗争。不论是章炳麟还是刘师培和黄节，都在他们的著作中站在种族的立场上，将满族人排除在中华民族共同体之外。而且，尽管国粹派讨论的是种族革命问题，但实际上，早期中国现代民族主义的思想，即与此有关。因为他们在讨论"国粹"的时候，打破了传统的"天下"观念，提出了一个有关中国人的定义，将中国人定义为一个以地域、血缘、习俗和文化的共同纽带为基础的有机体。实际上，在这里中国已经成了一个具有现代意义上的、与世界上其他民族平等的民族国家。而梁启超与革命派辩论时，更是提出了清晰完整的现代民族国家概念。因此，不论是康有为的孔教派，还是国粹派，他们都不是食古不化的传统主义者，而是一种新意义的保守主义者。这种保守主义者的特点，是将"国粹"或传统作为一种工具来使用，达到民族主义的目的。

在新文化运动时期和以后，与全盘西化思潮在理论上论战的是东方文化派和由其派生出来的现代新儒家，但在当时，真正与其完全对立的只有可以被称做"全盘保守派"的林琴南和辜鸿铭的思想。

1919 年 2 月，林琴南与辜鸿铭同新派人士进行了"新旧思潮"论战。林琴南在上海《新申报》上发表了文言小说《荆生》。小说中三个人物田必美、金心异和狄莫分别影射陈独秀、钱玄同和胡适。小说中写三人"坚约为兄，力掊孔子"，这时隔壁的"伟丈夫荆生"出现了，痛斥三人说："汝适何言？中国四千余年，以纲纪立国，汝何为坏之？孔子何以为圣之时，时乎春秋，既重俎豆；时乎今日，亦重科学……。"林琴南在小说中痛斥胡适等西化人士"尔之发狂似李贽，直人间怪物，今日吾当以香水沐吾手足，不应触尔背天反常禽兽之躯干，尔可鼠窜下山，勿污吾简，三人相顾无言，敛具下山，回顾危栏之上，丈夫尚拊简，而俯视作狞笑也"。

林琴南认为西化派对以孔子为代表的儒学和传统文化的批判，破坏了中国四千年的"伦理立国"的传统，是造成社会动乱的原因。而传统道德与现代化是可以并行不悖的。因为像孔子一样的历代圣人都是"时之圣者"，其"道"万世不变，而形而下之器是可以随不同的时代而变化的。林氏实际上只是简单地重复了洋务运动时期的"中体西用"论，有时甚至更保守，因此不能对西化派形成真正的挑战。

1918 年 6 月，由杜亚泉主编的《东方杂志》发表了译自日本刊物《东亚之光》的一篇介绍辜鸿铭的文章《中西文明之评判》。此文发表后，以陈独秀、李大钊为代表的《新青年》立即产生反应。李大钊在 1918 年《言治》季刊第三期发表《东西文明根本之异点》；陈独秀在《新青年》发表《质问〈东方杂志〉记者》，与旧派人士展开论战。陈独秀在文章中指出，辜鸿铭的《春秋大义》，"既在自炫其二千五百年以来君道臣节名教纲常等之固有文明，对于欧人无君臣教之伦理观念，加以非难也"[1]，不仅反对民主共和，而且反对君主立宪；也就是说，不仅保守传统道德政治之"体"，而且包括一切传统之"用"。

与其他的旧派人士不同，辜鸿铭是一个对西方文化的了解超过对中国文化的人，因此他对中国传统文化的赞美，比其他人来得更有说服力。但由于他对中国文化的全面推崇，甚至包括纳妾制度和留辫子，使得他在人们的眼中成为一个怪人，而不是一个理论家。另一方面，辜鸿铭的某些说法，如其关于中国文化道德精神价值的论述，在一定程度上成为后来的文化保守主义者思想的先驱。陈序经曾将辜鸿铭的《中国人的精神》同梁漱溟的《东西文化及其哲学》进行比较，他"疑心梁先生是受过辜先生影响不少……辜先生的思想既如彼，梁先生的中心思想又如此，这是一个很好的巧合"。

20 世纪以来中国的保守主义派别，主要有以康有为为代表的孔教派；邓实、黄节、刘师培、章炳麟等人组成的国粹派；本位文化派与国民党新保守主义和现代新儒家学派。在现代哲学思潮中，影响比较大的主要是国民党新保守主义和现代新儒家学派，特别是现代新儒家学派。它的产生标志着在早期保守主义和全盘西化思潮之后，对中国文化今后走向的一次较为冷静思考的结果，代表着保守主义思潮的最新阶段。

二 中国近现代保守主义思潮之评析

中国现代保守主义思潮可以分为以下几类：

第一类是林琴南、辜鸿铭为代表的保守主义者。他们对西化思潮的反

---

[1] 陈独秀：《新青年》，1918 年 9 月第五卷第三号。

对，基本上是基于传统主义的态度，即带有对过去不加分析便统统保留的性质。顽固如辜鸿铭，甚至连小脚、辫子和妾都要保留。这只能成为笑柄，不能对当时的思想潮流起到多大的影响。

第二类是以康有为为代表的孔教派和国民党新保守主义者。对于他们来说，传统文化是否具有永恒普遍的意义的问题倒不是最重要的。他们关心的是这个传统是否能够对某一项具体目的有效用。儒学宗教是有用的，因为它可以对当时混乱的社会起到稳定人心的作用；帝制对袁世凯来说是有用的，因为它可以用来统一中国。至于帝制和儒学是否在现代社会具有普遍人类的意义，那倒是第二位的事情。

第三类是现代新儒家学派。这一派人士对西方文化的了解要比他们的保守主义前辈多得多。对传统中国文化的了解也要更加全面和更加深刻。他们不反对西方文化中被现代社会普遍认可的某些价值，如民主和科学等等。因此他们被认为属于"文化保守主义者"，即他们所保守的只限于观念文化的层次。同时这些人又是真正的传统文化价值取向的知识分子。他们认为中国传统文化中的某些内容，不仅在过去具有意义，而且具有永恒的全人类的普遍意义，成为未来人类社会不可或缺的基本价值之一。由于这一流派一方面对西方文化的了解和对中国传统文化的认识深度；另一方面又力图跟上世界的前进潮流。所以，它一直对中国现代哲学思潮的发展起到了一种辅助的作用，并与马克思主义哲学思潮和西化论一起，成为现代哲学思潮的三大组成部分之一。

同时还应当再进一步将所谓的文化保守主义者再做区分，则应当可以将他们分为"价值保守主义者"与"工具（技术）保守主义者"两种。在过去的研究当中，学者大都偏重"价值保守主义者"的思想，而忽略了在思想发展史上，有些人是将保守主义当作一种方法加以使用的问题。这样的例子在近代史的研究上比比皆是。比如在辛亥革命的研究上，对当时的革命派与保皇派的问题上，一直是将这两种思想流派看作是信仰价值的分歧，而实际上，以孙中山为代表的革命派和以康有为、梁启超和谭嗣同为代表的保皇派，他们之间的斗争可以说完全是方法之争和手段之争。作为革命派的领袖的孙中山，他当然信仰的是以西方民主政治为内容的共和制，因此他领导的辛亥革命要彻底推翻满清政权，建立起一个符合现代社会需要的民主政治体制。但另一方面，以戊戌变法起家的康有为、梁启超等人，他们力保以一个皇上来达到自己的目的，尽管他们轻蔑地以"小丑"来称呼这个皇帝。因此他们的目的同样是最终达到民主政治的境界，而绝对不是企图保存封建专制的政治形式，尤其是它的实质。

政治发展的认同危机之中，有一项是与社会的快速变迁相关联的。快速的社会变迁，使得社会国家急速地远离传统的形态，远离我们原来熟悉的生活方式。这使新兴国家的领袖与民众在传统与现代化之间不知所从而产生的严重的无根感。在这种无根感的压迫下，一些人便采取过去的取向来解决认同问题。这种人面对混乱不堪的现状，往往将历史感指向过去，不断强调过去历史上的成就，如一些中国人会强调中国传统的精神价值，来与西方的物质成就加以比较，以此取得一种归属感。

以康有为、梁启超等为代表的孔教派人士与国民党新保守主义者，清楚地看到了这一点。他们试图利用已有的传统的思想资源，解决传统社会向现代转化过程中的认同问题，解决这一危机。他们认为，盲目地引进西方的个人主义、自由主义、民主共和等观念，不但不会为中国的现代化带来积极的成果，反会搞乱中国人的头脑，使人产生严重的认同危机。

而以梁漱溟、熊十力等现代新儒家学派为典型的一些人，则以文化相对论的观点对西方文化的进入加以抵抗，他们认为，转型国家的文化传统不仅是可以用来缓解民众心理压力，消除认同危机的工具和技术性的方法。更重要的，它是一个民族之所以成为一个民族的本质所在。一方面，民族文化是一个民族能够在世界上站立的根本，是一个民族之所以成为一个民族的原因；另一方面，它又同时具有人类存在的普遍的、永恒的意义，是与其他民族文化，包括西方现代工业文明在内的所有文化一样，具有不可磨灭的真价值。

工具保守主义者看到了传统文化作为工具，它有利用的价值。人们可以通过使用这个工具，达到消除心理上的危机的功效。但是这一类的保守主义者，由于太过于将传统看作是一个不具有任何实质内容的符号，可以随意使用而不必考虑其本身的价值。事实证明这种做法是对这一符号本身最大的伤害，其负面的作用要远大于全盘西化派对其所作的正面的攻击。在近代史上，最典型的例子就是袁世凯和以康有为、陈焕章等人所提出的恢复尊孔读经和尊孔教为国教的运动了。

在袁世凯看来，当时的中国人民只是一些群氓，没有资格参与国家的政治和经济活动。因此对大众只有以他们能够理解的方法和文化，加以引导或者说是蒙蔽。康有为等人所提倡的尊孔教为国教的运动，具有明显的神道设教的意味。而袁世凯的尊孔读经活动，同样是为了与他所鼓动的帝制运动相匹配。

袁世凯虽然接受了孔教会等一些保守主义者的建议，同意恢复尊孔读经的活动，甚至搞起了祭天和祭孔的活动。但是他并没有同意孔教会提出的尊孔教为国教的建议。袁世凯在祭祀典礼上并没有使用精心设计的宗教的仪式，而是使用了市民化的较为简单的礼仪。美国加利福尼亚州立大学历史学教授费侠莉对此事评价说："袁世凯是在调整他对传统的操纵，使之符合受过教育的人普遍持有的观点。这种观点认为，国家宗教上历史退化的主张，因为它用西方更原始的超自然主义来取代本民族的人文主义，而人文主义正是中国作为一种高级文明的标志。"[①] 这说明袁世凯是在用传统文化这个工具，在人民大众与知识分子之间平衡出一种大家都可以接受的秩序，来为他的帝制活动服务。同时他也不愿意看到像欧洲的教会与国家政权之间那样，两者处于对立和互相牵制的关系之中，使他独裁的行为受到某种制约。

其实利用文化传统来达到自己政治或经济目的的，也不只是保守主义者自己，某些文化自由主义者和文化激进主义者也同样看到这一点。例如陈独秀在早期，曾经对宗教持根本反对的态度，曾与人谈论基督教与中国的神鬼迷信的问题。认为宁使人相信鬼神迷信，也不要使人信基督教，因为在他看起来，基督教与神鬼迷信是一样的东西，但是由于基督教同迷信相比，则更具有迷惑人心的作用，更不好使人解悟。[②] 但是在其以后的思想中，醒悟到基督教对人心具有很大的力量，认识到可以利用基督教使人做一些其他的事物做不成的事情，因此他认为，基督教也是对人类有某种积极的意义的。

将传统作为一种可用的符号和工具来使用，甚至不惜将其糟蹋殆尽，这是对待传统的一个极端形式。同时还有另一个方向，这就是现代新儒家的价值（理想）保守主义者的做法。这种思想倾向是将中国传统文化中

---

① 《剑桥中华民国史》第一部，上海人民出版社 1991 年版，第 385 页。

② 见《陈独秀著作选》第一卷，上海人民出版社 1984 年版，第 397 页。

的道德伦理学说玄虚化、宗教化,将其提升到形而上学的高度。他们认为,只有这样,才可以使传统文化成为现代中国人的安身立命的精神终极关怀源头。从梁漱溟开始,到熊十力、冯友兰,一直到牟宗三、唐君毅,始终在朝着这一方向努力,并且取得了很大的成就。

但是又产生了另一个问题,这就是现代新儒家所常说的"内圣如何开出新外王"的问题。就儒家的传统来说,只是到达个人的道德完满,并不是一个儒者的最高目的。正是在这个意义上,梁漱溟被人称作"最后的儒家"。因此摆在现代新儒学面前的问题就是,如何将儒家的内圣之学同事功联系起来。现在普遍认为,现代新儒家在重建儒家形而上学方面取得了较大的成绩,但是在开出"新外王"的问题上,则大有问题。以至于有学者认为,新儒家虽然在内圣之学上取得了一些成就,但是在扩展到"外王"的理论一面,可以说没有任何的进展。因此新儒家的理论与历史上的儒学一样,只可以应用在道德修养或宗教的关怀方面。

综合以上两种倾向,不论是传统主义者,或是文化保守主义者,都有些失之偏颇。不是将传统的资源糟蹋殆尽,就是将自己局限在道德至上论的桎梏之中。解决的方法只有采取现实的取向,更加真诚地面对现实,完全立足现在对传统加以审视,发现传统中可资利用的价值。这样才能更加理智地区分过去与现在及中国与西方的种种关系,才能放眼未来。

前面说过,在中国近代史上,保守主义的概念是一个"让人不愿意碰的泥沼"。这就说明了这一概念的混乱和难以定性。与保守主义对立的名词是激进主义,但实践上几乎所有的激进主义者都有其保守的一面。因此所谓激进主义和保守主义等派别的区分,都只有相对的意义。这样的例子有很多,胡适是一个典型的中国的自由主义者。在政治上他提倡自由主义的改良主义;在文化问题上他赞成西化,以取代传统中国的过时的古老文化。但正如许多人都承认的胡适也有他保守的地方。例如,胡适在文化问题上是一个激进主义者,提出要实行全盘西化,将中国的传统文化彻底抛弃。但是胡适对传统文化的态度也同样不是铁板一块。他同样也会有一个与其他人相同的认同危机需要解决。而胡适的解决方法就是从中国文化之中,去找到与西方文化相同或至少相似的东西,来与其相比。这个东西就是清代的考据学。因此,胡适也有着或多或少的"过去的取向",来解决在他的下意识之中的认同危机问题。另一个例子是东方文化派的代表人物杜亚泉。长期以来，杜亚泉始终被列为典型的保守主义者备受攻击，但是现在的研究表明，杜亚泉实际上是一个文化多元论者，将中国传统的中庸之道与英国的"于保守之中求进步"的自由主义传统结合起来，以理智的、平等的眼光去看待中国文化与西方文化、传统文化与现代文化的问题。在杜亚泉的身上，既有保守主义的性质，也有自由主义的精神；既理智地看到了中国社会的现状，知道以技术性的方法来处理传统与现代的问题，又在现代史上首先提出具有文化相对主义和文化类型说的观点，为中国文化在世界文化之中找到其真正的价值所在，为他以后的许多学者对中国文化的发掘与重建，具有开启之功。

　　总之，关于思想史上的保守主义问题，是一个比较复杂的问题，需要我们认真地思考，这其中牵扯到保守主义与激进主义的关系，牵扯到保守主义与科学主义的关系等问题。对这一个问题的清理，有助于缓和传统与现代之间的紧张关系。

从文化融合说儒学三期

山东社会科学院国际儒学研究与交流中心　石永之

一　牟氏三期说

在关于儒学分期的各种论说之中，牟宗三先生的儒学三期说的影响甚广。其划分大致如下："儒家学术的第一阶段，是由先秦儒家开始，发展到东汉末年。……宋明理学是儒家学术发展的第二个阶段，就是对着前一时期的歧出而转回到儒家的主流，理学的本质即在道德意识的复苏。儒家学术第三期的发展，所应负的责任即是要开这个时代所需要的外王，亦即开新的外王。"①

在《道德的理想主义》一书的序言中，牟先生把有关儒学三期的思想做了一个言简意赅的说明，首先他从反思西方文化入手，认为西方科学的发展固然是好事，但导致了对价值德性层面的忽视，自由民主在政体上的实现确实不错，却容易使人庸俗化，导致真实个性、真实主观性和真实人格的丧失，这两种时代病可以统称为人类精神的外在化。西方的思想家们对此亦有反思，但牟先生认为他们只能识病，却不能治病，因为那些人的思想本来就在病态之中。因此，应该以此时代病为背景，发出健康的理想主义之呼声，来唤醒人们的价值意识、文化意识、与历史意识。牟先生认为健康的理想主义的中心观念："即孔孟之文化生命与德慧生命所印证之'怵惕恻隐之仁'是也。由吾人当下反归于己之主体以亲证此怵惕恻隐之仁，此即为价值之根源，亦即理想之根源。直就此义而曰'道德的理想主义'。"当然这也就是牟氏三期说的中心观念。

---

① 参见牟宗三《政道与治道》新版序，广西师范大学出版社 2006 年版。

道德的理想主义展开的步骤就是，首先由"怵惕恻隐之仁"而立"人性论"，"再进即为践仁之过程，由此而有家、国、天下（大同）之重新肯定，其极则为'与天地万物为一体'"。这当然就需要在学术层面上实现"三统并建"。"一、道统之肯定道德宗教之价值，护住孔孟所开辟之人生宇宙之本源。二、学统之开出，此即转出'知性主体'以融纳希腊传统，开出学术之独立性。三、政统之继续，此即由认识政体之发展而肯定民主政治为必然。必皆为随时建立此纲维，而为此纲维之所涵摄而融贯者。"① 从这里可以看出，牟氏三期说的思想根基就是孟子的"怵惕恻隐之仁"，而儒学三期不同于前两期的新任务就是科学和民主。

牟先生在《儒家学术之发展及其使命》一文中进一步展开了他的儒学三期说，他认为就中国而言，儒学三期面临的问题是非常严重的，而且今天的问题，比以往任何时期都更为困难。"礼俗传统崩坏无余。儒家思想湮没不彰。是以人丧其心，国迷其途。而吾人今日所必欲达之阶段，又为一切须创造之阶段。国家须建立，政制须创造，社会经济须充实，风俗须再建。"面对如此严重的局面，唯一的办法就是在文化层面"反求诸己"，他说："然冲出此严重之关头，开出创造之坦途，又非赖反求诸己不为功。而反求诸己，正有其可反之根据。"

而反求诸己的根据就是儒家思想中的"怵惕恻隐之仁"，牟先生对儒家的"仁心"做了新的演绎，他认为，怵惕恻隐之仁心就是理性，"这个仁心之所以为理性的，当从其抒发理想指导吾人之现实生活处看。……自其足以指导吾人之行为言，即自其足以指导吾人革故生新言，它是一个'理'。这个理是从怵惕恻隐之心发，所以是'天理'。天理即是天定如此之理，亦即无条件而定然如此之理。自其为公而无私的，……凡公心而发的皆有公性，即皆有普遍性。"而且他进一步推而广之："此种理性的普遍性，不独限于人类之历史，且大之而为宇宙之原理，依此而成为儒家之形上学。此具有普遍性之原理，儒家名之曰'仁'。吾人现在亦可转名之曰'绝对理性'。"

虽然传统儒学的根基很好，但是："以往之儒学，乃纯以道德形式而表现，今则复须其转进至以国家形式而表现。"唯其如此才能实现政治的

---

① 牟宗三：《道德的理想主义》序言，台湾学生书局 1978 年版。

现代化，这当然就需要相应的政治文化与之相匹配。而且"欲实现儒学第三期之发扬，则纯学术之从头建立不可少"。这是因为学术上的名数之学是中国文化所缺乏，又是西方文化之所长，进而言之，如果没有名数之学，儒家思想就只能高悬于道德，而不能造福于民，因此牟先生认为"故名数之学，及其连带所成之科学，必须融于吾人文化之高明中而充实此高明。且必能融之而无间也。是则须待哲学系统之建立与铸造"。这也就决定了第三期儒学应该是学术的儒学、哲学的儒学、逻辑的儒学，而非纯粹道德的儒学。

所以牟先生在与前两期儒学相比较的基础上给出了第三期儒学的新特点，他说："第一期之形态，孔孟荀为典型之铸造时期，孔子以人格之实践与天合一而为大圣，其功效则为汉帝国之建构。此则为积极的，丰富的，建设的，综和的。第二期形态则为宋明儒之彰显绝对主体性时期，此则较为消极的，分解的，空灵的，其功效见于移风易俗。……此第三期，经过第二期之反显，将有类于第一期之形态。将为积极的，建构的，综合的，充实饱满的。唯此期将不复能以圣贤之人格为媒介，而将以思想为媒介，因此将更为逻辑的。"

对三期儒学的前景，牟先生信心满满地说："然则西方文化之特质，融于中国文化之极高明中，而显其美，则儒学第三期之发扬，岂徒创造自己而已哉？亦所以救西方之自毁也。故吾人之融摄，其作用与价值，必将为世界性，而为人类提示一新方向。"①

被人视为第三代新儒家代表人物之一的杜维明继续着儒学三期的话题，他对儒学的分期大体上与牟先生相同。在 20 世纪 80 年代以后，他重新提出了"儒学第三期发展的前景问题"。杜维明之所以提出和探讨儒学第三期发展的前景问题，就是针对列文森在《儒教中国及其现代命运》一书中断定儒家传统业已死亡这一结论而发。列文森的儒学博物馆论或儒学幽灵说认为：在欧风美雨的冲击下，中国正经历着由传统向现代的转变，随着作为儒学根基的小农经济的崩溃和封建家长式政治制度的摧毁，儒学将最终成为"博物馆"的展览品，只能作为"幽灵"存在于人们

---

① 参见牟宗三《儒家学术之发展及其使命》，载《道德的理想主义》，台湾学生书局 1978 年版，第 1—12 页。

的心里。

　　诸如此类的观点，让杜维明们意识到，要展开第三期儒学就必须与西方文化平等对话，有鉴于此，杜维明指出："真正站在儒家的立场上和西方比较杰出的思想家进行公平地对话，这种现象目前还没有出现，……同国际学坛第一流的思想家进行彼此有益的对话，确是我们这一代人义不容辞的责任。"① 这说明第三期儒学必须融入世界，一方面，世界已经成为地球村，世界范围内出现的新问题对各个历史悠久的文化传统提出了挑战，儒学也是如此，只有不断的应对这些挑战，三期儒学才能真正展开；另一方面，儒学也必须通过与其他文明进行对话，才能博采众长，发展自身。因此，杜维明的办法是："我们应效法荀子以'仁心说，学心听，公心辩'的平正胸襟和世界各地的精神传统进行互惠互利的对话、沟通。"②

　　而牟先生虽然承认中西方其他思想流派的各自成就，但主张严格判教，认为只有儒家思想才能成就一种道德形而上学，是"圆善"之教。杜维明曾经说："我们这一代学人与牟宗三、唐君毅先生那一代不一样，他们大都着眼于儒学自身发展的内在逻辑及其精神方向，但外界对我们这一代的要求更多，我们做学术的空间也很大，是在世界文明对话的大背景下做研究，更开放一些，可以开拓很多论域。"③ 除了对话与判教的不同之外，还有就是，杜维明虽然认同儒家心性之学，但很少提及"道统"之类的话头，他要避免"成为狭隘的道统论"；杜维明主张儒学不可能发展成一套纯思辨性的论说，放弃了体系建构。

　　从牟宗三到杜维明的变化中，可以看出，牟宗三从中西文化会通的视野，肯定中国哲学的特质，挺立中国文化的主体地位，主要是为了解决中国文化自身所遇到的所谓科学和民主问题，其文化的主客意识是很明显的。而在杜维明们"为儒学的发展不懈陈辞"的过程中，清楚地意识到，在文明对话的大背景下，第三期儒学必须与西方文化平等对话，儒学应该在对话中获得新的生命。

---

　　① 岳华编：《儒家传统的现代转化》，中国广播电视出版社 1992 年版，第 14 页。

　　② 杜维明：《为儒学的发展不懈陈辞》，《读书》1995 年第 10 期。

　　③ 朱汉民、肖永明编：《杜维明：文明的冲突与对话》，湖南大学出版社 2001 年版，第 88 页。

二　儒学四期与黄氏三期

李泽厚认为牟氏三期说共计有三个方面六大问题，首先是表层偏误有二：一是以心性—道德理论来概括儒学失之片面。第二是抹杀荀学，特别是抹杀以董仲舒为代表的汉代儒学。然后深层的理论困难则有，一是"内圣开外王"，二是"内在而超越"。最后落实到实践方面也有两条：第一是未能跨出狭小学院门墙，与大众社会几乎毫无干系；第二是倡导者们本人的道德—宗教修养问题。因此他提出了自己的儒学四期说："我所谓'四期'，是认为孔、孟、荀为第一期，汉儒为第二期，宋明理学为第三期，现在或将来如要发展，则应为虽继承前三期，却又颇有不同特色的第四期。"李先生总结说："四期说以工具本体（科技—社会发展的'外王'）和心理本体（文化心理结构的'内圣'）为根本基础，重视个体生存的独特性、阐释自由直观（'以美启真'）、自由意志（'以美储善'），和自由享受（实现个体的自然潜能），重新建构'内圣外王之道'，以充满情感的'天地国亲师'的宗教性道德，来承续中国'实用理性'、'乐感文化'、'一个世界'、'度的艺术'的悠长传统。"①

那么四期说真的像泽厚先生所说的那样，可以包容三期说吗？首先应该注意到，泽厚先生的"西体中用"说，也不能说没有内圣与外王之间的紧张，同样面临着深层的理论困难。尽管他们的路径正好相反，牟先生主张良知坎陷，由内圣而外王，泽厚先生是西体中用，从外王而内圣。二是内在超越，四期说以美学代宗教的超越之路，同样是超越者不在的超越，这正如泽厚先生对三期的批评那样，没有外在超越对象的超越，又能够超越到哪里去呢？而内在总是与人的感性生命和感性存在相关联，它在根本上只是感性的、经验的，而不可能超验的或超越的，这个批评同样也适用于四期说本身。因此，在一定意义上，他们的理论是同质的，都是人学形上学，只是本体以及建构的方式不同，牟先生以先验的怵惕恻隐之仁心为本体，而泽厚先生以经验的工具本体和心理本体为根本基础。而且它们都是人学的，在核心观念中都没有超越者位置。

---

①　李泽厚：《说儒学四期》，载氏著《己卯五说》，中国电影出版社 1999 年版，第 31 页。

　　黄玉顺先生最近提出了一个新的儒学三期说，原因就在于他认为牟氏三期说的要害，"就是根本未能进入当代前沿的'生活—存在'的思想视域，而是将儒学在现代的'第三期开展'仅仅归结为传统哲学的那种存在者化的'本—末'、'体—用'的形而上学构造"。这个思想视域就是："将生活方式的历史形态视为儒学发展的历史形态的水土本源所在，一个时代的儒学终究是在面对着、解决着那个时代的生活中所产生的当代问题；……任何具体的生活方式，只不过是作为源头活水的生活本身所显现出来的某种衍流样式；而生活本身作为存在本身，才是先在于任何存在者的大本大源。"正是在这样的思想视域中，黄先生认为："儒学之所以呈现为不同的历史形态，正是因为儒家顺应着生活衍流的不同的历时样式，亦即应对着不同历史时代的生活方式当中的问题。"这里的"'儒家'是指的一种立场态度，这种立场态度源于对作为生活情感的仁爱的一种领悟与肯认，那是一种先于理论学术的明觉。而'儒学'则是指的儒家这种仁爱情感之领悟与肯认在学术话语中的一种表达，它是一种理论形态的建构，这种学术表达是在回应着具体的历史时代的生活境遇"。儒家的生活情感就是孟子的"怵惕恻隐之心"，这种生活情感是最本源的事情。正是在这样的生活情感的本源上，儒家建构着儒学。因此，建构儒学的方式就应该是：生活情感（前形而上学）→形而上学→形而下学。比如孔子的思想中就完备地存在着这样的观念层级。正是在这样的思想框架之下，黄先生把儒学分为三个时代，每个时代又分为三个阶段，如下表：[①]

儒学的历史形态		儒学的思想特征	
1. 原创时代	①西周儒学（五经原典）	①儒学的初始形态	1. 有本有源
	②春秋儒学（孔子思想）	②儒学的全面开创	
	③战国儒学（曾思孟荀）	③儒学的歧异深入	
2. 转进时代	①前宋明儒学（经学与玄学）	①古典儒学的转进	2. 形而上学
	②宋明新儒学（理学与心学）	②古典儒学的兴盛	
	③后宋明儒学（朴学或汉学）	③古典儒学的固滞	

　　① 黄玉顺：《儒学当代复兴的思想视域问题——"儒学三期"新论》，《周易研究》2008年第1期，第51—58页。

儒学的历史形态		儒学的思想特征	
3. 再创时代	①近代儒学（洋务与维新）	①举末的儒学复兴	3. 重返本源
	②现代儒学（现代新儒学）	②返本的儒学复兴	
	③当代儒学（儒学新开创）	③溯源的儒学复兴	

　　尽管新旧三期的思想视域不同，但重建儒家形上学的逻辑本体却是完全相同的，都是孟子的"怵惕恻隐之心"，只是他们的解释不尽相同。牟先生认为"怵惕恻隐之仁"是普遍理性也是绝对理性，黄先生则认为"怵惕恻隐之心"这样的仁爱的生活情感是儒学理论建构的大本大源。正是由于对"怵惕恻隐之心"的理解不同，所以重建儒家形上学的方式也不同，牟先生是直接设定理性的先验本体，而黄先生则是用生活情感敞现本体。最重要的不同在于，孔子的思想在牟先生那里基本被遮蔽，而黄先生则认为孔子的思想有本有源，完备地包含了生活情感、形而上学、形而下学这三个观念层级，是儒家思想的范本。这是儒学复兴道路上一个很了不起的进步。然而他们都陷入了形而上学必判教的怪圈。本来按照黄氏三期的观念，是应该拒绝判教的，因为历史上的儒家都是本着仁爱的生活情感去建构儒学以应对时代，可是黄先生判教更厉害，比如他认为，宋明理学无论理学还是心学都把本源的生活情感降格为形而下存在着的事情，属于应该被解构的形而上学之列。总之，新旧三期说都是形而上学，而且本体都是先验内在的，都主张内在超越，所以又都是属于人学的。

　　另外要说的是，从牟氏三期到四期，再到黄氏三期，现代新儒学在艰难地向孔子的思想推进。牟宗三号称第二代新儒家的杰出代表，著作等身，几乎论及历史上所有的儒家人物，却没有专门讨论孔子的思想，李泽厚敏感地意识到了这个问题，他说："令人难解的是，牟宗三抬孔子，认为高出一切，当然也远超康德。但只征引孔子一两句话而已，从未对《论语》一书作任何全面的阐释或研究，而宁肯花大力气去译康德，不知这是什么缘故。"[1] 牟宗三不讲孔子，是因为无法安顿孔子思想中作为超验的、外在的超越者的天，这与牟先生的内在先验思路有着根本性的冲

---

[1]　李泽厚：《论语今读》，生活·读书·新知三联书店 2004 年版，第 4 页。

突。他的道德形上学，是以孟子的先验内在的恻隐之心为根基。正是因为意识到了牟先生的问题，于是就有了泽厚先生的《论语今读》，而黄先生也意识到儒学的再展开应该在思想层面回到孔子，于是他以孔子思想为范本，重建儒家形上学。

然而要真正回到孔子，就必须解决超越者的问题，由于现代新儒家都是理性主义者，新儒学基本都是人学形上学，超越者被彻底遮蔽了，由于少了超越体验这个维度，所以很难体悟孔子的思想。下面来看孔子是如何理解的，孔子说："天生德于予，桓魋其如予何？"（《论语·述而》）还有"子畏于匡。曰：'文王既没，文不在兹乎？天之将丧斯文也，后死者不得与于斯文也；天之未丧斯文也，匡人其如予何？'"（《子罕》）很明显，这里的天就是超越者，而且孔子也曾谈到"梦见周公"这样的超越体验（《述而》）。但是孔子思想中的超越者并非后来人格化了的神，并不参与人间事务，是以不言，孔子说："天何言哉？四时行焉，百物生焉，天何言哉？"（《阳货》）所以，孔子对待超越者的态度就是"如神在"："祭如在，祭神如神在。"（《八佾》）正是这种"如神在"的态度，既不彻底排除超越者，也不把超越者当作人格神，超越者的主要作用就在于启发人们的理性思维。

总而言之，无论是牟氏三期说、黄氏三期、还是泽厚先生的四期说，都是人学形上学。那么他们首先遇到的难题就是关于人学的，如果超越者不在，那么重建信仰就只能走内在超越的路子。前文提到的泽厚先生对内在超越的批评就很能说明问题，此不赘述。其次是关于形而上学的，同时都会遭遇形而上学独断的问题。由于形而上学本身具有的排他性，某个形上学被建立起来以后，往往会严格判教，只有像他们那样的形上学才有合法性，否则都将被视为异端，即使大同小异，也是要遭到批判的。

三　文化融合与儒学三期

我们都清楚地意识到，全球化的浪潮势不可当，世界已经成为地球村，国家间的交流日趋频繁，各个不同地域文化之间的碰撞与摩擦也随之增加，文明冲突论的警告时刻回响在地球村的上空，因此，文明对话与文化融合就势在必行，这是我们这个时代的生活境遇。只有文明之间的公平对话与文化融合，才能增进了解、增加互信，减少碰撞与摩擦，避免文明冲突。对话就要求听懂双方的思想和观念，这就必须进行文化创新，没有创新就没有对话也不可能融合。所以，中国文化必须与其他文化公平对话，博采众长，才能通过文化融合发展自身。而且现在出现的人口、环境、粮食以及核威胁等新问题多是世界性的，这些新问题对各个历史悠久的文化传统都提出了挑战，中国文化当然也不能例外，只有不断的应对这些挑战，三期儒学才能真正展开。由于只有在文化融合的基础上才能成就儒学三期，所以，形而上学式的判教显然是不合时宜的。

正因为判教不合时宜，现在应该拒绝依据某个形上学给中国文化分期的做法，因为无论怎样的形上学也只是中国文化的一部分，不可能作为整个中国文化分期的标准，身在山中，又怎能识得庐山真面目?! 因此，应该跳出中国文化本身，站在不同文化传统相比较的高度来给中国文化分期，看看中国文化主要与哪些文化进行过对话与融合？其主要内容又是什么？这样才能看清楚中国文化发生那样一些重大变化，而这些变化从中国文化自身的发展进程来看，是很难甚至是根本不可能发生的。

众所周知，中国文化主要与印度文化和西方文化发生碰撞和融合，碰撞的内容分别主要是关乎内圣与外王的。基于以上考虑，似乎可以这样给儒学分期如下：从上古至东汉，中国文化是自我形成、自我发展、自我完善的，在此期间，儒学从诸子百家中脱颖而出，取得了在中国文化中的主流地位，这可以是儒学的第一期，其传播范围主要在中华大地。自东汉至清季，中国文化主要与以佛学为代表的印度文化相激荡，这次是宋明理学稳住了儒学在中国文化主导地位，是为儒学发展的第二期，主要的内容是关乎宗教性的，也就是关于内圣的。第二期的影响波及东南亚，形成了一个汉字文化圈。自清末迄今，中国文化主要受到西方文化的磨砺，基本的内容就是科学和民主，这是关乎外王的。如果儒学能够凤凰涅槃、浴火而生，再次稳住儒学在中国文化中的主导地位的话，方可以称之为儒学的第三期。而这次遇到的问题多是世界性的，其思想视域就应该是全球性的。

三期还是三期，所不同的仅仅在于分期的意义。从文化融合的角度看分期的意义，首先在于，中国文化发展的方向不是以西方文化为标准，更不是全盘西化。这是因为，文化融合是不同文化主体之间的对话与交流，一方面中国文化在从中国到东亚而世界的进程之中，势必要与文化他者对话，尤其是在走出汉字文化圈的时候，必然要被其他语言翻译，被其他的文化格义。与此同时，文化他者走进来也要被翻译、格义，只有这样文化才能融合，然后创新。如果丧失了中国文化的主体地位，不论走出去还是请进来都无法完成，以西方文化为标准的汉话胡说只会导致邯郸学步迈不开步的结局。当然强调中国文化的主体地位并不意味着故步自封的原教旨主义，自说自话的原教旨主义最多也只能成就夜郎自大的井底之蛙。中国文化未来的发展是在文化融合的意义上，学习借鉴西方文化等文化他者，消化吸收再创新。简言之，既非汉话胡说，也非自说自话，儒学要文化融合中成就自己的第三期。

其次，明确中国文化眼前的任务。中国文化在哪里跌倒，就应该在哪里爬起来。中国文化应该首先应对的问题就是科学和民主，这个看似不言自明的，其实不然，因为目前中国哲学研究的主流仍然是宋明理学，也就是冯友兰先生的"接着讲"，因此中国文化目前的主要研究方向需要扭转。尽管中国国力日隆，可是少数西方文化中心论者经常就所谓人权、民主问题对中国横加指责，要改变这种状况，就要对这些问题进行深入的研究，与之公平对话，这样才能消解隔膜、增加互信，从而减少不必要的摩擦。同时要加强对"科学"问题的研究，一方面要学习西方科学的真精神，这一点我们做的远远还不够，另外也要研究以中医为代表的中国文化中的科学范式，韩国人以所谓"韩医"申报世界文化遗产的行动极大地刺激了中国人的神经，而在中国，"废除中医"的声音一直不绝于耳，研究中医是否科学的问题是摆在中国哲学面前的紧要任务，在西方的科学话语强势的今天，中医就这样不尴不尬存在着，这不能不说是当下所谓中国哲学的耻辱。

再次，要汲取前两期儒学的经验与教训，处理好内圣与外王的关系。整个宋明理学内圣强而外王弱，顾此失彼。现代新儒学的展开本身也说明了这个问题，无论牟宗三从先验哲学的角度，从内圣开新外王，还是李泽厚从经验哲学的立场，从新外王到新内圣的路子，都有内圣与外王之间的紧张。而且他们都缺失了超验的维度，超越者缺位就无法重建信仰，新内圣就会踏空。在以孔子为代表的儒学开创期，则没有这样的偏颇。也许是孔子把超验、先验以及经验这三个思想维度一体收摄，开了一个好头的缘故吧。这也就是说，儒学三期所要做到的，绝不仅仅是儒家学说的复兴，更不是某个儒家形上学的确立，而是整个中国文化的全面复兴，因为中国曾经的强盛，绝不仅仅是某家学说的兴盛，她是从信仰到文物典章制度、民力国力、技术器物应用的全面强盛。中国人期盼着儒学能如是展开，成就自己的第三期。

最后，三期儒学要借鉴第一期儒学的经验，在思想层面要回到以孔子为代表的中国的轴心期，这就需要重新解释超越者。首先应该看到在雅思贝尔斯所谓的轴心期，那时东西方的哲人们都是肯定超越者的。在希腊文化中，苏格拉底在谈到哲学家应该具有怎样的天赋，哪些人配得上研究哲学的时候，他说："至于我自己的情况则完全是例外，那是神迹，是以前很少有别人遇到过的，或者压根儿就从来不曾有任何人碰到过的。"① 柏拉图、亚里士多德皆有其神学思想自不待言。轴心期之后，在西元纪元前后，人类开始了造神运动，这一时期的超越者被人格化，于是就有了基督教哲学的 1500 年，董仲舒式的天人感应论。文艺复兴的除魅运动主要就是针对这些被人格化了的神，可是人们矫枉过正，在除魅的同时，把在轴心期作为价值之源的超越者也一并驱除。于是人类的信仰就成了无源之水、无本之木，信仰又焉能不缺失。难道我们在除魅之后，就真的不能把超越者再请回来吗？

超越者问题不仅关系到文明对话与文化融合，而且也是儒学三期的核心问题。如果彻底否定超越者的存在，那么宗教问题就必须搁置起来，要知道没有哪一个文化是跟宗教没有关系的，在某种意义上，文明对话就是宗教之间的对话，如果把超越者彻底虚化，文明之间的对话就不能很好地进行，文化融合就成了一句空话。从中国文化本身的展开来说，如果超越者不在，新内圣就会踏空，信仰就无法重建。重新阐释超越者，既是为了文化融合，也是为了成就儒学三期。

---

① 柏拉图：《理想国》，486c，郭斌和、张竹明译，商务印书馆 1986 年版，第 247 页。

关切治道，阐启儒风

——傅玄儒学思想探析

山东社会科学院国际儒学研究与交流中心　李玉

魏晋南北朝时期，玄学的兴起、佛教的传入，对儒学造成了严重的冲击和挑战，儒学进入相对低潮时期。其间，魏文帝、魏明帝、齐王曹芳、晋司马昭等统治者尊崇儒学，许多儒者身体力行地倡导、阐发儒家思想，使儒学在魏晋南北朝时期也保持着较大的影响。这一时期，对儒家思想继承与发展的首推魏晋之际的傅玄。

傅玄（217~278），字休奕，北地泥阳（今陕西耀县）人，出身官宦之家，父亲傅干，曹魏时为扶风太守。傅玄幼年丧父，孤贫，避难于河内，博学善属文，解钟律，后被州举为秀才，任郎中，参加《魏书》的编撰。以后又历任安东、卫军军事、温县令、弘农太守、御史中丞、太仆直至司隶校尉。西晋咸宁四年（278），傅玄卒于家，时年六十二，后被追封为清泉侯。傅玄在哲学、文学、史学等领域多有建树，著作颇多，其中最重要的著作是《傅子》一书，傅玄"撰论经国九流及三史故事，评断得失，各为区例，名为《傅子》，为内、外、中篇，凡有四部、六录，合百四十首，数十万言"[1]。虽然对《傅子》一书存在着归于儒家还是杂家之争论[2]，但在玄学思潮流行的魏晋时代，傅玄从现实政治角度抨击反对道德约束的"虚无放诞之论"，倡导尊儒贵学，在儒学的传承发展上无疑具有重要的地位。对此，西晋司空王沈评价《傅子》："言富理济，经

---

[1]　《晋书》卷四十七《傅玄传》，中华书局 1974 年版。

[2]　《傅子》一书清代以前归类于杂家，由《四库全书》起，多归类于儒家，清末叶德辉认为唐宋著录入杂家类，"最合流别"。

纶政体，存重儒教，足以塞杨、墨之流遁，齐孙、孟于往代。每开卷，未尝不叹息也"（《晋书·傅玄传》）。清代《四库全书总目提要》更是推崇傅玄的儒学精神，这样称赞《傅子》一书，"晋代子家，今传于世者，独玄此书，所论皆关切治道，阐启儒风，精意名言，往往而在，以视《论衡》、《昌言》，皆当逊之。"

一 关切治道

傅玄生活的魏晋之际，玄风日盛，佛教外入，儒学陷于低潮，而傅玄始终保持着正统儒者的风范，倡导"礼教兴天下"，主张兴复儒学、尊崇孔孟、整齐风俗、兴学重教等，继承阐发了儒家如行仁政、得民心、上行下效、教化等主张，并参与制礼作乐，对儒学在魏晋低潮期的传承起了重要作用。

傅玄指出"先王之制礼也，使疏戚有伦、贵贱有等，上下九代，别为五族"（《傅子·阙题上》），其本人则"博学善属文，解钟律"（《晋书·五行志上》）。西晋政权成立伊始，傅玄参与了大量制礼作乐方面的活动。《正朔服色议》、《五祀议》等提出了对服制、祭祀制度的看法和见解，并改造郊庙歌词22篇、改造鼓吹歌曲22篇、新造鼙舞歌诗5篇、造四厢乐歌3首等宫廷乐府歌诗约61篇，晋武帝司马炎登基及后奏唱的郊庙乐府歌诗，绝大多数出于傅玄之手。

傅玄主张"礼教兴天下"。儒家思想仁礼并重，礼主要用来治理家、国、天下，荀子曰："人无礼则不生，事无礼则不成，国家无礼而不宁。"（《荀子·修身》）傅玄指出："能以礼教兴天下者，其知大本之所立乎？夫大本者，与天地并存，与人道俱设，虽蔽天地，不可以质文损益变也。大本有三：一曰君臣，以立邦国；二曰父子，以立家室；三曰夫妇，以别内外。三本者立，则天下正。"（《傅子·礼乐》）怎样维护礼教大本呢？

第一，傅玄强调"信"，认为"盖天地著信，而四时不忒；日月著信，而昏明有常；王者体信，而万国以安；诸侯秉信，而境内以和；君子履信，而厥身以立"（《傅子·义信》）。在这里，傅玄将信视为支配天地万物的规律，也是维护礼教大本的根本。这正是对孔子及其后的秦汉儒家重视诚信的继承，《论语·颜渊》有：子贡问政。子曰："足食、足兵、民信之矣。"子贡曰："必不得已而去，于斯三者何先？"曰："去兵。"子贡曰："必不得已而去，于斯二者何先？"曰："去食。自古皆有死，民无信不立。"

第二，傅玄强调礼法并重、德刑并用，认为"独任威刑而无惠，则民不乐生；独任德惠而无威刑，则民不畏死。民不乐生，不可得而教也；民不畏死，不可得而制也。有国立政，能使其民可教可制者，其唯威德足以相济者乎"（《傅子·治体》），礼法德刑相须而行，是维护人伦纲纪的根本保证。所以傅玄反对暴政，主张宽省刑罚。他以秦朝灭亡为例，指出暴政必失民心，"秦始皇之无道，岂不甚哉。视杀人如杀狗彘，狗彘仁而用之，犹有节，始皇之杀人，触情而已。其不以道如是。李斯又深刻峻法，随其指而妄杀人，秦不二世而灭。李斯无遗类，以不道愚人，人亦以不道报之，人仇之，天绝之。行无道，未有不之者也"（《傅子·问刑》）。接着傅玄又以秦亡为例证明了儒家礼乐制度的重要性，"商君始残礼乐，至乎始皇，遂灭其制"，导致秦朝二世而亡，因此说："礼义者，先王之藩卫也，秦废礼义，是去其藩卫也。"（《傅子·礼乐》）为此，他得出结论说："是故圣帝明王，惟刑之恤，惟敬五刑以成三德。若乃暴君昏主，刑残法酷，作五虐之刑，炮烙之辟，而得天下之民无所措手足矣。"（《傅子·法刑》）由此看来，在用刑罚的问题上，傅玄明确反对刑残法酷、滥伤无辜，如果社会较为安定时，先礼而后刑，社会动乱时，先刑而后礼，同时，还要视犯罪动机而定刑，如果"心恶"者，则罪"虽小必诛"；如果"意善"而过失犯罪，则罪"虽大必赦"，"人君之治也，先礼而后刑。治世之民，从善者多，上立德而下服其化，故先礼而后刑也。乱世之民，从善者少，上不能以德化之，故先刑而后礼也……然则心恶者，虽小必诛，意善过误，虽大必赦，此先王所以立刑法之本也。礼法殊途而同归，赏刑递用而相济矣"（《傅子·法刑》）。

第三，轻徭薄赋，发展农业。在传统社会，农业是国之根本。傅玄主张"度时宜而立制，量民力以役赋"（《傅子·安民》），"上不举非常之赋，下不进非常之贡，上下同心以奉常教，民虽输力致财，而莫怨其上者，所务公而制有常也"（《傅子·平役赋》）。同时，傅玄十分重视发展农业，指出"贵农贱商，此皆事业之要务也"，"民富则安乡重家，敬上而从教"（《傅子·安民》），只要"天下足食"，则"仁义之教可不令而行也"（《晋书·傅玄传》）。

第四，兴教化。傅子说："贵教之道行，士有仗节成义，死而不顾者矣。故义威而礼行，因义立礼，故礼设而义通。"（《傅子·贵教》）傅玄认为，提倡学校教育中要尊崇儒家之道，以儒学作为教育的主要内容，认为"夫儒学者，王教之首也"（《晋书·傅玄传》）。他还特别强调，所谓尊崇儒家之道，并非只是尊崇儒家经典，而在于尊崇具有儒家精神的人，傅子说："尊儒贵学，则民笃于义"（《傅子·通志》），这就是说，只有通过"尊儒贵学"，才能使"民笃于义"，这样有助于对社会实行教化，从而协调社会伦理关系。

二　阐启儒风

魏晋之际，儒学日渐堕落，玄风日炽，人们过度追求个性解放、任情悖礼，一度形成了"学者以老庄为宗而黜六经，谈者以虚荡为辩而贱名检，行身者以放浊为通而狭节信，进仕者以苟得贵而鄙居正，当官者以望空为高而笑勤恪……礼法刑政，于此大坏"① 的现实局面。在这种情况下，傅玄强烈抨击玄学思潮下反对道德约束的"虚无放诞之论"，傅子认为，要治理社会需要"经之以道德，纬之以仁义，织之以礼法。即成，而后用之"（《傅子·阙题上》）。

仁是儒家学说的精髓。儒家创始人孔子一直强调仁，始终把仁作为自己思想的核心来阐述。傅子宗儒家之宗旨，作《仁论》，其要点如下：

> "夫仁者，盖推己以及人也。故己所不欲，勿施于人；推己所欲，以及天下。推己心孝于父母，以及天下，则天下之为人子者，不失其事秦之道矣。推己心有乐于妻子，以及天下，则天下之为人父者，不失其室家之欢矣。推己之不忍于饥寒，以及天下之心，含生无冻倭之忧矣。"（《傅子·仁论》）

傅玄《仁论》的关键在于"圣人之崇仁也，将以兴天下之利也"

---

① 干宝：《晋纪·总》。

（《傅子·仁论》）。这就是说，儒家仁学的根本在于"兴天下之利"。仁者又如何能兴天下之利，这就需要"推己以及人"，他强调古之仁人"推所好以训天下，而民莫不尚德；推所恶以诫天下，而民莫不知耻"（《傅子·仁论》），"仁人，天下之命"（《晋书·何曾传》），进一步"圣人之道如天地，诸子之异如四时，四时相反，天地合而通焉"（《傅子·阙题上》），这是傅玄关于从仁人到圣人到天地之道的儒家逻辑。

接下来，傅玄认为落实儒家的仁之宗旨，关键在于修身立德。对于如何修身立德，傅玄有自己独特的见解。

第一，傅玄提出了无欲说。他说："天下之福，莫大于无欲；天下之祸，莫大于不知足。无欲则无求，无求者所以成其俭也。不知足则物莫能盈其欲矣。莫能盈其欲，则虽有天下，所求无已，所欲无极矣。"（《傅子·曲制》）正因如此，"故明君止欲而宽下"（《傅子·检商贾》）。魏末晋初，皇族、世家大族骄奢淫逸之风日盛，耗费了大量民脂民膏，因此，傅玄的这种思想有着很强的现实针对性。傅玄的"无欲"说是在魏晋玄学风行之下对在孟子"寡欲"说的继承，孟子曰："养心莫善于寡欲。其为人也寡欲，虽有不存焉者，寡矣；其为人也多欲，虽有存焉者，寡矣。"（《孟子·尽心下》）在无欲说的基础上，傅玄又提出了"上息欲"的主张，傅子说：

"夫经国立功之道有二：一曰息欲；二曰明制。欲息制明，而天下定矣"（《傅子·校工》），又"故一野不如一市，一市不如一朝，一朝不如一用，一用不如上息欲，上息欲而下反真矣"。（《傅子·检商贾》）

第二，正心。要息欲以至于无欲，关键在于正心。傅玄指出：

"立德之本，莫尚乎正心，心正而后身正，身正而后左右正，左右正而后朝廷正，朝廷正而后国家正，国家正而后天下正，故天下不正，修之国家，国家不正，修之朝廷，朝廷不正，修之左右，左右不正，修之身，身不正，修之心。所修弥近，而所济弥远。"（《傅子·正心》）

　　要道德教化风行整个社会，在皇权时代就需要君王修身立德，"上好德则下修行，上好言则下饰辩"（《傅子·戒言》），进而达到"左右正"、"朝廷正"、"国家正"、"天下正"，若"室之倾，尚可柱也；心之倾，不可辅也"（《傅子·栋铭》）。对各级官吏，傅玄提出"敬职"、"至公"、"去私"的行为规范。他认为，各级官吏首先应当有为官之德，即做人做事要出自公心，"有公心必有公道，有公道必有公制"（《傅子·通志》），"唯公然后可以正天下"（《傅子·问政》）。在强调至公的同时，他十分重视"去私"，对于营私利之人主张绳之以法，"既受禄之官，而或营私利，则公法绳之于上，而显议废之于下"，如此一来，则"仁让之教存，廉耻之化行，贪鄙之路塞，嗜欲之情灭，百官各敬其职。大臣论道于朝，公议日兴，而私利日废矣"（《傅子·重爵禄》）。

　　傅玄主张通过自身修养获得仁的品格，认为获得仁的关键是需要向内追求，通过内省，反省自身，"君子内省其身，怒不乱德，喜不乱义也"（《傅子·仁论》）。他对内省又作了具体的解释，"相伯夷于首阳，省四皓于商山，而知夫秽志者之足耻也。存张骞于西极，念苏武于朔垂，而知怀闾室者之足鄙也。推斯类也，无所不至矣。德比于上，欲比于下。德比于上，故知耻；欲比于下，故知足。耻而足之，则圣贤其可几；知足而已，则固陋其可安也"（《傅子·仁论》）。在他看来，见贤而思齐，见不贤而内自省是一种行之有效的修仁途径。

　　第三，仁政，儒家仁礼并重，但礼治的思想根基在于仁政。儒家的仁政思想由孔子开启，提出"为政以德"思想，傅玄继承了儒家的仁政学说，将孟子"仁民爱物"的思想作了进一步阐发，鲜明地提出"推心及物，天下归之"[1] 的主张。在皇权时代，儒家"仁政"的核心内容就是孟子所说的"以民为本"。孟子说："民为贵，社稷次之，君为轻"（《孟子·尽心下》），民乃国之本，要与民同乐："乐民之乐者，民亦乐其乐，忧民之忧者，民亦忧其忧。乐以天下，忧以天下；然而不王者，未之有也"（《孟子·梁惠王下》）。如果做到了这些，就可以"保民而王，莫之能御也"（《孟子·梁惠王上》）。儒家民本思想是孟子总结历史经验所得出的结论："桀纣之失天下也，失其民也，失其民者，失其心也。得天下

──────────

　　[1] 《傅子·补遗》，载严可均辑《全晋文》，中华书局。

有道：得其民，斯得天下矣。得其民有道：得其心，斯得民矣。得其心有道：所欲与之聚之，所恶勿施尔也。"（《孟子·离娄上》）

傅玄继承孔孟之宗旨，他认为，"辨上下者，莫正乎位，兴国家者，莫贵乎人"（《傅子·补遗》）。这就是说"国以人为本"，他进一步论证说"安民而上危，民危而上安者，未之有也"（《傅子·安民》），在具体落实儒家民本思想方面，傅玄撰写了《安民》、《曲制》、《问刑》、《法刑》、《平役赋》等篇章，主张仁德治国，认为国家的首要任务在于安民富民，"民富则安，贫则危"（《傅子·安民》）。

复古与革新：关于"五四"与儒学传统之关系问题新论

山东社会科学院国际儒学研究与交流中心　张明

可能无论从文化保守主义者还是激进主义者看来，"五四"总是一个至今萦绕不去的话题，对它的描述与论断已经确实地超出了一个历史事件自身所能承载的范围，而演化成了某种政治的、文化的派别之间为维护自我立场、论证自身存在之合法性的前提，进而对它的不同言说总是力图将其纳入到自身的逻辑—话语体系中，正是由于这种以意识形态或文化立场为先导的言说方式，导致了"五四"甚至以一种非历史的符号化象征形态呈现于当下，或被极端的推崇，或被彻底的否定，其扭曲的状态令人叹为观止。

具体而言，造成上述情形的核心缘由，乃是"五四"与传统，尤其是以儒学为中心的传统之间的关系问题，一直存在着两种既矛盾又同一的评价方式。从同一的角度说，把"五四"视为彻底的反传统运动，这已然是长期以来固有的见识，各方都从这种判定中获得了自身的契机。从"五四"之后的历史发展来看，中国的政治风向一直在向"左"转，并由共产党人最终在大陆确立了政治领导权，而在对这一历史的"追述"时，"五四"就成为导致这一最终结果的原初推动力。无疑，在这一自我历史的找寻过程中，由于如陈独秀、李大钊等早期中共领导人的直接参与，构成了某种"历史与逻辑相统一"的线索，但是很显然这种仅从政治意识形态角度进行的抽绎性处理方式，并非"五四"的全貌。然而令人惊诧的是，尽管近年来反思并打破之前的意识形态专断的极端状态之后，尤其是关于复兴儒学传统的呼声愈来愈高的当下，持上述文化立场的人们并未因此加以检讨，而是一如既往地把这一政治性话语叙述方式完整地继承下来，不无草率地从文化进程的角度将"五四"定性为儒学传统的"断裂"时期。就二者对"五四"的评判，即它作为某种历史之"点"，都是对儒学传统的一种否定性存在。矛盾或曰两者之间的差别在于，从政治意识形态出发的言说，将"五四"作为一个"起点"，标识了一个新的、不同于以往中国固有之儒学传统的时代开启了，中国化的马克思主义成为新时代的精神内核；而在文化保守主义者看来，"五四"实质上是一个"断点"，给予中国文化精神的自主发展一个极大的破坏，以至于从当下民族文化复兴、儒学复兴的角度来看，它实乃必须首要加以批判和否定的事情。

在笔者看来，上述双方都有意无意地忽略了"五四"的实际情形，因而所下的评判只是出于己意、不察历史真实的做法。当然显而易见的是，通过这种判定，的确在逻辑上为自身的存在合法性找到了颇为有利的依据，但是即便如此，在并无损耗各自合法性存在的情形下，历史的真实面仍然有可能加以揭示。换句话说，与其仅仅通过某种符号化、象征性的方式把"五四"表述为某种简单的标志物，不如真正面对历史的具体情境，从而为思想文化的发展找寻到更为切实的基点。

无论如何，"五四"正如它被言说的那样，将某一"段"历史表述为一个时间"点"，本身就造成了某种误解，因此要真正加以理解，必须从时间性的维度上进行拓展。1919 年 5 月 4 日所发生的学生运动，作为一个事件而言，本身并无太多可道之处，但它之所以被特别的提出，是因它表明了在此之前以及在此之后的种种因果，换言之，它是处在某种历史发展的链条之上，前后的历史贯穿起来，构成了一个时代。从我们所关注的儒学传统发展的角度，此时进入高潮的新文化运动成为值得深入探究的关键问题。事实上，在本文开始讨论的两种或保守或激进的文化派别阐述其立场时，真正关注的就是新文化运动及其参与者的文化立场，他们的判定也是通过这些具有时代影响力的人物及其文本而进行的。但问题是，恰恰正是由于对这些人物的概念化理解，导致了评判的片面性。

就"五四"思想人物而言，儒学复兴主义者评判的片面性主要来自两个方面。其一是陈独秀李大钊为代表的一脉。这当然是因其后来成为中共早期领导人的缘故，抛开政治问题不谈，从文化的角度而言他们后来的行动也引发了异质文化进入中国思想文化领域，并且至少在形式上占据了主导地位；更为严重的是，这场文化上的革命性运动最终引发了类似于

"焚书坑儒"式的悲剧。然而这毕竟不能由陈、李来承担历史的责任，这不仅在于李大钊的早亡，陈独秀终被排斥出革命队伍，而是这种论证本身就具有倒果为因的谬误。细查陈、李此时围绕《新青年》的言论与行动，虽然大张"革命"的旗帜，但是多为口号性的呼喊，且就当时实际情形来看，这一后来被标明为"运动"的事件，其实影响有限，以至于因响应者匮乏而显得寂寞。其二是以胡适为代表的一脉。大致上代表了从欧美留学回国，笃定要以舶来的新思想新理论来对传统中国加以改造的一众人物，其思路自然偏离了旧有的儒学传统的理路。然而就其实情来看，这派人物尤以胡适为代表，在对待传统的问题上表现出极为温和的态度，今人称其为"全盘西化"实属误解。事实上胡适的贡献是在引入西方"科学"的方法论，对中国传统的利弊加以分辨与梳理，以期通过这种"整理国故"的工作，使传统与现代之间形成某种对接。即便从古代儒学传统的流变看，胡适等人的这项工作也完全可以归入"纳新"的方式，即如阳明先生从禅语中获得了关于认识论的思辨乃至语言方式一般，故而后来对胡适的评价与"中国文艺复兴"这样的词汇联系在一起。

值得特别一提的是鲁迅以及周作人，或许由于他们参与的活动更多的跟文艺相关，其思想方面的资源自始至终很少在思想史的范畴中被提及，同时由于兄弟二人后来命运的特别（或被政治化为思想符号遭受曲解，或因背负"汉奸"名号而人言两废），在我们谈论的这一话题领域之内早早就被贴上标签，归入所谓"反传统"的一派中。然而，饶有意味的事件是，最早攻击《新青年》所倡导的"新文化"者，乃是以译笔著称的旧式文人林纾，其笔锋所指，却是对周氏兄弟在内的《新青年》同仁缺少旧学功底的批判。蔡元培作为回应者指出，周氏兄弟乃出于章太炎的门下。这倒是为我们找出一条反驳上述标签式评判的理路。在最为苛求"道统"的现代儒学学者的眼中，恐怕也不可能将古文经学大师章太炎排除在儒学传统薪火之外罢。事实上，周氏兄弟在东京聆听章太炎《说文解字》课的事情，绝非一般记述中那样平淡，在关于文化观念上的承继关系几乎显露于二人的一生。鲁迅早期提出的"取今复古，别立新宗"观点，可视作同期章太炎的翻版，一方面显示出他们对于身处儒学传统之中以及因此对自身身份的规定性的自觉态度；另一方面则显示出开放性包容性的心态。"复古"被明确的加以提出，看似与"革命"构成不相容的两端，但在这师弟而言，乃是真正获得文化主体性的必由之路。经由他们的思路，处在"五四"前后的时代，文化之变革实属必须，抱残守缺食古不化乃至于任由传统之流弊横行无忌，必然使民族陷入万劫不复的境地。这也可以说明，如章太炎、鲁迅这般深谙中国文化传统，不失为一代儒者的人物，何以投入到最犯旧式道德忌讳的革命党中，以推翻封建政权建立民主制度为己任。

所以，"五四"时代的精神其实质上是承继了之前的历史命运，是求"变"，而不是固守。"变"本身应是数千年来儒学传统的题中之义，是在对抗与吸收中保持其生命的延续。汉代儒学的复兴，是在对抗秦汉法家及黄老之学而杂糅阴阳五行的基础上进行的一次变革，唐代韩愈立"道统"，是在对抗佛老之学追述前贤的基础上进行的一次变革，凡此种种，或大或小，或激烈或平和，儒学之发展演变，都是应时代之必需，绝非一成不变，"圣之时者也"。所谓的传统精神，也绝非是停留于纸面上的条条框框，而恰恰是不断剔除不合乎时宜的种种弊端，吸纳新的精神，才能促使其健康发展。仍举"五四"为例，新文化运动中显出实绩的，倒是在家庭伦理问题上，婚姻自由和妇女解放在此时期获得了实质性进展，从旧有的传统看，这可算是违背纲常、毁坏礼教的大事，然而却合乎了现代社会的理念，至今已为普遍接受并成为社会道德的基本规范，恐怕稍具头脑的人都不会愿意回到旧有的道德规范中去。不把传统视作凝固态的东西，而是不断发展更新的，也就不可能失却传统，更别说作为几千年心理积淀、而由近代民族意识的兴起，儒学传统已然成为共同体内部自我凝聚的一种不言而喻的事实。

另一条颇遭诟病的是，新文化运动伴随着白话文运动展开，白话的推广终结了古文在书面语中的统治地位，作为传统精神的载体甚至思维自身因此中断。其实这个问题在五四时期已经有所反应。在白话文运动中用力最多的是胡适，他提倡"有什么话，说什么话。话怎么说，就怎么说"，一方面确立了摆脱文言，直接用口语表达的语言改造方式；另一方面又显示出他在白话问题上只立足于表面，欠缺深入的思考。周作人从文艺审美的角度对白话文的革新内容给予深度发掘，即虽在形式上由文言文变为口语体，但在表达的内容上、审美的风格上延续了明以来的传统。周本人大力提倡美文，且亲力亲为，创作了数量庞大的作品，文体是现代的，情趣却延续了明清小品的格调。另一个层面，如从白话文运动的最终结果来看，虽然损失了文言的典雅精练，却在启蒙大众的问题上起到重要作用，实则有利于儒学的广泛传播。再者，从开放性的角度看，白话代替文言至今已发展百年，渐臻于精密和复杂，更合乎现代社会交往的需求，这一点上是文言难以达到的。

通过上述分析梳理，大致可见出"五四"的真实情况，倘若依照现今流行的观念，称之为传统之"变"自然无不可，但绝不可单纯视为"断点"，因为事实上它也是对传统的某种承继，论者不能简单地以几句激烈的宣传口号作为判定全部事实的依据。它对传统的承继方式，乃是革弊启新，以使儒学传统适应时代新的土壤而得以延续生存。周虽旧邦，其命维新，维续传统之生命的，绝非如林纾等一味守旧者，而恰是勇于革新者，实质上，所谓的革新者，却是来自儒学传统内部的人物，他们于传统的批判实则是对自我的批判，同时也是自我反思与更新。

今时今日，所谓儒学复兴、民族复兴的浪潮方兴未艾，但于"五四"传统却有意地忽略，其欠缺者正是那种自我批判的态度与开放性的胸襟。究其原因，其一，盲从统序，自张旗帜，而缺乏严肃审慎的态度。所谓的统序，即以梁漱溟、熊十力为宗，由台湾、海外而大陆，通过此种脉络获得了承祧的名分，自命为新儒家，统序既定则以此排拶其余，陷入"正统—异端"的狭隘眼界。以这样的眼界来看待历史，也就陷入了这样的情形：只重名而不重实。故而章太炎虽然大谈革命甚至非儒，在名分上却班列于传统继承者之中；胡适谈"复兴"、周氏兄弟谈"复古"，却因参与"五四"被打入另册；更奇异的是，如章士钊等假"读经"之名实则钓誉之辈，今日竟也忝列儒学传统的门墙之内！可谓乱象丛生了。其二，如果说当下儒学复兴运动乃是对大陆数十年间极"左"思潮所导致的文化毁坏进行的一种拨乱反正，是应对当下国人信仰缺失问题熬制的一副药方，那么理所当然有其合理性，然而对"五四"的全面否定性评判，恰恰暴露出它与激进主义意识形态之间的某种同构性特质。它所关注的，不是历史的真实层面，而是通过自我的逻辑架构从而达致相同的意识形态特性，这也就怪不得在对"五四"的态度上，以相似的方式进行了不同的话语改造，由"起点"而"断点"，而真实的"五四"乃至真正的儒学传统被遮蔽了。

汉代今古文经学概说

山东社会科学院国际儒学研究与交流中心　李峻岭

皮锡瑞《经学历史》中谓，自孔子删定六经，《诗》、《书》、《礼》、《易》、《乐》、《春秋》便作为儒家经典而流传下来，因《乐》经不传，至汉代，只剩五经。[①] 所谓今文经者，为汉世流行隶书所写；古文经者，则为秦或六国时所流行大篆所写。今文经原是经师口耳相传所存至汉，故著于竹帛时用隶书。古文乃秦焚书时书生所藏之书，至汉惠帝除挟书之令，所藏古文经书渐出。《汉书·鲁恭王传》载："恭王初好治宫室，坏孔子旧宅以广其宫，闻钟磬琴瑟之声，遂不敢复坏，于其壁中得古文经传。"[②]《河间献王传》又载："从民得善书，必为好写与之，留其真……献王所得书皆古文先秦旧书，《周官》、《尚书》、《礼》、《礼记》、《孟子》、《老子》之属，皆经传说记，七十子之徒所论。"[③] 皆是讲述古文经书的出世经过。

除却文字和经书来源之不同，今古文经学对于孔子及"六经"的认识上也有分歧，"今文经学以孔子为政治家，以'六经'为孔子致治之说，所以偏重于'微言大义'，其特色为功利的，而其流弊为狂妄。古文经学以孔子为史学家，以'六经'为孔子整理古代史料之书，所以偏重于'名物训诂'，其特色为考证的，而其流弊为烦琐"[④]。日本学者内野熊一郎认为，经今古文的分野始于战国时期的"王道"与"霸道"之争，

---

① （清）皮锡瑞著、周予同注释：《经学历史》，中华书局2004年版，第2页。
② （汉）班固：《汉书》，中华书局1962年版，第2414页。
③ 同上书，第2410页。
④ 周予同注释：《经学历史·序言》，（清）皮锡瑞：《经学历史》，中华书局2004年版，第3页。

后演变为齐、鲁学派的分立，而汉初经古文学家多出于鲁学，经今文学家则多出于齐学，是以形成今古文之差别。①

汉代今文经学始于董仲舒②，《史记·儒林列传》载："董仲舒，广川人也。以治《春秋》，孝景时为博士。下帷讲诵，弟子传以久次相受业，或莫见其面，盖三年董仲舒不观于舍园，其精如此。进退容止，非礼不行，学士皆师尊之。"③ 董仲舒作为今文经学的代表人物，专治公羊春秋，因此也可以说汉代今古文之争的焦点是围绕《春秋》三传展开的。④ 武帝初年，听从董仲舒建议，实行"罢黜百家，独尊儒术"，以董仲舒为代表的《公羊春秋》取得了官学地位，盛极一时。董仲舒不仅毕生致力于《公羊春秋》的研究，还培养了一大批弟子和学人。仲舒之前，《春秋》三传皆传于世，董仲舒、胡母生传《公羊春秋》，瑕丘江公传《谷梁春秋》，张苍、贾谊传《左氏春秋》。《汉书·儒林传》载："武帝时，江公与董仲舒并。仲舒通《五经》，能持论，善属文。江公呐于口，上使仲舒议，不如仲舒。而丞相公孙弘本为《公羊》学，比辑其议，卒用仲舒。于是上因尊《公羊》家，诏太子受《公羊春秋》，由是《公羊》大兴。"⑤ 《公羊》大兴促使今文经学的繁荣昌盛。史传所载董仲舒与瑕丘江公的争论虽然语焉不详，却开启了汉代经学今古文之争的序曲。自此之后至东汉末年，今古文先后有三次激烈的冲突，东汉白虎观会议之后，今古文两派才渐渐开始合流。

关于今古文冲突的原因，学者多以利禄之争。因为经学在汉代成为选拔官吏的唯一标准。如汉代大儒公孙弘"以《春秋》白衣为天子三公，封以平津侯。天下之学士靡然乡风矣"⑥。但纵观今古文三次激烈的冲突，参与其中的学者却多身为朝廷官员，甚至地位很高，并不存在利禄仕途的问题。

---

① 参见［日］内野熊一郎：《经今古文分立的源流》，《管子学刊》1989 年第 2 期，第 58—60 页。

② 范文澜、蔡美彪等：《中国通史》，人民出版社 2008 年版，第 152 页。

③ （汉）司马迁：《史记》，中华书局 1982 年版，第 3127 页。

④ 参见汤其领：《汉代今古文之争刍议》，《徐州师范学院学报》（哲学社科版）1991 年第 4 期，第 31 页。

⑤ （汉）班固：《汉书》，中华书局 1962 年版，第 3617 页。

⑥ （汉）司马迁：《史记》，中华书局 1982 年版，第 3118 页。

挑起第一次今古文正面冲突的刘歆"为侍中太中大夫,迁骑都尉、奉车光禄大夫,贵幸"①,这样看来,刘歆不可能为了利禄而推举古文经学;光武时,尚书令韩歆上疏欲立古文经《费氏易》、《左氏春秋》为博士,今文博士范升因此与之发生激烈争论,这时的韩歆为尚书令,后历任沛郡太守、大司徒,如果真的是为了功名利禄,这时的韩歆也不会为了一个博士官与范升廷争面折;东汉末年,卢植上书建议《毛诗》、《左氏》、《周礼》"宜置博士,为立学官",卢植是马融最为著名的弟子,史载卢植"性刚毅有大节,常怀济世志"②,他是不可能为了一己之私利而要求立古文经博士的,何况此时的卢植早已被征为博士,并且因为平息叛乱官拜九江太守。从以上分析来看,今古文利禄之争是站不住脚的,那么,绵延近百年的今古文之争究竟是为了什么呢?惠吉兴在《汉代经今古文之争新探》中指出:"学术思想上的大一统格局、政治生活中的独断权才是今古文经学争论的焦点和实质。换言之,今文学派想垄断的不仅是几个博士职位,或由经学进入仕途的门户,而是由今文经学主宰的思想学术上的一统格局,以及经学在国家政治生活中的权威地位——经学的这种权威地位是建立在学术思想大一统格局上的。古文学派的目标也不单单是从今文学派的既得利益中分一杯羹,而是想补救今文经学的缺失疏漏,增强经学的思想活力、学术内涵,从而强化经学的权威地位和政治功能。"③ 排除异己,统一学术思想,然后才能最大程度的对政治产生影响,这才是今古文百年之争最为根本的原因。在两汉今古文的冲突中,今文经学家为保住今文经一统天下的局面,因与谶纬结合,却不免流于烦琐和妄诞,而古文经学以其质朴的文风、踏实的学风欲弥补今文经学之不足,在一次次激烈的碰撞中,今古文经学大师共同推动了汉代经学的发展,为郑玄的融合今古文打下了基础,在中国经学史上谱写了璀璨的一章!

一　今古文之争

自汉武帝"罢黜百家,独尊儒术",至宣、元年间确立今文"十四博

---

① （汉）班固:《汉书》,中华书局1962年版,第1967页。

② （南朝宋）范晔:《后汉书》,中华书局1965年版,第2113页。

③ 惠吉兴:《汉代经今古文之争新探》,《人文杂志》2004年第2期,第158页。

士"，西汉经学开始走向繁荣。在今文经学陆续被立为官学的同时，古文经从西汉中期开始也陆续被发现，并逐渐建立了自己的解经体系，从而形成了今文经学之外的又一个经学派别——古文经学。与今文经学高居庙堂不同，古文经学一开始只是在民间流传。西汉后期，外戚干政，社会动荡，业已阴阳五行化了的今文经学对社会矛盾的解决显得苍白无力，以至于出现禅让、改制的要求，使西汉皇权面临巨大的舆论压力。在这种情况之下，刘向、刘歆父子奉汉成帝之命开始校中秘书，前后共二十年。在校书过程中，他们发现了古文经学的优点——学风的笃实，解经的简朴，底本的可信，理性的精神等等，这些皆可以补今文经学之不足。刘歆尤好《左氏春秋》，认为《左氏》"左丘明好恶与圣人同，亲见夫子，而《公羊》、《谷梁》在七十子之后，传闻之与亲见之，其详略不同"①。于是，在刘歆的推动下发生了今、古文之间的第一次冲突。

哀帝建平元年（公元前 6 年），刘歆提出为《左氏春秋传》、《毛诗》、《逸礼》、《古文尚书》四古文经立博士，激起了今文学大师们的强烈反对，今文博士的傲慢触怒了刘歆，他愤而写下了著名的《移让太常博士书》，痛斥今文经学家"专己守残，党同门，妒道真，违明昭，失圣意，所陷于文吏之议"②，刘歆的行为彻底激怒了今文大师们，大司空师丹上疏奏刘歆改乱旧章，非毁先帝所立，刘歆被迫出为河内太守。这次冲突的结果以古文经学派的失败而告终，但古文经学的优点初步得到弘扬，形成了今古文之比较优胜的格局。

王莽把持朝政之后，为了实现他的托古改制，请回刘歆任右曹太中大夫，大力提倡古文经学，立《左氏春秋》、《毛诗》、《逸礼》、《古文尚书》四博士。王莽代汉后，又立《周官经》为学官，封刘歆为嘉新公，古文经学盛极一时，得到了广泛的传播。这时的古文经学很大程度上被王莽利用为舆论工具和施政纲领，所以，随着新莽政权的覆灭，古文经博士又被取缔。但古文经学的优点却越来越明显地显露出来，其影响也越来越大了。

光武帝建武四年（公元 28 年），尚书令韩歆上疏，要求为《费氏

---

① （汉）班固：《汉书》，中华书局 1962 年版，第 1967 页。
② 同上书，第 1971 页。

易》、《左氏春秋》立博士。今文博士范升认为"《左氏》不祖孔子，而出于丘明，师徒相传，有无其人，且非先帝所存，无因得立"，因而与韩歆及太中大夫许淑等人相互辩难，日中乃罢。后又上疏认为："今《费》、《左》二学，无有本师，而多反异，先帝前世，有疑于此，故《京氏》虽立，辄复见废。疑道不可由，疑事不可行。"古文学者陈元上疏反击："陛下拨乱反正，文武并用，深愍经艺谬杂，真伪错乱，每临朝日，辄延群臣讲论圣道。知丘明至贤，亲受孔子，而《公羊》、《谷梁》传闻于后世，故诏立《左氏》，博询可否，示不专已，尽之群下也。今论者沉溺所习，玩守旧闻，固执虚言传受之辞，以非亲见实事之道。《左氏》孤学少与，遂为异家之所复冒。夫至音不合众听，故伯牙绝弦；至宝不同众好，故卞和泣血。仲尼圣德，而不容于世，况于竹帛余文，其为雷同者所排，固其宜也。"[1] 后范升与陈元相辩难，复上疏十余回。

这次争论，古文经学取得了部分的暂时的胜利：《左氏春秋》等被立于学官，司隶从事李封被立为《左氏春秋》博士。但李封当时已年迈，不久即病死了，加以今文学者的强烈反对，光武帝便没有再补选古文博士，于是《左氏》复废。此后终东汉一代，古文经学再也没有正式列于学官。这次争论之后，今文经学的独尊地位虽然得到了延续，但古文经学的发展已形成不可遏制之势。

东汉的第二次今古文之争，实际上是由章帝发起的。章帝本人好《古文尚书》、《左氏传》，他即位时，今文经学已开始衰落，于是在章帝的授意下，古文经学大师贾逵上疏发《左氏传》大义长于《公羊》、《谷梁》传者三十七，由于章帝的支持，这次今古文经学的冲突，古文经学取得了绝对的胜利，此后，"逵数为帝言《古文尚书》与经传《尔雅》诂训相应，诏令撰《欧阳》、《大小夏侯尚书古文》同异。逵集为三卷，帝善之。复令撰《齐》、《鲁》、《韩诗》与《毛氏》异同。并作《周官解故》。迁逵为卫士令。八年，乃诏诸儒各选高才生，受《左氏》、《谷梁春秋》、《古文尚书》、《毛诗》，由是四经遂行于世。皆拜逵所选弟子及门生为千乘王国郎，朝夕受业黄门署，学者皆欣欣羡慕焉"[2]。

---

① （南朝宋）范晔：《后汉书》，中华书局 1965 年版，第 1228—1230 页。

② 同上书，第 1239 页。

通过这次争论，今古文之间的优劣比较更加明显，使得古文大义更加明朗。马融面临的就是这样一个局面，即今文经学开始走下坡路，古文经学方兴未艾，而古文经学的发扬光大，还有待他的推动和弘扬。

二　今、古文经学与谶纬的融合

谶纬是汉代流行的一种神学迷信，最初，"谶"与"纬"的含义并不相同。《说文》："谶，验也，从言，谶声。"① 是巫师或方士制作的一种隐语或预言，作为吉凶的符验或征兆。"纬"相对于"经"而言，指方士化的儒生编集起来附会儒家经典的各种著作。顾颉刚在《秦汉的方士与儒生》中给予了很好的说明："谶，是预言。纬，是对经而立的：经是直的丝，纬是横的丝，所以纬是解经的书，是演经义的书，自《六经》以及《孝经》都有纬。这两种在名称上好像不同，其实内容并没有什么大分别。实在说来，不过谶是先起之名，纬是后起的罢了。"②

今文经学在武帝时期便开始了与谶纬的结合，自董仲舒开始汉代谶纬学渐渐形成③，因此，反对谶纬也成为了古文经学反对今文经学的一个重要方面。由于汉代的统治者对于谶纬的重视，古文经学在与今文经学斗争的过程中还经历了由坚决反对谶纬到利用、附会谶纬的一个过程。

由于谶纬违背了古文经学的基本精神，东汉初年的古文学家一律旗帜鲜明地反对谶纬，皆因反对谶纬而不能被委以重任，甚至险遭杀身之祸。桓谭，字君山，沛国相（今安徽省濉溪县）人，为光武时期古文经学家，博学多通，遍习《五经》，皆诂训大义，不为章句。因为看不惯光武帝推崇谶纬，数次上书反对谶纬事，惹得光武帝很不高兴，据《后汉书》载："有诏会议灵台所处，帝谓谭曰：'吾欲以谶决之，何如？'谭默然良久，曰：'臣不读谶。'帝问其故，谭复极言谶之非经。帝大怒曰：'桓谭非圣无法，将下斩之！'谭叩头流血，良久乃得解。"④ 此后桓谭被降为六安郡

---

① （清）段玉裁：《说文解字注》，中华书局 2013 年版，第 91 页。

② 顾颉刚：《秦汉的方士与儒生》，上海古籍出版社 1978 年版，第 127 页。

③ 参见余治平：《董仲舒的祥瑞灾异之说与谶纬的流变》，《吉首大学学报》（社会科学版）2003 年 6 月，第 49 页。

④ （南朝宋）范晔：《后汉书》，中华书局 1965 年版，第 961 页。

丞，没有到任便郁郁而终。郑兴，字少赣，河南开封（今河南开封）人。少学《公羊春秋》为今文学者，但晚年喜爱《左氏传》，遂积精深思，通达其旨，同学者皆师之。刘歆也很欣赏他的才干，但因为在光武帝前反对谶纬，险被降罪，后虽上书数言政事，但因不善谶纬终不为用。尹敏，字幼季，南阳堵阳（今河南方城东）人。博通今古文，光武帝以其博通经记，令校图谶。尹敏认为谶纬之书伪，又多近鄙别字，非圣人所做，恐贻误后生，但并未得到光武帝的理睬。于是尹敏在校书过程中，在阙文处写下："君无口，为汉辅。"暗示自己当为汉辅佐之臣。光武帝见后感到很奇怪，于是召敏问其故，尹敏回答："臣见前人增损图书，敢不自量，窃幸万一。"[1] 尹敏这种对待谶纬的态度惹得光武帝很不高兴，却又拿他没有办法，但尹敏的仕途也就到了终点了。东汉之初的古文学家不明白的是，光武帝刘秀乃是赖于谶纬才能登基做了皇帝，为了证明自己的正统，他当然会不遗余力地推广谶纬，反对谶纬就等于是怀疑光武帝皇位的正统。明白了这一点再来看桓谭、郑兴、尹敏的遭遇就不奇怪了。

中元元年（公元56年），光武帝刘秀宣布图谶于天下，使谶纬成为彻头彻尾的官学，明、章二帝皆述祖不改。时风如此，古文经学为了自身的生存和发展，不得不重新考虑确定与谶纬的关系。于是明智的古文学家选择了利用、附会谶纬的方法，以达到传播经义的目的。

贾逵是利用谶纬的第一位古文经学大师。永平年间，贾逵上言《左氏》与图谶语多相合之处，由此章帝对古文经学刮目相看，乃令贾逵发《左氏传》大义长于《公》、《谷》者。此后，贾逵弟子许慎继续利用谶纬倡导经学大义，更进一步推动了古文经学与谶纬的融合。马融生当许慎之后，喜欢考论图纬，不仅时风使然，亦符合古文经学业已形成的传统。

到了东汉时期，今文经学开始走下坡路，而今古文经学的融合，主要是由古文经学大师完成的。东汉时期的古文经学大师，多兼通今古学，号称"通人"，这也成为了东汉时期古文经学的一大特点。如"扬雄则称'无所不见'，杜林则称'博洽多闻'，桓谭则称'博学多通'，贾逵则'问事不休'，马融则'才高博洽'。自余班固、崔骃、张衡、蔡邕之伦，

---

① （南朝宋）范晔：《后汉书》，中华书局1965年版，第2558页。

并以弘览博达，高文赡学"①，这种博学兼通，比之大多只专守一经、罕能兼通的今文"章句"陋儒，是一种巨大的学术优势，这正是古文经学大师能促使今古文经学走向融合的学术基础。

首先在融合方面做出努力的，当数贾逵。贾逵，子景伯，扶风平陵（今陕西咸阳西北）人。为贾谊九世孙，父贾徽从刘歆学习《左氏春秋》、《国语》、《周官》，又从涂恽学习《古文尚书》，从谢曼卿学习《毛诗》，撰写《左氏条例》二十一篇。贾逵自幼受学于父亲，弱冠能诵《左氏传》及《五经》本文，治古文经的同时，以《大夏侯尚书》教授，又兼通五家《谷梁》之说。在贾逵的学术体系里，今古文已融会贯通，只不过贾逵习今文的目的是更好地为古文经学服务罢了。从这点上说，贾逵确实开辟了一个时代，一个以古文经学为主，兼容今文经学和谶纬的"通学"时代。

继贾逵之后便是许慎。许慎，字叔重，汝南召陵（今河南漯河市）人，东汉著名的古文经学大师，贾逵的学生，他博通群经及今古文经学，受到马融的推崇，"时人为之语曰：'《五经》无双许叔重'"②。许慎在他著名的《说文解字》和《五经异义》中都采用了今古文兼用的方法。惠栋《后汉书补注》中说，许慎著《五经异义》"博存众说，蔽以已意，或从古，或从今"③，这种兼采，正体现了融合的精神。

许慎之后的马融，同样博通经籍，又考论图纬，古文《易》、《书》、《诗》、《周礼》、《论语》、《孝经》无不传注，《左氏》因已有贾逵、郑众注，但著《三传异同说》。总的来看，马融的经注虽时有新解异说，不无今文经说的成分，但他更专注于古文经义的阐释和发挥，所以人们一般认为，马融在贾逵、许慎之后更大程度地显示了古文经学的本色。他有著名的《答北地太守刘环》一书，讨论古文经学的问题，可惜已佚，但从《后汉书·郑玄传》的记载看，其文"义据通深"，对于昌明古文精义做出了很大的贡献。

---

① 康有为：《新学伪经考·伪经传于通学成于郑玄》，上海三联书店1998年版，第174页。
② （南朝宋）范晔：《后汉书》，中华书局1965年版，第2588页。
③ （清）惠栋：《后汉书补注》，见《续修四库全书》（270·史部·正史类），上海古籍出版社2013年版，第610页。

未来学视角下的学习：以儒学为例

韩国国立安东大学退溪学研究所　尹天根[①]

一　生物学上的生存时间和资本主义的无限竞争

学习并不是人类的专属物。从生物学角度来看，所有的生命体都在进行各自的学习。但是大部分生物现象表现出的学习是以适应和生存为目的，只是生物现象的自然运用或展开而已。因为对这些生命体而言，这与它们当前的生存状况密切相关。对它们来说，时间也是在过去、现在、未来中流动的，但时间仅限于在一个狭小的通道内流动。对它们来说，过去只是一种记忆或经验，未来也没有多大意义，现在意味着要在残酷的环境和条件下生存下来。

因此，生物现象中的时间，虽然不知道会不会比人类的时间更加激烈，但范围不会更广泛、内容不会更复杂。虽然人类的时间也应以生物现象为基础，但在此基础之上，历史现象、文化现象、社会现象等按照人类意识和价值的变化，产生了不计其数的复杂的时间样态。

生物现象中的学习是通过经验建立起反应结构。其目的无疑就是生存。生物现象中的生存没有展望和计划，只是通过存活进行延续。其目的不是通过生物自身的意图和追求获得创造力，而是通过每天激烈的生存斗争实现结构的固化。从这个角度来说，可以说其目的是无目的性的目的，是无意图的目的。因此，生物生存的目的通常隐含于当前获得食物充饥或是现在没有食物要挨饿这种即时性状况之中。

---

① 作者：尹天根，男，韩国国立安东大学退溪学研究所；翻译：田杨，女，山东社会科学院人口学研究所。

　　人类的生存也存在这样的问题，但对人类来说，生存的时间只在特殊情况下才会真正体现出来。譬如生存遇到真正危机的情况下，人类会显示出以生存为目的的生物学存在样态。这种情形下，生存之外的其他现象就被暂时驱逐或保留起来。因为绝境下的存在危机掌控了人类生活的所有领域。

　　通过生存的时间来界定人类是否为生物学存在时，有两种不同的观点：一种是原人类的；一种是非人类的。"原人类的"是基于"人是生物之一"这个原则。"非人类的"是基于"人是非生物性的存在"这种观点。[1]

　　我认为，将人类界定为生物性存在的生存的时间，只是在特殊情形下存在，只能用于对生存形成绝对威胁的情况下。当然，人与人之间存在差异，不能将此标准形式化、绝对化。当然，也不能赋予这个标准过宽的范围。因为过宽的范围最终将导致标准的存在没有意义。

　　可以说，现代社会具有这样的特征——将标准制定得像高速公路那样宽泛。资本主义经济结构将人类的生活变为以利益价值为中心。资本主义经济社会通过激烈的竞争关系得以运转，它将人类社会打造成猛兽密布的丛林，构建起只为追求利益进行无限竞争的结构。利益价值的绝对化意味着未来利益要展开殊死争斗，胜者独占利益，败者失去利益，不全部拥有就全部失去的竞争关系。如今，这种竞争关系成为全球化现象[2]，竞争日益激烈并且无处不在。

　　现代资本主义社会下人类被视为竞争动物，作为生物现象的生存斗争成为作为社会现象的利益斗争。以经济斗争为基础的资本主义社会仅靠经济领域的斗争无法解释。经济问题掌控了中心社会，社会的方方面面都受此支配。因此，可以说资本主义社会是一个将全部社会财富还原为利益价值的无限竞争的领域。

　　无限的竞争和无限的斗争要求即使在很平常的情况下也为获取利益而决然付出巨大代价。这是在生存时间内显现出的典型画面。生存时间内的存在受生物学争斗本能的驱使。这种情况下，人类只是一种生物性存在。

---

① 　Max Scheler，《在宇宙上人的地位》，《大宇古典丛书 2》2001 年版，第 132 页。
② 　Guy Sorman，《打开世界与文明创造》，韩国经济新闻社，1998 年版，第 14—23 页。

这是人类能力的原点也是结束，现代资本主义社会将此前所未有地呈现出来。当利益价值成为目的，利益本身会将人格埋没。

二　使人类成为人类

现在这种状况是我们可以欣然接受的吗？在现代资本主义利益价值绝对化的形势面前，我们不得不抛出这样的疑问——对人类来说，利益意味着什么；对人类而言，生存意味着什么？利益和生存可以作为人类生活的绝对目标吗？

虽然这看上去是好几个问题，实际上只是一个问题。什么才是人类应该做的事情呢？前面诸多疑问可以用这个问题来取代。"像（应该）"强调以价值为内容。但是，它与利益价值，即财物价值那样具有外显性的事物不同。因为"像"所指价值的内容以"人"这个主体为前提，是与某种"人性"相关的内在品性。当然，"像"并不等同于全部，只是具有包含了"最——像"的特殊指向性。

"像人类"与"是人类"具有不同的含义。"是人类"具有指示语的性质，它能够指示主体。但这种指示只能够准确地瞄准对象，却不能描述对象。

与之相反，"像人类"并不是指对象，而是关心对象具备的内容。这是"＿＿＿像＿＿＿"的结构，当知道前面"＿＿＿"的内容时，"像"则置于能够判断与"像"的内容是否一致的条件之中。当不知道前面"＿＿＿"的内容时，则无法确定"像"修饰的内容，仅仅表示说话人某种心理上的认同，其实就连其心理认同也有所隐藏，可以说这是毫无意义的陈述。我们只能确认说话人心理上的认同。只有从说话人那儿听到"因为＿＿＿所做某事而像人类"的说明时，我们才能通过"因为＿＿＿"来判断其像人类的内容和人类应该具备的品性等情况。

"像人类"归根结底是"因为＿＿＿"中被赋予内容。但是，"因为＿＿＿"的心理条件并不是绝对化的。它可以因人而异，也可以根据个人的心理条件而产生变化。因此，这种陈述仅在"我是人类，是因为＿＿＿"的陈述中才能成立。这种情况下的人性成为允许选择的可变性的哲学思考对象。

如果接受生存的状况，人类就不具有选择的可能性。生存，只有生存，生存之外的只是生存所需要的工具＿＿＿这种情况下，没有必要为人类应具有哪些人性而烦恼。生存状况下不允许存在意识的灰色地带。

如果把限制人类的那些极其明确又绝对的条件放到一边，就可以开始思考"应该成为哪种人"、"像人类是什么意思"等问题了。人类作为物种之一，处于生存状态中是不争的事实，但即使这样，只有放下生存的专制性价值，通过自身的烦恼和选择建立起"——像人类"观念的时候，像人类的人类才会出现。像人类的人类的登场，与历史现象、文化现象、社会现象具有相互作用的关系，使得人类生活丰富多样且结构化。通过这种像人类的人类的登场，时间也体现为一个有机的、相互关联的整体。过去成为历史，成为对人类生活进行反省和省察的工具；未来把用目标和展望来进行思维的人类生活的意义和价值作为前提；现在在对过去的省察中前进，具有批判和克服现状的智慧，以创造未来理想。

三　资本主义利益价值和人性

资本主义利益价值行使着将生存绝对化、二元化的职能，就像自然生命现象中的生存那样，这是激烈、绝对、无条件的。我们深陷其中，过去的智慧和未来的理想都为了今天的需要而被抵消，过着这样的生活。利益价值被看作是唯一的目标。从这狭小的视野之中，根本无暇顾及对人性的烦恼或是对理想价值的渴望。没有烦恼的价值与人类生活的多种条件结成富有弹性的关系，失去了能够调整自身体重的余地。这在所有方面各种情况下，超越所有的条件，只专注于阐明其自身的价值。

于是，在现代资本主义社会结构中，我们只会看到利益价值，其他所有东西都被湮灭或正在消失。我们一边承认"像人类的不追求价值利益"的命题，同时也不能脱离追求利益价值的队伍。在利益价值的世界中，我们已经处于越过黑洞的"思想的警戒线"的境况之中[1]。如果说作为生物现象的人类是生存这个绝对性课题中的存在，那么作为经济主体的人类正沦陷于利益这个绝对目标之中。从这种专制性的角度很难对人性进行自由的探索。

---

① Kitty Ferguson，『Stephen Hawking』，BOOK HOUSE，2013 年版，第 123 页。

人类的学习是为了知识和教养，为了技术和经营，为了幸福和满足，为了梦和理想。这些东西相互关联，创造出人的意义。如果仅有单独一项则会不足或欠缺。知识和教养、技术和经营，可以说与通过学习使四肢功能健全相关。幸福和满足，可以说与通过学习使心脏功能得以增强相关。梦想和理想则与通过学习使头脑功能更加完善相关。这些领域之间形成有机的关系网，学习可以定位为创造"某种人性"而进行的努力。

"某种人性"是学习者应该自我完善的部分。学习者在这一点上必须经历苦恼和矛盾，必须进行哲学思考，必须进行富有智慧的选择。这种苦恼和选择必须首先从现在支配我们生活的东西进行批判开始。现在，保持着适当的对未来的憧憬并进行参与吗？现在，过去的智慧变为继续前进的基础了吗？通过这种省察，我们可以创造比现在更好的我们或者更好的生活方式。

四 面对时代的方式

在历史发展过程中，人类一致致力于改善并扩张集体生活。人类现在的生活是建立在以往人类创造的基础上的。对今天的人类而言，只能选择对基础进行部分性继承或是部分性革新。完全颠覆过去既有的基础，打造崭新的新生活基础，对人类而言，这绝不是一种有效的集体生活方式。因此，面对现在的方式只能是对过去进行一定程度的继承，并参与未来的理想目标，再构建新的现在。

这样改革主义的方式是孔子曾经宣布过的、创造时代性生活的有效方式。"温故而知新可以为师矣。"（《论语·为政》）老师，是对自身生活进行能动、正确地引导，也对别人的生活提供一定指导的人。即，具备对现代的生活给予指导和引领能力的人。

时代总是通过别的时代来展示它的形象。代表现代生活方式的资本主义生活方式也处于这种时代性之中。资本主义并不是人类选择的最终生活方式，仅是担负着引导当前生活的职能而已。资本主义的未来灰暗而阴郁，危机征兆正非常明显。

现代资本主义面临的最大问题是人口问题。进入 21 世纪，世界人口呈几何数字增长。世界人口总数达到 10 亿，大约用了 200 万年的时间。

1850 年，世界人口突破 10 亿。80 年之后，世界人口达到 20 亿。1970 年世界人口为 36 亿。[①] 2012 年，世界人口突破 67 亿。

地球上人口数量的几何增长，今天也在持续着，平均每年增长 1 亿以上的人口。工业资本主义时代带来各领域的技术进步和经济繁荣，以此为基础，人类数量一直在攀升。这也是一种成功，但这样的成功中隐藏着致命的陷阱。

值得注意的是，巨大规模的现代人类，成为无限制享受消费资本主义提供的丰富生活的消费型、享乐型的人类。相比传统时代的人，现代人经历着两倍、三倍以上的消费生活。因此，不得不承认，人口增长诱发的问题是单纯数量增加的问题。即使这样，资本主义经济生活鼓励持续的消费生活。没有生产和供给以及消费的持续扩张，资本主义社会的经济生活无法为继。只有消费成为美德，利益价值呈世界性的扩张，社会生活才能获取活力的现代资本主义社会的结构性矛盾体现在，有限的地球资源被过度浪费，庞大数目的人类的生活问题导致污染问题已达到对地球环境造成实际影响的阶段。

部分学者认为，能够实现地球环境和人类生活均衡、和谐的适宜的人口规模是 5 亿左右。[②] 尽管这个数值的提出过于主观，但如今 12 倍以上的人口规模也是不争的事实。我们不能因为人口数量过多而物理性的缩减人口规模。但我们能够改变我们的生活方式。约束生产和消费增长，追求经济生活的小规模化，这是我们可以选择的问题。

忍耐和节俭是传统时代的美德。尽管在传统时代的自然主义经济体制中也追求富足，但由于受自然条件的制约，人类的生活水平只能停留在一定的水平。这种节约的美德，以现代观点来看，可能是无法享受高质量的生活，但这只是以富足和便利为标尺进行的评价。如果用悠闲和幸福的尺度来评价生活质量的话，情况则大为不同。

与采用便利或富足的尺度相比，儒学对采用悠闲和幸福的尺度来衡量人生的道德追求有着极大的关心。

---

① 金伦信：《人类的未来：人类生态学层面》，张会益等，《人类是什么》，民音社 1991 年版，第 217 页。

② 同上。

"居天下之广居，立天下之正位，行天下之大道，得志与民由之，不得志独行其道，富贵不能淫，贫贱不能移，威武不能屈，此之谓大丈夫。"

（《孟子·滕文公下》）

孟子的这种生活哲学，可以说对面对富足社会的问题的现代人提出了特别切实的品德要求。大丈夫的生活不在于富贵和卑贱或者威武，而在于按照世上道理进行生活。何为世上道理，这个问题没有统一意见。但至少我们能够明确它不在富贵、卑贱和威武之中。作为广泛而正确的道理，孟子告诉我们，在内心道德理想之外，没有能够给他带来愉悦的外在价值。

这种道德理想的世界，不是到处追寻外在价值的世界，而是停留在内在价值上的愉悦的世界，其中是慢慢的悠闲。因为心灵不是因为内心积累了什么才变得富足，正是内心腾空的时候才会打下最稳固的基础。将内心腾空才显示出最完善的内心特性——这虽然散发出道家的色彩，但纯正的儒学对此也并无异议。

爽地山光里　　　　渔事邻家共
虚亭水色中　　　　农谈野老同
拓窗分竹日　　　　人间岂无乐
垂箔护蘋风　　　　此乐独无终①

从李滉的这首短诗中，我们能够感受到像山人那样生活的一位儒学者空旷内心中的一缕温暖的阳光。对于仅凭这些就能充分感到愉悦的诗中的老人来说，追逐利益、无限追求富足和便利的现代生活没有任何价值。

已经完全成为资本主义的孩子的现代人，让他们抛弃资本主义，回到完全的传统时代是不可能的事情。但是，即使就这样享受资本主义生活，人类也正在步入已经变得日益困难的世界。虽然还看不到眼前的墙壁，但我们已经得知墙壁在那里的种种信息。阅读这些信息，从个人或社会层面创造能够克服其时代性的语法，可以说这才是学习者正确的学习姿态。

五　对伦理的要求

资本主义主导下的人类现代生活，有必要接受儒学这样传统生活的美

---

① 李滉：《退溪集》，《石江十咏为曹上舍云伯作》第2首。

德并进行调整。资本主义生活将利益之外的所有人类的、社会的价值视为微不足道之物。只要能获取一定利益，鼓励所有不违反形式上法律的投资行为。事实上，创造利益的过程与投机的逻辑是一致的。投资，可以看成是产业资金，而产业资金也是在权衡利益的基础上进行投资，从这一点来看，二者没有任何区别。

分分秒秒追逐利益，为利益所左右。现代社会中，为资本的正义性、正当的利益、适当的利益等而烦恼成为奢侈的事情。人们总是有很多借口。伦理被认为是新教徒时代的事情，是发霉的道德君子们的话，被置之不理。道德或伦理是虚伪、具有欺骗性的。人们会说，真实的伦理在哪里呢？伦理这东西不能当饭吃。无论是在制造业现场、经济运营中还是股市里，大部分情况下伦理被忽视了。

但是，试想一下，伦理能够用法律规定的形式得以充分体现吗？形式不能有效的规定内容。朝鲜士大夫们喧噪一时的"礼讼论争"便是最好的证明。

礼讼论争是一场围绕礼法适用问题展开的激烈斗争。这场斗争没有形式上的胜利者。西人胜利一次，南人胜利一次，因此无法决定胜负。西人成为历史的胜者并不是因为礼讼，政治斗争、国君的善变、国君的孝性这种从属性因素起到了决定性的作用。[①]

在这场战争中无论谁是胜者，历史给我们的警示是：无论形式上的规约多缜密，却总会存在解释上的问题。所谓解释上的问题，就是既可以这样解释，也可以那样解释。总之就是约定的不透明性。约定如果不透明，那么就不能发挥约定的约束力。提出这种约定，还能讲什么伦理呢？

孔子说："克己复礼为仁。"（《论语·颜渊》）孔子这句简单的话语可以解释为几种意思。首先，应当关注"克己"，"克服自己"。能够克服自己是主观的事情。主观，即主体是不能明确确定的存在性的集合。主体是一种不能全面而彻底的见到自身的存在，但是通常将自我意识表现出来，表现为利己性的存在。这种利己性的自我存在于与之伴生的多个不明确的自我性形象之中，自我中也存在他者化的因素。主体的意识产生于主体性自我和他者化自我的诸要素之中。之所以称为他者化的诸要素，是因

---

① 尹天根：《17 世纪朝鲜故事》，新闻社，2008 年版，第 204—247 页。

为主体意识中的他者化形象包括较为宽泛的内容——主体正在认知或者能够认知的全部的自己以外的领域或是面对对象的他者化的某种指向。

主体的意识在利己的自我性和它带来的无数他者化的多个形象之间，通过有意或无意的选择，总是用新的自我性来进行修正和变革。利己的自我性和他者化的自我诸多形象之间变动幅度越大，利己性的自我就会越弱。但是没有利己性的自我，只由他者化的自我构成的主体是不可能存在的。同样，没有他者化的自我的某种形象，只由利己性的自我构成的存在也是不可能存在的。虽然二者之间存在牵制和矛盾，但任何一方都不可能成为完全的胜利者。然而，由于主体的意识当中所包含的利己性自我与自身的具体利害关系直接相关，因此能够轻易占据优势地位。但他者化的自我性，只有具备可在一定程度上推动其利己性自我的具体利害关系的职能，才能具备引导主体的某种优势，这是两者之间的区别。

儒学通过"克服自己"的命题期待实现这样的奇迹——强化已经具备优势的自我中的他者化自我性的领域，并通过扩张进行牵制和超越。儒学希望通过实现这种奇迹，自我在自身的自我性当中接纳自己以外的他者，形成具备他者化的自我性，从意识层面消除自我和他者之间的差别，拥有平等接纳两种存在形象的立场。这是上面引用的"克己"来实现"复礼"的层面。虽然通过这样的"克己"来实现"复礼"的道路非常困难，但孔子认为必须这样做才是"仁"。孔子这种意识，在樊迟"问仁"时他回答为"爱人"的部分［樊迟问仁。子曰：爱人。（《论语·颜渊》）］扩大到对全体人类的爱。孔子希望主体成为接纳他人、公平待人的存在，这才是以孔子为首的儒学思想家们所说的道德性。

对于孔子而言，道德性是以特别的学习方法为基础，能够深化扩张的东西。孔子说：不怨天，不尤人，下学而上达，知我者其天乎？（《论语·宪问》）朱子将这部分内容解释为"反己自修，循序渐进"①。孔子自身通过一点一点的学习积累，逐渐上升为一定的道理，这种学习法被称之为"下学而上达"。这可以进一步解释为，孔子从自身的世界、自身的生活、自己的内心出发，总结出一个个的道理，最终延伸到宽广的世界中去。

对"下学而上达"的学习方法更加详细的解释如下。

---

① 朱熹：《论语集注·宪问》。

"夫道体之全，虽峻极乎天地，而其妙用，实着于日用之际，学问之功，虽务造乎广大，而其用功，实基于庸行之常。盖求诸迩者，固为行远之渐，而先骛于上达者，往往不屑于下学。此孔门之教，所以罕言命与仁，而其日诏而相与授纳焉者，皆勉力于孝弟谨信之行，致极乎爱敬恭俭之实。低头着力，以尽日用彝伦之常，然后，视其力量地位之所及，而加警发焉。"①

将"下学而上达"理解为从日常生活中所有微小的东西中不断完善伦理，这正确指出了儒学具有的生活哲学和伦理。生活的伦理，伦理的生活正是现代需要的品德。现代是后伦理时代，它将传统的人类历史中认为具有伦理重要性的所有东西转换为微小的东西。现代人认为重要的东西只有两个：一个是利益价值；另一个是无限制的自由。

但是，利益价值与贪欲相连，无限制的自由与完全的放任自由主义相通。这二者是越过人类的存在本源一并出走的同伴。留在人类存在本源的樊篱内进行守护的主人是引领这两个出走同伴的自私的自我。自私的自我、自私自我的利益价值、自私自我的无节制的自由，可以说它们成为现代人的主人。

摆在现代人面前的是通过无限生产和无限消费来实现利益价值最大化的资本主义生活方式。欲望的无节制、生活的无节制，已经成为现代人存在的一种常态，甚至都没有思忖是否存在和存在什么样的问题的余地。但是，在这样无节制的欲望、无节制的消费生活过程中，我们必须考虑到人类已经扩大为70亿规模的这一点。

70亿规模的人口，即使生活上的小习惯也能变为威胁地球生态界的凶器。我们把称为文明生活方式的每天洗澡的问题作为一个数学问题来探讨一下吧。一个人的洗澡是文明、是卫生、是非常轻松的选择，它不会引发什么问题。但是，70亿人每天洗澡时，这个极其微小的生活习惯反而会成为对地球环境造成威胁的危险武器。

情况就是这样。我们进入了对生活中微小的选择也难以要求自由的境地。现代人的身边再也没有微小的东西。因此，有必要对现代社会中将伦理和道德、牺牲和奉献视为老古董的现代文化进行反思。因为即使是日常

---

① 《大山集》19卷2面《答权景晦》。

微小的行为也折射出人类的生存问题。从这点来看，通过儒学的日常生活规范来掌握道理的伦理性态度，比起传统时代的人们，现代人更有必要拥有这样的品德。"下学而上达"，在儒学中，这是将日常生活正确延续下去，将圣人的道德品行装在内心的学习方式。对现代人来说，这是对生活中的微小选择进行深思熟虑，为确保人类未来生存而必须采用的学习方法。

六　自私的自我和他者化的自我

自私存在于人类生物学本性之中。生物现象被适者生存原则所支配。强者生存，弱者被淘汰。弱肉强食的自然选择理论不是浪漫的自然主义，而是事关生存的激烈斗争。这是所有生物的行为，人类也不例外。今天，人类成为地球上生命体的主导性生物，也是自私的自我最大限度的利用自身能力的结果。这一点，人类与展开激烈的生存斗争的所有生物种类是没有差异的。①

但是人类并不仅仅是被自私的自我支配的生物学上的存在。梦想和幻想、谎言和理想、自欺欺人和感情介入、感动和神话——所有这些在生物学存在的实在论的现象世界中很难找到。这些存在于因精神介入而产生的梦幻世界中。

"电影《黑客帝国（matrix）》中，程序员安德森遇到了可疑人物莫菲斯，他告诉安德森现在生活的世界不是真实的，而是通过电激大脑产生的假想世界，然后给他两个药丸。'如果你吃了蓝色的药丸，你就可以留在假想世界中度过安逸的生活，但是如果吃了红色的药丸，你会回到真实的世界。选择权在你手中。'安德森选择了红色的药丸吃后失去了意识。安德森醒后，莫菲斯说'欢迎你来到现实世界'。衣衫褴褛、脖子后面有好几个圆孔，现实世界的人给安德森起了新名字'尼奥'，期待他是拯救世界的救世主。尼奥以拯救现实世界为使命，与来自矩阵的机器人对抗，与特工史密斯决战。有一天，从特工史密斯那里听到'你现在认为是真实世界的混乱的世界其实是假想世界'的话语后，尼奥开始混乱，'我是电

---

① 朴异汶：《环境哲学》，Midasbooks，2002 年版，第 147 页。

脑程序员安德森还是拯救世界的英雄尼奥？'"①

这个故事让我们联想起庄子的"梦蝶"②，描述了作为精神现象的主人的人类的形象。所有生物种类具有的特征是，明确看到自己眼前的世界或者因看错而无法正确看到，处于这两者之中。但是只有人类拥有可以透视世界、把明确的世界还原成不明确的世界或者把明确和不明确的世界重叠在一起，看到潜藏于实际世界的外在形式中的更真实的、不明确性的精神能力。这种状态虽然与实际存在的世界具有不同的意义结构，但是人类正是在这种状态下生存。

自私的自我主要存在于追求现实性利益价值的实际存在之中。为什么称它为自私的自我呢？因为在这个领域里，主体为了占有他者和社会物质价值展开激烈的斗争。但是，在纯粹的精神现象中，不会呈现出为了占有理想或感动等对象化的事物而展开激烈斗争的现象。只有这些事情脱离了纯粹性的位置，转换为社会价值来体现的时候，才会发生主体与他者之间的占有斗争。自私的自我随着主体出现，被主体支配。精神性自我也是随着主体出现，但是它改变、歪曲和支配主体。精神自我可发挥重组主体的创造性。

主体主要表现为自私的自我，但是当主体发挥精神现象的创造性，培养内在的他者化的自我的诸多形态，并允许依此来重组主体性并发挥作用时，主体里面自私的自我就会有竞争对手，力量被削弱。人格之所以可以培养，也是这个原因。所谓人格就是指精神现象的创造性发挥强劲作用，拥有使自私的自我不能无差别发挥权能的力量。因为自私的自我在主体内占据很高比率，所以要经过长时间的反省、省察过程，可以说，这是从结构上可重组主体性的境界。

人类的精神现象向往理想、正直、真理、道德、善、神等。如果我们观察孔子一生的学习历程，可知孔子将正直的理想作为人类能力极限值的前提。"吾十有五志于学，三十而立，四十而不惑，五十而知天命，六十

---

① 朴敏雅：《站在巨人肩膀上的巨人：牛顿和笛卡儿》，Gimmyoung 社，2006 年版，第 47—48 页。

② 《庄子·齐物论》："昔者庄周梦为蝴蝶，栩栩然胡蝶也，自喻适志与，不知周也。俄然觉，则蘧蘧然周也。不知周之，梦为胡蝶与，胡蝶之梦为周与，周与胡蝶则必有分矣，此之谓物化。"

而耳顺，七十而从心所欲不逾矩。"（《论语·为政》）这句简单的话表现出孔子自己证言的孔子学习形态的扩张和深化过程。

"立志"意味着孔子的精神不是已有的，是建构在对目前不存在的某种境界的梦想和幻想之上。孔子的学习全部投入到把梦想的世界建构成现实空间的工作当中。孔子通过（不惑）对自己精神梦想的世界转换为现实是否是可取的进行思考，最终成就了把自身精神领域扩大到与天地一样的范畴（知天命）。

"知天命"的天命是孔子知道的世界上最广、最正确的范畴。孔子以现有的主体性的自我性为出发点，重新建构出目前还不存在于自我性里的、与天地一样广的内在自我。以孔子现有的自我性为基础，天地是最远、最大的他者。这个他者通过孔子 35 年的学习，进入到孔子的自我性里面，成为构成孔子自我性的最大、最宽的他者性自我性。如此宽大的他者性自我性存在于主体，孔子 15 岁时已有的自我性变得微乎其微，达到发挥不了作用的程度。之后的孔子的学习就是——像天地这样他者化的自我性拥有无论什么情况下都不会动摇，并且何时何地都以他者性自我性为主体，能够自然运作并结构化——为此投入的时间。

主体通过自身利益运作的不是人格。这是作为生物，人类本身具有的自然品性和本能。本能是本身就有的，已经是完成的。把自我完全交给资本主义利益价值的主体是经济动物，利益的奴隶而已。为眼前的利益开始苦恼时，主体会脱离本能的追求，开辟作为人类前行的道路。

"2004 年，亿万富翁 587 名的财产每天平均增长 117 万美元，合算起来每年增长约 4000 亿美元。现在世界经济每年增长 1 兆美元，排行前 5000 名富翁的资产增长是整体世界经济增长的 100%，其他人的资产增加率都是徘徊在世界经济增长率的底层。包括 587 名亿万富翁的全世界 830 万名百万富翁的资产每年增长 8.3%，相当于 830 万名百万富翁之外的世界其他人每年亏损 1 兆 3300 亿美元。"[1]

资本主义社会是资本产生利润的结构，资本量越大越有利于创造更大的利润，小资本别说扩大利润，连维持现状也很困难，这就是现代资本主

---

[1] Peter Spiegel，《人类经济学》（*Humanomics*），洪颐正译，Dasanbooks，2009 年版，第 41—42 页。

义世界。寡头资本家拥有仅用自己的资本也可以左右小的经济国家的权能。如果他们只是用资本逻辑，将追求无限的利润作为价值目标的话，受害的人会多得数不过来。

所以，这种世界更需要人格。人格是"克己复礼"摆脱自我狭隘性之心，是达到"知天命"这最广范围之心。

七　现在、未来和人学

人类存活在时间的整个过程中。实际上人类只能活在现在，但同时又踩着过去、看着未来、活在现在。如果人类的时间限定于现在，对现象的应对就是全部。看、感受、理解、判断、处理，这是活在现在时间的人类处理事情的状态。解决问题的技术者——这是这种状态下人类的称号。所有的生物都是以解决问题的技术者的身份活着。时间有昨天和今天还有明天，通过活在人生的时间和历史的时间中，我们才能摆脱解决问题的技术者的身份。

我们生活的时间不管什么时候都是现在时间，我们要接受过去的时间和未来的时间，才能设计和规划现在时间。过去的时间通过记忆和经验传给今天的我们。我们称它为传统，在现在的观点上对其进行继承或批判。儒学能融入进来的地方就在这里。东亚传统文化领域中，儒学以重要的历史文化形态确保着自己的地位。

儒学本身已经被关在过去的时间里。如果儒学仅仅是这样，我们可以在博物馆里见见儒学。关在博物馆里的这种儒学就是属于尼采在《历史学对人生的利弊》中提到的"纪念碑式的历史学"、"好古式的历史学"、"批判式的历史学"[①] 中的第一种或者第二种。它无法跟现在进行有机交流，只是被陈列在过去的时间里。尼采承认的原本的历史学只有第三种"批判式的历史学"——与现在进行交流、与现代相呼应，批判式地进行检查和改革的历史经验。尼采只是在历史学的范畴内阐述它，但是其实它适用于通过时间前进的所有人类文化形态。儒学也是一样。

今天的世界已经不是儒学的世界了。我们已经成为资本主义的利润价

---

① 海德格尔，李箕相译，《存在与时间》，Kachibooks，1998 年版，第 516 页。

值、技术文明带来的便利性、后产业社会的过度的丰饶等我们不容易击退的强劲的现代宠儿的俘虏。恐怕我们不能很容易地抛开这种俘虏的命运。即便如此，我们也知道现代社会具有不得不被批判式检查的致命缺点。我们知道欲望、利益和便利这三驾马车最终会引导人类去彩虹的那头，那深不见底的绝壁之上。

所以现代性不得不被批判式检查。我们要寻找可以改善现代性具有的弱点的品德时，我们才能关注儒学的肯定性的一面。在展望现代或未来的人学的时候，把生活从资本主义利益的战场上拖出来，进入到培养人性化的道德文化的战场这一儒学形态中，具有充分的思考价值。对欲望的边缘进行实验、为丰饶和奢侈进行战争的现代人来说，儒学的简约精神充分拥有敲响警钟的力量。在只学能挣钱的东西，把与理想和真理相关的学习当作垃圾的狭隘的学习领域中，利用一生的时间来修炼人格的儒学学习会成为一种指南。在以未来学的观点改善现在的问题的过程中，只有儒学占有一席之地时，才能确保现在儒学的地位。

（田杨校译）

儒学培育践行核心价值观的历史经验

社会主义核心价值观是以悠久的中华文明为深厚土壤的。这意味着我们今天培育和践行社会主义核心价值观，需要从历史的经验中获得启示。中国传统社会在汉代以后的 2000 多年里，尽管改朝换代的悲喜剧一幕又一幕，但是儒学作为核心价值却一直没有变，儒学始终指导和规范着国家、社会和个人，渗透到日常生活的方方面面，借用理学家的话来说，就是"无所逃于天地之间"。这意味着儒学的核心价值得到了有效的培育与践行。这其中蕴含着哪些有益的启示呢？

一 仁义礼智信与核心价值观的结构

中国传统社会在汉代以后，儒家是主导的意识形态，其核心价值观由此就成了传统社会的核心价值观，而儒家核心价值观就是至今人们还在说的"五常"即仁义礼智信。汉武帝采纳董仲舒的独尊儒术，是儒家成为中华文化主流的开始。董仲舒在这同时认识到儒家要成为主流，必须明确其核心价值观，并加以培育和践行，因而提出："夫仁、谊（义）、礼、知（智）、信五常之道，王者所当修饬也。"（《举贤良对策》一）将这五者联结为一体，称之为"五常之道"，意味着它具有了完整的儒家核心价值观的意义。这样的核心价值观既有着不同层面的区分，又有着贯通一气的内在结构。

就"五常之道"价值观形成的历史来说，孔子对仁义礼智信都分别有过论述，而孟子首先把仁义礼智四者并列，联系在一起，并引用《诗经》和孔子的话，把仁义礼智树立为引导民众为善成人的价值准则：

"《诗》曰：'天生烝民，有物有则。民之秉彝，好是懿德。'孔子曰：'为此诗者，其知道乎！故有物必有则；民之秉彝也，故好是懿德。'"（《告子上》）认为就像任何事物都有规则一样，仁义礼智就是培育民众的准则。这是最早明确地把仁义礼智作为儒家的核心价值观。孟子也多处谈到"信"，将其视作"人伦"中的基本道德品质，更值得提出的是他首先把"诚"作为贯通天道和人道的哲学范畴提出来，并以"诚信"合称来赞扬舜，以为只有出于内心的诚意，才会有交往主体的互信。这是以后董仲舒的五常之"信"以诚实为主要内涵的思想基础。可以说，从孔孟到董仲舒，儒家形成了以仁、义、礼、智、信为内容的核心价值观。董仲舒在提出"独尊儒术"的同时，把五常之道确立为儒家的核心价值观，这其实表明了"独尊儒术"的关键在于培育和践行儒学的核心价值观。

对于这样的核心价值观，儒家实际上是区分为国家、社会、个人三个层面的。

"仁"的重要含义是仁政，回答建设什么样国家的问题；行仁政还是施暴政、苛政，就是判断国家是否合乎民意的价值标准。孟子首先提出了"仁政"的概念，把"仁"由原来的道德规范扩充为国家政权的价值准则。即"以德行仁者王"（《公孙丑上》），这就使"仁"具有了国家层面的价值观的意义即王道仁政。

"义"和"礼"，主要含义是以崇德向善作为社会的价值准则和行为规范，回答造就什么样社会的问题；遵守礼义还是贬黜礼义，就是衡量社会是否清明健康的价值标准。"智"和"信"，主要含义是个人正确的道德判断和交往行为中优良的道德品质，回答培养什么样人的问题；明辨善恶、诚信笃实还是混淆善恶、欺诈无信，就是区分个人是否人格高尚的价值标准。

儒家以"五常之道"为核心价值观，不仅并将其区分为三个层面予以培育和践行，而且强调"五常之道"具有以仁为中心的互相联系的内在结构。孔子贵仁，就蕴含着这样的意味。以后宋儒强调"仁包四德"，朱熹以理一分殊的思维方式，将仁作为理一，其余四者则是此理一之仁的分殊。这样三个层面就构成为有机的整体。这对于培育践行核心价值观来说，就是既要分不同层面，但又要抓住贯通各个层面的理一之仁。这个理一之仁就是对于"五常之道"，就有本体的意义。在此儒学的历史经验就是：核心价值观既要有不同层面，又要有贯彻不同层面的本体依据。

二　礼仪之邦与核心价值观制度化

儒学常常被称为礼教，这是因为儒家以礼仪教化人们，造就了中华礼仪之邦。就是说，礼仪是儒家培育践行核心价值观的重要抓手，其实质是通过礼仪把儒学价值观制度化。

孔子主张"道之以德，齐之以礼"（《论语·为政》）即以礼治国，这一主张在汉代以后一直主导着中国社会。儒家之礼仪集中表现于"三礼"即《周礼》、《仪礼》、《礼记》三部经典，内容包罗了政治制度、宗教仪式、法典刑律、道德规范、日常生活准则等。广义的制度是指组织人类共同生活、规范和约束个体行为的一系列规则，儒家之礼仪正可以把这样的制度概念予以概括。对于价值观念之"仁"和制度规范之"礼"的关系，孔子认为前者必须通过后者才能得以普遍实现："克己复礼为仁。一日克己复礼，天下归仁焉。"（《论语·颜渊》）。因此，礼仪的实施就是儒家价值观制度化的落实，礼仪之邦就是在这落实的历史进程中形成的。

显然，礼仪之邦形成的历史起点是儒学价值观成为主流价值观；而这又是通过确立礼仪即儒学价值观制度化而实现的。儒学价值观成为主流价值观无疑是在汉代。但这并非如一般人们印象中那样简单：汉武帝采纳了董仲舒"独尊儒术"的建议，于是儒学三纲五常的价值观就得到了确立。历史的事实是：汉武帝宣示"独尊儒术"的53年以后，在公元前81年召开的盐铁会议上，官位仅次于丞相的御史大夫桑弘羊和贤良、文学等儒生展开激辩，前者批驳后者的儒家重"仁义"的价值观，并明显地占据了上风。这表明儒学价值观即使在最高领导层内也没有得到普遍认同。盐铁会议是在汉昭帝时召开的，继汉昭帝之后的汉宣帝还是强调："汉家自有制度，本以霸王道杂之，奈何纯任德教，用周政乎。"（《汉书·元帝纪》）

历史从西汉演进到东汉，公元78年召开了白虎观会议。这距盐铁会议已经有近百年之遥。陈寅恪认为根据这次会议编撰的《白虎通义》标志着儒家三纲五常价值观通过制度化而得以确立。他说："吾中国文化之定义，具于《白虎通义》三纲六纪之说"；"夫纲纪本理想抽象之物，然不能不有所依托，以为具体表现之用；其所依托以表现者，实为有形之社会制度"①。在他看来儒学价值观在汉代以后的有效确立，不在其思想学说之精深（就此而言不如佛道），而在其社会历史过程中的制度化："儒者在古代本为典章学术所寄托之专家。李斯受荀卿之学，佐成秦治。秦之法制实为儒家一派学说之所附系。《中庸》之'车同轨、书同文，行同伦'（即太史公所谓'至始皇乃能并冠带之伦'之'伦'）为儒家理想之制度，而于始皇之身，而得以实现之也。汉承秦业，其官制法律亦袭用前朝。遗传至晋以后，法律与礼经并称，儒家《周官》之学说悉采入法典。夫政治社会一切公私行为，莫不与法典相关，而法典实为儒家学说之具体实现。故两千年来华夏民族所受儒家学说之影响，最深最巨者，实在制度法律公私生活之方面，而关于学说思想方面，或转有不如佛道二教者。"②所谓"制度法律公私生活之方面"，就是指儒家礼仪对于政治制度、法律制度和生活制度的影响，这说明了儒家价值观依托礼仪而成为了制度化的存在，由此深入地左右了中国社会。这同时也使中国社会成了礼仪之邦。

汉代儒生认为儒学要成为主流价值观，必须通过礼仪而使其制度化，由此奠定了儒学价值观制度化的基础和礼仪之邦的基础。汉初的陆贾、贾谊、公孙弘等提出，汉朝要长治久安，必须吸取秦朝"不施仁义"导致二世而亡的教训；确立儒家仁义价值观则必须依靠礼仪："道德仁义，非礼不成；教训正俗，非礼不备；分争辨讼，非礼不决；君臣、上下、父子、兄弟，非礼不定；宦学事师，非礼不亲；班朝治军、莅官行法，非礼威严不行；祷祠祭祀、供给鬼神，非礼不诚不庄。"（贾谊：《新书·礼》）③因此，公孙弘制订了朝廷和宗庙的礼仪，他的弟子撰成后来被收入《礼记》的《王制》。贾谊草拟了易服色、改正朔等礼仪制度，但未被采纳。在这前后不断有人提出同样的建议，但在浓厚的黄老之学氛围中均遭到失败。不过，由此可见汉代儒生意识到，只有通过礼仪来把儒学价值

---

① 陈寅恪：《王观堂先生挽词·序》，《寒柳堂集》附录《寅恪先生诗存》，上海古籍出版社1982年版，第6页。

② 陈寅恪：《冯友兰〈中国哲学史〉审查报告三》，《陈寅恪史学论文选集》，上海古籍出版社1992年版，第511页。

③ 值得注意的是，这段话以后也出现在《礼记·曲礼》中，可见汉儒对于以礼仪而使得儒家价值观制度化的一贯努力。

观制度化，儒学才能成为主流。董仲舒秉承这样的理念，在提出"独尊儒术"的同时，再次要求制订易服色、改正朔的礼仪制度，得到了汉武帝的赞同。但是"是时上方征讨四夷，锐志武功，不暇留意礼文之事"（《汉书·礼乐志》）。因而制礼的实际工作进展不大。董仲舒之后，一方面王莽建明堂等，"制度甚盛"（《汉书·王莽传》），把汉儒的制礼推向高潮；另一方面戴德、戴圣等对《仪礼》、《礼记》的整理，以及后来刘向、刘歆父子推崇《周礼》为周公致太平之书等，使得礼仪的制订更具操作性、可行性和权威性。由此我们可以明白何以直至白虎观会议，才标志着儒学价值观作为主流价值观得到了广泛认同，是因为经过汉儒上述的持续不断的礼仪建设，它显示了"由单纯的理论体系到制度体系的跨越具有决定性意义"①。在汉代文献中，可以看到不少地方官员以礼仪建设使得儒家价值观因制度化而得到落实的记载。如《后汉书·循吏秦彭传》说：秦彭"以礼训人……每春秋飨射，辄修升降揖让之仪。乃为人设四诫，以定六亲长幼之礼。有尊章教化者擢为乡三老"。这也表明了儒学价值观因礼仪得以制度化而影响社会，同时促成了礼仪之邦的形成。

礼仪作为儒家价值观的制度化，就是把儒家价值观落细落小落实。所谓落细，是因为礼仪渗透于日常生活细节中；所谓落小，是因为礼仪覆盖了每个社会成员和每个社会角色；所谓落实，是因为礼仪具有规范人们行为的有效性。

三　《四库全书》与核心价值观的话语体系

儒学作为核心价值，之所以能够落小落细落实，在很大程度上是因为它建立了一套合适的话语体系。清代乾隆年间编纂的《四库全书》集中地代表了这一点。以往我们一般把《四库全书》作为传统学术知识体系的建构形式，其实不仅于此，它也是儒家表达其核心价值的话语体系。四库之"经"，即儒家的经典著作，集中阐发了儒家的核心价值观。经者，常也。它贯穿着儒家认为需要长期坚持的基本思想、基本路线、基本原则。因此，以"经"作为核心价值的话语体系，表达的是对基本价值的

---

① 姜广辉主编：《中国经学思想史》第 2 卷，中国社会科学出版社 2003 年版，第 378 页。

坚守和自信，如《四库全书提要》所说："经禀圣裁，垂型万世，删定之旨，如日中天，无所容其赞述……盖经者非他，天下之公理而已"；"夫学者研理于经，可以正天下之是非"。四库之"子"，反映了核心价值的话语体系，不是"经"的一元独霸，而是对多元的包容和吸纳。《四库全书提要》说："自《六经》以外，立说者皆子书也。……虽真伪相杂，醇疵互见，然凡能自名一家者，必有一节之足以自立，即其不合于圣人者，存之亦可为鉴戒。虽有丝麻，无弃菅蒯，狂夫之言，圣人择焉，在博收而慎取之尔。"就是说，"经"与"子"的统一，在话语体系上表现为前者对后者的有所肯定、借鉴和审慎汲取，从而达到一元与多元、主旋律与多样性的统一。四库之"史"，在话语表达体系上显示了核心价值与历史的对接。史籍是以往事实的记载，因而"经"与"史"的关系，是"理"（道）与"事"（器）的关系，理从事出，事以证理，因此，以"史"作为话语体系的构建，表明作为核心价值之"经"具有被历史事实所证明的合法性。此即《四库全书提要》所谓："征事于史，可以明古今之成败。"四库之"集"，表明核心价值话语体系的建构，不是干巴巴的说教式的口号，而是赋以艺术形象从而打动人、感化人。"经"与"集"的关系，是"理"与"情"的关系，理合于情，以情入理。于是作为核心价值之"经"就容易入耳、入脑。以"四库"形式建构核心价值的话语体系，提供的历史经验就是：坚守基本价值与多元包容、对接历史、艺术形象相结合。

现代社会的共同体论和张横渠的《西铭》

韩国国学振兴院　金钟锡

一　共同体论和儒学思想

在 21 世纪的现代社会中，儒学思想之所以依然受到重视的原因，在于共同体论的思想是儒学追求的最重要的核心价值。共同体论是人类为了集体的生存而产生形成的必需的价值和哲学思想。因此，以出世为理想的佛教和老庄思想中形成共同体论，是非常困难的。相反，将儒学思想本身视为围绕着共同体论而形成的观点，也非言过其实。儒学承认世俗世界，并在其中追求入世的思想。由此看来，儒学在出发点上与佛家和道家的立场就已经分道扬镳了。虽然人类世界存在着许多不合理的事情和分歧，由此而造成的混乱也无休不止，但是，儒学思想家们认为，人类之所以是人类，就在于人们之间是相互结合在一起而形成社会，并彼此让步妥协而得以生存。儒学的这一思想认识，可以孔子周游天下时到达楚国，遇到隐者长沮和桀溺时说过的话而加以证明。《论语·微子》载：桀溺曰："滔滔者天下皆是也，而谁以易之？且而与其从辟人之士也，岂若从辟世之士哉？"耰而不辍。子路行以告。夫子怃然曰："鸟兽不可与同群，吾非斯人之徒与而谁与？天下有道，丘不与易也。"桀溺说："像洪水一般的坏东西到处都是，你们同谁去改变它呢？而且你与其跟着孔丘那种躲避坏人的人，为什么不跟着我们这些躲避整个社会的人呢？"说完，仍旧不停地做田里的农活。子路回来后把情况报告给孔子。孔子很失望地说："人是不能与飞禽走兽合群共处的，如果不同世上的人群打交道还与谁打交道呢？如果天下太平，我就不会与你们一道来从事改革了。"不管世界是如何黑暗浑浊，人还是要和人和谐相处，为建成共同体而努力。儒学中最高的德目——仁的意义，即人和人（人加二）的由来也在于此。儒学长期成为东亚国家社会的主流，也正因为其世间意识的鲜明性。

共同体的崩塌这一问题，是现代社会中存在的各种问题之一。经过工业产业化后，城市化的生活方式更加细分化，各种利害集团也大量出现，由此而导致了传统的价值观相对被迫地失去了它们的对现实社会的影响力。生活在这样环境中现代人面临的一个最大问题，就是"怎么生活才是正确的和谐之道？"即，共同体的问题。儒学思想在现代社会受到重视的原因，也在于其涉及了共同体问题的核心。而北宋儒学家张载《西铭》一文，就具体体现了儒家的共同体论思想。

二　张载《西铭》中体现的儒家共同体论

《西铭》是中国北宋中期的儒学家张载（1020—1077，号横渠）所写的文章，原名为《订顽》，经过程颐（伊川）劝说后，张载将其更名为《西铭》，并和《东铭》成对。《西铭》虽然是只有253字的短篇文章，但其简略地说明了宇宙共同体的儒学观点和立足于此的宇宙观、人类观、伦理观。张载主张"气一元"论，认为宇宙万物因气的集散而产生、消亡和变化，气的本体为太虚。虽然张载的思想和朱子的思想在影响上有所不同，但是他的《西铭》为宋代性理学的宇宙论，奠定了思想的基础，也成为中国和韩国的性理学学者在论共同体时所必须言及的重要著作。

《西铭》里讲到包括人类和宇宙万物之间的相互关系，由此而论证儒学的共同体论具有重要的学术价值。在《西铭》中，张载认为宇宙万物皆由同一种气组成，气被认为是人和所有事物的根本。文中张载主张我们要以天空和大地为父母，世上所有人都应像兄弟同胞互相礼待，所有的孩子都视如己出，甚至所有事物都应该为我同类。

《易经》的乾卦，揭示了天道创造的奥秘，称作万物之父；坤卦表示万物生成的物质性原则与结构性原则，称作万物之母。人是如此的藐小，却混有天地之道于一身，而处于天地之间。这样看来，充塞于天地之间的坤地之气，就是我的形色之体；而引领统帅天地万物以成其变化的，就是我的天然本性。人民百姓是我同胞的兄弟姊妹，而万物皆与我为同类。天子是我乾坤父母的嫡长子；而大臣则是嫡长子的管家。尊敬年高者乃是为了礼敬同胞中年长的人；慈爱孤苦弱小者乃是为了保育同胞中的幼弱之属。所谓的圣人，是指同胞中与天地之德（按：指健德与顺德）相合的人；而贤人则是其中优异秀出之辈。天底下无论是衰老龙钟或有残疾的人、孤苦无依之人或鳏夫寡妇，都是我困苦而无处诉说的兄弟。①

上文为《西铭》的前半部分。在前半部分结语中的"物吾与也"，是说连没有生命的事物也为我同类的意思，即所谓民胞物与的思想。圣人无非是完全地学会在《西铭》中所述的民胞物与的原理和宇宙循环的原理的一些人。圣人不是只追求断绝因果循环，达到寂灭的过程的僧人，也不是追求肉身的养生和长生不老的道士。儒家的圣人因为了解宇宙的本性，所以知道平凡的日常生活的重要性而生活其间。作为宇宙的一员活着，就应当履行被赋予的义务，顺应规律，而死亡即是平静的休息而已。

北宋后辈学者中和张载关系亲近的程颐，曾用一句话来定义《西铭》，认为其揭示了"理一分殊"的原理。理一分殊，是指理作为一个具有普遍性的原理，是存在于万物之中的根本特性，而万物由于其气的不同，各自具有理的个别独自性。程颐认为宇宙万物是由理和气同时形成的理气二元论学者，和气一元论学者张载虽然在基本观点上不同，但他的理一分殊是说明了整体和个体的关系的代表理论。而在这一理论的奠定上，张载《西铭》起到了决定性的作用。

这一观点也被朱子直接接受。朱子说："程子以为明理一而分殊。可谓一言以蔽之矣。盖以乾为父。坤为母。有生之类无物不然。所谓理一也。而人物之生。血气之属。各亲其亲。各子其子。则其分亦安得而不殊哉。一统而万殊，则虽天下一家，中国一人，而不流于兼爱之蔽。万殊而一贯，则虽亲疏异情，贵贱异等，而不梏于为我之私。此西铭之大指也。"②乾道成父，坤道成母，万物都如此。此为理一。人和万物的生成，以血脉相互联系，各自孝敬父母，各自抚养子女，这难道有分别吗？既然统一，那就算有一万种不同，则天下是一家，中国是一人，而不会去犯兼

① 《西铭》曰："乾称父，坤称母；予兹藐焉，乃混然中处。故天地之塞，吾其体；天地之帅，吾其性。民，吾同胞；物，吾与也。大君者，吾父母宗子；其大臣，宗子之家相也。尊高年，所以长其长；慈孤弱，所以幼其幼；圣，其合德；贤，其秀也。凡天下疲癃、残疾、茕独、鳏寡，皆吾兄弟之颠连而无告者也。"《性理大全》卷四。
② 《钦定四库全书》，《古文集成》卷四十九，《铭》。

爱的错误。就算是有一万种不同，也会融会贯通为一体，就算有亲近和疏远的区别，有贵和贱的等级不同，但不会陷于自私，这就是《西铭》的主旨。《西铭》的内容用现代人的话来说就是共同体论。因为时至今日，我们实际上所说的儒学，和儒学立足的核心点就是以共同体要素为核心的。

三　退溪李滉的《西铭考证讲义》

李滉（1501—1570，号退溪）是 16 世纪朝鲜性理学的理论奠基者。他特别重视《西铭》，1568 年（宣祖一年）在给皇帝进讲时，他在自己的力作《圣学十图》中也把《西铭》排在了第二图的位置上。《西铭考证讲义》是退溪向皇帝进讲时编写的一种讲义补充用的著作，此书共由 33 个条目组成，对《西铭》中出现的难以理解的字句引经据典进行了叙述。但是《西铭考证讲义》不仅仅是对字句进行解释，其更大的意义在于反映了退溪的儒家共同体论的哲学思想。

退溪向宣祖皇帝进讲时，特别强调了"我"的重要性，具体如下：

> 予字及铭中九吾字，固拟人人称自己之辞。然凡读是书者，于此十字，勿徒认作横渠之自我，亦勿让与别人之谓我，皆当自任以为己事看，方得夫西铭本以状仁之体。而必主自己为言者，何也？……今横渠亦以为仁者，虽与（以）天地万物为一体，然必先要从自己为原本，为主宰，仍须见得物我一理，相关亲切意味。与夫满腔子恻隐之心。贯彻流行，无有壅阏，无不周徧处，方是仁之实体。若不知此理，而泛以天地万物一体为仁，则所谓仁体者，莽莽荡荡，与吾身心，有何干预哉。①

"予"字和《西铭》中的 9 个"吾"字原来是指每个人称呼自己的言辞。但是读此文的人对于这 10 个"我"字，不要认为是横渠说的他自己，不要认为是别人，也不要把这些自然而然地认为是自己，这样才能真

---

① 《退溪先生文集》卷七，《经筵讲义》，《西铭考证讲义》。

正了解《西铭》里所说的仁的体的意思。但是必须以自己为主的原因是什么呢？现在横渠虽然也认为仁是天地万物合为一体的，但是必须首先以自己为根本，为主宰，万物才能和自己一致，恻隐之心才能被人发现，才能昌达，这是仁的实体。如果不能了解这些，而去说天地万物是一体的话，那仁的体的范围就无限大，和我的身心又有什么关系呢？

退溪在说共同体论的同时，也强调了"我"的重要性。虽然听起来有些像悖论，不过为了实现共同体的成功，"我"的作用尤其值得强调。这一点反映了儒学的治学精神，也可评价为对"道德原理"自发性的献身这一儒学共同体论精神的极大化的做法。退溪强调"我"的重要性的同时并不是说把"我"的权利扩大，而是强调通过"我"自发性的献身而达到无我之公的境界。这一点和以权利、契约为基础的西方公共性概念有类似之处。近代西方的社会契约论终究是为了将扩大市民的自由和为此规定市民的义务。社会契约论虽然重视市民自发性义务，但是其根本前提是为了扩大个人自由，终极目的是个人的权利和自由得到扩大。

退溪对于他人是带有恻隐之心的。首先在宇宙共同体的观点下，他人和我处在什么样的关系上，这一点非常重要。他将理和气构成的宇宙共同体的结构和原理称作"体段"，也告诉自己的学生这一点的重要性。他不顾学派论争的非难，重视自身的体悟，认为对他人的恻隐之心不是义务，也不是自己去自发去做的事情。退溪在《圣学十图》里说过，"盖圣学在于求仁，须深体此意，方见得与天地万物为一体。真实如此处，为仁之功，始亲切有味，免于莽荡无交涉之患，又无认物为己之病，而心德全矣。"①圣学在于求仁之道，必须深入学习才能识得这一思想，才能知道天地万物为一体。能够做到真实如此，仁的实践才会亲切有味，既可免于体仁时的疏离隔阂之患，又可解决视认识事物为自身不足的问题，这样自心的仁德才能得以完备。

儒家的共同体论从宇宙层次上，揭示了对共同体原理的领悟和道德原理的自发献身，是共同体成功的要素。这一思想是儒学对现代社会的重要贡献。

（中文校对：孙聚友）

---

① 《退溪先生文集》卷七，箚，《进圣学十图箚（并图）》。

儒家思想与人的存在完善

山东社会科学院国际儒学研究与交流中心　孙聚友

一　当代社会中的各种问题

人类始终在寻求着合于自身存在的至善合理的社会秩序，以求不断实现人类的进步和发展。虽然在这一理想的追求过程中，人类对于如何完善实现自身在社会中的生存，以实现社会的进步发展，构想并建立了各种各样的社会秩序规范，形成了各自不同的文明历史。但是，人类社会所出现的各种有违人道的人为灾难祸患等社会问题，一刻也没有在社会的进程中停止过。历代的圣贤哲人面对着复杂多变的社会现实，就如何实现社会的发展，进行了深刻的反思，提出了各自的应对方法，促进了人类的文明进步。但是，当代社会是一个全球化进程不断加剧的时代，全球化是当代世界政治、经济、军事、科技、文化、教育等全部社会因素同整个自然界因素的相互作用、综合发展的结果，它是不同国家和民族从生产到生活，经济到文化等共同发展的一种趋势。作为推动社会、政治和经济转型的主要动力，全球化的表现形式和发展趋势主要有：在经济方面，全球化是世界经济和市场的一体化，它以无限发展为目标，以求实现世界资源的优化组合；在政治方面，全球化是世界格局多极化和政治制度民主化；在社会交往方面，全球化是交往迅捷的网络化和信息化；在文化方面，全球化呈现着多元文化相互交融、彼此消长的融汇特点。在全球化的进程中，既存在着技术和经济的方面趋向于同质性发展特点，又存在着文化和精神现象的异质性纷争特点。全球化的趋势和进程，是人类社会生产力发展的一个必然的阶段，具有着巨大的社会进步意义。其现实的作用和追求的目的，应是实现整个世界人类利益的共同发展，而不能是以实现全球少数人利益为目的的以资本征服整个世界的现象和过程。但是，在全球化的进程中，世界各国在经济上的休戚相关和政治上的各行其是、文化上的各美其美，导致了当代社会各种问题的产生。如个体身心完善问题、家庭和睦问题、民主法治问题、社会公平正义问题、生态环境问题、不平衡发展问题、移民和难民问题、跨国犯罪问题和地区冲突问题等。这是人类在全球化进程中，所必须面对和解决的问题，否则全球化就不可能实现整个人类利益的共同发展。

全球化作为现代社会发展的一种趋势，它涉及并影响着整个人类的社会生活方式。人类如何在全球化的进程中，规范自身的存在行为，建构起合理的社会运行秩序，采取相应的社会生活方式，决定着人类能否实现自身的共同利益，达到人的存在完善。

儒家的产生和发展，是为了规正失范的社会秩序，完善地实现人类的生存。由此，儒家基于对人类社会文化发展历史的考察，从人类自身存在的社会属性特点出发，对于社会秩序存在的合理性，进行了一番历史的和理论上的论证。他们指出，人之所以为人，就在于人是生存于人文化成的社会的。而具体的社会秩序，正是人文化成的社会重要特点之一。社会秩序包含在社会生活的各个方面，任何一个方面失去了秩序，则社会生活就会处于无序状态，人类自身的生存就会成为问题。无论是从人性善恶上的论辩，还是从社会特点上的揭示，乃至从人类文化的发展上剖析，儒家对于社会秩序的重视和建构，就是在寻求人之所以为人之道，保证人类自身的生存，实现社会的完善运行。

在全球化日益发展的今天，儒学所具有的追求人的身与心、人与人、人与社会、人与宇宙自然的统一与和谐的思想特点，对于完善人的性格，规范人的行为，净化人的心灵，促进经济发展，稳定社会秩序，实现社会和谐，有其现实的重大意义。虽然儒家思想不可能对全球化进程中出现的各种问题提出现成的解决方案，但儒家关于人的存在完善和社会和谐发展的思想，对于转变人的思维模式，构筑人的价值理念，完善人的行为方式，进而从根本上促进人们的相互交往、彼此沟通，共同解决当代社会中的各种问题，实现人的存在完善，有其可资借鉴的作用。

二　和谐的社会秩序是人的存在完善的前提

在全球化进程中，国际旧秩序的影响依然存在，强权主义与霸权主义依然存在，对大多数发展中国家而言，全球化给它们造成的严峻形势要远远大于为它们带来的机遇，它们依然处于依附、受剥削的境地。在发达国家居于主导地位的国际秩序中，全球化很难体现和维护发展中国家的意志和利益。发达国家必然迫使发展中国家接受西方模式，要把自己的政治经济模式、文化价值观和意识形态推广到其他国家。全球化对世界许多相对弱势的大小文化、文明、传统构成最强大的空前挑战，一些文化、文明、传统不得不面临着消失的命运。一些反全球化行为就是为了弱势文化、文明、传统在全球化时代的生存与延续而斗争。小国、弱国、穷国不可能拥有在西方社会框定的全球化体系下充分的发言权，它们只能被动地接受既定的规则。

而儒家文化对于如何建构和谐的社会秩序，提出许多有价值的思想。特别是儒家提出的"和而不同"的思想，贯穿着中的精神与和的原则，因而，守中贵和，追求和谐作为儒家思想的基本精神，它对当代社会和谐社会秩序的建构，具有着重要的指导意义。

孔子提出了"和而不同"的思想，并赋予和与同以价值意义和人文精神。他说："君子和而不同，小人同而不和。"（《论语·子路》）孔子将和同之辨与君子小人之辨联系起来，使和同由描述式的论说转变为价值上评判，这是孔子对和同观念的新发展。如何实现和，理想的和是什么状态成为儒家文化的重要思想。"中和"、"太和"等观念也成为儒家的重要范畴。《中庸》指出："中也者，天下之大本也，和也者，天下之达道也，致中和，天地位焉，万物育焉。"《易传》亦言："天道变化，各正性命，保合太和，乃利贞。"太和是最完美的和，中和是恰到好处的和，太和是理想，静的，而中和是动的，即在不断地变动中，不断调适自身而与外界事物达到的一种和的状态。追求"天地位，万物育"的宇宙整体和谐是儒家向往的理想境界。中和成为儒家文化处理问题的基本方法，又是其观照问题的基本态度，更是其追求的目标和理想境界。而"和而不同"的思想，是儒家提倡的解决社会内部结构各种社会关系的基本出发点。在当代社会，儒家"和而不同"的思想仍然具有强大的活力，它仍然可以成为当代社会发展的一项准则和一个目标。承认不同，但是要"和"，这是世界多元文化必走的一条道路，否则就要出现纷争。如果只强调"同"而不讲求"和"，纷争到极端状态，那只能是毁灭。所以，"和而不同"是人类共同生存的基本条件和应当持守的基本相处原则。

"万物并育而不相害，道并行而不相悖。"人类任何一种文明形态都有其存在的合理性，都有其他文明不可替代的价值。在全球化的今天，人类文明欲长期发展下去的话，是到了不同文明应以平等的眼光看待自己和审视对方的时候了，以和谐代替冲突，以对话代替对抗，以相互欣赏代替相互鄙视，以宽容代替苛责，这就是儒家的中和智慧，也是今天人类不同文明的真正相处之道。

在中和观念的观照下，全球化的趋同与本土化的民族自我认同不但不矛盾，相反，二者可以相互促进，同生并长，共存共荣。《易传》指出："干道变化，各正性命，保合太和，乃利贞。"每一种人类文明都是在不断地展开和完善之中，然而每一种文明都不是尽善尽美的，都需参与到全球化进程中来汲取其他文明的成分来完善自身。所以全球化与民族文化的自认同是兼容的，共存的，乃至可以相互促进，相互发展。

"和"的局面怎样才能出现呢？离不开承认不同，存异求同，化解矛盾。化解的办法中，既要有强制，也要有自律。要实现不同文化之间的相互理解和适应，需要有一个"磨合"的过程。磨合就是通过接触、交流、对话和建立共识，以达到矛盾的消除的过程。

全球化推动了经济和社会的发展，这为建立国际关系的民主化秩序提供了前提条件。全球化中的世界是个多样性的世界。在全球化的背景下来考察国际关系秩序的重新建构，全球化进程并不必然导致全球一体化的发展，也就是说，全球化进程并不必然导致一种以统一的社会和政治不断发展为标志的世界秩序，它应当实现人类的共同利益。"四海之内皆兄弟也"，建构未来的世界秩序具有重大的意义，它是一种包容性的但不是折中性的制度安排，无论是发展中国家还是发达国家，无论是大国还是小国，真正和谐的国际秩序是以"和而不同"的原则建构起来的。

和而不同是不同文明实体相处的方法，共育并存是当今世界人类文明相处之目的。人类文明的理想，应是"万物并育而不相害，道并行而不相悖"。在当代社会的发展中，人类各大文化系统，人类的各种文明，都有生存权和发展权，每一种文化、文明的本质、独立性，都应受到敬重和维护。人类不同文化在相安相敬、和而不同中，才能实现应有之发展，达至理想之境。否则，和谐的国际秩序就难以建立起来，人的存在完善就不可能实现。因此，儒家的思想是推动当代社会和谐发展的重要思想资源。

三　和谐的经济关系是人的存在完善的基础

经济全球化不仅是空前先进的生产方式，而且开辟了人类更先进的生产方式的道路。它的迅猛发展，使得全球资源得到最有效、最合理的优化配置。不仅全球范围内有效地分工协作可以产生新的巨大生产力，而且资源的合理配置使全球经济可持续发展成为可能。同时，它也满足了人们可以得到来自全球最先进最廉价最切合自己个性需要的物质生活需求和精神文化需求的消费。

在全球化的进程中，全球资源的优化配置，使发达国家和发展中国家都从参与全球化中获得了不少的益处。但是，在分享全球化的好处方面，发达国家占据了绝大多数。众多的发展中国家，由于历史的原因，经济结构相对脆弱，资金匮乏，技术落后，市场发育不成熟，因而在分享全球化的益处时所得有限。因而，一个日益严重的社会现象，那就是在全球化进程中，贫国与富国、穷人与富人的差距在拉大而不是缩小。面对极为悬殊的贫富差距，如果不在一系列国际性政策上对发展中国家采取更为积极主动的、实质性的支持举措，即将推进的全球化依然不会是真正意义上的全球化，全球化的收益在发达国家和发展中国家、以及不同发展中国家之间的分配的不均衡现象还会加剧，这对于全球化的继续平稳推进是一个十分严峻的现实威胁。因此，只讲效率和利润而不讲道德和公平的全球化，是一种不健康的历史恶动力。尊重人尤其是尊重处于弱势地位的多数人的生存权利，应是全球化运动的道德底线。人类唯一的出路，就是顺应经济全球化的本质要求，建立一个公正合理的，从而全球共赢共荣的国际经济新秩序，解决全球化过程中出现的各种经济问题。

儒家的思想，不可能为全球化过程中国际经济新秩序的建立，提供现成理想的方案。但是，儒家关于如何发展经济，以及经济的作用等思想，却可以为全球化进程中经济发展出现的问题解决，提供具有现实意义的启迪，而这主要表现为儒家"利用厚生"的经济观。

儒家的利用厚生的思想，是中华民族在社会治理中形成的具有丰富价值的经济管理思想，它具有着久远深厚的文化渊源，展示了人类对于自身生存的理性认识。《尚书·大禹谟》中记载："禹曰：'于！帝念哉！德惟善政，政在养民。火、水、金、木、土、谷，惟修；正德、利用、厚生，惟和；九功惟叙，九叙惟歌。戒之用休，董之用威，劝之以九歌，俾勿坏。'帝曰：'俞！地平天成，六府三事允治，万世永赖，时乃功。'"《左传·文公七年》中也记载："六府、三事，谓之九功。水、火、金、木、土、谷，谓之六府。正德、利用、厚生，谓之三事。义而行之，谓之德礼。"利用就是尽物之用；厚生就是富裕民众。德惟善政，政在养民，而要实现养民，达致善政，就要在社会治理中，实行"利用厚生"的经济管理政策。儒家"厚生利用"的经济观，是以保障人们的生存发展，实现社会的共同富裕为其核心特点的。就其具体内容而言，一是养民富民的"厚生"，为政的目的和经济的作用，在于保障人们的物质生活生存；二是合理利用自然资源的"利用"，合理地运用自然物质资源，实现经济和社会的可持续发展。

关于如何实现养民富民，孔子提出了"庶、富、教"顺序渐进的三个过程。他主张，为政应当"因民之所利而利之"（《论语·尧曰》），保证民众的生存是社会治理的重要内容，而要实现养民富民，就要保证民众拥有生活和生产的所需求的基本物质资料。《论语·颜渊》载："子贡问政。子曰：足食、足兵、民信之矣。"足食是指保证民众生存的物质生活需求，足兵是指保证国家要有强盛的兵力，民信是指为政要得到民众的信任，亦即实现国富兵强，得到民心归依，这是治国的三条基本原则。可见，养民富民的厚生，是治理社会的重要内容，其目的在于达到"博施于民，而能济众"的至善境界。孔子认为，"博施于民，而能济众"至善境界，是连尧舜那样的圣王都还没有做到。"子贡问曰：'如有博施于民而能济众，何如？可谓仁乎？'子曰：'何事于仁！必也圣乎！尧舜其犹病诸！'"（《论语·雍也》）孔子认为，"博施于民，而能济众"的至善境界，是既仁且圣的理想政治。

孟子的养民富民的厚生思想，集中表现为他倡导的仁政学说。他指出，仁政就是以"不忍人之心"，行"不忍人之政"，其目的在于实现保民安民，满足民众的生存需求，"使民养生丧死无憾也。养生丧死无憾，王道之始也"，"黎民不饥不寒，然而不王者，未之有也"（《孟子·梁惠王上》）。他曾以周文王为例，指出文王之所以能够为周朝政权的创建奠定下厚实的根基，就是由于其在政治活动中实行了养民富民的经济政策。他说："昔者文王之治岐也，耕者九一，仕者世禄，关市讥而不征，泽梁无禁，罪人不孥。老而无妻曰鳏，老而无夫寡，老而无子曰独，幼而无父曰孤。此四者，天下之穷民而无告者，文王发政施仁，必先斯四者。"（《孟子·梁惠王下》）关注贫苦无依的民众的生存，实施养民爱民的仁政德治，薄赋税，省刑罚，才能得到民众的拥护和支持。

养民富民的厚生，是天下为公的大同社会的重要特征。《礼记·礼运》篇说："大道之行也，天下为公。选贤与能，讲信修睦，故人不独亲其亲，不独子其子，使老有所终，壮有所用，幼有所长，矜寡孤独废疾者，皆有所养。男有分，女有归。货恶其弃于地也，不必藏于己；力恶其不出于身也，不必为己。是故谋闭而不兴，盗窃乱贼而不作，故外户而不闭，是谓大同。"在这一社会中，社会所有成员的生存和发展都得到了有力的保障。

儒家反对极为悬殊的贫富差别，关心和重视民众的生存，主张实现人人得以生存的社会保障体制，"养人之欲，给人之求"，满足人们的社会生存发展需求，这是对人的生存权和发展权的肯定，是以仁德为核心的人道主义体现。这一思想展示了儒家的人权观，它在全球化进程中，有其现实的意义。全球化的发展，就要保障人类所有成员的生存和发展，缩短贫富差距，实现共同富裕。只有使弱势群体的基本生存和发展权利得到保障的全球化，才是可以被接受的和可持续发展的全球化。

全球化的进程中，人类为了追求最大的经济利益，对于自然采取了掠夺性的开发和利用，这不仅导致了生态环境的污染和恶化，同时也阻碍了经济的可持续发展，而人类也在这种行为中受到了大自然的惩罚。为了保护生态环境，为了经济的可持续发展，人们正日益重视对于自然资源的合理运用，而儒家的"利用"思想，为此可以提供可资借鉴的思想。

儒家的利用思想，是建立在天人合一的理论上的。儒家的天人合一理论，并不是孤立地探讨天的存在意义，也不是片面地分析人的存在的意义，而是将天与人作为一个对立统一的整体来认识，指出了天与人是相通合一的。人在现实的社会活动中，应当以识得则法天道、遵循践履人道作为行为的规范和准则。

儒家对人与自然和谐的认识，是从天人合一、仁民爱物的思想出发的。《礼记·中庸》指出："惟天下至诚，能尽其性，能尽其性，则能尽人之性。能尽人之性，则能尽物之性。能尽物之性，则可以赞天地之化育。可以赞天地之化育，则可以与天地参矣"，人遵循天地自然规律以助天地之变化，则可以与天地和谐并立。儒家认为，人与自然是一个和谐的整体。为了保护人类生存的自然环境，人类对待自然，应当持守"仁民爱物"的态度。人类不仅要树立"爱物成物"的道德意识，还要把人类的爱心推之于宇宙万物。这就是儒家的对待自然万物的仁爱精神。仁爱是人际关系和谐的道德基础，同样它也是人与宇宙和谐的道德基础。世间万物虽然各自不同，但它们并不是孤立存在的，而是处于一个统一的整体之中的，相互之间有着紧密的联系。只有从仁德出发，爱护万物，遵循万物生长的自然规律，做到"万物并育而不害"，才能"裁成天地之道，辅相天地之宜"，合理利用自然为人类服务。同时，人们不能为满足其不断增长的物质欲望而违背自然规律，盲目地、无尽地向自然界索取物产，破坏自然界的平衡。如果人类一味地追求物质利益，忽视可持续发展规律，必然会趋于灭亡。所以，人类在开发自然、利用自然时，应尊重事物发展的客观规律，遵循可持续发展规律，以自然界的承受能力来进行利用自然，开采自然资源的活动，实现人与自然的和谐共处。

儒家在主张开发利用自然资源，改善人的物质生活，满足人类生活需要的同时，又清楚地看到对自然界的开发利用必须合理有节，但不可能导致一种对自然的宰制、控御、破坏的态度和行为，不能将自然界完全视为单纯的客体使用对象。儒家在强调泛爱万物的同时，更强调人与动物、植物、无机物的等差，并依据这些等差而设立相处之道，提出了保护生态平衡的一系列主张。为了保证这些措施能够得到实施，他们又将其列为礼的内容，以规范人们在经济生活中的行为，实现经济和社会的可持续发展。如儒家坚决反对"焚薮而田"，"竭泽而渔"，掠夺式地向自然索取物质生活资料，导致山川湖泽丧失再生能力。他们主张"数罟不入洿池，鱼鳖不可胜食也；斧斤以时入山林，材木不可胜用也"（《孟子·梁惠王上》）。

儒家主张生态有序利用，合理开发，是仁心外推、万物一体的思想体现。在全球进程不断加速的今天，儒家的思想经过创造性诠释完全可以成为建立全球和谐生态的伦理规范。

四 和谐的身心修养是人的存在完善的保证

社会秩序的实现，只能由人类自身来完成的。人之所以为人之道，只能由人类自身来解决。尽管儒家曾就社会秩序存在的合理性，以及社会秩序规范的确立上，曾将上天引入到其思想理论的论证中，但他们却没有将人类自身所应承担的责任交给上天，而是明确地将其落实到了人类自身。"人能弘道，非道弘人"，社会秩序的建立和实现，人的存在的完善，只能由人类自身来完成。由此，儒家特别重视人的和谐的身心修养，明确指出，以修身达致自身道德的完善，是人的存在完善的保证。对此，儒家从人的存在的属性特点出发，进行了详细的论证。而《大学》一书中，则详明阐释了人的道德修养在人的存在完善中的作用。这也就是格物致知、诚心正意，修齐治平。或曰内圣外王，修己安人。

从个体道德属性的完善来论证社会秩序的实现，是儒家思想的重要特点。"穷则独善其身，达则兼济天下。"这是儒家对于个人在社会中所应有的基本生存价值观的探讨。他们指出，每个人都应当不可回避地承担起自身在社会生存中的责任，这是社会秩序得以实现的根基。虽然个人的社会角色不同，所应承担的社会职能范围不同，但从责任的本质而言，却是不分大小的。从人的社会职能上的完成上来论证社会秩序的实现，儒家对此更有着深刻的认识。这一认识，主要是从社会角色的关系，以及社会职能的关系上来加以说明的。就其主要论点而言，则表现为对于君民关系、个人与国家关系的解释。这些思想，具体展示了儒家关于人的社会职能的完成在社会秩序实现中的作用。可以说，社会中的每个人，其自身社会职能的完成，也是其道德完善的重要表现，更是和谐社会秩序得以实现的保证。

和谐的身心修养是实现个体道德完善的方法。道德贯穿于人类社会生活的各个层面和领域，它是人之所以为人而与动物区别开来的本质属性，是人类社会得以和谐运行发展的人道核心。儒家对于道德与人的关系，有着极为深刻的认识。孟子指出，人之所以为人在于其有仁义礼智的道德。荀子强调，人之所以为人非特以二足而无毛者也，以其有群居和一明分使群的礼义之制，人之所以最为天下贵而能生存于社会之中，就在于人类社会具有仁义礼智的道德规范和行为准则，以及由此而建立起来的社会纲纪和社会组织。人的生存发展，社会的和谐运行，都是离不开道德的，没有道德则人难以体现出自身存在的本质属性，人类社会也将陷入残杀争夺的动荡混乱之中。所以，对于道德的修养和践履，是人之为人的存在要求，也是社会运行的基础保证。儒家关于人的存在的道德及其作用的思想，在当代社会发展中，同样是实现人的存在完善的重要保证。

儒家的伦理思想，是建构在以"仁"为核心的道德基础上的。儒家认为，仁德的具体含义是"爱人"，它是人之所以为人的人道核心，是人与人之间相互交往的基本道德规范。孔子说："道二，仁与不仁而已矣。"（《孟子·离娄上》）孟子说："仁也者，人也。合而言之，道也。"（《孟子·尽心下》）以仁为核心的道德，作为人之所以为人的人道核心，它存在于人类生活的各个方面，确立了人之所以为人的本质特征。仁德是人的道德的核心，它统摄涵盖了其他道德，礼、义、智、信、忠、恕、恭、敬、宽、惠、刚、毅等道德，都是仁德的具体表现。爱人的仁德，内在于人的心性之中。孔子说："仁远乎哉？我欲仁，斯仁至矣。"（《论语·述而》）仁德的践履是由个体自我主动的行为所决定的，"为仁由己，而由人乎哉？"（《论语·颜渊》）个人只有在具体的社会实践活动中，自我主动地去实践仁德，才能成就自身的道德属性，达致人际关系的和谐。

儒家指出，实践爱人的仁德，个体要在符合自身的社会关系和行为的前提下，由近及远地去泛爱社会中的人。仁德具体表现为忠恕之道。孔子的弟子曾子曾说："夫子之道，忠恕而已矣。"（《论语·里仁》）忠恕是孔子所主张的仁德的核心。忠有忠诚、公正、无偏不倚之意，孔子说，"为人谋而不忠乎？"（《论语·学而》）"君使臣以礼，臣事君以忠"（《论语·八佾》），"子曰：主忠信，徙义，崇德也。""言思忠"（《论语·季氏》）。忠是在与人谋、与友交、事君等关系中或道德实践中呈现于自己的内心世界的一种德性，是自我在道德实践中所应呈现出公正无私的心理状态。

忠，要求人们在与人谋、在处理任何事情时，都应恪尽职守，公正无私，无偏不倚；恕，就是推己及人，推己及物，设身处地为他人着想。忠恕之道是以仁德为其核心的，它的另一种表达就是儒家所指出的"絜矩之道"。"絜矩之道"就是"所恶于上，毋以使下；所恶于下，毋以事上；所恶于前，毋以先后；所恶于后，毋以从前；所恶于右，毋以交于左；所恶于左，毋于交于右；此之谓絜矩之道"（《大学》）。这也就是"己所不欲，勿施于人"的普世伦理的基本原则。能够以忠恕之道去规范自身的行为，就是爱人的仁德。恕就是"己所不欲，勿施于人"的仁道。"子贡问曰：'有一言而可以终身行之者乎？'子曰：'其恕乎！己所不欲，勿施于人。'"（《论语·卫灵公》）"仲弓问仁。子曰：'出门如见大宾，使民如承大祭。己所不欲，勿施于人。在邦无怨，在家无怨。'"（《论语·颜渊》）孟子也说："强恕而行，求仁莫近焉。"（《孟子·尽心上》）《中庸》言："忠恕违道不远，施诸己不愿，亦勿施于人。"恕是推己及物，己欲立而立人，己欲达而达人。恕是仁道的具体体现。

忠恕之道既是道德修养的基本方法，也是人与人之间最基本的交往规范。如何实践"己所不欲，勿施于人"的忠恕之道？儒家指出，人们在自身的行为过程中，要持守以诚信为本的道德规范。

儒家认为，诚德是人的仁德的重要表现，它是源于天道的道德，是实现人际关系和谐的重要规范。孟子说："居下位而不获于上，民不可得而治也。获于上有道，不信于友，弗获于上矣。信于友有道，事亲弗悦，弗信于友矣。悦亲有道，反身不诚，不悦于亲矣。诚身有道，不明乎善，不诚其身矣。是故诚者，天之道也；思诚者，人之道也。至诚而不动者，未之有也；不诚，未有能动者也。"（《孟子·离娄上》）天道表现为生生不息、真实无妄的诚德，人道即表现为对于诚德的识得践履；天道是人道的终极来源和本根依据，人道是天道的具体流行和现实显现。实践天道，践履诚德，就要"择善而固执之者也"。否则，就不可能实现事亲、信友、明善、践道的要求。对此，《中庸》进一步指出，"唯天下至诚，为能经纶天下之大经，立天下之大本，知天下之化育。""唯天下至诚，为能尽其性；能尽其性，则能尽人之性；能尽人之性，则能尽物之性；能尽物之性，则可以参赞天地之化育；可以参赞天地之化育，则可以与天地参矣。"只有至诚尽性，才可参赞天地。因为"诚则形，形则著，著则明，明则动，动则变，变则化，唯天下至诚为能化"，"诚者物之终始，不诚无物，是故君子诚之为贵。"人在社会活动中，要以持守诚德，成就自身的道德。荀子则鲜明地指出了诚德在人际和谐和社会发展中的作用。他说："天地为大矣，不诚则不能化万物；圣人为知矣，不诚则不能化万民；父子为亲矣，不诚则疏；君上为尊矣，不诚则卑。夫诚者，君子之所守也，而政事之本也。"（《荀子·不苟》）诚是成己成物的仁德，"诚者非自成也，所以成物也。成己，仁也；成物，知也。性之德也，合内外之道也，故时措之宜也"（《中庸》）。儒家指出，诚德就是修己安人、成己成物的仁道，它是达致天人合一，参赞天地化育的根本原则。

信德是儒家所强调的人际交往的又一重要道德规范。信，就是指真实无妄的道德。孔子指出，人在行为活动中，要"主忠信"（《论语·学而》），"言忠信"（《论语·卫灵公》），"敬事而信"，"言而有信。"（《论语·学而》）信德运用于人们之间的交往活动，就是要求人们之间应当诚实守信，真实无欺。即："与朋友交，言而有信"。（《论语·学而》）信德是做人之本，失去它不仅不能得到人们的认同和理解，陷入孤立隔绝之中，而且更难以成就自身的道德完善。故孔子说："人而无信，不知其可也。大车无輗，小车无軏，其何以行之哉？"（《论语·为政》）又说："言忠信，行笃敬，虽蛮貊之邦，行矣。言不忠信，行不笃敬，虽州里，行乎哉？"（《论语·卫灵公》）人们在交往过程中就要在言论和行动上诚实守信。"信则人任焉。"（《论语·阳货》）"吾日三省吾身，为人谋而不忠乎？与朋友交而不信乎？"（《论语·学而》）所以，儒家主张个人要以反省、克己的功夫，来培养诚信之德。而要践履"己欲立而立人，己欲达而达人"，"己所不欲，勿施于人"的忠恕之道，必须持守诚信的道德规范。

儒家指出，人们在实践"己所不欲，勿施于人"的道德过程中，要持守"父子有亲，君臣有义，夫妇有别，长幼有序，朋友有信"的人道规范，实践"为人君止于仁，为人臣止于敬，为人子止于孝，为人父止于慈，与国人交止于信"的行为准则。儒家认为，人与人之间关系的和谐，社会的有序发展，不仅需要外在强制性的刑政之道，更需要以内在自觉性为特点的礼乐之道。孔子说："道之以政，齐之以刑，民免而无耻；道之以德，齐之以礼，有耻且格。"（《论语·为政》）以行政和刑罚来约束民众，虽然可使人们免于犯罪，但却不能使其自觉知耻向善；而实行礼乐之道，以德礼来管理和教化民众，却能够使其知耻向善，进而自觉主动地以道德来规范自身的社会行为。因此，修养自身道德，规范自身行为，不仅能够提升个人的道德品格，而且能够实现人际关系的和谐融洽，促进社会道德的进步发展，进而保证社会的有序运行。

儒家伦理观对于人的道德规范的重视，对于人的向善成善潜在能力的肯定，以及它所主张的"己所不欲，勿施于人"等行为规范，是当代社会人的存在完善的重要思想资源和价值指归。对儒家关于个体道德完善的伦理观予以合乎当代社会发展需求的损益更新，具有着启迪人们成就自身存在完善道德，达致社会和谐发展的理论价值。正如1993年8月28日至9月4日，在芝加哥召开了"世界宗教会议"大会上，代表们通过并签署了《世界宗教议会走向全球伦理宣言》，第一次明确提出"全球伦理"的基本内涵："我们所说的全球伦理，并不是指一种全球的意识形态，也不是指超越一切现存宗教的一种单一的统一的宗教，更不是指用一种宗教来支配所有别的宗教。我们所说的全球伦理，指的是对一些有约束性的价值观、一些不可取消的标准和人格态度的一种基本共识。没有这样一种在伦理上的基本共识，社会或迟或早都会受到混乱或独裁的威胁，而个人或迟或早也会感到绝望。"全球伦理它是指人类在交往中所必须遵循的最为基本的行为准则和规范，"这个原则是有数千年历史的宗教和伦理的传统所寻获并持守的：己所不欲，勿施于人！"（《全球伦理——世界宗教议会宣言》德国，孔汉思、库舍尔编，四川人民出版社1997年版，第12页）

人的存在完善，是由当今的人们来完成和实现的。能否完成，也并不仅仅在于人们是否依照遵循了儒家的优秀思想和方法，更在于人们能否从当今社会的发展特点出发，建立和实践合于人类至善属性的社会秩序，实践人之为人的至善属性，保证社会的进步发展。

儒家哲学与中国哲学在当代创造性发展的思考

武汉大学哲学学院　　吴根友

　　就学术的角度看，知识与思想的二分并不是绝对的，有些思想即是知识，按照博兰尼的观点看，个人的意识、特殊的情感与神秘的体验都可以视为知识。他认为，"个人知识是一种求知寄托，也正因为如此，它具有内在的冒险性。只有那些有可能是虚假的肯定才能被说成是传达了这种客观知识"①。马克斯·舍勒认为，"所有人为的知识和更加高级的实证知识——历史知识——无论它是关于拯救的知识，关于教养的知识、还是实证方面的造诣，无论它是宗教知识还是形而上学知识，无论它是理论知识还是关于'价值观'的知识——都是'关于这个世界的自然的观点'"②。舍勒根据知识的人为性程度的高低将知识分成七种类型，大大地拓展了人们有关"知识"的视野。③ 不过，有一点是很清楚的，并非所有的知识都是思想。狭义的"思想"概念，是指一种较有体系性的观念系统，这种观念系统无论是关于自然的、社会的，还是关于人类技术的，甚至是关于超验性的形上学、宗教信仰的，都必须是成系统的观念体系。我们在这里将知识与思想划分为两个视野，主要是为阐述中国哲学在当代创造所需要的条件。笔者认为，除了一般的老生常谈之外，如哲学创造离不开具体生活、时代条件等，哲学创作主体在知识与思想两个视野的拓展与交融，是当代中国哲学创造的两个必要条件。

---

　　① 参见迈克尔·博兰尼著：《个人的知识·前言》，许泽民译（贵州人民出版社2000年版第2页）与《科学、信仰与社会》（王靖华译，南京大学出版社2004年版）一书的《代译序》（张一兵）。

　　② 马克斯·舍勒著：《知识社会学问题》，艾彦译，华夏出版社2000年版，第67页。

　　③ 同上书，第71页。

一　儒学发展史，就是知识视野与思想视野不断扩展的历史

学术史一般将先秦儒家称之为原始儒家，而其创始人认定为是孔子。尽管在孔子的弟子、孟子、荀子的不同发展阶段，儒家也不断吸收墨家、道家、阴阳家的思想，但整体上看，这一时期的儒家思想还是相对单纯的，没有后来宋明儒的思想内容与体系那样复杂。我们将汉代儒家看作是儒家发展的第二个阶段。此一阶段的儒家开始吸收各家各派思想而发展自身，董仲舒可以看作是汉代最为杰出的代表人物，他一方面吸纳先秦诸子思想；另一方面又对先秦儒家的核心观念——仁、义做了新的解释。如他说："以仁安人，以义正我，故仁之为言人也，义之为言我也，言名以别矣。"①

魏晋南北朝隋唐时期，儒学不断吸收佛、道二教的思想、知识，为后来宋明儒学的发展奠定了广泛的思想与知识的基础，秦汉时期比较质朴的儒学由此而变成一极其广大、精微、思辨的心性儒学，开创了中国儒学发展的新阶段，同时也逐渐产生出了一些负面性的思想内容。佛道二教的禁欲、无欲的思想也深刻地影响了宋明儒学，因而其异化的形态就出现了"以理杀人"的现象。

明末清初之交的王朝鼎革，以及清代康雍乾三朝的铁腕政治控制，儒学开始步入反思与复古的新时期。晚明遗老主要反思宋明心性儒学的负面历史效果，重新发掘先秦儒学的经世功能与外王学的面向。清代前期、中期的儒学由于受制于清政府专制政治的铁腕统治，在注经、解经、研史的历史文献研究、考证的学术活动中，曲折地表达儒家的经世致用的思想。清代前中期的儒学既未展现汉代儒学的经世功能，也没有发展出宋明儒精微、细腻的心性儒学思想，但在考据学的学术形式下，发掘出了大量的古典人文知识，向科举制度下的读书人展示了一个丰富的古典人文知识世界，从而形成了乾嘉时代特有的知识型的清代儒学。

自晚明时代开始，由于古典城市的兴起，特别是江南地区商业文化的

---

① 董仲舒：《董仲舒集》，学苑出版社 2003 年版，第 194 页。

发达，催生出一种新型的市民文化。这种新型的市民文化从历史的角度看可以上溯到北宋时期，但真正具有近代意义的市民文化萌芽还是在晚明时代中产生的。与此一新兴的市民文化相表里，产生了一股批判"异化"了的儒学思想的新思潮，其思想界代表人物是李贽，文学艺术界代表人物是冯梦龙、汤显祖、公安三袁等人。这股新思潮虽然微弱，但具有不同于传统市井文化的新内容。侯外庐、萧萐父等老一辈马克思主义的中国哲学研究专家，结合西方同时期出现的现代性文化，依据历史唯物主义的思想"范式"，将这股新思潮称之为中国的"早期启蒙思想"。这一"早期启蒙思想"在清代康、雍、乾三代王朝里受到严厉的打压，几乎是不绝如缕，但在戴震、焦循、钱大昕、赵翼、郑板桥、袁枚等哲学家、史学家、艺术家与诗人的著作中，还是时有出现，并且在朝向纵深的方向发展，一直到晚清的俞正燮、宋恕、章太炎、谭嗣同等人的思想里，仍然得到继承，并与同时期涌入的西方近现代思潮汇成一股强大的批判传统社会的专制文化，要求发展近现代的民主、科学、平等、博爱的新文化。传统文化的自我转化与创新性发展，在1840年以后，进入了快车道，当然也留下了大量的问题。直到今天，我们既享受了新思想带来的好处，同时也饱受着传统断裂、新思想发展不充分所带来的各种痛苦。现代新儒家的思想体系，无一不是融会西方科学、哲学以及其他人文知识，同时又是以儒家的基本价值为根基而建立起来的现代儒学思想形态。当代中国大陆的儒学发展，亦是如此。

二　从"三教合一"到"三统融合"
——知识与思想视野从古典到当代的转化

中国传统哲学与传统文化长期保持着一种动态的发展与创新的生命力，用历史唯物论的观点来解释，是由于生产力的发展与社会生活的变化所导致的。这种解释在原则上是正确的，但在细节上需要深化。仅就哲学与文化创新与发展的主体原因来说来，传统知识人士在知识与思想两个视野的不断拓展与交融，是其中重要的原因之一。"三教"纷争的表相中就蕴含着"三教"之间相互借鉴、相互融合的另一方面内容。当代中国哲学与文化的创新，恰恰要从传统的"三教合一"的思想与文化历程中，吸取重要的思想创新经验，大胆从事"三统融合"的理论尝试工作。

1. "三教合一"。"三教合一"的历史自"三教"产生的时代开始，就已经有了这种意识，但真正上升到明确的学术、理论形态，恐怕要从明代中叶以后。中国传统文化中的"三教合一"说，对于当代社会从事传统文化的创造性转化与创新性发展的工作，具有极强的历史启发意义，那就是将今天中华传统文化作为一统，西方文化作为一统，马克思主义思想与文化作为一统，进而讨论"三统"之间相互吸收，各自发展的问题。

"三教合一"一词有自己的特定历史内容，古代中国的"三教"是指儒、释、道三教，现代新儒家所讨论的三教则是指儒、佛、基督教三教。而"三教合一"之"合一"也不能从字面去理解，认为三教归于一教了，其实际上的意思有两种，一是指"三教"之间在根本的精神上有相通之处，只是表达形式与侧重点不同而已。二是"三教"以自己为教之正宗，融摄其他二教，其表现形式可能是三教归儒，或者是三教归佛、或者是三教归道，这要看论者的自我宗教立场了。在此可以称之为"判教"性的三教合一说。①

魏晋南北朝时期，儒、佛、道三教之间开始是相互立异的，慧远有"沙门不敬王者论"，强调佛儒之异。道士顾欢将佛教看作是外夷传来的文化，挑起了"夷夏之争"。而儒家学者何承天、范缜则针对佛教的神不灭思想，作神灭论。魏晋南北朝早期的三教纷争，最终导致了"三教"合一论，大体上形成了三种合一论的模式，即本末内外论、均善均圣论、殊途同归论。② 隋唐以后的三教之间仍然是既有斗争，又有融合，特别是中国化的佛教，如天台宗、华严宗、禅宗的出现，形成了中国化的佛教理论。③ 而通过对佛教与道家、道教思想的吸收，儒学也从唐代中后期开始发生实质性的变化，对于抽象的性命、天道、理气问题进行持续不断的讨

---

① 参见郑宗义《明末王学的三教合一论及其现代回响》一文相关论述，见吴根友主编《多元范式下的明清思想研究》一书，生活·读书·新知三联书店 2011 年版，第 181—233 页。

② 参见麻天祥、姚彬彬、沈庭著《中国宗教史》，武汉大学出版社 2012 年版，第 183—185 页。

③ 参见洪修平《儒佛道三教关系与隋唐佛教宗派》，《佛教文化研究》，洪修平主编，江苏人民出版社 2015 年版，第 3—23 页。

论，宋明理学的出现就是儒家思想吸收佛、道二家思想的结果，而宋明理学内部气本论、理本论、心本论之间的长期争论，恰恰在儒学内部深化了传统儒家所涉及的诸多思想命题，表明不同的学术流派之间的争论有利于学术与理论的创新。晚明的"三教合一"论继承了魏晋南北朝以来的基本思想，但在具体讨论上有所深化，这一点在阳明后学的诸论述里有较多的发挥。[①] 在黄宗羲的《明儒学案》中，李贽虽然没有被接纳到明儒的统绪之中，但实际上他是以王艮为代表的"泰州学派"的后裔，其"童心说"就是融佛道思想，发展了儒家学者王阳明的"良知说"的结果。岛田虔次称李贽的"童心""是良知的成年，是良知的独立"[②]，这是极富见地的、极富启发性的学术观点。

2. "三统融合"。当代中国文化要创新工作离不开三个主要的文化传统，一是中国自身的悠久历史文化传统；二是自晚明以来，特别是1840年以来不断涌入中国的西方文化传统；三是伴随着现代西方思潮涌入中国的马克思主义思想传统，简称之为"三统"。当代中国文化要创新与发展，就必须要融合三个大的思想与文化传统。虽然在实际上，没有一个人能够完全精通三个传统的思想内容，但对于三个传统内的主要思想家及其著作的研究，进而吸取其中合理的思想内容，重构或创造新的思想体系，在原则是可能的，在实践上也是行得通的。就当代中国哲学界而言，已故的冯契先生在这方面做出了表率。冯契在吸收其师金岳霖的知识论与现代西方哲学知识论的基础上，创造性地提出了"广义认识论"的新学说；在结合中国古代哲学，特别是佛教哲学"转识成智"的理论命题，将马克思主义的实践哲学、真理观与中国传统哲学中"实事求是"的精神结合起来，提出了当代中国哲学的"智慧说"；在现代哲学广泛讨论的"自由"问题方面，他对"自由"概念给出中国化的马克思主义哲学的规定："自由就是人的理想得到实现。人们在现实中汲取理想，又把理想化为现实，这就是自由的活动。"[③] 在伦理学方面，他提出了"自觉与自愿相结合即是自由"的新观点："真正自由的道德行为就是出于自觉、自愿，具

---

① 参见郑宗义《明末王学的三教合论及其现代回响》一文。

② 岛田虔次著：《中国近代思维的挫折》，甘万萍译，江苏人民出版社2005年版，第92页。

③ 冯契：《人的自由和真善美》，华东师范大学出版社1996年版，第3页。

有自觉原则与自愿原则统一、意志和理智统一的特征。"① 他在论述自由意志之于道德行为的重要性时说道："道德行为必须出于自由意志。如果行为不是出于意志的自愿选择，而是出于外力强迫，那就谈不上善或恶。道德行为是人的意志的活动。意志具有自由选择的功能，……这是道德责任的前提。"②

冯契的这些新观点既吸收了现代西方哲学，特别是马克思哲学的精神，又不外在于传统中国哲学之精神，而且还在理论上纠正了现代西方资产阶级哲学中崇尚非理性主义的自由主义学派学者过分强调"自愿"的偏颇，同时还可以避免伦理上的理性主义者过分强调"自觉"的偏颇，亦可以回应当代"启蒙反思"者反思现代理性专制的问题，因而可以称之为当代中国合乎"中道"原则的新自由观。而冯契先生的学生杨国荣教授，近十几年亦致力当代中国哲学的创新工作，他提出的"具体的形而上学"，"以道观之"的哲学方法论③，都体现了融合三统而别致新途的气象。

3. "三统融合"的主次问题。就政治的层面说，马克思主义文化与思想传统是当前中国国家的指导思想，是灵魂④，在中华人民共和国的《宪法》中有明确规定，因此具有法律的效应。中国传统文化是中华民族在当代发展的文化基因，是土壤、是空气，也是水，故马克思主义中国化是当代中国政治、社会发展的最为根本、也是最为紧迫的政治问题、文化问题。而外来文化，尤其是以欧美为主导的西方文化传统，是中国走向欧美世界，并被欧美世界接受的入场券。当代的中国文化一定要与世界上其他民族的优秀文化，尤其是现实生活中活生生的文化传统接轨，这是中国文化能否可大可久、长期发展根本问题。因此，三统缺一不可，必须在知识与思想的两个层面寻找契合点，才能实现文化创新的历史任务。

就社会生活的层面说，三统的主次问题可能相对比较容易解决一些。

---

① 冯契：《人的自由和真善美》，第 220 页。

② 同上书，第 221 页。

③ 参见杨国荣《道论》一书，北京大学出版社 2011 年版。

④ 关于"三统"问题，方克立先生有马魂、中体、西用说，参见方克立《"马魂、中体、西用"：中国文化发展的现实道路》一文，《北京大学学报》人文社科版 2010 年第 4 期。

对三统保持开放态度的人们可以自己所偏爱的一统为主，吸纳其他两统的优秀思想内容，为我所用，发展、更新、充实自己的文化传统，从而更好适应时代的要求。但在理论上要比较清晰地阐述"三统"之间的关系，并能被较多的人群接受，是一件比较困难的事情。但也不必过虑，理论上不同学派之间的争论，不同类型的"三统"说之间的相互竞争，恰恰可以让这一现实问题变得更加明晰，让思考走向深入。"三统"融合并不意味着其中任何"一统"可以兼并其他两统，而是在不同的领域里表现为以"一统"为主，兼采其他两统的合理思想要素，发展并充实自己的思想体系。仅以中国哲学为例，当代中国哲学的发展不可能离开马克思主义与现代西方哲学这两方面的资源。追求所谓的纯而又纯的现代汉语的中国哲学，在今天来说是不可能的。当代中国哲学的发展与创新，首先要面对的就是当代的自然科学与社会科学知识，而这两方面的知识，就有很多是现代西方文明所提供的。哲学的发展与创新离不开现实社会生活，而当代中国的社会现实就是依据马克思主义理论而建立起来的中国特色的社会主义社会。因此，无论从理论的知识资源来看，还是理论所依托的社会生活来看，当代中国哲学的发展都无法剔除现代西方的知识与思想和马克思主义的思想内容。只有认真研究，并充分吸收这两个方面的思想资源，才有可能实现当代中国哲学的创新与发展。当代中国的马克思主义哲学要想实现创新与发展，也同样要吸收另外两个方面的思想资源。只有当代中国的西方哲学研究具有某种特殊性，因为我们很难说在中国发展西方哲学，但中国的西方哲学研究可以有中国的特色与中国的经验内容，从而让西方人了解并重视中国的西方哲学研究成果对于他们的自我哲学精神的理解有新的帮助。如果真能达到这一目标，当代中国的西方哲学研究也就真正的形成的中国的西方哲学。

从学术、文化与思想的发展经验来看，中、西、马"三统"将在长期的相互竞争、相互吸收的过程中，各自从对方吸取思想的营养以丰富自己，但仍然会保持各统的相对独立性与思想的独特性。这一点，先秦时期的百家争鸣，中国传统儒、释、道三大思想体系的相互对立、斗争，吸收、融合与创新的思想历程，在一定程度上为我们提供了思想史的经验。

三 新仁学、自由意志、马克思社会"实践"
观念与当代中国哲学创造的思想视野

就当代中国哲学创造的思想视野来看，新仁学、自由意志与马克思哲学提供的社会"实践"观念，是我们必须面对的新的思想视野。"新仁学"基于中国传统儒家的主流思想，对秦汉以后中国儒家的核心思想观念做出了当代的阐发。"自由意志"问题是由现代西方哲学所发展出的一整套关于人的基本特质，并由此而讨论现代伦理学、现代政治学的思想原点。"人应当是自由的"这一思想观念，不外在于中国传统，但没有成为中国传统思想的主流，在近现代化的过程中，亦未发展出各种不同的自由理论。与现代西方资产阶级同步兴起的现代西方哲学，在反对西欧封建主义的过程中，发展出了一整套现代自由主义的理论。马克思的伦理学、政治学也吸收了现代西方资产阶级的自由理论精髓，在其早期的著作《1844年经济学—哲学手稿》（简称《1844年手稿》）与其比较成熟的无产阶级理论著作《共产党宣言》中，都高度肯定了"自由"的价值。《1844年手稿》中，马克思通过对当时国民经济学的批判，揭示并批判了劳动者在资本主义私有制下"异化"劳动的现象，进而对人的真实存在形式，或者说理想的存在方式作了马克思式的说明，他说："人是类的存在物。这不仅是说，人无论在实践上还是在理论上都把类——既把自己本身的类，也把其他物的类——当作自己的对象；而且是说（这只是同一件事情的另一种说法），人把自身当作现有的、活生生的类来对待，当作普遍的因而也是自由的存在物来对待。"① 在理想状态下，人的生产与生活"就是类的生活"，"这是创造生命的生活。生命活动的性质包含着一个物种的全部特性、它的类的特性，而自由自觉的活动恰恰就是人的类的特性。"② 马克思反复地说道："正是仅仅由于这个缘故，人是类的存在物……他才是有意识的存在物……只是由于这个缘故，他的活动才是自由

① 马克思：《1844年经济学—哲学手稿》，刘丕坤译，人民出版社1979年版，第48—49页。

② 同上书，第50页。

的活动。"① 而"异化劳动把这种关系颠倒过来：正是由于人是有意识的存在物，人才把自己的生命活动、自己的本质仅仅变成维持自己生存的手段"②。马克思认为，人类进入到共产主义社会阶段，人的存在方式才第一次进入比较完满的状态，他说："共产主义是私有财产即人的自我异化的积极扬弃，因而也是通过人并且为了人而对人的本质的真正占有；因此，它是人向作为社会的人即合乎人的本性的人的自身的复归，这种复归是彻底的、自觉的、保存了以往发展的全部丰富成果的。这种共产主义，作为完成了的自然主义，等于人本主义，而作为完成了人本主义，等于自然主义；它是人和自然界之间、人和人之间的矛盾的真正解决，是存在和本质、对象化和自确立、自由和必然、个体和类之间的抗争的真正解决。它是历史之谜的解答，而且它知道它就是这种解答。"③ 不过，马克思并没有把共产主义作为目标来追求，因为一旦把这种社会形态作为目标来追求，就有可能导致新的"异化"现象，所以马克思说："共产主义……是人的解放和复归的一个现实的、对历史发展次一阶段说来是必然的环节……但是，共产主义本身并不是人类发展的目标——人的社会形式。"④

马克思与恩格斯共同创造的历史唯物论思想体系，其中最为重要的哲学观念，就是强调社会"实践"。社会"实践"既是人类主观与客观思想打交道的桥梁，也是检验人的认识是否具有真理性的标准。而马克思主义的社会"实践"概念与中国传统的道德"实践"概念相比，其内涵要丰富得多，深刻得多。

1. "新仁学"。⑤ 就中国传统文化的主流儒家思想文化传统而言，其核心思想"仁学"在当代需要做创造性的转化，使之成为当代中国人根本的文化心理，或曰成为当代中国人的精神信仰的底座、根基。我们可以接着孔子的"人而不仁如礼何，人而不仁如乐？"问题，在当代可以继续

---

① 马克思：《1844 年经济学—哲学手稿》，刘丕坤译，人民出版社 1979 年版，第 50 页。

② 同上。

③ 同上书，第 70 页。

④ 同上书，第 85 页。

⑤ 就当代中国大陆的学术界而言，牟钟鉴、陈来在"新仁学"的体系建构方面，做出的贡献最多。参见牟钟鉴《新仁学构想——爱的追寻》（人民出版社 2013 年版）、陈来《仁学本体论》（生活·读书·新知三联书店 2014 年版）二本论著。

提问："人而不仁如专家何，人而不仁如干部何，人而不仁如艺术家何？"甚至可以提出更为普遍性的问题："人而不仁如人何？"一个人如果不能用对待人的方式来对待任何人，他何以能成为一个人？这即是说，一个人如果没有关于普遍的人的观念，他如何自处与待人？孔子讲："仁者爱人。"反过来说，只有当一个人爱人时才能配得上称之为人。爱人当然包括爱自己与爱其他任何人。具有正常理智的人都知道爱自己，关键的是要爱别人，尤其是在当代中国，需要能以对待人的基本要求去爱陌生人。故孔子讲的"泛爱众而亲仁"的"泛爱"思想在当代更要大力提倡。

"以人为本"的新人本思想，既可以继承近现代西方资产阶级哲学家的人本主义思想传统，又与中国传统的仁学思想传统相结合，同时将马克思主义历史唯物主义、社会实践的思想贯穿于其中，在真实的社会历史过程中逐步落实人的各项权利，并为人的发展提供更加合理的社会正义环境。这便是我们要讲的"新仁学"。从原则上说，当代中国所坚持的社会主义制度，肯定人民群众是国家政治生活中的主人翁，这些思想原则与中国传统儒道两家所坚持的"人本思想"是不矛盾的，其具体不同之处在于，社会主义制度下的"人"是带有阶级属性、政治属性的人民，而不是与禽兽相区别的、抽象的人。因此，社会主义制度从原则上说是"以人民为本位"的社会制度，它虽然没有抽象的、普遍的爱人思想，但不反对"以人为本"的思想，至少可以兼容以人为本的思想。因此，当代的"新仁学"思想就可以依托传统的"仁学"思想，吸收现代西方以来发展出的新人道思想内容，尤其要吸收马克思主义的人学思想内容，建立适合当代社会发展的"新仁学"思想。

2. 自由意志。人应当如何才能成为人、才能成为各种类型的人？这是中西哲学都给出了十分丰富讨论的问题。这一问题，在中国传统的哲学领域里大多属于人性论的理论范围。仅就现代西方文化所推崇的基本观念而言，承认人具有自由意志（其通俗的表达即是：人是自由的），是现代西方文化给人类提供出来的具有普适性的思想遗产，而且也是现代伦理学、法哲学的思想原点。如果不承认人具有自由意志，我们就无法对人在伦理、道德、政治活动中的具体行为实施赏罚，因为，当代法律对于失去自我行为能力的人是不追究任何民事与刑事责任的。而人的自我行为能力的背后就包含着人是有自由意志的理论预设。对于自由这一思想遗产，马克思主义者反对抽象地讨论人的自由问题，主要从历史唯物主义的角度给予了重新的解释，将人的自由自觉的劳动规定为人的本质。

传统中国的思想文化传统中，虽然不用自由意志的概念来讨论人的自由意志问题，但中国传统中儒家有关"匹夫之志"、道家有关"任性"、"适性"问题的讨论，都在不同层面，不同领域里涉及了人的自由意志的问题。孔子讲"匹夫不可夺志"，就是尊重每个普通人的自由意志的思想观念。庄子哲学、魏晋玄学讲任天性、任情的思想，也是在讲尊重人的自由意志问题。至于唐宋文人诗歌中出现的"自由"概念，如柳宗元诗中提到的"欲采萍花不自由"的问题，就是以诗歌艺术的方式表达了对自由意志的肯定与向往之情。

因此，当代中国文化的创新就必须接受并综合这一现代文化的思想遗产，将人具有自由意志的这一源自西方文化，特别是现代西方文化的思想观念纳入当代中国的文化建设之中，并与中国传统社会重视志、性、情的思想传统结合起来。中国传统专制社会在政治文化方面，强调圣人教化百姓，以人文化成天下。但在文人、士人的文化传统中，也有一种重视人的自由意志的思想传统。现当代的中国文化主要强调的是广大人民群众自由、自觉的劳动，强调的是在遵循人类基本原则的基础上的自由选择与自由创造。中西古今有关尊重人的自由的思想传统都可以在当代中国的社会实践中，经过合理的转化，成为我们的文化资源与文化营养。

3. 社会"实践"。马克思曾经说过，以往的"哲学家们只是用不同的方式解释世界，问题在于改变世界"①。如何去改造世界，就必须通过社会实践的活动。人类社会的实践活动，就是作为主体的人与客观世界打交道，人的理想与观念性的东西在社会实践过程中成功了，就成为是正确的东西。因此，认识的结果是否具有真理性，即人的主观思维是否与客观实践相符合？"这不是一个理论问题，而是一个实践问题。人应该在实践中证明自己思维的真理性"②，离开实践的思维来讨论认识的真理性，在马克思看来，"是一个纯粹经院哲学的问题"③。马克思高度肯定社会实践对

---

① 马克思：《关于费尔巴哈的提纲》，《马克思恩格斯选集》（1），人民出版社1995年版，第57页。

② 同上书，第55页。

③ 同上。

认识是否具有真理性检验的重要性，他说："全部社会生活在本质上是实践的。凡是把理论引向神秘主义的神秘东西，都能在人的实践中以及对这个实践的理解中得到合理的解决。"①

不过，人类社会的实践活动是一个漫长的历史过程，有时局部的、暂时的成功，可能带来一些更大的灾难，故人类的实践活动是否具有更多的真理性内容，本身就需要在历史过程来检验，同时也需要富有远见的科学理论来监测、调控，从而让人类少犯错误，尤其是不要犯极其低级的错误。

马克思主义的社会"实践"观念，要求我们"把人的活动本身理解为对象性（gegenständliche）活动"②。因而是一个包含着直接的物质生产与劳动、社会政治活动、科学研究活动，特别是实验室里的活动。具体到人文社会科学而言，是指在具体的可控范围内的一系列研究活动，当然包括精神的研究活动内容。因此，这一"实践"活动自然而然地就是与自然科学知识、人文社会科学知识的获取与验证密切相关的一系列的人类活动。这一系列的人类活动既要遵循一些基本的人类原则，如人道的原则，更主要的是一种探索未知的科学研究活动，因而是一个认识自然，认识社会、认识人类自身的广泛认知活动，与中国传统儒家、道家、佛教的道德践履活动不一样。传统儒家的道德实践，主要是按照已有的道德规范来做事、做人，像宋明儒讲的格物致知，特别是王阳明强调的"知行合一"思想，都是狭义的道德实践。仅仅靠传统儒家讲的"格物致知"、道德践履，还不能很好地解决人的社会实践问题。

马克思的社会"实践"概念内在的包含有传统文化的道德实践的内容，但远远比道德实践的内涵要丰富得多。马克思的社会"实践"概念要求人们既要按照一定阶段里的道德要求来做事、做人，还要不断地探索新的求知世界，真正是通过格物——研究物的活动而致知——获得新的知识。但是，中国传统儒家讲的"成己成物"，"尽物之性与尽人之性"，经过现代的解释可以与马克思的社会"实践"概念结合起来。马克思的社

① 马克思：《关于费尔马哈的提纲》，《马克思恩格斯选集》（1），人民出版社 1995 年版，第 56 页。

② 同上书，第 54 页。

会"实践"概念就是要求人在自由自觉的劳动过程中，通过与客观世界打交道，实现"尽物之性以尽人之性"，"成己成物"的理想性目标。两种"实践"观念所提供的思想视野交融在一起，可以丰富我们对于社会"实践"观念的理解，进而也为思想的创新、创造与发展提供更加广阔、更加丰富的生活资源。

结　语

人的感性社会"实践"，其静态的结果之一就表现为知识视野与思想视野的不断拓展。哲学史上旧的哲学体系一个接一个的崩塌，其重要原因就是知识视野不断扩展所引起的思想基础的变化。尤其在现代资本主义经济体制所引起的一系列竞争，创发了一系列保护竞争的制度，人类知识以前所未有的速度呈加速度的方式在增长。信息爆炸、知识爆炸是当代社会知识界人士每每感叹的现实。知识视野的扩展速度远远快于思想视野扩展的速度。如何在不断扩展的新知识视野里从事哲学思想的创造，则是当代哲学创造的一个艰巨的任务。任何固守一隅，固守一个传统、一个学派的学人，都很难从事哲学的创新。本文尝试从知识与思想的双重视野考察当代中国哲学的创新条件，也算是对我们时代要求哲学创造呼声的一种个人回应吧。

文艺与哲学"交煽互发转辗因果"

中国社会科学院哲学所　张利民

20 世纪 80 年代中期，钱锺书接受胡乔木交派的工作，审读一青年研究者的论文。1986 年 1 月 12 日夜，在致胡乔木回函中，钱锺书坦率地表达了对文章的意见。

值得注意的是，信的末尾有这样一段：

"……今之文史家通病，每不知'诗人为时代之触须（antennae）'（庞特语），故哲学思想往往先露头角于文艺作品，形象思维导逻辑思维之先路，而仅知文艺承受哲学思想，推波助澜。即就本文所及者为例，海德格尔甚称十六世纪有关'忧虑'之寓言（Cura - Fabel），先获我心，将其拉丁语全文引而称之，见《存在与时间》德语原本第一版一九七～一九八页，按所引为 G. Hyginus 之《寓言集》（*Fabularum Liber*）；卡夫卡早死，并未及见海德格尔、萨德尔，Dostoevski 之 Notes from zhe Underground，二人皆存在主义思想家，现世赞叹，奉为存在主义之先觉。盖文艺与哲学思想交煽互发、转辗因果，而今之文史家常忽略此一点。"

不用再列举中外哲学史上更多的例证，谈及文艺与哲学思想的关系，说它们"交煽互发、转辗因果"，哲学界一般并不反对。但是，多年来，中国哲学界强调哲学与科学的联盟，注意研究科学最新成果的哲学意义，相比之下，对哲学与文学艺术的联盟、对文学艺术界的最新成果，就没有那么重视了。

20 世纪 40 年代初，在西南联大哲学系就读的王浩先生晚年回忆道：

有一次，冯先生说，知道中国音乐和西方音乐的都会偏好西方音乐；知道中国哲学和西方哲学的都会偏好中国哲学。当时我对有关哲学的那一半，觉得很奇怪。近年来我常想到这句话，开始有点了解它的意义。

"大约中国哲学近于文学，和人生的一些问题较易结合起来，而西方哲学常以科学为榜样，往往缺少文学的直接性，又没有科学的可靠性。也许冯先生化复杂为简单的本领正是中国哲学的长处，而金先生化简单为复杂的本领正是西方哲学难于避免的短处。"（王浩："几点感想与回忆"，《解读冯友兰·海外回声》第 208 页）

这段话当然会引起种种争议。但说中国古代哲学与文学有密切的关系，应是不错的判断。问题的关键是如何评价，是发扬完善还是隔绝抛弃这一传统。

近代以后，中西方有了全面的接触，中国多方面学习引进西方文化，一百多年的学习借鉴历程，颇有需总结的经验教训。一般来说，在文化的学习借鉴过程中，扬长补短是大致不错的方向。可以说，在中国近代以来的文化发展过程中，补短得到更大的关注，自然科学、油画、西医、话剧等都学习引进来了，有的甚至已占据一行业的主导位置，为丰富我们的文化，引进学习当然是必要的；另一方面，由于各种原因的制约，扬长的工作做得并不如意，如中医、京剧等不容讳言的危机便昭示了这一点。这些领域在文化借鉴改良中多出现程度不一的截长补短现象。

类似的问题也表现在哲学界，20 世纪科学主义的蔓延正是典型的表现之一。而哲学界内在危机，似不如中医京剧那样因为明显而容易感知罢了。这也更增添了危险性。

为了保证选择的恰当合理，我们有必要在哲学上研究哲学与文艺的关系、深入细致研究中国哲学史上哲学与文学艺术的互动、产生的成果或限制等等。例如，中国很多哲学家也是诗人，诗歌与哲学的相互影响就需要更系统深入的研究。

呼吁哲学与文艺的交流融合，我们首先想到会促进哲学创作、表现形式的多样性，改变目前哲学作品略显枯燥单一的形式，让我们的哲学成果更可亲、"可爱"一些，增强哲学思想的可理解性、生动性和感染力。在这些方面，我们有必要进行跨行业合作，进行新的尝试探索。

文艺当然有独特的作用，"无论是事实的描述还是理智的讨论，其心理效果都抵不上真正的艺术"(《爱因斯坦文集》第三卷，第 299 页)。然而，根本重要的还在于，文艺与道相通。文艺可以是时代的触须，新的哲学思想往往先露头角于文艺作品。知此，在社会迅速变化的时代，我们哲学工作者也许可以谦逊一些，对文艺作品细心地去感知辨识，沿着趋势性的东西去进一步丰富升华。

在哲学研究上，我们应有更宽广的视野，需要进行多方向尝试。提倡哲学与文艺的融合，并不意味排斥其他的路子或风格，比如哲学与科学的结合，西方重视这种结合，取得很大成果，我们可以继续借鉴学习，沿着这一方向努力。但是，也无须讳言，重视借鉴延续中国哲学的传统，重视哲学与文艺的互动，一定会给我国哲学发展提供大力的推动，使我国当代哲学以鲜明的民族特色置身于世界哲学之林。

"礼"的意义与现代课题

韩国大邱教育大学　张闰洙

一　礼的含义

在东方社会，礼与儒家文化具有特殊的绝对关联。如众所周知，儒者的出现与礼文化联系在一起，礼文化也是随着儒家文化的发展而发展的。孔子强调"克己复礼"是仁的实践方法①，且把礼看作是实现人之道德性的课题和目标。孟子把礼看作是人性最基本的道德要素之一，具体表现为"辞让之心"②这样善的情感。而荀子则把礼看作是社会规范的客观原则，能遏制人性之恶。在这个意义上，我们把儒家文化看作是礼文化。那么，何谓礼呢？首先看其辞源学的含义。

据《说文解字》，礼由"示（地鬼）"和"丰（丰收的丰）"构成。"示"谓奉祀之神，"丰"谓奉祀行礼之器，乃盈满祭器而陈以祀神曰礼。"丰"又是礼的古字。可见，"礼"在辞源上的含义是指宗教的最一般的行为——祭祀仪礼。而这种奉祭物祀神为礼的原初意义，后来发展为"政治法制"、"社会典礼"、"伦理之礼"的意义。

作为政治法制的礼，很好地反映在记录周代法制的"周礼"中。古代社会是祭政一致的社会，君主的命令就是天。因此，在把礼乐政治当作理想的儒家看来，法制就是礼，礼乃实现王道政治所必须。

---

① 《论语·颜渊》："颜渊问仁。子曰：克己复礼为仁，一日克己复礼，天下归仁焉，为仁由己而由人乎哉？"

② 《孟子·公孙丑上》："由是观之，无恻隐之心，非人也；无羞恶之心，非人也；无辞让之心，非人也；无是非之心，非仁也；恻隐之心，仁之端也；羞恶之心，义之端也；辞让之心，礼之端也；是非之心，智之端也。"

作为社会典礼的礼，主要体现在《仪礼》和《礼记》中。吉凶军宾嘉五礼①，或冠婚丧祭四礼等为其代表。一般所说的礼仪、礼式、礼节等，主要指社会的典礼。风俗习惯等在广义上也属于此范畴。

伦理之礼指五常之礼，其用例主要反映在《论语》和《礼记》中。但伦理之礼，不可能与政治法治、社会典礼毫无关联。只是伦理之礼要比上述的政治法治之礼、社会典礼之礼更具有礼的本质意义。

礼既具有普遍性的价值——道德性，又要在具体的现实变化中得以实践。因此，礼在表现方式上有一定的恒定性而成为"常礼"，又在与时俱进的变化中其外在形式发生一些变化而成为"变礼"。这是礼的二重性。那么，什么是礼的精神呢？

二　礼的精神

《礼记》首句为"曲礼曰：毋不敬，俨若思，安定辞，安民哉？"曲礼是讲礼仪的，此篇详细记录了仪礼规范，并指出了礼的精神和本质，认为礼产生于敬，敬是礼的本质。韩国学者经常引用此"毋不敬"一语。

孔子"曾谓泰山，不如林放乎？"② 这是孔子指责鲁国的季氏僭越自己的身份在泰山行诸侯之仪礼的"旅"祭。林放曾向孔子问礼之根本。常人问礼一般是问礼的形式或操作细节，而林放问礼的根本精神。孔子称赞林放的提问，说"大哉问！"并指出"礼，与其奢也，宁俭；丧，与其易也，宁戚"（《论语·八佾》）。孔子在此批判当时只追求礼的形式和奢华外表的社会现实，强调礼的根本精神在于恭敬之心。孔子又说："礼云礼云，玉帛云乎哉。乐云乐云，钟鼓云乎哉。"（《论语·阳货》）孔子是在批判论礼不讲精神只论玉帛，讲乐不论心境只求道具的现实，认为用礼之人，如缺乏恭敬之心，即使用于仪礼的玉帛再好也无意义；奏乐之人缺乏和美的心境，即使所抱之器再好，也奏不出好的乐章。孔子"入大庙，每事问"而被人指责为"孰谓鄹人之子知礼乎？"（《论语·八佾》）。对

---

① 吉礼指祭祀，凶礼指丧祭，宾礼指接宾客，军礼指军旅，嘉礼指冠婚。

② 《论语·八佾》："季氏旅于泰山。子谓冉有曰：'女不能救与？'对曰：'不能。'子曰：'呜呼！曾谓泰山，不如林放乎？'"

此，孔子回答："是礼也。"系鄹人之子的孔子，因知礼而著称。人们本以为孔子在祭礼仪式中如入无人之境，操作自如。但孔子的用心与其在于娴熟地主持仪礼，更在于小心谨慎，唯恐有失。如此以虔诚和恭敬之心对待仪礼。

汉代著名的哲学家王充说："祭祀之意，主人自尽恩勤而已，鬼神未必歆享之也。"（《论衡·祀义》）王充虽然说得过于率直，但指出了儒家祭祀仪礼的本质。即强调了礼的重要性不在于（鬼）神的歆享而在于奉祭之人的诚意。

可见，礼的本质意义在于它的"不变性"要素。但礼除这种本质意义之外，还有适应时代和社会变化而变化的"可变性"要素。对礼的这种不变性和可变性要素我们用体用关系做一诠释。

三　礼的体用

儒家共同体大体由三个部分构成。首先是由父母和子女结合而成的自然共同体——"家"。其次是继承和修炼儒家的价值观和道德意识的文化共同体——老师和学生结合的学问共同体。再次是小自乡村社会，大至国家层次扩散的乡、国共同体。血缘、学缘、地缘就与这种儒家共同体的三部分相联系。在儒家共同体中，按共同体的类型具有不同的礼。即家庭共同体中有"家礼"，学问共同体中有"学礼"，社会共同体中有"乡礼"或"国朝礼"。这些礼以精密的体系存在并得以实施。各共同体不仅对其组织赋予规范，确立秩序，还定期反复地通过仪礼来强化共同体的凝聚。其中，家庭共同体成为儒家文化所有道德规范的根源和基础。儒家的规范体系始终是以"家"的人与人的关系为规范基准，并努力将此基准向社会无限扩大。因此，在传统社会中最广大、最一般的礼是家庭之礼。《朱子家礼》就成为这种家庭仪礼的标准而被提倡。《朱子家礼》之所以成为家庭仪礼的标准，是因为朱子在确立性理学的形上体系时，作为实践方法，与道德规范体系一道确立了仪礼形式的牢固基础。朱子在《家礼序》中，以本（根本原理）和文（制度形式）的体用关系对礼做了诠释。

朱子说："凡礼，有本有文，自其施于家者言之，则名分之守、爱敬之实，其本也；冠婚丧祭，仪章度数者，其文也。其本者，有家日用之常，礼固不可以一日而不修；其文，又皆所以纪纲人道之始终，虽其行之有时，施之有所，然非讲之素明，习之素熟，则其临事之际，亦无以合宜而应节，是亦不可以一日而不讲且习焉者也。"这就是说，从本与文的体用关系上看，礼同时具有根本原理的"不变性"和仪礼形式的"可变性"。因此，在适应时代的变化而不断调整仪礼形式时，掌握了礼之根据的"普遍的根本原理"（常体），才能真正认识礼。韩国 17 世纪的礼学者许穆（1595—1682）界定礼时说："礼出于天，而成于圣人者也。礼贵随时，故三代不同礼。"① 许穆强调了礼是本于天的，因此只有觉天命的圣人才能制作礼。但同时他还认为虽然礼的根本精神不能按人的自我判断随意改变，然而又不能不承认现实的变化。因此李瀷（1681—1736）也说"家礼亦依古而通变者也。依古则本立，通变则勉俗"②。丁若镛（1762—1836）也说"礼者，天地之情。本于天，殽于地，而礼行于其间"③，他在强调礼是综合"本质的根源（天）"和"现实的制约（地）"而成的。就是说"礼"是通过关注和追求以下两个方面而得到具体化的，即将终极的天作为根本原理，在确保其根源之"不变性"的同时，按照时代的状况和现实的变化，不断调节与之适合的形式之"可变性"。因此，在礼的实践中，重要的不仅是按其本质原理行动，而且根据具体的现实加以运用的努力也是非常重要的。

四　礼的现代课题

儒家的仪礼，虽然以经典传统古礼为基准，但始终又广泛吸收那个时代的风俗和制度的今礼以适应现实，而且虽然坚持了不变的礼的根本精神，但又重视具体制度的可变性而适应时代的发展而不断地发生了变化。朱子家礼的基本立场，也是缩小对古礼——《仪礼》的依赖范围，积极吸收当时社会的礼俗，追求实践的简便性。朱子没有局限在古礼的传统中，强调礼不能脱离"时"，并在广泛吸收今礼的基础上，提出了适合当

---

① 《记言·礼说一·礼统》。
② 《星湖僿说·经史门·儒术》。
③ 《与犹堂全书·丧礼四笺·丧礼四笺序》。

时时代现实的独特的仪礼体系——《家礼》。朱子说："礼，时为大。使圣贤用礼，必不一切从古之礼，疑只是以古礼减杀，从今世俗之礼。"①

正如朱子所说，今天，虽然正确地再现古礼之传统是富有意义的工作，但更重要的是对礼的现代应用，即探索适时之礼。对传统礼节的"现代适应可能性"的探索，以及适宜的仪礼操练、启蒙及普及运动都是很有必要的。1969 年韩国政府制定了《家庭礼仪准则》，并倡导实行。但由于与传统文化抵牾甚深，未能得到国民的积极响应，现今已几近遗忘。但这种努力不是没有价值的。只是这种努力不应来自于权力的强制性，而应是经民间专家的充分探讨、协商并试行后向民众普及。也就是说与礼相关联的我们时代的最大课题是礼的"现代"适应。而且，在礼的问题上最应注意的是，与礼的可变性相关的礼节问题。正如"家家都有家家礼"之说那样，在多种多样的礼的文化中，我们应站在文化相对主义立场上理解礼节问题。没有以文化和历史为前提的对礼的探讨是盲目的。礼节虽然是把社会连接为一体的看不见的手，但不应该陷于自我文化中心主义。这就是说在传授社会所需之礼节时，培养能够理解、包容异文化之礼节的人极其重要。因为，越想使自己的生活方式得到尊重，就越要理解和关照他人的生活方式和文化，这是先于礼的所有伦理与道德的基础。

---

① 《朱子语类·礼一·论修礼书》。

全球化与儒家文化：一点反省

复旦大学哲学系　东方朔

不用说，这是一个"大而无当"的题目。之所以选取这样一个题目，笔者之初意完全是为了配合此次会议之议题而设，不过，文中所欲处理的却是一些"小问题"。

正如大家所看到的，身处全球化时代，学者对复兴儒家文化的热情和呼声已变得愈来愈高涨。对于"全球化和儒家文化的复兴"之类的言说，相信学者会有各种不同的理解，而笔者则将之理解为"儒家文化的复兴"是一项工作，而此一工作必须把它放在"全球化"的背景下来进行；而"全球化"在此一主题中究竟蕴含什么，学者亦可能各是其是，对此笔者将取一宽泛的方式，将"全球化"既理解为一种事实，也理解为一种精神[①]；且就字面意思而观，所谓"复兴"云云，似多给人以正面直截提撕之暗示，不过，本文不是怀着信心满满来展望儒家传统价值的复兴，相反，而是多少带着点忧郁的心情来反省儒家文化所可能存在的问题[②]。

[①] 将"全球化"理解为一种精神，虽然对本文的主题而言具有重要的意义，但由于其牵扯太广，需另外为文专门论述。故为避免缠绕和葛藤，本文不对此作详细处理，只是笼统地把它作为一种理解的视域。

[②] 本文所谓反省中国传统儒家的价值，因题意的原因，笔者或会从负面的角度来做一观察，但此殊非意味着一种反传统的立场。人存有论地隶属于传统，此意伽达默尔言之甚明，只不过正如哈贝马斯所言，面对传统，人们依然必须"设定距离"（controlled distanciation），以保持批判的态度。

一

记得在数年前，正当复兴中国文化之声，风生水起，一时摇动海内之际，笔者曾为文指出，"从 20 世纪初至今约一百年来，儒学并不曾改变其不名誉的状况。'五四'时期儒学的这种不名誉主要表现为落后、保守、阻碍现代化等等，而今天儒学的这种不名誉却是以另一种形式表现为与时代脱节、不能因应时代的问题与要求。不论学者们如何激情满怀，儒学在今日还远远无法成为引导人们行动的观念系统似乎是一个不可否认的事实。"①

不过，据我个人的观察，在伴随着一系列所谓的"国学热"、"读经热"、"传统文化热"等等"热潮"之后，时至今日，这样一种"回归"和"复兴"传统文化的趋势，似乎有了一种不易为人们所觉察的新变化，此一新变化，简言之，即是有一批学者已经开始"自觉地"为捍卫和复兴传统文化在努力寻找方法论的基础，其初始表现即为文化传统的主体性正名，主张"汉话汉说"，反对"汉话胡说"②；继而，他们在资用现代文化学者有关文化传统之相对性和特殊性之理论的同时，强调中国传统（儒家）文化所以异乎其他文化之原因和特色，并进而来论证"中国特色"的正当性，以及"普世价值"的不足取③。不论他们是否自觉地出于复兴文化传统的宏愿，还是出于对正统意识形态的结盟和合谋，大概有一点可以肯定，在一个全球化、多元化的现代世界中，这种观念除了在表面上增加了一层理论武装之外，根本上并没有触及基本的哲学问题。

---

① 参阅拙文"走向下一种哲学？"，原载《福建论坛》2008—1，又见《新华文摘》2008 年第 10 期。

② 所谓"汉话胡说"即是用西方的名词、概念甚至方法来了解传统思想的一种说法。此处只是指这种说法所蕴含的意义，而不是针对具体作者所提出的商榷。

③ 那些拒斥"普世价值"的一个看似最有力的论据，莫过于他们认为，现今所谓的"普世价值"无非是从西方的一些特殊国家和文化中产生出来的，是西方"特殊主义的普世化"（universalization of particularism）。然而，在这种看似强悍的辩护背后，其实难掩其理智和逻辑心灵之缺乏，不足以辩驳。

二

按理，所谓"儒家文化之复兴"云云，在词义上，"复兴"乃是相对于"衰落"而言的，正如我们说"要大力提倡学术规范，维护学术尊严"乃是因为现在有部分学者剽窃成风，甚至为自己的剽窃硁硁然辩护一样。提倡什么、发扬什么、复兴什么，乃是因为我们生活中缺少什么。然而，"缺少什么"并不意味着我们可以视"传统文化"为"现成"的百宝箱取而补充之；更重要的是，现实中缺少什么，在逻辑上也并不能以此来证明"复兴"传统文化的必要性和正当性。既然"复兴"是相对于"衰落"而言，那么，在逻辑思维上，我们首先要做的第一步工作乃是要查检和反省"儒家传统文化"到现如今何以会"衰落"的原因，从"时间性"与"非时间性"的辩证中简别出传统（儒家）文化何以"失效"的机理，然后再寻求创新与进步；同样，若照附在"全球化时代"而言儒家传统文化和价值之复兴，在当下中国的实存处境中似可有二解，一是以"全球化"而观儒家传统之价值，取以普遍性看特殊性之态度，置中国于世界之中；另一是以"中国国情"之"情"和求"中国特色"之"势"为出发点，视"全球化"之理为一种外在的异质的压迫，进而辅之以"民族情感"为动力，以言儒家传统文化之复兴，置中国（价值）与世界（全球化或曰普世性价值）为对峙①。此一状况在哲学论说上，又涉及"理与势（事）"的关系，可稍作疏解，盖由"情"为动力、由求"特色"之"势"② 所推动的所谓儒家传统文化的复兴，已将一国之传

---

① 劳思光先生有"China in the world"与"China against the world"一说，参阅郑宗义编《香港中文大学的当代儒者》香港：《新亚学术集刊》第十九期，2006 年 10 月，第 1—15 页。

② 此所谓求"特色"之"势"之成因，或至少有两个方面，一是在全球化中各传统文化求自身生存之动力；一是国家意识形态自觉抗拒的一种形式，此种形式从某种意义上，掺杂着表面上以"保种"为名，实质上以"保位"为实的意图。必须指出，在人们的观念中，"全球化"似乎更多的是以"势"表现出来的，而各各传统文化寻求其特色反倒是"理"的表现。此一观察自然并非没有一点道理。然而，笔者此处试图要表明的一个观点是，时至今日，"全球化"对于传统文化的复兴而言，不仅是一个应当预认的、给定的（given）"事实"，此"事实"必含有其自身普遍之"理"，而且它也同时构成了今天我们寻求传统文化复兴的一切主观自觉之努力的限制。老黑格尔当年曾引证说："这里是罗陀斯，就在这里跳罢。"（参见《法哲学原理》北京：商务印书馆 1982 年，第 12 页）此之谓也。

统文化置于免除对照、独立无邻和自我圆满的境地，在全球化时代，这样一种文化即便可以复兴，最终结果恐亦难免像那喀索斯（Narcissus）一样，在自艾自怨、自满自足中憔悴而死①。尚有一种更可能的情况，即是人们所以汲汲然以复兴传统文化为己任，除了"数家珍"的心态、文化相对论、文化决定论等原因之外，很大程度上或在于所谓的"西方话语霸权"盈盈漾漾的今天，人们仅仅视"全球化"为"势"而不见其"理"，故而人们以反"全球化"之"势"为名，而实质是在抗拒和反对"全球化"之"理"，如是，则在逻辑思维上形成一种"滑转"（out of focus），在他们竭力苦心论证文化传统之独特性和合理性的同时，往往导致以"证成性"（justification）完全取代"正当性"（legitimacy），丧失了理性在面对传统时所应当具有的批判、瓦解和解放的力量。而在另一方面，在理论上，"理"与"势"毕竟不同，由"势"所引发出来的行为（诸如固执于"汉话汉说"，盲持于"中国特色"、文化传统的主体性等）固然可以是一事，甚至借助意识形态之荫护，亦可以风动一时，但其是否合乎客观之"理"则完全是另一回事；"势"虽可引出一定的行为，然而，此"势"却不能为某一行为之正当性提供辩护。

由此看来，不论是因"衰落"引发出来的"复兴"，还是因"势"引发出来的"行动"抑或是因"情"引发出来"作为"等等，皆应仔细检查此类命题所可能包含的理据，不应仅仅出于一种民族情感的牵缠和眷恋，而对传统价值作无分析的辩护，或满足于气机之鼓荡造作，或屈服于时代的苦难以及现实中很高的利益，以立场、态度之宣示取代对问题的严肃思考。凭借想象的兴会，以焦虑为症候的"创制"，人们的确可以从（儒家）传统文化价值的余热中营造出一种高贵的遗世独立、孤芳自赏的思想系统，然而，这样一种心智不平衡的作为，却在另一侧面显露出其体亏气虚的症状，在全球化时代，它不能"反"，不能"复"；不知"为何"，不见"如何"，断可决也。

问道于盲，即难免有此吊挂，有此决裂。

---

① 几年前，则有学者郑重主张和呼吁建立"儒家文化保护圈"，欲将"病恹恹"的儒家文化像珍稀动物那样圈养起来。吾初闻之，谔谔然迷；继思之，凄凄然悲。

三

当然，保守传统价值，肯定传统与文化的连续性，无疑有其正面的意义，"沿门托钵"终非究竟一着，但此意义却不在急病投医的实用思维中寻求，不论是出于所谓的抗击"西方中心论"还是出于诊疗当下的道德病症的本意，传统（儒家）文化价值似乎皆不能充当一副现成的良方，而是要在对自己民族文化的精神结构以"叙述式"（narrative）方法铺陈出来的同时①，使之能够参与、面对和回答从当代人们生存处境中生发出来的诸多问题，并以此问题作为丰富和转换其思考甚至语言的范式，而后方能谈论所谓的复兴。

此处似乎又涉及哲学研究中的共相与殊相问题。

据说，利亚德（Louise Liard）和田纳理（P. Tannery）在为笛卡儿作传时强调，对于笛卡儿，人们只需记住他的出生日期和地点以及他的逝世日期和地点便足够了，因为他的整个思想只是他个人的内心世界的显露，而可与他个人的生平逸事、所处的时代环境、历史事件没有关联。智者的思想，只是智者心灵的显现，不必去穷究他所处的时代和他个人的故事，此一看法自然看似斩截利落，毫无牵扯嚼舌。不过，这样一种观点，不仅不能获得知识社会学的支持，甚至在新实用主义者罗蒂（Richard Rorty）看来也是不可思议的，盖这种看法若放在罗蒂的"镜照"之下，自然免不了会被看作是"一种逃避历史的企图"、"一种去发现任何可能的历史发展的非历史性条件的企图"。实际情况是，任何一位哲学家的思想，不论其多么玄辩抽象，却总有其特殊的具体的缘由。正如学者已经指出的那样，笛卡儿有关"确定性"概念的提出，便与其时的宗教战争密切相关；同样，笛卡儿阐发的心、身观念，看似纯粹理性沉思的结果，然而，罗蒂却毫不客气地挑明，"存在于笛卡儿二元论背后的所谓直觉，其实具有一种历史的根源。"②

---

① 参阅麦金泰尔《谁之正义？何种合理性？》，万俊人等译，北京：当代中国出版社 1996 年，第 18、19、20 章。

② 罗蒂：《哲学和自然之镜》（李幼蒸译），生活·读书·新知三联书店 1987 年，第 6—7 页。

所说这些，当然不是要在此讨论西方哲学问题，我个人的学术训练并不允许我作过于逾越本分的工作，而仅仅只是想要表明，传统（儒家）文化价值之"复兴"并不是在超越时间（timeless）的共相中所进行的活动①，任何"复兴"工作皆不能免除"时间性"（timely）此一镜照之打量。大而化之，哲学问题之思考只是将时代的问题把握在思想中、概念中而已②。再回归到本文之主题，在全球化、多元化之今天，我们所以要殚精竭虑以"复兴"衰落中的传统（儒家）文化，其根本原因并不能倒果为因地认为乃今日之人们对传统（儒家）文化失去了兴趣，丧失了信心，相反，而应该首先究问人们为何会对此文化失去信心。以史为例，近代以来，传统（儒家）文化所以会陷入困境，其根本原因恰恰在于儒家文化在面对"三千年未有之大变局"所表现出来的一系列新挑战、新问题时，依旧吟哦着吾国之"道德、学问、制度、文章，则尤然出于万国之上"（邵作舟之语）的老调，而并不能给人们提供化解此困局的能力③。鲁迅先生说，国粹只有先保存了我们，我们才能去保存国粹，话或不免有些凌厉和决绝，但却也多少表达了此间的幽怨和道理。

果如是，则如何直面"全球化"及其给我们带来的一系列新问题、新挑战此一事实，便成了我们今日"复兴"传统（儒学）文化价值的一个必要的、预认的平台，而在"全球化"的架构和视野下对此传统（儒学）文化价值作一切己的自我认识，当是作这种所谓的"复兴"工作的恰当的下手处，也是任何寻求"复兴"工作的先决条件。

---

① 当我们如此言说时，并非意味着完全否认儒家文化传统中有些问题具有"永恒"的性格，诸如"自作主宰"、"君子之学，以美其身"之追求等，但此所谓"永恒"实可是一个待分析的概念。

② 参阅黑格尔《法哲学原理》第12页。文德尔班则认为："每个哲学家的世界观的要素产生于永远不变的现实问题，也产生于旨在解决这些问题的理性；但除此之外，还产生于他的人民、他的时代的观点和理想。"又说："我们不难认识到，哲学家经常争辩毫无现实根据的问题，因而耗费精力徒劳无益；另一方面不难认识到，即使关系到解决真正问题时，还不知不觉掺进了于事无益的、想用（先天的）概念结构解决问题的企图，这对问题的解决，非但无益，反而有碍。"参阅《哲学史教程》（上卷）罗达仁译，商务印书馆1989年版，第24、25页。

③ 劳思光《中国之路向新编》香港：香港中文大学出版社2000年，第27页。本文许多观念资引自劳先生的著作，包括《文化问题论集新编》等。由于本文之提纲匆匆草草，凭以往读书时所得之印象，许多地方未能一一出注，故在此特别指出。

四

假如上述所言还有一定的道理，那么，对于传统（儒家）文化而言，在"全球化"的背景下，唯其认识自己，克服自己，才能超越自己，以获得新的生命。此认识、克服和超越的工作，实表现为麦金泰尔所谓的"由传统构成的和构成传统的"（tradition – constituted and tradition – constitutive）过程①，而此一过程应当成为所谓"复兴"概念的展开过程，而"复兴"的实意与密意亦应当在此看出。此处仍有一个方法上的考量问题。

如前所言，"汉话汉说"固然突出了文化传统的主体性、特殊性，同时也在相当程度上为"中国特色"作了理论上的辩护。然而，在"全球化"作为一种理解视域的角度下，这样一种辩护充其量也只能达到一种封闭式的自我了解。笔者完全同意，对于任何一种传统文化或思想，不论是儒家传统、德国观念论抑或是英美分析哲学等，在整个哲学的大家族中，始终只是一特殊的哲学思想，而对于这种特殊的哲学思想，我们唯有从更为广阔和普遍的理论背景中来分析评判，才能对其长短得失有一较为清晰和确当之把握。对于中国传统（儒家）文化，学者主张"汉话汉说"，倾向于对其采取"同情之了解"，此固非无理。但此方法最易使人局限于只从一传统思想之内部而观其结构与系统，所谓"判其间架，见其眼目，得其要归"，然此工作之所得仍只是同一理论内部之疏解、内部之伸展，其所能够达成者，充其量只是对同一理论内部的一贯性、系统性问题之了解，以及尽可能采取客观（亦即对古人立言所以不得不如是之苦心孤诣有一同情之了解）的立场，但对此一理论系统之缺失，以及将此一理论放置在更为普遍的理论背景中所呈现的问题和不足却难于有敏锐的觉察。若以此方法为奠基而言所谓的"复兴"，即所"复"者或多只是古人斑驳的往事，而所"兴"者或亦多只是孤隔的桃园之思而已。

明乎此，我们便要问，"传统（儒家）文化的价值"，就其理论内部

① 参阅前引书麦金泰尔《谁之正义？何种合理性？》第12页。译文有所改动，原译为"被构成性传统和构成性传统"。

而言，毕竟包含有什么问题？无疑，这是一个范围广大、答案繁多、学者研究既久且言人人殊的问题。为避免缠绕，笔者此处只想以劳思光先生的相关讨论为基础，对传统儒家伦理思想中的客观性和道德知识的确定性问题，提一点自己不成熟的看法。

五

依劳先生，儒家思想是中国传统文化的主要代表，"不但在史实上确实是中国文化精神的主流，就体系本身说，亦只有它配代表中国文化的方向。"[①] 而儒家思想的最重要的特点之一便是对道德的注重，念念于将道德的价值实现于现世，以建立合理的生活秩序。故虽身处乱世，颠沛流离，甚至惶惶然如丧家之犬，然孔子之所深忧者仍是"德之不修，学之不讲，闻义不能徙，不善不能改"（《论语·述而》）。

那么，儒家重德精神究竟有何特点呢？劳先生大体从五个方面进行了勾画，此即重德精神不重思辨而重践履、重主体自身之升进；以自觉的价值主体改造实然的自我；只问应然的努力，不问实然的限制；知识从属于道德；由于不重实然境域，因而未能区分个人事务与超个人事务，使政治从属于道德等[②]。

当然，以上概括并不足于说明劳先生有关此一论题的全部观念，但这本身并不是本文所措意的。对于儒家思想而言[③]，一个人成就其德性，最根本的就是一道德意识之确立，如孟子云："从其大体为大人，从其小体为小人。"（《孟子·告子上》）；象山则谓："心之体甚大。若能尽我之心，便与天同。"（《陆九渊集》卷三十五《语录下》）；而阳明则云："心之虚灵明觉即所谓本然之良知也。"（《传习录》卷二），"良知是造化的精灵，这些精灵生天生地，成鬼成帝，皆从此出，真是与物无对。"（同

---

① 劳思光《儒学精神与世界文化路向》，时报文化出版企业有限公司1986年版，第170页。
② 同上书，第169—179页。同时，可参考《文化问题论集新编》第113—137页等。
③ 儒家思想本身乃是一个大的系统，在不同儒者那里可有不同的理解形式。孟、荀抑或有异，而程朱与陆王抑或有所不同等。本文所讨论的，更多乃就当代新儒家所主张的正统儒家孟子、陆王一系的儒家而言。

上，卷三）而此所谓良知之特点之一即是"所谓人虽不知，而己所独知者"（同上）。对此牟宗三先生论道："儒家立教本就是一个道德意识，无有如此明确而显豁者。儒家……是直接由我们的道德意识呈露那内在的道德实体。这是四无傍依而直接觌体挺立的，不是来回旋转，驰骋妙谈，以求解脱或灭度的，在这样面对所呈露的实体而挺立自己中，这所呈露的实体直接是道德的，同时亦是形上学。"①

牟先生如此说，必定有其道理。就此当下的道德意识必表现为天理或知体明觉之显露而言，即道德主体在成德过程中乃经由意志之自我决定而获得自由，由此道德之尊严得以证立，此即是道德形上学之理路。不过，这种由区分大体与小体、身与心之不同而言知体明觉呈现之客观性和有效性问题的观念（亦即此知体明觉显露或如如呈现的究竟是否纯乎天理，还是不仅在现象表现上夹带人欲、而且是在存有论上夹带人欲），即便我们暂时撇开阳明后学假良知、天理而贩卖个人私货的现象不谈②；同时，我们也暂时撇开朱子"彼既自谓廓然而一悟者，其于此犹懵然也，则亦何以悟为哉？"（《朱熹文集》卷三十五《答汪尚书第三》）之质疑不论，对一主体之当下呈现的自我意识如何具有真理性的究问，保尔·利柯（P. Ricoeur）的"主体考古学"（archaeology of subject）或许可以从另一个侧面增加我们对朱子的相关质疑以及明末儒者参情识为良知之现象的理解③。如是，即问题便可转变为：由"我思主体"（cogito）或良知、本心所呈现的知体明觉是否一定就是天理？还是必然地、存有论地与本能冲动、偏见和欲望联系在一起？

利柯的问题似乎就是由此而发。

有趣的是，黑格尔当年在谈到笛卡儿时曾颇为动情地认为，"他是一个彻底从头做起、带头重建哲学的基础的英雄人物。哲学在奔波了一千年

① 牟宗三《现象与物自身》，台湾：学生书局1996年版，第435—436页。

② 对于此一现象，明末刘宗周有极为形象的说明，所谓"猖狂者参之以情识而一是皆良，超洁者荡之以虚玄而夷良于贼"。类似的说法很多，不一一说明。学者可参看拙著《刘蕺山哲学研究》一书（上海人民出版社1997年版）。牟先生谓此乃"人病"而非"法病"，亦即人唯其以内心良知为把柄，便能使此行为物为正，意念之发动无不正当。

③ 毫无疑问，利柯的问题乃是针对笛卡儿而发的，所以对此比较我们不能采取内容型的视角，而应采取方法学上的视角。今有部分学者随着文化主体性意识的高涨，动辄以西方的东西不适应中国，而将任何有意义、有启发的观念方法悉数推脱，不亦可伤乎！

之后，现在才回到这个基础上面。"① 然而，针对笛卡儿的身心二元论，利柯却毫不客气地指出，凡是试图从主体的纯粹我思中发现亘古不变之真理的努力，终究要陷入谬误的泥潭，这种纯粹我思（cogito）事实上是"一块被虚伪的我思所占据的空地"（It is like an empty place which has, from all time, been occupied by a false cagito.）。"我们早已从诸多注释学科，特别是从心理分析那里得知，所谓当下呈现的意识总是'伪意识'。马克思、尼采和弗洛伊德以往教导我们要揭穿这种伪意识的把戏，因此，在对生命档案中的我思主体的任何重探中，便有必要加上对'伪意识'的批判。"② （We have indeed learned, from all the exegetic disciplines and from Psychoanalysis in particular, that so called immediate consciousness is first of all 'false consciousness'. Marx, Nietzsche, and Freud have taught us to un-mask its tricks. Henceforth it becomes necessary to join a critique of false con-sciousness to any discovery of the subject of the cogito in the documents of its life.）依利柯而言，意识问题并不是一个既与（given）的东西，而是一个课题③，为此，他主张以一种"渐成说"（epigenesis）的观念来理解意识④，利柯认为："当下呈现的意识的确涉及某种确定性的类型，但这种确定性并不构成真正的自我知识。"⑤ （Immediate consciousness does involve a type of certainty, but this certainty does not constitute true self – knowledge.）问题在于，何以当下呈现的意识是伪意识，而这种意识并不能构成真正的自我知识？原因或许在于，利柯通过其主体考古学发现，任何主体的内在结构中皆存在诸多的"沉积"（sediments）和"层次"（layers），表现为各种"成见"，包括历史的、社会的、本能欲望的等，因而，若以为经由怀疑即可呈现纯粹我思的主体，或从方法论上折返到儒家思想那里，以为知体明觉经由功夫之呈露当下便可显现为超乎时空的天理天则，则其混

---

① 〔德〕黑格尔：《哲学史讲演录》第四卷，贺麟、王太庆译，商务印书馆 1978 年版，第 63 页。

② P. Ricoeur, *The Conflict of Interpretation—Essays in Hermeneutics*, Evanston：Northwestern University Press 1974, p. 18.

③ Ibid, p. 108.

④ Ibid, p. 109.

⑤ Ibid, p. 101.

"情识"为良知，便不仅仅只是功夫论上的"人病"问题，而有可能是存有论上的"法病"问题①。

六

当然，以上所说仅仅只是问题的一个方面而已。依劳先生，儒家思想另一个明显的问题即是单一主体的摄受模式不能通之于诸多主体以及知识之不发达问题，此一问题不仅牵涉儒家有关道德知识的确定性问题，而且也与成德之学中认知的地位问题有密切的联系。

劳先生认为，儒学重德，学者志在实现一理想人格，而道德是落实在每一个单独个体的自我决定上。单个人的自我决定为一道德心之自觉，此单个的道德主体或道德心在成就其德性时，只求一事之是否如理，一事之内部是非如何，表现于认知活动上，最大的特点即不能给认知以一确定性的意义②。如阳明谓"良知只是独知时"，儒学强调德性实践中的个人的自证自知，就单个人的道德修为而言，固不能谓其不合理，但人是社会的动物，若以此扩而展之，在互为主体性的社会生活层面，即此德性之知所表现的自证自知便常常不能有确定的传达轨道，其结果便导致"伪善"和"权威感"的束缚。依劳氏，儒学"强调圣贤人格之模范作用，当然在在如理是圣哲之所以为圣哲，人模仿圣哲亦作处处寻求理之努力，自是一进德途径；不过我们不可不注意模仿本有落为表面虚饰之可能，人是否能处处如理是工夫问题，依儒学精神说，人只要处处有求如理之意愿，则即算入正轨；但人是否果有此意愿，则非观察者所能知。不求如理而肆情纵欲，尚属易见；假作求如理，则只有自己知道"，此即造成伪善，此即前面所说的假天理而肆人欲。此外，"更严重的是，忽视知识之学，既不能提供客观轨道，而只能归于具体人格之标准，则此具体人格之被权威感

---

① 对于心学一脉所可能存在的"假天理而为人欲"的问题，究竟是归诸"人病"还是"法病"，学者或见仁见智，笔者倾向于认为此乃"法病"，参阅《刘蕺山哲学研究》上海：上海人民出版社 1997 年。

② 劳思光：《文化问题论集新编》，第 46—59、第 113—137 页。

化几不可免。"① 劳先生由此进一步讨论了将道德理性（道德心）之发用推进至"主体间性"之中，并由此而求其合理形式之建立的问题，此一思路已明确通向对民主政治之求取。劳先生认为，儒学言道德心即是在一一事上求实现理的自觉心，但在公共事务和政治生活中则涉及众多主体之并立问题，"若是众心中随取一心为主，则其他心灵即受到不正当之抑压"，"为解决此问题，吾人乃必须有一高级形式以使众多主体之主体性获得一更高之统一，此形式自外面说，即为国家制度之形式，自其特性说，则即表民主制度。"②

劳先生的相关批评的确涉及儒学在言成就德性时所表现的客观性和道德知识的确定性问题。儒学强调发明本心，挺立主宰，让良知自我作主，已被许多学者看作是类似于康德的道德理论。不过，劳先生的反省所涉及的客观性以及道德知识的确定性问题也让人想起哈贝马斯对康德伦理学的重建③。我们的思路便在于，假如儒家的这种道德理论或伦理学与康德相似的话，那么，逻辑上，包括黑格尔、费希特、谢林、马克思、舍勒、胡塞尔、海德格尔、哈贝马斯、阿佩尔等人对康德道德哲学的反省，至少在方法上对我们"复兴"儒家的价值和德性工作便不会没有启示和帮助。

其实，康德以后的德国哲学，从黑格尔、马克斯·舍勒、卡尔·马克思、尼采、胡塞尔、海德格尔直到哈贝马斯和阿佩尔等人似乎都觉得康德的伦理学显得过于虚玄，不着实地④。黑格尔以道德须上升到伦理的理路对康德道德哲学做了极为严厉的批评。黑格尔说："着重指出纯粹的不受制约的意志的自我规定，并把它作为义务的根源，这诚然很重要，……但是固执单纯的道德观点而不使之向伦理的概念过渡，就会把这种收获贬低为虚空的形式主义，把道德科学贬低为关于为义务而尽义务的修辞或讲

---

① 劳思光：《文化问题论集新编》（郑宗义编）香港：香港中文大学出版社 2000 年版，第107—108 页。

② 劳思光：《文化问题论集新编》第121—123 页。

③ 当然，劳先生的观念与哈贝马斯有别，至少劳先生在自我德性之养成上多少肯定了单一主体的意义，他引为幽怨的是此单一主体无法伸展至众多主体之中。有关劳先生主体性问题的讨论，请参阅拙著《荀子精读》第七讲之"礼与客观化问题"。上海：复旦大学出版社 2011 年。

④ 参阅刘述先"论中国人的价值观在现代的重建"，《儒家哲学研究：问题、方法及未来开展》（刘述先著，东方朔编）上海：上海古籍出版社 2010 年版，第 455—484 页。

演。"① 依黑格尔，康德的定言命令（categorical imperative）、绝对的善良意志，在孤立的境地里，在仅仅只是自我与自我的同一性中并不能获得任何内容、任何规定性。而从马克思到海德格尔，则以社会关系和"在世存在"（being－in－the－word），对主体形上学中的"纯粹我思"做了进一步的消解，故而海德格尔在"哲学的终结与思的任务"一文中认为："经由卡尔·马克思完成了的对形而上学的颠倒，哲学达到了最极端的可能性。"② 我们可以说，相似的对于那些可以独立于"身"之外的"心"的质疑与省察、对于纯粹意识的批评与询问在西方哲学现代史上不绝如缕。以哈贝马斯为例。简单地说，哈氏哲学也是从反省康德道德哲学中的绝对命令出发的，但显然，哈氏认为康德强调道德是出于个人的意志决定的伦理学乃是一种独白的伦理学，道德规则必须建立在理性讨论的共识的基础上。哈氏甚至认为，康德伦理学中的"自律"概念只有在人与人之间的交往关系中才能成立③。

哈氏着力于借助沟通理论（the theory of communication）来重建康德式的伦理学。沟通离不开语言，而要完成沟通即要诉诸于言说（speech）。但哈氏认为，人们使用语言以达成沟通的行为即是理解和应用规则的行为，如是，则道德实践不仅仅是一个人"知道如何做"的体悟，同时也是"知道是什么"的知识，由这种知识所组成的规则即是道德规范，而这种道德规范乃是基于认知、讨论和沟通的结果。哈氏明显不同意那种出于单独个人（every single subject）的意志决定的所谓道德行为，不论这种意志决定是如何秉承于可普遍化的先天的定言命令；而道德规范也不是单个的理性存在者经由自我思辨的推论所得出的。这样，哈氏就在伦理学中

---

①　黑格尔：《法哲学原理》（范扬等译），北京：商务印书馆1982年版，第137页。

②　《海德格尔选集》（孙周兴编）上海：上海三联书店1996年版，第1244页。

③　哈氏认为："就自律的观点而言，意志是由能够成功通过普遍化检验的格言所担当的。因此一个人的意志，是由应该对其他人同样由价值的理性所规定（当其他人被视作同一道德共同体的成员时）的。"如是，哈氏进一步认为："自律不是一个分配的概念，而且无法个体地实现……康德用自律概念，自己已经引出一个自由在交互主体的框架下才能完全展开的概念。就自律的概念与实践理性的概念紧密相连——二者都是个人概念的构成要素——而言，我想，只有在禁止发展主体性概念——不依附任何内在于交互主题性的主体性——的范围内，康德的实践哲学的实质才能被保存下来。"参阅哈贝马斯《对话伦理学与真理的问题》（沈清楷译）北京：中国人民大学出版社2005年版，第9—11页。

为知识的地位和作用留下了地盘，同时道德知识的确定性也由此获得了奠基。道德判断不是一种纯粹主观的先天真理的宣称，也不是孤零零的个人体悟天理的结果，一句话，道德判断所诉诸的不是单个人的决定。这种主张蕴含着一种所宣称的道德规范的客观性和合法性问题。假如用儒家哲学的语言来说，一个人见道不见道、心与性一不一、心与理一不一等问题，不单单是个人体上功夫足不足、本体透彻不透彻的问题，而是由理性的讨论或辩论，由参与者提出自己的理由在交往共同体中来获得共识的问题。因此，哈氏在《合法性危机》一书中指出，对于那些视道德规范为纯粹个人寡头体悟的，排斥认知的人来说，他就无法对服从具体的命令与遵守主观间交互承认的规范之间的决定性差异提出一个说明[1]，也因此，哈氏认为，康德的伦理学乃是"独白"的伦理学（monologue ethics）[2]。哈氏云："康德以这个原则来界定道德行为，'仅依据你能同时意愿他成为一项普遍法则的那项格言去行动'。此处道德律的普遍性不仅意味着主体间的义务，而且普遍有效性的抽象形式对全体同意而言也具有优先的义务。每一个单独的主体，在检查他的行动格言是否合适于作为普遍立法的原则时，必须将这些格言归诸于每一个主体身上，使它们对他也具有同等的约束力。道德原则在这种意义下是抽象普遍的，亦即当它们对我是普遍有效的同时，它们也必须同样被认为对所有理性存在者都有效。如是，在这种

[1] 就当今哲学研究的视野而言，无论是哈贝马斯、阿佩尔的"交往共同体"、罗伊斯的"解释共同体"抑或米德的"普通话语的共同体"皆指向康德式的先验主体所包含的个人意识的明证性问题。一个人见道真不真，心与理一不一，必须以人所共许的语言规则传达于他人，否则，这种所谓的德性之知便不免于一种类似纯粹的个人的痛苦体验一样的东西。因此，个人见道之经验、本心证会之经验必须依交往共同体的先验的语言游戏规则，方能获得其公共性之品格，这也是人的德性之知可理解的基础。

[2] 就我目力所及，在中国哲学史界，唯李明辉先生在"独白的伦理学抑或对话的伦理学"一文中，借哈贝马斯概括黑格尔对康德伦理学的批评的四个方面分别作出了回应。在李明辉先生看来，哈贝马斯正是从黑格尔的这种批评出发去检讨康德伦理学所存在的问题，哈氏将黑格尔对康德的批评归结为四个方面：一是空洞的形式主义；二是抽象的普遍主义；三是单纯"应然"的无力；四是纯粹存心的恐怖主义。然而，在李明辉先生看来，"在这四点之中，除了第三点之外，其余各点批评均有无的放矢之嫌。"李明辉先生站在康德的立场上对上述批评提出了自己的看法，表现出"依义不依语"、"依理性的知识，不依历史的知识"的特点。学者毕竟如何看待此间争论，尤有待进一步讨论。本文并非说一定赞成哈氏之观念，只是提请研究中国哲学的学者，注意此间的争论或对我们思考问题不无助益。请参阅李明辉《儒学与现代意识》，文津出版社1991年版，第157—192页。

准则之下，互动被消解成单一而自足的主体的活动。"（Every single subject must attribute its maxims for action to every other subject as equally obligating maxims of action, doing so as it examines their suitability as principles of a universal legislation. The moral laws are abstractly universal in the sense that as they are valid as universal for me, *eo ipso* they must also be considered as valid for all rational being. Therefore, under such laws, interaction is dissolved into the action of solitary and self – sufficient subject…）①

七

在一个全球化、解魅化的时代，假如我们对道德规范的信守、对是非善恶的判断，在社会公共生活层面，还依然看不到儒家传统德性之知的那种个私体验的性质，动辄"本体洞彻"、"见道分明"，却又无法示人所"彻"何"体"、所"见"何"道"的话，那么，我们实在难以指望从儒家的此一传统中开出基于主体间有效性的道德规范，而由单个的道德主体境域过渡到众多主体并立的境域，从而撑开现代民主政治之诉求则会更显渺茫。阿佩尔曾言，个人意识的明证性只有借助语言规则的沟通，才能成为一种对我们来说的陈述的先天有效性，并保证个人意识的公共品格，而哈贝马斯则认为："新的语言观具有先验特征，其范式意义首先在于它在方法论上优于主体哲学，因为主体哲学必须依靠对意识事实作反身理解。"② 哈氏此说意在表明，现代道德哲学对语言的回归，已使单独的个人意识的状态不再孤独，道德意识也不能只是纯粹的个人"独知"；同时，此一回归也使先天的道德意识（良知、心体或德性之知）落实到互为主体的生活世界的实践中来，如是，则成德已不是个人顿悟后的兀自独

---

① J. Habermas, Theory and Practice, Boston：Beacon Press 1973, pp. 150 – 151. 值得注意的是，罗尔斯的"正义理论"也与反省康德的伦理学密切相关，而且和哈氏一样，也主张发展出一套程序性的道德理论来代替康德式的伦理学。罗氏认为，道德哲学必须对一个人如何进行道德判断和道德实践提出一套理论的说明，以使道德原则和规范获得客观性，而不能仅仅满足于一种主观的宣称。不过，笔者此处强调，哈氏的理路虽然富有启发，但并非意味着笔者完全赞同，正如许多学者所指出的那样，哈氏是以解决问题的方式将问题本身加以消解，而且哈氏对康德伦理学的质难具有混淆民主正当性原则与普遍主义道德原则之嫌。

② ［德］哈贝马斯：《后形而上学思想》，曹卫东等译，译林出版社 2001 年版，第 44 页。

白，而德性之知（或良知之当下呈现）的自明性亦已经不再是足于证明道德知识的普遍有效性的基础。极言之，良知之呈现、知体明觉之呈露，必须在互为主体性的社会共同体中借助于语言沟通，才能获得一种真理意义上的有效性。

单个的道德主体在成就其德性时，只以求一己之如理，如是即道德规范的可能性和有效性便转而成为单独的个体意识的建构性成果，而这种成果，在哈贝马斯看来，却并没有合法性，其原因就在于，作为单独的个体如何保证其是一个真正的理性存在者？"己所不欲，勿施于人"固然高洁，然而，"己所欲"是否一定要"施之于人"？果如是，则又当如何避免道德上的"单边主义"（unilateralism）对人的压迫？儒学史上"以理杀人"或许可以有许多不同的解释，然而其间是否还有理论上更深层次的牵缠？劳先生对儒学的道德理论所可能导致"伪善"和"权威感"的幽怨或许正与此相关。

阿佩尔认为："如果——关于纯粹主观的和私人道德的观念包含这一点——个体的所谓'自由的'良知决断是先天地孤立的，并且如果它们在实践上并不服从任何共同规范，那么在这个由现在引发了的宏观作用的公共社会实践所组成的世界中，它们就很少有成功的希望。"① 之所以如此，原因就在于这样一种孤立的个人"独知"和"体知"忽视了交往共同体中存有论地所具有的约束规范性基础②，换句话说，假如道德是非及善恶的决定仅仅取决于单个人的自我决定或直觉体悟，那么，如何保证由先天良知所建构、所发出的道德判断与世界具有主体间的普遍有效性即成问题。事实上这样一种良知决断正是康德的"内向性"伦理学（Znnerlichkeit）遭人诟病的一个重要原因③。

在全球化的今天，如何"复兴"儒家传统文化的价值，是一个颇为

---

① 阿佩尔《哲学的改造》孙周兴等译，上海：上海译文出版社1997年版，第275页。

② 此处所谓"孤立"乃相对于交往共同体的共同规范而言，而非别指。即以象山为例，他亦有所谓东海有圣人，西海有圣人，其心同，其理同之说，此即不可谓为"孤立"。但此处之"孤立"显然乃取道德主体各自独立的、并与语言共同体共守的先验准则不相关涉的观念，阿佩尔对此有明确的叙说。

③ 黑格尔把康德的伦理学看作是一种空虚的形式主义，并认为他的道德律除了自己与自己的同一之外，别无任何东西。黑格尔此说是否如理，容或可以争论；且黑格尔虽不是从沟通语言上来作出说明，但却仍值得我们玩味。

复杂的工作，我们当然需要对传统保持敬意和了解之同情，但我们也的确需要有反省自照及"衣沾不足惜，但使愿无违"的理智和勇气，因为我们很清楚，对于儒家传统思想，"说明"（explanation）不能代替"理据"（justification），假如意义之理解未能同时在有效性之证成上相对着力，那我们就会徒然落入对存有历史的空想。

先秦儒家的互补政治理念及其历史变相

韩国忠南大学　李镇卿

除了几个特殊的历史时期外，儒家政治思想一直占据着东亚社会的统治地位。儒家思想作为政治原理之所以能够主导东亚的社会和历史，其根本的原因是什么呢？大致说来，即在于儒家思想的二元架构及其功能上的互补性和灵活性。在儒家思想中，理想与现实并重，认为在政治上，无论是矛盾的观点，还是对立的主张，其实都有其各自的合理性和相互间的互补性。而且，不论何时，在必须考虑这种互补性的同时，也要根据时代和历史的实际情况及其变化作出必要的权变和正确的选择。其中，最有代表性的对立（互补）项即是道德与功利、德礼与法刑、君权与臣权。由于儒家的基本政治理念大部分在先秦时期已经奠基，所以本文即以先秦儒家为中心，详细阐述上述对立项，然后附带论及其在之后政治实践中的权变和运用。

一　道德的法制化：德礼的教化和法刑的平衡

儒家思想以家庭伦理为基础，其着眼点和落脚点用一句话来概括就是道德。在家国体制下，"仁"（基于血缘关系）作为与生俱来的道德性优先于其他政治原理，政治的目标即是使个体在日常生活中通过"仁"德的修养和实践来达成社会的和谐与稳定。"仁"以"孝"、"悌"为本，但为了维系关系和秩序，还需要有必要的形式即"礼"。"礼"是一种以亲亲为基础、用以区别亲疏尊卑关系的仪则，它不仅表现为国家层面上的礼仪制度，而且它还是个体在日常生活中的行为标准。就中国社会而言，继承了家长宗法制和周礼的儒家思想，既是国家的核心价值体系，同时也是具有主导意义的政治原理。

"德"和"礼"作为政治原理,"德"是内在的义务,而"礼"则是作为社会规范发挥作用。① 孔子通过"仁"的发现而还原了"礼"的内在性,认为与内在的德性相比,"礼"是为德性而生,亦是为德性而存在。所以,孔子虽然严格遵从周礼,但"仁"的发现,使"礼"从单纯的外在规范内化而成为了个体的人格和共同体关系的准则,其道德性得到了强化。至此,"礼"与"仁"真正实现了表里合一、体用不二。在孔子看来,通过"礼",不仅能够恢复人的固有德性,同时也能满足现实社会对人的规范和要求。

周礼的规范性和道德性成为以后儒家政治思想中主张礼治和法治的依据。因为"礼"的规范性与法有关,所以儒家的礼治在被条文化的同时自然与法治相连。后来的荀子很接近法家的思维,他的"礼"与法家的"法"在很大程度上有相似之处。

"法"与"礼"最大的不同即在于其统一性、强制性以及相应的刑罚。这一点,是为重视道德个性和教化的儒家基要主义政治方式所不赞许的。因为传统时代的法产生于王政和君主,君主为了牵制贵族或臣僚阶层,为了支配百姓,把法的统一性当作行使自身专制权力的重要统治工具。因此,法是根据权力的现实需要而被制定的,不仅无法体现"道",反而暴露了其片面性和不一致的局限。实际上,"法"的运用是不具备天子威严的诸侯国君主为了限制贵族权力、统一政策、确保自身统治地位而使用的最有效的策略。但是从相反的观点来看,施行恰当的"法"可以带来瓦解身份制的效果,不仅能够在遏制贵族阶层权力的同时使百姓的权力相对得到保护,而且还能达成上通下达的功利性效果。所以"法"的统一性和不一致性也具有现实性的优点,即让策略和改革具有灵活性。

孔子希望通过内在的道德自觉来改变现实,因此他反对"法"的这种强制性和统一性。但是,考察一下荀子儒学和秦汉的政治现实,我们会

---

① 丁若镛在《邦礼草本引》中说明"礼"是法制的。认为与"礼"分离、被霸权垄断的"法"是无道的。《与犹堂全书》第五集政法集第一卷《经世遗表》:"兹所论者法也,法而名之曰礼,何也? 先王以礼而为国,以礼而道民,至礼之衰,而法之名起焉。法非所以为国,非所以道民也。揆诸天理而合,错诸人情而协者,谓之礼。威之以所恐,迫之以所悲,使斯民兢兢然莫之敢者,谓之法。先王以礼而为法,后王以法而为法,斯其所不同也。"

发现，由于儒家的道德政治理想是强化君权和功利性需要，所以法家的法制思想被包容。在之前的儒家政治思想中，尚"礼"的道德主义是根本，而刑法则被当成是辅助性的手段；但是汉代以后，儒家道德理念下的法制体制得到了强化。

到了宋代，这种倾向也反映到了理学家们所主张的德治和礼治思想中。朱子理学宣称恢复道统，再次强调修己的道德性。但是，因为朱子理学的形而上学是把内在的道德客观化为外在的"理"，所以在很大程度上，更加适合用作政治理念。道德规范的他律性被导入对国家、社会的治理层面，朱子理学的礼治比法治更严格地统治着国家和臣民。这种现象在朝鲜的政治上表现得尤为突出。朱子理学的理念和礼治的形式性偏离了孔子追求的德治政治（恢复人格品格和共同体关系），而在现实中，道德基要主义的僵死政治模式也很难收到功利的效果。于是，恢复德礼的实践性和法刑的功利性从而寻求政治平衡的政治改革便开始兴起。

虽然随着时代的变化，因情况和问题的不同而各有侧重，但是儒家的政治理念始终把德礼和法刑放在了均衡的位置。这不仅是因为儒家的政治思想在追求道德理想的同时并没有忘记对现实的关切，而且还源于在更高的层面上孔孟对人之所以为人的觉解和信任。

二　民本主义：道德和功利一致

儒家的治国理念建立在个人修身的基础之上，因此儒家反对过分关注自身的利益，认为欲望乃是万恶之源。所以在儒家的观念中，追求功利并不是幸福，而是让欲望膨胀并引发社会矛盾的导火索。《大学》曰："国不以利为利，以义为利也。"在现实的政治实践中，儒家若想实现其道德化的政治理想，首先必须在理论上解决因权力和功利问题所带来的麻烦和障碍。为此，儒家所聚焦的对立（互补）项主要有三个：义与利；理与欲；公与私。

当然，从本原的意义上说，儒家并不否认权力和功利统治现实世界这一政治原理。只是因为权力和欲望破坏了天下和平与秩序，让百姓的生活陷入水深火热之中。"苟为后义而先利，不夺不餍。"（《孟子·梁惠王上》）所以，问题不在利益本身，而是无道的权力和不道德的欲望，故孔子曰："见利思义。"（《论语·宪问》）在君主政治中，儒家的道德政治可以称作是社会功利主义。功利主义原本即是建立在利益基础之上的，而儒家的功利主义道德政治则是把民生的安定作为政治的根本目的，通过道德来谋求国家的治理和社会的秩序。

孔子所云"君子喻于义，小人喻于利"（《论语·里仁》）具有阶级性，他优先考虑的是百姓的利益，同时又赋予统治阶级以道德上的义务。孔子给出的忠告是："不患寡而患不均。"认为在对百姓进行教化之前，首先要让他们变得富有。这即是"因民之所利而利之"的民本主义。

孔子的民本思想发展至孟子则变得更加鲜明。梁惠王问如何能更好地治理国家，孟子的回答是："王何必曰利，亦有仁义而已矣。"（《孟子·梁惠王上》）在这里，孟子所要表达的不仅仅是对君主个人道德修养的严格要求，而且更重要的是对当时社会现实与现状的一种批评——国家的利益与百姓生活无关而最终变成了君主个人的一己私利。孟子认为，百姓的利益才是君主应该追求的政治目标，从根本的意义上说，有道的政治正是始于物质上的公平。① 对此，孟子不仅从政治原理的层面上作出了阐述，而且也从赋税徭役等具体措施和运作层面进行了详细的说明，并描述了在国家保障之下百姓富饶幸福的生活美景。孟子的功利主义认识到了在道德之上法和制度的重要性。

然而到了宋代，道德和功利分离开来。这与孟子以民为本的功利主义道德政治有所不同。王安石的新法改革虽然也注重功利诉求，但是他无视德礼政治并且把重心放在国家体系而非百姓身上，因而最终并没达成功利主义道德政治的目的；相反，朱子理学主张道德是绝对真理，强调内在修养和克制欲望。对"人或居孀贫穷无托者，可再嫁否"的问题，朱子理学的答案是"饿死事小，失节事大"，这是失节的行为，所以不允许。朱子理学虽然也把民本当作政治理念，但是他们更看重的则是道德本身。朱子理学的严格禁欲主义到了明末遭到了抵制。随着近代资本主义的萌芽，个人的欲望和情感逐渐得到肯定，朱子理学则因其不能与时俱进而走向衰退。于是，儒家思想再次回归孟学，开始对以民为本的功利主义进行重新反思。

---

① 《孟子·滕文公上》："夫仁政，必自经界始。"

三　王道政治：尊君与尊贤、君与君之师的共治

由于儒家思想将家庭伦理扩展到了国家社会，所以从体制上来说，最关键的要素就是家长制下的统治者，因为君主的德行关乎国家的兴衰与存亡。传统上将德行圆满的君主称之为"内圣外王"的圣人。在特别重视宗法和封建秩序的孔子看来，只有君主德行优良、地位稳固、君臣和谐，国家和社会秩序才能得到维系，百姓生活才能确保安康和幸福。孔子的正名论就是一种以君主为中心、主张加强道德和权力的保守性礼治理论。"克己复礼"说，虽然是一种通过实践"礼"来克制个人欲望并展现道德本性的理论，但是从政治层面看，这也是一种通过遵从宗法制下的身份秩序来维持国家和平和社会秩序的正名实践理论。通过正名思想，前者和后者在家庭上、政治上、道德上确立了不可侵犯的地位。

另一方面，由于宗法制承认分封国具有独立的行政权，仁和礼不像法刑一样被强制，而是建立在个人的道德自觉之上，从而赋予了政治行为以某种程度的主体性。在当时出现的"和（君臣分权）"与"同（君主专制）"两种对立的政治理念中，孔子反对专制主义的统一性，而主张通过个人参与以实现"和而不同"的政治和谐。而要实现这一点，便需要善谏的士大夫的政治参与和影响力。然而，从根本上说，"和而不同"的和谐论只能是作为弥补君主不足的权宜之计，政治运作的核心依旧是君主的权力和意志。谏言在以君主为中心的专制政治中有时正确有时错误，充其量也只是补充和修正君主言行的牵制工具而已。

孟子认为，臣僚除了辅佐君主施政外，同时也应成为制衡君主及其权力的一种力量。孟子要求君主有较高的政治权力以及能恰当行使权力的道德，所以在他看来，作为君之师即贤人宰相的存在非常重要，认为有大作为的君主，对于贤才不能采用召见之礼，如果有事情商量，应屈尊亲自去拜访请教。① 在孟子之后的儒家政治理念中，君之师被视为是一种通过谏言以牵制君主滥权的重要力量，虽然君主被要求成为圣君，但是所有的贤臣都应该承担起"格君心知非"的重任。

----

① 《孟子·公孙丑下》："将大有为之君，必有所不召之臣；欲有谋焉，则就之。"

汉代加强中央集权，儒家思想不免成为了汉代政治的辅助。至宋代，朱子理学更加追求的是尊君的道义和学者、臣子的道德优越性，对他们来说，不管是君主，还是他们自己，都不过是在践行并成就儒家的圣人和君子而已。朱熹作为严格的道德主义者，强调臣子对君主的道义，认为臣子或儿子没有说君主或父亲不对的道理。然而对提出修己治人的形而上学观点、给儒学经典配上注释、给道德政治提供方向的朱熹来说，最让他感到自豪的还是成为学者、臣僚的老师，他这样说："于国家化民成俗之义、学者修己治人之方，则未必无小补云。"（《四书集注·大学章句序》）

如果说孔子是通过培养儒家政治精英、辅助权力和政治以实现大同社会的话，那么孟子则是主张通过使贤士成为君之师以实现"格君心知非"的理想。由此，宗统和道统完全分离，贤臣作为又一个政治主体，不是隶属于君主权力的臣下，而是服务于国家和百姓的国家之师。虽然君权和臣权经常对立，但是在儒家理想中，内圣外王的政治正是通过君主和贤能之师的共治来实现的。这是当初孔子周游天下的理由，也是儒家存在的理由。

四　儒家思想的现代诉求：正统性和开放性的和谐

18世纪朝鲜的正祖是位改革明君，他既是一个关注法制改革和百姓平等权利的功利主义者，是一位专制君主；另一方面，作为一位坚信朱子理学的传统继承者，也是一位为了恢复道德政治致力于君臣共治的贤君。面对新的时代问题，在各种见解莫衷一是、朱子理学的局限性充分暴露的情势下，正祖对朱子理学和儒家以外的各种思想和潮流（如阴阳学、道家、法家、墨家等）进行了深入的研究，并由此作出了与时俱进的变通和改革。正祖政治改革的一个重要的经验即在于，为了解决时代问题而以一种开放的心态去探索和研究各种思想和理念。思想是活的，应该总是顺应时代，找出新的出路。如果一味固守传统，那么思想和时代都不可能走出危机。儒家理念的双重架造也正是在解放思想的过程中确立起来的。

可以预见，在人类社会中，道德的地位将愈加突出，因此儒家的道德政治和教育无疑会有更为广阔的用武之地。但是在多元化、民族、资本、平等……的时代，儒家的政治理念亦需要作出修正和完善。只有参考新的观点，借鉴新的思维模式，从而解答时代所面临的难题，儒家思想才能迎来新的发展。

（中文校对：路德斌）

性理学的普遍性与民族的界限

韩国国际脑教育综合大学院大学　赵南浩

本文旨在探讨性理学的普遍性和民族的界限。所谓性理学，是指包含了朱子学和阳明学的学说。① 朱子学和阳明学在学习方法方面虽有不同，但从追求人类普遍的、终极目标"理"这一点来讲，则具有共通的地方。朱子学挑战佛教的形而上学，确立了儒家式的形而上学；挑战功利主义，确保了道德性理论的正当性。阳明学致力于超越朱子学的界限，对功利主义进行批判。然而，这些学说从阶级和民族的角度来看都具有局限。朱子学是士大夫的哲学，在辅佐皇帝的同时限制绝对权力，以安定民生，但它却不能超越带有阶级性质的士大夫的界限。阳明学也是以乡绅阶层为中心开展的哲学研究。② 如果说士大夫团体主要以官僚为中心的话，那么，乡绅阶层则进一步包含了即将成为官僚的预备军队伍。

大部分对于性理学哲学方面的研究是针对普遍性的研究，也有少数关于阶级界限的研究。③ 针对民族问题中的界限的研究，在朱子学中有几种。Tillman 也对朱熹的民族界限进行了相关研究④，但他将其看作主战派和主和派的问题，而没有从普遍主义的民族格局来进行研究。也有实用主义的研究把朱子学看作文化意识形态。⑤ 朱子学通过中国文化的再确立，

---

① 性理学是性命义理之学的简称，也叫 Neo‐confucianism。宋朝的程朱学之外，用于包括陆九渊，陈良，叶适的功力主义学说的专用语。笔者试图将明代的阳明学也包括其中进行论述。

② 虽然秦州学派与阳明右派不同，虽然倾向于一般民众，但并没有将民众设定为阶级的主角。

③ 以侯外庐为首的中国 90 年代以前的著作中凸显出那样的倾向性。宋英识《理性和现实》蔚山大学出版部 1999 版，第 46 页。

④ 田浩：《功利主义儒家》姜长苏译，江苏人民出版社 1997 年版。

⑤ 荣洙：《朱熹的文化意识形态》，理学社，2003 年。

对中国文化进行了彻底的修正，从这点来看朱子学具有一定的意义，但其中对中国文化如何具体看待夷狄文化则没有涉及。

虽然中国的朱子学和阳明学追求普遍主义，但它们划分中国和夷狄，以中国为中心设定界限。[①] 本论文将对此问题进行讨论。本文主要聚焦学习论来进行说明，这是因为从学习论方面可以更好地看出这些理论之间的差异。

一 朱子学的居敬穷理

在朱子学或阳明学中，理或良知都追求普遍性，那也代表了儒家的道德规范。孔子以来的儒家主张其自身的规范具有普遍性。"樊迟问仁，子曰，居处恭，执事敬，与人忠，虽之夷狄，不可弃也。"（《论语·子路》）恭顺，敬虔，忠诚是无论在哪里都通行的道德规范。性理学中儒家道德规范是建立在空间或时间恒久不变的概念的基础上。

朱熹试图通过理和气的概念说明所有的存在。但是，其中的理正是性理学者的专利。自先秦时代开始就存在理的概念，大致有玉或树木的纹理，法则等意思。佛教传来的同时，带来了与现象世界（事法界）区别的原理（理法界）的意思。进入宋代，又产生了法则或者原理的意思。

自先秦时代以来，气是一个能够说明一切存在的概念。气，呼吸，身体，社会，宇宙等都可以用气来说明。气的流动虽然有法则，但是却看不到必然性，仅仅把气是无理由的离合聚散解释为欺瞒是不全面的，性理学者创造出理的概念正是基于此。为说明道德的普遍正当性，仅用气来解释是不够的。程颢曾说到"明道尝曰，吾学虽有所受，天理二字，却是自家体贴出来"。[②] 这句话说明理的概念是宋代的独创。理乃自然之理的意思（天理），性理学者将理的概念看作全部存在的普遍本质。因此，理概念的出现在中国学术中具有革命性的意义，宋代以后，理成为位置优于气的概念。

---

① 中国中心的思考不是以近代国家为中心，讨论民族的利益，而是以封建时代的宗族文化优越性为背景进行讨论。但是，由于在汉族和夷狄的构想中包含对民族的区分，因此可以据此设定民族的界限。

② 《河南程氏外书》，第12—25页。

朱子学者认为万事万物都有理，自然和社会的全部都适用理的概念。比如，朱子学者认为在车、船、台阶中都有理。车不能在水中行，船不能在陆地上走就是理。但是，车或船是人类创造的，规定它们的理不过是人类加工赋予它们使用功能。因此，理不能成为自然事物的客观必然法则，只具备人类社会的规范和关联。这种思考是源于朱子学者将观察社会的观点渗透到自然中的做法。①

佛教中理意味着空，与此相比，性理学中的理意味着现实世界的法则。性理学批判佛教否定现实，进入虚空的世界，为肯定现实世界，对理进行重新解释。在那个理中，虽然也有单纯的法则，但也有无极而太极的原理。

但是，朱熹认为在推究事物原理时，应探究里和外，精密的和粗糙的所有东西。由此，朱熹提出了表里不同的问题。

> 问：表里。曰：表者，人物之所共由；里者，吾心之所独得。表者，如父慈子孝，虽九夷②八蛮③，也出这道理不得。里者，乃是至隐至微，至亲至切，切要处。因举子思云：语大，天下莫能载；语小，天下莫能破。④又说里字云：莫见乎隐，莫显乎微。此个道理，不惟一日间离不得，虽一时间亦离不得，以至终食之顷亦离不得。"⑤

朱熹将儒家的慈爱和孝道等普遍伦理规范设定为外，与此相比，还包含了终极的心的概念，就是自身内心的意思。在内心中应该能够确保伦理

---

① 理仅用于说明人类精神以及从人类精神中出来的行为的范畴。阴阳五行可以看作与说明自然的物质变化形成的对照。

② 《论语》"子欲居九夷。"疏："东有九夷：一玄菟、二乐浪、三高骊、四满饰、五凫更、六索家、七东屠、八倭人、九天鄙。"《后汉书·东夷传》云："夷有九种，曰畎夷、于夷、方夷、黄夷、白夷、赤夷、玄夷、风夷、阳夷。"

③ 《礼记·王制》"南方曰蛮"孔颖达疏引《尔雅》汉李巡注云：一曰天竺；二曰咳首；三曰僬侥；四曰跛踵；五曰穿胸；六曰儋耳；七曰狗轵；八曰旁春。

④ 《中庸》12 章。君子之道费而隐。夫妇之愚，可以与知焉，及其至也，虽圣人亦有所不知焉；夫妇之不肖，可以能行焉，及其至也，虽圣人亦有所不能焉。天地之大也，人犹有所憾。故君子语大，天下莫能载焉；语小，天下莫能破焉。

⑤ 《朱子语类》卷十六，《大学三》。

的规范。① 这意味着他不是单纯理论的普遍论者。朱子学或阳明学都确立了针对内心的理论，重视对内心的修养学习。他们认为与完整的解释全部理论相比，学习论更优先。应确立内心的修养和学习，通过实践不断向前发展。

朱熹将心分为性和情，认为心应因性而控制情（心统性情），这与湖湘学的性体心用论形成了对比。湖湘学的性体心用论认为心就要去用，仅仅将心限定在用的范围当中。朱熹批判仅用这些理论来让内心安定是不够的，产生了不仅要用心，而且也要有身体的思考。② 体是性。这里，性就是理。理在人类的内心中起到了基准的作用。情解释了人类的多样性，与他人的关系当中会出现多种多样的情，为了体会性，控制情，内心的学习很必要。

朱子学在修养学习论中先是试图批判两种学问倾向。一个是佛教和道教；另一个是功利主义式的思考。首先，来看一下对功利主义的批判。功利主义批判是自孔子以来儒家所追求的思考。孔子试图严格区分道德的正当性（义）和物质利益（利）。他试图在其中找到君子和小人的区别。孟子也在第一章中讲到"何必讨论利益呢？只有仁义"，使梁惠王明白了这个问题。朱熹在批判重视利益的思考的同时，也主张不可全面排斥利益，利益和道德的正当性一起前行，而不是相互牵制坠落，强调它们的一致性。

> 只认义和处便是利，不去利上求利了。孟子只说个仁义，"未有仁而遗其亲，未有义而后其君"。只说到个"义"字时，早是掉了那"利"字不说了。缘他是个里外牵连底物事，才牵著这一边，便动那一边，所以这字难说。③

因此，朱熹主张"存天理，灭人欲"。重要的是分清楚内心中发出的最初的天理或者人欲，即道心和人心。朱熹认为，功利主义的思考起源于

---

① 这与哲学性的普遍性相比，被解释为单独性的概念。
② 对此更详细的论述请参考赵南浩《朱熹 中国哲学的中心》泰学社，第53—72页。
③ 《朱子语类》卷三十六，《论语十八》。

对人类的利益和欲望固执追求的习惯，不根绝这种倾向，就不能解释人类存在的理由，那样人就成了和畜生一样的存在。朱熹不仅批判同时代的陈良，叶适，还批判吕祖谦。吕祖谦重视历史，他认为历史是重视现实力量和结果的功利主义而容易流逝。对朱熹来讲，拥有道心和天理的人是继承真理的人。

中庸何为而作也？子思子忧道学之失其传而作也。盖自上古圣神继天立极，而道统之传，有自来矣。其见于经则允执厥中者，尧之所以授舜也。人心惟危，道心惟微，惟精惟一，允执厥中者，舜之所以授禹也。尧之一言，至矣尽矣，而舜复益之以三言者，则所以明夫尧之一言，必如是而后可庶几也。（《中庸章句·序》）

朱熹认为，子思所作的《中庸》，继承了自尧舜时代以来流传下来的传统，但是，孟子以后没有继承，到宋代的二程再次继承了道统。① 他将此称为道学，将道学的继承称作道统。作为取代追求佛教的彻悟方法，培养道心，去除人心的学习，是儒家的修养方法，那也是依靠道统而确立的。

主张道统虽然承认现实中皇帝的权力，但却是为了使其高于皇权。采用不屈服于现实权力的手段来树立道统。道统，即坚持真理谱系的思想，

---

① 《中庸章句·序》："夫尧、舜、禹，天下之大圣也。以天下相传，天下之大事也。以天下之大圣，行天下之大事，而其授受之际，丁宁告戒，不过如此。则天下之理，岂有以加于此哉？自是以来，圣圣相承：若成汤、文、武之为君，皋陶、伊、傅、周、召之为臣，既皆以此而接夫道统之传，若吾夫子，则虽不得其位，而所以继往圣、开来学，其功反有贤于尧舜者。然当是时，见而知之者，惟颜氏、曾氏之传得其宗。及曾氏之再传，而复得夫子之孙子思，则去圣远而异端起矣。子思惧夫愈久而愈失其真也，于是推本尧舜以来相传之意，质以平日所闻父师之言，更互演绎，作为此书，以诏后之学者。盖其忧之也深，故其言之也切；其虑之也远，故其说之也详。其曰天命率性，则道心之谓也；其曰择善固执，则精一之谓也；其曰君子时中，则执中之谓也。世之相后，千有余年，而其言之不异，如合符节。历选前圣之书，所以提挈纲维、开示蕴奥，未有若是之明且尽者也。自是而又再传以得孟氏，为能推明是书，以承先圣之统，及其没而遂失其传焉。则吾道之所寄不越乎言语文字之间，而异端之说日新月盛，以至于老佛之徒出，则弥近理而大乱真矣。然而尚幸此书之不泯，故程夫子兄弟者出，得有所考，以续夫千载不传之绪；得有所据，以斥夫二家似是之非。盖子思之功于是为大，而微程夫子，则亦莫能因其语而得其心也。"

将道学者们引向理想主义。对他们而言，王的路和圣人的路是分开的。①
走圣人之路是他们的共同目标，并努力使王走圣人之路。程颐担任皇帝的
老师（侍讲），他的弟子尹淳，还有朱熹也曾担任这个职位。在经筵上，
他们努力地将被称为诚意正心的儒学理想注入到讲学当中。

接下来，是对佛教思想的批判，佛教的思想侵入到士大夫哲学的中心
地带。孔子以来到汉唐的儒学倾向于实用主义，形而上学式的思考逐渐减
少。深入内心深层来解释人类的佛教的形而上学具有较高水平。这种来自
印度的佛教形而上学，对中国文化造成了冲击，对此进行反击的努力在唐
朝韩愈和李翱的倡导下开展起来。进入北宋，周敦颐、张载、程颢、程颐
等人为创立儒学的形而上学而进行了大量的思考，而这样思考的集大成
者，便是朱熹。《朱子语类》中的如下的记载就说明了这一点。

> 或问："静时见得此心，及接物时又不见。"
>
> 曰："心如何见得？接物时只要求个是。应得是，便是心得其
> 正；应得不是，便是心失其正，所以要穷理。且如人唱喏，须至诚还
> 他喏。人问何处来，须据实说某处来。即此便是应物之心，如何更要
> 见此心？浙间有一般学问，又是得江西之绪余，只管教人合眼端坐，
> 要见一个物事如日头相似，便谓之悟，此大可笑！夫子所以不大段说
> 心，只说实事，便自无病。至孟子始说'求放心'②，然大概只要人
> 不驰骛于外耳。③"

这里，还要说一下江西的陆九渊学派。陆九渊主张本心就是理，他
试图通过佛教式的修养方式来追求彻悟，这样的方式受到浙江地区杨简
等学者的赞成。对此，朱熹批评这种试图通过坐禅得到彻悟的行为穿透
内心，与孔子和孟子的修养方式不同。孔子并不想去探究内心深层的内
涵，孟子也只是重在寻求内心安宁。孔子和孟子所追求的是实际存在的

---

① 这是区分拥有天下的王（王者之有天下）和拥有天下的圣人。前者治理天下，后者教化
天下。陈斌，《朱熹与中国思想的道统论问题》，《展望未来的朱子学研究》，厦门大学出版社
2012 年版，第 412 页。

② 《孟子·告子上》。

③ 《朱子语类》卷一百二十一，《朱子十八》。

正确的本心，那不是佛教式虚空的彻悟，而是与实际的事物相关联，寻找内心的正确与错误的。朱熹批判佛教中的参禅或抓话头进行的学习方式是昏暗的，没有什么意义的学习，如果试图在其中寻找愉悦的话，会带来与孔孟学说不同的种种弊病。若想深入到无意识的深层，找寻某种彻悟的话，反而会失去具体的实际，因此对超越理性，围绕其理想而进行的思考进行批判。应以上述的道心为基准，而不能追求以其理想的心来窥视内心的方法。

朱熹主张以"敬"的学习来代替佛教式的参禅或话头，敬，就是庄敬虔诚的维持内心的方法。宋朝学者们将敬的学习方法分为内、外、理，对于内的学习，有二程的"在安静的状态下将心集中为一个天理，使其不向人欲的方向移动"（主一无适）；"树立稳定的姿态，遵守良好的品行，严肃的对待内心"（整齐严肃）；和尹淳的"收敛内心，使其平静，阻止某些人欲的躁动"（其心收敛，不容一物）。

对于外的学习，有谢良佐的"时常反省的方法（常惺惺法）"。这是因为如果在安静的状态下，甚至是在与外界接触后运动的状态下不能够时常反省的话，就不能观察天理。也就是说，在与外界接触的状态下也要集中观察天理。另外，尹焞强调收敛内心的安静，谢良佐强调严肃地观察天理。

对于理的学习中，内心萌动前的安静状态下，对于不能观察的理，要经常进行谨慎的，畏惧的未发学习（戒慎恐惧）。这是在内心萌动前内心的本来状态下对理保持培养恭敬的修养方法。这种涵养学习与主体性涵养有关。内心萌动前，不能观察到内心，因此，应培养主宰者的主人公的作用。培养主体的学习就是培养判断正确和错误的观察能力，也就是培养分辨天理和人欲的观察力，观察并培养以天理为基准的主体的自我。朱熹主张在内心萌动前后都要时常进行敬的学习。在内心萌动之后，要观察（省察）天理，对于内心萌动前后的观察不到的理应经常保持谨慎和畏惧的内心姿态（戒慎恐惧）。

朱熹在主张"敬的学习"的同时，还主张探究事物本源的学习。朱熹探究事物本源，不是通过读书追求彻悟，而是要求阅读并体会儒家经典本身所包含的道理。

近世有人为学，专要说空说妙，不肯就实，却说是悟。此是不知学，学问无此法。才说一悟字，便不可穷诘，不可研究，不可与论是非，一味说入虚谈，最为惑人。然亦但能谩得无学底人，若是有实学人，如何被他谩？才说悟，便不是学问。奉劝诸公，且仔细读书。书不曾读，不见义理，乘虚接渺，指摘一二句来问人，又有涨开其说来问，又有牵甲证乙来问，皆是不曾有志朴实头读书。若是有志朴实头读书，真个逐些理会将去，所疑直是疑，亦有可答。不然，彼己无益，只是一场闲说话尔，济得甚事？①

探究事物的理，是站在那些谋求处理世事的知识分子士大夫官僚的立场上提出来的。如果是佛教式的，仅集中于内心的话，是不能轻易处理好世间事物的。为了与世间相关联，通过坐禅或参禅来谋求彻悟是行不通的。为超越佛教式的主观主义，必须追求客观的方法。朱熹是这样描述自身的经验的。

某尝因当官，见两家争产，各将文字出拖照。其间亦有失却一两纸文字，只将他见在文字推究，便自互换见得出。若是都无文字，只臆度说，两家所竞须有一曲一直，便不得。元不曾穷理，想像说我这心也自无所不知，便是如此。②

官僚必须要处理复杂的现实事物。否则，就会停止在观念的思考上。③ 穷理就是探究事物的理。朱熹掌握了人们已经知道的理（已知之理），主张应当在这个基础上根据经验来验证事物的理。因为这样的过程，朱熹抛开穷理的概念，使用了（格物）这样的表达。因为穷理是虚无缥缈的，看不到也摸不着。

朱熹的格物是对每个事物进行100%的全部探究。格物中，格是到达终极，必须彻底探究事物的原理。如果探究不彻底，那就不算是格物。只

① 《朱子语类》121—80。
② 《朱子语类》卷四十五，《论语二十七》。
③ 赵南浩：《朱熹 中国哲学的中心》太学社，第166页。

有 100% 的探究才是格物。对某些事态的大体理解不是完全的理解。要对从表面上显现出的层面以及没有显示出的层面全部进行探究。而且，完全的探究不是客观探究事物的理，而是要探究终极的理，即切实的理。不是探究多种多样的理，而是探究具有核心意义的理。

若那种验证的过程得以持续的话，不知不觉间，便会直觉到太极或者本性，即世界的本质。这是超越单纯的客观经验的积蓄，与自身内在的理合一的超越性的抽象式飞跃。那便是豁然贯通。那样的过程不是意图首先取得普遍的原理，而是自然的知的扩张和跳跃。分析探究事物的各个层面，确保具体的认知的内容，那是再次通过与内在的理一致的醒悟而实现融会贯通。①

朱熹认为，不通过佛教的彻悟，而通过逐步的探究理以及恭敬的品行，可以确立儒家式的学习方法论，这样能够保证理的普遍性。

二　阳明学的良知

在阳明学中，批判朱子学格物穷理和功利主义式的思考。如果说朱子学位于佛教道教和功利主义思考之间的话，阳明学则位于佛教道教和朱子学中间的位置。与朱子学相比，阳明学关注内在层面。朱子学的格物穷理仅限于对外在事物的经验认知的理解，对于内在的学习没有直接的帮助。那就是只限于形式上的培养人类。而且，如果不进行内心的学习，就不能知行合一，只能培养追求利益的人类。王阳明也像朱熹那样继承道统论。

> 圣人之学，心学也。尧、舜、禹之相授受曰："人心惟危，道心惟微，惟精惟一，允执厥中。"此心学之源也。中也者，道心之谓也；道心精一之谓仁，所谓中也。孔孟之学，惟务求仁，盖精一之传也。②

王阳明将朱熹的 16 字传承与心学相连接。朱熹将道学改称为心学。

---

① 赵南浩：《朱熹 中国哲学的中心》太学社，第 164—165 页。
② 《王守仁专辑》，《悟真录》，《文录四》，《象山文集序》。

他试图以心学作为孔孟的仁来说明道统。但是，王守仁虽具备道统，却不能够制约皇帝。王守仁时代，朱熹那样帝师的作用没能得到发挥。

当时，明朝武宗、世宗、神宗故意回避经筵，明朝的皇帝比宋朝更为专制。虽然王守仁上疏武宗，但却遭到贬斥，流放贵州。因此想要正确的引导皇帝，就会受到惩罚甚至冒着生命危险。那些实际存在的问题在阳明学中展开。

王守仁将良知作为自己学说的宗旨。良知作为内心中具有灵性的能力，具有区分道德的善恶是非的能力，他主张这是不受时间和空间制约具有普遍性的东西。① 他向前更进一步主张草木，石瓦等物质都具有良知。强调良知的普遍性。但是，与事物具有的良知相反，人的良知却不是那样。②

王守仁是主张儒教、佛教、道教等三教合一论者，他认为三教的终极目标是一致的。他主张佛教或道教所强调的终极境地，即能够脱离生死的轮回的支点。佛教中称为灵知，道教中称为灵明，儒家称为良知。所有的东西都是心的问题，内心当中最核心的就是知。灵的能力的中心就是知。因此，那并不完全是佛教或道教式的东西。他试图通过这些理论来发扬儒家特别是孟子的精神。将儒家的道德规范上升到灵的能力的地位。

王守仁的良知不仅来自于儒学思考，还借用了佛教或道教的修炼方法。王守仁首先向学生们强调闭关静坐的学习。主张不要仅仅理解知，还要进行道教式的更为深层的内在学习。

王守仁认为，在安静当中映照自身的身体的内部就想水晶宫一样。能够清晰的看穿自身的身体和心灵。就如鸡聚精会神孵蛋，龙养育如意珠，

---

① 《传习录》："夫人者，天地之心。天地万物，本吾一体者也，生民之困苦荼毒，孰非疾痛之切于吾身者乎？不知吾身之疾痛，无是非之心者也。是非之心，不虑而知，不学而能，所谓良知也。良知之在人心，无间于圣愚，天下古今之所同也。"

② 《传习录》274 朱本思问："人有虚灵，方有良知。若草木瓦石之类，亦有良知否？"先生曰："人的良知，就是草木瓦石的良知。若草木瓦石无人的良知，不可以为草木瓦石矣。岂惟草木瓦石为然，天地无人的良知，亦不可为天地矣。盖天地万物与人原是一体，其发窍之最精处，是人心一点灵明。风、雨、露、雷、日、月、星、辰、禽、兽、草、木、山、川、土、石，与人原只一体。故五谷禽兽之类，皆可以养人；药石之类，皆可以疗疾；只为同此一气，故能相通耳。"

女子孕育婴儿，精神必须时常保持清醒。① 只有那样，精神才能保证没有
误差的认识。这样的学习方法被王畿，王艮，颜钧，罗汝芳等人继承。阳
明后学的主要理论家们采取这种学习方法，可以被看作是继承了阳明学的
宗旨。

　　但是，由于这样的学习方法很容易陷入静寂主义当中，因此，王守仁
提示要进行"省察和克治"学习。那是存养天理，去除人欲的方法，在
内心萌动的状态下，查看其苗头并及时阻止，需要时常观察内心是天理还
是人欲，这是与朱子学式思考不同的地方。能够容易解释这些的是致良知
论，致良知论认为，无论谁都有良知，但良知是为人的目的而存在的。良
知应成为内在体验中的主体。那正是标榜儒家的理由。②

　　在佛教中，知觉是指，眼、耳、鼻、舌、身等感觉器官与其感受对象
发生关系，思索辨别感受（觉）和前五种的第六识的作用（知）。这里，
辨别的作用意味着理性的判断。佛教中理性作用的根源具有深层意识，其
意识的背后有真实的意识。只有彻悟到其真实的意识本身也是无形的，才
能获得真正的智慧（转识成智）。阳明学中，主张用佛教或道教的方法直
接领悟意识背后的阶段。

　　那是在第六识的机能停滞后，与七识或八识的细微的思索机能起到的
作用一样。由于理性的功能也会带来很多谬误，因此反而妨碍走向穷尽的
维度。只有停止才能深入内心深处。理性的功能中重要的是辨别的作用。
判断正确和错误后进行计算的作用。

　　而且，这种功能导致了自我的分裂。只有超越这种日常的自我才能见
到内在的自我。王守仁或阳明后学强调的是"没有任何思考作用"（何思
何虑），因此他经常引用"没有思考就顺从上帝的法则"（不知不识顺帝
之则）。那就是对于未发的体验和认识。阳明学中，强调直接体验认识未
发。阳明学中，未发在朱子学中的意思不是意识作用的程度，而是深层意
识。③

　　与朱熹将佛教和道教的哲学视为异端，并倡导抵制相反，王守仁试图

---

① 《王畿集》卷2，滁阳会语精神意思，凝聚融结，如鸡覆卵，如龙养珠，如女子怀胎。
② 针对王守仁的学习过程的转换的论述见《王畿集》卷2，滁阳会语。
③ 赵南浩，《牟宗三关于阳明学研究的批判检讨》《哲学论集》29，第83—84页。

接受并突破佛教和道教哲学。如果说朱熹是合理的，理性的方式，那么王守仁是试图用超越的方式建立普遍意义的哲学。阳明学力图通过对良知的彻悟确保人类本源的洞察力。那是立足于适用于任何人的普遍的人性的基础上。

三　性理学的民族界限

朱熹在理念方面选择了普遍主义，但在服装，祭礼等文化方面却试图消除夷狄文化。

> 后世礼服固未能猝复先王之旧，且得华夷稍有辨别，犹得。今世之服，大抵皆胡服，如上领衫靴鞋之类，先王冠服扫地尽矣！中国衣冠之乱，自晋五胡，后来遂相承袭。唐接隋，隋接周①，周接元魏②，大抵皆胡服。③

朱熹认为中国文化中的竖领和皮靴是夷狄文化，因此他主张必须将其辨别出来。文化是适应环境的反映。不能说中国服装和夷狄服装孰优孰劣。其服装持续流传被认为其各具合理性。朱熹从社会文化的角度批判佛教的葬礼方式。

> 劝谕榜，劝谕遭之家及时安葬，不得停丧在家及攒寄寺院。其有日前停寄棺柩灰函，并限一月安葬。切不须齐僧供佛，广设威仪，但只随家丰俭，早令亡人入土。如违，依条科杖一百。官员不得注官，士人不得应举。乡里亲知来相吊送，但可协力资助，不当责其供备饮食。④

当时佛教的葬礼采用长达数月时间的华丽而威严的葬礼形式。因此，

---

① 赵南浩，《牟宗三关于阳明学研究的批判检讨》《哲学论集》29，第83—84页。
② 拓跋氏建立的国家，为与曹氏建立的魏国相区别，称为元魏。
③ 《朱子语类》卷九十一，《礼八》。
④ 《朱熹集》100—6。

朱熹劝说百姓办简朴的葬礼，要求在一个月内完成。但是，火葬是基于佛教轮回的思考而采取的形式，与儒家的埋葬不同。那就从葬礼方式到形而上学式的问题都产生了差异。但是，朱熹的想法不那么简单。在认同父母和子女间的佛教文化的问题中，他认为虽然顺从父母的意愿很重要①，但是仍不认同火葬。

有人提问：万一母亲去世父亲健在，父亲的丧服依照世俗制度，如果进行佛教式火葬会怎样呢？朱熹说：你会怎么做？弟子：不遵守世俗。朱熹：如果肉体以外的事这样决定的话，遵照也无妨，但是火葬是不行的。浩永：火葬是有害父母的。朱熹说：这话好像足说穿丧服和佛教的火葬是一类的，不明白道事情的轻重。②

将火葬和丧服合二为一与把父子间的义合二为一这两个选择中更为重要的是后者。如果父母希望火葬，但却违背他们的意愿就不是好的事情。这样细致的思考成就了朱子学说。"如果仅仅说理，则变得空虚。这个礼是天下的正理，让人们心中有准则，可以合理应对任何事物。佛教本来没有这样的礼，只要求战胜私欲，因而变得空虚"③ 佛教只想克制私欲，没有回到礼的层面。儒家的礼被看作文明国家的标志。如果说佛教是文化的夷狄的话，金国则是政治的夷狄。

朱熹生活的时代，正是南宋与金国对峙的局面。因此，必须对抗是夷狄的金来守卫宋朝。这时的宋是指民族和文化。所以朱熹反对初期对金的绥靖政策，特别对以秦桧为骨干的南宋政权更为批判。

> 壬午应诏封事，臣又闻之，为天下国家者，必有一定不易之计，而今日之计不过乎修政事。攘夷狄而已矣，非隐奥而难知也。然其计所以不时定者，以讲和之说疑之也。夫金虏于我有不共戴天之雠，则其不可和也义理明矣。④ ……臣窃以为知义理之不可为矣，而犹为之

---

① 《朱熹集》63—1 答胡伯量，治丧不用浮屠，或亲意欲用之，不知当如何处？曰且以委曲开释为先，如不可回，则又不可拂亲意也。

② 参见《朱子语类》卷八十九，《礼六》。

③ 参见《朱子语类》卷四十一《论语二十三》："只说理，却空去了。这个礼，是那天理节文，教人有准则处。佛老只为元无这礼，克来克去，空了。"

④ 《礼记·曲礼》："父之仇不与共戴天。"

者，必以有利而无害故也。而以臣策之，所谓讲和者，有百害无一利，何苦而必为之？夫复雠讨贼。自强为善之说见于经者，不胜详矣。陛下聪明稽古，固不待臣一二言之，请姑陈其利害而陛下择焉。①

但是，虽然朱熹在1160—1170年期间的上疏中，主张彻底对金复仇，然而，1180年之后，那种主张发生了变化。为使金和南宋的关系变得稳定，朱熹指出了南宋官僚们的腐败，主张强化内需。1180年以后，主战派的动机和才能受到质疑。② 朱熹之所以发生的这种方向转换，是由于认为宋在与金的作战不能取得胜利。

中国所恃者德，夷狄所恃者力。今虑国事者大抵以审彼己。较强弱为言，是知夷狄相攻之策，而未尝及中国治夷狄之道也。盖以力言之，则彼常强，我常弱，是无时而可胜，不得不和也。以德言之，则振三纲，明五常，正朝廷，励风俗，皆我之所可勉，而彼之所不能者，是乃中国治夷狄之道，而今日所当议也。诚能自励以此，则亦何以讲和为哉？愚之所忧，独恐力既不振，德又不修，则曰战曰和，俱无上策耳。③

这段文字是朱熹1165年写的，已经认同了金的实力。认为与作战相比，更为重要的是保持儒家的规范来教化他们。优越的文化力就是儒学式的思考。虽然朱熹抛弃了主战派的思维，但并没有放弃文化的教化。

围绕背叛信义的问题，朱熹批评徽宗不遵守与金国阿骨打缔结的盟约。徽宗和阿骨打的盟约规定不接受辽的叛军的投降，金首先抓获辽王天祚，徽宗打算让其归顺宋朝，阿骨打对此进行了指责并将天祚处死。朱熹对阿骨打遵守信义的行为给予了称赞。

---

① 《朱熹集》11—1。
② 田浩：《功利主义儒家》姜长苏译，江苏人民出版社1997版，第121页。
③ 《朱熹集》30—3，《答汪尚书》3。

阿骨打却乖，他常以守信义为说。其诸将欲请起兵问罪，阿骨打
每不可，曰："吾与大宋盟誓已定，岂可败盟！"夷狄犹能守信义，而
吾之所以败盟失信，取怒于夷狄之类如此。①

然而，问题是当时在金国，儒家文化也正在生根开花。这将朱熹推向
了两难的境地。

先生喟然叹曰："某要见复中原，今老矣，不及见矣！"
或者说："葛王在位，专行仁政，中原之人呼他为'小尧舜'。"
曰：他能尊行尧舜之道，要做大尧舜也由他。
又曰："他岂变夷狄之风？恐只是天资高，偶合仁政耳。友仁。"②

在这里，葛王是阿骨打的孙子，名叫完颜雍（1123—1189），是金世
宗。1161 年采石矶战役中，完颜亮败北，他在辽阳发动兵变登基皇位，
与南宋议和，崇尚儒学，生活简朴。他在全国范围内调查百姓财产，制定
了公平的税赋制度，禁止奴婢买卖，缓和了对奴婢的限制，开采金银矿，
有力促进了生产力的发展。政治向好，经济和文化得到发展。压制汉族保
护女真族。当时，金的社会和经济稳定，被称为小尧舜时代。③
朱熹一方面认为金世宗能够实践尧舜之道；另一方面认为其不能改变
夷狄的风俗。这样矛盾的思考被认为是他的普遍思考的局限性导致的。

或问高丽风俗好。曰："终带蛮夷之风。后来遣子弟入辟雍，及
第而归者甚多。尝见先人同年小录中有'宾贡'者，即其所贡之士
也。（'宾贡'二字，更须订证）。当时宣赐币帛之外，又赐介甫新经
三十本，盛以黑函，黄帕其外，得者皆宝藏之。"④

在高丽有通过中国宾贡科举考试的人，他们虽然也重视没有什么用处

---

① 《朱子语类》卷一百二十七，《本朝一》。
② 《朱子语类》卷一百三十三，《本朝七》。
③ 中国史学会/姜咏梅译，《中国历史博物馆》，78—79 页。
④ 《朱子语类》卷一百三十三，《本朝七》。

的王安石的书，但依然具有夷狄的风俗。

　　　　问："子欲居九夷，使圣人居之，真有可变之理否？"曰："然。"
　　　　或问："九夷，前辈或以箕子为证，谓朝鲜之类，是否？"
　　　　曰："此亦未见得。古者中国亦有夷狄，如鲁有淮夷，周有伊雒
　　之戎是也。"
　　　　又问："此章与'乘桴浮海'，莫是戏言否？"
　　　　曰："只是见道不行，偶然发此叹，非戏言也。"因言：后世只
　　管说当时人君不能用圣人，不知亦用不得。每国有世臣把住了，如何
　　容外人来做！如鲁有三桓，齐有田氏，晋有六卿，比比皆然，如何容
　　圣人插手！①

　　朱熹主张，孔子所说乘坐木筏漂流到夷狄的土地上去居住的，指的不
都是古朝鲜。只是当时孔子因为不能介入政治当中而感到悲愤，并不是真
正要去朝鲜生活，朝鲜是夷狄的土地。
　　对朱熹而言，夷狄是介于人和动物之间的存在。"到得夷狄，便在人
与禽兽之间，所以终难改"② 朱熹将理和气的范畴图式化，推出将其化成
图的周敦颐的《太极图说》。周敦颐的《太极图说》将事物规律整理为太
极—阴阳—五行—万物的顺序。导入具有太极（理）和阴阳五行（气）
概念的宇宙论的秩序。在其顶端，放置了作为理的整体的太极。
　　但是，使其实际发挥作用的时候是受到了气的影响。随着气的倾斜和
阻滞，理就会得以实现或者不能实现。这解释了区分士大夫和百姓，人和
兽差别的原理。③ 在解释产生这种差别的理由是自然出现的同时，还可确
保儒家的普遍性。那不仅可以确保士大夫的统治的正当性，而且还成为能

---

　　① 《朱子语类》卷三十六，《论语十八》。
　　② 《朱子语类》卷四，《性理一》。
　　③ 《朱子语类》卷四，《性理》问："气质有昏浊不同，则天命之性有偏全否？"曰："非有
偏全。谓如日月之光，若在露地，则尽见之；若在蔀屋之下，有所蔽塞，有见有不见。昏浊者是
气昏浊了，故自蔽塞，如在蔀屋之下。然在人则蔽塞有可通之理；至于禽兽，亦是此性，只被他
形体所拘，生得蔽隔之甚，无可通处。至于虎狼之仁，豺獭之祭，蜂蚁之义，却只通这些子，譬
如一隙之光。至于猕猴，形状类人，便最灵于他物，只不会说话而已。"

够说明华夷论的契机。

王守仁所处的时代虽然不像朱熹那样，自身的国家被夷狄侵占了一半的国土，但是在位于内地的夷狄地区贵州龙场，他却有所醒悟，夷狄部落的叛乱也应被镇压。他认为这种事情是儒家的任务。

> 嗟夫！诸夏之盛，其典章礼乐，历圣修而传之，夷不能有也，则谓之陋固宜。于后蔑道德而专法令，搜抉钩鈲之术穷，而狡匿谲诈无所不至，浑朴尽矣。夷之民方若未琢之璞，未绳之木，虽粗砺顽梗，而椎斧尚有施也，安可以陋之？斯孔子所谓欲居也欤？虽然，典章文物则亦胡可以无讲！今夷之俗，崇巫而事鬼，渎礼而任情，不中节，卒未免于陋之名，则亦不讲于是耳。然此无损于其质也。诚有君子而居焉，其化之也盖易。而予非其人也，记之以俟来者。①

阳明后学罗汝芳也去云南省传播阳明学，这是对中国文化的扩散。

> 次日，太守请观乡约，父老子弟群聚听讲。罗子乃进而谓之曰："汝等听此圣谕也，觉动心否？"咸同声应曰："岂惟心动，且均欲涕下也。盖此土原是夷地，而其守又是女官，以杀戮为家常，以战斗为美事。吾民无老无少，若蹈水火，欲需旦夕之命而不可得，乃今变夷为华，已去危而即安矣。况又复得与沾圣明之化，而共享太平之福也！"
>
> 予（罗子）因顾太守而叹曰："此方人民，其胥而为夷者，不知其几千年矣？今观老幼之忻忻向善，其良心感发，比之他郡，更为加切，是虽饥渴之人，易为饮食，而良心同然，则固不容以地之中外而有毫发之间也。然则鼓舞振作，以全其兴起之美者，固汝郡守之责，而善推所为，使合滇省之华夷而共归于大同之化者，尤吾台司之功而不容自诿也已。"②

---

① 《王守仁全集》《悟真录之四》，《外集五》，《何陋轩记》。
② 《罗近溪先生语录汇集》177。

罗汝芳 59 岁成为云南省屯田副使，60 岁那年冬天，成为云南省按察府使，到达昆明进行了 2 年时间的讲学活动。以上文字可能也是那时讲学时候的记录。罗汝芳在讲学时候曾传播乡约，朱子学或阳明学对乡约都很重视。

朱熹认为，乡村共同体不应是单纯的经济共同体，还应发展为人伦共同体。他的世界观相信经过分析谋划的共同体能够带来社会的和谐稳定，尤其形成地主和佃户相互认同的世界。他认为身为地主的士大夫知识分子要肩负责任来运作乡村共同体，从而实现"佃户不侵犯地主，地主也不能虐待佃户"的理想社会。①

宋朝有代表性的吕氏乡约是吕大忠、吕大钧、吕大临、吕大防兄弟为了乡村教化而创建的组织。通过其条文来实现德业相劝，过失相规，礼俗相交，患难相恤。朱熹在吕氏乡约中增添了自己的解释，推出《增损吕氏乡约》，其中，朱熹在德业相劝条目中增添了"严肃政教"（肃政教）、"使人向善"（导人为善）、"畏惧法令"（畏法令）、"慎重纳税"（谨租赋）四项，为了把乡村组织和国家组织连接起来，增加了政教或法令的项目。

为具体实施乡约的条目，朱熹提出应规定每月聚会一次，提示大家严格的意识和规范。这体现出强烈的构建乡村组织的意图。特别是在过失相规实施细则中得到充分的体现。吕氏乡约中规定，"每次犯下不能开脱的错误时，就记录在罪恶笔记上，如果犯错三次的话，就要接受惩罚"。

朱熹对此这样说道，"共同约定的一个人独自反省过失，相互改正，小错误进行劝解，大错误在众人面前训诫，不听训诫者，在有集会时，报告当月坐职的约正。约正以理相劝，并使其认错，如表示改正，则将其罪恶记入笔记以观后效。"②

从中可以看出让犯错者自行改正错误的意图。朱熹将乡约打造成了非

①　《朱熹集》卷100，《劝农文》，佃户既赖田主给佃生借以养活家口，田主亦籍佃客耕田纳租以供赡家计，二者相须，方能存立。仰人户递相告戒，佃户不可侵犯田主，田主不可挠虐佃户。

②　《朱熹集》卷74—24《增损吕氏乡约》，右件过失同约之人，各自省察互相规戒，小则密规之，大则众议之。不听则会集之日，直月以告于约正，约正以义理诲谕之，谢过请改则书于籍以俟。其争辩不服，与终不能改者，皆听其出约。

官方下达的命令体系式的，共同体成员内部遵循的法理。

阳明学中也很重视乡约。王守仁在镇压中国内部的少数民族叛乱的同时，为安定村民的秩序，1519 年聚集 10 家实施十家牌法和南赣乡约。①如果说十家牌法是官方主导的话，乡约则是民间主导的。

这个地区是战争地区，因此使人民安定是很重要的事情。南赣乡约大体上与吕氏乡约类似，但也有部分差异，比如乡约中的一个想法认为，如果善良就成为善人，如果作恶就成为恶人；表面行善而内心存恶则会收到神明的惩罚；犯错的人反省其错误的同时，写出反省文章等。

如果说朱熹是在没有战争的地区推行乡约，那么王守仁则是在战争地区实施乡约。而且，王守仁在乡村实践的范例的实质主张"简单、实在、明白，让人们能够容易的实践就是好的实践""若果拘泥于陈旧的形式，不能从内心中体会的话，就会做出愚蠢的举动，这就成为了不是范例的范例"。②

罗汝芳主张实施战地战时乡约，明朝在重视乡约的同时，还很重视明太祖的六论。六论是指孝顺父母、和睦乡党、尊敬长上、教训子孙、各安生理、莫做非为。明太祖试图通过里甲制来确保乡村秩序。这是对宋朝乡约精神的继承。如果说乡约是小条目的话，则六论就像是大的原则，罗汝芳用皇帝的命令来确立乡村秩序，罗汝芳乡约的施行中，尤其强调孝弟慈的精神。

四　结论

如果说宋朝以前的华夷论以褒贬论为主要内容的话，宋以后则立足于义理论。褒贬论是以中国文化为标准，如果归化华夏的话就给予尊敬，如果不归化就进行贬低。相反，义理论认为，中国和夷狄是相互不同的种族，因而主张中国优越论和排他性。褒贬论具有普遍主义性质的话，那么义理论则具备民族主义的特征。朱熹作为宋朝人，因此他从义理论的层面

---

① 黄志繁，《乡约与保甲以明代赣南为中心的分析》，《中国社会经济史研究》，2002 年 2期。

② 《王守仁专辑》卷 6，《寄邹谦之 丙戌 二》。

主张金国是不可能成为宋朝的。朱子学虽然彰显普遍主义，倾向于褒贬论，但结局只是义理论之下的普遍，阳明学也没能脱离这种倾向。

宋朝的朱子学批判佛教和功利主义，试图建立中国儒家的普遍性的儒学；明代的阳明学则批判那样的朱子学，接受佛教的学习论，试图树立普遍意义的儒学框架。朱子学或阳明学都推出了普遍性的理论，那就是以优于夷狄的文化的视角得出的理论。元和清只采纳了性理学的普遍主义，忽视了其民族主义。

（中文校对：李军）

朱熹的自我观与生死观

韩国龙仁大学　朴东仁

当下虽然不关注近代主体意义上的我（我 = 自我 = 主体 = 主体性），①但在传统社会里这个主题是非常重要的。因为在传统哲学中，至少规定了"人是什么样的存在"这件事。而且在此基础上，也为了让这些规定正当化，也设定了"人是从什么地方来的"这样的所谓人存在的根源（宇宙论），而且为了强化这些"人的存在规定"，也设定了"死后人会怎样"这样的死亡后的状态。由此他们设定的"人存在的规定"才更有说服力，更有权威性。这样的思维方式，在东方的儒学和佛教，在西方的希腊哲学和基督教中普遍存在。因此，本论文中以朱熹的人存在规定（人的本质特性）为中心，将为了将其正当化而设定的宇宙观和为了强化其理论而设定的死亡后的问题连接起来。

其中最重要的就是人到底是什么样的存在这个问题，因为这个问题是和自我的主体性如何设定相关的。这个自我的概念虽然事实上有很多

---

① 将我和自我、主体、主体性看成一样的原因，是由于从哲学层面上看，这几个概念几乎是一样的。在词典中，我和自我同义，自我是对象世界相区别认识和行为的主体，体验内容虽然会变化，但是其同一性是持续的，而且作用，发硬，体验，思考，意欲作用在意识的统一体上。另一方面，主体定义为实际存在的客观对立意识的主观，正体性规定为不变化的，性质独立的存在。这几个概念的含义大同小异。因此本文将这一个概念作为统一概念使用。（NΛV-ER 国语词典）

胡塞尔现象学和海德格尔的存在论都以无视自我为前提，马克思则认为自我是未来的课题。（申午铉：《自我的哲学》，首尔：文学和知性社，1987，82—83 面。）

定义①，但是至少在西方哲学的大纲观点上看，这可以说是和理性等值的概念。希腊的柏拉图认为，宇宙创造者在做人的时候，让他一次性的创造神来造人的肉体，而肉体成为人时所需要的实体—灵魂才是他按照自己的想法亲自造的。这种灵魂（位于头部的东西）与理性的概念相同，希腊人规定其为永远不变的实体②。因此，理性可以分辨善恶，可以深入思考，可以在许多相反的情况下分清孰轻孰重，最后作出选择，并获得通过这样的选择来决定自己该怎么做的能力。并且，灵魂自己也能自我体验，因为就算整体上死亡，认识却永不消失永远存在。③

这种观点在打着文艺复兴大旗出现的近代哲学的自我观念里复活，并得到强化④，笛卡儿（Descartes, René）认为思维主体是理

---

① 从心理学上看，自我的是对自己的认识，这和弗洛伊德的超自我是同样的性质，主要依照现实原理实现自我调整。（NAVER 国语词典）William James 认为自我是"一个人自己所想的他的身体性格能力，他的家庭亲属的所有认知对象对他自身认知的整体。（李钟升：《自我概念的变化相关的实验研究》，首尔大学校教育大学院硕士学位论文，1970，6 面再引用）C. W. Backman 认为："每个个体都有自己感情认知，这是自我和自我观念的意义。自我观念是别人怎么看自己评价自己，是别人在社会规范下对自己的期待。（李钟升，前论文，6 面和 9 面再引用）这些主张是自己、自身或者是他的自身意识相连接的自我。C. W. Backman 认为自我是生成。所以李钟升认为自我是自我成长过程中接触的人和重要经验。（李钟升，前论文，12 面。）但是本文使用的自我这个术语，是永远不变的实体，和思维主题的实体。

② 柏拉图（Plato）著，J. Burnet 编，朴钟现/金应就翻译，《Timaios》（原文：Timaios），首尔：西光社，2000 年，第 82—131 面。（灵魂存在于人的头脑、胸部和腹部。头脑中存在的灵魂永远不变，胸部存在的灵魂为了和头脑里存在的相同，作用于同一个存在的原理，腹部的灵魂为了和头脑的不同，作用于不同的原理，其中头部的灵魂代表理性，胸部的灵魂代表气概（thymos），腹部的灵魂是欲望。人死后，胸部和腹部的灵魂和肉体一起消失，只有头脑里的灵魂永远存在。（这一理论详见柏拉图《国家论》卷 10 章，李丙吉翻译，《国家论》下，博英社，2001 年，第 161—199 面参照。）因此，让人成为人的本质特性，就是人自我或主体的理性。）

③ Friedo Ricken 著，金城镇翻译，《古代希腊哲学》（原著：Philosophie der Antike），首尔：西光社，2000 年，第 157，160 面参照。与此相比，气概追求认可权力上的优越这样的社会价值，而通过判断力去解放这种想法就是理性。但是如果不能做出这样理性的判断，就不需要知识介入。只是俗见。同时欲望是和理性无关的本能冲动。和摄取营养，繁殖一样。（Friedo Ricken 著，前书，159—160 面。）

④ 申午铉教授把西方近代历史称革命期，从笛卡儿到肯特思考的革命称作自我革命；Copernicus, Nicolaus 里 Sir Isaac Newton 的革命称作造作的自我革命；从 Luther, Marti 到 Calbin 的革命称作信仰的革命。（申午铉，前书，81—2 面）这样强调自我的时代代表关键词。

性①，笛卡儿坚定不移地为追求真理而努力，他怀疑一切，但是他发现他不能怀疑的是，现在自己怀疑自己是什么这件事。这就是通常所说的"我思故我在"（cogito ergo sum）的命题。这样作为思想的存在的我的理性，让我认识到"让我成为我"的人的本质特性。实际上笛卡儿"让我成为我"这件事是不依靠其他东西就能下定论的。因此，我就是实体。实体是不依靠其他东西存在的，自己存在的东西。斯宾诺莎说："自己是在自己里面把握自己的东西。"（quad in se est & per se concipur）② 也说的是同样的意思。但是金三丰教授说："我和我没有区别，我自己的意识来定义我自己。在我存在的侧面或认识的侧面自立。"③因此理性是独立性和自立性为特征的实体。笛卡儿的这种思想经过了康德、黑格尔解释后，主体成了神，不是能证明其在这里或者哪里存在的世界或者在其中的客观事物，只是我思维的理性而已。围绕我的世界或事物都是我思维认识的存在。因此，黑格尔认为理性是无所不能的神。

但是问题果然如此吗？日常看来，我们和我们眼前的世界里有客观事物，我们认识他们。对笛卡儿来说，肉体是附属的。"能这样去理解吗"如此反省的马克思将感性看作是人的本质特性，而规定实际存在的人的实存主义等哲学从此出现。从古到今，西方哲学里一直把人的本质 = 主体 = 自我看作理性。这是说认识和思维主体是理性永远不变的实体，设定主体和自我的意思。那么东方，特别是儒学的再次解释者认为南宋朱熹对此是如何认识的呢？这样的问题是本论文涉及的核心问题。很明显，这两者间有相同也有不同。

一　道德主体的我（性）和思维主题的我（心）

如前所阅，西方认为人的本质是思维主体，理性。那么东方，特别是

---

① 主体这个词的概念在 Greece 语里翻译为 hypokeimenon Latin 语翻译为 Subiectum，英语里是 subject，它意义是放下或者放在底部。因此它是原本在谓语底部，表达主语和属性的词，或者以属性为基础的意思。但是这个词在近代成为放在思想的根本，放在思维活动的基础的意思了。即，理解为放到所有思想和认识的底部。（金三丰，《自我》（我们思想研究所编，《韩语哲学词典1》，首尔：知识产业社，2001 年，235 面。

② 金三丰，前书，262 面。

③ 同上书，263 面。

宋明理学的大儒朱熹是怎么看待人的本质呢？会像西方一样规定人的本质特性吗？或者会选择其他方式吗？答案倾向后者。因为朱熹区分道德主体为性和思维主题为心。

①性是人天生的理。（《孟子集注·告子章句上》："性者，人之所得于天之理也。"

②性是天理没有不善。（《孟子集注·告子章句上》："性即天理，未有不善者也。"）

③盖主宰运用底便是心，性便是会恁地做底理。性则一定在这里，到主宰运用却在心。（《朱子语类》5：62，"……盖主宰运用底便是心，性便是会恁地做底理。性则一定在这里，到主宰运用却在心……"）①

④"心者，人之知觉，主于身而应事物者也。"（《朱熹集》卷66—4（3436 面）《大禹谟》，"心者，人之知觉，主于身而应事物者也。"）②

⑤心官至灵，藏往知来。（《朱子语类》5：29，"心官至灵，藏往知来。"）

上面的引文是朱子谈及性和心的代表词句，①和②是说人的道德主体是性的句子。朱子规定人的主要本质是性，它存在论上的根据表现在①，而在"理"中可以寻找到它。这里的"理"是"天理"，因为他认为"性是人天生的理"③，并且在②中可以得到确认。因为朱子认为人天生的本性是善④。换句话说，人的本性的标准是天理，是太极⑤的道德价值（善）⑥。因为如果太极不善，那人天生的本性也不善。朱子的此番理论结构是存在应当一致的思考方法。因为朱子以人性为根据认识太极或

---

① 此处文章引自黎靖德编，《朱子语类》（1—8），北京：中华书局，1986 年。引用注明册名，卷数和卷数中文章顺序。

② 此处文章引自下书。郭齐·尹波点校，《朱熹集》，成都：四川教育出版社，1996 年。引用注明册名，卷数和卷数中文章顺序。例如，本文引用的《朱熹集》卷66—4（3436 面）的形式。（和本文的引用文类似的句子如下。即"知觉的心为理，知觉到的气为神灵"（《朱子语类》5：27，所觉者，心之理也；能觉者，气之灵也。）这里的能觉者，气之灵无疑是说心之灵的意思。

③ 《孟子集注·告子章句上》1，"性者，人生所禀之天理也"。（朱子的这种观点在下面这句能得到确认。即（《朱子语类》5：88，"性者，即天理也，万物禀而受之，无一理之不具"）这里的天理是包括人类的所有存在。）

④ （《朱子语类》4：49，"性即理也。当然之理，无有不善者"。）

⑤ （《朱子语类》1：1，"太极只是天地万物之理"；《朱子语类》1：4，"太极只是一个'理'字"。

⑥ （《朱子语类》94：21，"太极只是箇极好至善底道理……是天地人物万善至好底表德"。）

天理，他不管人或者宇宙万物的存在本源，将其以道德来解释①。

　　他这么认为的原因是什么呢？当然是将人的本性（性）宇宙和自然的原理或法则相连接，从而确保其纯善性。朱子认为心是认识主体和实践主体，但是并不把它规定为本体就是基于这个原因②。心是理和气结合后出现的，根据气质的不同，有不能纯善的一面，但是性是天生的，其本身完全是善。朱子将人的本性的纯善性以宇宙自然正当化，在所谓仁理礼智或三纲五伦为代表的儒家伦理道德的状态和条件下，确立了绝对的规范。

　　但是朱子依旧认为心是和性一样重要的概念。或者认为心是比性更现实，更重要的概念。因为上面引文③—⑤中谈及的心是认识万物或思维的主体。因为在③和④中，心的特点是主宰或者运用，知觉的概念或者⑤中记忆所有过往事情，以推断要发生的事情是人心的特点。查阅《汉语大词典》③中主宰这个词的意思是处在主管或者统治，支配位置的事物，这里的主管，统治是对事尽责任，并管理和掌管的意思。即，认识或者思维主体的我的心对于事情主导性的处理。运用的概念是说按照事物的特性加以利用的意思，这需要心首先认识事物的特性，然后按其功能灵活运用。知觉是知道，觉察，领会，感觉的意思，这几个词之间的差异很小④，可以说是用心去了解对象的认知能力的意思。⑤中所说的记忆，推理的能力当然也是用心去认识和思维的能力。

　　那么现在问题就在朱子为什么会将自我道德主体的性和思维主体的心

---

① 徐远和著：《程·朱哲学寻根》（原题：洛学源流）孙宏哲译，高阳：东课书，2000年，452—454面。

② 依照徐远和所说，"朱子认为心是认识和实践的主体，但是不把心作为本体的原因在于他想建立伦理学说。因此以性为轴，将其与天理等值，变为伦理道德的名头。"（徐远和，前书，474面和478面。）北京大学出版的《中国哲学史》中也提到了这一点。即，"程·朱所说的'理'是道德基本原则和标准，实际上程·朱将封建时代的道德标准绝对化和永久化了，将其看作是宇宙的根本，所有事物的根源"。（北京大学哲学系中国哲学教研室，《中国哲学史》，北京：北京大学出版社，2002年，359面。）

③ 罗竹风主编，汉语大词典编辑委员会，汉语大词典编纂处编纂，《汉语大词典》，汉语大词典出版社1990年版。

④ "知道"是知道，理解的意思；"觉察"是用眼睛了解事物的细节的意思；"领会"是领悟并且理解的意思；"感觉"是对事物和对象的感觉的意思。

分开设定上了，换句话说如前面提到的，通过道德主体的性将人道德存在定义为宇宙自然的原理或者法则（太极＝理＝天理），那还需要把心和性区别开来，将思维主体二次设定吗？这个问题成为问题的原因在于像朱子这样把性和心设置为二重主体的情况，是因为带着是什么让人成为真正的人的主体（自我）的怀疑的原因。这样主体的分裂，按我们重视哪一个主体来分会导致混乱。但是朱子不得不构建这样的理论结构的原因在于人是由理和气所组成的。

（《朱子语类》4：41，"人之所以生，理与气合而已。天理固浩浩不穷，然非是气，则虽有是理而无所凑泊"。）

（《朱熹集》58—7（2947 面）《答黄道夫》，"人物之生，必禀此理，然后有性；必禀此气，然后有形"。）

即人出生的原因，事物存在的原因都是理和气的结合。但是这里我们要注意的是朱子认为不管"理"是多么稳妥和至善，现实中和气不结合的话，就不能发现其特征。由此看来，朱子是充分考虑了所有的犯罪和欲望的人的现实条件后得出的结论①。在这样的条件下，最重要的事情就是明确人的志向和理想的条件，并寻找实现它的手段。朱子找到的是有主宰，知觉，认识，思维的特点的人的心。善用心的认识，思维，灵明的功能的话，他规定的理想的状态，人本性（性）的纯善性就能得以持续，就能克服天生的浑浊气质，达到圣贤的境界，构建社会和国家的秩序②。朱子在引文③中说"性必在心中，但是主宰和运用性的东西是心"的原因也在与此。

朱子认为理虽然是形而上之道，事物（万物）产生的根本。但气是形而下的容器，事物产生的道具③。间接地理和天生的性由气赋予心尊

---

① 尸沢正胤认为朱子不把心和性混淆的原因有以下两点。"第一，为了维持理至高，不可消除的意义；第二，为了忽略世上的差别相。"（尸沢正胤 著，金炳华·李惠景翻译，《宋明儒学思想史》（원전：宋明时代儒学思想的研究），首尔：瑞文书院 2005 年版，276 面。）

② （《朱熹集》67—22（3541 面）《观心说》，"圣人之学，本心以穷理，而顺理以应物"。）

③ 《朱熹集》58—7（2941 面）《答黄道夫》，"理也者，形而上之道也，生物之本也。气也者，形而下之器也"（《朱子语类》1：9"有是理便有是气，但理是本"）；（《朱熹集》49—11（2365 页）《答王子合》11，"气之所聚，理及在焉，然理终为主"）。

贵①，这是不可轻视心的原因。②

对于朱子来说，道德主体的本性（性）就是人立志向上的目标，思维主体的心是学习认识目标和向着目标前进的力量和手段。朱子说心是由性产生感情的……心是进行学习的地方③这一点就十分明显了。如果心以性为标准产生感情的话，喜怒哀乐等感情也就合情合理了。《中庸》中称这样的状态为中和④而这成为可能的原因是基于思维的特性和心的灵明功能，通过学习而实现的。

朱子可以说是将人分为了现实的理和气，以此为基础，寻找现实的代替方案。他区分了本然之性（天地之性，天命之性）和气质之性，区分了道心和人心也是基于上述观点。

（《朱熹集》56—53（2871 页）《答郑子上》14，"论天地之性，则专指理言；论气质之性，则以理与气杂而言之"。）⑤

《朱子语类》78：189，"或问'人心·道心之别'曰：'只是这一箇心，知觉从耳目之欲上去，便是人心；知觉从义理上去，便是道心"。

即，明示人志向的本来（本然之性和道心）状态的同时，人面对的现实（气质之性和人心）也同时考虑了进去。由此，人通过学习（修养）才能达成目标，人才能把握要克服的现实问题。所以，按照道心的要求，以克服人欲，保存天理（存天理，去人欲）最终穷极地求心，以不违背

---

① （《朱子语类》5：43，"性犹太极也，心犹阴阳也"。）可见两者的层差区分得很清楚。

② （《朱子语类》9：44，"一心具万理。能存心，而后可以穷理"。）（《朱子语类》9：45，"心包万理，万理具于一心。不能存得心，不能穷得理"。）（《朱子语类》5：88，"舍心无以见性"。）来强调心的功能。甚至将心总结为性和情，强调心主宰性的位置。同时，性或理及太极自身不能动作，而无造作，所以如果没有思维主体——心的话，人的社会国家实现也就不可能。（《朱子语类》1：13，"盖气则能凝结造作，理却无情意，无计度，无造作"。）朱子说"理的心不在，也就没有附和之处"的理由也在于此。

③ 《朱子语类》5：75，"心者，主乎性而行乎情… 心是做工夫处"。

④ 《中庸集注》1 章，"喜怒哀乐未发则谓之中，发而皆中节则谓之和"。

⑤ 和这一句相同的一句也出现在《朱子语类》4：46 中，在词句之后接着的是"未有此气，已有此性。气有不存，而性却常在。虽其方在气中，然气自是气，性自是性，亦不相夹杂"以此将性和气区分开来。同时《朱子语类》4：43 中的气质的性指的是恢复天地之性的意思。即"只被气质有昏浊，则隔了，故气质之性，君子有弗性者焉，学以反之，则天地之性存矣"。

"道"，即孔子的境界为目标，不断地学习和前进①。朱子对于人的心与性做了明确的区分，并用宇宙发生论说明正当性。并且人按照本性遵守道德才是有价值的人生，为了进一步说明这一点，也引出了"死后人会怎么样"这个问题。

二　朱熹的人心性结构：宇宙论上的正当化和生死观

朱子接受周敦颐《太极图说》的说法，并以此为基础重新构建了他的宇宙发生论，而宇宙发生论起到了将他的心性论理论结构论证更加清晰的作用。这是因为他将人的本性的存在论根据从追求宇宙自然的本源的太极中找寻的原因。这一点也和程颐的主张一致，从性即理这句话中可以得到印证。即，理和理的所有集合——太极相连结的原因，人的本性（性）也与宇宙自然并无二致。因此，朱子解析周敦颐的《太极图说》时，特别注意和保持了将太极如何与人的本性相连结的问题，这是因为在周敦颐的《太极图说》里没有朱子式的宇宙发生论。并且，朱子通过《太极图说解》规定"心"这一点也值得注意。因为如此才能知道有现实肉体的活着的人是如何克服欲望的。即，确保了心的存在论位置，也寻找了肉体的现实问题的解决方法。下面比较一下周敦颐的《太极图说》和朱子的《太极图说解》。

> ①无极而太极，太极动而生阳，动极而静，静而生阴，静极复动，一动一静，互为其根，分阴分阳两仪立焉。阳变阴合，而生水火木金土。五气顺布，四时行焉。五行一阴阳也，阴阳一太极也，太极本无极也。五行之生也　各一其性。无极之真二五之精，妙合而凝，乾道成男坤道成女。二气交感，化生万物，万物生生，而变化无穷焉。惟人也得其秀而最灵，形即生矣神发知矣，五性感动而善恶分，万事出矣无极。②

---

① 《朱子语类》103：46，"自始学至成德，若未至'从心所欲，不踰矩，从容中道'时，皆要克"。

② 周敦颐：《周子全书》（上、下），台湾商务印书馆，1968 年。

② 上天之载，无声无臭，而实造化之枢纽，品汇之根柢也。故曰：「无极而太极。」非太极之外，复有无极也。太极之有动静，是天命之流行也。…盖太极者，本然之妙也；动静者，所乘之机也。太极，形而上之道也；阴阳，形而下之器也。… 有太极，则一动一静而两仪分；有阴阳，则一变一合而五行具。… 至其所以为阴阳者，则又无适而非太极之本然也。…而无极之妙，亦未尝不各具于一物之中也。盖五行异质，四时异气，而皆不能外乎阴阳；阴阳异位，动静异时，而皆不能离乎太极。至于所以为太极者，又初无声臭之可言，是性之本体然也。天下岂有性外之物哉！然五行之生，随其气质而所禀不同，所谓「各一其性」也。各一其性，则浑然太极之全体，无不各具于一物之中，而性之无所不在，又可见矣。夫天下无性外之物，而性无不在…。盖性为之主，而阴阳五行为之经纬错综，又各以类凝聚而成形焉。…是人物之始，以气化而生者也。气聚成形，则形交气感，遂以形化，而人物生生，变化无穷矣。…盖合而言之，万物统体一太极也；分而言之，一物各具一太极也。所谓天下无性外之物，而性无不在者，于此尤可以见其全矣。…盖人物之生，莫不有太极之道焉。然阴阳五行，气质交运，而人之所禀独得其秀，故其心为最灵，而有以不失其性之全，所谓天地之心，而人之极也。然形生于阴，神发于阳，五常之性，感物而动，而阳善阴恶，又以类分，而五性之殊，散为万事。…①

上面 ①是周敦颐的《太极图说》，它被认为受《周易》影响颇深。②陈来说，其基本思想是受到《周易》《系辞传》中"易有太极，是生两仪"这句的影响，将太极作为最高范畴。因此，规定宇宙发生的顺序为太极→阴阳→五行→万物。但是周敦颐认为的宇宙最初的实体太极，是自汉唐以来的传统上的未经分化的元气。并且将"穷极"视作混沌，图说中提到无极生太极，太极是还未分化的混沌状态的原始物质（未分化的混沌的

---

① 周敦颐：《周子全书》（上）卷1，《太极图说解》。
② 陈来：《宋明理学》，辽宁教育出版社出版1992年版，48 面（陈来说《太极图说》的原来名称为《太极图易说》，通过这里的这一点也得到的证明）。

原始物质），本来就具有无形无限的特性①这样，无形，无限的未分化的元气在某一天突然移动，并分化为阴阳—五行—万物。可能阴阳二气所有的动静不断运动的原因，这样的分化也就被看作是自然而然的事情了。

但是问题在于到底是什么存在让它成为存在？是无原理和法则，是单纯的物质自我分化，产出生命的过程？这个问题不得不提及。因此，意识到这一点的朱子就不得不将周敦颐的宇宙发生论体系结合自己的理论结构进行改造。他最大的改造是认为太极并不是气，而规定为理。他举例说无极而太极的极字是理的至极而来②。这样太极解析为理，宇宙万物遵循精神和物质上的原理法则来实现物质材料，这和 Aristoteles 的形相和质料二元论异曲同工。朱子的理气二元论主张为克服周敦颐的气一元论的障碍提供了替代方案。朱子的《太极图说解》可以说全部是他的意图的集合。

他主张如上面引文②所示，在宇宙发生的基本结构这个问题上，朱子的说明更加详细和体系化，除此之外和周敦颐的体系其实没有太大差别。朱子改变的是对图说的意思的解析。首先，②—ⓐ中朱子也像周敦颐一样，认为太极是宇宙万物的本源。他说太极是造化的中心轴，万物之根就是证据。但是和周敦颐不同的是朱子认为太极不是元气，而规定太极是形而上的道。因此，这和动静，阴阳相同的气就区分开来。气移动或停止时，就让形而上的原理（里）作用在其背面上了。

不过朱子并没有停留于此，他更进了一步。②—ⓑ中确认了他将太极和性连结起来的事情。他将无声无味的太极的性质解释为性的本体本来应该如此。即，把太极和性看作等值的关系。那么，世界上就没有无性的事物了，带有性的各种事物就将带宇宙自然的本源——太极的完整本体稳妥全面地包含在其中了。他认为人和事物出现时，太极的道必在也是同样的意思。那为什么朱子会认为统体一太极，又各具一太极呢？毫无疑问，他是为了主张无论是人还是世界上存在的所有存在都为善这一点。即，想通过宇宙自然的法理来确保道德主体的人的本性（性）的纯善性。但是另一方面来看，这样的论理的里面，就连最微小的事物靠上天赋予的纯善本性而生存，那万物的灵长——人怎能作恶呢？这样的道德上的非难就被提

---

① 以上《太极图说》说明参照陈来著，前书，48—49 面。
② 《朱熹集》36—11（1579 面），"'极'是名此理之至极"。

出来了。将道德主体的存在论的位置提高的同时，也造成了对于错误过于苛刻的风气。这也导致人普遍承认了必须遵守道德。

另一方面，朱子在②-ⓒ中人自身有天生的本性，并稳妥全面地坚持本性，社会国家共同体可以用来实践它，以确保思维和实践的主体——心。这一点是周敦颐的《太极图说》中没有的部分，朱子追加上的东西是阴阳和五行结合时，心能得到比其他任何存在更优秀的东西，在②-ⓓ中确认的一致，因为人能通过心的功能感应外部事物进行动作，可以遮蔽自身不小心做出的恶。通过心，人能克服自己出生就带有的浑浊的气质，成就儒家思想中理想的人像（圣人和贤人）。如果不这样做，就应了朱子在上面引文后续的部分说到的人离禽兽不远的话了①。如上所述，可以说朱子解释周敦颐的《太极图说》时，将人的道德主体的性和思维主体的心都通过宇宙论确保了其正当性。

最后来看一下朱子是怎么说明人死亡后会怎么样这个问题。朱子关注这个主题的原因是他能向大家展示他设定好的"人作为道德的存在是按照天生的本性而活"这件重要的事情。为了强有力的支持伦理道德，人就会想办法维持社会国家秩序的稳定。间接地也能让大家看到他所主张的心比性更为主体的设定的原因。下面的例句就是他的代表性的看法。

① 《朱子语类》3：17，"气聚则生，气散则死。"

② 《中庸或问》上，"盖阳魂为神，阴魄为鬼，是以其在人也。阴阳合，则魂凝魄聚而有生。阴阳判，则魂升为神，魄降为鬼。"②

就像每个人的出生一样，通过朱子的《太极图说解》也能了解到，太极即理和阴阳五行的气相结合。朱子在《大学或问》里说到的"故人物之生必得是理，然后有以为健顺仁义礼智之性；必得是气，然后有以为魂魄五脏百骸之身"③，真是最能说明他的观点的部分。对于出生他是这

---

① 周敦颐：《周子全书》（上）卷1，《太极图说解》，"自非圣人全体太极有以定之，则欲动情胜，利害相攻，人极不立，而离禽兽不远矣."

② 朱熹撰，《四书或问》，上海古籍出版社2001年版，74面。（文中朱子的四书或问都将参考此书。引用方式为册名，面数和原文。）

③ 《大学或问》上（3面）。

样的观点，那么对于死亡呢？

上面的引文①中也能看到，人和构成人的气消散的话，人就会死亡。更具体的说明在引文②上，首先人是阴阳相合，聚集魂魄才出生的，但是死亡后，构成人的魂魄就消散了，属于比较稀薄和透明的气的魂升天变成神，属于相对浑浊的气的魄入地变成鬼。朱子在别处也有气聚集成人，消散成鬼神的说法①，简单总结就是精和气聚集成人，消散成鬼②。朱子也举了日常生活中"人将死之时，热气上升，魂上升，下面的身体渐渐变冷，就成了魂"这样的例子来说明③。总之，这句话是说对应人的精神的魂，和属于人的身体的魄都会上天和入地互相完全消散的意思。④

虽然我们可以承认死亡后魂魄消散，上天入地这个说法，但是消散的魂魄最终会怎样，这样的问题却没有解决。这是和儒学强调的祭祀密切相关的问题，不得不解决。因为如果人死后魂魄完全消散，那就没有祭祀的必要了。还有一个问题是我们承认如果人死亡后，最初是由气组成的魂魄（精神和肉体），那"让人成为人的道德主体的性会怎么样"这个问题却没有解决。朱子认为性是宇宙自然穷极的本源——太极，那就是和太极一体吗？不然，和气一样"人死亡后它也完全消散"吗？如果它也完全消散了，那就和现代唯物论一样，认为人死后，一切都不存在了。如此，人活在世上就没有勉强去遵守道德的理由了。那就去追求富贵、权势、名誉这些世俗的贪欲了。朱子是怎么解决这样的问题的呢？

首先来看人死后魂魄（鬼）是否存在这个问题。对此，朱子的观点整理起来并不容易，朱子在同一次对话里说过"魂魄"也当场消散。也

①　《朱子语类》3：52，"气聚则为人，散则为鬼。"

②　《朱子语类》3：19，"曰：'精气凝则为人，散则为鬼。'"

③　《朱子语类》3：19，"人将死时，热气上出，所谓魂升也；下体渐冷，所谓魄降也。"或《朱子语类》3：25，"暖气便是魂，冷气便是魄。"

④　《佛光大辞典》里说魂是精神（＝心）魄是肉体。（心身之异名。魂者心识，有灵用而无形者。魄者有形体而为心识之依处者。）（星云大师监修，慈怡主编，《佛光大辞典》，北京：书目文献出版社，1993年。）此外《礼记》《郊特牲》中的"魂气归于天，形魄归于地"部分，郑玄注中的"魂者神也，阳也，气也。魄者精也，阴也，形也，"也有相同的看法。同时，《汉语大词典》里解释"古人想象中一种能脱离人体而独立存在的精神。附体则人生，离体则人死"。但是朱子的观点是魂是精神，魄是肉体。在《朱子语类》3：24可以看到朱子"在人则心便是，所谓'形即生矣，神发知矣，是也，"这样的观点。

说过会继续存在①，前后有些矛盾的说法。有多次做出"鬼神事自是第二
著。那个无形影，是难理会底，未消去理会，且就日用紧切处做工夫"②
这样的训诫。也有过"神，伸也；鬼，屈也。如风雨雷电初发时，神也；及
至风止雨过，雷住电息，则鬼也"这样把鬼说成是自然现象的说法，"鬼
神不过阴阳消长而已"这样的观点。③由此看来，朱子还是主张鬼是明确
存在的。他的学生问他世上好多人都见过鬼，但是不知道有没有鬼。朱子
明确地回答道，既然世上有那么多人见过鬼，怎么能说没有鬼！④他把鬼
分成了三类。第一，主管刮风下雨日出月升昼夜的公正公平的鬼。第二，
似有似无，亦正亦邪的暗鬼。第三，向它祈祷，它会回应；向它祈福，它
会赐福的鬼。⑤其中和我们主题相符的是第二和第三种鬼，这和祭祀相关，
也和人死亡后的问题相关。

朱子认为人死后，或者灵魂有快速消散的，也有消散的慢的⑥，但最
终结果是魂魄即鬼会消散。他说"人死后，气会无形地消失，这很正
常"⑦，这是具有代表性的一例。朱子认为，无论是圣人还是平常人都会
这样。⑧但是现实中，如果"死后，构成人的魂魄都消失的话，那还有祭
祖的必要吗？"这样的问题和"实际中看到的各种妖怪和奇怪的现象该如
何说明呢？"这样的问题也会出现。这些是他的学生不断地提到的问题，
朱子是这样解释的。

---

① 《朱子语类》3：57，"问：'人之死也，不知魂魄便散否？'曰：'个是散。'…便使其无子
孙其气亦未尝亡也。"

② 《朱子语类》3：1，"因说鬼神，曰：鬼神事自是第二著。那个无形影，是难理会底，未
消去理会，且就日用紧切处做工夫。…"

③ 《朱子语类》3：5，"神，伸也；鬼，屈也。如风雨雷电初发时，神也；及至风止雨过，雷
住电息，则鬼也。"；《朱子语类》3：6，"鬼神不过阴阳消长而已。"

④ 《朱子语类》3：19，"… 又问：'世之见鬼神者甚多，不审有无如何？'曰：'世间人见者
极多，岂可谓无。'"

⑤ 《朱子语类》3：11，"雨风露雷，日月昼夜，此鬼神之迹也，此是白日公平正直之鬼神。
若所谓'有啸于梁，触于胸'，此则所谓不正邪暗，或有或无，或去或来，或聚或散者。又有所谓
祷之而应，祈之而获，此亦所谓鬼神，同一理也。"

⑥ 《朱子语类》3：20，"…人鬼之气则消散而无余矣。其消散亦有久速之异。"

⑦ 《朱子语类》3：41，"死而气散，泯然无迹者，是其常。"

⑧ 《朱子语类》3：20，"… 用之问：'游魂为变，圣愚皆一否？'曰：'然。'"

①然人死虽终归于散，然亦未便散尽，故祭祀有感格之理。先祖世次远者，气之有无不可知。然奉祭祀者即是他子孙，必竟只是一气，所以有感通之理。①

②如伯有为厉，伊川谓别是一理。盖其人气未当尽而强死，魂魄无所归，自是如此。②

③人有不伏其死者，所以即死而此气不散，为妖为怪，如人之凶死，及僧道即死，多不散。（《朱子语类》3：20）

这是说明我们祭祖的原因的代表性句子，因为人死后，他的气不会马上消散，而是慢慢消散。因此，祭祖也会得到他们的感应。但是朱子说明，不太清楚的是离我们距离比较远的先祖，就无法知道他们的气是否存在了。因此理解为在固定的时间去祭祀，是因为被祭祀的人和他的后代有一样的气，可以互相感应。这可能是朱子为了说明一般百姓祭祀通常是进行到第四代，而圣人或者皇帝的祭祀是不间断的③原因而故意这样去说的。这里特别要注意的一个问题是子孙和先祖有一样的气，即因为同气，可以在召唤先祖的魂魄问题上可以看出儒学中重视子嗣的端倪。即，儒学认为将自己生命永存的方法就是繁衍子嗣。因此，朱子总结为子孙是祖上的气。祖上的气消散了，它的根也还在其子孙后代那里延续着。④

而②和③中说明的是，灵怪的气不消散，继续存在的情况。哪些死于

---

① 《朱子语类》3：19，"然人死虽终归于散，然亦未便散尽，故祭祀有感格之理。先祖世次远者，气之有无不可知。然奉祭祀者即是他子孙，必竟只是一气，所以有感通之理。"

② 《朱子语类》3：19，"… 如伯有为厉，伊川谓别是一理。盖其人气未当尽而强死，魂魄无所归，自是如此。"（与此类似的句子在本文后半部分出现。即《朱子语类》3：19，"至如伯有为厉，伊川谓别是一般道理。盖其人气未当尽而强死，自是能为。子产为之立后，使有所归，遂不为厉，亦可谓知鬼神之情状矣。"）

③ 《朱子语类》3：51，"然祖考却去人未久，求之似易。"

④ 《朱子语类》3：57，"毕竟子孙是祖先之气。他气虽散，他根却在这里。"或《朱子语类》5：56，"子孙这身在此，祖宗之气便在此，他是有个血脉贯通。"；《朱子语类》3：54，"我之气即祖先之气，亦只是一个气，所以才感必应。"

非命的人因为没有正确理解生死，而又聚集了精气，①这种情况不能看作是正常的。朱子说的"若圣贤则安于死，岂有不散而为神怪者乎！如黄帝、尧、舜，不闻其即死而为灵怪也"。② 也能看出他这样的观点。在这一方面上来看，朱子认为，死人的魂魄或是气最终会消散。他也举了"要之，久之亦不会不散。…气久必散。…"③ 这样的例子来例证。

那么死后魂魄会这样的话，现在就剩下最后一个问题，让人成为人的道德主体的性会怎么样呢？我们来看看朱子的看法。实际上朱子基本上没有说过人死后的问题。只是有几个地方提及过。举例上有"其气虽已散，这个天地阴阳之理生生而不穷"④和"若理，则只泊在气上，初不是凝结自为一物。但人分上所合当然者便是理，不可以聚散言也"⑤ 这些说法。但是通过这些说法并不能判断出人死后的状态。只是推断出让天地和阴阳生成，作动的理致在人死后仍然继续存在这样的内容。第二个例句里，"不可以聚散言也"也只是间接地提到了"理（＝性）"的连续性而已。因为最初聚集消散的性向自体消失，聚集消散的理也不在了。⑥但是和上面的说法不一致的，关于朱子对于人死后的状态的看法在下文中有所体现。

> …所谓天地之性，即我之性，岂有死而遽亡之理，此说亦未为非。但不知为此说者以天地为主耶？以我为主耶？若以天地为主，则此性即自是天地间一个公共道理，更无人物彼此之间，死生古今之别。虽

---

① 此外《朱子语类》3：40，"问：'有人死而气不散者，何也？'曰：'他是不伏死，如自刑自害者，皆是未伏死，又更聚得这精神。'"；《朱子语类》3：43，"…然亦多是不得其死，故强气未散。"

② 《朱子语类》3：20，"若圣贤则安于死，岂有不散而为神怪者乎！如黄帝尧舜，不闻其即死而为灵怪也。…"（或《朱子语类》3：40，"安于死者便自无，何曾见尧舜做鬼来！"）

③ 《朱子语类》3：43，"… 要之，久之亦不会不散。… 气久必散。…"（或《朱子语类》3：45，"… 然不得其死者，久之亦散。"）

④ 《朱子语类》3：52，"…其气虽已散，这个天地阴阳之理生生而不穷。…"

⑤ 《朱子语类》3：19，"…若理，则只泊在气上，初不是凝结自为一物，但人分上所合当然者便是理，不可以聚散言也。"

⑥ 实际上第二个例句中的"理"只是局限于气而已，最初凝结而成事物，而并不是成性，这一点让我们产生了混乱。它在意义上是说理是直接聚集不会消散的，但最初凝结而成事物，并不成性这一点是迷惑我们的部分。因为朱子说过世上存在的所有存在都是理和气结合的存在。

曰：死而不亡，然非有我之得私矣。若以我为主，则只是于自己身上
认得一个精神魂魄，有知有觉之物，即便目为己性，把持作弄，到死
不肯放舍。谓之死而不亡，是乃私意之尤者，尚何足与语死生之说，
性命之理哉？①

此处朱子说，人的性就是天地之性（本然之性＝天命之性），所以人
死后不会消亡。但是，死后本性（性）是以自我为中心的，或是和以天
地为中心的结果会有所不同。以天地为中心来看，性是和宇宙自然的存在
世界整体共用的理，那你和我、人和事物、生和死之间就没有区别或者差
别了。因此，就算是永远的存在，也不必执着于专属于我了。但是，如果
以自我为中心来看，我规定的精神和魂魄在别处，如果执着于此，那就
不能避免死亡。那么结果就是我和你，生和死，人和事物肯定是有差别的
了。所以朱子就说和这样的人就没有必要讨论生死的问题了。

那么，朱子将死后的性的问题设定为不仅是我包括我的所有存在共有
的公共的理的原因是什么呢？可能和他所处时代的关系密不可分。朱子生
活的时代是北宋被契丹的辽国和女贞的金国驱赶，被迫迁都到杭州，建立
南宋的时代，他出于建炎四年，公元 1130 年建炎元年即位的南宋开国皇
帝高宗也被金国驱赶，四处辗转。因此，他的父亲周松主张和金国军队抗
战到底，但和当时的和平路线有些格格不入。因此，对朱子来说，最重要
的事情就是如何光复失去的中原土地，如果使国家富强，百姓安定。他的
社会政治思想是皇帝的心能决定社会的纪纲，应该近忠臣而远小人，改变
社会的风气，才能消除社会的不良风气。因为他的哲学是以理气二元论构
筑形而上学，他将他的原则彻底贯彻于个人和社会国家。因此，朱子死后
认为人死后的世界里，性不是个体的存在，而是共同体的存在。他认为佛
教是执着于个体的宗教，佛家认为人死后会成为鬼，鬼又轮回成人。这样
就是天地间总是有许多人不断地来回，而并不是重生了，不存在这样的道
理。他做出这样的批评，和他处的时代有很大的关系。因为他不是个人的
永存，而共同体整体的安危更加重要。

---

① 《朱熹集》41—5（1899 页）《答连嵩卿》1。

三　结论

　　以上笔者以西方的自我观念为根据，研究了宋代理学集大成者朱熹的自我观和他为了将其正当化所构建的宇宙发生论和生死观。通过研究，我们看到了与西欧思维主体理性规定为自我，我之外的存在都看作死物不同，朱子的道德主体为性和思维主体为心，同时考虑了理想和现实。朱熹理想把"让人成为人的人的本质特性规定为道德性（性）"，并将其设定为人志向的目标。并且现实中，人必须是理和气的结合，所以就必须设定气的清浊的界限，并且寻找其替代的方案。朱熹探索的替代方案就是人天生的带有灵明的功能的心。他建立了心通过认识和思维能力，认识到人志向中有纯善的本性，并考虑到气质之性所构成的人所处的现实，将本性定为目标并为之不断学习的理论结构。

　　朱子虽然将道德主体的性和思维主体的心区分开来，存在着将其主体的分裂带来的危险，但是，朱子反而将其设定为人应该努力实现的理想，并认为人应该为了这个理想而不断努力，他的主张是有益处的。如果不这么认为，而利用周敦颐的《太极图说》将宇宙自然的本源——太极都包括在个体里的话，那就不是"理一分殊"的主张了。进一步，也无法在宇宙发生论的结构中来确保心的灵明性了。但不知道朱子这样的结构是不是能克服西方理性的问题的方法。

　　西方近代哲学认为思维和认识是主体——理性永远不变的实体，设定了主体和自我，而我之外的其他存在，就有到底是设定为人还是物的问题。因为除了我之外的所有东西，不以我的认识为准的话，那就都是没有意义的了。这样的结果就是除了我之外的其他存在，都变成了死物。如果按笛卡儿的思路，人的肉体是附属性的地位也随之降低了。那么就成了否认人是肉体和精神的有机统一体这样的事实了。

　　与上述观点相比，朱子认为肉体虽然是很重要的要素，但与心相比，只有太极（＝理）和唯一的本性（性）才应该放置于宇宙自然的中心，我们的所有肉体都以此为目标进行学习，界定肉体的界限，找寻替代的方案才是有积极意义的事情。因为有着肉体的欲望的人不应该埋没于个人主义中。在这一点上来看，作为公共的天理，才是不变的实体，是我们所共有的"性"，也是人们克服个体欲望的良好替代方案。因此，也不会发生西方式的死物化的问题，因为我们一起追求共有的天理，克服个别的过分欲求——人欲。

如此看来，朱子的自我观是同时考虑了理想和现实的，在理论上确保了先秦以来儒家中心价值——本性纯善的同时，也是充分考虑到了人所拥有的思维能力的理论。他的宇宙论和生死观也是支撑上述观点而构成的。这可以评价为将孟子重视本性（性）和荀子重视心的统一，也是将儒家思想的两脉合一。不知道评价朱子是新儒学的集大成者和儒学哲学的综合者是否合适。

内圣外王新诠

山东社会科学院国际儒学研究与交流中心　石永之

一　传统诠释的问题

内圣外王出自《庄子·天下篇》"是故内圣外王之道，暗而不明，郁而不发，天下之人，各为其所欲焉，以自为方"。这是说，当时的天下学术，诸子百家都有自己的内圣外王之道，老子抱朴守真而小国寡民，庄子齐物逍遥以应帝王，墨子天志兼爱而尚同非攻，韩非子则试图武力一统天下。原始儒家中，孔子克己复礼希望天下有道，孟子达则兼济天下，荀子化性起伪，而对中国文化影响最大的内圣外王之道则简明扼要地体现在《大学》这个文本中，其文如下：

> 古之欲明明德于天下者，先治其国，欲治其国者，先齐其家；欲齐其家者，先修其身；欲修其身者，先正其心；欲正其心者，先诚其意；欲诚其意者，先致其知，致知在格物。物格而后知至，知至而后意诚，意诚而后心正，心正而后身修，身修而后家齐，家齐而后国治，国治而后天下平。自天子以至于庶人，壹是皆以修身为本。

这里的"格物、致知、诚意、正心、修身、齐家、治国、平天下"八个条目被视为实现儒家"内圣外王"之道，其中格物、致知、诚意、正心、修身被视为内圣之事，而齐家治国平天下则被视为外王之业。

儒家的内圣外王思想聚焦于《大学》，是一个由汉到宋不断阐释的结果，汉代学术是五经为重，宋代则演变为四书五经，四书在五经之前，而朱子将《大学》置于四书五经之首，以为儒学之纲领。朱子学长期居于正统地位，并被用来科举取士，于是这一阐释被历史凝固下来直至近代。

《大学》的内圣外王之道是为了适应传统农牧业社会的宗法血缘结构而成，它以内圣为根基，用格致诚正的一套道德教义培养帝王及储君，教育士君子，然后齐家以化民成俗，最后达到国治天下平的政治效用。由此可以看出，齐家是内圣外王的转换点。

为什么齐家在《大学》的内圣外王之道中有这么重要的意义呢？这是因为，秦汉郡县制以来，中国社会的结构基本是三层夹心饼式的结构，皇族在顶层、成千上万的家族构成了社会底层，夹在中间则是流动的官吏体系。郡县制体系基本治不下县，社会底层由乡绅、族长对各自家族进行自我管理，极大地节省了社会的管理成本。皇族由打天下来决定，中间层的官吏则是选举，从举孝廉到最后定型的科举制。在这样的结构中，不变的是家族，流动的是官吏，皇帝家族的更替则需要流血牺牲的改朝换代来完成。

在这样夹心饼式的社会结构，家族首先是人们的生活单元，也是生产单位，同时也是基本政治单元，因此政治就必须维系家族的存在。孟子曰："为政不难：不得罪于巨室。巨室之所慕，一国慕之；一国之所慕，天下慕之。故沛然德教，溢乎四海。"（《孟子·离娄上》）所谓巨室就是大家族，维系了家族的存在，就维护了社会的稳定。所以齐家就是内圣外王之间一个重要的环节。"所谓治国必齐其家者，其家不可教而能教人者，无之。故君子不出家而成教于国。孝者，所以事君也；弟者，所以事长也；慈者，所以使众也。"（《大学》）

《大学》的内圣外王应用于皇权时代，儒家的一个主要任务就是教育帝王，也就是做帝王师，在某种意义上，《大学》就是皇权时代儒家的帝王术。《大学》这个文本的主要目的是很清楚的，那就是教导培养帝王的德性。固然《大学》也说："自天子以至于庶人，壹是皆以修身为本"，但其主要对象应当是帝王，格致诚正、修齐治平被用来教导帝王以及储君在皇权时代是有其效用，也是合乎时宜的，而一般的庶人则做到齐家也就够了。

之所以如此，是因为《大学》看到最高政治权力对政治的重要性，《大学》有言："一家仁，一国兴仁；一家让，一国兴让；一人贪戾，一国作乱，其机如此。此谓一言偾事，一人定国。尧、舜率天下以仁，而民从之；桀、纣率天下以暴，而民从之。其所令，反其所好，而民不从。"在《大学》文本的结尾处有："国家不以利为利，以义为利也。"《大学》无疑是将国家的治与乱主要归于帝王的德性以及所发挥的示范作用。

由此可知，《大学》对儒家内圣外王之道的解释已是明日黄花，内圣外王需要重新诠释，这是因为政治结构、文化结构和社会结构都已经发生变化。首先说政治结构的变化，辛亥革命成功地用民权取代了皇权，帝王时代已经结束了，帝王之术也就没有用武之地。其次是文化结构的变化，全球化浪潮使得各个国家的文化都变得多元，儒家的新内圣必须应对文化多元。

最后，更为根本的变化是，传统的家族式社会结构已经解体，传统的家庭，夫唱妇随，男耕女织，生产与生活统一，而今的家庭不再是基本的生产单位，而只是基本的生活单元。更重要的是，传统的家族解体，血缘加地缘的社会基本结构也基本解体，家族也不再是政治的一个最基本的层级结构。

传统的齐家既关乎伦理，也关乎政治，对帝王尤其是如此。而今天的政治人物无须在家庭与国家之间艰难抉择。反过来说，今天的政治已经基本摆脱了家庭伦理的纠缠，夹心饼的政治模式已经被彻底打破。工业化将家族离散为独立的个体，现代政治需要适应工业化社会中独立生存的个体，民主和法制思想即建立在保障个体权利的基础之上。

西学东渐以来，新儒家力图重新解释这一传统，主张内圣开出新外王，而新外王就是科学和民主。其基本趋向是政治革新，以民权取代皇权，而伦理固守儒家伦理本位。这一解释囿于时代局限，存在一些问题，因为科学和民主这样的新外王不是儒家伦理学所应该解决的问题，西方的民主政治也不是从基督教的宗教伦理中发展出来的，民主制度是在对教会制度的批判之中发展起来的，也就是说，西方民主政治建立在政教分离，即政治与道德伦理分离的基础之上的，这就是说，内圣无须开出新外王。

就伦理层面而言，如果固守儒家伦理本位则必然要判教，第二代新儒家确实也做过这样的工作，但判教必然会引起其他宗教的不满，引发其他宗教对儒家内圣思想的批判，进而波及儒家的外王思想。同时，固守儒家伦理本位也无法应对文化多元，今天不可能让佛教徒、天主教徒、基督教徒以及伊斯兰教徒都认同儒家伦理，也违背了人类付出巨大代价才获得的宗教信仰自由的共识。实际上，原始儒家的内圣之学本来就不是一元论立场，儒学产生之初就是与道家相互吸收、相互补充、相互颉颃而发展的，佛教进入中国之后，中国社会长期是儒释道三教并存的。

关键的问题是，中国社会的结构已经发生根本性变化，家族已经退出历史舞台，此为中国两千年未有之大变局，这将从政治和伦理两个方面对中国社会发生深刻的影响。家族退出政治舞台，中国已经没有了皇帝家族，取而代之的是民权社会；社会底层的家族正在被彻底解构，家族伦理自然会随之退出历史舞台，取而代之的是核心家庭伦理和公民社会的规则伦理，规则伦理依靠人们对规则的尊重和遵守，这是现代社会转向法治的根本原因。这也就是说，中国文化从内圣到外王都需要全面的变革。新内圣需要去家族伦理而保留核心家庭伦理，外王则需要中国社会逐步走向民主和法治。

二 内圣新诠

儒家新内圣有三点是需要革新的，那就是稳固核心家庭伦理、发展规则伦理和重建新儒教。稳固核心家庭伦理可以在保留儒学自身特性的前提下矫正极端个人主义之失，发展规则伦理是现代公民社会之必需，重建新儒教可以救正信仰缺失之弊端。

首先说核心家庭伦理。伦理学可以说是研究人际关系的学问，儒家处理人际关系的根本出发点就在于仁者爱人。而仁爱情感的培养最开始的地方就是家庭，核心家庭是培养仁爱情感的发端处，儒家新伦理仍然首先强调家庭伦理，孝为仁之本，百善孝为先。父慈子孝、夫妇和睦的基本人伦在核心家庭里面仍然是必需的。家庭是人类各个文明到目前为止的共同选择，如果没有在家庭里从孝悌开始的道德情感的培养，那么人类恻隐仁爱的普遍性人际情感又从何处生根？

其次是规则伦理。核心家庭是人生活的主要空间，五伦的人际关系也都是熟人关系。现代社会如何处理陌生人的问题显得更为重要，现代儒家伦理应以一体之仁对一切人，即一视同仁，以恻隐仁爱之心对待所有人。

儒学的根本在于仁者爱人，当然新的儒家伦理学还必须涉及"泛爱众"的问题。在农业社会所形成的宗法血缘社会被解构之后，今天的人类打开家门即是社会，三纲之类传统的家族伦理已经不适应现代社会。古代中国，荣也家族，罪也家族，荣则光宗耀祖，罪则株连九族，家族伦理的社会基础已经不再，家族将自然消解，逐渐退出中国人的社会生活，需要形成新的伦理规范。

在现代社会，遵守社会规则就是处理人伦关系。在坚守儒家美德伦理的基础上，还需要积极发展规则伦理。发展并遵守规则伦理是儒家新伦理的主要任务，虽然西方的规则伦理经过几百年的发展已经呈现了某种疲态，出现了为规则而规则的情况，兴起了美德伦理的浪潮。但是中国社会的规则伦理却是方兴未艾。

最后，儒家新内圣需要新儒教重建信仰，西方启蒙文化逐次除魅的过程，也是众神渐行渐远的过程，信仰逐步缺失，道德逐步下滑，此种情况在今日之中国，其害尤烈。启蒙的哲人原本打算用理性的宗教取代信仰的宗教，但是，理性的宗教无法说明圆善问题，也就是不能用理性来说明做好人何以有好报，因此，也就不能很好地劝善，而劝善是宗教主要的伦理学任务。同时，启蒙文化也说明，信仰的宗教可以做理性的阐释，而且今天的宗教也必须能够得到理性的解释，以避免宗教狂热。重建的新儒教应该是比传统宗教更理性，剔除传统宗教中带有迷信色彩的东西，新儒教应该比极端的理性主义更注重信仰，强调德性天道的超越性。就此而言，在未来社会，儒家思想也许是最适合重建信仰的思想流派之一。

新内圣需要在终极关怀处神道设教。把理性能够解释的交给科学和政治，把关于终极关怀的部分交给宗教。子夏从孔子那里听说的"死生有命，富贵在天"表明，儒家的内圣之学是基于上天德性的信仰，西周时候，"皇天无亲，惟德是辅"就已经表明。孔子对天的信仰是很明确的，孔子说过："天生德于予，桓魋其如予何？"（《论语·述而》）"文王既没，文不在兹乎？天之将丧斯文也，后死者不得与于斯文也；天之未丧斯文也，匡人其如予何？"（《论语·子罕》）"不怨天，不尤人。下学而上达。知我者其天乎！"（《论语·宪问》）

天赋予人德性者，即是天命。孔子曰："君子有三畏：畏天命，畏大人，畏圣人之言。小人不知天命而不畏也，狎大人，侮圣人之言。"（《论语·季氏》）"五十而知天命。"（《论语·为政》）"不知命，无以为君子也。"（《论语·尧曰》）

这也就是说，新儒教首先重申孔子关于德性天道具有超越性的思想，并与孟子、宋明理学以及新儒家发展出来的心性学相结合。其次，新儒教的主要对象是社会大众，传播方式以道德讲堂等形式进行，传统儒家的"仁、义、礼、智、信"等主要观念在民间有深厚的土壤，是中华民族的深层心理积淀，易于为中国民众接受。新儒教在民间传播的主要目的是社会教化，因此也可以称为民间儒教。第三，新儒教是不干涉政治的儒教，儒教所要解决的显然只是伦理而不是政治问题，儒教应该远离政治，这也可以说是儒家的政教分离。同时，这也意味着儒家和儒教一定程度的分离，儒教治伦理，儒家管政治，道家和道教也有如此相类的分化可资借鉴，而从历史的角度看，儒家这样的分化实际上就已经存在。

三 外王新诠

新外王所要解决当然是民主的问题。这就首先必须分析中华民族近一百多年的政治实践，维新变法，君主立宪归于失败，辛亥革命之后，清帝逊位，民国建立，最后是共和国的建立。中华民族开始了艰难的民主之路。

民主的理念是伴随着现代民族国家观念一起进入中国的，这时的世界是殖民主义、帝国主义盛行的时代，流行的是弱肉强食的丛林法则，救亡图存是优先的考虑，而要救亡就必须首先建立统一而强大的现代民族国家，辛亥革命之后的中国，军阀割据，四分五裂，这是当时中国弱而又不能图强的政治原因。而中国的政治现代化所完成的正是这一步，启蒙以来，西方社会都是集权主义建立现代民族国家，而后进行民主改革，建立民主法制国家，中国也不可能例外。

中国民主政治举步维艰的第二个原因是，中国社会底层的家族直到最近几十年才开始解体，中国的公民社会才开始形成，只有家族结构在人们政治生活的影响逐步消除，人们才能够真正体会到人人平等的重要性，体会到民主和法治的重要性。从世界范围内民主政治的进程来看，现代民主伴随着工业化的产生而产生，伴随工业化的发展而发展的，因为工业化生产解构了与农牧业相适应的以血缘与地缘为特征的家族式社会底层结构，寄寓于农牧业家族的人群离散为工业社会中独立生存的无依无靠的个体，这样的个体只有依靠法律才能保障自身的生命权和财产权，民主与法制也只有在这样的社会条件下才能发展完善。

基于以上原因，儒家新外王首先是天下主义。就目前的世界格局而言，中国的政治道路需要舍国家主义而就天下主义，随着中国的强力崛起，中国人的民族自信心和文化自信心都开始逐步确立起来，中国应该按照自身悠久的文化传统来发展自己的民主政治，中华民族原本有着天下主义的传统，孔子主张和而不同、悦近来远，孟子反对以邻为壑，墨子主张兼相爱交相利与非攻。

天下主义的中国奉行君子外交而非警察外交。君子动口不动手，君子外交第一义就是坚持"非攻"立场，也就是不以任何名义发动侵略战争，墨子最先认识到战争的破坏性，所以他说："当若繁为攻伐，此实天下之巨害也。"(《墨子·非攻下》)两次世界大战更是让人类看到了现代战争的残酷与惨烈，现代战争的破坏性巨大、杀伤力巨大且代价高昂，已经无任何战争红利可言，而且在极端的国家主义、民族主义的亢奋情绪下，谁也不敢保证，局部的冲突就一定不会导致毁灭性的核战争的爆发。

中国的和平崛起只能从天下主义的立场来说明，视中国崛起为世界威胁的"中国威胁论"，是一些人依据目前仍然流行的国家主义立场来看待问题的。这需要从理论上分析并批判国家主义的谬误，确立天下主义的全球正义理论。就现实而言，今天的世界呈现一种单极化态势，中国的崛起可以让世界向均势化的方向发展，世界力量的均衡，可以让某些国家狂热的民粹主义平静一些，不再轻而易举地以武力的方式兜售他们的政治立场和政治观念。

就国内政治的发展趋势而言，中国也应该舍国家主义而就天下主义。中华民族是为了救亡而被迫走上国家主义道路的，在中国已经建立起了强大而统一的现代民族国家，存亡危机已经解除之后，就应该回归自身传统的天下主义。持天下主义立场的国家，应当是一个有示范效应的国家。这样的国家是一个人人平等的国家，不会因为种族、民族、性别、年龄而歧视任何人，只有这样的国家才能够悦近来远。天下主义的国家是一个自由的国家，人们可以自由贸易、自由迁徙。天下主义的国家是一个法治国家，以保障人们的平等与自由。

纵观东西方近代史，在民族国家发展现代工业的起始阶段，集权主义的政治结构是必须的，但在发展以及成熟的阶段，也是需要逐步加以改变的。贫弱的中国，工业基础薄弱，需要用国家集权主义的方式集中财力以完成资本的原始积累，发展工商业，尤其是发展军事工业以保卫自身安全。中国现代工业基础的建立，现代科研体系的建立，尤其是两弹一星的成功都有赖于此，在一定意义上，集权主义以计划经济的方式管理经济是有特定的历史合法性的，但是，当这一历史任务完成之后，就需要进一步让经济回归社会，以形成能够激活社会创造活力的市场经济，中国自1978 年以来的改革开放正是顺应了这一现代社会的发展逻辑。

其次，儒家的新外王应当是平等自由主义，也就是平等优先而自由随之。平等的理念是政治哲学的理论起点，却又最容易在政治实践中迷失的东西。而自由是在法律确立之后才有自由可言，没有法律则难言自由。

西方启蒙文化以自由、平等、博爱为旗帜，是西方人现代民主发展的历史顺序，并不是一个理论上的逻辑顺序。西方人因残酷的宗教战争之后，达成了宗教信仰自由的基本结论，而后是言论自由、思想自由，但仅仅有自由是不够的，美国以自由立国，可是种族歧视的问题一直挥之不去，直到现在才基本实现了法律层面的平等，而在民间也不能说其消极影响已经完全消除。

平等优先的第一个原因是，平等是政治哲学的逻辑起点，从政治哲学的角度说，天赋人权、人人平等，平等的个人达成共识、缔结信约，制定宪法和法律，然后依法行政。民主政治的要义就是主权在民，西方人用契约论来说明其主权在民的政治哲学原理，在契约论的背后有一个政治权力的分解综合理论，由政治权力休现国家的意志，被分解为权力机制要素和权力元素，权力机制要素是一套行政机构及其运作，而真正的权力元素就是个人意志。政治权力首先是自下而上的认可，然后是自上而下的权力运作。

平等优先的第二个原因是，平等的政治实践最为困难，平等最容易迷失。平等的人需要形成不平等的政治权力结构，无论何种制度的政治结构都是金字塔式的结构，这样结构一旦形成，处于优势地位的人极容易践踏平等。同时现代社会的生产方式，各种生产要素都参与到分配体系之中，使得贫富悬殊随处可见，公平很难实现。

就中国传统而言，孔子"有教无类"的教育理论与实践开创了平等的先河，拉开了人类追求平等的序幕，孟子"人皆可以为尧舜"，荀子"涂之人可以为禹"从理论上，确立了人人平等的思想基础，而法家也主张平等："宰相必起于州部，猛将必发于卒伍。"（《韩非子·显学》）

仅仅有平等是绝对不够的，平等理念是需要持续不断地加以维护的，政治权力的金字塔结构容易经常侵犯平等，这是需要言论自由，尤其是学术自由加以维护。中国需要以平等观念积极推进政治民主，构建现代法治社会，没有学术自由，思想就会贫乏僵化。没有言论自由，就听不到民间的声音，难以明察政治的成败得失；兼听则明、偏信则暗是政治哲学的铁定规律。

最后，新外王的民主政治以仁爱共识为基础。西方政治哲学的发展有一个伦理与政治的断裂，这正如罗尔斯所说："古代人的中心问题是善的学说，而现代人的中心问题是正义观念。"① 这一断裂是从马基雅维利开始的，他批评古希腊的政治哲学说："许多人曾经幻想那从未有人见过更没有人知道曾经在哪里存在过的共和国和君主国，可是从人们实际上怎样生活到应当怎样生活距离是如此之大，以至一个人要是为了应当怎样而忘记了实际怎样，那么他不但无法生存，而且会自取灭亡。"② 古希腊的政治哲学是一种乌托邦式的理想，而不具有可操作性。由此开始，西方文化的主流由伦理转向政治。

自由主义一直是西方政治哲学的主流，罗尔斯认为："政治自由主义的问题是：一个由自由而平等的公民——他们因各种合乎理性的宗教学说、哲学学说和道德学说而产生了深刻的分化——所组成的稳定而公正的社会之长治久安如何可能？这是一个政治的正义问题，而不是一个关于至善的问题。"③ 为了解决政治正义而不是伦理至善的问题，罗尔斯说："为了发挥其政治角色的作用，公民被看作是具有适合这一角色的理智能力和道德能力，诸如，由自由主义观念所给定的一种政治的正义感的能力和一种形成、遵循和修正其个体善学说的能力；还有他们具有维持正义的政治

---

① ［美］罗尔斯：《政治自由主义》，万俊人译，译林出版社2000年版，第26页。
② ［意］马基亚维里：《君主论》，张志伟等译，陕西人民出版社2001年版，第92页。
③ ［美］罗尔斯：《政治自由主义》，万俊人译，译林出版社2000年版，第13页。

社会所需要的政治美德能力。"① 这就是说，罗尔斯假定公民具有政治正义感的能力，同时还假定公民具有政治美德的能力。

政治正义感和政治美德能力是在政治生活中时刻发挥作用的能力，怎么能够仅凭假定来敷衍了事呢？它们必须从理论上得到说明，明确其来源，并时时培养这样的能力。这一点罗尔斯不可能不明白，只是他囿于西方的文化传统而不能突破罢了。

西方世界有长期政教合一的历史，其间还导致过残酷的宗教战争，宗教信仰自由是西方人用无数生命和鲜血换来的，这也是西方人特别珍视宗教信仰自由，以及更高意义上的自由主义大行其道的原因。所以西方人在各种宗教信仰中主张价值中立，不立国教。但是价值中立会导致政治向工具化、技术化方向发展，而最终形成无伦理支撑的政治。

而中国没有过宗教战争的历史，也没有西方意义的政教合一，历史上，中国人的宗教信仰自由很少受到限制，长期以来，就是儒释道三大宗教并存，多种宗教信仰任人选择。依据中国文化传统，可以对伦理与政治断裂问题提出不同解决方案。那就是，新外王不持价值中立的立场，而是希望就仁者爱人达成伦理共识。世界伦理运动表明，各宗教伦理可以基本形成仁爱共识，以之为政治的伦理支撑；同时，可以相信各大宗教都能够培养德性君子，为政治提供人力支持。

因此，儒家新外王以仁爱共识为政治哲学的伦理支撑，各大宗教伦理培养德性君子，为政治提供人才资源。以人人平等为政治哲学的逻辑起点，平等的个人缔结信约，制定宪法和法律，并依法行政，以宗教信仰自由保障政治的伦理支撑，以思想自由、言论自由为平等保驾护航。简言之，儒家新外王的关键词就是仁爱、平等、自由。

四　内圣外王的新连接

今天人类面临着一个多元与统一的问题，文化多元、宗教多元，人们有不同的伦理行为规范以及不同的思想信仰，可是人们又必须生活在一个

---

① ［美］罗尔斯：《政治自由主义》，万俊人译，译林出版社 2000 年版，第 33 页，引用时做了点修改。

统一稳定的政治秩序的社会里面。道德伦理和宗教信仰属于内圣的范围，而政治秩序则属于外王的范围，也就是说，现代社会面临的现实是内圣多元而外王则需要统一，固守内圣外王的统一或者内圣开出新外王，都是强调儒家内圣唯一性，这种做法显然都是不合时宜的。

伦理道德与人们的宗教信仰有着千丝万缕的联系，而人类的宗教信仰多种多样，今天没有人能够把多元的宗教统一起来，即使存在这种可能，那也是在遥远的未来。宗教信仰自由也是今天人类的共识。而且事实上，各大宗教都能够培养德行君子，各大宗教都为人类的文明发展作出过自己的贡献。

儒学真正的特色并不在于其内圣独特性，而在于儒学内圣外王的结构是具有普适性的。儒学的生命力就在于其内圣不离外王的思想结构。儒家的内圣与外王依据的是人的不同能力，儒家的新内圣建基于人对天也就是超越者的信仰，而儒家新外王则建立在理性的基础，信仰和理性是人的不同能力，而人既可以有信仰，也可以有理性，这就好像人既可以接受科学，也可以欣赏艺术一样。

内圣外王的新连接包括两个方面，首先是伦理共识，多元内圣为外王也就是民主政治提供伦理支撑，这是民主政治的宪法、法律以及整个的制度设计都有其伦理学依据。同时，就政治实践而言，重新连接儒家内圣与外王的接榫点就是德行君子，各大宗教都能够培养德行君子，以为民主政治的人才之源，这也就是《论语》所说的，"君子之仕也，行其义也。"（《论语·微子》）"行义以达其道。"（《论语·季氏》）

儒家内圣外王的新连接有一个绕不过去的人性论问题，内圣外王的新连接不坚持一元人性论，而主张人性显现论。感天动地的善行义举是人所为，同时令人毛骨悚然的反人类恶行，比如希特勒对犹太人的大屠杀、日本侵略者对国人进行的惨绝人寰的南京大屠杀，不也都是人干的吗？这说明人性可以显现为善，也可以显现为恶。人性就是人与生俱来的特性，本来无所谓善恶。孟子曰："形色，天性也"，（《孟子·尽心上》）荀子说："性者、本始材朴也"，孟荀都认为自然人性无所谓善恶。然而天性在不同的生活环境中会显现出善与恶的巨大分别，不能说人类的善行有人类自身的依据，而人类的恶行就没有其自身的根据。无论何种人性论，其最终的主张都是扬善抑恶。扬善就需要从伦理层面培养和扩充人的道德情感，抑制恶除了为善去恶的道德之功外，还应该尽力不让呈现恶的环境出现。

学术界关于人性论仍然聚讼不已，这里特别寻出大程和阳明的论述以为依据，体贴出天理的程颢就曾经说：

> "生之谓性"，性即气，气即性，生之谓也。人生气禀，理有善恶，然不是性中元有此两物相对而生也。有自幼而善，有自幼而恶，……是气禀有然也。善固性也，然恶亦不可不谓之性也。盖"生之谓性"、"人生而静"以上不容说，才说性时，便已不是性也。凡人说性，只是说"继之者善"也，孟子言人性善是也。夫所谓"继之者善"也者，犹水流而就下也。皆水也。有流而至海，终无所污，此何烦人力之为也？有流而未远，固已渐浊；有出而甚远，方有所浊。有浊之多者，有浊之少者。清浊虽不同，然不可以浊者不为水也。如此，则人不可以不加澄治之功。故用力敏勇则疾清，用力缓怠则迟清，及其清也，则却只是元初水也。亦不是将清来换却浊，亦不是取出浊来置在一隅也。水之清，则性善之谓也。故不是善与恶在性中为两物相对，各自出来。此理，天命也。顺而循之，则道也。循此而修之，各得其分，则教也。①

《传习录》也记载有王阳明关于人性显现论的这样的论述，如下：

> 先生曰："性无定体，论亦无定体，有自本体上说者，有自发用上说者，有自源头上说者，有自流弊处说者。总而言之，只是一个性，但所见有浅深尔。若执定一边，便不是了。性之本体原是无善无恶的，发用上也原是可以为善、可以为不善的，其流弊也原是一定善、一定恶的。譬如眼，有喜时的眼，有怒时的眼；直视就是看的眼，微视就是觑的眼：总而言之，只是这个眼。若见得怒时眼，就说未尝有喜的眼，见得看时眼，就说未尝有觑的眼，皆是执定，就知是错。孟子说性，直从源头上说来，亦是说个大概如此；荀子性恶之说，是从流弊上说来，也未可尽说他不是，只是见得未精耳。众人则

① （宋）程颢、程颐：《二程集》，中华书局1981年版，第10页。

失了心之本体。"①

阳明的"性之本体原是无善无恶的",也就是大程"'生之谓性'、'人生而静'以上不容说,即人性本无善恶,善恶的分化在发用处呈现,有了善恶的分化就需要扬善抑恶,这不仅需要伦理道德发挥作用,还需要政治层面的努力"。

孺子入井显现了人的恻隐之心,"恻隐之心,仁之端也",(《孟子·公孙丑上》)既然恻隐之心是仁爱情感的发端处,就应该以此恻隐之心为根基,扩充之、培养之,以通成圣成贤之道。这与传统儒学主流的儒家心学所强调的并无二致,孟子所确立的性善论就是人类伦理学的根基,这是儒家所应该坚持的亘古不变的立场。

传统的内圣外王是以性善论贯彻到底的,性善论作为道德伦理学的基础是没有问题的。但是要运用到政治哲学领域则未必就合适,因为政治哲学首先要保障人民生命财产安全,其次要解决的如何进行利益分配才能保证社会的稳定。这正如荀子在探讨政治制度的起源所说:

> 礼起于何也?曰:"人生而有欲,欲而不得,则不能无求。求而无度量分界,则不能不争;争则乱,乱则穷。先王恶其乱也,故制礼义以分之,以养人之欲,给人之求。使欲必不穷于物,物必不屈于欲。两者相持而长,是礼之所起也。故礼者养也。"(《荀子·礼论》)

这里的意思是说,人作为一个活生生的实体,生来就有物质方面的需求,人通过自己的劳动以自利自养,这是人类存在的基本前提。由于自然资源的匮乏、天灾,也由于人无止境的欲望,人类往往会因为物质方面的需要而发生争抢,这就需要确立分配制度,也就是要"制礼义以分之",只有在利益分配制度确立之后,伦理道德才好发挥作用。所以说,利益分配制度的确立是人类社会得以存在的首要前提。这也是荀子所代表的儒家外王学特别重视礼的原因。

用人性显现论破除了人性论问题的迷雾之后,儒家内圣外王的新连接

---

① (明)王阳明:《王阳明全集》,上海古籍出版社 2009 年版,第 115 页。

不应坚持《大学》性善论贯彻到底的立场，而是孟子的性善论归伦理，荀子的性恶论归政治，伦理政治各行其道、并驾齐驱，只重视内圣绝不是完整的儒家思想，只重视外王当然也不完整，内圣外王应该两翼双张。

内圣外王的理论连接点在于，取儒家仁者爱人的思想作为各大宗教、各个文明的伦理学共识，并以之作为政治学的伦理根基。两翼双张的实践连接点在人，儒家内圣的关键在于培养德行君子，在民间化民成俗，在庙堂行义已达其道。现在培养的重点不在帝王而在公民，不在庙堂而在民间。

伦理是人的伦理，政治也是人的政治，内圣外王皆是为人而设，所以，内圣外王的新连接应该回到人本身，内圣外王所依据的是人的不同能力，政治哲学的基础就是人的理性能力，儒家的内圣之学依据人对德性天道的信仰。总之，儒家内圣外王的新连接应该回到孔子，回到儒家的源头活水，回到儒学最原初的起点处，简言之，就是：合孟荀，折中于孔子。其思想结构就是：仁爱、平等、自由。

朱子学在韩国的发展变化探析
——关于李滉"理"理论之批判研究

韩国庆北大学退溪研究所　金相贤

李滉是韩币面值 1000 元的纸币上的人物，在韩国广为人知。但凡受过中等教育的韩国人都知道"四端理发，七情气发"，"理发说"，"主理论"这些理论。李滉也被杜维明和 Charles W. Fu 等著名的学者称为有独创性的思想家。但是，"令人熟悉和广为人知"并不代表人们都真正了解他。相反，因为这种熟悉，导致我们产生了很了解他的错觉。最终，这种错觉妨碍了我们尝试着去正确地去了解他和他的思想。所以我们在学习李滉的思想时，分为两派，一派是延续前人的研究，或称其为"主理论"；另一派则另辟蹊径，称为"退溪学"。

在考察李滉思想的主体性问题时，考虑到韩国理学上李滉的地位，他和韩国理学的主体性紧密相连，因此在探究李滉的理论体系之前，要弄清楚相关的几个问题。

从 1972 年李滉的诞辰开始，他的思想被称为"退溪学"。但是"退溪学"这个术语用在研究李滉思想上是否妥当值得商榷。因为，第一"退溪学"的概念规定并不明确；第二，"退溪学"和当时的主流思想"朱子学"如果没有差别的话，那就没有理由去建立"退溪学"这样一个学术体系。因为李滉的思想本身是在朱熹集大成的理学模式内部发生的。换句话说，没有人能否认李滉的思想是属于代表理学的"朱子学"的，所以才出现了上述难题。因此，为了研究李滉思想的主体性，必须要回到李滉哲学自身，对其核心理论进行探究，并对朱熹思想和朱熹思想的继承者进行比较。

本文将从李滉的"理"理论的大分类——"理到说"里的"格物

论"的新观点出发进行解析，观察其是如何改进朱熹的格物论，并在改进的过程中建立了自己的理论体系。

一 只有心是"活物"

1570 年 11 月的一天，即在李滉去世前 20 多天，他在给他的学生兼好友奇大升的信中说："前此滉所以坚执误说者，只知守朱子理无情意无计度无造作之说，以为我可以穷到物理之极处，理岂能自至于极处，故硬把物格之格，无不到之到，皆作己格己到看。……然后乃始恐怕己见之差误，于是，尽底里濯去旧见，虚心细意，先寻个理所以能自到者如何。……实是理之发见者，随人心所至，而无所不到，无所不尽。"（《退溪集》卷 18，《答奇明彦》）

李滉谈及自己所固守的主张需要一些改进。这里提到的"前误说"就是他在 67 岁时给学生郑唯一的信中提到的理论，这封信里，李滉围绕着"格物"和"物格"的概念，建立了自己的初期格物论。他以"知者，吾心之知，理者，物理之理。以此知彼，自有主客之辨"的朱熹格物论为基础①，在"物格"和"物理之极处无不到"中使用处所格助词"厓"，将其解释为"物上的格"和"物理极处的无不到"，从而将"格"和"到"的主体全部看作认识主体——"心"。

李滉在几年后就改变了认识，将"格"和"到"的主体全部看作认识主体——"心"改为了"理"。这是他承认认识主体的"心"之外，认识对象的"理"中也包含"活动性（到）"这样的突破性的理论。本文将探究为什么在短时间内李滉会出现这样理论上的变化，李滉是根据什么"将原来的观点毫无保留的推翻，而去倾心倾力地去寻求理"的原因，又是为了什么提出上述理论，还有和朱熹的理论相比，新理论的特点是什么。

众所周知，朱熹将"格物"解释为"物至"的意思。即，格物是认识主体的心接近认识对象物，并探求存在其中的理的行为。通过格物获得的

---

① 《朱熹集》卷 44，《答江德功书》："知者，吾心之知，理者，物理之理。以此知彼，自有主客之辨。"

知识并坚持将所获得的知识完成实践的过程被称为"致知"。因此，对对象的认识被称为"格物"，通过"格物"获得知识的过程叫作"致知"。从这样的观点上看来，朱熹的格物论中认识主体的心的作用非常重要。

朱熹为什么会强调认识主体的作用呢？朱熹强调格物论中认识主体的原因在于认识过程中起到主动作用的只有认识主体的心，认识对象的物内在的理并不能起到主动作用。并且这样的主张是在朱熹"理"理论的大前提"盖气则能凝结造作，理却无情意无计度无造作"[1] 为前提得来的。因此朱熹的"格物论"可以看作全部依靠认识主体的心的主体中心认识论。李滉以朱熹的格物论为基础，建立的自己的初期格物论。

二 对象（理）：将死物变活物

如前所见，1570 年时李滉终于对他的格物论进行了全面的修正，究竟是什么原因使得他在人生的最后一年里全面的修改自己的理论呢？因为他找到了比现有理论的更为合理的论证吗？实际上，李滉修正他的格物论时所用到的论据也是从朱熹那里得来的。当时，李滉的根据就是《大学或问》《补亡章》的"小注"里下面一段：

> 或问用之微妙，是心之用否。朱子曰，理必有用，何必又说是心之用乎。心之体，具乎是理，理则无所不该，而无一物之不在，然其用实不外乎人心，盖理虽在物，而用实在心也。（《退溪集》卷18，《答奇明彦》）

这句的核心是认识过程中"主动的活动"是否限定于认识主体的心，不然，认识对象内在的理是否能进行这里。如果理存在于万物中，它的作用不通过认识主体的心不能实现的话，那理的独立性实际上就不可能了。那么，理必须等待心的作用，才能实现，那"理自到"就成为不可能了。那"物格"中的"格"的主体就应该看作是"物（理）"了。李滉是否是这么认为的呢？

---

① 《朱子语类》卷1，"盖气则能凝结造作，理却无情意无计度无造作"。

认识过程中主体的主动性是不是缘于"心"这一点上，考虑到朱熹说"理上必须作用，那为什么说它只是心在作用呢？"这番回答，李滉认为主动性所起到的"作用"，除认识主体"心"之外，也应该在认识对象"理"上：

> 理必有用，何必又说是心之用乎。则其用虽不外乎人心，而其所以为用之妙，实是理之发见者，随人心所至，而无所不到，无所不尽。但恐吾之格物有未至，不患理不能自到也。（《退溪集》卷18，《答奇明彦》）

李滉之前是将认知作用看作认识主体的心接近认识对象，并在其中寻找理的单向性的过程，在此立场上，理是必须通过"心"这个媒介才能展现出来的。因此，"理到"就完全不可能了。此处的观点和朱熹的理论是完全一致的。朱熹认为"理存在于万物中，但是认知主体的心掌管着理，所以理的作用离不开心"。这样，就算理的本体存在于对象中，但它的作用在心①。这是说理不能独自在外部出现，在得到认识主体的心的帮助后，才在外部表现出来，从这个意义上"理的作用"中"理"不是独自作用的，而是从另一层面上的心的作用。所以，"理自到"就绝对不可能了。基于这一的原因，李滉最初也是将"到"解释为"已到"而不是"理到"。

李滉在"理必有用"这句话中得到启发后，就不将认知作用只看作是认识主体的心的单向性的行为了，他开始有了将"物格"重新解释的余地。基于这些原因，李滉认为："我研究认识对象时，应该为自己努力的不足感到担心，而没必要为认识对象的'理'不能接近自己的心而担心。"

李滉认为认识过程，即立足于"即物穷理"的格物过程中，为了克服只在认识主体心上的能动性的"主体中心认识论"的弊端，不仅是认识主体，他认为在认识对象上也有能动性。这样就超越了对象只能通过认识主体认知，才能展现理（理现）的层面。认识对象也参与到认识过程

---

① 《朱子语类》卷18："理遍在天地万物之间而心则管之，心既管之，则其用实不外乎此心矣。然则理之体在物，而其用在心也。"

中来。通过对"物格"的全新解释,李滉改变了认识主体与认识对象是单向性的观点。他认为除了认识主体的"心"的作用外,认识对象内在的"理"接近认识主体"心",理的微妙的作用也是明显存在的。这就是李滉新建立的主体、客体相互作用的认识论——"理到说"。

三 主体(心)和客体(理)相互作用的格物论

认识主体和认识对象的彻底分离一定会产生理论上的矛盾,或者产生不正确的认识。认识主体和客体——认识对象相遇,掌握客体中承载的信息,并且为了将信息展现出来,两者相互连结的"接点"——"类似性"是必须存在的。如果两者彻底分离成不同的东西的话,就会发生下面这个严重的问题。

第一,将认识主体和认识对象完全分离成,那两者的相互关系在逻辑层面上就成为矛盾。因为,不管是什么,截然不同的两个事物没有因"类似性"而相互连结的话,那两者间的相互作用就不能实现。这样,为了是两者建立联系,就必须介入第三方要素。但即使如此,也依然存在逻辑上的矛盾,因为处在矛盾关系的两者之间是无法生成第三方的。所以如果不承认认识主体和认识对象间以"类似性"为接点,在逻辑层面上来看,两者就无法沟通,两者的相互作用就不可能,结果就是很难得到稳妥全面的认识。

第二,在没有认识主体和认识对象间的类似性接点的状态下,想要形成认识,就必须在认知主体上加上重心或在认识对象上加上重心,那就打破了认识主体和认识对象间的平衡,得到正确认识就很困难了。最终,认识主体发挥更强的力量,单向地掌控认识对象的信息,或者认识对象发挥更强的力量,在被动沦陷的认识主体上将自己的信息积极地展现出来。像这样认识主体和认识对象间的均衡被打破的话,肯定得不到期待中的正确认识。最终认识对象的力量过大,相对地成了自身的主宰,也削弱了认识主体的"心"的力量,导致"心统性情 统犹兼也"[1] 不能实现,认识主

---

[1] 《朱子语类》卷98:"心统性情统犹兼也。""问:心统性情,统如何?曰:统是主宰,如统百万军。心是浑然底物,性是有此理,情是动处。"

体力量过强，主张主体外部上主体的意识和独立对象不存在的唯心主义可能就会泛滥了。因为这两种立场都是基于认识主体和认识对象二分法分离上建立起来的理论。

有解决这个的难题的方法吗？答案是肯定的，唯一的方法是，尽管认识主体和认识对象处于分开的状态，但坚持不彻底地将其分开的观点。换句话说，就是坚持认识主体和认识对象互相分离，但是两者间存在"类似性"，两者间存在着"接点"的主张。这样认识主体和对象间的相互作用就变成可能，也给了看似截然不同的两者间的相互作用提供了共通点——"类似性"。

按照朱熹的格物论，直接进行认识作用的主体——"心"是气①，认识对象是理。众所周知，理是法则（所当然之则），是原理（所以然只故），所以"运动性（用）"完全不存在。另一方面，气有将理的法则在现实世界中实现的义务，它的本质是运动。朱熹这样的定义是说两者是"主动的存在"和"非主动的存在"两种完全不同的东西。完全不同的东西要相互作用的话，需要导入第三方要素或者两者中的一者要处于优势的位置才能实现。

认识对象作为独立的实在存在于认识主体外部。但是认识主体的心如果不积极进行认识活动的话，认识对象就不能展示出自己的存在。因为认识主体的心被赋予了全部的活动性，认识过程中有着认识作用主体的活动性的心的气和死物一样不能移动的理就完全没有相互作用的可能性。所以认识主体就展现出认识主体向认识对象单方向靠近，并存在于其中的理了。这就产生了主体暴力性介入的空间。主体的暴力性产生了歪曲的认识，歪曲的认识又引起了其他的暴力。

李滉为了克服主体中心的认识结构，将只允许在认识主体里使用的活动性（用）也用于认识对象的"理"中，从而避免了认识主体和认识对象的彻底分离。为了从认识主体中彻底独立和彰显自身的存在，在被掌控在认识主体手中的认识对象上，李滉不得不加上了"主体式的活动性"。

---

① 《朱子语类》卷5："能觉者气之灵也"，《朱熹集》卷61，《答林德九6》："知觉正是气之虚灵处。"《朱子语类》卷60："心之知觉，又是那气之虚灵底，聪明视听，作为运用，皆是有这知觉。"

这样才能让对象内在的"理"自主地向认识主体移动，然后展现出自我。这就是李滉在晚年建立的"理自到"的学说。如果朱熹是从"主动性（用）"的层面上讲认识主体和认识对象彻底分离的话，那李滉就认为主体和对象都具有所谓"主动性的类似性"，由此他也建立了主体和对象之间的相互作用的基础。通过这些，将对象是认知主体单向性的作用解放出来。李滉通过"主动性（用）"这个"类似性"将认识主体和认识对象的相互作用变成可能，并试图去解除放置在主体和对象间的根深蒂固的矛盾。

（中文校对：李峻岭）

治治与治乱：荀子的治道理念及其对孔孟的超越与转进

山东社会科学院国际儒学研究与交流中心　路德斌

从学派划分上说，孟子与荀子同属儒家无疑，然而在学问进路上，二人却是明显的"道"同而"术"不同①。自"道"而言，服膺孔子，本乎仁道，孟子、荀子其道一也；由"术"以观，道何以知？仁何以成？二子却迥异其趣，难相为谋。具体到治道理念也是如此。在孟子，发明本心之善，尚德治，冀由内圣以开外王；在荀子，揭示性向之恶，崇法治，期借礼法而通平治。前者，自秦汉以降，渐成儒家传统，历代儒者念兹在兹，津津乐道；后者，见黜于儒门，却隐行于庙堂，长治之君如影从行，朝起朝落，概莫能外，一如梁启超先生所洞见："两千年政治，……皆出荀子矣。"② 一学术，一政治，同出一门，而际遇殊异。吊诡如此，实在发人深思。我们不禁要问：作为后起的儒者，荀子为何没有传承孟子乃至孔子的理念而继续践行"内圣外王"之道？中国两千年政治何以是皆出荀子而非孟子？与此相应，儒家两千年主流观念又为何是独崇孟学而对事实上给现实政治以更大影响的荀学却熟视无睹？荀子舍德治而行法治的理据是什么？其治道理念在今天的语境中又具有怎样的合理性？其局限性何在？以上问题，理论意义和现实意义皆不容小觑，遗憾的是学术界对此尚缺乏深入的反思和研究，本文于此试作梳理和阐释，一得之见，期有抛砖引玉之效。

---

① 参见拙作《荀子与儒家哲学》第一章，齐鲁书社 2010 年版。

② 梁启超：《论支那宗教改革》，《饮冰室合集》文集之三，中华书局 1989 年版，第 57 页。

一　家国同构与"内圣外王"

"内圣外王"一语虽然出自《庄子》，但它确实很能代表并传达孔子乃至后来的孟子在治道问题上所由衷信据并极力推行的理念。在《论语》和《孟子》中，这一理念贯穿始终，表述俯拾皆是。如孔子就说：

> 政者，正也。子帅以正，孰敢不正？（《论语·颜渊》）
>
> 苟正其身矣，于从政乎何有？不能正其身，如正人何？（《论语·子路》）
>
> 其身正，不令而行；其身不正，虽令不从。（《论语·子路》）
>
> 为政以德，譬如北辰，居其所而众星共之。（《论语·为政》）
>
> 道之以政，齐之以刑，民免而无耻；道之以德，齐之以礼，有耻且格。（《论语·为政》）
>
> 子为政，焉用杀？子欲善，而民善矣。君子之德风，小人之德草。草上之风，必偃。（《论语·颜渊》）
>
> 上好礼，则民莫敢不敬；上好义，则民莫敢不服；上好信，则民莫敢不用情。夫如是，则四方之民襁负其子而至矣。（《论语·子路》）

与孔子的理念一致，在治道问题上，孟子的运思和取向依然是这个由"内圣"而"外王"的理路。他说：

> 人有恒言，皆曰"天下国家"。天下之本在国，国之本在家，家之本在身。（《孟子·离娄上》）
>
> 人皆有不忍人之心。先王有不忍人之心，斯有不忍人之政矣。以不忍人之心，行不忍人之政，治天下可运之掌上。（《孟子·公孙丑上》）
>
> 三代之得天下也以仁，其失天下也以不仁。国之所以废兴存亡者亦然。天子不仁，不保四海；诸侯不仁，不保社稷；卿大夫不仁，不保宗庙；士庶人不仁，不保四体。（《孟子·离娄上》）

"仁，人心也。"（《孟子·告子上》）依孟子之见，天下之本在国，国之本在家，家之本在身，而身之本即在于心。心虽在方寸之间，却实乃善恶之枢要，治乱之本原。故北宋理学家杨时有言："《孟子》一书，只是要正人心，……千变万化，只说从心上来。人能正心，则事无足为者矣。"① 从心上把定，由心到身，再到家国天下，相较于孔子，孟子的理路显然更加清晰而确定。其实，在孟子之前，在相传由曾子所作的《大学》里面，儒家这一"内圣外王"之道即已获得了一个非常明晰而经典的表述。原文如下：

> 古之欲明明德于天下者，先治其国；欲治其国者，先齐其家；欲齐其家者，先修其身；欲修其身者，先正其心；欲正其心者，先诚其意；欲诚其意者，先致其知；致知在格物，物格而后知至，知至而后意诚，意诚而后心正，心正而后身修，身修而后家齐，家齐而后国治，国治而后天下平。自天子以至于庶人，壹是皆以修身为本。其本乱而末治者，否矣；其所厚者薄，而其所薄者厚，未之有也。此谓知本，此谓知之至也。

梳理可见，从孔子到曾子再到孟子，在治道问题上，三子可谓是理道相通，一脉相承。毫无疑问，单从治道的角度说，"内圣"指的是君王个人的道德修养，而"外王"则是指对国家、百姓的统御和治理。一内一外，一己一众，就是这看起来完全不同的两件事情，在孔子、曾子和孟子的理念中，却是一体两面，是在本质上并无分别的同一个过程，由一本所摄，可以一以贯之。正因为如此，所以，季康子问政，孔子的回答干脆而明确——"政者，正也。"为政的实质就是正身，"苟正其身矣，于从政乎何有？"亦如孟子所言："以不忍人之心，行不忍人之政，治天下可运之掌上。"治国理政，看似幽隐难知，实则简单易行。从内圣到外王，从修身、齐家到治国、平天下，一切皆自然而然，顺理成章，没有间隔，没有阻滞，一德流行，天下化成。如此而然，则国家之废兴存亡，社会之治

---

① 见朱熹《孟子章句集注·孟子序说》引杨时语。

乱安危，无他焉，实系于君主一身而已，亦即全在君主之仁与不仁，"一家仁，一国兴仁；一家让，一国兴让。"（《大学》）故在孔、孟的政治理念中，治道的核心问题不是别的，而是一个如何保证君仁、君正而避免其不仁不正的问题。只有明白了这个道理，才可以说是"知本"，才能称得上"知之至"。为此，孟子提出了一个对其后儒学影响甚大甚远的概念，叫作"格君心之非"。格，正也。也即通过道德说教、谏议规诫等方式，辅养上德，端正君心，从而或防私欲于未萌，或克私欲于既发。孟子的原话是这样说的：

> 人不足与适也，政不足（与）间也，惟大人为能格君心之非。君仁莫不仁，君义莫不义，君正莫不正。一正君而国定矣。（《孟子·离娄上》）

适，过也，过适，过谪；间，非也，非间，非难。用人之非，政事之失，是大事，不能不责，不能不纠，然而与人君之仁与不仁相比，却非治道之本，而只能算是治道之末。质言之，只有"格君心之非"才是治道第一要务，因为君心才真正是一国上下是非治乱之最后本原，即所谓"一正君而国定矣"。"君子务本，本立而道生"，所以自孟子而后，"格君心之非"、"务引其君以当道"（《孟子·告子下》）便成了千百年来历代儒者引为己任、前赴后继的一项重要使命，如二程即说："治道亦有从本而言，亦有从用而言。从本而言，惟从格君心之非，正心以正朝廷，正朝廷以正百官。"（《河南程氏遗书》卷十五）朱熹也说："治天下，当以正心诚意为本。"（《近思录》卷八）"天下事有大根本，有小根本，正君心是大本。"（《朱子语类》卷一百八）

那么，儒家的这条由"内圣"而"外王"的治道理念在现实的政治实践中到底效果如何呢？事实是大家都看到了的。孔子周游列国，"干七十余君"，结果最后竟落得个"惶惶然如丧家之犬"；孟子亦游历诸侯，倡行"仁政"，到头来却因其"迂远而阔于事情"被束之高阁而不用；程颐以崇政殿说书之职"格君心之非"，事实也是只"格"了一年有余便被贬出了朝廷；而朱熹的情形似乎比程颐更惨，他被诏为"侍讲"才不过四十九日，便就因其"事事欲与闻"而遭宁宗厌烦，说："朱某所言，多不可用。"于是被径以御批罢免出朝，不再听用。

理想的政治与政治的不理想，巨大的落差很难不让人们生出诸多疑惑：这个一直被儒者们所尊崇并津津乐道的治道理念何以在现实的政治运作中却处处碰壁、难获成功？就存在而言，"内圣外王"之道到底有没有其历史的合理性和可以躬行实践的社会基础？或者说，是否真的如当今一些学者所认为的那样，它从根本上就是儒者们头脑中一厢情愿、脱离现实的理想乃至幻想？

在对历史的省察中，我们发现，这个问题确实不能一概而论。虽然在其后的政治运作中，儒家推行"内圣外王"的实践及效果确实令人沮丧和失望，但作为一种治道理念，它却非是孔子或儒者头脑中纯粹主观的臆造和创设，而是其来有自，有着真实而客观的历史和现实根据，具体说，即与我们民族在夏商周时期所建立起来的国家的独特性质密切相关。

早有学者通过研究指出，与西方式的文明演进方式相比较，中国文明的形成和演进走的是一条与之不同的模式。在西方，作为文明标志的国家，其起源和形成是通过以地缘关系组织取代血缘关系组织的方式来实现的，但"在中国古代，文明和国家起源转变的阶段，血缘关系不但未被地缘关系所取代，反而是加强了，即亲缘与政治的关系更加紧密地结合起来"。①作为文明演进的两种方式或形态，前者表现为对以血缘关系为特征的旧时代的突破或断裂，而后者与旧时代的关系则是连续的、没有切割的。质言之，前者是"家国殊途"，后者则是"家国同源"以至"家国同构"。所以，"从社会组织的特性和发达程度来看，夏、商、周似乎都具有一个基本的共同特点，即城邑式的宗族统治机构。夏代是姒姓的王朝，商代子姓，周代姬姓，姓各不同，而以姓族治天下则是一样的。……从各方面来看，三代在政治继承制度即王制上，和在国家的政治构筑形态上看，是属于同一发展阶段的，即是介于部落（史前时代）与帝国（秦汉）之间的王国阶段。"②这一国家形态后来被史学家称之曰"封建制"或"分封制"。与西方国家形成过程中"政治的、地缘的团体占的成分比亲

---

① 张光直：《中国青铜时代》（二集），生活·读书·新知三联书店1990年版，第118页。
② 张光直：《中国青铜时代》，生活·读书·新知三联书店1983年版，第33—34页。

属占的成分越来越厉害和强烈，而亲属关系则日趋衰微"① 不同，中国的"封建制"则基本上是以血缘宗法关系为纽带，通过"封建亲戚"的方式以实现君王或王室对天下的管控和治理。以周朝为例，《左传·昭公二十八年》就有记载："昔武王克商，光有天下，其兄弟之国者十有五人，姬姓之国者四十人。"《荀子·儒效》亦记载说："（周公）兼制天下，立七十一国，姬姓独居五十三人。""封建亲戚，以藩屏周"（《左传·僖公二十四年》)，中西殊途，于此足见一斑。

但需要进而指出的是，在思想观念上，与"家国同源"乃至"家国同构"的文明演进方式伴随而形成的则是"家国无二"的文化与心理结构。毋庸置疑，正是这一组织形态上的"家国同构"及文化心理层面上的"家国无二"，铸就了"内圣外王"作为治道理念其产生与存在的自然必然性与历史合理性，而其中，那个无处不在、贯通于家国上下的血缘宗法关系及其规范和原则（礼），则构成了这一治道理念于当时历史阶段、在很大程度上确实切实有效的伦理基础和制度保障。在这样一种"家国同构"、"家国无二"的组织与观念形态里，君是君，亦是父；臣是臣，亦是子；君乃民之父母，民乃君之子民。于是乎，"君君、臣臣、父父、子子"，家国一体，君父同伦。由父子之亲可以推出君臣之义，由修身以仁可以推出为政以德。德与礼，在修身、齐家中行得通，那么当然地，在治国、平天下中也同样行得通。所以，自下而上，一如有子所言："其为人也孝弟，而好犯上者，鲜矣；不好犯上，而好作乱者，未之有也。"自上而下，则如孔子所云："子为政，焉用杀？子欲善，而民善矣。君子之德风，小人之德草。草上之风，必偃。"（《论语·颜渊》)

如此说来，儒家"内圣外王"之道真的并非仅只是一种政治的理想与设计，在过去的夏、商、周时期，尤其在有信史可据的周朝，作为一种治道模式，它确确实实在现实政治中运作过，并在很大程度上实现过。而这也正是孔、孟儒家对"内圣外王"之道之所以崇信不疑的根据和缘由所在。但是，问题恰恰也出现在这里，在夏、商、周时期行得通，在孔、孟的时代未必行得通；在夏、商、周时期有其自然必然性，在孔、孟的时代就未必依然有其合理性。质言之，在孔、孟的时代，"内圣外王"其实

---

① 张光直：《中国青铜时代》（二集），生活·读书·新知三联书店 1990 年版，第 118 页。

已经是一种过时、落后的理念了。为什么这么说呢？因为历史演进至东周（春秋战国），事实上是又到了一个国家形态新旧交替的时期。在血缘与利益间的无尽纠葛和争战中，利益终于全面突破了那个维系制度存续的血缘宗法界限，存在了将近一千五百年之久的分封制完成了它的使命，已然开始了结构性的分崩解体，相应地，一种全新的国家形态开始孕育、发展并最终代之而起，这即是史家所说的"郡县制"——一个大一统的中央集权形态。在这一新的国家形态里，血缘宗法关系及其组织虽未完全废绝，但与政治、地缘关系组织在国家政治结构中所占比重比较而言，显然已退居次要的、非主体、非主导的地位。如此而然，那么事实就已经很清楚了，"内圣外王"作为一种国家层面上的治道理念和模式，其所赖以成立和发挥作用的土壤和基础在孔、孟的时代其实已经在逐渐消亡以至不复存在。

然而遗憾的是，也许是由于当时的趋势和征候还不够显著，抑或是由于其时交通落后、信息不畅，对于新旧制度的更替，孔子和孟子确实没有觉察到，更没有预见到，他们完全没有意识到自己其实已经置身在一场深刻变革的过程当中。所以，虽然他们对自己所处的世道并不满意，甚至认为那是一个礼崩乐坏、天下无道的时期，但是在观念上，他们依然非常自信而乐观地认为这只不过是历史循环中一个暂时的状态而已。所以当子张问道："十世可知也？"孔子回答说："殷因于夏礼，所损益可知也；周因于殷礼，所损益可知也。其或继周者，虽百世可知也。"（《论语·为政》）在孔子看来，三代沿革只是一种"损益"，就政体而言，岂止十世，虽百世亦不会有根本的改变。未来不是什么新制度的诞生，而一定是三代之治的恢复和延续。明白及此，那么我们也就很好理解孔、孟为什么在天下莫容、四处碰壁的境遇中依然还在坚守"内圣外王"的理念而不放了，因为他们相信，三代之治既然可复，"内圣外王"当然也是可期的。

不过，必须看到且值得欣慰的是，在儒家系统中，这种懵然不觉的状态并没有持续太久。到了战国中后期，郡县制的优长益加突出和明显，各诸侯强国纷纷废分封而行郡县①。其中，尤以经过商鞅两次变法后的秦国实行得最为彻底和成功。据《史记·商君列传》所载，当时的秦国在商

---

① 从建制上说，春秋时期，郡的级别和地位比县要低；"以郡统县"是战国以后的事情。

鞅的主持下,"集小(都)乡邑聚为县,置令、丞,凡三十一县"。而商鞅变法的结果,就是让秦国在短短的不足二十年的时间内从一个"诸侯卑秦"、"夷翟遇之"的贫弱小国一跃而成为一个傲视群雄、需要东方诸侯合纵抗衡的强国,而且一个众所周知的事实是,百年之后正是这个秦国横扫诸侯、一统天下,完成了真正意义上的国家形态的新旧交替。故王充有言:"商鞅相孝公,为秦开帝业。"(《论衡·书解》)从时间上看,商鞅变法、秦国由弱趋强正好发生在孟子活动的年代,按常理,如此剧烈而深刻的变化不可能不在孟子这里引起反映、产生影响。但是我们若细考孟子的经历就会发现,孟子行迹所至除齐国外,当时的魏(梁)国国力已衰,其他如邹、宋、薛、鲁、滕等,更是一些弱小且相对保守的国家。即便是孟子居处时间较久的齐国,当时也并非处在改革的前沿,其所推行的并不是郡县制,而是略显保守、带有分权色彩的"五都制"。而最为关键的是,就现有的史料记载看,孟子没有到过秦国,所以对这场由秦国领衔并最终也是由秦国完成的制度变革缺乏感触和反思也就不足为奇了。但是稍后的荀子就有所不同了,于秦昭王时,荀子曾有一次游秦的经历,而从荀子自己所述的入秦观感中,我们可以非常真切、毫无困难地感受和想象到这次游秦经历对荀子及其思想所带来的震撼和影响。荀书《强国》篇是这样记述的:

> 应侯问孙卿子曰:入秦何见?孙卿子曰:其固塞险,形执便,山林川谷美,天材之利多,是形胜也。入境,观其风俗,其百姓朴,其声乐不流汙,其服不挑,甚畏有司而顺,古之民也。及都邑官府,其百吏肃然,莫不恭俭、敦敬、忠信而不楛,古之吏也。入其国,观其士大夫,出于其门,入于公门;出于公门,归于其家,无有私事也;不比周,不朋党,偶然莫不明通而公也,古之士大夫也。观其朝廷,其闲听决,百事不留,恬然如无治者,古之朝也。故四世有胜,非幸也,数也。是所见也。故曰:佚而治,约而详,不烦而功,治之至也。秦类之矣。虽然,则有其諰矣。兼是数具者而尽有之,然而县之以王者之功名,则偶偶然其不及远矣!是何也?则其殆无儒邪!故曰:粹而王,驳而霸,无一焉而亡。此亦秦之所短也。

应侯即范雎，时为秦相。在与应侯的问答之中，荀子的思想观念和价值取向表露无遗。对于秦国的政治，荀子虽然认为还不符合"王者"的理想，有"无儒"之短，但相比较而言，荀子眼中的秦国显然是当时最好的，较之"治之至"的境界，秦国甚至已经达到了"类之"的程度。推崇之意，兴奋之情，溢于言表。这是其一。其二，对于历史的进程和趋势，荀子虽然没有直说，但言语之间，其认知与态度实已跃然纸上，那就是：一统天下，非秦莫属。显而易见，与因种种原因而对当时已经势在必然的制度更新缺乏感知和呼应的孟子不同，荀子不仅在观念与情感上与之若合符节，就理论建构而言，在很大程度上，荀子实乃这一历史进程与潮流的参与者和推动者。

毋庸赘述，由以上的梳理不难发现，孔、孟哲学与荀子哲学事实上是两种不同处境下的理论，前者对应的是以血缘宗法关系为主导、家国同源与同构的"分封制"政体，而后者对应的则是以地缘和政治关系组织为主体、血缘宗法关系日趋衰微且不可逆转的"郡县制"政体。当然，这种处境的不同并没有改变荀子依然还是儒家的学派属性，但不能无视的是，在很多层面上，荀子的思维和思想确确实实因此之故而较之孔、孟发生了很大的改变，尤其是在与这种处境密切相关的治道问题上，由荀子运思而出的是一个与孔、孟的"内圣外王"之道十分不同的治道理念，这就是法治。就儒学而言，这无疑是一个发展和转进；而就荀子本人来说，则由此奠定并确立起了其在中国历史上的一个独一无二的地位，即乃梁启超先生所言，中国两千年政治，皆出荀子矣。

二 治治与治乱：治道之本究竟何在

那么，在荀子这里，法治理念究竟是如何转出的？其舍德治而行法治的理据到底是什么？为了方便而准确地理解和把握荀子思想的理路，在此我们不妨从他自己所使用的两个概念入手，厘清含义，一窥究竟。这两个概念即是"治治"与"治乱"。

何谓"治治"？何谓"治乱"？荀书《不苟》篇是这样论述的：

君子治治，非治乱也。曷谓邪？曰：礼义之谓治，非礼义之谓乱也。故君子者，治礼义者也，非治非礼义者也。然则国乱将弗治与？曰：国乱而治之者，非案乱而治之之谓也，去乱而被之以治；人污而修之者，非案污而修之之谓也，去污而易之以修。故去乱而非治乱也，去污而非修污也。

治治与治乱，这是荀子观念体系中两个非常重要的概念，但是以往却很少被人关注。有意思的是，这两个概念其实并不是荀子的发明，而是恰恰来自于那个帮助秦国实现变法、开启帝业的商鞅。《商君书·定分》有言："夫名分定，势治之道也；名分不定，势乱之道也。故势治者不可乱，势乱者不可治。夫势乱而治之，愈乱；势治而治之，则治。故圣王治治不治乱。"在这里，商鞅是如何使用这两个概念的，我们可以不论，但我们必须弄清楚的是，"治治"与"治乱"在荀子这里究竟何谓？其对荀子治道理念之取向与确立来说又意味着什么呢？

关于这一段文字，以往的注释多语焉不详，颇令人费解；近来倒是有多种白话翻译版问世，但遗憾的是，不读则罢，读过之后更是让人一头雾水。就拿开头一句"君子治治，非治乱也"来说，其中一个版本将之翻译成"君子整治有秩序的国家，而不整治混乱的国家"，还有一个版本则将其解读为"君子治理安定，不是治理混乱"。话是翻译过来了，但相信大家肯定会有与笔者相同的感受：于理不通，不知所云。国家既然安定而有秩序，还需要君子去治理吗？当国家混乱无序时，你无动于衷，等国家已然安定有序了，却非要去进行什么所谓的整治，这是君子之所为吗？毫无疑问，这样的解读一定是大错而特错。既然如此，那么荀子这段话的涵义到底是什么呢？在对其治道理念细加梳理之后，我们会发现，荀子在此所展开的其实是一次关于治道问题的本末体用之辨。质言之，依荀子之见，治国不外乎两种方式，一种是治本；另一种是治末。此所谓"治治"即是治本，而此所谓"治乱"则是治末。那么，"治治"与"治乱"的具体内容和理路又是怎样的呢？为了帮助理解，我们再引证《荀子·大略》中的一段话，话是这样的：

水行者表深，使人无陷；治民者表乱，使人无失。礼者，其表也，先王以礼表天下之乱。今废礼者，是去表也，故民迷惑而陷祸患，此刑罚之所以繁也。

　　杨倞注："表，标志也。"对于涉水过河的人来说，管理者的态度和做法无非有两种，一种是先在水面上标志出河水的深浅安危，让涉水的人心中有数，知所行止；另一种则是不作任何标志，任涉水者盲目过河，只是待其身陷深水之后，再图施救和弥补。一是防患于未然之前；二是救患于已然之后。可想而知，两种做法的结果会迥然不同。前者会安然通过，且成本最小；后者则必陷危境，而代价最高。同理，治国也分两种方式，一种是先立其"表"，治乱是非，粲然明备，百姓晓然于胸，进退无失，而社会自然也就和谐有序、正理平治了；另一种则是不表治乱，不明是非，百姓频陷于罪而不自知，政府疲于治乱却愈治愈乱，而整个社会也就这样迷失在了一个混乱无序的危局当中了。那么对一个国家或社会来说，那个能够让百姓无陷无失、使社会正理平治的"表"是什么呢？荀子认为就是"礼义"或"礼义法度"。"隆礼贵义者，其国治；简礼贱义者，其国乱。"（《荀子·议兵》）礼义是治道之本，是使社会去乱成治的不二之途。隆礼义即意味着治，非礼义则意味着乱，即所谓"礼义之谓治，非礼义之谓乱也"。所以在荀子，致力于礼义以"表乱"，从而使百姓无陷无失，即是所谓的"治治"；而舍弃礼义之表，只待百姓心惑行乱之后，再以刑罚治之，就是所谓的"治乱"。"治治"是务本，"治乱"则是舍本以逐末，所以他说："君子治治，非治乱也。"又说："君子者，治礼义者也，非治非礼义者也。"这两句话所表达的意思其实完全相同，"治治"就是"治礼义者也"，"非治乱"就是"非治非礼义者也"。

　　有人望文生义，迷惑不解：说君子"治治"倒也罢了，怎么能说君子"非治乱"呢？难道国家混乱了就不去治理了吗？在荀子的回答中，他区分了两对重要概念，一对是"去乱"和"治乱"；另一对是"去污"和"修污"。所谓"治乱"，荀子的定义是"案乱而治之"谓之"治乱"。案，训为"据"。那么"据乱而治之"又是什么意思呢？不妨打个比方，这就类似于大禹的父亲鲧治水时所采用的方法——堙，即围追堵截，也就是说，整个的治理过程实际上是被水所牵引、所主导，水流到哪里就堙到哪里；水四处泛滥，那就四处围堵。"据乱而治之"也是这个意思，整个治理的过程是被"乱"牵着鼻子走，乱到哪里，治到哪里，结果只能是

"刑繁而邪不胜"(《荀子·富国》),治不胜乱,愈治愈乱。而所谓"去乱"则正与之相反,类似于大禹治水的方法——疏,即疏川导滞,也就是从根本上去除乱因,使乱不生,而不是为乱所主,疲于治乱。而能够从根本上去除乱因的方法,在荀子看来当然就是"礼义"。所以,所谓"去乱"其实就是"治治",就是"治礼义"。"去污"与"修污"的关系也是如此。修,洁也。"去污"的方式是从立"表"即订立规范入手,何事当为、能为,何事不当为、不能为,是非赏罚,人尽皆知,从而从根本上去除人的污秽行为的根源,使污秽行为不再发生;"修污"则不同,是"案污而修之",即不从本上治,但从末上修,头痛医头,脚痛医脚。是非不明,进退无据,到头来只能是修而复污,修不胜修。所以在荀子看来,所谓"君子治治,非治乱也",决不是说国家混乱了而不去治理,当然也不是如今之译者所解读的那样,"君子整治有秩序的国家,而不整治混乱的国家"或"君子治理安定,不是治理混乱"。治理是肯定的,不然,于理难通!问题的关键只在于怎样治,用怎样的方式与方法治,质言之,就是要用"去乱"也即"治治"、"治礼义"的方式去治,而不能用"治乱"即"非礼义"的、"案乱而治之"的方式去治,这才是问题的实质。

不过,在这里需要特别予以点明的是,荀子此所谓"礼义"与孔、孟观念体系中的"礼义",其意味完全不同。孔、孟是"摄礼归仁",视"仁"为"礼义"之本,而"义"或"礼"不过是"生生之德"——"仁"的外化和表现形式而已。仁是礼之本,礼是仁之用。故在孔、孟的思想系统中,不管是说"义"还是讲"礼",一定是基于"仁本"而言,一定是出于"仁"而又归于"仁",正所谓:"人而不仁,如礼何?人而不仁,如乐何?"(《论语·八佾》)其言治道当然也是如此,"道之以德"是务其本,"齐之以礼"是尽其用。所以,在孔、孟的言说体系中,更多的是讲"仁"或"仁政",即便谈到"礼"或"礼治",归根结底也是属于"德"或"德治"的范畴。而于荀子则不然,荀子是"摄礼归理"。如果说孔子对儒学的一大贡献是发现了内在于人心中的"仁",那么荀子对儒学的一大贡献就是发现了外在而客观的"理"。荀子发现,人作为一种"类"(他称之曰"群")的存在,其本身有一个客观的、不以任何个体意志为转移的"群居和一"之道,也即是"理"。人类只有遵循这个客

观的"道"或"理"，才能生存，才有未来，否则，必然导致争乱离弱而
终归于毁灭。那么，"礼义"又是什么呢？荀子曰："礼也者，理之不可
易者也。"（《荀子·乐论》）又曰："义，理也，故行。"（《荀子·大略》）
思路和逻辑很清晰：礼是形式（规范层面），义是内容（观念层面），二
者的合一即是人心作为理性而对"群居和一"之道即"理"的认知和呈
现。也即是说，在荀子这里，"理"乃"礼义"之本，"礼义"则是人对
"理"的把握和呈现。所以，如果用"德治—法治"的架构来解读，很显
然，与孔、孟的由内而外（仁—义—礼）的"德治"理路不同，荀子的
理路是"理—义—礼"，由外而内，是一个客观的规范系统，其所谓"礼
治"或"礼义之治"当然属于"法治"的范畴①。事实也是如此，在荀
书中，凡言"礼"或"礼义"，其实都是兼摄礼、法以为言，皆乃"礼义
法度"之谓也。

　毋庸赘述，由以上的梳理可见，荀子通过"治治"、"治乱"之辨所
确立起来的显然是一个与之前儒家迥然不同的治道理念，简言之，孔、孟
走的是一条从"心"上把定的"德治"之路，而荀子走的则是一条从
"身"上把定的"法治"之路。从现实处境上看，前者对应并适用的是以
血缘宗法关系为纽带、家国同源与同构的"分封制"政体，后者对应和
适用的则是以地缘与政治关系组织为主体、血缘宗法关系日趋衰微的
"郡县制"政体。而从理论本身说，两者的分歧和区别则表现在对治道之
本的认知和把握不同。在前者的认知系统中，家国一体，君父同伦，修齐
治平定于一"心"，由"正心"可使"家齐"，自"内圣"可致"外王"，
故"自天子以至于庶人，壹是皆以修身为本"；而在荀子的认知系统中却
非如此，情势已变，血缘已断，"修身"尽可"齐家"，"内圣"却已不
足以"外王"。故荀子说："圣也者，尽伦者也；王也者，尽制者也。"
（《荀子·解蔽》）内圣与外王，尽伦与尽制，是两事，而非一事，是两

---

　① "法"（刑）在孔、孟观念体系和在荀子观念体系中的地位和意义同样有很大不同。在
孔、孟那里，法（刑）是一种消极无奈、缺乏道德合法性的存在，礼与法（刑）在性质上是分
立的、不同质的。法或刑对治理国家来说也许是不可或缺的，但它与"德治"无关，因为缺
"德"无"礼"之后才需要"法"（刑）。而在荀子这里则不然，礼与法（刑）是同质、统一的，
而不是分立、对立的。礼与法乃一事之两面，"礼"在明示何为"应该"，"法"在昭告何事"不
可"，礼法皆以"理"（道）为本，在呈现"理"，为实现"理"。

本，而非一本。修齐之本在"心"，治平之本则在"礼法"。事实的确如此，修身齐家是治寡，治国平天下是治众，失去了血缘宗法的联结，治寡之道又焉行于治众？当然，按照孟子的理路，还是有所依凭的，那就是人人生而固有的良心与良知，即所谓："学问之道无他，求其放心而已矣。"（《孟子·告子上》）然而问题恰恰就出在这里，因为就现实性而言，无论何人，不分贵贱，不管贫富，良心良知之能否发现与发用，心性道德之能否自觉与提升，事实上都是不可期必的，是或然，而非必然。既如此，那么，一个严肃而不容回避的问题就摆在面前：怎么可以把一个关乎万民福祉之理想社会的建构和实现托付在一种或然而不必然的为政模式之上呢？不求或然之善，但行必然之道，这才是荀子的思路和选择。正是有见于此，所以荀子批评孟子是"略法先王而不知其统"（《荀子·非十二子》），对一味务求从"心"上把定的治道理念，直言不讳，断然否定。曰："不道礼宪，以《诗》、《书》为之，譬之犹以指测河也，以戈舂黍也，以锥餐壶也，不可以得之矣。"（《荀子·劝学》）

说孟子"不道礼宪"、"不知其统"，实质上即是在指责孟子不知"务本"，不懂真正的治国之道。《诗》、《书》之教，可以兴发，契合并代表的正是思孟一派由"内圣"而致"外王"的义理方向，但在荀子看来，这却是一条根本行不通的路。依荀子之见，心性之学用于修身，作用尚且有限，用来治国则更是驴唇不对马嘴，这就好比是用手指去测量河的深浅，用长戈去舂捣黍米，用锥子去吃瓠瓜一样，不只是行为本身滑稽可笑，更要命的是，在目标和理想不可能达成的情况下，最终必然无可避免地要堕入一个"案乱而治之"的迷途和困境当中，如鲧之治水，欲速而不达，处处被动，越治越乱。

总之，按照荀子的思考和取向，"内圣外王"的"德治"之道决不是一个"治治"务本之道，而是"治乱"逐末之道。治道的根本只有一个，那就是"礼义法度"，即"法治"。故他说："礼者，治辨之极也。"（《荀子·议兵》）"礼者，人道之极也。"（《荀子·礼论》）

三 简单结语

通过以上的辨析和梳理，我们大致可以作出如下几点反思和结论：

第一，随着国家形态由"分封制"向"郡县制"的转变，从孔、孟到荀子，儒家的治道理念也经历并完成了一次实质性的转进和发展，即由以"正心"为本、以"内圣外王"为进路的"德治"之道转向以"治身"为急、以"隆礼重法"为特征的"法治"之途。自此而后，中国的历史便进入到了一个"二千年政治，皆出荀子"的轨制和格局当中，影响之深之久，所可比肩者，寥寥无几。短长优劣，值得反思。

第二，与第一点相关联，事实上，自周朝灭亡以后，"内圣外王"之道就再也不曾真正成为国家层面上的治道理念，其存在和价值，其作用和意义，仅在修身、齐家并止于修身、齐家。质言之，伴随着血缘宗法关系及其组织在政治架构中的衰退，"内圣外王"亦失去了其在政治上的功能和意义，而逐渐退守为一种仅具个人修养意义的理念和方法。而在以后的儒家主流传承中，儒者们之所以仍然对"内圣外王"之道情有独钟，不离不弃，分析说来，大致有两方面的原因：（1）"扬孟抑荀"传统的影响。唐、宋以后，随着"道统"说的兴起和"扬孟抑荀"传统的形成，在现实政治中得到贯彻和表现的荀子的治道理念被直接无视；相反，在政治实践中屡屡碰壁、不得伸展的"内圣外王"之道，却被后来的儒者当成了孔、孟"家法"而非常自然地传承下来，并且在与现实政治的疏离和紧张关系中，越发获得了推崇和固守的理由。（2）中国基层社会的家族化结构。在国家形态由"分封制"向"郡县制"转变的过程中，最显著的变化发生在上层，即政治与地缘关系组织取代血缘关系组织而成为国家政治架构中的主干，然而，在最广泛的基层社会，这种变化并没有发生，中国的基层社会依然是一个家族化的结构，每一个人包括儒者在内，不管愿意还是不愿意，都无所可逃地隶属于一个与其有着亲缘关系的宗法组织——家族。家族是中国传统社会的基本单位，也是传统中国人的生活与存在方式。如此而然，问题也就清楚了。简单地说，秦汉以后，"内圣外王"之道虽然在治（国）平（天下）层面已失去了其赖以成立和发挥作用的土壤与基础，但在中国的基层社会也即在修（身）齐（家）层面，情况就全然不同了，土壤依然肥沃，基础依然牢固，"内圣外王"依然切实有效。

第三，就治道本身而言，较之孔、孟；荀子的"法治"理念无疑是一个转进和发展，然而，在此必须清醒并谨记的是，荀子的"法治"理念和我们今天的"法治"理念依然相去甚远，不可同日而语。质言之，荀子的"法治"实即"依法治国"之谓。在此种理念框架中，"法不能独立，类不能自行"（《荀子·君道》），"法"并不具有凌驾一切的地位，相反，在"法"之上还有一个不受"法"制约的更高的主体，那就是君王。如此一来，荀子的治道理念不仅陷入了一个纠结无解的"二本"困境：是礼法为本？还是君王为本？而且，当面对那个无法回避的问题——"如何避免君主无道滥权"时，荀子并没有比孔、孟更好的办法，无奈却又别无选择，只能重走"正心修身"的老路，故《荀子·君道》有言："请问为国？曰'闻修身，未尝闻为国也。'"所以，不管是孔、孟的"德治"，还是荀子的"法治"，其实归根结底都属于"人治"的范畴，这是思想的局限，更是历史的局限。

孟子心性论作为当代儒家全球伦理的缘发动力

中国人民大学哲学院　　温海明

儒家传统伦理如何能够成为一种全球伦理，是当代讨论儒家伦理的核心问题。儒家伦理有古老和地域的双重特点，在当代要发展儒家伦理成为全球伦理就需要在这两个层面上实现突破。关于儒家伦理如何返本开新，如何从地域性的伦理有机地生长成为全球伦理，已有很多论说。在诸种论说之间，如何把握儒家伦理在当代发展成为全球伦理的根本要点？本文认为，孟子心性论在儒家发展的大多数时期是，今天仍然是把古老的儒家地域性伦理发展成为全球性伦理的根本缘发动力。但有必要对孟子心性论做当代哲学与宗教性的双重建构。在哲学上，孟子的心性论需要从一个动态的缘发关系型状态加以重构，从而能够立足当代儒家社会现实与西方哲学对话；在宗教上，孟子心性的宗教性深度和广度需要在西方宗教性维度的对照下得到确定，从而在中国当代社会的宗教性重构当中成为根本性的宗教精神原点。

儒家伦理本是地域性的固有伦理观，但可能已经处于一种岌岌可危的伦理困境当中。[①] 在殖民时代，中国大陆是全球少有的未被彻底殖民的地方，除了港澳台地区，西方的伦理观念没有能够有效、彻底改变大陆根植长久的伦理传统。20 世纪以来，中国大陆与苏联发展出一种基于意识形

---

① 景海峰认为，在西学范式的导引之下，儒家伦理和"中国哲学"学科都遇到失语和无法系统言说的危机，由于中国哲学学科缺乏元气，问题无法深入，面临学科体系的困厄和研究方法的贫乏困境，"儒家伦理不仅在思想文化上丧失了合理性论证的有效支持，而且在现实处境方面也遭遇到了无法抗拒的毁灭性打击"。参见景海峰《从全球化省视儒家伦理的境遇》，论文集，第 373—380 页。并参考《全球化时代的儒家伦理》，清华大学出版社 2007 年版。但他没有提出解决儒家伦理困境的出路。

态的伦理观，但在东欧剧变之后，这种意识形态的伦理观在世界上显得孤掌难鸣，所以今天中国大陆回到儒家伦理可谓是背水一战。可是，就在这种背水一战的危局之中，还有很多人主张西方自由主义和个人主义的普世价值必须高于儒家的价值，而不愿意把儒家价值发展成为普世伦理价值。这就是我们今天发展儒家伦理必须要面对的、退无可退的根本点：如果今天发展儒家伦理必须背水一战的话，我们从哪里去汲取养料，又从哪里去找到其生生发源之力？本文的答案就是孟子心性论。因为历史证明，孟子的心性论在历史上的思想危机时刻基本能够挽救时代精神，那么今天我们不妨继续探讨孟子心性论在当代成为普世价值动力的可能性与现实性。

一 绪论

正是在如何转化儒家伦理为世界普世伦理的意义上，我们能够理解朱熹对孟子"四端"的评论：

> 孟子发明四端，乃孔子所未发。人只知道孟子有辟杨、墨之功，殊不知他就仁心上发明大功如此。看来此说那时若行，杨、墨不攻而自退。辟杨、墨，是捍卫边境之功；发明四端，是安社稷之功。①

今天的杨、墨就是西方的自由主义和个人主义，以及基于此种学说的所谓普世伦理价值观，在今天这个时代，特别需要将儒家伦理转化为世界性的普世伦理，而且这的的确确也有"安社稷之功"的效果，所以今天应该回到孟子"四端"学说为本的心性理论，以此为根基将儒家伦理发展成为普世伦理。

借用孔子"正名"的智慧，儒家伦理在当代的当务之急是"正名"，也就是需要开出一套根植于传统儒家伦理的系统化论说，从而能够以此行事，影响当代中国与世界。学术界对于如何正儒家伦理之名有很多论说，如于纪元认为儒家伦理是德性伦理，陈少峰、安乐哲认为儒家伦理是角色伦理，潘小慧指出，儒家伦理学应该理解成为"以德行伦理为主，兼采

---

① 黎靖德编：《朱子语类》卷五十三，中华书局1994年版，第1290页。

某种义务论伦理之综合形态"①，这些观点基本上都在说儒家伦理是什么，而没有明确儒家伦理的源头活水，也就难以深入儒家伦理的真精神。

儒家伦理就其伦理意义的根本存在方式来说，是一种处理人伦关系的儒家性艺术，也就是如何超越作为个体的人与人之间存在的静态关系，从而理解儒家的关系型是一种动态过程。儒家伦理是把这种动态的关系儒家化的艺术，帮助人们如何更好地把握人与人的关系。如果把人与人的关系扩展地认为是一种对话关系的话，那么人在关系中可能改变，也可能不改变，或者不被改变，那么讨论德性的成长和角色的塑造，就假定了德性可以在习惯的习得过程当中生成的，而角色也是可以在不断生成变化的关系当中逐渐塑造，不断成就的。这种把握的方式虽然看到了儒家教化作为一种动态关系，但忽视的儒家教化的两个根本性条件，那就是，教化者需要居于优势地位，即孔子要实现"正名"的理想需要一定的条件，其次，被教化者需要能够有悟性实现教化者在教化之外希望传达的先行意义。②

儒家伦理不是依于人种的伦理，而是一种对于人性普遍性的理解和论说，无论是孟子的性善、四端还是儒家的五伦和三纲五常，都是对所有人有效的普遍性论说，表面上是讨论一种关系，或者对关系端点的判断，其实根本上还是对动态关系的理解，并且提出一种改变这种动态关系的方案，也就是一定要有一方在关系当中居于主导地位，但一方面也能够理解和配合，从而实现这种儒家伦理关系的调整和改变。这种调整和改变既不是落实在内在的德性上，也不是落实在外在的德行上，也不是落实在对于德行的规范性意义的角色上，而是落实在一种动态关系的理解和把握上。

二　孟子心性论的动态缘发形态对于
改变儒家伦理当代困境的根本意义

西方根植于个人主义的伦理论说③对于儒家伦理自然是巨大的挑战，

---

①　潘小慧：《弘扬中华优秀文化：由德行伦理学看儒家伦理的当代意义》，《黄帝旗帜：辛亥百年与民族复兴学术研讨会论文选集》，陕西人民出版社 2011 年版，第 421—34 页。

②　温海明：《儒家实意伦理学》，中国人民大学出版社 2014 年版。

③　西方自笛卡儿"我思故我在"和启蒙思想家强调个人理性思考之后，个人主义兴起，而对个体之间的对话和沟通则强调不够。

但也是儒家伦理国际化的重大机遇。①儒家伦理可以吸取西方个人主义和自由主义伦理的合理因素，但儒家伦理本身作为一种动态结构，虽然可以凝聚为德性，虽然可以落实到个人权利，但德性是在关系当中的优势习得，而权利更是在关系当中的力求掌控而生发起来的。

如果传统儒家伦理学是一种面对人伦本位的现实出发而追求人与人关系的理想形态的伦理学，可谓"现实—理想主义"的话，那么基于个人主义的自由主义对于中国传统的理解是一种"超现实—理想主义"，因为他们不直面中国传统到今天的社会伦理现实，而以为必须要重塑一个新的社会现实，所以是"超现实"的，但与儒家伦理都有理想主义的共同特点。

在中国大陆，儒家伦理与主流意识形态的伦理学形态竞争，应该说还是儒家伦理更有生命力，更有理论的深度和广度，而意识形态伦理学显得跟现实世界脱钩，不能够切入当下的生活世界，在经历了很长的历史时期之后，虽然也不断修正，但因为固守某些原则而无法接地气，随着社会现实的变迁而越来越没有生命力了。

这样，孟子式基于人性皆善的伦理观就表现出强大的生命力，可以有再造儒家伦理成为全球话语的可能性。孔子重视关系的原初性，如"孝"心与"孝"情是人在面对与长者的关系时所当采取的态度。而孟子落实到人性，具体说明人性皆善的原因，指出人之为人的四端。孟子将孔子基于"孝"道的缘发之心一分为四，称为"四端"：恻隐之心、羞恶之心、辞让之心、是非之心。他认为，"四端"是人性的根本点，既是人性之中先天具足，又可以发为人情，成为仁、义、礼、智。(《孟子·公孙丑上》)

孟子认为人天然具有对弱者的同情心，即关心他人痛苦的"恻隐之心"。在看到小孩子即将掉到井里的一瞬间，人都自然而然会跑过去救，这是出于对他人不幸的同情与爱怜。孟子认为，这样怜悯心是善行的开端，可以发展为对他人的同情、理解与关爱。善心从原初一念的恻隐、怜悯心

---

① 曾振宇指出，程颐天理至善思想的出现，标志着儒家仁学成为中国自由主义伦理基础的可能。他发展了徐复观儒家之"仁"是中国自由主义的伦理基础的观点。参见曾振宇《"仁"成为中国自由主义伦理基础是否可能？》，不过，"中国自由主义伦理"在学理上是否可能仍然是一个问题，而且，传统的伦理观念为什么必须发展成为自由主义伦理观念？应该说，只要中国不是一个纯粹西方自由主义意义上的社会，那么儒家伦理成为自由主义伦理就不是必要的，而在中国发展自由主义伦理的理论探讨基本上是空中楼阁。

就开始了，这是人人具有的道德根基。这样的"恻隐之心"与后天的教化与知识无关，是一种先验发动的心灵机制，所以王夫之关于孟子没有考虑"此孺子之父母却与我有不共戴天之仇"① 的反驳失之偏颇。

> 孟子曰："人皆有不忍人之心。……今人乍见孺子将入于井，皆有怵惕恻隐之心；非所以内交于孺子之父母也，非所以要誉于乡党朋友也，非恶其声而然也。由是观之，无恻隐之心，非人也；无羞恶之心，非人也；无辞让之心，非人也；无是非之心。非人也。"（《孟子·公孙丑上》）

孟子的不忍人之心，其实与"仁"爱的缘发境遇有异曲同工之妙。如果反省这个情景，孟子所说的孩子即将掉到井里面的状态，实际上是比较极端、令人恐惧的境况。但孟子在恐惧当中，找到一种人性天然可能超越恐惧的内心状态。如果只有爱能够战胜恐惧的话，那么孟子在一种恐怖的情境当中，发现了人性先天性地可能产生爱的机制，那是一种自然而然地、先验地、突发性地显现爱的机制。

孟子的伦理思路的论证方式是经验论证，而且还是直觉式的论证，为的是确证基本经验事实的客观性。尽管人在特殊状态下的行为未必是处境本身所要求的，如救孩子不是为了讨好孩子的父母，或者博取自己有爱心的名声，完全没有外在的功利目的。如果人能够不因任何现实利益而做善事，那就不容否定人内心有一种先天的善性。孟子认为，四端是人之为人的根据。其中，恻隐之心居前，是非之心在后，说明孟子重情感甚于认知，这也是由于其思想的核心是仁政而非认识世界本身。梁涛认为，"人皆有不忍人之心"是人皆有善性，皆有为善的能力，但不排除人性中还有其他的内容，但并不等同于全称意义上的人性是善的。② 杨海文认为，孟子开启了"以心善言性善"的原创性思路。③ 傅佩荣认为，孟子"性善"的含义是"性向善"，强调人有由内而发的行善动力。④ 孟子对于人

---

① 王夫之：《读四书大全说》卷八《孟子》，《船山全书》，岳麓书社1996年版，第943页。
② 梁涛：《孟子解读》，中国人民大学出版社，第17—18页。
③ 杨海文：《浩然正气——孟子》，江西出版集团2008年版，第112页。
④ 傅佩荣：《傅佩荣译解孟子》，东方出版社2012年版，出版说明。

性内在善的肯定，以及对于心之动为善推导出人性之向善根据的思路，仍然是今天儒家伦理转化为全球伦理的原创性动力。

儒家伦理经过了上千年的动荡，但还有强大的生命力，近代中国的剧烈动荡和有意识有系统的破坏儒家伦理的生存根基，导致儒家伦理的生命力似乎受到巨大摧残。港台新儒家一度以为中国文化的存亡续绝只能等待海外有良心的关心中国文化的人来帮助，这种对自己民族不能接续文化的信心，近乎绝望的关于文化慧命的苦痛，最后似乎在本土彻底断绝了。但历史的发展说明，中国文化有强大的生命力，能够穿过社会的剧烈动荡而存活，但今天在复苏的起始阶段，需要耐心护持最微弱的仁心，此即孟子所谓"不忍人之心"：

> 曰："臣闻之胡龁曰，王坐于堂上，有牵牛而过堂下者，王见之，曰：'牛何之？'对曰：'将以衅钟。'王曰：'舍之！吾不忍其觳觫，若无罪而就死地。'对曰：'然则废衅钟与？'曰：'何可废也？以羊易之！'不识有诸？"
>
> 曰："有之。"
>
> 曰："是心足以王矣。百姓皆以王为爱也，臣固知王之不忍也。"
>
> 王曰："然。诚有百姓者。齐国虽褊小，吾何爱一牛？即不忍其觳觫，若无罪而就死地，故以羊易之也。"
>
> 曰："王无异于百姓之以王为爱也。以小易大，彼恶知之？王若隐其无罪而就死地，则牛羊何择焉？"
>
> 王笑曰："是诚何心哉？我非爱其财。而易之以羊也，宜乎百姓之谓我爱也。"
>
> 曰："无伤也，是乃仁术也，见牛未见羊也。君子之于禽兽也，见其生，不忍见其死；闻其声，不忍食其肉。是以君子远庖厨也。"（《孟子·梁惠王上》）

孟子强调仁之"术"，也就是说，如果君王对牛有恻隐之心，就当把不忍之心推广到人民身上，君王的不忍之心可以通过爱民、与民同乐来体现。孟子认为君王应该有"仁术"，主动改变原来与人民关系的把握方式。或者说，孟子认为既然"见"到就要主动担当相应的道德责任。①但以羊代替牛，这种"不忍人之心"是不彻底的，虽然孟子提到"君子远庖厨"的高度，但并没有解决梁惠王为了保持"衅钟"之礼的伦理困境，但毕竟肯定了梁惠王是有"仁"心的人，也就有真的成为君子的可能性。他强调对于君王来说，君王一直居于对百姓关系的主导地位，所以对于调整关系有主动性，而民众相对来说被动性强②。

孟子"不忍人之心"是把对事物最根本的关爱之心提炼出来作为人性之端，是见到其他生命遭受苦难而油然而生的体恤怜悯之心，其基础是生命和情感深层次之间可以通融理解、彼此感同身受。这是一种具有强大原初动力性的心灵力量，它扩展了孔子的孝悌之心，把家庭情境推演到任何人类境况当中，只要是人，就不仅仅具有孝的意识，因为孝来自对父母的情感，悌则由孝延伸到兄长。而人其实更多生活在家庭之外，在整个自然和天地之中，对于同类必然具有某种原初性的精神力量，但这种怜悯和恻隐之心的力量却只有孟子特别强调。

可见，孟子丰富了孔子的亲亲之情，但孟子更深刻的地方在于，其恻隐之心预设了生命苦难的人生现实，是一种将同情触及他人甚至动物的大悲之情。相对于孔子视人情可以由孝而悌，而信、忠、仁的乐观主义，孟子有着强烈的悲天悯人的情怀。他认可人的命运的不幸，充满对生命情感的同情与体恤，包含对人类沧桑命运与痛苦的深切关怀。孟子要求君王把握开端的不忍人之心，虽然表现在对动物的怜悯，但孟子要求扩大到对整个生命的关爱之心。这本身就是一种普世主义的视角，因为这是对所有人都可以诉诸经验而成立的。

儒家伦理的当代困境之一是伦理被普遍化的同时被迫规则化的倾向，而孟子对于恻隐之心的动力性的理解有助于突破规范伦理学的藩篱。当代儒家伦理教化不应该成为儒家伦理规范的宣传，因为伦理规范本身没有生命力，只有为人群理解接纳才有活力，而潜在的目标群体需要有接受教化的自然倾向，受教化对象接受的是伦理关系的动态演变，而不仅仅是观念

---

① 吴先伍认为，孟子式的"见"是一种主动的道德担当，参见吴先伍《"见牛未见羊也"——〈孟子〉中"见"的道德本性》，《中国哲学史》，2008 年第 2 期。

② 相比之下，革命是人民主动，君王被动，把握关系的方式发生了根本变化。

和规范的内化过程。所以受教对象的理解和宽容成为接受教化的基本素养。原则、规范永远不能够变成道德教化的有效性，因为道德规范只有进入动态的关系型结果才能够发挥作用。希望官员通过"以礼御其心"的理想之所以不可能成功，因为这种"礼"作为道德原则和规范很难在人心的互动上有效。

黄金法则经常被为儒家伦理的规范代表，但法则的相通性不一定能够成为推行的有效性。可以论证儒家的"己所不欲勿施于人"与基督教、犹太教、伊斯兰教、印度教、锡克教等的很多教义基本相通，但这种伦理底线本身是没有活力的，不过说明儒家在处理人与人关系问题上与世界各大宗派有一些基本的共识。潘小慧认为，儒家伦理的人文精神在于以"人—仁"为核心的思考，这是儒家伦理可以与人类共同伦理对话会通的基础。其实，儒家伦理回到这种与人类共同伦理对话会通的基础是不够的，因为这其实是一种弱势伦理在论证自己的伦理思路的合理性，而这种问题意识在孟子那里是根本没有的，所以我们需要把这种伦理论说转化成为一种强势的伦理论说，就必须要借助于孟子那种浩然正气的气魄，回到孟子心性论伦理学的原点，去把握伦理论说的主体性，同时发展出一套能够与西方哲学和宗教沟通的道理出来。

道德准则与规范通常来说都有其适用范围，都有其存在的边界，所以当代推进儒家伦理关系的普适性不在于这些价值规范本身来论证其普适性，而是这些道德规范在介入人与人关系当中是否依然有效。而这种有效性在多大意义上能够突破传统的社会边界是这种关系的动力性的表现。潘小慧认为，儒家伦理也有类似西洋哲学的原则性思考，其基本原则就是："义"高于"人命"高于"礼"高于"禽兽之命"，这体现了"仁者，人也"的真义。但儒家伦理的全球化过程，虽然可以借鉴西方规范伦理，建构儒家的规范伦理，但儒家伦理的本源性动态起点才是儒家伦理突破规范性伦理的核心。

三　孟子心性论之宗教伦理的深度与广度

今天儒家伦理面对的宗教环境历史上前所未有，中国目前有上亿的基督徒、佛教徒和道教徒，以及很多伊斯兰教徒，而且围绕教徒的各种宗教民族问题、国家安全问题层出不穷。在宋代理学和明代心学时期，儒家伦理面对的主要是佛教和道教的挑战，但到近现代之后，跟基督教的互动对儒家宗教性构成重大挑战。在这个过程当中，儒家宗教性没有得到合理和应该的发展，反而因为长期的社会革命和斗争，导致传统儒家社会的宗教性在现当代大为缺失。应该说，儒家传统伦理的宗教性已经退无可退，今天要么承认儒家没有宗教性，彻底放弃建构儒家宗教性的努力，不把儒学视为宗教。否则，建构儒家宗教性就需要背水一战，重新建构。让我们尝试回到孟子"性天贯通"的宗教性论说，去思考传统儒家的宗教性向度的深度与广度。

港台新儒家都认为儒学有宗教性的意涵，如唐君毅"摄宗教于人文"、牟宗三"人文教"和徐复观"宗教人文化"等。很多学者都在这方面有共识，基本认为"天"是儒家宗教性的来源，带有超越的意味，至于是否是有真正的超越性，学界众说纷纭①。但儒家的超越意味最后都通过人伦关系来展开和实现，而人伦关系又有明确的血缘基础。这种扩展性的论述，在《大学》的"八条目"明确表现出来，而这都跟孟子认为人可以将善心推致天下的思路一脉相承："尽其心者，知其性也，知其性则知天矣"（《孟子·尽心上》），人通过了解善端，达到对心之各种向度的彻底领悟，可以说是了解了自己本性，既是人天生不变的内在之性，也是性与物交接时可能的天然倾向。人全方位地理解自身本性，就达到了对于"天"的终极领会，这既是对天下事物的全面把握，也是对命运无可奈何的了悟与坦然。

心灵可以了解自身，而"尽心"即是认识世界本身，这就是孟子式的把握人与世界关系的认识论转折，换言之，人对于内心力量的操控，可以推广到跟心灵所共在的整个世界里面。这种把心灵填充宇宙的意识，就是一种强烈的宗教情感，这与人从祭祀礼仪当中体验到自己的生命与先人生命连接的宗教感相通，也是一种主体意识能够把控心灵介入的关系之宗教性的理解方式。这种主体介入关系，其实不是把关系看作深渊，与后来的郭象以人生存在"玄冥之境"不同，也不认为主体之间的关系是静默

---

① 安乐哲对相关问题的梳理集其大成。参见安乐哲《汉哲学思维的文化探源》，上海人民出版社 1999 年版。

的、无言的、遥远的、逍遥的、无力的、黑暗的、玄妙的等等，而是表示需要张扬一种强烈的生命贯注的意识，一种贯注生命力在人与他人的关系当中，犹如《中庸》所言，由尽己之性，到尽人之性，到尽物之性，再到赞天地之化育。可以这样说，如果心灵意识的主体跟个体的自我、他人与世界存在间隔，如果这种"人人之间"或"人物之间"存在空隙，好像存在一种虚无状态，那么儒家就用仁爱来填补这种虚无，而且用强大的爱的愿力来征服这种虚无。在孟子的表达当中，就是"尽"，可以理解为穷尽个人与他者之间的关系距离，这样，与某一个个体对应的其他个人就不是列维纳斯的"他者"，不是那种超越意义上的难以理解的神秘他者，而是一个可以彻底贯透和理解的把握对象。这样，孟子对于人与他人关系表现出来的强烈主观性就表现在竭力把握个人与他人关系的仁爱开端。正是在这个意义上，儒家的"仁"是非本质主义的①，不是先行设定的本质，而是主观愿力的强烈贯注而成的动态关系。

与孟子和《中庸》的"尽"异曲同工，我们可以认为，张载的《西铭》："天地之塞，吾其体；天地之帅，吾其性"表现了儒者对于把"仁"贯注于（"塞"、"帅"）不仅仅是个人与他人的关系之间，而且倾泻于天地之间的倾向②，后来到陆九渊"吾心即是宇宙"和王阳明"心外无物"等，这种贯注达到极致，所谓"即"就把心灵与世界的关系给彻底填满了，后来黄宗羲也说："盈天地皆心"，这就是把天地都用心来"盈"满了，其实这都是要提倡"心"的主动把控世界、进而改变世界变化的能力。这种对心的主动性的操控始自孟子强调人当反省和保持天生的善心。人往往不知道守护自己的善心，好像鸡和狗走失一样，需要去找回来，这就是"求放心"（《孟子·告子上》）。涵养仁心当从"亲亲"开始，"老吾老以及人之老，幼吾幼以及人之幼"（《孟子·梁惠王上》）。在个人来说，要时常涵养充实自己的善心，好像存养夜气一般（《孟子·告子上》）。经过持久的修炼，人可以达到浩然正气非常充沛的状态，即"富贵不能淫，贫贱不能移，威武不能屈"的"大丈夫"境界（《孟子·滕文公

---

① 安乐哲对于儒家的"仁"做了非本质主义的解读，在这个意义上是合理的。
② 朱熹说："'吾其体、吾其性'，有我去承担之意。"蔡仁厚说："'吾其'二字，实有（卖见）体承担之意。"参见王新春《当代伦理重建的传统启示：张载〈西铭〉孝的期许下的安身立命之道》，论文集，第77页。

下》)。这也是孟子以个人心灵的充实内向超越现实仁政的困境,提倡崇高的人格高于外在的功业成就,对后世儒者培养理想人格有深远影响。这种大丈夫境界,其实是一种宗教性的超越感,来自于内心涵养的元气充沛能够扩张到整个意识宇宙当中去。王新春认为,张载《西铭》通过对主体的"我"的承担,使得"我"从一个小家扩大到宇宙大家庭,个体的生命跟宇宙和祖先的生命之流联系紧密起来。这里面起核心作用的是主体对我发动出仁爱,并推至于天地之间的掌控,这种对自己当下之心力的掌控力,是儒家伦理能够应付当今复杂的国内外宗教形势而确定自己的宗教性伦理意识的边界。

无疑,今天国际上的其他伦理学对儒家伦理学的一大挑战来自宗教伦理,但宗教性的伦理关系,即个人与上帝或天主之类的主宰者的关系之间并不是儒家伦理言说的核心。儒家的"天"虽然有超越意义,历代对孟子关于"天"的观念的讨论也能够说明这一点,但基本缺乏明确的人格神观念,也就使得儒家伦理的宗教性与上帝与人立约的宗教伦理有明显不同,因为上帝的宗教伦理规范是神性的,儒家宗教伦理规范没有那么强大的超越性和神圣性。曾振宇认为,孟子仁论与天、命、心、性相结合,论证了仁的来源和正当性,孟子在思想史上的"丰功伟业"是建立以仁为核心的道德形上学。他认为,孟子以"天"论性,"即天言性"是他人性思想的卓然高标之处。并认为,"不知命则不识心,命与心相印证,恰恰正是孟子人性学说精髓之所在。"应该说,孟子的"天"的超越义基本上构成了儒家宗教性相对于西方超越性的超越边界。这就是牟宗三等所谓"内在超越",而非安乐哲论证的严格意义上的"超绝"。对于天心贯通的内在超越论,而不是家庭式的世俗生活场域,才是儒家宗教性的根本边界。

无论时代怎样变化,儒家宗教伦理与儒家宗教性作为传统中华帝国文化的重要部分,虽然从来只是若隐若现,却不可能完全消失,很多时候甚至有传统文化根基与支柱的意味。韦伯式的观点认为宗教伦理可以成为一个国家经济成功的基础,所以儒家伦理在一定程度上有利于国家的经济起飞,但经历这个时代的人们知道,从整体层面上来看,儒家伦理在经济成长中所扮演的角色微乎其微。不过,如果把儒家伦理看作一种风俗(ethos),一种中华文明承载者的潜意识的话,那么儒家伦理在相当大的程度上维系了一个古老帝国在殖民时代免于分裂和被彻底征服，也维系了一个国家被彻底孤立时代那种"自力更生，艰苦奋斗"的卓绝精神，也在相当大的程度上维系了经济起飞过程中的家族精神，团结奋斗的气概，一种全民族置之死地而后生的精神气质，而这种气质，跟加尔文教徒勤勉劳苦地工作以待救赎的精神有异曲同工之处。在这个意义上，虽然在中国经济起飞的过程中，儒家伦理在意识形态层面上其实基本没有受到重视，但其实恰恰是儒家伦理构成了中国家族式经济起飞的精神基础，而做到这一点的恰恰是儒家的宗教性气质，那种超越个体自我，认为家族和社会利益高于个人私利，并愿意为了族群的成长而奉献甚至牺牲自己，认为存续大我的利益很多时候高于存续个体的小我的精神气质。这个时候，家族和社会、国家就带有加尔文教徒救赎之后的崇高意味。今天国家走向市场经济，在一个非人格的意义上，中国人民生存其间的"天"还是发生了变化，正如亚当·斯密通过盗用加尔文的天意论神化了自由市场理论，提出了"看不见的手"这样的比喻，儒家伦理的当代生存境遇也发生了巨大的变化，但这种看不见的调节意义上的"天"作为宗教的对象仍然若隐若现。

中国古代伦理共识通过民间信仰，民风民俗等等维系下来，其中的禹王信仰、神农信仰、蚕神信仰、三组鸟／八咫鸟等信仰在日本和韩国都有，中国的四大古典小说在日本有深远影响，而汉字作为一个传承了四千年的文字，对于维系汉字文化圈的伦理关怀起到作用。但在西方殖民时代，以及西方的后殖民时代，中国大陆的民间信仰等等受到重大破坏。但这种民间信仰背后的那种对于非人格神的宗教性理解和信奉，在不同程度上影响着中国人的宗教情感，哪怕是见庙就进，见佛就拜的实用主义拜神行为，也明显透显着中国人对于神灵存在的莫名敬畏，而这无疑是儒家宗教性的实存状态，也是儒家宗教性不可能被抹杀的根本所在。

不能被抹杀，儒家的宗教性就应该得到系统性的发展。当代儒家宗教性的发展可以有很多方案，比如儒教方案，这里面有蒋庆、林安梧、康晓光、陈明等的方案，儒家文化保护区方案，如张祥龙的方案等等，这些方案其实都把儒家与儒教区分开来，认为儒教与其他宗教一样，可以有一个宗教信仰的系统，所以可以建立不同程度的儒教系统。但虽然儒家系统可能成为一个准宗教系统，把这个准宗教系统正式系统化的努力却是不必要的，因为儒家信仰根植于世俗生活，彻底宗教化，进而隔离儒家的世俗性，其实是一种舍本逐末的方向。从现实的儒家宗教性的建构方面，有很多工作可以做。比如恢复天地君亲师的敬拜系统、祖先祭祀系统、书院的教化系统、儒家领导机构的治礼作乐系统等等。这些系统都指向儒家宗教性的落地和重构。但学理上，要多汲取宋明理学时期，儒家伦理跟佛道教伦理对话的经验，从而回应当代西方宗教伦理的挑战。

四　当代儒家伦理的全球化出路：基于孟子伦理学的"阴阳"关系讨论

从古今之争的角度看，儒家伦理的现代化的关键在于如何适应现代的生活世界，即当代中国和全球化的生活世界。虽然当今中国人的生活与古代不同，很多学者从多方面说明儒家伦理不适用于当代生活，但应该说，儒家伦理仍然是非常有生命力的。首先，从社会结构上来说，虽然当代的社会结构与古代不同，但因为社会组织结构都来自于绝对的统治权力，一切分权机制都是从绝对权力让渡出来的，而孔孟面对的社会结构与今天在这一点上没有根本区别。其次，有学者认为，家庭形态的变化导致儒家伦理不适用，但我们看到，虽然今天的家庭相对古代大家庭来说变小了，似乎祠堂等维系大家族的组织形式也基本消失了，但基于父子亲情的儒家伦理关系的缘发端点不可能改变，只要这个原点不动，那么家庭和社会的组织结构千变万化，都不可能真正改变儒家伦理的合理起点。再次，社会关系层面上的家国关系很多学者认为无法回去，这一点虽然有理，因为现代的家国关系与古代似乎有着明显的不同，但中国人的生活基于家庭，从家庭到国家的那种社会意识，从古到今并没有发生根本的变化。最后，关于天下的观念，今天的天下相比古代的天下似乎边界清晰，古代因为相对强大，居于中心和文化优越的位置，所以天下似乎无边无际，但今天的天下是西方殖民者来了之后又退回去的天下，西方曾经的殖民和为所欲为的时代过去了，中国作为一只远方的睡狮逐渐醒来，慢慢地震撼全球。如今的中国天下是边界相对明晰的，而且是被迫重入战国之后的天下观念。也就是说，古往今来，王道必以霸道为本的根本原则没有发生变化。

全球化和科技发展消解了个体之间关系的距离，使得个体之间的互动前所未有的紧密，也导致个体彼此之间边界的模糊和消弭。但毕竟关系之间的缝隙永远存在，儒家用仁爱之心填充人与人关系，改善人与人的关系的思路仍然有着巨大的借鉴意义。关系的改变来自对方有同样的悟性，如果对方没有这种悟性，即使在一种不断改变的动态关系当中，或者对方有这种悟性，而拒绝改变的话①，虽然关系是动态的，但关系的双方不会得到成长或者改变。

所谓伦理关系基本上拒绝了基于暴力的关系型的颠覆状态，也就是矛盾双方一方与另一方的斗争关系，一方征服和消化，吞没另一方的努力。这种斗争哲学虽然是改变关系的一种途径，但不是儒家式的视角。虽然孟子等对于一定条件下的革命持肯定的态度，但诉诸暴力激变关系一定是最后的选择。今天全球化的世界已经经不起世界大战。但世界上的征战从未止息，而战争通常与伦理无关，而且战争基本上构成儒家教化被摧毁的关键，当然，这里指的是广义的战争，包括斗争性思维影响下的争夺。甘地暮年致力于希望用"服务人民的协会"来遏制军事、政治与经济的上层阶级的统治，但这种机构基本上类似于儒家的大同理想、共产主义、柏拉图的理想国和后来的乌托邦。这样，一个国家作为服务于暴力的机构系统，却很难容忍真正服务于人们的机构出现。其实，这就是国家力图掌控教化的主动性，而基于公民意识或者共识的人民议政机构的目的也是要掌控关系的主动性来约束统治者。

这样一来，改善关系的根本在于关系的一方如何尽量居于优势地位，从而影响了改善关系的主导力量，而这种关系的改善还必须以对方的悟性和配合为前提，这就是儒家教化的两个设定：一是彼此都是有悟性的个体，愿意进入彼此共在的先行关系的根本上去；二是彼此都接受一个优势主体对另一个主体的关系的把握，从而实现某种领导或者教化，也就是乐于接受生成当中的关系，并接受不断改变着的关系。这是儒家教化双方的共识，这也是儒家教化在当代的出路。

---

① 在庄子鱼之乐的对话当中，惠施虽然是一个悟性很高的辩手，如何拒绝领悟庄子所谓的鱼之乐的状态，那么惠施和鱼之间，惠施与庄子之间的关系都不可能是一种彼此改变，彼此成就的动态关系。

五 结论

总而言之，虽然儒家伦理当代化和全球化的困境的确存在，但儒家伦理古今叙述的根本问题缘发的端点没有改变，而且都可以最后落实到关系的阴阳性质，也就是彼此平等，但绝不平均，也就可以通过一方的主导和另一方的配合实现儒家的伦理教化。

儒家的伦理的全球化是儒家伦理全球化的教化过程，这个过程有待于儒家伦理的持守者把握儒家伦理的主动位置，掌控儒家伦理落实于教化的动态过程，而全球性的听众需要能够认可儒家伦理关系发生之前的理念。在这个意义上，儒家伦理成为全球化伦理的过程也是儒家伦理如何与其他伦理寻找其公约数的过程。儒家文明的复兴因为是一个动态过程，伦理的开新不仅仅是一个静态公约数的寻找过程，而是对话当中，认可儒家伦理者如何把握关系的主动权，进而改善普遍的人伦关系的问题。而孟子到心学，无疑为主体性的确立，也为伦理关系的主动性把握设定了很好的样板，是我们今天发展全球性的儒家伦理论说的根本起点。

何谓孔子的正名

韩国弘益大学　朴星奎

《论语》中孔子说过这样的话，"君君，臣臣，父父，子子"（《论语·颜渊》），"必也正名乎"（《论语·子路》）。正名论是孔子的代表思想。解说正名的语句很多，如下介绍几句。

正百事之名。（马融、邢昺：《论语注疏》）

孔子政治思想之出发点为"从周"，其实行之具体主张则为"正名"。以今语释之，正名者按盛周封建天下之制度，而调整君臣上下之权利与义务之谓。（萧公权：《中国政治思想史》）

盖一名必有一名之定义，此定义所指，即此名所指之物之所以为此物者，亦即此物之要素或概念也。如"君"之名之定义之所指，即君之所以为君者。"君君，臣臣，父父，子子"，上君字乃指事实上之君，下君字乃指君之名，君之定义。臣父子均如此例。若使君臣父子皆如其定义，皆尽其道，则"天下有道"矣。（冯友兰：《中国哲学史》）

尽管有许多解说和争论，但是"正名"的含义依旧不清晰。

一　子子，孝孝，庄庄，忠忠，信信……

孔子正名论中的"名"可以理解成限定体现身份秩序的名，原因在于"君君，臣臣，父父，子子"这句话。然而即使从这句话出发，正名的"名"也不仅仅是"君，臣，父，子"，而是包含所有的名（概念）。

以"子子"为例，"子女要有子女的样子"，"子女要想有子女的样子就应该明白何为'孝'等"，由此引发"何为孝"。自己标榜孝顺，但所作所为成为外人的笑柄，这不是孝。朝鲜末年有个士兵，其父死于商和朝鲜大战前夕，他要守孝三年便返回家乡。虽然这位士兵自己认为这种行为是孝，但是其他人指责他是让父母背负骂名的不孝子。

由此"孝要有孝的样子，没有孝的样子是不孝"这一命题被提出。按《论语》表达方式就是"孝孝"（《论语·颜渊》）。

儿子要想有儿子的样子，即要想有孝的样子得知道孝是什么。那么何为孝？曾子曰："身也者，父母之遗体也。行父母之遗体，敢不敬乎？居处不庄，非孝也。事君不忠，非孝也。莅官不敬，非孝也。朋友不信，非孝也。战陈无勇，非孝也。五者不遂，灾及于亲，敢不敬乎？"（《礼记·祭义》）

要想有孝的样子，就得知道庄、忠、敬、信、勇。因为如果自己知道何种行为为勇，但是实际上不是勇的话（例如"乱（乱动）"），这种行为就是让父母失望的不孝。要想"勇"，得知道什么是真正的勇，即"勇要有勇的样子，没有勇的样子不是勇"。用《论语》的表现方式就是"勇勇"。总之，从曾子的话里得出"孝孝，庄庄，忠忠，敬敬，信信，勇勇"的正名论图式。

二　诛诛，弑弑

《孟子》中，齐宣王问孟子。齐宣王问曰："汤放桀，武王伐纣，有诸？"孟子对曰："于传有之。"曰："臣弑其君，可乎？"曰："贼仁者谓之'贼'，贼义者谓之'残'。残贼之人谓之'一夫'。闻诛一夫纣矣，未闻弑君也。"（《孟子·梁惠王下》）

如果"君不像君（君不君）"，那么大臣不会把他当君主。根据孟子的观点，纣不是君主而是罪人（一夫），因此杀死他不是"弑害（弑）"而是"处刑（诛）"。杀死暴君纣的武王不是"逆贼"，是"英雄"。

根据孟子的话，"君主"、"弑害"、"逆贼"不是正名，"小人"、"处刑"、"英雄"是正名。这里不是只谈论"像君主的君主"中的"君"之名，是一起谈论三种"名"。

齐宣王命名纣这样的人为"君主"，孟子正名其为"罪人"，齐宣王命名"弑害"而孟子正名为"处刑"。像这样，"正名"有时是"正确的名字"的意思，有时是"改正错误的名字"的意思。

与此相反的情况在《左传》中存在过，即崔杼（崔子）杀害齐庄公。"太史书曰：'崔杼弑其君。'崔子杀之。其弟嗣书，而死者二人。其弟又书，乃舍之。南史氏闻大史尽死，执简以往。闻既书矣，乃还。"（《春秋左传·襄公二十五年》）太史记载说："崔杼杀了他的国君"。崔武子杀死了太史。他的弟弟接着这样写，因而死了两人。太史还有一个弟弟又这样写，崔武子就没杀。南史氏听说太史都死了，拿了照样写好了的竹简前去，听到已经如实记载了，这才回去。

《论语》也把崔杼的行为称为"弑"。"崔子弑齐君……"（《论语·公冶长》），该行为的正名是"弑"。从孔子的主张可知"弑"的主人成为讨伐（处断）的对象。（《论语·宪问》）

因此篡夺权力的崔杼希望自己的行为被记录为"诛罪人"而不是"弑君"，这样的话自己就不是"逆贼"，而成为（处罚暴君罪人、匡扶正义）的"英雄"。如果史官们屈服于崔杼的胁迫记录为"诛杀"的话，真实就会被隐藏，罪行就被美化。然而在史官（太史）看来这一事件分明就是"弑杀"。因此这事件（"实"）的正名就是"弑"，史官们冒着性命之危记录这一事件的"正名"。在史官看来，诛就应该记载为诛，弑就应该记载为弑。崔杼的行为（"实"）不能称为诛，弑是其正名。即主张实际行为是弑的话就应称之为弑，实际行为是诛的话就称之为诛。这用《论语》的正名论表现法就是"弑弑，诛诛"。

以上讨论可以得出"正符合事实之名"是正名的第一要义。

武王和崔杼做过同样的事即"杀害现任君主"，前者名为"诛"，是除掉暴君的英雄而非杀害君主的犯人。相反后者其名为"弑"，是"犯罪者"而非"英雄"。根据对于该事（"实"）命名为"诛"还是命名为"弑"的不同，决定所有的评价。这就是《春秋》所说"用一个字就可以无论在政治上还是道德上杀死一个人，也可以救活一个人。"（"春秋笔法"）

总之，"正符合事实之名"是正名论的第一要义。给君主君主之名，罪人罪人之名，弑就是弑，处刑就是处刑。不可以把弑称为处刑，处刑称为弑。

三　觚不觚，觚哉？觚哉？

孔子曰"觚不觚，觚哉？觚哉？"（《论语·雍也》）"如果网球没有棉絮，怎么能叫网球？"（网球＝tennis ball；毛＝棉毛、棉絮）只有有棉絮的球才能叫"网球"。此时"网球"是正名。如果没有棉絮的球称为"网球"的话，此时的"网球"不是正名。

所有的名只有名副其实的时候才定义妥当。即 A 有 A 的样子，A 没有 A 的样子的话 A 就不是 A。这就是孔子所说"君君，臣臣，父父，子子，孝孝，信信，勇勇……"的脉理。

正如有棉絮的球叫"网球"一样，只有名副其实，其名才成立。以某一名字命名某事件时得名副其实才行。例如"正义 justice"这个词只有针对符合其名的事件才能说正义，对于不符合的则不能用"正义"一词。这就是"觚不觚，觚哉？觚哉？"的脉理。

因为正名论的对象——"名"的名实关系不明确，所以可以推理经常引起讨论的"名"的事实如何。即指称一般事物的"酒杯、球、网球、人、鳄鱼、蛇、树、桌子、花"等所指称的很明白。因此从一开始引起名实不符争论的"名"是不会成为正名论的对象的。

就像我们不能把"没有棉絮的球"称为"网球"一样，"不觚"不能称为"觚"。乒乓球不能叫篮球，"尖酒杯"不能叫"圆酒杯"。因此这些名不副实的"事物"不能成为正名论对象。

相反，"指导者、贤君、暴君、正义、民主、勇气、正直"等其名名实不符，非常复杂，体现社会身份的名和与德相关的名属于这种。例如即使名义上是"指导者"（特定集团头目），实际上当损害集团成员利益的时候就不能称其为指导者。这样的人不是指导者，"逆贼（卖国奴）"更合适。像这样具体问题具体分析形容实质的"名"是正确还是错误，这样问题的名才是正名论所讨论的名。

《论语》中有很多"何为××"的问题。此处讨论的"名"是正名论中的对象。即"政"、"孝"、"君子"、"仁"、"直"、"忠"、"恕"、"士"、"知"、"耻"、"闻达"、"政事"等。通过这样的讨论，孔子探究"政政、孝孝、仁仁、直直、忠忠、士士"。

关于能够正确理解"名"这个问题，孔子留下了很多关心和讨论。在这点上说，孔子在诸子百家中居特殊的地位。在这种意义上来说正名论是孔子的中心思想。

四 孝孝，君子君子……

《论语》中子游和孔子有如下对话。子游问孝。子曰："今之孝者，是谓能养。至于犬马。皆能有养；不敬，何以别乎？"（《论语·为政》）"何为孝？""最近人们所说的孝不过是'能赡养'。狗和马等牲畜在家里不也养得挺好吗？不尊敬父母的话，和狗、马等牲畜有什么区别？"

根据孔子的观点，"好好赡养父母的同时也尊敬他们才是孝"（能养＋敬＝孝）。当时人们把没有尊敬的赡养称为孝。根据孔子的观点，这种情况下"孝"就是名不正，充其量称为"好好赡养"，不能称之为"孝"。只有当既好好赡养又尊敬父母的行为被称为"孝"时才是正名。

总之，"尊敬赡养"才是孝，"没有尊敬的赡养"不是孝。这种观念用《论语·颜渊》中的表现方式就是"孝孝"。《论语》中这样的事例很多。

孔子曾这样评价过君子。

君子坦荡荡，小人长戚戚。（《论语·述而》）

君子成人之美，不成人之恶。小人反是。（《论语·颜渊》）

君子泰而不骄，小人骄而不泰。（《论语·子路》）

君子上达，小人下达。（《论语·宪问》）

君子求诸己，小人求诸人。（《论语·卫灵公》）

君子喻于义，小人喻于利。（《论语·里仁》）

上述语句所论述的观点就是"君子要有君子的样子。如果君子没有君子的样子就不是君子（即小人）。"这种情况按照《论语》中的表现方式就是"君子君子"。

五 仁仁，知知，信信，直直，勇勇，刚刚

《论语·阳货》中所讨论的六言六弊，孔子这样说过，（言与名。好仁者提倡"我的行为是仁"。"我的行为是仁"＝"言"。"仁"＝

"名"。）"好仁不好学，其蔽也愚；好知不好学，其蔽也荡；好信不好学，其蔽也贼；好直不好学，其蔽也绞；好勇不好学，其蔽也乱；好刚不好学，其蔽也狂。"这里"好信"、"好勇"的表现是指喜欢实践这些。我们给所做行为起名为仁、知、信、直、勇、刚等。然而根据孔子的观点，即使我们认为在现实中实践了这些也会在一般人看来是愚、荡、贼、绞、乱、狂。很多情况下我们存在一定程度的愚、荡……也会自动认为是仁、知……即我们把自身接近愚、荡……的行为称之为仁、知……此时我们所说的仁、知……不是正名，是名不正。

"好仁不好学，其蔽也愚"的情况，我们以爱邻（"为仁"）的名义做了某件事（假如穷困的家长经常把工资的一半捐赠给邻居），在别人看来（普遍的观点）很愚蠢。只有本人认为自己做的事是"仁"，不是"愚"。即孔子所主张的"仁要有仁的样子，没有仁的样子的不是仁"（"仁仁"）。

"好信不好学，其蔽也贼"的情况，以尾生的故事为例。"尾生与女子期于梁下，女子不来，水至不去，抱梁柱而死。"（《庄子·盗跖》）尾生与女子约定在树下见面，女子没来，正好发洪水，尾生不走，抱着桥墩死了。因为这件事尾生成为守信牺牲性命的"守信之士"。但是对于作了约定的女子或者他的家人、熟人来说，尾生的行为留下的记忆就是"狠心、残酷（贼）"。

狂信徒总是以信仰之名做一些坏事。他们在做极端之事时认为是信仰行为（"信"）。然而这只是他们自己的想法。在其他人看来只是坏事、暴行（"贼"）。由此导出"信要有信的样子。信没有信的样子不是信"（"信信"）这一命题。

"好直不好学，其蔽也绞"的情况，可以看《论语·子路》中的内容。叶公语孔子曰："吾党有直躬者，其父攘羊，而子证之。"孔子曰："吾党之直者异于是：父为子隐，子为父隐。直在其中矣。"（《论语·子路》）直躬者认为向官府告发自己的父亲偷了人家的羊这件事属于"正直"。因为这么想所以才敢做那样的事。但是这只是自己的想法罢了。在孔子看来这不是"正直"，应该称之为"悖伦"（绞＝刻薄、薄情）。称该行为是"直"就是名不正，"（绞＝刻薄、薄情）"才是正名。即"直"要有直的样子。直没有直的样子就不是直（"直直"）。

"好勇不好学，其蔽也乱"是指人们称之为蛮干、暴行或暴乱的行为美化为"勇气"的情况。此时"勇气"不是正名,"暴乱"是正名。即"勇要有勇的样子。勇没有勇的样子不是勇"("勇勇")。

"六言六蔽"中只提到了六种。孔子所说"百言百蔽,千言千蔽",即只有名副其实时才能称其名,不是的话就完全成为其他的"蔽"。总体来说,孔子的正名思想不仅仅是"君君,臣臣,父父,子子",也意味着"仁仁,知知,信信,直直,勇勇,刚刚……义义,法法……"。

六 名不正和社会混乱

对于"为政应先做什么"这个问题,孔子认为必须先"正名"。子路曰:"卫君待子而为政,子将奚先?"子曰:"必也正名乎"……(《论语·子路》)正名为何如此重要?

孔子认为名不正的现象就是"社会混乱"。何为名不正的现象?假如在某个社会,实际是因公司业务死亡,却认定为"自然死";实际是受贿物品,却认定为"礼物";实际是卖国贼,却称之为"爱国者";实际是正当防卫杀人,却认定为"杀人",接受处罚;实际是杀人,却认定为"正当防卫"释放。这样的社会就是混乱的,上文中的"自然死"、"礼物"、"爱国者"、"杀人"、"正当防卫"就是名不正。在一个社会内若存在这样的事实,遭受产业灾害的人得不到产灾补偿,受贿者不受罚,卖国贼成为爱国者,无罪之人被判为杀人犯,杀人犯被无罪释放这种无法无天的现实。这种社会的特征就是"名不正"。摆正这种社会现实("政治")可以说是"正名"。因此"正名"和孔子的话"为政"很像。

无道的社会不是名实相副,而是根据有无权力或钱随意决定名。"有钱无罪,无钱有罪"就是事例,即不是根据犯罪行为决定是杀人还是正当防卫,根据有无钱权决定。这种类型的事蔓延到社会各领域的话,这样的社会就会混乱。

(中文校对:李玉)

孔子正义思想探讨

——以"义"和"正名"为中心

韩国国立安东大学　李承模

一　正义是什么？——关于正义的本质

2010 年，美国哈佛大学桑德尔教授写的《正义是什么》这本书在出版了 11 个月时间内在韩国销售就突破了 100 万本。在人文类书籍普遍遇冷的这个时代，"正义"相关的书能在如此短的时间内就能登上 Million-seller 榜首这件事是十分惊人的。目前为止，关于正义的说法有很多，也出版了很多的书籍。但是如果问起"正义是什么"这个问题，回答起来还是不容易的。我们时常谈论正义，思考何为正义人士，并且一直梦想着建立正义社会，但是我们说起什么是不道德的，什么是错误的时候，只能判断这些做法是不正义的，但是却不能对什么是正义，什么是正义的人，什么是正义的社会做出一个准确的评判。

更严重的是，许多学者去谈论正义，无数人渴求正义，但是现实却朝着非正义的方向发展着。2014 年以色列在加沙地区的炮击导致无数平民牺牲。极端主义武装分子伊斯兰圣战组织接连残忍地斩首了两名美国记者和一名英国人质。现在有着利害关系的国家之间，团体之间的冲突和矛盾导致了无数无辜的生命被践踏。这样世界能被看作正义的世界吗？

生存竞争逐渐激烈，生存下来对其他事情越发重要，不仅是个人，国家追求的道路也唯有发展经济一条。因此，经济价值压倒了其他一切价值，道德伦理的价值也埋没于经济价值之中。人们不择手段地去创造经济价值，腐败处处滋生。拥有财富和权力的特权阶层大量出现，非正义现象不断出现。不适应生存竞争的许多人连基本的生计都无法维持。许多家庭出现离婚现象，许多人选择自杀。这样的社会能成为正义的社会吗？人类长期以来谈论正义，一直梦想着建立正义社会。但是现实却朝着非正义的方向发展着。越是渴求正义，世界却不正义，这个矛盾世界的正义到底何在？

在这样的视角中重新审视正义为何是十分有意义的事情。目前为止出版的书籍中，大部分是介绍西方学者对于正义的看法。因此，一般大众理解和接受的正义大部分是西方的正义。不过，正义不管是在东方还是西方，都是从古代开始就一直被研究讨论的对象。特别是东方的正义观中包含了我们需要思考的关于正义本质的相关内容。因为我们理解了这一部分内容，就能理解现今找不到头绪的正义问题，更进一步"正义是什么"这个问题和它的答案也会浮出水面。

笔者基于上述考虑，来研究揭开儒家思想的序幕的孔子思想中的正义观。特别围绕孔子思想中"义"和"正名"中蕴含的正义观，对正义的本质问题，正义追求的是什么这些问题进行考察。相信这些考察能成为对现代正义观念独辟蹊径地进行理解的一个契机。

1) 既有的对于正义的理解

在西方，古希腊到现在的无数学者谈及过"正义是什么"这个问题。其中最具代表性的正义论有柏拉图的各自坚守自己位置，负起各自的职责的"分业正义"；有亚里士多德的根据个人不同的特征必须分配给他该得到东西的"均等主义正义"；有边沁的主张绝大多数的最大幸福的"结果正义"；有按劳分配的马克思的"分配正义"；有罗尔斯的通过程序公正承认结果不平等的"程序正义"；有诺齐克主张保障个人的自由和所有权的"自由主义正义"。此外，洛克、孟德斯鸠、康德、亚当·斯密、麦金泰尔等著名的学者也提出了不同的正义论。这些正义论中，哪一个更加正义呢？Karen Lebacgz 对于目前为止被讨论的众多正义论有如下意味深长的一番话。他说："正义就像谚语里说的盲人摸象。盲人摸到的只是大象不同的部分，比如说脚、耳朵、象牙，然后就说这个动物是一节一节的，也有人说是硬且扁平的，还有人说是又软又滑的，更有人说是硬的，每个人都按自己的感觉去描述。"①

至今，有无数学者谈及正义。但是他们提出的正义观和他们生活的时代，政治，社会，文化环境密不可分。如 Lebacgz 所述，他们就像盲人摸象一般，并不是按照具有普遍性的标准或原则去客观地理解正义，而是在理念和体制都不相同的政治，社会环境中，根据各自的立场去理解正义。因此，"正义不能被观念化，只能说是形式上的和抽象性的"②。我们现在就像发掘古人遗物的考古学者一般，全力地将前人所主张的正义论挖掘出来，在论证他们说了什么，他们提出了什么问题上倾注了全部心血。想要理解正义，虽然去了解别人的看法是十分重要的，但是更重要的是掌握正义的根本意义，发现判断正义的标准和原则。抽丝剥茧地去了解正义的各个部分固然重要，但是更重要的是勾勒出正义的整体轮廓。这样，才能更明确地揭示正义的本质。

2）正义的根本意义

为了理解正义的意义，一起来看看东西方对正义的一些说法。正义的英语是"justice"。词典中"justice"兼有裁决和公正的意义。③ 由此去思考，西方正义和"司法"和"裁决"相关，其意义来自于"公正的裁决"。即，某些问题发生时，某些部分发生冲突时，找到最合理的办法解决问题。我们想到"法律"这个词时，最先想到的就是法律女神手里持有的天平。天平是平衡的工具。两侧的重量必须一致，才能维持平衡，维持平衡才能公正，出现不向任何一侧倾斜的公正判决才是正义的判决。因此，西方的正义可以理解为"公正"、"不倾斜"。但是如果仅仅把正义理解为"公正"、"不倾斜"的话，正义的标准按照做出判断的人不同，个人之间或者是不同集团之间的利害关系的不同会发生变化，强者手中就会执剑。基于上述原因，正义并不是普遍的、永久的法则，而是根据不同的人、不同的时代变化着的相对的意义。

无法考究东方的正义概念是何时出现的。中国的正义这个词，最先出

---

① Karen Lebacgz 著：《关于正义的 6 种理论》，李唯善译，可莱巴斯，2000 年，第 24 页。

② "正义"几乎不能被概念化，因为除了从逻辑上有说服力之外，其他正义都无法实现，也无法引领和产生绝对的标准值，所以结局正义只能是形式上的和抽象的。李端行：《东西方的正义论》，《哲学思想》，1995 年，第 79 页。

③ 民众书林编辑局：《ESSENCE 英韩词典》第 10 版，民众书林，2005 年，第 1361 页。

现在《荀子》中。但是《荀子》中出现的正义和现在所说的正义并不相同。①因此，为了了解东方的正义的意义，就需要了解"正"和"义"两个字的意思。②

首先来看"正"字的意义。"正"是表示"一个"这个意思的"一"字和表示"停留"的意思的"止"字结合而成的字。所以汉代许慎的《说文解字》里解释'正'字为"是也。从止，一以止"③。这句话是说"正"字有 2 个意思。一个是正确，另一个是止于"一"。这里的"一"是指"标准"或者"原则"。因此，"正"可以理解为"按照标准或者原则"，或者理解为"按照某种标准或原则是正确的"。"义"字是代表"吉祥"的"羊"字和代表"我"的意思的"我"字组合而成的。《说文解字》里解释为"义，己之威仪也，从我羊"。人对自己的行为无愧时，即，做正确的事，走正确的路时，感到堂堂正正的意思。孟子也说"羞恶之心，义之端也"（《孟子·公孙丑》）。"义"是说堂堂正正的我走向正路，这样的路是吉祥的路。因此孟子才说"义，人之正路也"（《孟子·告子》）。

上面看到，"正"和"义"的意思综合起来看的话，"正义"是"一"，即按照某一个标准或者原则，按照这样的标准或原则走正确的，应该走的路的意思。即，人做出某种行为时，必须按照正确的标准或原则，选择合理的方法，走向正路（吉祥的路）。如此，人依据的标准或原则才不会随着时代或情况改变，才能随着个人和个人、团体和团体的利害

① 《荀子》在下面这些句子中使用了"正义"这个词。①"君子崇人之德，扬人之美，非谄谀也，正义直指，举人之过，非毁疵也。"（《不苟》篇）②"不学问，无正义，以富利为隆，是俗人者也。"（《儒效》篇）③"故正义之臣设，则朝廷不颇。"（《臣道》篇）④"正利而为谓之事，正义而为谓之行。"（《正名》篇）这些句子里出现的正义大部分指的是"正确的道理"的意思。因此李承焕说，"东方古典里的正义这个汉字词最先见于《荀子》，但是那时的正义和我们现在想要讨论的正义是不是一回事，这一点并不明确"。李承焕：《为了正义社会从儒家的正统中看东方的正义观》，《现代的危机，东方哲学的摸索》，瑞文书院，1997 年，第 206 页。

② 正义虽然是近代才出现的术语，但是在韩国人的精神文化传统世界里，"正"和"义"已经深入人心，对其概念进行现代式地合成和变型更为正确。因此，为了掌握正义的准确意义，首先必须要了解"正"和"义"。（金忠烈：《法家社会正义的问题》，《正义的哲学》，1997 年，第 116—119 页）；李英熙：《正义论》，法文社，2005 年，第 19 页。

③ （汉）许慎：《说文解字》，九州出版社 2001 年版。

关系发生变化。① 目前为止，虽然有很多学者谈及正义，但是却没有对正义下一个结论的原因就在于正义没有普遍的标准或原则，随着利害关系其意义会发生改变。

二 正义存在的原因和孔子追求的正义

1. 正义存在的原因

前面也看到如果我们能接受"正义"是按照某种标准或原则走向正路这个设定的话，我们就要思考"标准"和"原则"是什么，"正路"是一条什么样的路，我们为什么需要这样的正义。

如果人们去无人居住的荒岛上独自生存的话，需要什么标准和原则呢？独自生存，个人要负的责任是不大的。只有在生存竞争激烈的丛林中，保住自己生命活下去的责任而已。为了在可怕的丛林中活下来，要变得最强，要变得最无情。不需要任何良心，也不需要任何规矩。除了我以外的东西，都是我为了活下去要征服或者要利用的对象。在丛林中活下来就是最大的目标，肯定是不择手段和方法的。这样对个人来说标准和原则就没有意义了。正路也就只能解释为活下去的路了。

但是人虽然是以"我"这个个体的存在活着的同时，还在与"你"的关系中建立起了"我们"这个关系网。我们把这样的关系网叫作"共同体"，从更广泛的意义看就是"社会"。战国时代的荀子说："人之生，不能无群。"（《荀子·强国》）群居不仅是人的习性，连昆虫或是动物世界里也是很普遍的现象。蚂蚁和蜜蜂群居，猴子和狮子也群居，麻雀和大雁也是群居的。原因为何？因为从经验上来看，群居是最有效的生存方式。人也是一样。人形成共同体生活的最重要的原因就是和独居相比，两个人，三个人一起协作的话，能更高效地生存下去。因此，共同体是人生活依靠的基础，是我们相信彼此依靠彼此的安身处。

在保持着这样的关系下的生活状态的同时，我还想象之前自己独自生活时那样去做会怎么样呢？按照无标准无原则，以生存下去是唯一目标的

---

① 正义的内容不是随着时代和社会变化的相对的概念，是不变的绝对的，具有普遍性的单一概念。李英熙：《正义论》，法文社，2005年，第21页。

生活会怎样呢？必然会引起"我"和"你"之间的矛盾和冲突。群居关系消失，社会关系网破裂。人作为社会性的存在去生活，就产生了个人应该承担的责任，就有了要遵守的标准和原则，就需要良心和道德，为了调解人与人之间的矛盾，就需要规矩和法律。没有标准，没有原则，没有良心，没有道德，没有规矩，没有法律的话，就可以说是非正义的。换句话说，我们需要正义的原因在于"我"和"你"需要维持和谐的共同体环境。李英熙老师对正义的作用有如下观点。

人追求共同生活的目的在于保障生存和安全。人是无法独自灵明，无法维持下去的弱小的存在。但是，人通过共同生活能克服上述弱点，从而更好地驾驭自己的生活。……共同社会的规模扩大的同时，脱离和侵害社会基本秩序的行为开始出现。并且如果和其他人类团体发生冲突的话，团体间为了生存和支配就会产生对立和斗争。正义在这样的环境中和情况下起到了规范维系共同体存续和维持共同体成员的生存的作用。①

人为了高效地存活而建立共同体。但是从生命的观点上来看，人是自私的动物。认为自己的生命最珍贵，维持自己的生命是最重要的。这样的利己主义也扩大到团体和国家。个人和个人、团体和团体、国家和国家之间的利益引起矛盾和冲突，有时甚至会发展为暴力和杀人。从而导致关系网破裂，为了生存选择的共同体反而威胁到生存。互相信任依靠的共同体反而成了互相排斥互相遏制的共同体。正义是人为了生存选择的共同体所发挥的作用，为了建立保障人生存和安全的共同体环境，或为了将其延续而存在的。所以李杨修说，所谓正义是调解合作生活中出现的矛盾，把人的生活变得和谐的东西②。

如前所述，如果正义是"按照某种标准或原则走上正路"的话，那标准和原则就必定是人或人生，正路就必定是人们可以生存之路。如果是个人因为权力或利益需要正义的话，那为了个人的利益侵害他人的利益，为了一个集团的利益侵害其他集团的利益，为了一个国家的利益侵害其他国家的利益的现象就会出现。正义不是亘古不变的标准或是原则，按照个人和时代的利害关系其意义发生变化的原因就在于此。

---

① 李英熙：《正义论》，法文社，2005 年，第 102 页。
② 李杨修：《正义人生的条件》，金英社，2007 年，第 16 页。

2. 孔子追求的正义

众所周知孔子思想的核心是"仁"。《说文解字》解析"仁，亲也。从人从二"。谭嗣同解析"仁，从二从人，相偶之义也"[1]。通过这两句话，我们知道仁是由"人，二，和谐"结合而成的字。"仁"包含着让大家亲密相处，在关系内遵守必须遵守的标准和原则，由此互相和谐生活的意义。孔子虽然给了仁"忠恕为仁"、"克己复礼为仁"、"爱人为仁"等丰富的含义，但是聚合这一切意义的却是人。

如果除去人，能去谈国家吗？能去谈政治吗？能去谈社会吗？经济又如何？如果把人从人类生活的世界上除去，那一切就都没有意义了。孔子说，仁包含了他思想最高价值和理念，而人和人的生活则是他思想中最高的范畴。可以说孔子思想的中心是人，从人出发也从人结束。谭嗣同说："仁以通为第一义。以太也，电也，心力也，皆指出所以通之具。"[2] 按他的解释，"仁"是人和人沟通之道，不是人和人互相推诿排斥，而是互相吸引和谐之道。孔子通过仁要实现的大和谐，也就是"大同"这个美好的共同体。《礼记·礼运》篇中就谈到了以人为中心去思考的美好共同体。

　　　　大道之行也，天下为公，选贤与能，讲信修睦。故人不独亲其亲，不独子其子，使老有所终，壮有所用，幼有所长，矜寡孤独废疾者皆有所养，男有分，女有归。货恶其弃于地也，不必藏于己，力恶其不出于身也，不必为己。是故谋闭而不兴，盗窃乱贼而不作，故外户而不闭，是谓大同。

孔子追求的"大同社会"是我们无法想象的美好社会。不是以金钱，而是以人为中心的社会，不是以自我，而是以大家为中心的社会，不是重视竞争而重视互助的社会，不重视分裂而重视和谐的社会，不重视独占而重视分享的社会，不是互相排斥充满矛盾的社会，而是互相关心互相尊重的社会，不是通过权谋之术上位的社会，而是正义的社会，不是互相遏制

① 谭嗣同：《谭嗣同全集》卷1，《仁学》，新华书店，1954年，第3页。
② 同上书，第6页。

的社会而是互相相信互相依靠的社会。孔子把这样的社会简化地称为
"家家不闭户"的社会。

　　孔子想要通过仁实现的社会是以人为中心的社会，实现对人的关心、
理解、扶持、热爱等所有道德伦理上的价值的社会。这样的社会是大和谐
的社会。为了实现这样的社会孔子一生都在谈"仁"和"义"，谈"人"
和"爱"。虽然孔子所在的时代是君主制的时代环境，虽然他的思想受到
封建思想成分的约束，但是他的仁爱是能引起大家充分共鸣的部分。孔子
在当时的时代背景下，努力找到了人和人和谐相处的最理想的方向。理解
孔子的正义观时，必须要理解这一部分。如果西方的正义是以"我"为
中心的话，孔子的正义就是以"我们"为中心。在错综复杂的关系中，
梦想着建立共同生活的世界。这就是孔子追求的正义的大前提。

三　通过"义"来看孔子的正义—生存所需要原则

　　前面看到孔子的正义是从"你"和"我"的关系中展开的"我们"
的生活这一点。这样的正义观在他的"义"思想里展露无遗。一般说起
孔子的正义观，那就不得不说"义"。原因是正义和孔子的"义"在概念
上有些类似的部分。但是要注意的是，孔子说的"义"究竟指的是哪一
部分。必须要掌握好孔子的"义"的所指，才能更明确地理解孔子的正
义观。首先来看孔子说过的话。孔子说："富与贵，是人之所欲也，不以
其道得之，不处也。贫与贱，是人之所恶也，不以其道得之，不去也。"
（《论语·里仁》）

　　这句话最重要的部分在于"欲望"和"方法"。不管是谁都希望自己
能富有和高贵，也不希望自己贫穷和贫贱。这些都是人本质上的欲望。孔
子并不否定这种欲望。对此他说过，"富而可求也。虽执鞭之士，吾亦为
之"（《论语·述而》）。但是如果人不择手段和方法去满足欲望的话，那
人和人之间就不再是依存的关系，而是敌对的关系了。人际关系中产生的
矛盾可以说大部分是因为欲望驱使的利益冲突。就像孔子说的"放于利
而行，多怨"（《论语·述而》）一样，所有人都被欲望驱使，那人和人之
间的矛盾就会达到极端，社会的道德和规矩崩塌，就会变成混乱的社会。
因此，孔子在承认每个人希望自己能富有和富贵，也不希望自己贫穷和贫

贱的同时，强调的是用正当的方法变得富有和高贵和脱离贫困卑贱的生活。

孔子所说的正当方法，大概可以理解为做出某种行为时所遵守的标准或原则。孔子说："君子之于天下也，无适也，无莫也，义之与比。"（《论语·里仁》）这句话是说孔子说"义"是人应该遵守的标准或原则的意思。即，判断一个人的品行的标准是他的行为是否符合"义"的要求。孔子说"君子义以为质"（《论语·卫灵公》）、"君子义以为上"（《论语·阳货》），在孔子的观念里"义"是人们追求的最高价值。此外，"见利思义"（《论语·宪问》）、"见得思义"（《论语·季氏》）是说"义"是判断人们行为的最高准则。因此，孔子才说"义然后取"（《论语·宪问》）、"不义而富且贵，于我浮云"（《论语·述而》）。

接着需要思考的是"什么行为是符合义的要求的呢？"这个问题了。我们将"义"作为行为标准，按照"义"的要求去行动，那么"义"是什么呢？"义"并没有一个明确的标准，它也是一个形式上的，抽象的概念，也像摸不到头绪的现代正义一样，随着每个人对它的看法和人与人之间利害关系的变化而变化，有着相对的意义。在判断什么行为符合"义"的要求，为了了解判断"义"的标准是什么时，首先要了解的是"义"的本质的意义是什么，"义"所指的部分在什么地方。

第一，"义"不徇私。对于晋朝大夫叔向主张将违反法律的他的弟弟叔鱼处死的事情，孔子是这样说的。"仲尼曰：叔向，古之遗直也，治国制刑，不隐于亲，三数叔渔之恶，不为末减，曰义也夫，可谓直矣。"[1]叔向为了处罚弟弟叔鱼，所坚持的原则是"集体的利益"，孔子认为按照这个原则来处理事情的叔向的行为就符合"义"的要求。孔子这样称赞叔向行为的原因在于他的不徇私。治国之人，必须要以"集体的利益"为原则去处理事情。如果失去了这样的原则，妄图徇私，那就是不符合"义"的要求的行为了。

孔子说，"君子喻于义，小人喻于利"（《论语·里仁》）。在孔子思想里，"义"和"利"是对立的概念。前面我们看到，孔子说人们在追求自己的私利时，"义"应该是获得利益的标准和原则。这里的"义"是为

---

① 郑太铉译注：《译注春秋左氏传6》，传统文化研究会，2009年，第141页。

了维护共同的利益，是道德上的、理想上的意志，"利"是个人的利益。因此，孔子思想里"义"是指公共利益（公利）；"利"是指个人利益（私利）。冯友兰对此有详解。"儒家所谓的义利之辩中的利是说个人的私利。……如果寻求的东西不是个人的私利，而是社会公利的话，那这样的行为就不是在求利，而是求义了。"①

这句话中，冯友兰通俗易懂地解释公利为义，私利为利。判断一个行为是否符合"义"的要求的标准就是是否是为了公利，如果是为了私利那就不符合"义"的要求。换句话说，公利是判断个人行为的标准。因此，按照"义"的要求去做，就不能徇私利，必须要保障公利，即将保证社会全体的利益定为出发点。从这一点上看，公利也是判断个人的行为合理与否的标准或原则。这样孔子关于"义"和"利"的关系并不是看成是对立的，而是相互调和补充的关系了。②

"以义为本"或"按照义的要求来行动"是做任何事情都需要遵守的标准或原则。而根据遵守的行为标准或原则是什么其行为的过程和结果也必定不同。如果这个标准和原则而是"私利"，那追求个人利益就成了唯一目的。追求个人利益为唯一目的的人就会不择手段地卑鄙地去达成自己的目的。除了我之外的其他东西都是我达成目的要征服或利用的对象。为了达成目的，规则成了烦琐的，制度和法律成了不必遵守的，而只去追求最大限度的利用对象。这样的人必然不会去理解别人，也无法感受别人的痛苦，因此他会侵害或者打压他人的利益。这些问题也同样发生在团体和国家之间。为了我的利益，破坏你的生活，为了一个组织的利益，破坏其他组织的生活，为了一个国家的利益，破坏其他国家的结果就会出现。

如果追求的利益是"公利"的话，那这样的人重视的就不是个人的利益而是社会全体的利益。因此"我们"的意识就强于"我"的意识，集体意识就强过个人主义，也更重视过程的公正性和行为的道德性而不是重视结果。我们深刻知道社会不是独自生活的存在，而是人们共同生活的地方，为了更好地生活，就需要不断地自我学习不断改变。因此，从

① 唐凯麟、陈科华：《中国古代经济伦理思想史》，人民出版社 2004 年版，第 83 页。安涌镇：《孔子的义理思想研究》，《儒教思想研究》第 27 辑，2006 年，第 309 页。

② 安涌镇：《孔子的义理思想研究》，《儒教思想研究》第 27 辑，2006 年，第 310 页。

自私的我变成不自私的我转变，从个人的我到社会中的我去转变。这样的人才有理解别人的能力，才能感受别人的痛苦，才能不侵害和打压别人的利益。

第二，"义"指的是人平安的生活。孔子追求的"义"是指的"公利"的话，那公利的目的在于救济人和让人过上平安的生活。下面两个句子就体现了孔子的这一思想。

> 子贡曰，如有博施于民而能济众，何如，可谓仁乎。子曰，何事于仁，必也圣乎，尧舜其犹病诸。（《论语·雍也》）
>
> 子路问君子。子曰，修己以敬。曰，如斯而已乎。曰，修己以安人。曰，如斯而已乎。曰，修己以安百姓。修己以安百姓，尧舜其犹病诸。（《论语·宪问》）

在孔子看来如果做不到对百姓施德和救助人或做不到修己以安人的话，那谁都不能成为圣人。所以他认为君子最大的德目在于"救济别人"和"让人过上平安的生活"。他说的"修己以安人"这句话是说人们各自去修养，成为正直的人，正直的人聚集在一起，建立理想的社会，在这样的社会中，人们才能得以平安的生活的意思。因此，孔子认为只顾个人安逸而不去关心别人的人不是理想的人。

孔子说"君子之仕也，行其义也"（《论语·微子》）。人去从政，在别人面前出头露面的原因不是要去谋私或者寻求自己的富贵荣华，而是去求义，去救济别人和让别人过上平安的生活。真正的君子担忧的是别人的生活，并且和别人生活是同在的。这和佛教中"小乘"和"大乘"的差异类似。不追求我自己得道，和自己过上幸福的生活，而和世上人们的"喜怒哀乐"同在，和世上人们的"生死苦乐"同在的人才是真正的君子。

再看看现今社会的例子，不管你学问再高，如果不问世事，不关心别人的生活的话，那就不能说你取得的知识是真正的知识。真正有知识的人不仅仅是努力学习，开拓自己的学问，建立自己的精神境界，而是要积极参与，积极提出问题，积极改变不义的世界的人。只考虑到自己的人生，只追求自己的幸福的人，就算不给别人带来危害，在道德上来讲也是追求"私利"的，不能看作是真正的君子。

孟子说："仁人之安宅也，义人之正路也。"（《孟子·离娄上》）人和谐生活的社会是人的安息处，"义"是通向安息处的正路。孔子说的"义"和孟子这番话都是指的通过你和我的正确关系建立和谐生活的社会的意思。"义"的中心包括人、人的生活，还有由人的生活形成的社会。人们为了建立理想的社会而一起努力，这就是"义"的本质。这样的"义"的思想可以说是具体地解释了今天所说的正义的本质。

四　通过"正名"看孔子的正义

1. "正名"的意义

《中庸》有："义者，宜也。"宋代朱熹解释说，"宜者，分别事理，各有所宜也"①。通过这些我们知道，"义"有着"事物在各自的位置上必须适宜的"的意义。孔子思想里像这样把"义"的意义具体地展示出来的部分就是"正名"，《论语》里关于"正名"有如下一段话：

> 子路曰："卫君待子而为政，子将奚先？"子曰："必也正名乎。……名不正，则言不顺。言不顺，则事不成。事不成，则礼乐不兴。礼乐不兴，则刑罚不中。刑罚不中，则民无所措手足。"（《论语·子路》）

孔子对其弟子提出的"如果要从政的话，首先要做什么"这个问题，他没有回答"要施仁政"、"要给百姓平安的政治"这些答案，而是说要"正名"。在孔子的回答中就能发现他处的时代名不正的问题是何等的严重。孔子说，名不正，则礼乐不兴，刑罚不合适，那百姓就没法活下去，所以说正名是百姓能活下去的前提。因此，孔子认为正名是政治的核心。正名是孔子在他生活的时代里建立起来的学问，也是他终生想要实现的东西。②为了理解孔子的"正名"，我们一起来看看正名的意义。"名"是指

---

① 《朱子四书集注·中庸》。
② "正名"是孔子关于自身的问题意识和当时时局的见解，实际上是在他35岁左右时初次阐明的，这不仅是孔子学问的重要出发点，而且也是他终生追求的东西。金基柱：《孔子的政治理想社会，"正名"的世界》，《东方汉文学》第43辑，2010年，第122页。

称事物名称的意思。《说文解字》里解释为："名，自命也，从口从夕。夕者，冥也。冥不相见，故以曰自名。"天黑下来，人们互相看不到，所以就呼唤名字来区分彼此。进一步，为了区分事物，也给事物起名，这就是"名"的由来。

人们为了比较容易地了解世界上存在的所有事物，才给它们取名。将生物，无机物，动物，植物等分开，又细分哺乳类，禽类，爬虫类，两栖类等。每一个细分类，都分别取上名字，直到不能往下分类为止。分类取名的范围从有形的事物到无形的机构、制度无所不包含。政治，经济，社会，教育，法律等都被分类都被取名。一个组织内部也有不同名称的部门，每个部门里工作的人名字也不同。如此为了好理解而分类取的名称就是"名"。

人们在取名的时候，并不是毫无理由地乱取的。是按照某个对象本质的属性去取的。举例来讲，给生物分类取名时会按种、属、科、目、纲、门、界这些基本的分类体系来分类取名。所有有名字的东西都带有和其名字相关的属性。植物有植物的属性，动物有动物的属性。其中松树有松树的属性，竹子有竹子的属性，狮子有狮子的属性，老虎有老虎的属性。它们名字里含有的属性被称为"实"，就是"名"的"实像"。"名"则从侧面显露出内涵在"实"之中的本质属性。植物，动物，松树，竹子，狮子，老虎都展现了它们名字里的属性，它们也名副其实地活着。我们把这种名字和本质属性符合的现象称作"名实相符"。"正"是"正直"的意思。因此，"正名"是"使名正"或者是"把名扶正"的意思。"把名扶正"是使名和实相符的做法，是将其名正言顺的做法。

2. "正名"的方法

孔子提出的正名是希望让名和实相符，那怎么才能让名和其本质属性相符合呢？《论语》里有下面这段话。"齐景公问政于孔子。孔子对曰：'君君，臣臣，父父，子子。'"（《论语·颜渊》）孔子在这句话中提到了"正名"的方法。正名就是君主像君主一样，臣下像臣下一样，父母像父母一样，子嗣像子嗣一样去做事。孔子这样的正名思想，其实是在曲线地批判当时的社会。生活在混乱的春秋时代的孔子认为社会混乱的原因在于人道德的沦陷，道德沦陷的具体表现就是身份秩序的崩塌。所以，孔子认为必须恢复人们的道德性和建立新的身份秩序。就像孔子说的"如有用我者吾其为东周乎"（《论语·阳货》），他的正名论包含着希望周朝恢复宗法秩序的愿望。因此，孔子的"正名"也受到了其是封建时代的遗物，是为了维持封建秩序的手段这样的批判。① 但是我们与其把孔子思想单纯地看作封建时代为了维持垂直秩序的手段，不如考虑到它现实的意义。我们虽然不能无视孔子对当时封建秩序的肯定，但是我们更需要关注的部分是他主张的"正名"。孔子说，"君君，臣臣，父父，子子"这番话，并不单单是要恢复封建秩序，更重要的是让社会成员守好各自的本分，让社会机构承担各自的责任。金基柱是这样理解孔子的"正名"的。他说："从名份论和名实论的角度上来看，孔子的正名是名指称的人或事物要扮演好其名下的角色，即这个人或事物必须正确的展现出其本质，或者正确表现出应有的状态的意思。每个人情况不同，在丰富多样的社会关系中，人们必须实现被赋予的角色，或者表现被赋予的状态，父亲像父亲一样，君主像君主一样，臣下像臣下一样的要求就是正名。"②

孔子说的"君君，臣臣，父父，子子"的核心在于"像……一样"③更宽泛得去理解"像……一样"的话，我们可以看作很多方面上看到"像……一样"。人要像人一样，国家要像国家一样，政治要像政治，社会要像社会，企业要像企业，舆论要像舆论，宗教要像宗教，法律要像法律，家庭要像家庭，学校要像学校，教育要像教育。

所谓"像……一样"是忠实于存在的原因。社会的机构，组织，成员共同忠实于存在的根本原因。如孔子所说，君主应该像君主一样，去忠实于君主存在的原因，父母像父母一样，去忠实于父母存在的原因。虽然孔子只说了君主，臣下，父母，子女四个方面的"名"，但是如前所述，名是我们为了更方便地区分事物而取的。更明确地说，国家，社会，政

---

① "孔子将春秋末期的情况总结为'无道'。无道的内容是随着天子，诸侯，大夫的身份等级制度瓦解开始的……孔子企图以正名的方法来维持身份等级制度。"李云九：《中国的批判思想》，女强出版社，1991 年，第 178 页。

② 金基柱：《孔子政治上的理想社会，"正名"的世界》，《东方汉文学》第 43 辑，2010年。

③ 以《论语》为中心的"正名思想"是指名副其实的思想态度，让自己和自己和身处的地方和所拥有的条件相符，去正确生活的意思。这是名和实相符的"像……一样"的意思。崔秉喆：《以"正义"为中心的孔子和柏拉图的比较研究》，《东洋哲学研究》第 10 辑，1989 年，第 38 页。

治，经济，企业，公共机关，法律，宗教等都是"名"，都需要明确这些名存在的原因。君主存在的原因，父亲存在的原因，臣下存在的原因是什么？更近一步，可以在国家存在的原因，政治存在的原因，经济存在的原因，社会存在的原因，法律存在的原因，学校存在的原因等等很多方面去思考。

政治被称为政治的原因，法律被称为法律的原因，学校被称为学校的原因都是在忠实于其存在的原因的假定下进行的。如果无法忠实于存在的原因，那政治就不能被称为政治，法律就不能被称为法律，学校也不能被称为学校，教育不能被称为教育，舆论不能被称为舆论。举例来说，领袖如果做出违法社会成员利益的行为，那他能被称为领袖吗？知识分子如果失去社会良知，那他们还能被称为知识分子吗？民主国家的存在原因是人民的自由和权力不被压制，人民的思想不被控制。从政人员存在的原因不是为了不关注人民的生活只顾自己荣华富贵。法律存在的原因不是奉行"有钱无罪，无钱有罪"，让强人去执行法律。经济存在的原因不是特权阶层和底层的分离。舆论存在的原因不是歪曲事实和进行偏颇的报道。学校存在的原因不是让学生们去不良竞争，去学习做自私的人。社会存在的原因不是不以人为中心，以金钱为中心，也不是社会成员之间矛盾重重，互相排斥。

朴星奎说："'无道'的社会不是实与名符合，而且根据权力或者金钱有无而决定名的社会。"① 现今社会中名不忠实于本来的职能，而是屈服于权力和金钱。这样就出现了名不正的现象，这样的现象出现时，社会就会混乱。名不是随着权力和金钱的有无而改变的，而是与实相符的有道的社会，正义的社会。人，国家，政治，社会，法律，经济，企业，各种机关如果不忠实于"存在的原因"，那整体上就是不诚实的社会和不正义的社会。

如上所述，正名的目的是让名和实相符。名和实相符的社会是名正的社会，名正的社会才是名副其实的社会。名副其实的社会存在的原因在于它忠诚于社会本身，忠诚于社会本身的社会是"仁"的社会，仁的社会是孔子追求的大同社会。因此，正名的世界是实现大和谐的大同世界。

---

① 朴星奎：《孔子的正名的意义》，《哲学研究》第 84 辑，2009 年。

《中庸》中说，"义者，宜也"。正名就是具体的实现义，是义的另一重意义。最终，义通过正名实现，实现了仁和大和谐的世界就是正义的世界。

五　结语：思考孔子的正义

孔子没有直接去解释什么是正义。但是在孔子的思想里包含的正义是按照一个标准和原则走上正路的意思，这是在人类早期的其他思想家的学说里未曾发现的关于正义的重要内容。他谈及的东西是所有人际关系中需要遵守的原则和行为标准，人们只有遵循这样的原则和标准，才能走向正路。孔子思想里的标准和原则是人，孔子思想的中心在人，在人的生活，还有人的生活组成的社会。

《论语》载："厩焚，子退朝曰：'伤人乎，不问马。'"（《论语·乡党》）这一句话是说，人类的生命及其健康才是最重要的。人既是所有东西存在的原因，同时也是其目的。没有人，国家和社会根本就不可能存在。政治、经济、教育等也是因人为了舒适地生活而存在的。因此，"人"是先于所有价值的前提概念。不管是出于什么原因，都不能侵害和压迫人的生命，不管是在任何情况下都不能疏远人。

正义不是保护个人权利的工具，也不是强行维持平衡的工具，而是首先要考虑到人，认为人是最珍贵的。尊重人类生命的人才是最正义的人，排斥人、遏制人的社会不是人可以生活下去的正义社会。不管是个人、团体还是国家，只有当他们认为人的价值最重要时，才是正义的人、正义的团体、正义的国家。如果是疏远人甚至威胁到人的生命的社会，那这个社会就是秩序崩塌、正义不在的社会。因此，将国家、政治、经济、社会、教育等人类社会中存在的所有制度都以人为中心去考虑时，其存在的原因才更忠实，才最正义。

在尊重人的生命，认为人最重要的社会里，人们互相理解，互相关心，互相照顾，一起生活，这样的和谐社会才是正义的社会。如果能理解这一点的话，是不是离我们向往的正义社会就更近一步了呢？

（中文校对：石永之）

儒家的社会和谐思想

山东社会科学院国际儒学研究与交流中心　李军

儒家自其产生形成起，就充分认识到了社会和谐在治国理政中的作用，主张治理国家必须实现政治关系上的和谐，经济关系上的和谐以及社会关系上的和谐，强调社会和谐是实现社会发展进步的重要前提。如何实现社会和谐，儒家既从人的社会属性认识出发，指出了持守以礼法为核心的社会纲纪规范在建构和谐社会中的重要性，又从以民为本的思想出发，认识到了重德守道、保民富民的为政方针在实现社会和谐上的必要性，始终把社会和谐作为治国施政的根本策略。儒家的社会和谐思想，推进了中国传统社会和谐思想的发展。

一　持守礼法，建构和谐的社会秩序

社会和谐，首先表现为和谐有序的社会秩序。在和谐有序的社会秩序建构上，儒家从人的社会属性出发，特别重视社会组织的建构和社会纲纪的规范作用，认为社会组织结构和纲纪规范，是人类在其自身生存发展中产生并形成的客观历史产物，是人之所以为人的社会存在特征和属性的体现。它不仅确立了人的社会地位角色，而且确立了人的社会分工职能，人们只有依据自身的社会地位角色，遵循社会纲纪规范，完成自身的社会分工职能，才能实现人的存在的社会属性，保证社会和谐有序的进步发展。因此，社会组织结构和纲纪规范，不仅是和谐有序的社会结构运行的前提，而且是人类社会生存和发展的政治保证。

和谐有序的社会秩序的建构，表现为人们之间在社会关系的和谐上。人生存于社会之中而具有的社会属性，不仅表现为其所具有的上下有分、贵贱有等、尊卑有序、轻重有别的社会地位和社会职能，而且表现为其在社会活动中所应持守的父子有亲、君臣有义、夫妇有别、长幼有序、朋友有信的社会规范和社会准则。故孟子说："有大人之事，有小人之事……故曰：或劳心，或劳力；劳心者治人，劳力者治于人；治于人者食人，治人者食于人，天下之通义也。"（《孟子·滕文公上》）荀子也说："君臣、父子、兄弟、夫妇，始则终，终则始，与天地同理，与万世同久，夫是之谓大本"，"君君、臣臣、父父、子子、兄兄、弟弟，一也；农农、士士、工工、商商，一也"（《荀子·王制》）。社会地位职能和社会规范准则，是人类得以生存发展的明分使群、群居合一的人道体现。如何实现群居和一的和谐的社会秩序，荀子要求所有社会成员严格按照"礼"的行为标准，按自己的社会角色，各守本职，互相依赖，以维持社会和谐。荀子说："礼者，贵贱有等，长幼有差，贫富轻重皆有称者也。"（《荀子·富国》）又说："礼者，贵者敬焉，老者孝焉，长者弟焉，幼者慈焉，贱者惠焉。"（《荀子·大略》）他在《礼论》中把"礼"比喻为确定物件曲直的绳墨、确定物体轻重的衡秤和确定物件方圆的规矩，阐明了"礼者，人道之极也"的重要性。"礼"要求人们在行为中要遵循特定的规范，只有以"礼"来规范人们的行为，才能保证社会的和谐有序。荀子说："礼之于正国家也，如权衡之于轻重也，如绳墨之于曲直也。故人无礼不生，事无礼不成，国家无礼不宁。君臣不得不尊，父子不得不亲，兄弟不得不顺，夫妇不得不欢，少者以长，老者以养。"（《荀子·大略》）只有以"礼"来规范人们的行为，才能保证整个社会和谐有序地运行。

儒家认为，社会各阶层相互之间应当体现出彼此和谐的特点，这种和谐如同自然万物和谐生存的状态，它是社会运行发展的前提，更是社会规范的重要特点。德礼与政刑，作为社会管理的纲纪规范，它们在社会管理中的功效是不同的。正如孔子曾说："道之以政，齐之以刑，民免而无耻；道之以德，齐之以礼，有耻且格。"（《论语·为政》）外在强制性的政令和法律，能够使民众免于违法犯罪，但却不能使民众形成知耻向善的道德意识；而内在自觉性的道德和礼义，却能够使民众树立起知耻向善的道德意识，自觉地遵循社会纲纪规范，端正自身的社会行为。因此，在社会管理中，儒家虽然重视实行德治，但也充分重视法治的作用。荀子继承了儒家的这一思想，指出德治与法治是社会治理中不可缺少的两个方法，并将其称为"隆礼"与"重法",强调了道德礼义和法律制度在社会治理中的作用。他认为,"礼"与"刑"的管理方法,是治理国家的根本大端,只有隆礼与重法并行,国家才能得到治理,社会才能实现和谐。

荀子论证了隆礼守礼在社会和谐管理中的作用。他说:"天地以合,日月以明,四时以序,星辰以行,江河以流,万物以昌;好恶以节,喜怒以当,以为下则顺,以为上则明。万变不乱,贰之则丧也。礼岂不至矣哉!立隆以为极,而天下莫之能损益也。本末相顺,终始相应,至文以有别,至察以有说。天下从之者治,不从者乱,从之者安,不从者危,从之者存,不从者亡。"(《荀子·礼论》)所以,"礼"是天地万物和人类社会和谐有序运行发展的最高准则,它决定着天地万物和人类社会的安危存亡。"礼"既是自然之道,又是社会之道,持守礼的准则,自然和社会就会得到治理;背离礼的准则,自然和社会就会处于混乱。

荀子指出,"礼"既确立了人们的社会地位,也规范了人们的社会职能。社会分工是社会组织结构得以存在的前提,社会组织结构之所以能够存在和运行,在于生存于社会中的人有其特定的社会角色和社会分工。他说:"分均则不偏,势齐则不壹,众齐则不使。有天有地,而上下有差;明王始立,而处国有制。夫两贵之不能相事,两贱之不能相使,是天数也。势位齐,而欲恶同,物不能澹则必争;争则必乱,乱则穷矣。先王恶其乱也,故制礼义以分之,使有贫富贵贱之等,足以相兼临者,是养天下之本也。"(《荀子·王制》)社会分工不仅是人类生存的要求和保证,更是社会和谐有序运行的前提。他说:"百技所成,所以养一人也。而能不能兼技,人不能兼官。离居不相待则穷,群居而无分则争;穷者患也,争者祸也,救患除祸,则莫若明分使群矣。"(《荀子·富国》)只有通过各行各业的相互分工合作,人们才能获得生存所必需的各种生活和生产资料,整个社会才能得以存在和发展。因此,社会分工是整个社会有序发展的前提,社会职分明确则民众就不会怠慢,上下等级确定则秩序就不会混乱。这样,整个社会就会出现人人各得其所,事事各得其宜的和谐有序状态。可见,强调持守以礼法为主要内容的社会纲纪规范,实现人的存在的社会属性,是建构和谐有序的社会秩序的重要保证,这充分展示了儒家对社会和谐的深刻认识和重视。

二　以民为本，实现和谐的社会环境

实现社会和谐，不仅要求人们在社会活动中持守礼法规范，作为统治者，更应当实现保民养民的社会功能。儒家从以民为本的思想出发，充分认识到了民众在社会和谐运行发展中的重要作用，十分重视爱民富民保民的为政方针，强调只有实行以民为本的治国方针，才能实现和谐的社会环境。

儒家特别重视民众在社会发展中的作用，强调保证民众的生存是实现社会和谐的重要保证。孔子指出，为政应当"因民之所利而利之"（《论语·尧曰》），保证民众拥有生活和生产的所需求的基本物质资料。为政要仁慈爱民，《礼记·哀公问》载哀公问政，孔子曰："古之为政，爱人为大。不能爱人，不能有其身；不能有其身，不能安士；不能安士，不能乐天；不能乐天，不能成其身。"要实现养民富民，首先要节用爱民，使民以时。他说："道千乘之国，敬事而信，节和而爱民，使民以时。"（《论语·学而》）治理国家，要爱护民众，节约财用，征调民力要适时适度，不可滥用，这样才能保证民众正常地从事农业生产。孔子认为，实现民富，为政要实行薄税敛的赋税政策，以减轻民众的赋税负担。同时，还要防止贫富之间出现过度的差别。他曾说："有国有家者，不患寡而患不均，不患贫而患不安。盖均无贫，和无寡，安无倾。"（《论语·季氏》）如果实行重赋厚敛，过度盘剥民众，社贫富差别太大，就会造成民众生活的贫困，导致社会的动荡。所以，孔子反对对民众实行横征暴敛的重税行为，指出只有实行养民富民的政策，才能得到民众的支持。孟子继承了孔子的思想，提出了更为丰富的养民富民思想。他认为，养民是实行仁政的根本基础。他说："养生丧死无憾，王道之始也。"（《孟子·梁惠王上》）而要保证民众的生存需要，实现养民的仁政，首先要具有爱民忧民之心。这种爱民忧民之心，就是民之"所欲与之聚之，所恶勿施，尔也"（《孟子·离娄上》）。为政者要做到养民，首先要"制民之产"，使民众拥有生存所需的一定私有财产，同时还要减轻赋税。保证民众的生存，这是实行仁政的前提，是获得民心的基础。他曾提出了"民为贵，社稷次之，君为轻"（《孟子·尽心下》）的民本思想，指出为政必须要实行保民养民的仁政。他说:"域民不以封疆之界,固国不以山溪之险。威天下不以兵革之利。得道者多助,失道者寡助。寡助之至,亲戚畔之;多助之至,天下顺之。以天下之所顺,攻亲戚之所畔;故君子有不战,战必胜矣。"(《孟子·公孙丑下》)社会要达到和谐的境界,实现国家的强盛和政权的巩固,那就不能依赖于国家的疆界、山川的险阻和兵器的锐利,只有实施仁政,保民养民,才能获得民心,得到民众的支持,才能实现社会的和谐;否则,就会众叛亲离,身灭国亡。只有实行仁政,才能得到民众的支持。故他说:"桀纣之失天下也,失其民也;失其民也,失其心也。得天下有道,得其民,斯得天下矣;得其民有道,得其心,斯得民矣;得其心有道,所欲与之聚之,所恶勿施,尔也。民之归仁也,犹水之就下、兽之走圹也。故为渊驱鱼者,獭也;为丛驱爵者,鹯也。为汤武驱民者,桀与纣也。"(《孟子·离娄上》)失去民心,就会失去天下,而要得到天下,就要满足民众的生存需求,实行保民爱民的仁政。孟子曾以周文王为例,指出文王之所以能够为周朝政权的创建奠定下厚实的根基,就是由于其在政治管理活动中实行了以安人为目的的保民爱民的仁政。他说:"昔者文王之治岐也,耕者九一,仕者世禄,关市讥而不征,泽梁无禁,罪人不孥。老而无妻曰鳏,老而无夫寡,老而无子曰独,幼而无父曰孤。此四者,天下之穷民而无告者,文王发政施仁,必先斯四者。"(《孟子·梁惠王下》)由于周文王在政治管理活动中,实行养民爱民的仁政德治,薄赋税,省刑罚,从而得到了人们的拥护和支持。

　　荀子吸收了其他各家的说法,对民本思想作了进一步的论述,指出了民众在实现社会和谐中的重要作用。他特别重视养民爱民的治国之道,指出:"人生而有欲,欲而不得,则不能无求,求而无度量分界,则不能不争。争则乱,乱则穷。先王恶其乱,故制礼义以分之,以养人之欲,给人之求。使欲必不穷于物,物不屈于欲。"(《荀子·礼论》)为政必须实行"养人之欲,给人之求"的政策,满足人们的生存需求。而君主的职责就在于规定和维持社会的有序运行。故"君者,善群也。群道当,则万物皆得其宜,六畜皆得其长,群生皆得其命"(《荀子·王制》)。君主就是善于按一定的社会分工和等级原则把人们组织起来的管理者。君主能群的管理职能,就在于以恰当的原则来实现组织的建构和运行,保证整个社会和天地万物各得其所,各得其宜,达致和谐有序的状态。他说:"道者,何也？曰：君之所道也。君者，何也？曰：能群也。能群也者，何也？曰：善生养人者也，善班治人者也，善显设人者也，善藩饰人者也。善生养人者人亲之，善班治人者人安之，善显设人者人乐之，善藩饰人者人荣之。四统者俱，而天下归之，夫是之谓能群。不能生养人者，人不亲也；不能班治人者，人不安也；不能显设人者，人不乐也；不能藩饰人者，人不荣也。四统者亡，而天下去之，夫是之谓匹夫。故曰：道存则国存，道亡则国亡。"（《荀子·君道》）生养人，班治人，显设人，藩饰人，这就是君主在社会管理中能群的管理职能，亦即满足人的自然的和社会的需求欲望。他曾多次引用"君者舟也，庶人者水也。水则载舟，水则覆舟"（《荀子·王制》）的古语，论证了民众在国家和谐稳定的重要性。同时，要想得到民众的拥护，获得民心，为政必须除害兴利，厚德明礼，赏贤使能，实行惠民、裕民的爱民政策。他特别指出，"五疾，上收而养之，材而事之，官施而衣食之，兼复无遗"（《荀子·王制》）。对于各种残疾的人，官府要收养他们，根据他们的能力加以使用，由官府供给衣食，普遍地予以照顾而不遗漏一人，这也是王者之政的内容之一。能够实行养民的王者之政，就会实现四海之内若一家的和谐局面，就能得到民众的拥护和爱戴。故他说："上莫不致爱其下，而制之以礼。上之于下，如保赤子，政令制度，所以接下之人百姓，有不理者如毫末，则虽孤独鳏寡必不加焉。故下之亲上，欢如父母，可杀而不可使不顺。"（《荀子·王霸》）君主能够做到爱民养民，民众就会归顺君主，这样整个社会才会形成"庶民安政，君子安位"和谐局面。

社会和谐还表现在正确处理民族与民族、国家与国家的关系上。对此，儒家提出了和谐共处、协和万邦的政治思想，主张要重视睦邻友好关系，推行互利互惠的政策。《论语·颜渊》说："君子敬而无失，与人恭而有礼。四海之内皆兄弟也。君子何患乎无兄弟？"孔子又说："远人不服，则修文德以来之，既来之则安之。"（《论语·季氏》）孟子提出"仁者无敌"（《孟子·梁惠王上》），主张"以德服人"（《孟子·公孙丑上》），提倡王道，反对霸道，主张以文德感化外邦，反对轻率地诉诸武力。只有实现了民族关系、国家关系的和谐，才能构筑一个和谐有序的世界。这种以和为本，以诚信为德，以礼法为手段的"和为贵"的外交文化，是儒家关于实现社会和谐的重要内容。

三　养用结合，实现人与自然的和谐

　　和谐社会是人与自然和谐相处的社会。人与自然和谐相处，包括两个方面的内容：一方面是人类可以持续不断地从自然获取自身生存所需要的物质资源，而同时努力增强自然的再生产能力，保持其原有的生态环境，不让其恶化；另一方面是自然源源不断地提供人们所需要的物质，更多地赐福于人，而不是频降灾难。实现人与自然的和谐共生，是人类社会健康持续发展的需要，人与自然的关系不和谐，往往会严重影响人与人的关系以及人与社会的关系。在构建和谐社会的过程中，只有正确处理人与自然的关系，转变发展方式和生活方式，保护自然生态环境，才能推进经济社会的可持续发展，才能保证和谐社会的真正实现。

　　人与自然和谐，是天人和谐的重要表现。天人和谐的思想，展示了中国文化所推崇的人生精神，它是追求人与自然之间相互关系的和谐统一。自然界是一个生态平衡的整体，如果生态系统失调，整个自然界的和谐就会受到破坏。因此，人类要遵循自然生态系统的法则，不能随意破坏自然环境。儒家文化在人与自然的关系上，主张"天人合一"，肯定人与自然界的统一，强调人类应当认识自然，尊重自然，保护自然，而不能破坏自然，反对一味地向自然界索取，反对片面地利用自然与征服自然。人与自然和谐相处，是人在处理人与自然关系时的一种最基本的态度。

　　实现人与自然的和谐，人类必须要认识和掌握自然的客观发展规律。孔子说："天何言哉？四时行焉，百物生焉，天何言哉？"（《论语·阳货》）此处所言的天，即是指自然界客观的运行规律，春夏秋冬按照其自然的规律运行，自然界的各种生物便生息不至。孟子也特别重视对于自然规律的认识，反对人们破坏生态平衡，提出了"苟得其养，无物不长；苟失其养，无物不消"（《孟子·告子上》）的思想。他认为，对于生物资源的合理利用，能够为人们的生存提供各种所需的资料，这是治国王道的基础。他说："不违农时，谷不可胜食也；数罟不入洿池，鱼鳖不可胜食也；斧斤以时入山林，材木不可胜用也。谷与鱼鳖不可胜食，材木不可胜用，是使民养生丧死无憾也。养生丧死无憾，王道之始也。"（《孟子·梁惠王上》）人与自然的和谐首先表现为保护自然生态环境，这是人类社会生存发展的基础。荀子指出，自然界有其客观运行的规律，只有遵循自然客观的规律，才能保证自然万物生长繁衍。他说："天行有常，不为尧存，不为桀亡。应之以治则吉，应之以乱则凶。强本而节用，则天不能贫；养备而动时，则天不能病；循道而不贰，则天不能祸。"（《荀子·天论》）。在对生物资源的管理中，应当协调好各类生态关系，保证万物的生存发展。他说："君者，善群也。群道当则万物皆得其宜，六畜皆得其长，群生皆得其命"，掌握其生长发展的规律，做到适时合理运用，"故养长时则六畜育，杀生时则草木殖"（《荀子·王制》）。同时，他又提出了以保护生物资源为表现内容的圣王之制。他说："圣王之制也：草木荣华滋硕之时，则斧斤不入山林，不夭其生，不绝其长也；鼋鼍鱼鳖鳅鳝孕别之时，罔罟毒药不入泽，不夭其生，不绝其长也；春耕、夏耘、秋收、冬藏，四者不失时，故五谷不绝，而百姓有余食也；污池渊沼川泽，谨其时禁，故鱼鳖优多，而百姓有余用也；斩伐养长不失其时，故山林不童，而百姓有余材也。"（《荀子·王制》）荀子的"不夭其生，不绝其长"，就是要人们尊重自然规律，对自然不能无度索取，这样人类才能与自然和谐相处。只有生态环境得到保护，自然资源才能得到良性循环发展。否则，破坏自然，违背自然规律，就会受到自然的惩罚。所以，儒家坚决反对掠夺式地向自然索取物质生活资料，主张对于自然资源的有序利用和合理开发，指出保护生态环境就是保护人类自身。

在对生物资源的保护上，要做到养用结合，保证生物有一个良好的生存环境，实现生物资源的持续存在和不断利用，满足人们生活的需求。孔子提出，渔猎活动要做到"钓而不纲，弋不射宿"（《论语·述而》）。《礼记·月令》中详细地介绍了一年四季十二个月的天文景象、物候特点以及动植物的生长规律，并在此基础上明确地指出了不同季节中的农牧渔猎祭祀活动具体任务和行为原则以及宜忌事项，并将之归为礼的内容，以保护自然资源，达到利用厚生。它要求为政者要以时间为根据，合理地安排日常生活，以及宗教、政事、兵事、礼乐、刑狱等活动，举行兵事等政治活动，不能贻误农时，而应根据季节的变化来加强农事的管理；要求农民应根据季节的变化来合理地安排农事；同时要求人们要根据季节的变化，来合理地安排获取自然资源的活动，不得在动物幼小孕育之时进行渔猎活动，不得在植物生长开花之时，进行采伐活动。为了保证生物资源，规定凡未到食用时期的生物禁止在市场中买卖。《礼记·王制》说："五谷不时，果实未熟不粥于市，木不中伐不粥于市，禽兽鱼鳖不中杀不粥于市。"对于动物不可杀灭殆尽，夭绝其生，而要保证动物群体的生长延续，否则就是暴殄天物，有违于礼，导致自然的惩罚。儒家不仅认识到了自然资源是人类的生存之本，同时也认识到自然资源是有限的。只有对自然资源实行合于自然规律的保护政策，对自然资源的利用做到养用结合，取之有度、禁发有时，保证生物有一个良好的生存环境，实现生物资源的持续存在和不断利用，保护生态环境，才能保持人与自然的和谐共存，只有形成和谐、统一的天人关系，保证人类的生存和发展。

总之，儒家的社会和谐思想，既强调了持守礼法在建构社会和谐中的作用，又指出了以民为本的为政方针在保证社会和谐中的作用。其所主张的以和为贵，重礼守法，以民为本，保民富民等思想，对中国传统社会和谐思想的丰富和发展，产生了深刻广泛的历史影响，具有重要的文化价值。

论儒家思想在现代社会中的价值回归

山东社会科学院国际儒学研究与交流中心　张春茂

儒家思想是中国古代文化乃至东方哲学最重要的组成部分之一，是中华民族古代社会秩序、经济秩序、文化秩序及政治秩序构成的理论基础，也是中华民族国民个体恪守的修身养性、入世立身之道。要了解中国悠久的历史文化并使之与当今社会现实相结合，构建具有中国特色的现代社会新思维、新文化，就应该对儒家思想的基本内容及其核心价值的现代回归有一个客观的认识和把握。

儒家思想产生于2500多年前的春秋时代。当时的中国社会正处于由奴隶制社会向封建制社会的过渡时期。在这个社会变革的时期，儒家思想便应运而生了。儒家思想中的和谐意识、人本意识、忧患意识、道德意识和力行意识对历史上中国社会的民族性格和民族精神的形成与发展有着深远的影响。

儒家思想中的和谐意识涵括了天人之间关系的和谐及人际关系的和谐两层意义。在提倡天人关系的和谐方面，儒家思想主张"天人合一"。孔子主张寓天道于人道之中，要在人道的统一性中见出天道的统一性。因此，他既把天道德化；又讲"人知天"，强调人在天命面前不是被动的。孟子把天和人的心性联系起来，主张"尽心"而"知性"，"知性"而"知天"，以人性为中介将天和人沟通和统一起来。

儒家思想中，在对"天"的内涵的诠释方面为后人留下了无尽的想象空间。就像一幅著名的中国字画作品，精美的画面中总被作者留有一定的空白，其书画专业术语谓之"留白"。这种"留白"的艺术形式能充分发挥书画欣赏者的想象力，使其思想能远远超越画面内容的禁锢。因此，儒家思想中提出的"天"的含义引出了历代思想家，哲学家及诸多著名学者对"天人合一"理论中"天"的不同理解和诠释。但是，无论是以"易传"思想为典型的"天人合德"论，还是董仲舒的"天人相类"论、宋明道学的"性与天道合一"论等，历代学者对儒家思想中"天人合一"中"天"的理解和诠释可谓仁者见仁，智者见智。有的学者认为传统"天人合一"论有六类，涉及儒家者有以孟子等为代表的天人相通、荀子的天人相分和董仲舒的天人相类论等；有的学者则认为其中属于儒家者有七种：孟子等的"天人相通"、荀子等的"天人相交"、董仲舒的"天人相与"、程颢的"天人同体"、张载等的"天人一气"、朱熹的"天人一理"、陆九渊等的"天人一心"等。无论学术上出现多少种解释，笔者认为"和谐共存"是儒家思想"天人合一"论的核心，无论作为"自然之天"，还是"天道"、"天德"之天，儒家思想追求"天人合一"即是"主客合一"，即在价值上实现人与天、地的三者合一。也就是《中庸》中所讲的"唯天下之至诚，为能尽其性；能尽其性，则能尽人之性；能尽人之性，则能尽物之性；能尽物之性，则可以赞天地之化育；可以赞天地之化育，则可以与天地参矣"，以及《孟子》的"尽心、知性、知天"理论。在笔者看来，儒家思想中的"天人合一"，既有人与自然和谐共存的智慧，又有"遵天道，行人伦"的主张。其现实意义在于警示现代人类，在宇宙大自然面前应意识到自身的渺小，避免在"人定胜天"的豪言壮语面前迷失自我，重蹈"夜郎自大"因违背自然法则而导致"逆天悲剧"的覆辙。综观现代社会中，因片面追求经济效益，我行我素，无视自然界法则，而导致的人间悲剧在不断上演，地球上因人类盲目砍伐而导致大面积的森林资源消失；因疯狂开采矿产资源而导致的山体滑坡、地陷等事故；因人类过度排放而引起的全球气候异常以及地球温度升高带来的一系列大自然的威胁正在一步步逼近蔑视大自然法则的人类。因此，儒家思想中的"天人合一"，崇尚人与自然和谐共存的智慧对现代人类社会的经济发展与自然环境和谐共处方面，显得尤为重要。

在人际关系的和谐方面，儒家提倡"中庸"。"中庸"也可称为"中和"、"中行"、"中道"，即"和而不同"。所谓"和而不同"，是指对某件事情的看法有肯有否，该肯定的肯定，该否定的否定，这是合乎辩证法的和同观的。"和而不同"的意义在于强调矛盾的统一与均衡，强调通过对事物把握的程度来达到人际关系的和谐，避免和克服人与人、人与社会乃至国家、民族之间的对立和冲突。"君子和而不同，小人同而不和"，出自《论语·子路》。此言揭示了我们在社会交往中为人处世的一个基本态度和原则，即应该求"和"而不求"同"。也可以把这两种态度诠释为"和而不同"与"同而不和"，同时把它看作区分君子与小人的重要标准，这一原则也就成为人们处理一切事务应遵守的基本原则。

所谓"和而不同"，就是对上不盲目附和，敢于提出自己的不同意见，使决策更加完善；对下能容纳和听取不同意见，并能够与持不同意见的人和睦相处，相互切磋。所谓"同而不和"，则是有些人在某件事情上对上曲意迎合，不表示不同意见；对下搞"一言堂"，自己的意见只能赞成，不能反对，极力排斥不同意见和有不同意见的人。显然，"同而不和"不可能导致真正的和谐，只有"和而不同"才是正确的致和之道。能不能做到这一点，是衡量一个人道德修养高低的一个重要标准。

另外，孔子"己所不欲，勿施于人"的恕道是体现儒家沟通礼敬的一个基本原则，也属于"和而不同"的基本原则。不把自己的观点强加于人，承认并尊重他人的自主性。正因为没有把自己的成见或信念当作真理，才有对话的空间，才能为互相学习，共同进步创造条件。

在处于和平与发展的当今时代，和平与发展既离不开人与自然的和谐，也离不开人际关系的和谐。在家庭这个最基本的社会单位中，儒家思想中的"中庸"之道起着极其重要的作用。历史上曹雪芹曾在他的作品中对家庭中的人际关系作出过这样的评判，"大凡家庭之事，不是东风压倒西风，便是西风压倒东风"。他非常形象地阐述了家庭这个最基本的社会单位内部的人际关系。在我国古老的传统文化中就一直尊崇着"家和万事兴"的祖训。在当前社会状况下，人们每天承受着来自工作、学习、社会以及经济和家庭等方面带来的诸多压力，家庭应该作为人们承受压力后身心都能够得到充分休息的港湾，而不是把各种压力及负能量转嫁与发泄的地方。因此身处现代社会的人们更应该从儒家的中庸思想及文化中学习和掌握"和而不同"的智慧。

同时，在这个时世纷扰，风云变幻的国际经济和政治秩序中，把儒家的中庸思想及"和而不同"的智慧有机地运用到处理复杂的国际关系中，也是一种明智之举。

王钧林先生在 2004 年于马来西亚召开的以"忠恕之道促进世界和

平"为主题的儒学国际学术研讨会上的发言中曾经这样说过，"在全球化时代，如何维护和促进世界和平，孔子的思想和智慧能够提供有益的指导"。

当前，处于全球化时代的国际关系上升到一个更加复杂化与多元化阶段，20世纪各国之间出现的霸权主义与强权思想已不适应当前国际关系与国际形势的时代要求，面对近年来频繁出现的穆斯林极端主义、国际恐怖主义以及中东战争遗留下的宗教和文明冲突，越来越多的西方学术界的有识之士越来越清醒地意识到自身文明的缺陷，认为通过加强民族及国家间的文化交流和对话来促进世界和平是当前唯一可行的方法和途径了。因此，把儒家思想中"和而不同"的智慧运用到促进世界和平中去，乃是我们"古为今用"的一种传统儒学思想的价值回归。

"仁"，作为孔子思想体系的理论核心之一，是孔子社会政治、伦理道德的最高理想和标准，对后世有着深远的影响。对于"仁"的含义，孔子有他自己的独特诠释。子贡问："如有博施于民而能济众，何如？可谓仁乎？"孔子答曰："何事于仁；必也圣乎！尧舜其犹病诸！夫仁者，己欲立而立人，己欲达而达人。"（《论语·雍也》）后来，孟子为儒家思想中的"仁"的理念提供了人性本善的形而上学根据。即"恻隐之心，人皆有之；……恻隐之心，仁之端也；……非由外烁我也，我固有之，弗思而已"（《孟子·告子上》）。儒家思想在"仁"的概念下，衍生出了"人贵物贱"以及"民为邦本"、"民贵君轻"的人的社会价值论。子曰"为仁由己"，即"仁"的崇高境界的实现要依靠自己的努力去争取；又曰"己欲立立人，己欲达达人"，认为"立人"、"达人"要以"己立"、"己达"为前提。孟子说"道惟在自得"，意思是说，求道没有别的途径可走，只有依靠自身的修行和领悟。同时，儒家思想认为人类有着不同于其他事物的高贵之处，具有其他事物无可比拟的价值；并强调人民是构成国家政治的基础，只有基础牢固，国家的安宁才有保障，国家的发展才能成为可能；同时认为人民与其国家、君主的重要性相比较，人民是第一位的，天下之得失取决于广大民心的向背。

综观历史，"仁"的观念起源于周初统治者"重德"、"敬德"的思想。经过长期的演变与发展，在《左传》、《国语》中，"仁"的内涵逐步发展成为一种敬谨的道德责任意识。至孔子时期，儒学有了飞跃性的进步和发展。孔子在继承传统"仁"之观念的基础上，提出了系统的"仁"学思想。由此可见，儒家思想中的"仁"，是对人这一主体的深层本质的一种规定与揭示，就是"人之为人"的本质。"仁者，人也"，"仁"是关于如何"做人"的学说。"仁"是"仁者爱人"，还必须按照人的本性的要求，热爱生命，努力奋斗，不断完善和成就自我。因此，儒家思想突出了道德的内在性，认为人能够求仁而得仁。

儒家思想中的"仁"体现在教育思想上就是"有教无类"。春秋时期，学校均由官府承办，孔子首开私学，弟子一律不问出身贵贱敏钝，均可来受教。儒家思想中的"仁"体现在政治上是强调"德治"，"德治"的基本精神实质是泛爱众和博施济众。孔子把"仁"引入"礼"中，变传统"礼治"为"德治"，他并没有否定"礼治"，他的"德治"无疑是对"礼治"的继承和改造。

由此可见，儒家思想中的"仁"，在我们现代社会生活中也具有很强的生命力和存在价值。在这个高度商品化的经济社会中，人们往往会在追求金钱、物质的角逐中迷失自我。社会道德水平时刻承受着纸醉金迷的冲击。在这个经济基础与上层建筑发展步调严重失衡的社会结构中，儒家思想中的"仁学"概念会为处于现代社会迷茫当中的人们点亮一盏"心灯"，复苏人们那颗"本善"之初心，为这个社会增添些许"仁"与"善"的色彩，以期达到儒家思想的精髓在现代社会中的价值回归。

在长期的历史发展中，"礼"作为中国封建社会的道德规范和生活准则，对中华民族精神素质的培养起了重要作用。随着先秦儒家创始人孔子对"仁"的诠释和推广，随之而来的便是"礼"的推出和履行。孔子认为"礼"是"仁"这种内在品质修养要求的外化表现。孔子的"礼"的概念传承于周礼，周礼中的"礼"提出的是一种保持社会各种人的"层次与等级"从而使社会有序的思想。"礼"即是一种外在他律性的规范和规章制度，人们对"礼"的遵守主要是作为外在的规章制度来遵守和执行。由此可见，先秦儒家所推崇的社会组织化方式，可理解为"内仁外礼"，即以内化的"仁"的道德修养和外化的"礼"的规范典章来协调人们的行为，以达成社会的和谐状态。

儒家思想推崇的"内仁外礼"学说可诠释为："仁"是主观道德修养，"礼"是客观制度规范；"仁"是内心自觉，礼是外在控制。它们之间互为因果、相伴相生，形成了"内仁外礼"的整合关系，贯穿于社会秩序的和谐追求之中。

长期以来，学术界就儒家思想的价值核心是"仁"还是"礼"的问题，一直处于争论之中。有的学者认为，"仁"是"礼"的灵魂，没有"仁"，"礼"就不存在了。其根据即是孔子所云："人而不仁，如礼何！"在笔者看来"仁"与"礼"是一对相辅相成、相互依存的矛盾共同体，不能把二者分割开来讨论儒家思想的价值核心问题。笔者认为，封建礼数中的"礼"有着作为政治的等级制度和伦理道德两个方面的属性，作为等级制度的"礼"，强调的是"名位"，也就是孔子所谓的"君君、臣臣、父父、子子"；而作为伦理道德的"礼"的具体内容，包括孝、慈、恭、顺、敬、和、仁、义。在"礼"两个方面的属性中，等级制度为"礼"的本质。因此，"修内"而"达外"一直是作为儒家思想中所崇尚的君子高贵的品质。由此可见，儒家思想中"礼"的作用就是要密切人们的伦理关系，改善人们的社会关系。从狭义的方面来看，它的确具有维系社会正常秩序和伦理道德的作用，即使是在建设精神文明的今天仍然值得提倡。依"礼"行事可以杜绝许多社会弊病。

综上所述，儒家思想中的精髓在一代代后人的传承中可谓经久历新，其思想精华支撑着中华民族的思想与道德体系。在国人为实现中华民族伟大复兴中国梦而不懈奋斗的今天，我们更应该从批判和继承的角度来审视这些代代相传的传统文明，本着"古为今用"的原则，努力实现儒家思想在现代社会中的价值回归。

小议颜回

山东社会科学院国际儒学研究与交流中心　李峻岭

孔子之后，随着社会矛盾的进一步加剧，学术思潮进入空前活跃的境地，儒家学派内部也出现了分化，各个流派皆谓继承孔子的真精神，以孔门正统自居。这一现象出现于春秋末期，经历战国初期、中期，到了战国末期，儒学内部派别纷争更加严重。对于儒学内部的分化，韩非子曾做过详细的描述：

> 世之显学，儒、墨也。儒之所至，孔丘也。墨之所至，墨翟也。自孔子之死也，有子张之儒，有子思之儒，有颜氏之儒，有孟氏之儒，有漆雕氏之儒，有仲良氏之儒，有孙氏之儒，有乐正氏之儒。自墨子之死也，有相里氏之墨，有相夫氏之墨，有邓陵氏之墨。故孔、墨之后，儒分为八，墨离为三，取舍相反不同，而皆自谓真孔、墨，孔、墨不可复生，将谁使定后世之学乎？孔子、墨子俱道尧、舜，而取舍不同，皆自谓真尧、舜，尧、舜不复生，将谁使定儒、墨之诚乎？殷、周七百余岁，虞、夏二千余岁，而不能定儒、墨之真；今乃欲审尧、舜之道于三千岁之前，意者其不可必乎！无参验而必之者，愚也；弗能必而据之者，诬也。故明据先王，必定尧、舜者，非愚则诬也。愚诬之学，杂反之行，明主弗受也。(《韩非子·显学》)①

韩非所提到的"颜氏之儒"，郭沫若在《儒家八派的批判》中指出："'颜氏之儒'当指颜回的一派。颜回是孔门的第一人，他虽然早

---

① （清）王先慎撰、钟哲点校：《韩非子集解》，中华书局 1998 年版，第 456 页。

死，但在他生前已经是有'门人'的。"① 颜炳罡认同此说。②

一　颜回以传授孔子之道为己任

在孔门弟子之中，颜回至关重要，儒家最重修行，而颜回在孔门四科中居于"德行"之首。颜回也是孔子最为钟爱的学生，颜回早死，孔子"哭之恸"，并大呼："天丧予！天丧予！"可见，他有多么悲痛。孔子待颜回如儿子一般，因此，当门人违背他的意愿厚葬颜回之后，孔子说："回也，视予犹父也，予不得视犹子也。"（《论语·先进》）以至于若干年后，鲁哀公问及好学之弟子，孔子感叹道："有颜回者好学，不迁怒，不贰过，不幸短命死矣。今也则亡，未闻好学者也。"（《论语·雍也》）

作为弟子，颜回则是用超出了对父亲的感情来对待孔子的。他称孔子的"道""仰之弥高，钻之弥坚。瞻之在前，忽焉在后"（《论语·子罕》），将之形容为玄之又玄的道理，可见他有多么的仰慕自己的老师。子路、宰我常常在孔子面前提出自己的见解，子张甚至被孔子认为"辟"，但颜回从不反驳自己的老师，在《论语》中找不到记载颜回反驳自己老师的言论，连孔子都说："回也非助我也，于吾言无所不悦。"（《论语·先进》）《庄子·田子方》记载：颜渊问于仲尼曰："夫子步亦步，夫子趋亦趋，夫子驰亦驰；夫子奔逸绝尘，而回瞠若乎后矣！"③可见，颜回对于自己老师深沉的感情和在生活中亦步亦趋的跟随。

孔子的弟子绝大多数都有从政的经历，比如：冉求做了季氏的家臣，子贡出使各国为鲁国化解危机、谋求利益，子游为武城宰，子路为卫国大夫孔悝之蒲邑宰等等。就现有的文献来看，未曾有颜回出仕的记载，颜回短暂的生命中大部分时间里都陪在自己导师的身边。即便是少正卯与孔子争学生的时候，"孔子之门三盈三虚，唯颜渊不去，颜渊独知孔子圣也"④（《论衡·讲瑞》）。孔子被困于卫国匡地，颜回最后才赶到，孔子说："吾

---

① 郭沫若：《十批判书》，东方出版社1996年版，第119页。

② 见郭沫若：《十批判书》，东方出版社1996年版，第130页；颜炳罡：《"儒分为八"的再审视》，庞朴主编：《儒林》（第一辑），山东大学出版社2005年版，第136页。

③ 陈鼓应注译：《庄子今注今译》，中华书局1983年版，第534页。

④ 马宗霍：《论衡校读笺识》，中华书局2010年版。

以汝为死矣",颜回则回答:"子在,回何敢死!"(《论语·先进》)。这分明是一位父亲对挚爱的儿子所发的牢骚,而回答者也是用对父亲的敬畏而又亲近的口气。我们可以看出这对不是父子胜似父子的师徒之间的感情。虽然《说苑·敬慎》和《孔子家语·贤君》①都有关于颜回西游的记载,但我们可以断定,颜回即便是出游,时间也不会太长,次数也是极少的。颜回在孔门众弟子中一直是作为榜样式的人物,因此孔子欣慰地说:"自吾有回,门人益亲。"(《史记·仲尼弟子列传》)

颜回如此崇拜自己的老师,他的思想应该也是继承了孔子的衣钵,从这一点上来推断,颜回所有的悟道都是在夫子思想体系之内的,或者说都是以夫子的思想核心为指导向深处的延伸,而不会像子张那样在纵向上有所拓展,以至于形成近墨或近法的思想体系。

二 颜回的主要思想

孔子的学说主要是以"仁"为出发点和归宿点,所以颜回在仁德修养方面用力最深。子贡曾称赞他说:"夫能夙兴夜寝,讽诵崇礼,行不贰过,称言不苟,是颜回之行也。"(《孔子家语·弟子行》)孔子也赞赏颜回说:"回也,其心三月不违仁,其余则日月至焉而已矣。"(《雍也》)

孔子提倡"学而优则仕",并且身体力行地积极推广自己的理念。虽然文献鲜有颜回出仕的记载,但颜回不仅不反对出仕,而且有着远大政治抱负和理想信念。《孔子家语·致思》记载了孔子与弟子"农山言志"的事情:

> 孔子北游于农山,子路、子贡、颜渊侍侧。孔子四望,喟然长叹曰:"于斯致思,无所不至矣。二三子各言尔志,吾将择焉。"……
> 夫子曰:"勇哉!"……
> 夫子曰:"辩哉!"
> 颜回退而不对。孔子曰:"回,来,汝奚独无愿乎?"
> 颜回对曰:"文武之事,则二子者既言之矣,回何云焉?"

---

① 王国轩、王秀梅译注:《孔子家语》,中华书局2011年版,第159页。

孔子曰："虽然，各言尔志也，小子言之。"

对曰："回闻熏莸不同器而藏，尧桀不共国而治，以其类异也。回愿得明王圣主辅相之，敷其五教，导之以礼乐，使民城郭不修，沟池不越，铸剑戟以为农器，方牛马于原薮，室家无离旷之思，千岁无战斗之患。则由无所施其勇，而赐无所用其辩矣！"

夫子凛然曰："美哉！德也。"①

辅佐明王圣主，这是多么大的志向啊！颜回的志向比之于子路、子贡上升到了一个新的高度，他所向往的不是追求个人的功名利禄，而是德教风行，君臣同心，百姓安居乐业，社会稳定和谐，在这样的社会中，礼仪盛行，战争不再，黄发垂髫，怡然自乐。难怪乎孔子都称赞颜回是有德行的人。

颜回的理想在当时是难以实现的，但他并没有放弃追求，而是积极进取，充分显示了儒家积极入世的品格。当孔子周游列国困于陈、蔡，其政治主张不为各国君主所用时，颜回说："夫子之道至大，天下莫能容，虽然夫子推而行之，世不我用，有国者之丑也，夫子何病焉，不容然后见君子。"②（《孔子家语·在厄》）可见，颜回对于夫子之道的理解和对于理想信念的坚持。

颜回不仅仅有远大的志向，他还是一个非常智慧的人。《荀子·哀公》记载：

定公问于颜渊："东野子之善御乎？"颜渊对曰："善则善矣，虽然，其马将失。"……颜渊至，定公曰："前日寡人问吾子，吾子曰：'东野毕之驭，善则善矣。虽然，其马将失。'不识吾子何以知之？"颜渊对曰："臣以政知之。尧舜巧于使民而造父巧于使马。舜不穷其民，造父不穷其马，是舜无失民，造父无失马也。今东野毕之御，上车执辔，衔体正矣；步骤驰骋，朝礼毕矣；历险致远，马力尽矣。然犹求马不已，是以知之也。"定公曰："善。可得少进乎？"颜渊对

① 王国轩、王秀梅译注：《孔子家语》，中华书局 2011 年版，第 71—72 页。
② 同上书，第 256 页。

曰："臣闻之：鸟穷则啄，兽穷则攫，人穷则诈。自古及今，未有穷其下而无能危者也。"

结合着"农山言志"来看，颜回不但有政治抱负，而且也具备了实现这一抱负的学识和智慧，只有颜回才能讲出"舜何人也？予何人也？有为者亦若是"（《孟子·滕文公上》）这样的话来。虽然颜回不曾出仕，但他关注时事政治，并且一直专注于安邦定国之策，他敢于以大舜为榜样平治天下，敢于实践克己复礼，使自己成为能行仁义的道德君子。这一切正是孔子所倡导和追求的。

颜回性格恬静，长于深思，以德行出众著称于世。他在生活中对老师亦步亦趋，在思想上也与老师保持高度一致。孔子在推行"道"的过程中屡遭打击，曾多次出现过避世的念头，"道不行，乘桴浮于海"（《论语·公冶长》）、"不仕，退而修诗书礼乐"（《史记·孔子世家》），颜回则说"愿贫如富，贱如贵，无勇而威，与士交通，终身无患难"①。《庄子·让王》载：

> 孔子谓颜回曰："回，来！家贫居卑，胡不仕乎？"
> 颜回对曰："不愿仕。回有郭外之田五十亩，足以给饘粥；郭内之田十亩，足以为丝麻；鼓琴足以自娱；所学夫子之道者足以自乐也。回不愿仕。"
> 孔子愀然变容曰："善哉回之意！丘闻之：'知足者不以利自累也，审自得者失之而不惧，行修于内者无位而不怍。'丘诵之久矣，今于回而后见之，是丘之得也。"②

颜回对于出仕和修道态度可见一斑，难怪乎孔子感叹道："用之则行，舍之则藏；惟我与尔有是夫！"（《论语·述而》）只有颜回才能与孔子达到思想上的共鸣。所以，颜回是继承了孔子的衣钵。就现有的文献资料来看，颜回未曾出仕，大约就是孔子所讲的"舍之则藏"，颜回的安贫

---

① （汉）韩婴撰、许维遹校释：《韩诗外传集释》，中华书局1980年版，第357—358页。
② 陈鼓应注译：《庄子今注今译》，中华书局1983年版，第761—762页。

乐道，或许与孔子晚而喜易是同样的心境。当不为当世所容时，便安心悟道，或许在颜回看来，在礼崩乐坏、战国纷争的春秋末期，宣扬夫子之道才是至关重要的事情，而出仕只是在执行夫子的道而已。作为一个仕人，悟道是最为重要的事情，只有能悟道，才能有好的治理社会的方法。所以，颜回放弃了出仕，而是选择终生以弘扬夫子之道为己任，孜孜以求，人在陋巷却心怀天下。

三　颜回的"安贫乐道"是为了"守道"与"授道"

郭沫若在《儒家八派的批判》中指出，颜回有很明显的避世倾向①，因而《庄子》一书中关于他的资料特别多，甚至较之《论语》等孔门典籍还要多。庄子完全把颜回打扮成是一个"避世"、"坐忘"的道家人物。其主要原因，就是在他的思想中确实存有"无为"这种因素。而这一点也就构成了他区别于孔门其他弟子的一个特点。②当然，颜回思想中的这种"无为"倾向是他自己没有意识到的。

孔子曾经称赞颜回："一箪食、一瓢饮，在陋巷。人不堪其忧，回也不改其乐！""饭疏食饮水，曲肱而枕之，乐亦在其中。"（《论语·雍也》）可见，颜回这种注重志气、追求真理并以之为乐的精神，亦是深受孔子影响。不仅仅安贫乐道，在生活中颜回也是一个很谦卑的人，不像子路、子张那样锋芒毕露。《论语·公冶长》记载：

> 颜渊季路侍。子曰："盍各言尔志。"
> 子路曰："愿车马衣轻裘与朋友共敝之而无憾。"
> 颜渊曰："愿无伐善，无施劳。"

"无伐善，无施劳"意为"不败坏别人的善行，不给予别人劳苦之事"③，与孔子的"己所不欲，勿施于人"显然旨趣相同。

①　郭沫若：《十批判书》，东方出版社 1996 年版，第 131 页。
②　李启谦：《颜回研究》，《山东师范大学学报》（哲学社会科学版），1985 年第 4 期，第 28 页。
③　王厚香：《"无伐善，无施劳"译解》，《管子学刊》，2012 年 4 月，第 119 页。

在具体到如何治理国家上,孔子推崇舜的"无为而治"。他说:"无为而治者其舜也与!夫何为哉,恭己正南面而已矣!"(《论语·卫灵公》)颜回不仅赞同舜的"无为而治",且以舜为志。他说:"舜何人也?予何人也?有为者亦若是!"(《孟子·滕文公上》)"昔舜巧于使民,而造父巧于使马。舜不穷其民,造父不穷其马;是舜无失民,造父无失马也。"(《荀子·哀公篇》)显然,颜回所赞赏的舜"无为而治",即是后来儒家所倡导的以"民"为本的"王道"政治思想。

安贫乐道,不求出仕,推崇无为而治,这些显然与道家思想是有些相似的。早在魏晋玄学盛行时期,《庄子注》的作者郭象便有意识地对庄子思想与圣人孔子的关系进行了揭示,虽较为隐晦,但这是将庄子与儒家联系起来的较早源头。[①] 到了唐宋时期,韩愈明确提出了庄子与儒家的亲缘关系:"盖子夏之学,其后有田子方,子方之后,流而为庄周。"[②] 近代学者章太炎首先提出了庄子与颜回之间的关系问题。他说:"道家传于孔子为儒家;孔子传颜回,再传至庄子,又入道家了。至韩退之以庄子为子夏门人,因此说庄子也是儒家。"[③] "《庄子》书中,自老子而外,最推重颜子,于孔子尚有微辞,于颜子则从无贬语。"[④] 可见,章太炎认为庄子之学出于颜回。郭沫若在《庄子的批判》也说:"我怀疑他本是'颜氏之儒',书中征引颜回与孔子的对话很多,而且差不多都是很关紧要的话,以前的人大抵把它们当成'寓言'便忽略过去了。那是根据后来所完成了的正统派的儒家观念所下的判断,……《庄子》书中虽然很多地方都在菲薄儒家,……但那些都是后学者的呵佛骂祖的游戏文字,而认真称赞儒或者孔子的地方,则非常严肃。《天下篇》把儒术列为'内圣外王之道'的总要,而称道《诗》、《书》、《礼》、《乐》与邹鲁之士、搢绅先生,为百家众技只是'一曲之士',这态度不是很鲜明的吗?"[⑤] 钱穆也认为:"若谓庄子思想,诚有所袭于孔门,则殆与颜氏一宗为尤近。""要之

---

① 宋立林:《颜氏之儒考述》,《齐鲁学刊》,2013 年第 4 期,第 15 页。
② 韩愈:《送王秀才序》。
③ 章太炎:《国学概论》,中华书局 2003 年版,第 36 页。
④ 章太炎:《国学讲演录》,凤凰出版社 2008 年版,第 209 页。
⑤ 郭沫若:《十批判书》,东方出版社 1996 年版,第 176 页。

庄子关于人生哲学之理想，必有与孔子颜渊一脉相通之处。"①

关于庄子出于儒家的问题，有学者提出异议，如崔大华在分析了庄子与颜子的关系之后指出："无论是从师承关系或理论渊源上说，把庄子思想归于子夏之门或颜氏之门，都是困难的。"② 作为儒家创始人的孔子，其思想是复杂的，他的一生都在宣扬以"仁"为核心的儒家思想，并身体力行地去推广这一学说。但孔子曾经问礼于老子，老子是孔子称之为"龙"的人物，他思想中有些方面是受到老子的影响，这是毫无疑问的事情。作为孔子最为钟爱的弟子，颜回的思想以及言行受到孔子的影响是巨大的，孔子思想中的"无为"，甚至"避世"的因素给予了颜回深刻的影响，因此，颜回的"无为而治"、"安贫乐道"无疑是受了孔子的影响，甚至可以说是间接受了老子的影响，但儒家是出仕的哲学，所追求的是修齐治平，安乐百姓，这也是颜回所追求的。笔者认为，颜回的不愿出仕、安贫乐道并非是源于他思想中的道家成分，而是出于对儒学真精神的追求与奉献。在那个礼崩乐坏的时代，保持和宣扬"道"才是最为重要的事情，也是唯一能够解决现实问题的途径，孔子曾经感慨"道之不行，乘桴浮于海"。孔子用毕生的精力去推行"道"，得到的却是"道之不行"，他并没有"乘桴浮于海"，而是开讲授徒，以宣扬"道"为暮年的职责。颜回亦然，追随孔子周游列国而备受打击，既然推行"道"不能为当世所容，颜回便退而修"道"，正所谓孔子所讲的"君子谋道不谋食"（《论语·卫灵公》），只有让夫子之道流传下去，才能有真正实现"道"的那一天。郭沫若先生考证颜回是有自己的弟子的，颜回的"安贫乐道"便是"安贫授道"，一面"悟道"，一面"授道"，这才是颜回"安贫乐道"的真实意图。

颜回的思想在后学的传授中渐渐失去了本来的面貌，偏重于"安贫乐道"、"无为而治"方面的宣扬，这大约与战国时代愈加动荡的社会现状有关。社会愈是黑暗，入世的成本愈高，代价愈大，更需要回归本我，老庄思想极大地满足了这一要求。明白了这点，就不奇怪为什么颜回后学竟然将颜回的思想发展为"避世"哲学，至于到了战国末期，颜氏

---

① 钱穆：《庄老通辨》，生活·读书·新知三联书店 2002 年版，第 148、152 页。

② 崔大华：《庄学研究》，人民出版社 1992 年版，第 350 页。

之儒竟然与老庄有着极大的关联，并给予庄子极大的影响。因此，在他的著作中，对颜回极其尊崇，而对孔子则极尽"呵佛骂祖的游戏文字"①。这也不难理解，庄子之学与颜回息息相关，而颜回对夫子则是"亦步亦趋"的尊崇，颜回的这样的尊师重道，怎能不影响到庄子呢？

四　颜回对后世的影响

后世学者多从好学、力行、守志等角度赞扬颜回，至两汉时期谶纬盛行，颜回便随着孔子被神化了。到了北宋时期，周敦颐向其弟子程颢、程颐提出了："寻孔颜乐处，所乐何事？"将颜回的"安贫乐道"上升至一个哲学的高度来解读。而"二程"的哲学体系便是建构于对此问题的探索之上，并把颜子学的探索推进到了一个前所未有的高度，至朱熹集大成，使理学成为宋、元、明、清四朝不动摇的官学。

对于颜回在孔学中的地位，最为明了的莫过于此后的历代封建统治者。他们为了安定社会秩序，巩固自己的统治，无不宣扬儒家学说和推崇孔子，同时也给颜回以很高的地位。汉高帝十二年（前195年）以颜回配享孔子、祀以太牢，东汉明帝十五年（72年）东巡狩"三月……幸孔子宅，祀仲尼及七十二弟子"，开孔门弟子受帝王祭祀之先河，颜回居于众弟子之首。三国南北朝时期很多帝王在祭孔时，往往独以颜回配享，此后祭孔配享的有十哲、四配十二哲等，而颜回总是居于首位，至三国魏正始二年（241年）遂将此举定之为制度。唐太宗贞观二年（628年），尊颜回为"先师"，唐玄宗开元二十七年（739年），制诏追谥孔子为"文宣王"，颜回为"亚圣"，赠为"兖国公"。大中祥符二年（1009年），宋真宗追封颜子为"兖国公"。至顺元年（1330年），元文宗追封颜子为"兖国复圣公"，而以孟子为"亚圣"，颜回才屈居孟子之下。嘉靖九年（1530年），明世宗追封颜子为"复圣"。谥号可说是越来越崇高。影响也就越来越大。至今山东曲阜还有"复圣庙"，即"颜庙"，是专门用来祭祀颜回的。

可见，在历代封建社会中，颜回的地位伴随着孔子的地位越来越高。

---

① 钱穆：《庄老通辨》，生活·读书·新知三联书店2002年版，第152页。

历代的统治者如此推崇颜回，笔者以为，颜回受到如此隆重之待遇当然不是因为他思想中的"避世"和"无为而治"，而是因为他对于儒家思想的贡献。颜回是以孔子传人的身份来被祭祀的，随着孔子地位提高，颜回自然也受到越来越多的重视。历代统治者对于颜回的推崇皆源于他们对于儒家学说的认同，这恰恰说明，颜回的思想是完全符合孔子真精神的，颜回也是以宣扬和推进孔学为己任的。

罗从彦"静观""躬行""知止"
说及其当代价值

山东社会科学院文化研究所　　刘云超

罗从彦（公元 1072—1135 年），字仲素，学者称豫章先生，北宋神宗熙宁五年（公元 1072 年）八月出生于剑浦（今福建南平）罗源里。是程朱理学传承脉络中极为重要一环。罗从彦清节自守，他除做过短期的惠州博罗（今属广东）主簿外，一生绝意仕进，"严毅清苦"，"于世之嗜好，泊如也"（《宋元学案·豫章学案》），不走官僚追逐利禄道路。他虽一介寒士，然未尝忘内忧外患，"卒稔裔夷之祸，未尝不为之痛心疾首"（同上）。著《遵尧录》，采先朝故事以言治，拟献于当朝，希望为帝王所采用而未果。杨时之婿陈渊评其人"奥学清节"。李侗推崇他"性明而修，行完而洁"（《宋史·罗从彦本传》）

在罗从彦传世文献中，有这样一段非常重要的话，可以视为理解罗从彦理学思想之枢机："夫《中庸》之书，世之学者，尽心以知性，躬行以尽性者也。而其始则曰：'喜怒哀乐之未发，谓之中'，其终则曰：'夫焉有所倚，肫肫其仁，渊源其渊，浩浩其天，'此言何谓也，差之毫厘，谬以千里，故大学之道，在知其所止而已，苟知所止，则知学之先后，苟不知所止，则于学无自而进。"由这一段议论至少可以看到罗氏三个核心命题，一个是尽心知性；另一个是躬行尽性；再一个是知其所止。这三个命题相互衔接，彰显了罗氏内圣外王之学的基本面貌。

一　静处观心

罗从彦"尽心知性"之说离不开一个"静"字。罗从彦有诗云："静处观心尘不染，闲中稽古意尤深，周诚程敬应粗会，奥理休从此外寻。"
（《罗豫章先生文集》）此诗可为罗氏内圣之学纲本。

罗氏在修养论上强调"以主静为宗"。这种"以主静为宗"的修养论
师承自其师杨时。杨时教学者"从容默会于幽闲静一之中，超然自得于
书言意象之表"（《杨龟山集·余杭所闻》）。罗从彦又将这种修养论传授
给李侗。李侗"教人大抵令于静中体认大本未发时气象分明，即处事应
物自然中节。此乃龟山门下相传指诀"（《李延平集》卷三）。"以主静为
宗"的修养论经过罗从彦的发挥和传授，构成了道南一派追求"静养"
境界的特征。

静中体道之法，由来已久，并非佛道之专利。《周易》曾明言：
"易无思也，无为也；寂然不动，感而遂通天下之故。非天下之至神，
其孰能与于此。"极言易道之神妙莫测，而易道之本体就有寂然不动
之特质。《周易》《坤》卦《文言传》也说："坤至柔而动也刚，至静
而德方。"表示坤厚载物，坤道基本样态亦有安静方正的特征。孟子
有养浩然之气，存夜气之说，也不能离开静中涵养之功夫。荀子也说
过，"虚一而静谓之大清明"，以虚、静、一作为解蔽的重要法门。到
了宋代诸儒，因为汲取了佛道修炼之法，更加大倡"静坐"之论。周
敦颐提出"主静立人极"自不必赘言。邵雍诗云："冬至子之半，天
心无改移。一阳初动处，万物未生时。""子之半"也即亥时已尽，子
时未到，也即《坤》《复》之间，此时静坐体悟，殊可契会造化之真
几，是做安顿心灵、为善去恶功夫的好时机。二程又将《中庸》"未
发之中"观念引入静坐之法，由程门诸公第相传授下去。朱子初学延
平疑而未入，后来他继承以敬代静、敬摄动静之说，又回过头来将静
坐定为涵养的始学功夫。至于陆九渊心学一脉在静坐方面的实践与程
朱并不矛盾，陆门弟子杨简还提出"不起意"之说，以本心的状态为
"至静而虚明"①，所以要杜绝"私意"之发动，也是"静"的功夫。
明儒陈献章之学，开阳明心学先河，也主张"从静坐中养出端倪"②。
王阳明认为"良知之体本自宁静"（《与陆原静书》），所以也主张并

---

① 《慈湖遗书》卷二，《申义堂记》，影印文渊阁四库全书本。
② 《陈献章集》卷二，中华书局 1987 年版，第 145 页。

实践静坐的功夫，据说他的龙场悟道，就是在中夜静坐中"大悟格物致知之旨"。阳明后学聂豹提出"致虚守寂"、罗洪先提出"收摄保聚"，皆大倡"主静"。

为什么体道需静观？罗从彦诗中已经做了解答："周诚程敬应粗会，奥理休从此外寻。"因为只有静心才能诚敬，只有诚敬才能通神，只有通神才能与天地参。这里涉及"静"、"敬"与"诚"三个概念在理学中的关系。"主静"与"主敬"二者，在宋明理学那里实难相分。关于"敬"字，历史上《论语》已有"修己以敬"、"居处恭、执事顺"等说，《坤·文言》有"君子敬以直内，义以方外"之说，但都没有将之作为一种心性修养的主要功夫。北宋程颐认为"涵养须用敬，进学则在致知"，"居敬"于是成为宋明理学的一大修养方法。程朱理解的"敬"字，有两个含义，一是"主一无适"；二是"整齐庄肃"。按朱熹的理解，"主一无适"就是专心致志，使心"不走作"，换言之，就是要做到"心有主宰"，不受外界事物之引诱。而"整齐庄肃"是就外表仪容而言，要求做到仪态端庄，与内心的"主一不适"相为表里。朱子认为如果要做到心不昏昧，就必须使居敬功夫不能有一刻间断。所谓"居敬"，实际上就是要人们随时随处保持一颗戒慎恐惧之心，目的是使人在自己的内心深处建立起一道遏制人欲的堤防，并且时刻反省自己的行为（包括意识、念头）是否合乎"天理"，由此而做到随时而处中。然而"主敬"作为存心的修养方法，必然涉及如何才能做到内心专一等具体的方法问题，答案之一就是"静坐"。程伊川说："每见人静坐便叹其善学"[1]，朱熹虽在中年以后渐对其师李侗只说"静"而不说"敬"意有不满，但是他也不能排斥"静"。朱熹说："敬字功夫，通贯动静，而以静为本。"[2] 这表明了"敬"与"静"之间的必然联系。所以当时在二程门下就有"'敬'莫是'静'否"之怀疑，对此程颐的回答是："才说静，便入释氏之说也，不用静字，只用敬字。"[3] 主要意思是因为佛家讲"静"，所以我们应该回避"静"字。其潜藏意思分明是"静"、

---

① 《程氏外书》卷一，《二程集》，第 351 页。
② 《朱子文集》卷三十二，《答张敬夫》。
③ 《遗书》卷十八，《二程集》，中华书局 2004 年版，第 189 页。

"敬"二字在本质上难分，只因为要示人以"儒释"之别，所以用了不同字眼。清代李塨曾深刻指出："宋儒讲主敬，皆主静也。'主一无适'乃'静'之训，非'敬'之训也。"①《大学》讲："意诚而后心正，心正而后身修。"以诚意为修身必经之路。又言："所谓诚其意者：毋自欺也。"而《中庸》则把"诚"提高到本体论的高度，曰："唯天下至诚，为能经纶天下之大经，立天下之大本，知天地之化育。"周敦颐在其《通书》中继承并发展了先秦"诚"的思想，用"诚"的概念把宇宙论和儒家道德价值论合为一体，并以宇宙论作为道德价值论的依据。所以在理学家眼中，诚体即是道体，至诚可以通神，可以与道合一，可以参天地之化育。如何做到反身而诚，就要做静和敬的功夫。

静中所悟之道是何种光景？虽然静处观心之法具有摆脱理性思维，纯任直觉的倾向，但是通过宋儒的描述，我们仍可以得出庶几相仿之印象：

1. 静中所悟之道是时中之道。《周易》曰："随时变易以从道"，又曰"与时偕行"。《中庸》曰："君子而时中。"无论在何种境遇之下，都可以恪守中道，不偏不倚，作出最为适切的回应，这才称得上君子。所谓"夫大人者，与天地合其德，与日月合其明，与四时合其序，与鬼神合其吉凶，先天而天弗违，后天而奉天时"。二程、杨时、罗从彦都明确主张在静中体验喜怒哀乐未发之中。李侗拜师罗从彦后，弃科举，绝意仕进，不为利禄之学，并学其静坐，"静中看喜怒哀乐未发前气象，而求所谓'中'者，久之，而天下之理该摄洞贯，以次融释，各有条序，从彦亟称许焉"（《宋史·李侗本传》）。李侗也正是师事罗从彦后，经四五十年之"猛省提掇"，"用心静处寻求"，才于"道"上得"融释"（《李延平集·答问》）。

以心体验四者未发之际，就是体验现实情感和思维还原为内心本来状态的前思维、前情感。笔者以为，这种状态具有无善无恶、无适无莫、无思无为、不偏不倚、中正安舒的特质。亦可理解为万物将生而未生时萌动的一点生机，由此生机或生意，亦可体悟天地间无不是一片生意。由此又可体悟"仁体"未发之前虽然一片混沌，但端正适切，善根萌动，恰与

---

① 李塨：《论语传注问》卷一，《续修四库全书》影印本，上海古籍出版社1995年版，第33页。

天地之生意相契合，所以必然"发而皆中节"。

2. 静中所悟之道是生生之道。理学诸子皆乐观万物之生意。《程氏遗书》载："观天地生物气象。"（自注：周茂叔看）① 周茂叔窗前草不除去，问之，云："与自家意思一般"。"子厚观驴鸣，亦谓如此。"（谢良佐录明道语）② 周敦颐所谓的"观天地生物气象"，是要通过观（静观）生物气象以体验天人合一，万物一体。此一意境亦为二程所有。明道说："天地之大德曰生，……万物之生意最可观。……人与天地一物也，而人特自小之，何耶？"③《程氏遗书》卷六："静后，见万物自然皆有春意。"④《程氏粹言》卷二："观物于静中，皆有春意。"⑤ 明道又说："观鸡雏。"（自注：此可观仁）（谢良佐录⑥）二程所谓"万物之生意最可观""见万物自然皆有春意"，与周敦颐所谓"观生物气象"，在观的方式（静观）及体会人与天地万物一体等意义上是一致的。二程进一步明确的是，观万物之生意，即可"观仁"。"观仁"也就是观"生"意。在二程，理会到此，也就可有"浑然与物同体"，"以天地万物为一体"的境界。二程由观万物之"生"意到"观仁"，已不仅是"观生物气象"，而是借此达致"知道"的境地。《程氏粹言》卷一："观生理可以知道。"⑦ 卷二："天地生物气象，可见而不可言，善观此道者，必知道也。"意谓通过观生理可以"知道"，而惟"知道"之人能善观生物气象。⑧

由此可见，静处观心，乃是功夫之切近下手处，主要内含两种功夫路径：一是反躬性体，上达道体；二是对心性之涵泳养护。静中体验未发状态，就要专一思虑，排除物欲和杂识干扰，使身心处于波澜不起、虚灵纯一的状态。收敛心性，才能探索本源，洞见道体。

---

① 《二程集》，中华书局 2004 年版，第 83 页。

② 同上书，第 67 页。

③ 同上书，第 120 页。

④ 《二程遗书》，上海古籍出版社 2000 年版，第 84 页。

⑤ 《二程集》，第 1264 页。

⑥ 同上书，第 59 页。

⑦ 同上书，第 1171 页。

⑧ 参见杨柱才：《道学宗主——周敦颐思想研究》人民出版社 2004 年版，第 372—373 页。

二 躬行尽性

《中庸》有言："率性之谓道，修道之谓教。"又言："尊德性而道问学。"如果说静处观心是为了在一种神秘直觉中契会和追溯作为道德本体和本源之"天理"，那么躬行尽性就是为了解决在日用行常之中如何遵循与效仿"天理"的问题。前者属于率性之谓道，后者属于修道之谓教，两者相互贯通，尊德性而道问学，是"下学而上达"的两种面向。

具体而言，罗从彦躬行尽性之说有如下三个方面：

一是在修己层面，重视外在道德实践对成就内圣的作用。理学家认为上根器之人虽然可以通过默坐澄心直达天道，但是也需在日用行常之间常提念头，涵养和呵护内心所契会之天理，不可使一时违道。而一般人更需借助道德践履之阶梯，克尽物欲，做严格的修养功夫。罗从彦比较重视所谓中性之人，他说："中性之人，由于所习。见其善则习于为善；见其恶，则习于为恶。"① 所以中性之人，向善向恶，全在于后天习染，要成就一个理想人格，必须重视格物穷理的道德实践。这就是程颐所谓"格犹穷也，物犹理也，犹曰穷其理而已也"，需要"今日格一件，明日格一件，积习既多，然后脱然自有该贯处"。

二是在社会交往层面，罗从彦主张大而能容，明而不察。如何对待自我与他人之间的同异关系？罗从彦提出："世俗之人莫不喜人同乎己，而恶人异于己也。同与己而欲之、异于己而不欲者，以出乎众为心也。以出乎众为心也，则以其不大故也。唯大者为能有容。"（《豫章文集》卷七）世俗之人往往喜欢人与我一致的人际关系，而拒斥人与我的差异。这一观念落实到现实中，往往导致结党营私。罗从彦反对这一观念，主张对待异己之见要有宽容心态。罗从彦还把"大而能容"具体化为"明"而不"察"的交往原则。在谈到君臣关系时，罗从彦对此作了具体论述："人主欲明而不察，仁而不懦。盖察常累明，懦反害仁故也。"（《豫章文集》卷十一）在人与人交往过程中，"察"指过于苟细的分辨；"明"则是总

---

① 罗从彦：《议论要语》，《罗豫章集》，商务印书馆 1944 年版，第 104 页。

体上的了解。与"察"相对的，是"包荒"，罗从彦对"察"而未能"包荒"可能导致的后果作了分析："善恶太察，不知有包荒之义，则小人全者将无所容而交结党羽，何惮而不为也。"（《豫章文集》卷七）"善恶太察"，即对行为的性质作过分严格的分辨，"包荒"则是以较为宽容的态度对待他人的行为，对非原则性的问题，包括某些过失，不过于计较。在日常的交往中，"太察"则每每夸大无关宏旨的问题，使人们陷于无穷无尽的善恶之争，从而导致人与人之间关系趋于紧张。罗从彦反对"太察"而主张"有包荒之义"，既指向君臣关系，也涉及广义的交往过程：就前一方面而言，"有包荒之义"表明君主对群臣应以宽容之心待之；从后一方面看，这则意味着在人与人的共处中，形成宽松的社会氛围，使个体之间相互尊重他人的生活空间，彼此和谐相处。①"明而不察"和"包荒"之说，无疑上承孔子"和而不同"的伟大思想，其中不仅体现了宽容的原则，还隐含了对个体性、差异性和多元共存的认同，即使在今天也无疑具有积极的意义。

三是治国思想层面。在此层面，罗氏有两个命题值得关注，一个是"仁义兼隆"；另一个是"行其所无事"。关于"仁义兼隆"，罗从彦说："仁义者，人主之术也，一于仁，天下爱之而不知畏；一于义，天下畏之而不知爱。三代之主，仁义兼隆，所以享国之于长久。"（《豫章文集》卷十一）爱之，可以视为社会的认同和接受，畏之，则意味着社会权威的确立。注重仁道的原则，固然可以获得人们的尊敬和认同，但如果由此忽视"义"等外在的规范，则可能使社会成员缺乏必要的约束，从而导致权威的失落（不知畏之）；同样，单纯地强调外在规范，固然有助于社会权威的建立，从而避免社会的无序化，但如果由此忽视仁道的原则，则往往难以获得社会的认同（不知爱之），唯有仁与义的并重（兼隆），才可能达到社会认同与社会的权威的统一，从而使整个社会既和谐，又有序。②

关于"行其所无事"，是基于"理"之易简自然特质。罗从彦说："易简之理，天理也，而世之知者鲜矣。行其所无事，不亦易乎？君子笃

---

① 杨国荣：《罗从彦伦理思想发微》，《伦理学研究》，2005 年第 4 期。
② 同上。

恭而天下平，不亦简乎？《易》曰，易则易知；简则易从，易简而天下之理得矣。"① 以易简为理的存在方式，表明作为普遍规范的理并非以超验的形式凌驾于人之上，而是内在于人的实践过程而实现其作用。所以，与理的以上品格相应，遵循规范的过程，也具有"行其所无事"的特点。罗从彦认为遵循易简之理，也即遵循中道之理，"中"是根本原则，他说："夫治己治人，其究一也。尧曰，咨而舜，天之历数在而躬，允执其中，四海困穷，天禄永终。舜亦以命禹，所谓中者，果何物也耶？故尧舜之世，垂拱无为而天下大治。"② 此处之无为并非道家之无为，而是指天理自然简易，人君只要效法天理，自会天下大治。

三　知其所止

《大学》言："知止而后有定，定而后能静，静而后能安，安而后能虑，虑而后能得。物有本末，事有终始；知所先后，则近道矣。""知止"是对"三纲领"的承接和深化，它既蕴含最高理想即"止于至善"，又蕴含通向至善的途径和方法。前者是"止于何处"的问题，后者是"以何而止"的问题。

止于何处的答案自然是"至善"，何谓"至善"，在理学家那里就是合乎天理。当然，"至善"并非是封闭和停滞的，而是开放和变动不居的。换言之，"至善"是一个具有丰富意蕴的价值理想，是人在德性修养过程中不断提升自身的动态过程；其所指对象是外在客观事物与作为道德主体的人的自我的合一，是天道与人道共同具有的价值尺度。"以何而止"则是这一价值理想得以实现的途径。这一途径就是要对事物的本质和规律有深刻的认识，能够区分事物的本末始终，不能本末倒置，更不能混乱始终。因此，"知止"就是要明白道德践履的本末始终，即根本的道理，也就是要明白自己应该做什么，不应该做什么，即所谓的"进退有据"。

从罗从彦理学视域之中来理解《大学》的"知止"说，可以看到，

---

① 罗从彦：《罗豫章集》，商务印书馆 1944 年版，第 124—125 页。

② 同上书，第 26 页。

罗从彦"主静"说以神秘直觉直认本体（天理，至善），回答了止于何处的问题，也基于个人静坐体验，为超验至善本体提供了经验证明。罗从彦"躬行"说则立足日用行常和道德实践回答了以何而止的问题，即通过格物穷理、和而不同、各安其分等道德践履来持守君子"时中"之道，从而上达"至善"的最高价值理想。

进一步说，"知其所止"作为达至"至善"的途径与方法，还有两点值得注意。一、"知止"就是识时，就是止于当止之时，也就是随时而处中。《中庸》曰："性之德也，合外内之道也，故时措之宜也。""时措"，即适时运用，也即《周易》所谓"君子而时中"，"与时偕行"之谓。止于当"止"之时，是就"止"的"达到"、"立于"之义而言的，它是从中观上对单个行为当何时实施或发生的恰当把握。它要求道德主体能够在适宜的时间实施其道德行为，使之将产生的效果或发生的作用达于最佳状态。万物皆有所"止"，有各自的实存之位，君子之所以为君子，就在于明朗自身之实然与应然之份位，既能安守其位，又能随时间与空间的流变做出当前最为适切应对之举措。如此，就个人而言可以做到任时空变化沧海桑田，我自进退不失其宜；就社会乃至宇宙而言，可以实现各正其位、各安其分的和谐大同世界。所以《大学》对不同地位、不同角色的人的当"止"之处，作了不同的规定："为人君，止于仁；为人臣，止于敬；为人子，止于孝；为人父，止于慈；与国人交，止于信。"作为国君，其言行要做到仁政；作为属臣，其言行要做到恭敬；作为儿女，其言行要符合孝道；作为父亲，其言行要体现慈爱；与国人交往，要做到坚守信义，不乏安其本位、各司其职之意。

二、"知止"，就是要止于当止之处，也即要有所敬畏。敬，主一无适，整齐庄肃。畏，戒慎恐惧，慎独自省。这是就"止"的"停止"之义而言的。"知止"本身不仅包含着从正面认知与"至善"目标相符的道德意识，并积极将其付诸践行之义，还含有能够从反面辨识与"至善"目标相背离的道德意识和行为，并禁止其发生、发展之义。[①]《大学》曰："所谓诚其意者，毋自欺也。如恶恶臭，如好好色；此之谓自谦。故君子必慎其独也。"朱熹注："毋者，禁止之辞。"可见，即使人们已被告知应

---

① 秦碧霞：《大学知止思想及其当代意义》，《中北大学学报》，2013 年第 4 期。

当如何做才能"止于至善",也并非就一定能够做到,所以先从自觉禁止错误的"慎独"开始,是非常必要的。

敬畏和慎独,来自中国儒者一种深沉的忧患意识。自然界、社会人生乃至整个大宇宙处于生生化化无穷无尽的动变之中。这一切动变之根源在于,作为宇宙本体和本源的"理"的特质就是"生生不息","理"的运行方式就是阴阳二气的进退消息变化。于是出现了这样的普遍情状:"社稷无常奉,君臣无常位,自古已然。故诗曰:'高岸为谷,深谷为陵',三后之姓,于今为庶。"(《左传·昭公三十二年》)所以《系辞》曰:"君子安而不忘危,存而不忘亡,治而不忘乱,是以身安而国家可保也。"(《系辞下》)基于这样的认识,中国古代儒者对未知力量常怀畏惧之心。孔子虽然主张"未知生,焉知死",并未直接承认鬼神之事,但是他采取的是"敬鬼神而远之"的态度。而且他在祭祀的时候,提出"祭如在,祭神如神在",无疑认为对神明必须怀有诚敬端肃的敬畏之心。《易传》甚至基于此提出:"积善之家必有余庆,积不善之家必有余殃。"这一近似因果报应说的论述,其前提是存在一种冥冥中不可知不可违的力量,对此力量必须敬顺无违,否则会祸及自身。

四 罗从彦思想的当代价值

结合以上论述,可从三点论述罗从彦思想的当代价值。

1. 从静坐中体悟天理。可以引导当前浮躁、焦躁、急躁的我们过一种慢的生活。

一种慢的生活应当是善的生活。当前的中国是一个焦虑的中国,官方公布的中国基尼系数达到 0.473,高于 0.4 警戒线,实际上基尼系数不得而知,据说家庭财富基尼系数高达 0.717。中国人当前的状态是忙碌不安、暴躁易怒,惶惶不可终日。大家都在忙,甚至忙到老人摔倒不能扶,幼儿被车碾压无人施以援手。这说明我们的本心失去了。所谓"天下熙熙皆为利来,天下攘攘皆为利往",人心之本然状态是幽闲静一、中正安舒的,这正是喜怒哀乐未发之中的气象,亦是最为契合天理之气象。人们当前所呈现出的蝇营狗苟急功近利的状态,是因为本心被物欲所遮蔽,犹如明月被乌云遮蔽一样。所以我们不妨静坐,找一找本心在哪里。即使不能静坐，也可以试着安静下来，理一理纷乱的头绪，必将获益良多。

一种慢的生活应当是趋近于美的生活。海德格尔说，"人诗意的栖居在大地上"，如果用于描述中国古代骚人墨客的生命状态，实在恰当不过。然而，无论在生态环境上还是人文环境上，当前的中国，美感正在渐渐消失。如今我们的空气、水和土壤全部污染严重，即使赖以维生亦很勉强，遑论美感？生态的污染如何造成？原因之一无疑就是所谓"大干快上"等盲目加速的行为方式。例如一些地方经济，为了实现短期增速，盲目引进大项目，既不做全盘考量，亦无意造福子孙。甚至为短期政绩，悍然引入高污染项目，贪婪而短视的行为令人发指。于是我们每天出现那么多新高楼，却已找不到自己的家园。从人文上来讲，我们更加处于一种无根状态。例如语言，官方语言味同嚼蜡，被誉为"新闻联播体"，还有专业作家们连奉迎溜须的诗作也粗陋乏味至极。"只盼坟前有屏幕，看奥运，同欢呼。""黑黑米歇尔，百变亦黯然。"有好事者对古人同类诗作翻检出来作古今比较，说明奉迎之作一样可以有格调。比如李白歌颂杨贵妃的诗，"云想衣裳花想容，春风拂槛露华浓，若非群玉山头见，会向瑶台月下逢"。比如杜甫歌颂李世民的诗："草昧英雄起，讴歌历数归。风尘三尺剑，社稷一戎衣。"这种比较非常有趣，有趣之后很悲哀。这位作者说：我们犯不上追问"刘信达们的风骨哪去了"，因为风骨一直是奢侈品。让我们伙呆的是，我们文化的气质哪里去了，格调哪里去了，血脉传承到哪里去了，以至于连拍马屁的诗都写不好了？

习总书记说过，要让居民望得见山，看得见水，记得住乡愁。这里所谓乡愁既可以理解为对几代人生活环境和生活习惯的保持，更可理解为对优秀传统文化精神血脉之追慕与维系，亦可以理解为对先民"慢的生活"与"美的生活"之追求。

2. 罗从彦躬行以尽性之说，给我们当前的启发是，要做到知行合一，学问生命一体。当前各地在宣传当代知识分子的价值与担当，正是如此。知识分子是一个特殊的社会阶层，他们是思想者、智慧者，是启蒙者、播火者。知识分子不仅仅是掌握知识的人，还应该成为社会的良心，承载起时代使命。

过去的士大夫和现在的知识分子的地位是大不一样的。过去的士大夫真的就是社会的统治阶层,是政治精英、经济精英、文化精英三位一体的。所以,过去的士大夫伦理是一个高标的伦理,他要求自己要向圣贤看齐,要有救世的使命。孟子说:"天之生此民也,使先知觉后知,使先觉觉后觉也。"屈原说:"长太息以掩涕兮,哀民生之多艰。"《大学》提出修齐治平。张载提出"为天地立心,为生民立命,为往圣继绝学,为万世开太平。"范仲淹:"先天下之忧而忧,后天下之乐而乐。"这种担当既是一种良知和责任,又是道德和榜样。他有一种拯救的使命,他们认为我们这些人哪怕是少数,但是是关键的少数,这少数道德要好了,心术正了,社会就不难变好,因为社会是看着和仿效这关键的少数的。然而现在不同了,现在的知识分子已经丧失了那样一种地位。从"打倒孔家店"到"打倒臭老九",现在的知识分子只是一种职业,人如其名,有知识的一分子而已。尤其是人文知识分子,更多的沦为政治的附庸。对于家事国事天下事,知识分子集体失语成为常态。

当然,改革开放以后知识分子发言的空间宽松了很多,涌现了很多有抱持知识分子良知的、富于独立精神的学人,也出现了不少激烈的批判性言论。然而,又面临一个问题。就是主义谈的太多了:新左派,自由主义,理性主义,宪政派,原教旨主义。你骂我民粹,我骂你崇洋;你说我保守,我说你激进。大家争论得很激烈,但仅仅停留在口头上。与此同时,中国现实社会中各种违背伦常的现象越来越多,也越来越恶劣,甚至到了禽兽不如,惊世骇俗的程度。例如小悦悦事件、盗车杀婴,湖南湖北的老人自杀村,等等。整个社会充斥着一种暴戾之气。近代以来,由于儒家教化体系破坏殆尽,导致乡村文化的荒漠化,并进一步导致了乡村的价值真空和底线失守,数千年来自治的、礼让的、温情的乡土不见了。面对这样的局面,知识分子应该如何应对,这是个很严肃的问题。山东最近出现的乡村儒学现象值得探讨。我想乡村儒学的这些发起人和参与者起码给我们一个重要的启发,那就是秉承"知行合一"之教,先做起来。

习总书记经常提"知行合一"。他在有关社会主义核心价值观讲话中,强调价值观贵在坚持知行合一、坚持行胜于言,在落细、落小、落实上下功夫。在群众路线教育活动中也强调"知行合一",他说过贯彻党的群众路线,"知"是基础、是前提,"行"是重点、是关键,必须以

"知"促"行"，以"行"促"知"，做到知行合一。"知行合一"四个字从哪里来？儒学乃为己之学，强调个人道德的完满、自足、自律。儒学之学不是科学知识，而是道德实践，主张学问和生命一体。无论是洒扫应对，伦常日用，还是济世救民，家国天下，皆能从容中道，这是儒学价值所在。所以儒学特别强调内圣外王的统一，强调认识和实践的统一。即使如程颐、朱熹等主张知先行后的学者，也提出一个"真知"的概念，认为"真知"一定能行，如果不能"行"，只是"知"的浅。实践是检验真理的唯一标准。学问与生命合一。对当前中国的人文知识分子来说，不仅要说，更要做，要在做中说，在说中做。当前的中国需要更多的具有担当和责任的知识分子。勇于挺身而出，作民族的脊梁。

3. 罗从彦的"知止"说给我们的启示就是两个字：敬畏。中国人现在最缺少的是什么？是敬畏感。为什么没有？有人说中国人没有宗教精神，缺乏对上帝的信仰。这句话说对了一半。拥有信仰的确是西方人的一种宝贵的精神财富。信仰是什么？就是我只相信，不问为什么相信。虽然西方两种思潮都对信仰造成冲击，但信仰还在那里。这两种思潮一个是科学，具体而言是科技理性主义。在科学的镜片之后，世界不再神秘，一切尽在掌握或必将在掌握之中。另一个是哲学，具体而言有启蒙以来的现代主义和20世纪以来的后现代主义等。启蒙的现代主义把上帝拉下宝座，提出"上帝死了"，把人构造成为至高无上的主体。后现代主义批判这种"人"的主体性，福柯更进一步宣称"人也死了"。无论是现代主义还是后现代主义，都有一个祛魅化的倾向，即消解价值，消解崇高的倾向。但是事实证明在西方上帝仍然掌控全局。

中国人没有宗教精神，却并不乏敬畏感。因为无论孔孟，还是老庄，还是后来的佛教，都一直宣扬对不可知力量的敬畏。天也好，道也好，命运也好，轮回也好，都是如此。西方人靠信仰留住敬畏之心，中国人靠哲学和化民成俗保持敬畏，什么是文化？《周易》里面说的"人文化成"，通过文化，成为百姓日用而不知的生活习惯。然而到了近代，因为众所周知的原因，中国的优秀传统文化被破坏殆尽。儒家文化花果飘零、魂不附体。与此同时，西方的现代主义，后现代主义也一并进入中国，祛魅化把中国传统文化中残存的一点崇高和敬畏也破坏掉了。一个可怕的现象是，一个在经济上尚未进入真正工业文明的国家，一个在政治上并未建立起现代民主制度的国家,一个在文化上失去几千年赖以存身之精神家园的国家,正在承受着西方后工业文化的风雨摧残。在这时候,重提"敬畏"二字,是非常必要和必需的。当然,仅仅教化无法解决中国当前的问题,制度建设和体制改革更加紧要。

"天理"与"鬼神"：朱子的宗教思想管窥

山东社会科学院文化研究所　张进

　　朱子理学是孔子以后儒学发展的又一个高峰，也是继两汉儒学渐趋衰落以来的一次儒学振兴。自魏晋以后，儒、释、道三教不断融汇，尽管中国社会文化还基本保持着以儒为主，佛、道为辅的格局，但随着时代的变化，儒家的地位日渐下降。特别在隋唐时期，道教和佛教都处在发展的高潮，它们的生死观、灵魂观、彼岸观得到了社会的普遍认同。相比之下，儒家就显得守成有余，创新不足，尤其在精神修养与教化民众方面，更是空泛无力，难以深入人心。如何反击佛、老的宗教观，重新解释儒家关于天命、鬼神的经典，建构新的儒学宗教观，以恢复儒学统摄人心的力量，重树儒学的至尊地位，就成了宋代理学家们的一大任务。张载、二程都为此作了很大的努力，而朱熹的论述则最为系统。

一　"天理"与天人关系

　　孔子在创立儒学时，即淡化了传统宗教观念"天"的人格形象性质，将其抽象化为命运之天、义理之天。汉儒董仲舒通过其"天意"、"天志"概念重新恢复了"天"的人格神形象，推动儒学的宗教化。朱子则以"天理说"取代了汉代的"天神说"，复兴了儒家的义理之天，并将简单粗糙的儒家天命观提升到本体论的理论高度。

　　对于孔子、孟子所信仰的"天"、"天命"，朱熹则以"理"、"天理"解释之。程颐认为"天"就是"理"，而"天"、"理"、"上帝"、"鬼神"、"干"，都是实同名异的概念。朱子继承了这一思想，一再指出："天者，理而已矣。大之事小，小之事大，皆理之当然也。自然合理，故曰乐天。不敢违理,故曰畏天。"① "天,即理也。其尊无对,非奥、灶之可比也。逆理,则获罪于天矣。岂媚于奥、灶所能祷而免乎?"② "天者,理势之当然也。"③ 把"天"视为"理",是朱熹"天"观念的基础,但他又否认"天"是一个和人同形的上帝。"天之所以为天者,理而已。天非有此道理,不能为天,故苍苍者即此道理之天。故曰:'其体即谓之天,其主宰即谓之帝。'……但非如道家说,真有个三清大帝著衣服如此坐耳。"④ 朱子并没有取消上帝的神性,反而是把对"天"或上帝的敬畏贯彻到生活的每一方面和每一时刻。

在天人关系上,朱子以"天理说"为基础,发挥了董仲舒的"天人感应"论,提出了新的"天人合一"思想。他说:"性者,人所受之天理。"⑤ 认为天理作为宇宙的最高原则,体现于人即为性,人性即天理,天命之性是人之本性。由于天理至善至美,所以包含着仁、义、礼、智的天命之性也是完美完善的道德品质。但由于"气质之性"的缺陷,有些人就不能将天命的善性充分发挥。他说:"命,犹令也;性,即理也。天以阴阳五行化生万物,气以成形,而理亦赋焉,犹命令焉。于是人物之生,因各得其所赋之理,以为健顺五常之德,所为所谓性也。……盖人之所以为人,道之所以为道,圣人之所以为教,原其所自,无一不本于天而备于我。"⑥ 这是朱熹对天命的经典解释,也是对天人关系的经典说明。朱子还反复讲述了他的天命观:

"天命者,天所赋之正理也。"⑦

"盖以理言之谓之天,自人言之谓之命,其实则一而已。"⑧

天命是赋予人的本性,而这个本性也就是天理。人要遵循天命,最重要的就是要依理而行,如果时时处处不违背天理,那就是时时处处遵循了天命。这种人性上的天人合一论把儒家所倡导的伦理道德纲常提到了天理

---

① 朱熹:《四书集注·孟子集注·梁惠王下》,岳麓书社1985年版,第261页。
② 朱熹:《四书集注·论语集注·八佾》,岳麓书社1985年版,第89页。
③ 朱熹:《四书集注·孟子集注·离娄上》,岳麓书社1985年版,第47页。
④ 朱熹:《朱子语类》(卷二十五)。
⑤ 朱熹:《四书集注·论语集注·子路》,岳麓书社1985年版,第104页。
⑥ 朱熹:《四书集注·中庸章句》,岳麓书社1985年版,第29页。
⑦ 朱熹:《四书集注·论语集注·季氏》,岳麓书社1985年版,第208页。
⑧ 朱熹:《四书集注·孟子集注·万章下》,岳麓书社1985年版,第407页。

的高度，成为不容侵犯的宗教信条。同时也说明了人们必须接受儒家伦理道德的教化，体现天道，才能克服自己的不完善，实现人生的终极追求——成为"圣人"。

学作圣人的重要之处，便是"存天理"，"灭人欲"。心中萌发任何一个念头，都要合乎仁义中正之道；做任何事情，都能合乎儒家的伦理规范。要达到这一步，重要的方法是以虔敬的态度静坐，反省自己。朱子把这样的修养原则概括为一个字，叫作"敬"。"敬"，本是儒家的祭祀原则："敬、尽，然后可以事神明。此祭之道也。"① 朱子把"敬"推广为一般的修养原则。朱熹以"畏"来解释"敬"，他说："敬只是一个畏字"，"小心畏谨便是敬"。"敬有甚事？只如畏字相似，不是块然兀坐，耳无闻，目不见，全不省事之谓，只收敛身心，整齐纯一，不凭地放纵，便见敬。"② 那么在心性修养时，"敬"的对象是什么呢？他在《敬斋箴》说："正其衣冠，尊其瞻视，潜心以居，对越上帝"，③ 这可谓一语道破了"天机"。在《论语·季氏篇》之"君子有三畏"之条中，他对"畏天命"一句又作了如下的解释："畏者，严惮之意也。天命者，天所赋之正理也。知其可畏，则其戒谨恐惧，自有不能已者。而付界之重，可以不失矣。""畏天命三字好。是理会得道理，便谨去做。不敢违，便是畏之也。如非礼勿视听言动，与夫戒慎恐惧，皆所以畏天命也。"④ "畏天命"是彰明"天理"后不越其外，时刻战战兢兢，如临深渊，如履薄冰，戒谨恐惧且畏慎于心。朱子的"畏天命"思想体现了其"居敬"功夫的核心、宗旨所在，也体现了朱子"敬畏"思想的最大特点。

可以看出，朱子的天理论具有浓厚的宗教色彩，也包含了他个人强烈的信仰与理想追求。我们知道，儒学是一种"为己之学"，其落脚点乃在"自天子以至于庶人，壹是以修身为本"（《大学》）。而修身的承担者正是个体。儒家的所谓"修齐治平"，其实不只是为社会群体规划的美好蓝图，而且首先是为个体人生规划的理想境界：作为"外王"的"齐家、治国、平天下"，只是作为"内圣"的"修身"的完满实现；而"修身"

---

① 《礼记—祭统》（卷十二）。
② 《朱子语类》（卷十二）。
③ 《朱子文集》（卷二十五）。
④ 《朱子语类》（卷四十六）。

的目标不是群体的"大同",而是个体的"知性"、"知天"、"成圣",这正是一个儒者的终极价值所在。按照著名宗教哲学家蒂利西的观点,宗教是一种终极关怀。① 仅从这个意义上来讲,儒学特别是朱子理学似乎更近乎于宗教。以继承儒家道统精神为己任的朱子,其为学的主要目标也是修身以达到内圣外王的境界。和孔子一样,朱子一生都在寻求"道",即一种成圣的方法,而不是要做一个哲学家。而通观国内外对朱熹的研究,很多学人以"形上实在论"来解释朱子理学,甚至将朱子思想简单形而上学化。这不仅在一定程度上存在着误解,而且也不可能全面把握朱子理学之本然面貌。

二　生死与鬼神观念

对生死的解释,是一切哲学与宗教都无法逃避的话题,也是儒家始终关注的问题之一。《论语·先进》有这样的记载:"季路问事鬼神。子曰:'未能事人,焉能事鬼?'曰'敢问死。'曰:'未知生,焉知死?'"不少人据此认为,孔子重生轻死,重人事轻鬼神,所以不回答子路关于鬼神和死亡之事。朱子援引二程作注,认为"不知此乃所以深告之也。"也就是说,能够事人,就能够事鬼神;知生,就能知死。"死之事即生是也,更无别理。"② 这种"事死如事生"的思想,乃是中国儒学的一贯之义,也是朱子对于人之生死的基本态度。

正如许多人所言,儒学的确是一种重"生"之学,而对儒学和宗教深有研究的日本学者加地伸行则认为,儒家对于死也是非常重视的。他认为,古代中国人缺乏那种虚幻的"天堂"、"极乐世界"观念,一般来讲都是重生惧死的。因此如何淡化生与死的界限,让人死而复生、重食人间烟火等便成了一种理想的解决途径。于是,最迟在殷代就有了专门为人料理丧葬事务的神职人员。这些人便是早期的"儒",也可称为术士或巫。作为一种巫的"儒",其主要功能之一就是招魂,把死去之人的鬼魂招回。他们宣称,人的精神和肉体可以分离,"魂"主宰人的精神,"魄"

---

① 单纯:《当代西方宗教哲学》,中国社会科学出版社 2004 年版,第 218 页。
② 《二程集》,中华书局 1981 年版,第 17 页。

主宰人的肉体。魂魄在一起时人是活的。魂魄分离开来，人就死了。因而若把魂魄再聚在"一处"，死人便可复生。但聚在何处呢？最好的寄托物当然是死者尸体。但尸体久放会变腐。于是人们把死者极具代表意义的头骨留下，日后每逢节日、忌日，后人在祭祖前，一般通过占卜，从孙辈中选一人戴上头骨扮成死者之"尸"，让死者的魂魄附在他身上。《礼记·效特性》就有这样一种"立尸"的记载。通过这种仪式，死者好像重新回到人世间接受了酒与祭品。后来，"尸"的头骨慢慢由"假面"所代替，再后来，则被刻有死者名字的木牌神主所代替。这种招魂巫术当然是一种原始的祖先崇拜，但它对孔子及后世儒学的影响却极其深远。孔子把它加以升华，创立了以"孝"为核心的儒教。①

朱子也以魂魄来解释人的生与死。他说："人所以生，精气聚也。人只有许多气，使有个尽时，尽则魂气归于天，形魄归于地而死矣。人将死时，热气上出，所谓魂升也；下体渐冷，所谓魄降也。此所以有生必有死，有始必有终也。""气聚则生，气散则死。"② 朱子依据气化论，将祖先的"灵魂"解释为"气"。生与死的转化，就成了气之聚散变化的必然结果。人有生有死，生死都是自然之事。朱子又用阴阳二气之屈伸、变化来说明鬼神："程子曰：'鬼神，天地之功用，而造化之迹也。'张子曰：'鬼神者，二气之良能也。'愚谓以二气言，则鬼者阴之灵也，神者阳之灵也。以一气言，则至而伸者为神，反而归者为鬼，其实一物而已。"③这就是说，鬼神只是气之变化。但朱子又主张以理为神，"金木水火非神，所以为金木水火者是神。在人则为理，所以为仁义理智者神也。"此乃朱熹之创意，体现了理学本色。朱熹还认为，鬼神虽"无形与声"，却是有知的，"能使人畏敬奉承而发见昭著如此，乃其'体物而不可遗'之验也。"④ 鬼神能让人隆重地穿着礼服去祭祀它。祭祀时，它"洋洋乎如在其上，如在其左右"。⑤

可见，在朱子看来，鬼神的存在是无可怀疑的，它是人们祭祀、崇拜

---

① 参见［日］加地伸行：《论儒教》，齐鲁书社 1993 年版，第 11—14 页。

② 《朱子语类》（卷三）。

③ 朱熹：《四书集注·中庸章句》岳麓书社 1985 年版，第 41 页。

④ 同上。

⑤ 同上。

和敬畏的对象。《朱子语类》卷三记载："又问：'世之见鬼神者甚多，不审有无如何？'（朱熹）曰：'世间人见者极多，岂可谓无，但非正理耳。如伯有为厉。'"朱子以气类相感解说祭祀，认为祭祀当祭者，必与祭祀对象发生相应相感。他说："祭祀之札，以类而感。""此身在天地间，便是理与气凝聚底。天子统摄天地，负荷天地间事，与天地相关，此心便与相通。"故当祭天地。"我之气即祖先之气，亦只是一个气，所以才感必应"，"祖考之精神魂魄虽已散，而子孙之精神魂魄自有些小相属，故祭祀之礼尽其诚敬，便可以致得祖考之魂魄"。① 就是说，祭祀鬼神要依"礼"，按照"鬼不歆非类"的原则，人们不可祭祀不该由自己所祭的鬼神。正如孔子所说："非其鬼而祭之，谄也。"（《论语·为政》）朱子认为，"非其鬼"，就是"非其所当祭之鬼"② 不该自己所祭的鬼而要去祭，就是谄媚，就是"淫祀"，朱子对此坚决反对。儒教的基本原则是人神一理。对于人，越礼的奉承巴结是谄媚，对于鬼，也是这样。朱熹认为，祭祀并非单纯的报本崇德，在事实上也会感动神灵，祭者和被祭者的气可以相互感应。他说："'祭如在，祭神如神在。'如天子则祭天，是其当祭，亦有气类，乌得而不来歆乎！诸侯祭社稷，故今祭社亦是从气类而祭，乌得而不来歆乎！今祭孔子必于学，其气类亦可想。"③ 后人与祖先、神灵"气类"相应，可以通过祭祀活动相感格。因此，朱子继承《礼记》的宗教情意论，反对祭祀中单纯的"设教"功能，否则便成伪事，认为"后世设教二字甚害事"。对于卜筮，朱熹说："卜筮之类，皆是心自有此物，只说你心上事，才动心应。"④ 通过卜筮，人心能与物沟通，说得很是玄妙。

固然，朱子受传统宗教的影响，思想里有许多神秘观念，在《朱子语类（卷三）》中保存了大量谈论鬼神的材料。但他同时又认为，君子应该首先关心现实世界的事情，不需多论鬼神之事。"鬼神事自是第二著，那个无形影，是难理会底，未消去理会，且就日用紧切处做工夫。子曰：'未能事人，焉能事鬼！未知生，焉知死！'此说尽了。此便是合理会底理会得，将问鬼神自有见处。若合理会底不理会，只管去理会没紧要底，

① 《朱子语类》（卷三）。

② 朱熹：《四书集注·论语集注·为政》，岳麓书社 1985 年版，第 84 页。

③ 《朱子语类》（卷三）。

④ 同上。

将间都没理会了。""待日用常行处理会得透，则鬼神之理将自见得，乃所以为知也。"① 这就是说，现实生活上的事情都清楚了，鬼神之事的道理也就自然明白了。鬼神一理，生死一理，生理即包含着死理。朱熹整个思路的关键性重点是他始终站在此世而不是彼世来理解鬼神，尽人事而知鬼神是他的主要思想倾向。

朱子有诗曰"为有源头活水来"，这使我们反思到任何一个民族、文化、学说都有其源头即本根；也有其活水的流向，即传承与发展。儒家道统精神是以"尧、舜、禹、汤、文武、成王、周公、孔子"的一贯思想为根据，因此儒学的源头可以追溯到孔子之前的三代。孔子本着"信而好古"，述而不作的精神，把三代以来的重要思想典籍，加以整理，使之系统化，并且发扬光大。作为古文化典籍的《诗》、《书》、《礼》、《易》、《春秋》的六经是中国文化的源头活水，后世许多思想都可以从中找到最初的原型和生长点。而古代宗教的礼仪典章也主要地被保存在了这些经典中，这也是儒经浓厚的宗教底蕴之所在。如《易》是宗教卜筮之书，《礼记》有三分之一的内容与丧礼、祭祀有关，《尚书》记载的是历代圣王的宗教活动，《诗经》中的《雅》和《颂》是宗庙之歌，等等。儒家文化的宗教特质对后世产生了重大影响。我们从朱子对鬼神、生死的解说中仍可依稀看到古代文化的痕迹。但以儒家文化为代表的中华文明始终处于一种"生生不息"的发展中，儒学（包括其鬼神说）发展到朱子这里，只是成功地完成了从粗糙向精致的一次转变。朱子对生死与鬼神问题的思考，一方面蕴含着人本主义和民族精神——这是中国文化的精髓、真正的"一点滴骨血"；另一方面又弥散着一种十足的信仰气息和宗教精神。对此，我们不能视如敝屣，而要细心剔析，因为这种宗教精神也是一种重要的民族凝聚力。②

三 对佛教、道教的批判与摄取

朱子以理气论为基础构建了新儒学的宗教观，其主要目的就是为了应

① 《朱子语类》（卷三）。
② 张允熠：《论儒学的宗教精神》，《求索》，1996年第4期。《朱文公文集》（卷三十八），答江元适。

对佛教和道教的挑战,恢复儒学的至尊地位。从汉代道教创立和佛教传入以来,儒学与佛道的论争一直就没有停止。但宋代以前,无论是范缜还是韩愈对佛老的批判主要都集中在道德伦理和社会作用的领域,在形而上乃至信仰层面上对佛教和道教的批判却深度不够,所以始终不能真正从理论上遏制佛教和道教对儒教的发难。早年的朱熹曾"出入于释、老者十余年",① 先后受学于喜好佛、老的胡宪、刘勉之、刘彦冲三位老师。对于这段求学经历,朱熹曾这样写道:"初师屏山、籍溪。籍溪学于文定(胡安国),又好佛老。以文定之学为论治学则可,而道未至,然与佛老亦未有见。屏山少年能为举业,官莆田,接塔下一僧,能人定数日。后乃见了老,归家读儒书,以为与佛合,故作《圣传论》。其后屏山先亡,籍溪在,某自见于此道未得,乃见延平。"② 正因为有了这一段出入佛老的经历,所以朱子能够洞悉佛教和道教理论深层的矛盾,并对其进行深刻的剖析。

首先,朱子驳斥了佛老视一切为"空"、"无"、违背纲伦的思想。他说:"如释氏便只是说空,老氏便只是说无,却不知道莫实于理。"③ 所谓"理",实际上指的是以三纲五常为代表的儒家伦理规范,朱熹认为这是维护社会政治的重要支柱,它不仅是一种道德教化,而且包括宗法血缘政治的基本精神。他说:"异端虚无寂灭之教其高过于大学而无实。"④ 佛教的思想虽然看似高深甚至超过《大学》,但它是"无实"的。朱熹认为,儒家与佛教在对"性"的认识上存在差异,佛教所说的"心"、"性"都是"空底物事",其中没有理,儒佛之间"虚"、"实"的区别其实就在于是否有"理"这一点上。他对佛教和老庄思想中表现出来的无视三纲五常的态度更表现出强烈的不满,"佛老之学不待深辨而明。只是废三纲五常这一事已是极大罪名,其他更不消说"。⑤

其次,对佛教、道教学理的批判是朱熹宗教思想的重要内容。佛教和道教所以能在中国广泛流行,很大程度上是由于它们的宗教理论在生死观上创造了一套迷人的说教,满足了民众对生命的焦虑和对死亡的恐惧。佛

---

① 《朱文公文集》(卷三十八),答江元适。
② 《朱子语类》(卷一百零四)。
③ 《朱子语类》(卷九十五)。
④ 朱熹:《四书集注·大学章句序》,岳麓书社1985年版,第2页。
⑤ 《朱子语类》(卷一百零四)。

教主张"前世、现世、来世"的存在，宣传轮回和因果报应思想。这在很大程度上减缓了人对死亡的精神压力，故能对人们产生很大的吸引力。道教追求"长生久视"，得道成仙是道教的根本宗旨，这也迎合了人们乐生恶死的倾向，因而历代传承不绝。朱子在给一位热衷佛教的进士的信中说："来书云：轮回因果之说，造妖捏怪以诳愚惑众，故达摩亦排斥之。熹窃谓，轮回因果之说乃佛说也，今以佛为圣人而斥其言至于如此，则老兄非特叛孔子又谤佛矣……呜呼！吾未见圣人立说以诳愚惑众而圣人之徒倒戈以伐其师也。"① 从这里可以看出，当时一批倾心佛学的儒家知识分子已经在对佛教教义的内容进行反思，他们也认为"轮回"、"因果"等宣传是愚弄无知百姓的。而朱子更是从根本上否定佛教这一基本理论，感到"轮回"、"祸福报应"这种谬论是不攻自破的，所以这里他论及此事的口气甚至带有明显的嘲讽意味。② 朱子受道教思想影响较深，他从气的运动观点出发，认为道教的养生可以使人神盛气强，因而肉身虽死，而气未剧散，神游天地之间，时而现形，此即所谓神仙，然而这种现象经不起天长地久，"气久必散，人说神仙，一代说一项，汉世说甚安期生，至唐以来则不见说了。又说钟离权、吕洞宾，而今又不见说了。看得来，他也只是养得分外寿考，然终久亦散了"。③ 所以对道教宣扬的"长生不死"，他还是持否定态度的。

朱子还激烈地揭露和批判了佛教、道教的社会影响。对于佛教信仰在社会政治经济方面的恶劣影响，朱子的批判也是毫不留情。他说"今人见佛老家之说，或以为其说似胜于吾儒，或又以为彼虽说得不是，不用管他，此皆是看他不破，故不能与之辩。若真个见得是害人心，乱吾道，岂容不与之辩"。④ 还说："其（指佛教）始者，祸福报应之说又足以钳制愚俗，以为资足衣食之计，遂使有国家者田以赠之择地以居之，以相从陷于无父无君之域而不自觉。"⑤ 愚俗的百姓往往被那套"祸福报应"的宣传所打动，在物质方面帮助僧侣，后来还把田地割出来供寺院使用，更有

---

① 朱熹：《晦庵先生朱文公文集》，中文出版社 1977 年版，第 2887—2888 页。
② 龚颖：《罗山和朱熹的排佛论比较》，《哲学研究》2000 年版，第 9 期。
③ 《朱子语类》（卷三）。
④ 《朱子语类》（卷三十五）。
⑤ 《朱子语类》（卷一百零四）。

甚者则会出家修行。这样一来，整个社会就会在不知不觉中陷入一种无君、无父的混乱状态。

朱子对佛道二教的批评是透彻的，产生了巨大的社会影响。相比佛道二教，朱子认为，道教虽言无，也承认有，只是清静无为，深藏固守，尚要"理会自家一个浑身"，远胜佛教的虚无寂灭，人伦尽失。"老氏见得煞高，佛氏安敢望他！"但我们也应看到，朱熹的批评也有偏激之处，尤其对于外来的佛教。这里面有他对佛教的误解，也与他儒家的立场有关。

尽管朱子晚年一直反对佛教，对道教也颇有微词，但综观朱熹理学，佛、道二教的影子却随处可见，这与他有意或无意中对佛道的摄取和吸纳是分不开的。朱子集北宋以来理学和孔学文化之大成，以儒学为主体，融合佛道理论，既出佛老，又融佛老于儒，从而构建了与佛老不同的新的儒学思想体系。朱子理学吸收了佛教的哲学思辨性，特别是吸收禅宗的"性命道德"之说，建立了新的"心性之学"，使得作为宋代理学最高范畴的"天理"、"天道"、"本心"等，在思想蕴涵上吸取了隋唐佛教的"佛性"论，从而使儒家之"心性义理之学"在相当程度上类似一种儒学化了的佛性理论。同时，朱子理学强调的"存天理，灭人欲"的道德意识和自我认识以及主观内省、"主静"、"居敬"等实践修养方法，显然渗有佛教僧侣主义。儒学发展到朱子这里，"宗教化"是显而易见的。我们从朱子的经历中可以体会出作为一代集大成者对佛、道文化是如何兼容并蓄的。

朱子小时候在父亲朱松指导下，学习儒家经典。在朱子正式拜李侗为师、成为二程的四传弟子之前，先后受学于喜好佛、老的胡宪、刘勉之、刘彦冲三位老师。对于这段求学经历，朱子曾这样写道："初师屏山、籍溪。籍溪学于文定（胡安国），又好佛老。以文定之学为论治学则可，而道未至，然与佛老亦未有见。屏山少年能为举业，官莆田，接塔下一僧，能入定数日。后乃见了老，归家读儒书，以为与佛合，故作《圣传论》。其后屏山先亡，籍溪在，某自见于此道未得，乃见延平。"[①] 可见，这些老师们在佛老方面对他思想的影响是很大的。成天出入于佛道的朱熹，19岁去临安（今杭州）应考，只带了一本道谦禅师送他的《大慧语录》，可

---

① 《朱子语类》（卷一百零四）。

见他当时对佛学的迷恋。后来朱熹在为庐山（在今江西）白鹿洞书院所制定的院规《白鹿洞书院揭示》中，则从体例到内容大多数都是以《百丈清规》为蓝本，还明确表示"只做禅林清规亦自好"。[①]

理学的开山人物周敦颐、邵雍乃至二程都曾受著名道士陈抟等的影响，他们的一些思想甚至都是从道教脱胎而来，这对朱子影响很大。对道教经典，朱子也进行了大量研究，以"空同道士邹䜣"之名撰写了《周易参同契考异》、《阴符经考异》等书。为了强身健体，他还亲自修炼一些道教功法，《调息箴》中就记录了他不少的修炼体验。朱子一生作祠官二十一载，曾主管过不少道观，其中包括武夷山冲佑观，他和当时许多著名道士有过交往。他与当时住在武夷山的南宗五祖白玉蟾关系密切，从朱子死后白玉蟾对他的悼念文字中可以看出两人有着深厚的交谊，他们思想上的相通也是显而易见的。[②]

正是在当时儒释道三教并存、不断交流的文化氛围中，才孕育出了朱子理学。作为一个"综罗百代"的儒学大师，朱子生活在佛道之说弥漫盛行的宋代社会。他没有抱残守缺，故步自封，面对挑战，他以其抱负之大，天资之高，才思之敏，不仅博极儒家经典，而且开拓心胸，旁涉佛老，把佛教、道教的内核包融进来，从而铸造出一个庞大而又精微的理学体系。而新儒学的出现，正是强大的宗教思潮影响的结果。这也说明，"儒学只有更贴近人的精神世界，部分地进入信仰主义的领域，才能获得生机与发展。"[③]朱子理学在其身后的700多年间居于中国社会政治和文化的统治地位，代表具有普遍意义的传统民族精神，影响远及东亚、东南亚和欧美诸国，成为东亚文明的象征。当然在明清时期，朱子理学也被统治者利用，成了钳制人民思想的工具。这与其理论自身有关，更与统治者蓄意把儒学政治化、教条化，为专制制度服务分不开。最终也从根本上限制了儒学的创新，扼杀了它的生命力，并导致了儒学的没落。

---

①　《朱子语类》（卷一百零四）。

②　孔令宏：《朱熹思想对道教的影响》，《孔子研究》，2000 年第 5 期。

③　马西沙、韩秉方：《中国民间宗教史·序言》（上），中国社会科学出版社 2004 年版。

朱子学与朝鲜朝的未发之辨

中山大学学报编辑部　杨海文

摘要：朝鲜朝中期，南塘与巍岩就未发问题展开论辩：前者主未发有善恶之论，后者持未发为纯善之说。两位辩手针锋相对，但其趋同的一面，昭示了朝鲜朝民族文化精神的整合；这一未发之辨以朱子学为理论资源，但它与朱子学的差异一面，证实了朝鲜朝哲学思辨水平的提升。

一

未发已发之辨，典出《礼记·中庸》："喜怒哀乐之未发，谓之中；发而皆中节，谓之和。中也者，天下之大本也；和也者，天下之达道也。致中和，天地位焉，万物育焉。"① 因其与中、和密切相关，又称"中和之辨"。

中国思想史上，朱熹（1130—1200）是未发已发之辨的集大成者。其《中庸章句》之注，众所周知："喜、怒、哀、乐，情也。其未发，则性也，无所偏倚，故谓之中。发皆中节，情之正也，无所乖戾，故谓之和。大本者，天命之性，天下之理皆由此出，道之体也。达道者，循性之谓，天下古今之所共由，道之用也。此言性情之德，以明道不可离之意。"②《宋元学案》卷48《晦翁学案上》录有《中和说》四篇。《中和说一》自注云："此书非是，但存之以见议论本末耳。下篇同此。"③ 黄百

---

① （清）阮元校刻：《十三经注疏（附校勘记）》下册，中华书局1980年版，第1625页中栏。

② （南宋）朱熹：《四书章句集注》，中华书局1983年版，第18页。

③ （清）黄宗羲原著，（清）全祖望补修，陈金生、梁运华点校：《宋元学案》第2册，中华书局1986年版，第1505页。

家（1643—1709）案语："《中和旧说序》，先生自叙幼从学延平，求喜怒哀乐未发之旨，未达；闻张钦夫得衡山胡氏学，往问之，亦未省。退而沈思，谓人自婴儿至老死，莫非已发，特其未发者为未尝发耳。后忽自疑，复取程氏书，虚心平气而徐读之，未及数行，冻解冰释；然后知性情之本然，圣贤之微旨，平正明白如此。"①朱熹的中和之思或未发已发之辨，有旧说、新说之别②，足见这一问题的复杂。

高丽时代末期（约13世纪后期），朱子学传入朝鲜半岛；李氏朝鲜王朝（1392—1910），朱子学取得独尊地位。"朝鲜朝儒者们对朱子学'牛毛茧丝，无不辨析'，不仅使朱子学日趋精微，而且能真正发朱子之所未发，从而深化、发展了朱子学，并将其推进到了前所未有的高度。"③其最典型者为朝鲜朝中期栗谷学派名儒权尚夏（号遂庵，1641—1721）有两个著名弟子——李柬（字公举，号巍岩，1677—1727）、韩元震（字德昭，号南塘，1682—1751），立足于朱子学传统，围绕未发已发问题，进行过持久的论争。

这场论争的内涵极其丰富，但在两位辩手各自的眼里，巍岩的核心观点是"未发之前只有本然之性，而不可谓有气质之性。及其发也，方有气质之性"（《南塘集》卷30《本然之性气质之性说》）④，南塘的核心观点是"未发有善恶之论"（《巍岩遗稿》卷4《（上遂庵先生）别纸》）⑤。有论者指出："巍岩是在'异位异时论'的基础上将未发分为两个层面来论本然之性与气质之性，而南塘则是以'同位同时论'为依据来论本然之性与气质之性。他们共同的目标都是如何来究明性善（本然之性）的

① （清）黄宗羲原著，（清）全祖望补修，陈金生、梁运华点校：《宋元学案》第2册，第1508—1509页。

② 陈来的《朱熹哲学研究》第2部分第1章《已发未发——兼论朱熹心性论之发展演变》对此有详细论述，可参阅。《朱熹哲学研究》，中国社会科学出版社1993年版，第91—130页。

③ 文碧方：《从"湖洛之争"看朝鲜儒者的朱子性理学诠释》，《现代哲学》，2011年第6期，第119页。

④ 参见［韩］韩元震：《南塘先生文集》第5册（《韩国历代文集丛书》第167册），景仁文化社1998年版，第391页。按，本文引南塘、巍岩原文，标点符号均为引者所加。

⑤ 参见［韩］李柬：《巍岩先生文集》第1册（《韩国历代文集丛书》第731册），景仁文化社1999年版，第301页。

问题。"① 本文拟对南塘的未发有善恶之论、巍岩的未发为纯善之说略作探讨，并先从南塘说起。

二

南宋理学家黄榦（号勉斋，1152—1221）是朱熹的学生与女婿，《宋元学案》卷十七《横渠学案上》过录其言：

> 黄勉斋曰："自孟子言性善，而荀卿言性恶，扬雄言善恶混，韩文公言三品。及至横渠，分为天地之性、气质之性，然后诸子之说始定。盖自其理而言之，不杂乎气质而为宗，则是天地赋与万物之本然者，而寓乎气质之中也。"故其言曰："善反之，则天地之性存焉。盖谓天地之性未尝离乎气质之中也。其以天地为言，特指其纯粹至善，乃天地赋予之本然也。"曰："形而后有气质之性，其所以有善恶之不同者，何也？"曰："气有偏正，则所受之理随而偏正；气有昏明，则所受之理随而昏明。木之气盛，则金之气衰，故仁常多而义常少。金之气盛，则木之气衰，故义常多而仁常少。若此者，气质之性有善恶也。"曰："既言气质之性有善恶，则不复有天地之性矣，子思子又有未发之中，何也？"曰："性固为气质所杂矣，然方其未发也，此心湛然，物欲不生，则气虽偏而理自正，气虽昏而理自明，气虽有赢乏而理则无胜负。及其感物而动，则或气动而理随之，或理动而气挟之，由是至善之理听命于气，善恶由之而判矣。此未发之前，天地之性纯粹至善，而子思之所谓中也。"《记》曰："人生而静，天之性也。"程子曰："其本也真而静，其未发也五性具焉。"则理固有寂感，而静则其本也，动则有万变之不同焉。尝以是质之先师，答曰："未发之前，气不用事，所以有善而无恶。"至哉此言也！②

---

① 邢丽菊：《关于朝鲜儒者巍岩与南塘的未发论辩之考察》，中国人民大学孔子研究院编：《儒学评论》第8辑，河北大学出版社2012年版，第297页。

② （清）黄宗羲原著，（清）全祖望补修，陈金生、梁运华点校：《宋元学案》第1册，第694—695页。

《南塘集》卷8《与崔成仲别纸（十月）》先节录黄榦此文，接着指出：

> 勉斋黄氏曰："方其未发也，此心湛然，物欲不生，则气虽偏而理自正，气虽昏而理自明。气虽有赢乏而理则无胜负。此未发之前，天地之性纯粹至善，而子思所谓中也。以是质之先师，答曰：'未发之前，气不用事，所以有善而无恶。'"观此问答，则可见未发之前，气质有不齐者，而天命之善，本不系于气质者矣。程子曰："圣人本天，释氏本心。"毫厘之差，千里之谬，正在于此。今日之辨，果孰为本天，而孰为本心乎？以此一言准勘，则是非得失不难辨矣。①

黄榦笔下的先师，指朱熹。朱熹、黄榦这里既以有善无恶、纯粹至善论未发，又把"气虽偏而理自正，气虽昏而理自明"归因于"气不用事"。由此表述，不难推知：其一，即使气不用事，但它在未发状态下客观存在；其二，即使理自正、自明，但气在未发状态下以偏、昏的方式活动。人们甚至可能诘问：气既有偏、昏，怎能说它不用事呢？清代颜元（1635—1704）的《存性编》卷1《性理评》就说："未发之前可羡如此，则已发可憎矣，宜乎佛氏之打坐入定，空却一切也！黄氏之言，不愈背诞乎！"②南塘得出的结论则是"未发之前，气质有不齐者，而天命之善，本不系于气质者矣"，认为未发与天命之善并不是"A = B"的直接等同关系。

南塘就未发有善恶之论做过许多表述，比如：

[1] 未发之前，心性有善恶乎？心之未发，湛然虚明，物欲不生，则善而已矣。而性之本体，于此卓然无所掩蔽，则又何恶之有可言耶？然则气质之性，何时可言也？亦自未发时已言之矣。何者？心之未发，虽皆湛然虚明，而其气禀本色之清浊粹驳者，未尝不自在矣。自其清浊粹驳者

---

① ［韩］韩元震：《南塘先生文集》第2册（《韩国历代文集丛书》第164册），第252—253页。

② ［清］颜元著，王星贤、张芥尘、郭征点校：《颜元集》上册，中华书局1987年版，第11页。

而言之，则谓之心有善恶可也。（《南塘集》卷7《上师门（庚寅闰七月）》）①

[2] 又谓"未发之时，均乎虚明湛一，此其气质之纯善"云云。殊不知未发之时，虚明湛一者，虽圣凡皆同，即其虚明湛一之中，而禀气强者自在其强，禀气弱者自在其弱，得木气多者其多自如，得金气少者其少自如。何可以未发之故，而抑其强、引其弱、损其多、傅其少，而皆至于至善耶？（《南塘集》卷8《与崔成仲别纸（十月）》）②

[3] 专言理则曰本然之性，兼言气则曰气质之性。而心有未发已发，故未发是性之体，而已发是性之用也。但未发之前，气不用事，故但见其理之至善，而不见其气之善恶。及其发而后，方见其气之善恶。故愚又曰："未发之前，气质之性不可见，而已发之后方可见也。"（《南塘集》卷30《本然之性气质之性说》）③

第一段话中，南塘追问恶的起源问题，并把它与气质之性相联系，认定它们"亦自未发时已言之矣"。第二段话中，南塘反黄榦其意而用之，断言"今见其虚明湛一之气象，便认以为气质纯善，而谓天命之善亦由于此，则此分明是认气质为大本，分明是释氏即心即佛之见也"④。前者努力为气质之性在未发状态下争取地盘，后者却忙于划界，南塘的未发有善恶之论究竟要表达什么意思呢？第三段话中，南塘认可朱熹说的"气不用事"，认为未发之前不见气之善恶、其发而后方见气之善恶；"不见"并非不存在，而是未发有善恶之论较为平和的表述。

三

与南塘相比，巍岩更坚守于朱子学。《巍岩遗稿》卷12《未发辨（甲午）》以朱熹为依据，把未发分为两种。一种是"不中底未发"，其引

---

① ［韩］韩元震：《南塘先生文集》第2册（《韩国历代文集丛书》第164册），第153—154页。

② 同上书，第251页。

③ ［韩］韩元震：《南塘先生文集》第5册（《韩国历代文集丛书》第167册），第394页。

④ 参见《南塘集》卷8《与崔成仲别纸（十月）》，［韩］韩元震：《南塘先生文集》第2册（《韩国历代文集丛书》第164册），第252页。

朱子曰："恶者固为非正，而善者亦未必中也。"自云："此不中底未发，自是一界分也。"① 朱熹此言出自《周敦颐集》卷2《通书（朱熹解附）》："刚柔固阴阳之大分，而其中又各有阴阳，以为善恶之分焉。恶者固为非正，而善者亦未必皆得乎中也。"② 另一种是"大本底未发"，其引朱子曰："以此心而应万物之变，无往而非中矣。"自云："此大本底未发，真个是筑底处也。"③ 这里可能错把北宋理学家吕大临（字与叔，1040—1092）的话当成朱熹之言，盖因《宋元学案》卷31《吕范诸儒学案》过录吕氏之语："喜怒哀乐之未发，则赤子之心。当其未发，此心至虚，无所偏倚，故谓之中。以此心应万物之变，无往而非中矣。"④ 回到未发之辨，巍岩认为："德昭于是二者，盖未尝勘究。故其言或认浅作深，或援精说粗，极其辩给，终不成说话，无乃可笑乎！"⑤

以上两种未发，巍岩持守"大本底未发"，而不是"不中底未发"。《巍岩遗稿》卷13《未发辨后说（己亥）》有云："噫！未发是何等精义，何等境界！此实理气之大原，心性之筑底处。而谓之大原、筑底处者，无他，正以其理气同实、心性一致而言也。圣人则合下以理为心，故心即性，性即心，体即中，用即和，无容可议矣。"⑥ 离开"大本底未发"，未发为纯善之说也就无从谈起。

巍岩自然熟悉朱熹说的"气不用事"，《巍岩遗稿》卷7《与崔成仲（己丑）》指出："然则所谓未发，正是气不用事时也。夫所谓清浊粹驳者，此时无情意，无造作，淡然纯一，亦善而已矣。此处正好单指其不偏不倚、四亭八当底本然之理也，何必兼指其不用事之气而为言乎？"⑦ 巍岩拿"气不用事"支持未发为纯善之说，但南塘对恶以及气质之性的重

---

① 〔韩〕李柬：《巍岩先生文集》第2册（《韩国历代文集丛书》第732册），第262—263、263页。

② （北宋）周敦颐著、陈克明点校：《周敦颐集》，中华书局2009年第2版，第20页。

③ 〔韩〕李柬：《巍岩先生文集》第2册（《韩国历代文集丛书》第732册），第263—264、264页。

④ （清）黄宗羲原著，（清）全祖望补修，陈金生、梁运华点校：《宋元学案》第2册，第1106—1107页。

⑤ 〔韩〕李柬：《巍岩先生文集》第2册（《韩国历代文集丛书》第732册），第264页。

⑥ 同上书，第311页。

⑦ 〔韩〕李柬：《巍岩先生文集》第1册（《韩国历代文集丛书》第731册），第481页。

视，促使他进一步辨明未发状态下的理气关系问题。

《巍岩先生文集》卷8《与成子长》有段话，值得特别注意：

> 未发说，愚意明德本体，则圣凡同得；而血气清浊，则圣凡异禀。明德即本心也，天君也；血气即充于百体者，所谓气质也。天君主宰，则气质退听于百体，而方寸虚明；此大本所在，而子思所谓未发也。天君不宰，则血气用事于方寸，而清浊不齐；此善恶所混，而德昭所谓未发也。然则朱子所谓"原头未发，众人与圣人都一般"者，即此血气退听之时，方寸虚明之体也。而但圣人，则本心无时不宰，方寸无时不明，而血气无时不退听，故动亦定、静亦定矣。众人则不然，以其有同得之本心，故或时有虚明之境，与圣人无异，而其所谓不齐者，则此时直不用事而已。俄顷之间，消者复息，敛者复张，则旋失其本明而血气依旧作心体矣。非存养之久，澄治之至，视听言动一循天则之前，则奈可与圣人气质同而言之哉！①

这里先把巍岩引朱熹语的原文过录：

> 喜怒哀乐未发之中，未是论圣人，只是泛论众人亦有此，与圣人都一般。或曰："恐众人未发，与圣人异否？"曰："未发只做得未发。不然，是无大本，道理绝了。"或曰："恐众人于未发昏了否？"曰："这里未有昏明，须是还他做未发。若论原头，未发都一般。只论圣人动静，则全别；动亦定，静亦定。自其未感，全是未发之中；自其感物而动，全是中节之和。众人有未发时，只是他不曾主静看，不曾知得。②"

未发状态下，圣凡究竟有何同异？巍岩认为：从本心看，圣凡同得；从气质看，圣凡异禀。圣凡同得亦即朱熹说的"原头未发，众人与圣人

---

① ［韩］李柬：《巍岩先生文集》第1册（《韩国历代文集丛书》第731册），第566—567页。

② （南宋）黎靖德编、王星贤点校：《朱子语类》第4册，中华书局1994年版，第1508页。

都一般"或"若论原头，未发都一般"，原因在于"天君主宰，则气质退听于百体，而方寸虚明；此大本所在，而子思所谓未发也"。此一未发，实则本心有足够强大的力量击退气质。可是，巍岩接下来论圣凡异禀，认为对于众人而言，如果本心"此时直不用事"，就会"旋失其本明而血气依旧作心体"。此一未发，难道真的与"天君不宰，则血气用事于方寸，而清浊不齐；此善恶所混，而德昭所谓未发也"截然不同吗？《巍岩遗稿》卷12《未发有善恶辨》云："愚每以气纯于本然，而后理亦纯于本然。"① 气纯而后理纯，足以确保未发为纯善之说。既然如此，何必论未发状态下的圣凡异禀呢？把圣凡异禀放到已发之后来讲，不是更省事，也让人们更易理解吗？

四

以上对南塘的未发有善恶之论、巍岩的未发为纯善之说进行了简单讨论，下面思考两个问题：第一，两位辩手是否有趋同的一面？第二，未发之辨与朱子学的差异如何体现？

先看第一个问题。南塘的未发有善恶之论、巍岩的未发为纯善之说，历来给人针锋相对的印象。其实，《中庸》说的"喜怒哀乐之未发，谓之中"，在朱子学以及宋明理学的脉络里面，已用理气、善恶等范畴进行诠释。具体到未发之辨，尤其是在初始研究阶段，如果着眼于中，就会采取巍岩的思路，此亦（子）思、孟（子）传统的折射；如果关注到喜怒哀乐，就会选择南塘的路数，此亦荀（子）、扬（雄）传统的延续。论辩一旦继续并深化，则须面面俱到，充分照顾到程朱的理气善恶之辨。正因此故，南塘折衷于"未发之前，气质之性不可见，而已发之后方可见也"，似乎放弃了未发有善恶之论，已与巍岩为伍；巍岩调停于"明德本体，则圣凡同得；而血气清浊，则圣凡异禀"，仿佛否定了未发为纯善之说，已与南塘同道。对于这种折衷、调停的现象，我们至少可以视为趋同。为何如此？盖因南塘、巍岩均以本然之性为目标导向、以朱子学为思想资源，亦与论题本身必须置身于更广的视域方能有效展开有关。就未发论未

---

① ［韩］李柬：《巍岩先生文集》第2册（《韩国历代文集丛书》第732册），第255页。

发，很难说清楚未发。南塘、巍岩的未发之辨与人物性同异之争密切相关，"他们都毫无例外地承认物这一自然存在也是具有道德性的"①，亦可佐证趋同这一特征。

再看第二个问题。在具体论证上，南塘对朱子学有质询，巍岩则多依傍。这一未发之辨与朱子学究竟有何差异呢？朱熹有言：

[1] 性、情一物，其所以分，只为未发已发之不同耳。若不以未发已发分之，则何者为性，何者为情耶？仁无不统，故恻隐无不通，此正是体用不相离之妙。②

[2] 情之未发者，性也，是乃所谓中也，天下之大本也。性之已发者，情也，其皆中节，则所谓和也，天下之达道也。皆天理之自然也。妙性情之德者，心也。所以致中和、立大本而行达道者也，天理之主宰也。③

[3] "喜怒哀乐未发谓之中"，程子云："敬不可谓之中，敬而无失，即所以中也，未说到义理涵养处。"大抵未发已发，只是一项功夫，未发固要存养，已发亦要审察。遇事时时复提起，不可自怠，生放过底心。无时不存养，无事不省察。④

朱熹对于未发、已发，既讲本体论，又讲功夫论。从本体论看，因未发、已发不同，故有性、情之分，"情之未发者，性也"，"性之已发者，情也"；性、情又本为一物，"妙性情之德者，心也"，当以心统性情。从功夫论看，未发固要存养，已发亦要审察，无时不存养，无事不省察。本体论与功夫论更须和衷共济，"此正是体用不相离之妙"。

据此可知，南塘、巍岩的理论兴趣更重本体论，并以未发为瓶颈，从善恶博弈的视角丰富、拓展了未发状态下的人性论问题，可谓言朱子学之所未言。栗谷学派奠基者李珥（号栗谷，1536—1584）尝言："未发之

---

① 参见邢丽菊：《朝鲜朝时期"人物性同异"论争的理论来源及其差异——巍岩李柬与南塘韩元震之人物性同异论比较》，《哲学研究》，2008 年第 11 期，第 69 页。

② （南宋）朱熹著，郭齐、尹波点校：《朱熹集》第 4 册，四川教育出版社 1996 年版，第 1875 页。

③ （南宋）朱熹著，郭齐、尹波点校：《朱熹集》第 6 册，第 3536—3537 页。

④ （南宋）黎靖德编、王星贤点校：《朱子语类》第 4 册，第 1511 页。

体，亦有善恶之可言者，甚误。"（《栗谷先生全书》卷9《答成浩原》)①
南塘论未发有善恶，明显不同于这一观点。巍岩的心性一致论被对手视为
阳明学的"心即理"，而有违于正统朱子学的"性即理"，尤为令人深思。
有论者推测："巍岩的'心性一致'是朱子学向阳明学发展的一个逻辑过
程，它在哲学性和思想性上起着连接朱子学和阳明学的作用，也体现了朝
鲜中后期朱子学的'心学式'发展趋向，这在思想史上具有非常重要的
意义。"②　总之，南塘、巍岩的未发之辨与正统朱子学存在差异，但又不
宜夸大，毋宁说它是朱子学传统下合乎历史与逻辑的自我修正与发展。

　　黑格尔（1770—1831）的《法哲学原理·序言》曾说，哲学是"被
把握在思想中的它的时代"③。同样，没有朝鲜朝中期特定的社会历史文
化背景，就不会发生南塘、巍岩的未发之辨。更值措意者，两位辩手之间
的趋同一面，昭示了朝鲜朝民族文化精神的整合；这一未发之辨与朱子学
之间的差异一面，证实了朝鲜朝哲学思辨水平的提升。

---

　　①　[韩] 李珥：《栗谷先生全书》第2册（《韩国历代文集丛书》第211册），景仁文化社
1999年版，第130页。

　　②　邢丽菊：《关于朝鲜儒者巍岩与南塘的未发论辩之考察》，中国人民大学孔子研究院编：
《儒学评论》第8辑，河北大学出版社2012年版，第293页。

　　③　参见 [德] 黑格尔著：《法哲学原理（或自然法和国家学纲要）》范扬、张企泰译，商
务印书馆1961年版，第12页。

从"孟荀齐号"到"先荀后孟"

——试析汉晋南北朝时期孟荀地位的变迁

山东社会科学院国际儒学研究与交流中心　李玉

　　"孟荀齐号"、"先荀后孟"是汉晋南北朝时期史籍中，基于孟子、荀子序位先后而出现的两种提法。"孟荀齐号"将孟子、荀子同等齐观、置于一个自然的次序之中，一般没有孰轻孰重的比较；"先荀后孟"则自觉地将荀子提前、置二者于一个非自然的次序之中，从而带有了重荀乃至扬荀的意味。汉晋南北朝时期，时人在并提孟子荀子时，经历了一个从"孟荀齐号"到"先荀后孟"的相对的变化过程，这一序位上的前后重置，从一定程度上直观地反映出了孟、荀地位的历史演变，也从不同侧面透露出这一时期儒学内部发展趋势及思想文化的潮流变化。

一　《史记》与"孟荀齐号"之基调

　　"孟荀齐号"①起自汉儒。西汉时，司马迁撰《史记》专设"儒林列传"，以"孟子、荀卿之列"并提孟荀，并以此强调二者在儒学承继发展中的地位，"然齐鲁之间，学者独不废也，于威、宣之际，孟子、荀卿之列，咸遵夫子之业而润色之，以学显于当世②"。其后，司马迁又以"猎儒墨之遗文，明礼义之统纪，绝惠王利端，列往世兴衰"③为意作一列传，此传虽涵括儒家、墨家、阴阳家、道家等十多位先秦诸子，却独冠以

---

① 清代学者梁玉绳在《史记志疑》第三十六卷中指出："孔、墨同称，始于战国，孟、荀齐号，起自汉儒，虽韩退之亦不免。"

② （西汉）司马迁：《史记》卷一百二十一《儒林列传》。

③ （西汉）司马迁：《史记》卷一百三十《孟子荀卿列传》之"太史公自序"。

孟子荀卿之名，"尊儒"的同时也突出了孟子、荀子在当世的学术地位。

汉魏时期，"孟荀齐号"盛行。东汉班固《汉书》承继《史记》，多次出现"孟荀齐号"。或排序列举，如"自孔子后，缀文之士众矣，唯孟轲、孙况、董仲舒、司马迁、刘向、扬雄，此数公者，皆博物洽闻，通达古今，其言有补于世"①；或孟荀一体，如"然齐鲁之间，学者犹弗废，至于威、宣之际，孟子、孙卿之列，咸遵夫子之业而润色之，以学显于当世"②；或陈述史实，如《汉书·艺文志》列出历代著述时也将孟荀并提，"孟子十一篇孙卿子三十三篇"。《史记》、《汉书》确立的"孟荀齐号"之表达形式为时人广为接受，王逸撰《楚辞章句》提"孟孙"，"其后周室衰微，战国并争，道德陵迟，谲诈萌生。于是杨墨邹孟孙韩之徒，各以所知，着造传记，或以述古，或以明世"③；高诱注《吕氏春秋》，在序文中并提孟荀等人，"此书所尚，以道德为目标，以无为为纲纪，以忠义为品式，以公方为检格，与孟轲、孙卿、淮南、扬雄相表里也"④；陆绩在《述玄》中将孟荀视为一体，"逮至孟轲、孙卿之徒，及汉世贤人君子，咸并服德归美，谓之圣人，用《春秋》以为王法，故遂隆崇，莫有非毁"⑤；徐干则将孟荀对照而论，"昔齐宣王立稷下之宫，设大夫之号，招致贤人而尊宠之，自孟轲之徒皆游于齐；楚春申君亦好宾客，敬待豪杰，四方并集，食客盈馆，且聘荀卿，置诸兰陵。然齐不益强，黄歇遇难，不用故也"⑥；曹魏李康在《运命论》中也将孟荀地位同等齐观；"虽仲尼至圣，颜冉大贤，揖让于规矩之内，闾阎于洙、泗之上，不能遏其端；孟轲、孙卿体二希圣，从容正道，不能维其末，天下卒至于溺而不可援"⑦；孙吴人谢夷吾上书推荐王充，将孟荀视为一体与杨雄刘向司马迁相比照，"夷吾荐充曰：'充之天才，非学所加，虽前世孟轲、孙卿，近汉杨雄、刘向、司马迁，不能过也。'"⑧此外，先秦至两汉一直探讨人性话题，孟

---

① （东汉）班固：《汉书》卷三十六《楚元王传》。
② （东汉）班固：《汉书》卷八十八《儒林传》。
③ （东汉）王逸：《楚辞章句》卷一。
④ （东汉）高诱：《吕氏春秋注》。
⑤ （西汉）扬雄撰、晋范望注：《太玄经》卷首《述玄》。
⑥ （东汉）徐干：《中论》卷下《亡国》。
⑦ （南朝梁）萧统：《文选》卷三《论三》。
⑧ （南朝宋）范晔：《后汉书》卷四十九《王充传》注引谢承《后汉书》。

子荀子性善性恶的鲜明立场是这一时期"孟荀齐号"的重要内容，王充专辟《本性篇》梳理人性论话题，列举孟荀等人观点，"孟轲言人性善者，中人以上者也；孙卿言人性恶者，中人以下者也；扬雄言人性善恶混者，中人也"①，荀悦也就人性善恶问题多加着墨，指出"故曰穷理尽性以至于命，孟子称性善，荀卿称性恶，公孙子曰：性无善恶，扬雄曰：人之性善恶浑"②。

　　如果说汉魏时期"孟荀齐号"盛行，两晋南北朝时期则相对低落，而且"孟荀齐号"所强调的思想内容也发生了很大变化。西晋傅玄称赞孟荀二人，"孟轲、荀卿若在孔门，非唯游、夏而已，乃冉、闵之徒也"③；南朝梁人刘勰在评论诸子以"孟荀"并称对比其他，"研夫孟荀所述，理懿而辞雅；管、晏属篇，事核而言练"④；北齐刘昼在评论各学派时，指出"儒者，晏婴、子思、孟轲、荀卿之类也。顺阴阳之性，明教化之本，游心于六艺，留情于五常，厚葬久服，重乐有命，祖述尧、舜，宪章文、武，宗师仲尼，以尊敬其道"⑤。值得注意的是，这一时期，"孟荀齐号"所强调的学术思想侧重点已经发生了变化，几乎没有以人性善恶为重点的阐发，而代之以气节风尚、文学辞赋观。如，东晋葛洪在《抱朴子》中指出，"圣人之清者，孟轲所美，亦云天爵贵于印绶。志修遗荣，孙卿所尚，道义既备，可轻王公"⑥，孟子赞美圣人之清，荀子崇尚志修遗荣，以对照列举强调观点；南朝梁刘勰则以孟荀并称赞扬二人在齐国、楚国文学发展中的影响作用，"唯齐、楚两国，颇有文学。齐开庄衢之第，楚广兰台之宫，孟轲宾馆，荀卿宰邑，故稷下扇其清风，兰陵郁其茂俗"⑦。

　　总体而言，自西汉司马迁撰《史记》开始，"孟荀齐号"逐步为后世所沿用。东汉三国时期"孟荀齐号"广为流行，在修史著述、奏疏、表

---

① （东汉）王充：《论衡》卷三《本性篇》。

② （东汉）荀悦：《申鉴》卷五《杂言下》。

③ （西晋）傅玄：《傅子》卷三。

④ （南朝梁）刘勰：《文心雕龙》卷十七《诸子》。

⑤ （北齐）刘昼著、傅亚庶校释：《刘子校释》卷十《九流》。

⑥ （东晋）葛洪：《抱朴子外篇·逸民》。

⑦ （南朝梁）刘勰：《文心雕龙》卷四十五《时序》。

议等均可窥见，强调孟荀二人在儒学传承中的影响与地位，侧重于孟荀人性论的阐发。两晋南北朝时期"孟荀齐号"相对低落，强调侧重的思想内容也发生了变化，主要强调孟荀二者的文学辞赋观及地位。

二 "先荀后孟"之由来与兴起

"孟荀齐号"起自《史记》，"先荀后孟"似乎也起自《史记》。在《十二诸侯年表》中，司马迁在谈到采摭与运用《春秋》之文著书时，有意将荀子排在孟子之前，"荀卿、孟子、公孙固、韩非之徒，各往往捃摭春秋之文以著书，不可胜纪"①，如此一来，孟、荀序位在自然次序"孟荀齐号"之外，又有了非自然次序，即"先荀后孟"。在此，为何说司马迁是有意而非笔误？《十二诸侯年表》开头便说"太史公读春秋历谱牒，至周厉王，未尝不废书而叹也"，"未尝不"昭示着司马迁并非一次地研读《春秋历谱牒》，既然如此重视，就不可能随意或笔误，只能以司马迁看重荀子在《春秋》传扬过程中的地位来解释。在这里，司马迁给后世提供了撰文范式，即在"孟荀齐号"之外，可采取"先荀后孟"的形式强调荀子的地位。除此之外，汉代刘向、班固都给予荀子以很高的评价，这也是称谓上形成"先荀后孟"的一个重要因素。刘向在《孙卿书录》中这样评价荀子："如人君能用孙卿，庶几于王……观孙卿之书，其陈王道甚易行，疾世莫能用。其言凄怆，甚可痛也！呜呼！使斯人卒终于闾巷，而功业不得见于世，哀哉"，而班固在《汉书·刑法志》中则明确指出"唯孙卿明于王道"。

汉魏时期，"先荀后孟"开始较多地出现，并因荀子名谓变化而逐渐形成"荀孟"、"孙孟"等固定称谓。王充在《论衡》中较早将"先荀后孟"固定为"荀孟"、"孙孟"，或以"荀孟"对照"孔墨"，指出："贤圣不空生，必有以用其心。上自孔墨之党，下至荀孟之徒，教训必作垂文"②，或以"孙孟"之称指代荀子孟子，"董仲舒览孙孟之书，作情性之说，曰：天之大经，一阴一阳；人之大经，一情一性。性生于阳，情生

---

① （西汉）司马迁：《史记》卷十四《十二诸侯年表》。
② （东汉）王充：《论衡》卷二十九《对作篇》。

于阴。阴气鄙，阳气仁。曰性善者，是见其阳也；谓恶者，是见其阴者也。若仲舒之言，谓孟子见其阳，孙卿见其阴也。"① 在人性论的问题上，王充否定孟子，虽然也批评荀子，总起来还是看重荀子的，因此，在并提孟子荀子时，王充应该是有意将荀子提前，从而形成"荀孟"、"孙孟"之称。汉魏之际，徐干的《中论》扬荀意味更加明显，虽然也有"孟荀齐号"的叙述，但更为明显的是重荀思想，不但将荀子与孔子并提，而且强调"先荀后孟"，即"予以荀卿子、孟轲怀亚圣之才，著一家之法，继明圣人之业"②，并尊称荀卿为"荀卿子"，更是明确地表达对荀子的仰慕之情，"君以为纵横之世，乃先圣之所厄困也，岂况吾徒哉！有讥孟轲不度其量，拟圣行道，传食诸侯，深美颜渊、荀卿之行。"③

两晋南北朝时期，尽管"孟荀齐号"与"先荀后孟"的记载基本相当，但是相对于"孟荀齐号"，有意而为之的"先荀后孟"更加引人关注，"荀孟""孙孟"似乎成为两晋南北朝时人的习语，越来越多的奏疏上表、私人论著中采取"先荀后孟"的表达形式，在孟荀地位对比上显露出更多重荀扬荀之意味。西晋时，王沈与傅玄的书信中提及"孙孟"之称，"省足下所著书，言富理济，经纶政体，存重儒教，足以塞杨、墨之流遁，齐孙孟于往代"④，李重在奏疏中则也以"孙孟"之称，"陈原隐居求志，笃古好学，学不为利，行不要名，绝迹穷山，韫韣道艺，外无希世之容，内全遁逸之节，行成名立，搢绅慕之，委质受业者千里而应，有孙孟之风，严郑之操"⑤。在"先荀后孟"的表达中，不少人对荀子推崇倍至。西晋段灼在上表（晋武帝）时，分别引征孟子、孙卿之言，"百王垂制，圣贤吐言，来事之明鉴也。孟子曰：'尧不能以天下与舜，则舜之有天下也，天与之也'……孙卿曰：'尧舜禅让，是不然矣。天下者，至重也，非至强莫之能任；至大也，非至辩莫之能分；至众也，非至明莫之能见。此三至者，非圣人莫之能尽。'由此言之，孙卿、孟轲亦各有所

---

① （东汉）王充：《论衡》卷三《本性篇》。
② （清）严可均：《全三国文》卷五十五《中论序》。
③ 同上。
④ 《晋书》卷四十七《傅玄传》。
⑤ 《晋书》卷四十六《李重传》。

不取焉"①，引述孟子、荀子的思想观点时，不仅详荀而略孟，而且将孙卿置于孟轲之前，不能不说是对荀子的重视。南朝梁沈约在《宋书·志序》中指出班固撰《汉书》"缀孙卿之辞，以述刑法；采孟轲之书，用序食货"，《汉书》之志是先刑法后食货，因此这里荀前孟后并不能说是扬荀，但却可以看出对荀子刑法思想的肯定。北齐颜之推在《颜氏家训》中逐一列举："自子游、子夏、荀况、孟轲、枚乘、贾谊、苏武、张衡、左思之俦，有盛名而免过患者，时复闻之，但其损败居多耳"②，此处理应是按生年先后列举，但独将荀况置于孟轲之前，有笔误之因，不过，联系到颜之推称荀子为"硕儒"③，将荀子置于孟子之前更有重荀子的意味。

总体概观，"先荀后孟"虽较早出现，但在汉魏时期，其流行范围仅局限于《论衡》、《中论》等著述中。两晋南北朝时期，"先荀后孟"明显增多，不仅在侧重强调荀子思想观点时"先荀后孟"，在生活中，"荀孟""孙孟"也逐渐成为时人惯用的习语，如孙孟之风等，并且一直延续到隋唐。

三　简单结语

汉晋南北朝时期，"孟荀齐号"、"先荀后孟"均自西汉司马迁撰《史记》始，二者呈现出此消彼长之势。东汉三国时，"孟荀齐号"盛行，两晋南北朝时期，"孟荀齐号"下的孟荀并重逐渐出现重荀乃至扬荀内容，"先荀后孟"更加引人关注，并一直影响着隋唐，以至出现"孔墨荀孟"之称，"以尧舜汤武居帝王之位，垂至德以敦其风；孔墨荀孟禀圣贤之资，弘正道以励其俗"④，唐代不少文人亦有"先荀后孟"的提法。如此而言，康有为"唐以前尊荀子，唐以后尊孟子"⑤之语并非虚言。

"孟荀齐号"多在史实叙述过程中出现，只是梳理脉络、叙述事实，无关乎对孟子、荀子地位的比较，或者在叙述中将孟子、荀子分开来对

---

① 《晋书》卷四十八《段灼传》。
② （北齐）颜之推：《颜氏家训》卷四《文章篇》。
③ （北齐）颜之推：《颜氏家训》卷三《勉学篇》中"荀卿五十，始来游学，犹为硕儒"。
④ （唐）令狐德棻：《周书》卷四十六《孝义传》。
⑤ 《康有为全集·万木草堂口说》。

照，目的是强调二者思想的侧重点，并未有将二者比较之意。"先荀后孟"则较多地出现在观点性阐发中，引征并评论荀孟思想，普遍带有重荀扬荀意味。从"孟荀齐号"到"先荀后孟"，是从将孟子荀子同等齐观到重荀轻孟的变化过程，是从一个自然的次序到一个非自然的次序。这一序位的变化，直观地反映出了孟、荀地位的历史演变，同时也从不同侧面透露出了这一时期思想潮流的变化情况以及儒学自身的取舍和趋势。总起来说，汉晋南北朝时期，在孟荀地位上呈现出"孟荀齐号"到"先荀后孟"的变化趋势，排除撰写习惯的偶然性因素，究其原因，应该与中汉以后统治者所奉行之"霸王道杂之"的治国理念和方略有关，孟学迂远，荀学切用；另外，就思想学术来看，魏晋南北朝时期，儒学衰微，玄、佛兴起，空谈玄虚之风盛行，荀学诚朴笃实之精神恰与之形成鲜明对照，从某种程度上，正可视为是儒学在面对空前挑战时的应对与自救。

善恶观：圣经犹太伦理与先秦儒家伦理之比较

山东社会科学院法学研究所　谢桂山

　　善恶问题是宗教与伦理、人生与信仰的两大主题。犹太先人的善恶认知表现出独特的生存智慧和民族性特征。先秦儒家人性善恶的双面理论设计已洞察到人只有在道德化的道路上，才能显示和提升人之为人的人格。两个民族的思想精英很早就把善恶问题纳入宗教和伦理思考的视阈，建构了具有各自民族特色的善恶观及其评价机制和标准。因之，在比较视阈中对两种善恶观进行研究，有重要的现实价值。

一　两大伦理体系设置的善恶前提、内容和标准相异

　　首先，善恶立论的前提相悖。对圣经犹太伦理而言，善有神性的根源，上帝及其律法是善恶的标准，人敬畏上帝，行上帝之道，回应上帝之爱，就是最大的善。因此，善之于犹太教及其伦理，有一个神性的本原，行善、向善以及由此衍生的善之具体表现形式不过是对上帝之原善的复归。其实，人格神上帝之原善不过是人性之善的内容和形式抽象和升华后，赋予了上帝耶和华，但在一神教架构中，上帝之原善、至善与人性之善却做了反向的解释罢了。傅佩荣认为："犹太人的神从亚伯拉罕开始，就深深介入人间的际遇，有时到了烦恼不堪的程度。……宗教是'人神关系之体现'：在神方面，本性永恒一致；在人方面，想法因时因地而改变；两者的关系有如化学实验一般，总是随着人这一方面的变动而产生新奇的状况。神之所以有历史，完全是人造的。"善恶问题的探索在圣经犹太教时期，尚未清晰勾勒出来，还处于朦胧、零散的初始阶段，关于人性善恶之同源同体的思想尚处于萌芽状态。

对先秦儒家而言，人性是善恶坐标主轴，对人及其本质的勘定是先秦儒家思想的重要向度，道德规范、礼仪制度的设置，皆以人性善恶为依归，外在体制性和制度性的规范礼仪又是人性完善必要的方式和手段。先秦儒家之性论是人论而非物论更非神论。孔、孟、荀人性之善恶立论虽各有偏颇，但以人及其本质为思考中心而展开思想运作的机制和历程却是深刻有效的。

二者的比较绝非说明两种善恶观孰优孰劣，就理论的神圣性和钳制性而言，圣经犹太教的善恶观更为突出，上帝至高无上的监督而形成的他律机制是人弃恶向善重要原因；就理论的系统性和深刻性而言，先秦儒家之人性善恶思想则略擅胜场，先秦儒家"对善恶不同的层次进行了辨析，对人性的善恶进行了辨说，对各种观点加以比较、综合，建立起与形而上学相通、涵盖认识论、伦理观、政治历史观等各领域的性命之学，形成了关注人性问题的学术传统。"先秦儒家对人性观照与解读是多维度、贯通性的，对人的本质体认更具饱满性和穿透力。

其次，善恶观的特点相异。宗教之善恶与伦理之善恶混杂，是圣经犹太教在善恶问题上的一个重要特点。在《圣经·出埃及记》中，一类恶是指天灾、人祸和偷盗、说谎、杀人等；一类是指崇拜偶像、信奉异族神祇等。恶尚未与自然灾害和生理的疾病、痛苦、死亡区别开来，甚至是以禁忌形式出现的。如在《圣经·先知书》中，先知虽已经将伦理善恶与自然灾变、人祸区别开来，但他们设计的"好人范型兼备宗教崇拜上的善和伦理道德上的善；而坏人范型则兼备宗教崇拜上的恶和伦理道德上的恶"。

早期先知谴责恶欲膨胀、道德沦丧，把以色列的兴衰成败视为上帝赏善罚恶的结果，但在很多情况下，是把罪视为善的对立面，认为宗教罪是众多恶行中最严重的：叛教、崇拜异族神和偶像、亵渎耶和华上帝、妄称上帝耶和华的名，都要处以极刑。有时甚至将道德之"恶"视为"罪"，如，社会生活中的骄横、奢华和经济商业活动的不正当的获利行为，等等。《摩西五经》和《先知书》中，善恶思想仍属前伦理时代的思想，善恶的标准以信仰的向背为标尺，善恶取决于对上帝律法和契约的遵从，在很大程度上，也把罪作为善的对立面。"你自己的恶，必惩治你；你背道的事，必责备你。由此可知可见，你背弃耶和华——你的上帝，不存敬畏我的心，乃是恶事，为苦事。"（《圣经·耶利米书》2：19）对犹太先民来说，"每一种恶都是一种反对上帝的罪，因而也是反对保障人类生命自由因素的罪。敬畏与爱上帝的人在自身中就感觉到那种神圣的嫉恨：他憎恶和仇恨的不仅仅是这种或那种恶的行为，而且就是恶本身。……对上帝的信仰不允许存在投机取巧的道德中立论，以及对人间细微错失的漠然态度，或者说懒怠态度。"先知主要是从情感和道义方面说明善与恶的。善是厚爱、宽容、仁慈。恶是不忠、不信、见利忘义、背叛契约行为。先知警告人们，要将"善人与恶人，事奉神的与不事奉神的，分别出来"（《圣经·玛拉基书》3：18），求善对人生价值极大，先知阿摩司要求人们："你们要求善，不要求恶，就必存活"，不断地内省自新、净化自己的心灵，使公义和善之美德得以回归。"要恶恶好善，……秉公行义"（《圣经·阿摩司书》5：14，15）。因之，宗教之善恶与伦理之善恶混同不分，甚至在同一意义上使用，是圣经犹太教时期的一个重要特征。

西周以降，随着人文主义的兴起，先秦儒家对善恶问题的理解早已经摆脱原始禁忌和宗教的缠绕，而是理性思考的结果。在孔子那里，善主要是指以"仁"为中心的"忠"、"孝"、"信"、"诚"、"敬"、"惠"等德行，其界定皆是结合人的社会行为而确定的。孟、荀等儒家后学亦沿袭了这一路径，他们所列出的善行之条目，亦不脱人世伦理之范围。即恶而论，儒家的观点主要是把身体欲望的无度要求、囿于自私之情感等背离社会化要求的行为视为恶行。因此，先秦儒家善恶观的着眼点在于对群己关系的处理：指向家庭之和睦、国家之统一、社会之安定的行为则归之为善；反之，拘于小我之私、耽于口腹之欲、营于一己之利的行为则归于为恶。

最后，善恶标准不同。"善"和"恶"是最基本的道德评价范畴。所谓善是指某一行为或事件，符合于一定社会道德原则和规范所表达的要求；而所谓恶，则是指某一行为或事件，违背一定社会的道德原则和规范所表达的要求。

圣经犹太律法规定：敬畏上帝，遵行上帝之道，爱上帝，尽心尽性事奉上帝，就是善的行为和品行，"耶和华眼中看为正、看为善的，你就要遵行"，上帝的一切诫命，"谨守遵行，这就是我们的义了"（《圣经·申命记》10：12；6：18，25）。追求公义，不枉正直，至公至义，是律法的基本要求，也是善的基本内容。"善恶的区别相对人的抉择来说是永久、不变和永恒的问题。这种差别无传统可溯源，亦不能归属于偶然，甚至也不能归于聪明人的观念意图。这种差别以唯一的上帝的存在为根基。"亚伯拉罕·海舍儿说："我们不是为了一个抽象的责任概念而对恶宣战的。我们行善并非因为善是一种价值，或者因为行善有效用，而是因为行善是我们对上帝应尽的义务。上帝创造了人，'他眼见为善'的事物，对于人也是善的。生命既属于人，也属于神。人是上帝的儿女，而不仅仅只是社会的一种价值。我们可以撇开上帝而去探究事物，但是我们不能撇开上帝而作价值判断。……要不是因为上帝的意志，就不会有善；要不是为了人的自由，善在历史上就没有适当的位置。"因此，善根源于上帝，上帝及其律法是善恶的最终标准和根据。

先秦儒家伦理是以人为本位为中心的伦理。葛兆光认为："一般来说，着眼于社会秩序的思想家往往过于重视人在社会中的关系即人与人之间的等级定位与调适合作，而不太重视个体存在状态的自由与真实，……儒者中的孟子、荀子，无论他们持性善之说还是性恶之说。他们对于一个'人'的价值评判，仍是以他在社会上的道德品格或功业成就为基准，人如果不赢得社会舆论的赞扬或政治权力的认可，不取得家、家族的尊重，很难被认为是实现了'人'的价值。尽管'求其放心'之中也有精神的自我完善、道德自我提升的内容，……但善、信、美、大、圣、神的评价依据仍然是一个人在社会中的行为、道德、价值以及意义的实现，而人的生存意义实现取决于人的性情，人的性情差异取决于人的修养，人的修养取决于人的等秩，人的等秩从一开始就决定了人的品格与价值。"对先秦儒家来说，善恶标准最终是以家、国、天下为根据。人不是宇宙中的个体生命存在，必须生存在人群中，没有社会作为人生坐标的参照系，个人的价值就难以实现。

两种善恶观对人之善恶品行及结果的评价，都设置了一个外在的评价标准，只不过一个是超然的上帝意志，一个是现实的社会需要。

二　两大伦理体系的善恶认知、善的理念、善恶评价方式相通

圣经犹太伦理与先秦儒家伦理虽属不同的伦理模式，但在善恶关系的

认知与改造、善的理念、善恶评价等层面，又有相通之处。

首先，他律与自律的统一。善的养成和恶的祛除问题是善恶观的重要内容，就此问题而言，圣经犹太伦理偏重他律，人去恶从善主要是外在律法的要求，而人之善行与恶行都有一个外在的他者——上帝的监督和评价；先秦儒家偏重自律，人的道德化之实现从根本上讲不是出于外在的禁锢与约束，而是来自基于切己自反而获得的道德体认，"为仁由己，而由人乎哉?"（《论语·颜渊》）犹太善恶观主要侧重把宗教与人性对接，在宗教中解读人性，进而达至对民族精神和民族性格型塑之目的；先秦儒家善恶观主要把伦理与人性勾连，在文化特别是在伦理和政治中诠释人性，进而实现"修齐治平"之主旨。

任何伦理体系都是自由选择与社会规约的统一，亦即自律与他律的统一。因此，二者在去恶从善的方法上，又颇有同趣。圣经犹太伦理之善恶观，在方法上也注重自律，其"罪在自身"的思想，特别注重个人的内省、自新和道德上自我净化。先知以西结书说："义人若转离义行而作罪孽死亡，他是因为所作的罪孽死亡。再者，恶人若回头离开所行的恶，行正直合理的事情，他必将性命救活了。因为他思量，回头离开所犯的一切罪过，必定存活，不必死亡。""你要将所犯的一切罪过尽行抛弃，自做一个新的心和新的灵，以色列家啊，你们何必死亡呢?"（《圣经·以西结书》18：26—28，30—32）。先知们对自律在善性培育中的作用是有深刻认识的。

先秦儒家对道德他律亦相当重视。如，孔子即以"克己复礼"来对"仁"进行界定，以"非礼勿视，非礼勿听，非礼勿言，非礼勿动"（《论语·颜渊》）为"为仁"之具体方法。孟子认为守善扬善，固然需要存心、养性、尽心、知性的自我努力与奋斗，但更需要良好的教育与政治法制等外在的社会规约。荀子认为去恶从善、"化性起伪"不仅需要"积善成德"、"由跬步致千里"的自我修身与学习，更需"圣人"的"礼义之化"，"师法"的正确引导，以及"君上之势"、"法正之治"、"刑罚之禁"等外部的强制和促进。总之，德礼政刑的社会纲纪规范，即礼治和法治都是去恶从善的基本方法。

其次，善恶评价标准与品行培育的方式相通。在现实层面，两种伦理模式的评价标准旨趣相通。尽管对圣经犹太伦理而言，上帝是善恶的最终依据，对先秦儒家伦理而言，社会需要是善恶的最终依据。但若剥离犹太善恶思想的神学外衣，就具体行为的善恶标准而言，爱、正义、公道、怜悯、孝、怜悯等仍为人最重要的善的品行，而此类伦理观念和品行亦为先秦儒家信奉和提倡。因此，在实际的操作层面上，二者在对具体行为的善恶评价方面又具有一致性。孔、孟、荀之伦理都特别重视道德礼义对人之品行的意义，在一定程度上都重道德轻利益、重仁义礼乐轻物质欲望。因此，两种伦理模式在具体行为的善恶评价标准上极为相近和一致。

犹太善恶观不承认人之善恶永恒之说，更不纠缠于人的本质，认为判断人之善恶主要看人的行为和行动。"犹太传统尽管意识到了生活的种种危险和陷阱，但还是在不断提示着生活中庄严而永恒的行善的机会。它教导我们热爱今生的生活，因为今生具有获得博爱与圣洁的潜力，因为今生存在侍奉上帝的诸多途径。……在上帝的眼里，人所做的努力和准备，比他获得和达到的完善程度更为重要。"人们行善并非因为善是一种价值和有效用，而是因为行善是对上帝应尽的义务。因之，"不尚教义、信条和学说，注重实际生活中的恭行践律和德行是犹太教的一个重要特征。"检验一个人是否守教的标准既在于"信"，更在于是否遵循律法而"行"，一个"行"字突出圣经犹太伦理的特色。

先秦儒家非常重视道德实践，"子以四教：文、行、忠、信"（《论语·述而》），孔子对"行"是极其强调的。"子贡问君子。子曰：'先行其言而后从之。'"（《论语·为政》）同时，先秦儒家还强调善的超功利性，认为为善并非为一己利益之满足，而实为践履为人之本性，是一个社会人的本分。孔子首倡义利之辩，主张"君子谋道不谋食"（《论语·卫灵公》）；孟子更是将践仁行义视为尽心知性的过程，视为治国平天下的前提，认为人之完美善性即道德性的获得，需要自身努力的发掘和扩充，发挥人"向善"的主观能动性，就能实现理想的人格和完美的人生价值。在荀子看来，人的天性中不存在善性或道德性，而后天努力"求善"能令自身具备善性或道德性。他说："性也者，吾所不能为也，然而可化也；情也者，非吾所有也，然而可为也。注错习俗，所以化性也；并一而不二，所以成积也。习俗移志，安久移质。一而不二则通于神明，参于天地矣。""涂之人百姓积善而全尽谓之圣人。彼求之而后得，为之而后成，积之而后高，尽之而后圣，故圣人也者，人之所积也。"（《荀子·儒效》）

人之为人，要知其"可为"与"不能为"。"可为"者，"化性起伪"、"积"也。"积"乃"可为"、"当为"之所在。人之所以"积"，在"积善而全尽"——圣人也。人以"可为"、"当为"即以"积"之主观能动性，"行之，明也，明之为圣人"（《荀子·儒效》）。尧禹之为圣人，亦修习积为的结果，"尧禹者，非生而具者也，夫起于变故，成乎修修之为，待尽而后备者也"（《荀子·荣辱》）。

历史条件、民族特点、地理环境、文化类型的差异，令圣经犹太和先秦儒家之善恶观呈现出独特的个性特征。但就现实层面而言，在善恶标准与品行培育的方式上却旨趣相通：二者都主要把道德（律法）作为评价善恶的标准，善之品行和善之行为在圣经犹太教中是爱、公义、平等、诚信、怜悯等，在先秦儒家那里是仁、义、礼、智、信、孝等，善之形式的差异性表达并未遮蔽评价标准的一致和善之内涵的不谋而合。少有信息传递的两个古老民族，在各自"求善"的征途中善之内容相通、善恶标准一致可谓不期而期，殊途同归。这些皆是人类文明演进和人类自身发展、完善内在需要的共同性所致。就方法论而言，圣经犹太善恶观和先秦儒家善恶观都直接与现实生活（宗教与政治）相关联，与古希腊善恶观主要把伦理与自然观结合，以思辩、推理方法研究善恶问题不同，犹太先哲和先秦儒家多采用经验归纳法、直接论证而少有抽象概念的思辨。

再次，善恶评价与道德评价合而为一、混同不分。善恶评价是一种特殊的道德判断活动，将善恶评价视为道德评价，笼而统之，无疑是正确的。但就具体情况而言，不应把善恶评价混同于道德评价、善恶判断等同于道德判断，反之亦然。善恶评价是道德评价的主要内容，但不是唯一的内容。弗兰克纳指出，道德判断或伦理判断属于不同的种类，"在我们的一些道德判断中，我们说，某一行为或某类行为是道德上的正当的、错误的、有义务的，是一种职责或者是应该做的，或者是不应该做的。在其他一些判断中，我们所谈的不是关于行为或某类行为，而是关于人、动机、意向、品格特点等，我们说道德上善的、恶的、有道德的、不道德的、有责任的、应该受到谴责的、圣洁的、卑鄙的，等等"，"我们将前一类判断叫做道德义务的判断或义务判断，而后一类判断叫做道德价值的判断或道德品质的判断。"善恶评价仅是道德价值的极性评价，涉及的是道德价值之正负价值的两极。善是一种超越具体规范的正向的更高的价值，恶则是对道德规范之目的的破坏所表现出的最大的负向价值。因此，善恶评价是对道德价值最低和最高的两极评价，它只是道德评价的一部分内容，是对道德目的性价值层次的认识与判断。在圣经犹太教伦理与先秦儒家伦理思想体系中，善恶评价主要是道德价值的极性评价，对大恶与至善区间的小恶、小善、亦恶亦善、时恶时善等都涉及较少，最高与最低的极性评价对于道德价值之倾向性、鲜明性固然重要，因为它们为道德主体提供的是导向性信号和易于接受"应当"或"不应当"的判断，但在现实层面存在更多的却是介于大善与大恶之间的价值判断，以及善恶混生难以明辨的现象。两种伦理的道德评价是极性倾向的，虽抓住了道德评价的核心和关键，但对现实层面之复杂道德现象的评价，二者给予我们的思路显然不是最好的。

最后，德行形成的方法相通。对个人自身的道德品质形成和改变中的能动性来说，道德修养是最重要、具有决定意义的道德活动形式。圣经犹太伦理和先秦儒家伦理一致认为，个体德性和人格境界的提升决非一蹴而就，而是一个学行并举、艰苦磨炼的长期修养过程。

在圣经犹太教伦理看来，恶是人性和社会之威胁与挑战，是对上帝律法的违背。去恶从善方法是：爱上帝、遵律法、助他人中净化自身行为。犹太先人认为，善中不仅蕴涵着恶的可能性，而且更重要的是善中蕴涵着更大善的可能性，力戒罪过，不断忏悔，行小善就能至大善。行善机会随时存在，生命的宝贵就在于持之以恒地遵行上帝的意志和律法，努力行动与实践。《圣经》说："我今日所吩咐你的诫命不是你难行的，也不是离你远的。""这话却离你甚近，就在你口中，在你的心中，使你可以遵行。"（《圣经·申命记》30：11，14）人天生都有行善的能力，"你受命，故你能够"，行善之中的缺点、疏忽、过错和失败，并不能怀疑创世的奇迹和人具有的遵行上帝意志的能力。犹太伦理关于去恶向善、行小善至大善的修养进路，是对人类履行上帝律法能力的抱有信心，亦即对人类自身道德完善抱有信心，是逼近人类自身道德完善规律的深刻认识。因此，圣经犹太伦理之善恶思想处处洋溢着道德乐观主义精神。

儒家始祖孔子认为修身对道德品质形成至关重要，他说："德之不修，学之不讲，闻义不能徙，不善不能改，是吾忧也"（《论语·述而》）。只有"修己以敬"，才能"修己以安人"、"修己以安百姓"（《论语·宪问》)。修养的方法是学、思、行三者并举，修养是个漫长的过程："吾十有五而志于学，三十而立，四十而不惑，五十而知天命，六十而耳顺，七十而从心所欲不逾矩。"(《论语·为政》)孟子也肯定修养之重："君子之守，修其身而平天下"(《孟子·尽心下》)。他主要承续并推进孔子"思"的一面，认为修养之方是反省内求，修养之要在于存心养性，修养内涵是存心、养气、寡欲，修养目的是完善自己的人格。荀子更重修身为善之要。在修养的方法上，荀子拓展孔子之学、行两面，他强调后天学习和君师教化，善性之育是"学不可以已"过程，是闻、见、知、行连续性的过程，以"行"为重为终。修养需要"积跬步至千里"、"锲而不舍"精神，后天积极努力，发挥自己的主观能动性，不断地进行道德实践和磨炼，就会"积善能成德"，去恶从善，"圣心备焉"。

总之，圣经犹太与先秦儒家善恶观几乎一致地认为：去恶从善和道德品质的培育，须努力修养方能实现；但犹太之学、惧、行和忏悔有个上帝的监督，宗教意味更强，先秦儒家之学、思、行是人自我提升的需要，伦理实践意味更浓。

孝德思想变迁与养老模式创新

山东社会科学院人口学研究所　田杨

一　孝德思想的历史变迁

梁漱溟先生说，中国文化就是孝的文化。孝思想是中国传统伦理文化的基础。"百善孝为先"，孝德也是中华民族的首要美德。

生产力水平低下的远古时期，前代人积累起来的经验成为获取生产资料和生命延续的重要条件。长者、老人作为生活经验的载体和传承者，自然受到人们的敬重和尊奉，拥有较高的地位和权威。这个时期的尊老是一种自觉行为。但正是这种原始、质朴而又为社会普遍接受的尊老行为成为中国孝文化产生的社会基础和思想来源①。《礼记》记载，"年之贵乎天下久矣，次乎事亲。"尊老敬老的习俗早于以"事亲"为核心的孝德观念。

随着社会的发展，孝的内容或是说孝的要求逐渐复杂起来。《孝经》里面把孝分为五种：天子之孝、诸侯之孝、卿大夫之孝、士之孝、庶人之孝。尊老思想和行为逐渐从社会自觉发展为家庭自律，而且他律性色彩越来越重。中国传统社会是以血缘关系为纽带连接起来的宗法社会，家庭伦理是社会伦理的基础和原型。孝作为一种伦理观念和道德价值标准，成为家庭伦理的核心内容。从宗法和家庭伦理角度看，孝行包括日常的善事父母，包括祭祀祖先、光宗耀祖、传宗接代等诸多方面。(1)善事父母。子代对父母的生、养、教育之恩进行反哺，这可以看作是孝的本质。(2)光宗耀祖。《孝经》讲，"立身、行道，扬名于后世，以显父母"为"孝之终"。这是孝道在家庭范围内的最高要求。(3)传宗接代。"不孝有

---

① 张锡勤、柴文华：《中国伦理道德变迁史稿》，人民出版社 2008 年版，第 29 页。

三，无后为大。"儒家看来，家庭的功能首先在于延续男嗣。通过代际延续表达对祖先的崇敬，世世代代生生不息。儒家的孝思想将礼法的外在约束与仁义的内在自觉相统一，从代际关系出发，由家至族，由族至国，不断丰富其内涵，扩充其外延①。孝理念有着强烈的功利主义，封建统治者将其上升政治伦理，移孝为忠，弘扬"父为子纲，君为臣纲"。封建社会，每个人都是皇帝的子民。忠君便是尽孝，忠孝一体化了。至此，孝超越了道德范畴，成为一种政治策略。

孝思想通过代际间身体力行的教化和传承，世代延续下来。传统孝思想在维持家族和社会秩序方面起到了重要的作用，但也存在一些消极的影响。第一，孝行要求过于形式化、复杂化。儒家孝思想以仁为核心以礼为形式。"生事之以礼，死葬之以礼，祭之以礼"是儒家倡导的孝的基本标准，礼数繁杂。特别是对丧事和祭祀有严格的形式要求。适当的祭奠礼数可以表达哀思和对亲人的怀念，但规范过于教条苛刻，孝行就成为子女精神和肉体上的摧残。第二，部分传统孝行不符合社会发展和现代价值观的要求。被奉为孝行典范广为流传的"二十四孝"中的部分孝行典故，像"卧冰求鲤""尝粪忧心""埋儿奉母"等内容，精神可嘉，但时过境迁，在现代社会难以接受。还有，在封建社会，为防止无后，男子可纳妾。孝道在父权的基础上衍生了夫权，女性没有平等的社会地位，自身价值难以实现。第三，对长者或统治者的愚昧地无条件遵从，压抑了平等、创新精神，成为个人和社会进步发展的阻碍。"尊"不意味着无条件遵从，但对父母顺从是孝德的基本要求。传统意义上的孝德以代际间的不平等为主要特征，强调子女对父母的尊敬服从，是由上至下单方面的权力实现，否定了子女的独立人格，束缚了其创新发展。孝德又被推广到君臣关系中，移孝为忠，在某些方面沦为强化父权专制和君主独裁的工具，走向异化。

二　孝德思想的现代化转型

思想和文化的传承不意味着全盘接受、复古宣传，要寻求其适应社会

---

①　范鹏、白奚：《"礼"、"忠"、"孝"的现代诠释》，丁冠之等主编《儒家道德的重建》，齐鲁书社2001年版，第169页。

变迁的现代化发展。孝德思想也需要现代化转型。传统孝德向现代孝德的转型也是文化随着社会的变迁和发展而做出的反映。现代社会，孝的现实意义更加凸出，无论从自律性还是他律性层面都对赡养老人提出了刚性要求。养老敬老，这是孝的本质，也是孝德思想传承到今天仍需积极提倡的部分。

一方面，从家庭角度看，父母养育了子女，子女赡养父母，养老敬老的行为唯人类独有，孝是做人的基本原则。《说文》讲，"孝"为"善事父母者"。"孝"字的下面是"子"，上面是"老"，象形意义表达出一种直观的孝行。儿女背负父母，体现出对父母的照顾和赡养。同时，"老"在上，"子"在下，体现出尊老敬老的礼节和精神。孝顺父母，既体现在承担起照顾赡养老人的责任，也体现在尊敬、理解父母，关心其精神文化生活需要。孔子说，"今之孝者，是谓能养。至于犬马，皆能有养；不敬，何以别乎？"（《论语·为政》）养牲畜要给它们吃喝，如果对待父母也仅仅是给他们吃喝而不尊敬他们的话，那么和对待犬马还有什么区别？《中华人民共和国老年人权益保障法》规定，子女在履行赡养父母的责任和义务时，"应当关心老年人的精神需求，不得忽视、冷落老年人。与老年人分开居住的家庭成员，应当经常看望或者问候老年人。"孝德思想应该积极提倡，但孝行的实践不应以剥夺自身或是下代的发展权利为条件。《孝经》讲，"孝，始于事亲，终于立身。""事亲"是基本要求，"立身"成为孝行的最高境界。"立身"，鼓励子女实现自我价值，这也是对父母最大的精神慰藉，这在当今社会也有积极的指导意义。此外，自由、平等、独立、民主的现代价值观，要求现代意义上的孝德更强调代际关系平等和谐，孝行在反哺与接力中实现统一，相互尊重各自独立的人格尊严和生活方式，以家庭成员的共同发展为目的。

另一方面，从社会角度看，由孝德推广出的尊老精神有利于社会和谐发展。体现在社会层面的孝，其行为主体可分为政府和一般社会成员两部分。首先，从政府角度来看，各有关部门协力合作，致力于推进中国养老服务体系建设。民政部门制定、完善养老配套政策措施，推进养老机构改革，做好困难老年人保障工作。财政部门加大对养老的财政投入，扩大购买养老服务范围。人社部门做好养老保险和医疗保险两大社会保障工作。卫计委推动实现医养结合，实现老年人健康管理城乡全覆盖。此外，针对老年人群体，扩大公共服务范围，提高在公园、场馆使用及乘车等方面的优惠待遇。其次，作为社会的一员，"家家有老人，人人都会老"，应弘扬"老吾老以及人之老"的尊老爱老精神，形成和谐的社会氛围和道德风尚。中共中央《关于构建社会主义和谐社会若干重大问题的决定》提出，"弘扬中国传统文化中有利于社会和谐的内容，形成符合传统美德和时代精神的道德规范和行为规范。"孝行体现出人类对生命价值和传统文化的尊重。尊老敬老的精神和行为不只是局限在有血缘关系的家庭、家族内部，推己及人，可以泛化到整个社会，由家庭孝老扩展到社会孝老。孝精神，不仅是维持家庭、家族代际关系的道德规范和准则，也是构建理想和谐社会以及社会代际关系的道德规范和准则。

孝德是维持代际关系的道德秩序，有利于家庭和谐、社会和谐，需要保持和发扬尊老敬老的孝德传统。在不同的时代，社会条件、文化价值观念不同，孝文化受历史条件的制约，具有时代特征。随着社会的发展，在平等和互相尊重的时代精神下，孝德实践的途径和方式日益多样化。在实践过程中赋予孝文化现代意涵，形成具有时代特色的孝德文化，使老年人充分享受天伦之乐，社会安定和谐。

三 老龄化背景下的孝德实践

人类个体的老化是自然规律，老年人意味着年老体衰。随着科技进步、生活条件改善和医疗的发达，人类的预期寿命不断延长。老年人口数量增多、规模增大，人口结构呈现老龄化趋势。健康长寿是一件值得祝福的事情，但少子化、家庭核心化现象同时发生，年轻人口规模相对缩小，代际间反哺受到严重挑战。老龄化带来的一系列社会问题已经超出了家庭伦理范畴。

社会结构和生活环境的变化会引发价值观念的变化。孝思想和孝行实践也要根据社会背景和时代发展做出相应的调整。用一成不变的传统孝行规范来约束生活在现代社会的人们，就好比穿上不再合身的过去的衣服，会感受到束缚感，难免会产生排斥意识。

（一）养老不再单纯是家庭内部的问题

1. 社会结构变化使养老问题上升至社会问题

中国人口老龄化形势严峻。截至 2013 年年底，中国 60 岁及以上老年人口已超过 2 亿，占总人口比例接近 15%。到 21 世纪中叶，中国老年人口规模将达到顶峰，数量接近 4.5 亿，占总人口的 1/3 左右。

子代对待上一代的关系即养老问题对任何时代、任何社会来说，都是一个重要的问题。在中国，一直以来，家庭或是家族作为一个相对独立、自给自足的存在，担负着养老资源供给的主要作用，即便是现在也是最重要的供给主体。《中华人民共和国老年人权益保障法》规定："老年人养老主要依靠家庭，家庭成员应该关心和照料老年人。"家庭养老在孝文化的伦理规范和法律的保护监督下，一直以来是一种理所当然的赡养方式。现代社会家庭规模变小，传统社会养老依赖的多子女家庭正在被核心家庭取代。相对于多子女家庭，独生子女家庭的人力资源和其他相关资源相对匮乏，这就意味着养老资源的短缺。独生子女家庭老人的生活和生病照料成为困扰这些家庭的一大难题。第一代独生子女的父母已经陆续步入老龄行列，现实的养老困境正在迫近。一定程度上，孝思想延缓了养老成为社会问题的进程。但当前社会结构变化带来的养老问题仅靠家庭是无力解决的，养老由各自的家庭问题变成全社会共同面对的问题。

2. 西方国家社会福利思想的影响

在中国，意识形态和现实生活两方面，家庭作为满足个体福利需求的主体，减少了人们对国家福利的期待，一定程度上巩固了以家庭为中心的福利体制。儒家思想在强调家庭福利责任方面起到了重要的作用。儒家思想重视秩序、忠孝、自律等理念，看重家庭和共同体带来的福利作用，强调社会成员的需求满足主要是通过其所属家族和共同体来实现的。

西方发达国家较早经历养老问题，伴随着本国产业化和市民权利的发展，西方社会逐步建立起了老年福利制度，政府担负着构建老年福利服务传递体系的主要责任。社会保障制度较为完善，代际间抚养模式以社会养老为主。一般认为，西方社会家庭代际间是"接力"模式。"接力"模式中，子女一旦长大成人，没有赡养父母的义务，父母和子女之间经济独立。而中国家庭重视下代对上代的反哺，强调子女对父母的多层面支持，为"反哺"模式。东亚社会,个人的生命意义很大程度上产生于个人与其家庭成员的生活关系,高度重视家庭内部的连续性。而对于崇尚个人主义的西方社会来说,人生的意义在于"使自己成为自己的自我,给自己再造新生"①。这种信念否定成年子女对父母或是老年父母对子女的依赖,要求挣脱家庭,摆脱传统观念。个人主义的生活方式强调了个体的自主性,但容易造成代际关系的疏远。

(二)家庭孝老到社会孝老的嬗变

1. 老年人的需求满足

孝行的核心是"善事父母",满足父母生存和发展的需求。《中华人民共和国老年人权益保障法》规定,家庭成员有"对老年人经济上供养、生活上照料和精神上慰藉的义务"。老年人的需求可以基本分为经济需求、情感需求与照护需求三个方面。

马斯洛将人类需求分为生理需求、安全需求、社交需求、尊重需求和自我实现需求五类。其中,生理需求、安全需求和感情(社交)需求属于低级需要,这些需求通过外部条件可以得到满足。物质需要是人类最基本的需要,物质资源的提供是养老的基础。满足老年人的经济需求,首先,体现在衣食住行等生理需求的满足方面。其次,老年人自身生产、经济能力和社会地位下降,被打上"弱势群体"的标签,缺乏安全感,需要为他们提供制度保障,确实感受到老有所养。同时,人具有社会性,人生的每个阶段都离不开社交。老年人尤其需要情感交流和精神慰藉。家庭在满足老人的精神和情感需求方面起着不可替代的重要作用。尊重需求和自我实现需求是高级需要,通过内部因素才能满足,而且一个人对尊重和自我实现的需求是无止境的。除了基本的养老,老年人还需要实现其独立性和自我价值。在倡导尊老爱老社会道德风尚的同时,还要创造一个让老年人可以发挥余热的政策环境,为他们提供平等的发展机会。老年人的自由时间比较多。帮助老年人适应老年生活的教育、文化活动项目非常必要。老年文化、教育活动的开发,有助于形成积极、健康、独立的老年文

---

① 〔美〕罗伯特:《心灵的习性》,周穗明等译,中国社会科学出版社2011年版,第107—108页。

化和身份认同。

2. 家庭孝老的局限性

老年人与子女生活在一起，享受子女直接提供的各种养老资源，安度余年——这是中国传统社会正统的养老模式。换句话说，传统的养老孝行可以概括为以下三点：居家养老，子女（直接）奉养，经济供养、精神慰藉与生活照护三个方面"三位一体"。这也是一般意义上的"家庭养老"。在传统社会，老人始终同子女生活在一起，子女亲身侍奉，家庭承担着所有的责任——这种家庭养老模式几乎没有或不允许有其他选择，具有唯一性。

目前，在养老问题主要依靠家庭内部解决的传统模式下，子女供养仍是主要方式。但是家庭内部特别是核心家庭的养老功能逐渐弱化，子女供养体系的弱化已经在许多独生子女家庭出现。子女供养体系的维系需要两个条件同时成立：有子女，且子女有供养能力。一旦老人家庭没有子女，或者即使有子女，但子女没有奉养能力，这个体系就变得极为脆弱，孝道传统难以维系。

孝德作为一种伦理思想和道德准则，指导着人们的生活实践，同时也体现和融合到日常生活中。生活在现代社会的人们，在抚养下一代的同时，要承担更多老年人的赡养义务；女性经济独立意识及就业率的提高，对主要由家庭女性成员承担的传统家庭照护方式形成强烈冲击；年轻人有自己的发展需求，时间和精力都受到诸多因素的限制，不可能像生活在封建社会的子女们那样一直守在父母身边进行照顾。随着产业化进程、价值观变化和国家政策的推动，曾经的"父母在，不远游"和"承欢膝下"已成了"旧时风景"，人口流动加剧。子女因为学习、工作、结婚等原因长期离家，中老年夫妇独守家庭的空巢现象普遍发生，冲击着传统家庭养老模式。中国空巢老人数量已经超过1亿人，城市老年人的空巢率接近一半①。在农村，随着城镇化进程的加速发展，外出务工人员数量持续上升，农村老年人空巢率目前虽低于城市，但增长速度很快，养老问题日益凸显。

当传统的"家庭孝老"陷入困境时，国家有责任出台并不断完善社

---

① 《农村养老调查》，《中国人口报》，2014年5月22日。

会福利政策,政府有必要替那些为国家经济社会发展做出贡献的子女们尽孝。

3. 家庭孝老转化为社会孝老的可能性

孝的本质,即子女对父母的奉养责任不会因时代变化而变质。但孝老的表现形式不应停滞于历史的某个断面。与时俱进,才能更好地实现孝文化的继承。随着社会的发展和养老资源提供者的多样化,老年人自身或政府、社会其他成员共同提供养老资源的方式日趋现实化。家庭外部的支持,特别是政府和社会组织成为养老资源的有力补充,多元化力量共同为老年人提供养老资源和服务的趋势日益明显。在本质不变的前提下,结合时代特征,孝的涵义可以灵活拓展,孝行的表现形式可以多元化。

首先,"家庭养老"的形式可以拓展,"分居养老"也是可行的养老方式。"家"这个空间单位,只是"家庭养老"的一个载体,但在现代社会这不是唯一的载体①。以"子女奉养"为前提,赡养老人可以有以下三种方式:一是传统意义上的共居式"家庭养老";二是子女和老人分开居住,代际分居养老;三是以家庭购买养老资源方式的机构养老②。随着大家庭模式的逐步消亡和家庭核心化趋势发展,分居养老虽然形式上产生大量的空巢家庭,不会直接导致子女养老责任感的减弱。那些不与父母一起居住的成年子女,在经济和感情方面与他们的父母之间仍然保持着一定的联系。距离不再成为代际感情交流的障碍,同住并不意味着子女与父母之间更好地进行情感交流③。不论是"居家养老"、"分居养老"还是"机构养老",只是一个地点的选择问题,并不会改变养老的本质。

其次,"子女奉养"的方式可以由直接照护拓展为照护监管。子女直接赡养父母是最理想化的养老方式。父母与子女有着天然的血缘关系,子女身体力行进行照顾可以带给老年人更多的温暖和归属感。但现实情况决定子女有心无力——自身的发展需求、子女的发展需求、父母

---

① 穆光宗:《中国传统养老方式的变革和展望》,《中国人民大学学报》,2000 年,第 5 期。

② 李欣:《"家庭养老"保障论:以亲属法之保障为视角》,《河北法学》,2011 年,第 8 期。

③ 伍海霞:《城乡家庭养老支持存在差异》,《中国社会科学报》,2014 年 10 月 31 日。

的生活需求，很难平衡职场和亲情、上一代与下一代照顾时间的分配和精力投入等问题。另外，随着服务业水平的提高和服务领域的多元化拓展，针对老年人口提供商品和服务的老龄产业兴起，在传统的家庭非正式照顾体系外产生了正式的照护体系。子女在没有条件亲身侍奉的情况下，可以考虑雇佣专职服务人员照顾老人；在父母同意的情况下，可以考虑把老人送到机构养老，经常进行探望。"养老资源的提供者"和"养老职能的承担者"这两个角色分离开来①。养老职能的转移只是社会分工细化的一种表现，养老的现代化并不会改变子女奉养这个本质问题。子女可能不亲自照顾老人，但通过负担老年人照护服务费用，确认服务质量，可以做一个尽职的监护人。这并不意味着子女们的孝心减退了，只是孝行方式变化了。特别是那些生活不能自理的老年人，长期卧病在床，需要专业人员指导和护理，家庭成员不能承担的或是家庭外部可以提供更好的照护服务时，"商品化的孝"也是合理的选择。涂尔干在《社会分工论》中指出，社会分工的细化、职业群体的发展将带来一个功能和谐与完备的社会②。

最后，经济供养、精神慰藉与生活照顾，养老资源"三位一体"全部由子女来提供的养老格局朝着多元化方向发展。随着社会的发展，物质、精神与照护需求每个方面有了更加多元化的提供者。经济供养方面，存在老年人个人、家庭、政府保障和其他社会支持等多方面的提供主体。社会经济的发展为老年人自我养老提供了一定的条件，部分城市老年人依靠退休金在经济上基本可以满足生活需求。政府提供支持的社会保障体系也日趋完善。精神慰藉方面，老年人以积极的心态"再社会化"，加强与同龄人的交流，充分享受余暇生活，有助于实现"老有所乐"。生活照顾方面，老年人互助式养老日益兴起。邻里养老互助点为老年人提供了就近、便捷的互助养老平台，达到精神慰藉和相互扶助双重效果。养老负担不再全部压在子女身上，政府、社区和社会力量进行了相应的分担。

---

① 穆光宗：《中国传统养老方式的变革和展望》，《中国人民大学学报》，2000 年第 5 期。
② ［法］涂尔干：《社会分工论》，渠敬东译，生活·读书·新知三联书店 2008 年版，第

如果说"家庭孝老"是家庭内部子女一代供养父母一代以维系家庭的运转和延续,"社会孝老"则是年轻一代供养上一代以推动社会发展,是"子女奉养"的社会化。养老金制度的施行可以看作是一种社会孝老模式,由在职劳动者提供生活资料供退休一代使用,通过国家中介,实现代际间的更替赡养。此外,国外经验显示,非政府组织(NGO)针对老年人开展的活动和服务成为养老资源的有益补充。韩国政府积极倡导"社会孝老"理念,鼓励各种非政府组织参与老年服务。以笔者在韩国参与过的两个活动为例进行说明。一个案例是某 NGO 组织小学生和初中生到老年福利院进行定期的文艺演出,达到一举两得的效果。既为学生们提供了展现才能的机会,提高了他们参与志愿者活动的积极性,又为入住机构的老年人提供了精神慰藉和与孩子们接触的机会,丰富了老人们的生活——这也是该活动的主要目的。另一个案例是一个叫"一家一孙"的活动。在向全国招募 130 名大学生志愿者后,组织他们到空巢和高龄老人较多的农村,3—4 名大学生结对村里一户老人。老人的亲孙子、孙女长期不在身边,由这些结对大学生每月定期去探望这些空巢老人,一起聊天、帮忙干家务、共同观看文艺演出等,为老年人提供精神慰藉和照顾服务,丰富农村老年人的文化生活。这些活动展示了"社会孝老"的可能性,有效传递了孝文化的正能量。

四 社会孝老推动养老模式创新

步入老龄化社会,老年人的需求日益多样化,寿命和接受赡养的时间日益延长,需要创新养老方式来发扬和继承孝文化。老年人自助,家庭帮助,老年人群体内部互助,政府公助,社会援助,"五助"共同担起新时代养老的责任,发展"社会孝老"的新模式。

第一,养老模式的创新依赖于养老观念的创新。摈弃传统养老观念中的消极因素,用发展的眼光多角度地看待养老问题。孝养,完全可以从家庭空间内释放出来。家庭和社会支持是必不可少的。但老年人观念的转变和自身的努力起到决定性作用。受长期的社群主义和家庭养老传统、社会转型和中产阶级成长的滞后等社会因素的影响，中国老年人独立性不强①。为老年人发展提供平等的机会和环境，有助于老年人转变个人观念，积极老龄化。

第二，强调孝的价值的同时，要充分肯定照护服务的社会价值。老年人照护主要由家庭成员特别是女性来承担，女性经济独立意识和社会参与的增多，对传统的家庭照护方式形成一定冲击。特别是生活不能自理需要长期照护的老人，给所在家庭带来精神、经济双重负担。但长期照护并维护老人的生命尊严是孝行的基本范畴，社会化的长期照护显得日益重要，建立与经济发展水平相适宜的长期照护服务体系迫在眉睫②。同时，政府可以考虑构建"孝行支持体系"，把照顾失能、半失能老人的钱拿出来补贴老人子女，鼓励家庭孝老。

第三，提早干预，延长老年人的健康寿命。老年人的生活自理能力受慢性疾病的影响很大，需要加强日常预防和健康管理。对40岁以上人口每年进行一次基本健康检查，认真落实为60岁以上老年人每年免费查体制度，早预防、早发现、早治疗。国际经验显示，以预防为主的医疗模式与以治疗为主的医疗模式其效率比为4∶1。同时，健全老年医疗保障体系，加大老年医疗保障力度，提高老年人健康水平。

第四，分工合作，共同推动社会养老服务体系建设。应对人口老龄化，解决养老问题是全社会的共同责任，须提高社会各界对这一问题的重视程度。养老，需要社会分工，更需要合作。"先家庭，后社会"的养老方式不如多种方式同时进行，群策群力。积极培育民间组织进入公共服务领域，并引入竞争机制，提高公共服务效率。推进慈善事业和志愿者服务体系建设。鼓励社会慈善组织、企业、个人在资金、场所和实物等方面对养老服务给予支持和帮助。充分发挥工、青、妇等社会团体的作用，加强义工队伍建设。积极倡导社会道德新风尚，建立新型养老观，共同推动发展社会养老服务体系。

第五，在老有所养的基础上，实现老有所乐、老有所学和老有所为。

---

① 邬沧萍、谢楠：《关于中国人口老龄化的理论思考》，《北京社会科学》，2011年第1期。

② 田杨：《日韩老年长期照护保险政策对中国的启示》，《老龄科学研究》，2014年，第1期。

老年人不只是需要照护的对象，他们也有自我发展需求，希望得到社会和他人的尊重和认可。未来的老年人，教育程度较高，有一定的经济能力，对知识和文化的需求会逐渐增大，需要开发多元化的项目，满足老年人终生教育需求。老年人项目的多元化开发和余暇活动的多样化，可以提高他们的精神文化生活水平和自立能力，帮助他们实现和提高自身价值，形成积极、健康的老年文化和身份认同。

养老，事关我们每一个人。中国传统的家庭养老模式正在发生改变。养老不应停留在传统模式，向多元化、社会化发展是必然趋势。孝德作为一种伦理和文化，其作用范畴远远超出家庭，沉淀为一种社会规范和意识形态。"社会孝老"的引导和实践有利于和谐社会的构建和发展。当然，社会孝老也不能全盘替代家庭孝老，应同时发挥两者的作用，相互协调、相互补充、相互促进。家庭孝老和社会孝老相结合的实践模式，可以更好地促进孝文化的传承和发展。保障老年人权益，最大程度地满足老年人需求，实现老有所养、老有所医、老有所为、老有所学、老有所乐是我们的努力方向和目标。

近代思想人物视域中儒学传统之嬗变问题
——以鲁迅为例

山东社会科学院国际儒学研究与交流中心　张明

"周虽旧邦，其命维新。"以儒学为核心的中国精神文化传统虽数千年一脉相承，不绝如缕，时至今日中西文化交通共融的历史情形之下，仍彰显其独特的思想与社会价值，但是由于受各个历史时期特殊而具体的环境所规定，其呈现出的具体风貌与思想形态却并非一成不变。因此，一方面作为中国人既有的历史文化传统之心理积淀，儒学之核心观念始终构成了历代思想人物开启哲思、接受他者、创新或复归的出发点与旨归；另一方面又由于各时代政治格局、文明冲突的影响，尤其是异质文化的介入与侵扰，也就造成了儒学在形态上的疏离、变形乃至转化。对于后者的复杂性，我们似乎仍未以真正的历史的眼光加以考量；对于那些体现着这种复杂性的思想人物，我们也通常以"正统—异端"这一狭隘的眼界来作简单化的定性。

譬如魏晋时代，玄学昌盛，以嵇康、阮籍等人为代表的知识分子甚至提出"非汤武而薄周孔"的说法，历来以为这是对儒学传统唱反调，标示着儒学的衰微，而嵇阮等人就被打入了另册，成为儒学正统之外的异端。但是，当我们以历史的眼光来深入分析魏晋时期的政治社会氛围、分析当时的思想人物如嵇阮的内在精神世界时，却可能得到相反的结论：

"魏晋时代，崇奉礼教的看来似乎很不错，而实在是毁坏礼教，不信礼教的。表面上毁坏礼教者，实则倒是承认礼教，太相信礼教。因为魏晋时所谓崇奉礼教，是用以自利，那崇奉也不过偶然崇奉，如曹操杀孔融，司马懿杀嵇康，都是因为他们和不孝有关，但实在曹操司马懿何尝是著名的孝子，不过将这个名义，加罪于反对自己的人罢了。于是老实人以为如此利用，亵渎了礼教，不平之极，无计可施，激而变成不谈礼教，不信礼教，甚至于反对礼教。——但其实不过是态度，至于他们的本心，恐怕倒是相信礼教，当作宝贝，比曹操司马懿们要迂执得多。"

上述引文出自1927年7月鲁迅在广州的一篇著名演讲《魏晋风度及文章与药及酒之关系》。大谈礼教、提倡孝道者，未必是真心维护儒学传统，而是利用儒学既成之观念为自己篡位夺权的合法性找寻依据，更甚者则以此为铲除异己的手段，明为崇儒，实为毁儒。而嵇康阮籍之辈，本是儒学的真正传人，然而当此倒悬的时代，不得已而采取了激愤的批判态度。他们真正所批判的，绝非真正的儒学传统精神，而是篡权者为自利而假意提倡的伪儒学、伪礼教。后人拘泥于"道统"说，只看到文献的表层，不探究历史的深层，自然难以做出正确的判断，以致千年来围绕魏晋思想人物与儒学传统之间的实质性关系问题，始终得不到廓清。若非鲁迅以其深邃的历史眼光、独到的分析，这一历史沉冤恐怕至今尚不得昭雪。

然而如此这般吊诡的历史事件，绝不止步于千年之前，反而一再地如回光返照般发生于不同的历史阶段，直到近世今日。就连敏锐地发现了这一现象的鲁迅本人，也难逃于此。所谓近世（代），是指清季以来西学东渐、国学衰颓的时代，即所谓千年以来未有之大变局的时代。随着西方文明强势进入中国，以儒学传统为文化立足之本的千年文明古国，不得不谋求文化上的转变以适应生存的需要，于是也就产生了持有不同观点的思想人物，而儒学传统在他们各自的视域中，也就面临着或墨守、或革新、或转化等诸种嬗变的问题。这乃是本文尝试谈论的主题。

尽管在当下儒学复兴运动及国学热展开的语境中，我们在回溯近代思潮时越来越把目光转向那些带有明显文化保守色彩的思想人物身上，甚至意图延续一种带有"道统"性质的传承关系，但是这并不应该成为将目光狭隘化的理由。历史地看，不仅仅是如梁漱溟、熊十力等被后继者追认的现代新儒家人物，儒学传统的得与失、变与不变等诸问题，其实是当时每个思想者必须要面对的共同的时代命题，鲁迅也是其中重要一员。选择鲁迅作为本文所讨论问题的切入点，不是因为他在近现代中国历史上产生过重要的影响，而恰恰是这样一位重要的思想人物，他在我们要讨论的问题范畴中，却一直处在被误解和被忽略的情形中，这反而使得问题变得饶有意味并值得深究了。

向来对鲁迅的误解与忽略，无外乎两种情况。一是当下对"五四"的评价，一般只注重它批判传统文化的一面，视之为"西学"战胜"中学"的某种标志。而身为"五四"精神旗手的鲁迅，自然也被放置在这样一种认识结构中加以定性。二是在此后鲁迅不仅自身向"左"转，与激进主义者成为同路，并且在其身后被奉为文化偶像，渲染了浓厚的政治色彩，这也反过来影响了人们对他个人的接受视野。把对时代的某种定性化的描述与身处时代中的具体个人，尤其是如鲁迅这般具有超越性思想的人物的评判混为一谈，绝非客观审慎的态度，这是误解与忽略的根本原因。因此，要真正揭开鲁迅在对待儒学传统问题上的态度和创见，还需从其个体的思想发展历程着手来辨析。

上文已反复强调过，生逢千年未有之大变局中的近代思想人物，如何延续或变革中国文化传统，以顺应时代潮流，乃是指引其思想方向的核心；而落实到现实之中，作为有志之士，其人生行动必然以救国图强为追求之理想。鲁迅亦不例外。他在青年时代学军事、学矿业，留学日本时又去学医，这都是受当时洋务运动的背景下科学救国、医学救国思潮的影响。然而在日本仙台学医期间，看到了有关日俄战争的幻灯片，深受刺激，转而弃医从文。幻灯片里所展示的情景，是中国人被当作俄国间谍而被日本人处决的场面，但真正刺激了鲁迅的，是旁观的中国人麻木的表情，这让他认为，救治中国人的灵魂是比救治身体更为重要的事情。返回东京准备从事文艺事业的鲁迅，有机会师从章太炎学习古文字学，我认为，这是鲁迅在对待儒学传统的态度上有了第一次直接的表现。

有着革命家和古文经学宗师双重身份的章太炎，在对待儒学传统问题上有着非常独特的观点。在他看来，导致中国近代社会衰败的原因，并非儒学自身有问题，而是在文化传承过程中出现了错误，所以要改革时代之弊，不是放弃传统，转向西学，而是回溯到华夏文明的更为古老更为根本的精髓中去，于是，他所要纠正的是唐宋以来儒学的偏颇，而要回到更早的时代，恢复更为古老的传统。他的这一思路，一言以蔽之，以复古代革新。尽管现在看来这样的思路显得极为突兀，然而在当时却未必然。在近代中国，起而革新的并不是什么"新派"人物，大都是传统型的知识分子，其目的既为救国保种，其思想资源也只在他们所熟悉的儒学传统之内，从维新派的康有为、梁启超，到革命派的章太炎、蔡元培，无不如此。及如杨文会、欧阳竟无等支那内学院的佛学家，也是在批判中国化的佛学如禅宗，而力图恢复和接续更为早期的唯识宗传统，冀以改造认识论问题，而与西学相抗衡。

作为学养深厚的古文字专家，章太炎通过复活古字的方式来实现他的以复古代革新的思路，在这里，他认为久已被废弃不用的上古文字，承载着真正儒学传统的精髓，必须通过文字的复古，才能使真正有价值的传统在现代复活。很显然，在东京定期聆听章太炎《说文解字》课程的鲁迅，受到很大的影响。在他发表的几篇长篇论文如《文化偏至论》、《破恶声论》中，大量使用了古奥的词语，多出自先秦至汉的典籍，因他素来喜读《庄子》，出自《庄子》书的词汇特别多，可算是一个特点。这些词汇大多只在相应典籍中使用，后代使用率很低，但在鲁迅的这些论文中却往往成为关键词，如"内曜""撄其心"，等等。不仅如此，他还特意避免了后代变体，统用了最古的字形。这在晚清早已有黄遵宪等白话诗运动，以及梁启超白话化的政论文体式广泛流布的背景下，显得极为独特。章太炎行文向来以古奥艰涩著称，此时的鲁迅可说是深得其中三昧了。

文风如此，文章中展现的思想既合乎章太炎的要旨，却也有自己的独见。概而言之，有两点特别值得关注。一是对中、西两学均作出批判，既不满于中学的守旧，也不满于西学只重物质而忽略精神的问题，而最终的结论是，"外之既不后于世界之思潮，内之仍弗失固有之血脉，取今复古，别立新宗"（《文化偏至论》）。与章太炎比较来看，鲁迅作为稍晚一代的思想者，对西学有更多的接触和理解，已经具有加以评析、将其化为己用的胸襟与能力，但对本国固有的传统，仍保持着血脉联系。所谓"取今复古，别立新宗"的说法，当从章太炎的主张上来理解，复古即为革新，是在对儒学传统的扬弃中找寻新传统的做法，这"新宗"终归是从本国固有血脉上来的。

鲁迅后来以批判性色彩浓重而著称，但他对于儒学传统本身尤其是精神性的层面，并无多少非议，此时的论文中也显露出批判性的一面，所针对的是那些打着"志士"旗号，实际却在践踏精神信仰的虚伪之人。这是第二点需关注的地方。在未完成的长篇论文《破恶声论》中，他试图从精神创生发展的人类学角度为宗教迷信进行辩护，认为农人的赛会、祭祀活动具有向上的精神力，同时对那些以科学之名对之进行破坏的所谓志士大加鞭挞。他认为这种行为只能证明其在精神上的虚伪，因此这些人应当被称为"伪士"，而"伪士当去，迷信可存"。鲁迅的这一思路，可能与他所青睐的嵇康一样，对于科学也罢（鲁迅本人即学习自然科学出身）、迷信也罢，并不以之为判断是非的标准，而是以是否言行一致、名实相符来衡量，他此后卷入的很多论战，均表现出从这一阶段确立起来的这种基调。

从鲁迅早期的思想来看，他深受章太炎以复古为手段进行传统革新观点的影响，对于儒学传统从未言弃，而是通过探究更为久远、因而可能是更为纯正而富于精神活力的传统渊源，来接续文化血脉。而使他感到忧虑甚至愤怒的是，真正导致文化衰微、精神萎靡、人心不古的，是那些假虚名以自肥的"伪士"。对"伪士"的批判与对具有向上精神之传统的维护，将构成他此后生命历程的两条轨道。

大约从 1909 年回国，至 1918 年，鲁迅处于一种相对沉默的时期，这对应着中国近代思想界相对黑暗的一段历程。尽管此时发生了诸多重大政治事件，如辛亥革命、袁世凯复辟，等等，但从思想文化的角度看，这 20 世纪并未有太多的亮色。康有为等维新派，渐堕入保皇一派，他们以今文经学方式为维新张目的思想路向在此时已不合时宜。章太炎也渐失去了革命的豪气，退入到小学训诂的狭小天地。鲁迅在浙江直接参与了辛亥前后的政权变更事件，在北京也亲眼旁观了革命后的种种政治丑剧，那种救亡的热情逐渐消退，而转入更为深沉的反思。于古典的学术，他此时用力颇大，对古小说的钩沉，对嵇康等文集的辑佚，乃至搜集整理古碑文，于正史之外又广加涉猎，这些行为倒是与他在东京受章太炎的影响有一定的逻辑关联，似乎仍是在寻找一种对中国传统的新思路。尽管此时他并未留下什么思想著述以待我们今人的考辨，但从嗣后的文本中不难见出这段时期的积累，日本思想家竹内好即以此黑暗时期视为鲁迅思想的成熟期。

1918 年发表于新文化运动核心刊物《新青年》的白话小说《狂人日记》，被视为鲁迅进入"五四"反传统潮流的标志，由于这篇小说的影响巨大，对它的阐释也层层累积，以至于创作者本人的态度倒被忽略了。小说的主题是"礼教吃人"，对此鲁迅本人似也没什么异议，然而论者直接把反礼教与反传统等同起来，却是不察历史的做法。这也牵涉对"五四"

新文化运动的具体考察与评判的问题。今日反观以《新青年》杂志为核心的新文化运动，都以为是轰轰烈烈、影响甚大，然而在当时不过是少数几个激进派知识分子同声相和的微澜而已，尽管提出所谓文学革命等种种口号，在整个社会上却甚少受到关注。甚至于鲁迅也并不关注，只是受《新青年》编辑、老友钱玄同的请求与鼓动，才写了一篇小说，起因也不过是推脱不掉朋友之托聊以赞助。至于说新文化运动的意义被今日的反观而放大，于当时实际来看，是由于蔡元培主政北大，聘请《新青年》同仁入校为师，继而因 1919 年的学生运动声势渐大，终引发了全国性的政治运动，而《新青年》的主将，也渐成为当时重要的政治领袖或思想导师。

那么，就新文化运动而言，即便其提出若干革命性口号，而真正落到现实中的，却绝非所谓彻底将传统连根拔起。切实地说，以《狂人日记》等作品的影响来看，倒是在伦理变革上效应颇为显著，即在破除旧式包办婚姻、妇女解放等事情上不遗余力。从儒学传统来看，这种三纲五常、包办婚姻之类的本就是等而下之的外在制度，既无涉形而上之精神层面，也与礼教的本质性内容无干，其形成的原因一方面是历史的习俗；另一方面则是官方的钳制，其之所以在此时被消解，也是历史潮流之必然。鲁迅继而发表《我之节烈观》等文，为之推波助澜，而又进一步延伸到对伪道学的批评上，这些观念，即便在今日崇奉儒学者看来，也当无异议。不过颇有意味的是，为打破旧式伦理而倾力助拳的鲁迅本人，却桎梏在包办婚姻的牢笼中。早在鲁迅留学日本期间，母亲即为他操办，娶了一位裹小脚不识字的女子，这自然不合鲁迅的理想，但他也只能忍受下来。对于鲁迅而言，他从未把自己当作新时代的人，而一直将自己与旧时代放置在一起，因此他所谓的批判，针对的并非一个外在的传统，而是与自身血肉相连的某种存在物，或者就是他自身，这种批判也就成为一种自我解剖，其切肤之痛非是今人所能同等感受到的。

"五四"风潮过后，鲁迅继续了他的批判笔墨。批判从两个维度展开，一是对所谓的复古派；一是对所谓的现代派。所谓的复古派，前有吴宓等人的《学衡》，提倡"国粹"；后有章士钊的《甲寅》，提倡"读经"。在鲁迅看来，前者学问粗疏，甚至连字句上都不通，"诸公摧击新文化而张皇旧学问，倘不自相矛盾，倒也不失其为一种主张。可惜的是于旧学并无门径，并主张也还不配。"（《估学衡》）而后者更可称其为"伪士"的把戏，宣扬所谓"读经救国"，明知不可而用以愚民，鲁迅撰文戳穿这种伎俩，以自己的亲身经历来说明，"我也是从读经得来的，我几乎读过十三经"。（《十四年的"读经"》）所谓的现代派，是指以陈源等为代表的欧美留学生团体，集中于《现代评论》杂志，多为崇尚西学者流。尽管在那个时代，吸收西学的营养以纠正传统的偏颇是有价值的事情，但在鲁迅看来，他们也不过打着西学的旗号，生搬硬套，且以"正人君子"自命，对中国的现实采取的只是漠视态度，他与这些人之间的笔墨官司尤多。综上来看，鲁迅此间的批判性锋芒越发增长，但并不指向儒学传统，而是立足于当下社会现实，既反对那种假意宣传读经，或幼稚地倡导国粹，又对打着西学幌子成为时代新贵的新派人物嗤之以鼻。他真诚关心的，是在具体的当下，如何利用可能的思想资源，启迪人心，建立精神上的正确信仰。这对他来说，是一条需要上下求索的道路，是处在一种尚未完成的状态中——这或许是真正的哲人之思。他从未自视为青年的导师，而是把自己归入过去的旧时代，那些熟读的儒学典籍已经深入到内心中，既成为他用以建立自身价值的资源，也成为他加以剖析和批驳的对象。鲁迅可能是中国近代以来最具有独立性的知识分子，他并不把自己归入哪一方哪一派，用他自己的话来说，是"横站"着的。与那些纷杂的思想派别之间的区别，不仅在于他的真诚与他们的虚伪之间，而且还显示在他海纳百川的胸襟。他提出"拿来主义"的主张，这一口号虽然往往被误解为实用主义的，但在鲁迅那里是有具体的内容，即选择性的汲取方式，这合乎他早期提出的"取今复古，别立新宗"的建设思路。对鲁迅而言，"立"是"立人"，是在一片文化废墟上重建精神信仰，其来源既可以是古典的、传统的，也可以是西学的、新潮的，但这终归是为了华夏血脉的传承。但是他发觉自己并不是属于新时代的人物，这是他的真诚之处，他所能做的，是将旧时代的毒瘤挤破，将那些伪士的真面目无情地揭开，为"新宗"的建立清扫战场，开辟道路。孔孟所谓的"诚"，未必体现在那些打着儒学旗号的人身上，倒丝毫不爽地体现在鲁迅身上。

故而，鲁迅的批判是为了建设，揭示虚假是为了恢复真诚，这可以说是继承了儒学传统的真正精髓。然而在他身后，人言两亡，被各式人物妄加评说，其真实形象淹没不显。若鲁迅仍能活到今天，恐怕只有两条路，一为嵇康，一为阮籍，或为维护他心中的真理而无容身之处，或口不臧否保持沉默。好在他为今人留下了数卷雄文，使我们即使在当下传统文化热国学热等面前保持冷静的头脑。

去蔽除障明德丰
——《周易》古经丰卦解读

山东大学易学与中国古代哲学研究中心　李尚信

关于《周易》古经的丰卦，一直没有一个满意的理解。本文通过对丰卦的卦、象、辞、意进行反复的调适与整体思考，提出了一种新的整体解读思路，供感兴趣的读者参考、批评。

"丰"，王弼本、《周易集解》本、楚竹书《周易》、王家台秦简"易占"俱作"丰"，唯石经《周易》、马王堆帛书《周易》作"豊"。《经典释文》释丰卦之"丰"曰："依字作'丰'。今并'三'、直画，犹是变体。若'曲'下作'豆'，'礼'字耳，非也。世人乱之久矣。"依陆德明之说，"丰"是"丰"之变体，而石经与帛书《周易》中"豊"字乃为讹字，本卦卦名正字只能是"丰"字。

"丰"，《说文·丰部》许慎曰："豆之丰满者也。从豆，象形。"段玉裁注："丰谓豆之大者也；引申之，凡大皆曰丰。"《丰·彖》："日中则昃"，李鼎祚《周易集解》引荀爽曰："丰者，至盛。"《经典释文》："《彖》及《序卦》皆云'大'也。案：'丰'是腆厚光大之义。郑云：'丰'之言腆，充满意也。"故，"丰"既有丰大等中性义，又有丰盛、盛大、腆厚光大等褒义。

丰卦卦象为离下震上。程颐《程氏易传》曰："震，动也；离，明也。以明而动，动而能明，皆致丰之道。明足以照，动足以亨，然后能至丰大也。"明是明德，动是行动、实行。有明德而去行动、去实行，什么事都会越做越好，越做越大。故能致丰大。此由丰卦卦象所得卦义，实为丰之褒义，此亦确为丰卦之基本卦义。然就丰字本身而言，其又确有丰大的中性义，此由后文所释丰卦经文将不难明之。这可能是以前的各种解读所未明确揭示的。

而基于对丰卦卦名、卦象、卦义与卦爻辞的整体分析，我们可以知道，丰卦的主题就是讲明德之丰，而其卦辞则讲王者之丰大明德，各爻爻辞则围绕明德之丰讲三个问题：第一，臣子要择明德之主而事；第二，君主的明德亦有被遮蔽的时候，君主的明德被遮蔽后，其丰大之明德有一个从被遮蔽到重新复显的过程；第三，古人倡导的是明德之丰大，如果过分贪图物质享受，过分追求物质享受的奢侈或丰大，则其凶必至。

䷶丰，亨。王假之，勿忧。宜日中。

"丰，亨"，丰大且亨通。

"假"，《说文·人部》、《广雅·释诂一》皆云："至也。"此处解为达到、做到。

"之"，指前面的"丰亨"。

"王假之"，即"王至丰亨"也，就是"王做到丰大且亨通"的意思。

"王假之，勿忧"，当释为"王假之，则勿忧"之意，即若王能做到丰亨，则不用担忧。

"宜日中"，即王者宜像太阳居于中天时那样，明德盛大，普照天下，泽被万民。

整个卦辞的意思是：丰大且亨通。王能做到如此，则勿需有什么担忧。王者宜像处于中天遍照天下的太阳一样，以王者之盛德，泽被天下万民。

整体卦辞是讲王者要是能做到明德丰大，则国家自然太平无忧；而王者欲要做到明德丰大，就要像太阳居于中天那样，守德持中，惠照天下。

初九：遇其配主，虽旬无咎。往有尚。

"遇"，《说文·辵部》："逢也。"江藩《周易述补》同此释。

"配"，马王堆帛书《周易》作"肥"；《经典释文》曰："郑作妃。""妃"、"配"当为古今字，"肥"则是假借字。《尔雅·释诂上》"妃，匹也"，邢昺疏："妃，合耦之匹也。"即恰合之匹配，亦即恰配、正配之意。

"遇其配主"，即逢遇恰配、正配之主。

"虽"，马王堆帛书《周易》作"唯"。"唯""虽（虽）"通假。依上下文，作"虽"解较合适，意为即使、纵然。

"旬"，《经典释文》曰："均也。……荀作均，刘昞作钧。"王弼《周易注》、程颐《程氏易传》等亦皆作"均"解，意为均等。亦有解为"十日"者，如郑玄（张惠言辑《周易郑氏注》）、虞翻（李鼎祚《周易集解》引）、胡瑗（《周易口义》）、来知德（《周易集注》）等。笔者以为，依上下文和全卦的中心主题，此处解作"徇"（即为了某种目的而死之意）更为切当。《集韵·线韵》曰："徇，以人从死。"亦即今人所谓"殉身"之意。

《诗·大雅·江汉》："王命召虎，来旬来宣"，马瑞辰《毛诗传笺通释》："旬，通作徇。"扬雄《太玄·昆》："奚足旬也"，朱骏声《说文通训定声》："旬，犹徇也。"这是在巡视的意义上旬、徇相通。《尔雅·释言》"徇，遍也"，郝懿行《尔雅义疏》曰："徇者，旬之假音也。"邢昺《尔雅注疏》则以为"徇、旬音义同"。这是在周遍的意义上"旬"、"徇"相通。

在为了某种目的而死的意义上，"旬"、"徇"相转的音理相同，亦得相通。又"徇"与"殉"相通。《史记·伯夷列传》"贪夫徇财，烈士徇名"，《史记·屈原贾生列传》同，《索隐》："亡身从物谓之殉。"《史记·韩世家》"将以楚徇韩"，《索隐》："徇，从死也。""旬"与"殉"，亦相通。

"虽旬无咎"，即使殉身，亦无过咎。所谓"士为知己者死"，找对了值得跟随的主子，将来即使为之牺牲了性命，也不能说当时的选择有过咎。

至于丰初九《象传》云"过旬灾也"是否与上面所解"虽旬无咎"相矛盾呢？笔者认为，《周易》经传原非一时所作，传也未必对经文都有完全正确的理解。实际上，这一认识在学术界正在逐渐成为共识。

"有"，《玉篇·有部》："得也。"

"尚"，《尔雅·释言》"庶几，尚也"，邢昺疏："谓心所希望也。"《汉书·叙传上》"尚粤其几"，颜师古注："尚，愿也。""愿"即愿望，与"心所希望"乃一义也。

"往有尚"，往前走下去能得所愿，即能得到所希望的结果或满意的结果。

　　整个初九爻辞的意思是：逢遇恰配之主，即使以身殉主，亦无过咎；如此，会有满意的结果。

　　初爻是讲臣子要择明主而事。尽管对"旬"与"虽旬无咎"尚有不同的理解，但只要我们从整体角度来理解丰卦，都不影响对此爻这一基本立场的判断。

　　六二：丰其蔀，日中见斗。往得疑疾，有孚发若，吉。

　　"蔀"，《广韵·厚韵》："小席。"虞翻："蔀，蔽也。"王弼："蔀，覆暧障光明之物。"都是将"蔀"释为蔽障物、遮蔽物。

　　"丰其蔀"，当为倒装句，应读为"其蔀丰"，即其蔽障物丰大。遮蔽光明的蔽障物丰大，显然不是褒义的丰大，只能是中性的丰大。所以，虽然从丰卦卦象所得的丰卦的基本义是褒义的丰大，但就丰卦经文之丰的字面义而言，仍须解为中性的丰大义。

　　"丰其蔀"之所以要理解为倒装句，主要原因在于九四爻。"其蔀丰"只说蔽障物丰大，而若将"丰其蔀"当成正常语序，则其不仅表达了蔽障物丰大之意，而且还包含了使蔽障物变大之意。但九四爻却是处于蔽障物开始消退、变小的阶段，如果按正常语序释读，那么，九四爻的"丰其蔀"就与其所要表达的意义相矛盾了。故"丰其蔀"只能按倒装句来读。

　　"日中见斗"，正午时分（天空）现出了北斗之星。前句"丰其蔀"与此句合起来看，是指遮蔽物挡住了正午时分的太阳，天空昏暗到可以看得见亮度较大的北斗星了。这是以日食现象来喻指明德受到遮蔽。

　　整个六二爻辞的意思是：硕大的蔽障遮天蔽日开始遮挡太阳的光辉，以致正午时分现出了斗星，日光昏暗。往日圣明的君王受到身边佞臣的蒙蔽，开始迷糊。忠臣一心为公反而受到怀疑猜忌。此时，依然无怨无悔，赤诚以待，则仍能获得吉祥。盖君王此时尚未完全丧失判断与决断的能力，只是一时糊涂，在臣子始终如一的真诚感召下，终究会明白、醒悟。

　　君德有受蒙蔽之时，君德受蒙蔽会有一个过程。九二爻讲的是君德尚未被完全遮蔽时的情形。

　　九三：丰其沛，日中见沬。折其右肱，无咎。

　　"沛"，陆德明曰："本或作旆，谓幡幔也。……子夏作芾，《传》云：'小也。'郑、干作韦，云祭祀之蔽膝。"释"沛"为小，定然有误。比较

六二、九三爻辞，处六二时只能见到斗星，而处九三时却能见到小星，说明处九三时天空更晦暗，而如此结果只有处九三时的蔽障物更为丰大才能达到。故"沛"必然是比"蔀"更大的蔽障物。

"丰其沛"，与六二"丰其蔀"读为"其蔀丰"相应，此处亦当读为"其沛丰"，亦可粗略地释为"其蔽障物丰大"。

"沬"，《经典释文》曰："徐武盖反，又亡对反，微昧之光也。《字林》作'昧'，亡太反，云斗杓后星。王肃云：'音妹。'郑作昧……子夏传云：'昧，星之小者。'马同。"此处的"沬"当与上、下文中的"斗"相对。斗为稍亮、稍大的星，则沬当指稍暗、稍小的星。故子夏、马融释为小星是合适的。

"日中见沬"，指太阳在中天时能见到小星星，比喻晦暗之甚。前面九二爻时，因为遮蔽物还未完全遮蔽太阳，天空尚有微弱的暗光，故只能看得见天上像北斗星那样的较亮的大星，而比北斗还小的沬星（小星）则无法看到；而到九三爻时，因蔽障物进一步扩大，完全遮蔽了太阳的光辉，天空完全黑暗下来，这时最小的沬星都能看得见了。

王弼曰：丰卦之九三"应在上六，志在乎阴，虽愈乎以阴处阴，亦未足以免于暗也，所丰在沛，日中见沬之谓也"。孔颖达疏曰："以九三应在上六，志在乎阴，虽愈于六二以阴处阴，亦未见免于暗也，是所以丰在沛，日中见沬。"可见，王弼以为沬的亮度要越于斗。其所以会有这样的错误认识，部分原因在于其过分重视爻与爻之间的承、乘、比、应关系及其解易体例，而忽视了整体卦象、卦义的统领作用以及卦爻辞本身的整体联系。我们只要稍微留意一下六二、九三、九四三个爻的爻辞，就不难发现，它们的描述与日食现象高度关联。既然如此，那么，我们即使不知道"沬"的确义，我们仅根据日食现象本身以及三个爻辞描述的与日食相关的内容，我们也不难推测这个字的真实所指。

"肱"，上博楚竹书《周易》作"拡"，马王堆帛书《周易》作"弓"，《经典释文》云："姚作股。"《说文·又部》："厷，臂上也。……肱，厷或从肉。"则"肱"指臂上，即上臂。而"弓"字，《说文》释"厷"段注曰："古假弓为厷，二字古音同也。"至于从手之"拡"字，字书所无，当是因"厷"与手紧密相联，而将本应从肉的"厷"字写成了从手之字，而其所指则一。

"股肱"，本指大腿和上臂，这里喻指君之重臣。古有"股肱之臣"的说法，今人亦以"如失左右臂"来形容失去重要助手。"右肱"，右为大，左为小，"右肱"当是指重臣中的重臣。

"折其右肱"，指斩除君王身边的重臣。君德之所以受蒙蔽，是由于君王身边有掌握大权的佞臣，只有除掉佞臣，才能使君王不再受佞臣的蛊惑，从而才能使君王重新恢复明德。

整个九三爻辞的意思是：硕大的蔽障遮天蔽日完全遮挡住了太阳的光辉，以致正午时分现出了小星，日光全消，一片晦暗。往日圣明的君王受到身边掌握大权的佞臣的蒙蔽，完全失去了正确判断与决断的能力。斩除君王身边掌握大权的佞臣，使君王重新恢复圣明，这样做不会有咎过。

九三爻紧接九二爻，讲的则是君德受蒙蔽最甚时的情形。

九四：丰其蔀，日中见斗。遇其夷主，吉。

"丰其蔀"，已如上释，读为"其蔀丰"，即其蔽障物丰大。

九三爻时，是日食最甚之时，称为"食甚"。之后，则重新开始生光。此处的"日中见斗"，则是日光开始有所恢复的结果。

"夷"，《逸周书·谥法》曰："克杀秉正曰夷。"《汉书·梅福传》"至于夷灭"，颜师古注："夷，平也，谓平除之。"此处可释为平乱之意。

"遇其夷主"，指逢遇平乱之主。平乱需要有人领头，此平乱领头人当即是其跟随者的夷主。亦或者，夷主乃相对于配主而言：配主是指恰配（正配）之主，夷主则指非正配之主。平乱的头领当然不是原来的正配之主。

整个九四爻辞的意思是：遮天蔽日的硕大蔽障开始消退，正午时分已不见小星，而只能见到较大的斗星，太阳的光辉开始逐渐恢复。逢遇平乱之主，这是吉祥之事。

九三爻君德全然被遮蔽，至九四爻则物极必反，君德开始逐渐复苏。

六五：来章，有庆誉，吉。

"来"，《易·杂卦》："而升不来也"，韩康伯注："来，还也。"《诗·小雅·采薇》："我行不来"，郑玄笺曰："来，犹反也。"还，还复也；反，回复也。

"章"，《噬嗑·象传》："雷电合而章"，惠栋《周易述》释曰："章，明也。"《周礼·考工记·画缋》"杂四时五色之位以章之"，郑玄注曰：

"章，明也。"

"来章"，就是回复光明，也就是光明复显之意。就日食言之，这里相当于日食的复圆阶段。

"有"，前已释其为"得"之意，即得到的意思。

"有庆誉"，得到（天下人）庆贺、赞誉。

整个六五爻辞的意思是：光明复显，圣明复至，天下人庆贺、赞誉，这是吉祥之事。

经过九四爻的逐渐复苏，至六五爻，君德又完全复显。

上六：丰其屋，蔀其家，窥其户，阒其无人，三岁不觌，凶。

"丰其屋"，即"其屋丰"，指其屋丰大豪华。

"蔀其家"，即"其家蔀"，指其家（的门窗）遮挡严实（而不透光）。

"窥"，乃现代规范字，王弼本、集解本作"闚"。"闚"，《经典释文》曰："李登云：'小视。'"

"阒"，《经典释文》曰："马、郑云：'无人貌。'《字林》云：'静也。'"《楚辞·九思·疾世》："阒睄窕兮靡睹"，王逸注曰："阒，窥也。"此三释虽各有不同，但具体释读"阒其无人"，则差别并不太大，应都有"寂静无人"或"空无人影"之意。

"觌"，《经典释文》释《困》初六"三岁不觌"之"觌"曰："见也。"

整个上六爻辞的意思是：其屋丰大豪华，其家门窗遮挡得严严实实，窥探其门户，却看不到有人进出，三年（多年）都不见人，会有凶祸之事。

这是说，建造了盛大豪华的房子，却多年都不住人，这是招致凶灾的事。建造大房而不住，本身是一种天大的浪费，不仅是暴殄天物的行为，而且耗费了大量人力，是一种极大的罪过。有罪则凶迟早会随之。再者，房子建好后长期不住，会逐渐腐掉，也是一种很大损失，亦为凶事之属。后世风水学以住房大小要与居住人口相应，房子太大，则阴气太盛而有凶。依此理论，大房空寂无人，亦为阴气盛而有凶。

又，建造盛大豪华的房子是丰大，遮挡关闭严实而无人入住是不亨，卦辞说丰而亨则勿忧，今丰而不亨，则必有忧而凶矣。

上六爻则从反面来讲明德丰大的重要。即是说，我们所要追求的是德的不断扩充与丰大，而不是贪图过分的享受，如果过分追求物质享受的奢侈或丰大，则其凶必至。

顺便指出，《周易》古经很可能是中国思想史上第一部明确谈到去蔽的著作。虽然《周易》古经所讲的去蔽并无多少哲学的意义，但它对后来荀子等提出哲学意义上的去蔽思想无疑是有重要启示作用的。例如：荀子甚至在其著作的《解蔽》篇中提到了与丰卦所描述的内容相似的夏桀、殷纣之蔽。其曰："昔人君之蔽者，夏桀、殷纣是也。桀蔽于末喜、斯观，而不知关龙逢，以惑其心而乱其行。纣蔽于妲己、飞廉，而不知微子启，以惑其心而乱其行。"由此可见，荀子的去蔽思想无疑是对《周易》古经去蔽思想的深化与发展。

还需注意者，本卦只是讲明德被遮蔽而没有显现出来而已，而不是直接讲完全失去了明德。后来由《中庸》等所开创的中国哲学人性论的已发和未发、已显和未显的重要和基本理论，似与此卦此一理路一脉相承，是此卦此一理路的哲学化改造和发扬光大。

退溪"礼缘仁情"中的易学思想

中国孔子基金会　彭彦华

退溪李滉（1501—1570）先生是有世界意义的文化名人，其影响之大之深，非同凡响。退溪被岭南人誉为"东方朱夫子"，李栗谷被畿湖人称为"东方圣人"，两人成为了李朝性理学的"双璧"、"两贤"。退溪是朝鲜李朝朱子学大家，他主张礼有因有革，有常有变。礼在践履中从俗、从宜、从权，而逐渐民族化，也即创新的过程，其基点是"缘仁情"而制礼。这一观点显然得益于退溪的易学思想。仔细阅读启明汉文学研究会编印刊行的《退溪学文献全集》之后，感受良深，深知退溪的易学是深刻的、高明的、全面的。

一

退溪看待一切学问都从是否有利于进修践履这一角度出发，所以他说论切于学者日用功夫。退溪学《易》、讲《易》、述《易》，完全是为了进修践履，按圣贤标准磨炼自己，绝不停留在音义句读的表面功夫上，也不做术数占卜之事。从未想以《易》成名，然而实际上他是没有易学专家之名的真正易学大家。退溪既继承朱子，又与朱子有所不同。

退溪学问以朱子为宗，自己曾明确宣称："朱子吾之师表也，非朱子之言不敢言，非朱子之行不敢行，而动静云为出处行藏唯晦庵是循。晦庵虽不得见，而晦庵之道在兹焉。"①（P472）在易学上大抵亦如此。朱子重

---

① ［韩］《退溪学文献全集》（十八）《溪山记善录》（下），启明汉文学研究会研究资料丛书，学民文化社，1991 年版。

视《太极图说》，退溪也重视。朱子尊重邵康节，退溪也尊重。朱子相信圣人据河图洛书画八卦，退溪也相信。朱子作《启蒙》，退溪潜心研究《启蒙》，作《启蒙传疑》。退溪易学得自朱子，继承朱子。

但是，退溪学贵自得，对《易》有自己的体悟，实际上对朱子的易学思想并未百分之百地继承过来，而是有所取舍，有所不同。

我们知道，朱子对伊川程子的《易传》持批评态度，因此才有《本义》之作。朱子尝言："《伊川易传》，又自是程氏之易也。"（P45）又言："某看康节易了，却看别人的不得。"①（P47）显然不满意程子《易传》。退溪二十岁读《易》，讲究其义，至于废寝忘食。究竟是读谁的《易》，退溪本人从未交代过，我们不知道。可以肯定当时退溪读的不是朱子的《本义》，因为退溪后来说："读《易》欲以《本义》为先，此亦从来所见如此。世儒虑及此者自少，虽或有之，皆牵于讲业而未果去取。则方其读时同于世儒之牵，及见得此意后，昏病不能读。主《本义》兼《程传》以还洁净精微之旧，正有望于高明之今日也。"②（P642）意谓他当年未曾读《本义》，现在昏病不能读，大有抱憾终生之意。至于对《程传》的态度，这里他既说"主《本义》兼《程传》"，就说明他很重视《程传》。有一次国王问："《程传》、《本义》何为先？"退溪竟如此回答："《易》之道明消长盈虚之理、进退语默之机不失乎时中也。占侯，《易》之末也。《程传》宜先。"③（P280）认为《易》，理是本，占是末，学《易》主要应当学《易》之理，以把握时中，占是极次要的。《程传》正是如此，所以主张学《易》宜以《程传》为先。这就与朱子不同。我们因此推测，退溪二十岁开始读的《周易》，可能是《程传》。

朱子不止一次地强调说："《易》本卜筮之书，后人以为止于卜筮，至王弼用老庄解后，人便只为理，而不以为卜筮，亦非。今人不看卦爻而看系辞，是犹不看刑统，而看刑统之序例也，安能晓。须以卜筮之书看之。"④

---

① 钱穆：《朱子新学案》第四册，《朱子语类》（卷六七），台湾三民书局1989年版。
② ［韩］《退溪学文献全集》（六），《退溪先生书节要》（卷六），启明汉文学研究会研究资料丛书，学民文化社，1991年版。
③ ［韩］《退溪学文献全集》（二十），《陶山及门诸贤录》（卷三），启明汉文学研究会研究资料丛书，学民文化社，1991年版。
④ 钱穆：《朱子新学案》（第四册），《朱子语类》（卷六六），台湾：三民书局，1989年版。

（P20）又说："近世言《易》者，直弃卜筮而虚谈义理，致文义牵强而无归宿，此弊久矣。要须先以卜筮占决之意求经文本义，而复以传释之。"①（P21）又说："《易》本为卜筮而作，其言皆依象数，以断吉凶。今其法已不传，诸儒之言象数者，例皆穿凿。言义理者又太汗漫，故其书为难读。此《本义》、《启蒙》所以作也。"②（P22）又说："读《易》之法，窃疑卦爻之词，本为卜筮者断吉凶，而因以训诫。至《彖》、《象》、《文言》之作，始因其吉凶训诫之意而推说其义理而明之。后人但见孔子所说义理，而不复推求文王、周公之本意，因鄙卜筮为不足言。"③（P28）又说："象数乃作《易》根本，卜筮乃其用处之实。"④（P35）又说："大抵《易》之书，本为卜筮而作，故其词必根于象数，而非圣人己意之所为。其所劝诫，亦以施诸筮得此卦此爻之人。近世言《易》者殊不知此，所以其说虽有义理而无情理。虽大儒先生在所不免。"⑤（P35）很明显，朱子的意思有三，第一，《易》本为卜筮而作，本为卜筮之书。第二，象数是作《易》之根本，《易》之实际用处是卜筮。鄙薄卜筮为不足言，是不对的。第三，卦爻辞本为卜筮者断吉凶而作。孔子《易传》因卦爻辞吉凶训诫之意而推说义理以明之。

今翻检《退溪学文献全集》，绝不见退溪有《易》本为卜筮而作、《易》本为卜筮之书的言论。退溪倒是非常肯定地说"《易》乃理数渊源之书"⑥（P618）。说《易》为理数渊源之书，与说《易》本为卜筮之书，有很大的差异。退溪是这样说的："《易》乃理数渊源之书，诚不可不读，但不如《语》、《孟》、《庸》、《学》之切于学者日用功夫。故先生或以为'非学之急其实莫及于究理尽性之学也。'所喻学不践履，虽有所知，奚贵？此真切至之言。读《易》时苟忽此意，浸与义理不相交涉而日远矣，

① 钱穆：《朱子新学案》（第四册），《朱子文集》（卷三），台湾：三民书局，1989 年版。
② 钱穆：《朱子新学案》（第四册），《朱子文集》（卷六十），台湾：三民书局，1989 年版。
③ 钱穆：《朱子新学案》（第四册），《朱子文集》（卷三三），台湾：三民书局，1989 年版。
④ 钱穆：《朱子新学案》（第四册），《朱子文集》（卷四五），台湾：三民书局，1989 年版。
⑤ 钱穆：《朱子新学案》（第四册），《朱子文集》（卷三八），台湾：三民书局，1989 年版。
⑥ ［韩］《退溪学文献全集》（六），《退溪先生书节要》（卷六），启明汉文学研究会研究资料丛书，学民文化社，1991 年版。

甚可惧也。"①（P618）退溪不仅在理论中如此，在实践上也是明确反对卜筮的。请看退溪先生关于卜筮的具体言行：

> 于占筮则日今也筮草不生，占室难立，不可以亵妄交神明，虽知其说、究其道，而一切不为。②（P479）
>
> 先生于卜筮之事，虽知其说，亦不喜为之。③（P420）
>
> 问巫觋邪妄岂可信哉！先生曰此言甚善，但不能穷理未必能保其不惑耳。④（P421）
>
> 巫觋祈祷之事，一切严禁不接门庭。⑤（P287）

可见退溪先生虽知卜筮之法，但是坚决不信卜筮，更不为卜筮。而且对于民间流行的用生辰八字测命之事亦深致质疑。他说："人之在母十月，形质心性靡不该具而后生出，是岂初受胞胎时五行未备，清浊粹驳寿命通塞之兆都未有定，至于生出日时俄顷之间方始来植袭人，都变换了他前所禀得底，以今所袭换者为此人贤愚贵贱修短之所定乎？似无此理。"⑥（P142）这就根本否定了以人出生之年、月、日、时之八字测人一生之命运的可信性。

退溪没有说过朱子"《易》本为卜筮之书"一说不对的话，但是从他只说"《易》是理数渊源之书"，强调《易》本有象数也有义理来看，他是不赞成朱子"《易》本为卜筮之书"这一论断的。

二

《周易》讲变化，变化必表现为过程；既是过程则必有时，时通过卦

---

① ［韩］《退溪学文献全集》（六），《退溪先生书节要》（卷六），启明汉文学研究会研究资料丛书，学民文化社，1991 年版。

② ［韩］《退溪学文献全集》（十八），《溪山记善录》启明汉文学研究会研究资料丛书，学民文化社，1991 年版。

③ 同上。

④ 同上。

⑤ 同上。

⑥ ［韩］《退溪学文献全集》（七），《李子粹语》（卷一），启明汉文学研究会研究资料丛书，学民文化社，1991 年版。

爻表现。六十四卦是个大过程,一卦即此大过程之一时。只一卦无所谓时。六爻成一卦,一卦是个小过程,一爻即此小过程之一时,只一爻也无所谓时,时在六十四卦和六爻的流行变动中显。故有"六位时成,时乘六龙"(《周易·干·象传》)和"卦者时也,爻者适时之变者也"①(P604)之说。客观世界的运动变化以"时"的形式表现出来,反映到人的头脑就是"时"的观念,所以《周易》很重"时"。《周易》是讲变化的书,讲变化就是讲时。六十四卦三百八十四爻其实是把客观世界做时间上的划分。一卦即一时,干是干之时,坤是坤之时,屯是屯之时,蒙是蒙之时。一时之中又有变动,故有初、二、三、四、五、上六爻,各为一时之中的一个点。时是世界变化的客观形式,也是人的意识,人的关于变化的观念。毋宁说"时"是《周易》赖以产生的认识论基础。《周易》贵中贵正更贵时。中与正说到底都可以归到时上。可以说,时的观念是《周易》哲学的中心观念。《周易》六爻当位为好,居二五之中为最好。这是因为当位居中恰是变而通之时。表现在自然界是阴阳调谐,刚柔和顺,一切全无窒碍。推及人事,是关系顺遂,行为合宜,处处不见抵牾。就人事而言,行为合乎时宜是中,故孔子时、中连言,讲"君子而时中也"(《中庸》)。时中,究其极,就是中。中是《周易》哲学精神的一大特色。它源自尧舜。尧禅位与舜,舜与禹,皆交代"允执其中"一句话(《论语·尧曰》)。至孔子、孟子而发扬光大。

孟子以权喻中,最为明通。他说:"可以速而速,可以久而久,可以处而处,可以仕而仕,孔子也。"这话等于说,孔子这个人最大的特点是一个"时"字。孟子接着说:"伯夷,圣之清者也。伊尹,圣之任者也。柳下惠,圣之和者也。孔子,圣之时者也。"(《孟子·万章下》)这话等于说,在诸多圣人中,他人的长处皆在一偏,唯孔子适时而变,不拘一偏。作为一个圣人,孔子之高明处也是与别的圣人不同处就在一个"时"字。孟子在答弟子问伯夷、伊尹、孔子之同的时候说:"得百里之地而君之,皆能以朝诸侯,有天下。行一不义,杀一不辜,而得天下,皆不为也,是则同。"(《孟子·公孙丑上》)伯夷、伊尹、孔子三人"行一不义,杀一不辜,皆不为也",意谓仁义是三人共同之处。孔子之伟大、高

---

① 楼宇烈:《王弼集校释》,中华书局,1980年版。

明之处不在仁义而在时。仁义，伯夷、伊尹都能做到，而时则唯孔子能行。孔子讲"无可无不可"（《论语·微子》）和"过犹不及"（《论语·先进》），是中之确解。前句指示做事要因时制宜，把握时机。后句指示因时制宜之后，行动起来还要把握分寸，使无不及亦无过。

《周易》强调积极的人生应该既不逃避现实也不做现实中的被动者，要认识并把握客观世界，像孔子那样做到"知天命"，"耳顺"，"从心所欲不逾矩"，实现主客观统一的目标。所以《周易》贵时，贵时的用意显然是指示人们把握、适应变化中的客观世界，以便在大自然和社会的制约中获得尽可能多的自由。孔子懂辩证法，善于用变化的眼光看世界，因而极重时的问题，因时制宜是他说话做事看人的重要标准。孔子总是根据时变，根据客观世界的现实状况决定自己行动的方向，最善于使自己的主观世界同客观世界统一起来。子思作《中庸》，发挥《周易》中哲学，创"中和"概念，以喜怒哀乐之未发喻中，发而皆中节喻和，谓中为天下之大本，和为天下之达道，尤具理论意义。这等于"中"概念被施用于本体和现象界，未发而真实存有的中称中，犹如本体。已发亦真实存有的中称和，犹如现象界。中与和其实是一，不是二。由此可见《周易》和《中庸》不把本体与现象分开对待。退溪体悟《易》理至深至精，融贯胸中，随时拈来便用。在为学之法上，退溪一重读书二重践履。读书为践履，践履本于读书，两者决不偏废。他读《周易》当然也落实到日用践履上。即占卜邪妄之术一切不为，则于《易》必钻研体究、融会贯通义理以用于德行进修、日用践履无疑。

《易》贵时中，退溪对《易》时中之义体会至深。其答闵判书箕书曰："可进而进，以进为恭；可不进而不进，以不进为恭。可之所在即恭之所在。"丁若镛《陶山私淑录》评论说："此如孟子所云'莫如我敬主也，可之所在即恭之所在'一语。此正君子时中之义，秤量至精，移易不得，一生当念念不忘者也。"①（P109）

退溪总结自己一生进退的经验说："凡所以求合于古人之道者，恒由于退身而辄乖于致身。正如鲁男子所谓以吾之不可学柳下惠之可，岂不然

①　[韩]《退溪学文献全集》（二十三），丁若镛：《陶山私淑录》，启明汉文学研究会研究资料丛书，学民文化社，1991年版。

哉！盖义之所在，随时随人变动不居。在诸公则进为义，欲使之为我所为，不可也。在我则退为义，欲使之为诸公所为，亦不可也。"① （P408）

退溪就特殊情况下处理问题的办法说："凡事到无可奈何处，无恰好道理，则不得已择其次者而从之，乃所为权，亦此时所当止之处也。"② （P336）

退溪又说："凡吾这显晦语默不可不随时消息以善身也。"③ （P338）又说："尧舜君民虽君子之志，岂有不度时不量力而可以有为者乎！"④ （P33）又对大王殿下问说："《易》之道明消长盈虚之理，进退语默之机，不失乎时中也。"⑤ （P280）

《系辞下》："不可为典要，唯变所适。"《论语·微子》："无可无不可。"《孟子·离娄下》："唯义所在。"都是《易》的时中之义，退溪体悟可谓至精，且身体力行之。这集中体现在退溪礼缘仁情的思想中。

三

退溪承继朱学，而又有所创新。他主张礼有因有革，有常有变。"昏礼颓废，世无行之者。丁卯因朴櫄之来。始仿古礼为婿妇礼见仪，然恐其有骇于闻见，不能尽从古礼。不数年京乡士大夫昏嫁之时，不独行此礼见之仪，往往直行古礼，究其所以则盖权舆于此也。"⑥ （P218）婚礼尽从与不尽从古礼，因时因习而变，若不变而守常因循，则不合时宜和习俗。这是因为"《周礼》恐其大繁密，难施行也"的缘故。既不能施行，就需要改革，这也是基于"《仪礼》经传犹有所未备，不可备信而断事，世间

---

① ［韩］《退溪学文献全集》（五），《退溪先生书节要》（卷四），启明汉文学研究会研究资料丛书，学民文化社，1991年版。

② ［韩］《退溪学文献全集》（七），《李子粹语》（卷三），启明汉文学研究会研究资料丛书，学民文化社，1991年版。

③ 同上。

④ 同上。

⑤ ［韩］《退溪学文献全集》（二十），《陶山及门诸贤录》（卷三），启明汉文学研究会研究资料丛书，学民文化社，1991年版。

⑥ 《增补退溪全书》（四），成均馆大学校，大东文化研究院，1985。

杂书亦不可不看，以相参验去取也"①（P270）。退溪继承朱熹等两宋理学家"六经注我"义理解经思想的影响，打破汉唐以来"疏不破注"思想的束缚，提出不可偏信《仪礼》经传断事，而应该参验世间杂书来去取，充分体现他因时而变而革的思想。

退溪认为，对礼的因与革、常与变、取与舍，既要慎重，不要任意而变，也不一定"今制"就是合理的，"国制"就是合宜的；又要重视变革，在变革中使古礼与韩民族的社会习惯礼俗、生活方式相结合，适合于韩民族的需要，换言之即韩化。他指出，礼是符合于现实社会需要的，具有现代价值，应遵循古礼。"闻蒙儿（安道小字阿蒙）尚居宿于内。《礼》云：'男子十年出就外传，居宿于外'。今此儿已十三四岁，尚未出外可乎！闻巫女出入，此事甚害家法。"②（P222）礼之内外之分，是与当时社会伦理、生活方式相关联的，是相因的常礼，不可违背。尽管退溪注重礼在当时社会的变化和运用，但也并不认为"今制"都是合理的。"问改葬服缌麻三月古礼也，七日今制也。今之改葬父母而为之服者以古乎？以今乎？曰：'以今似非'。"③（P222）应该根据古礼，改葬服缌麻三月。不仅"今制"，即使"国制"，也不一定合理。譬如"问《家礼》不论公卿、大夫、士而并许祭四代，但国制则六品以上祭三代，七品以下祭二代，如此之礼何以处之？"先生曰："国制如此，虽曰不敢违，然孝子慈孙依古礼，断然行之，则岂有不可。……至于国制七品以下祭二代之说，尤所难行，在七品以下时虽祭二代，而秩跻六品则应祭三代，此时固可追造神主乎？且六品以上得祭三代，而或因罪削官，则并与曾祖神主而毁之乎？一造一毁，一视子孙爵秩之高下，宁有是理，此殊不可晓。"④（P223）国制对《家礼》这种依子孙爵秩高下的规定，给实行《家礼》带来很多困难和"一造一毁"的尴尬局面。

礼的韩民族化，即礼在践履中从俗、从宜、从权。退溪与子寯信中说："丧主于哀。每事考《家礼》兼问时俗通行之宜，勉力操心，勿取讥

---

① 《增补退溪全书》（五），成均馆大学校，大东文化研究院，1985 年版。
② 《增补退溪全书》（四），成均馆大学校，大东文化研究院，1985 年版。
③ 同上。
④ 同上。

议于人，至可至可。"①（P220—221）所谓"时俗通行之宜"，他举例说："今京中士大夫丧礼虽未尽合礼，亦多可观。汝等若不及于古而又取讥于今，则其何以立身乎！"②（P220—221）从时俗、从行宜，使礼在践履中得到完善和走向民族化。退溪又与子书中说："汝有非轻之病，不可固执，况疟疾本因脾胃受病而作，今送干晡数脡，令汝从权开素，汝不可违吾闷恳之意。今日即用肉汁，虽开素仍带经带不妨，但不可对人饮食或与众坐，当有饮食之事则起避之，此非饰伪，讳食而然，乃自贬以示不敢齿人之意也，盖为病开素，不得已从权故耳。"③（P221）服丧期间应食素，这是礼，但恰遇生病须食肉，只得开素而从权变，可见，易学时中思想在民族化过程中得到灵活运用。

礼的韩民族化过程，亦是其创造的过程。创造就是在以往礼的损益中转化出新的礼如："'问葬后考妣合祭。'曰：丧有先后，则吉凶有异，不可更援已吉之主而混祭。今世之俗葬后必合祭，此礼古所未有也。"④（P222）礼的创造不是简单地从"今世之俗"或迎合"今世之俗"，而是视其是否具有其现实合理性和合法性。譬如"祭时当立，据礼文无疑。但对国俗生时子弟无侍立之礼，祭时不能尽如古礼，如墓祭、忌祭皆循俗为之，惟于时祭则三献以前，皆立侑食后乃坐，此家间所行之礼也，未知令意如何？"⑤（P4560）韩民族习俗无侍立之礼，可以按习俗来践履，这就是与古礼的不同之处。又如退溪答问："'丧三年不祭礼也，朱子独废此一事，恐有未安之论，尤有以合今之宜，得礼之正，卒哭之后当依朱子之说，行之可也。但我国俗，本不制墨衰出入，只有丧服，著衰入家庙，既云不可，况服所谓丧服而行祭于庙乎？坐此废祭尤未安，其有不悖礼而可以行之者乎？为此俗追制墨衰以为庙祭之服，则既有丧服，又有墨衰事涉繁乱，当如何而可也？'答曰：'今制未有墨衰，恐未易论至此也，或只用白衣，无妨；但对冠带用纯白以祭，亦极未安，权用玉色，未知何

① 《增补退溪全书》（四），成均馆大学校，大东文化研究院，1985年版。

② 同上。

③ 同上。

④ 同上。

⑤ ［韩］《退溪学文献全集》（九），启明汉文学研究会研究资料丛书，学民文化社，1991年版。

如？或令子弟代行亦可。'"①（P4352）依"今制"不制墨衰，而用白衣，冠带用玉色，这是可行的，是从时俗、从行宜。改造已有之礼，使之符合民族的国俗；再者把循俗与中国之礼融合起来，也是一种创造的形式。"问：'中国人家皆有正寝，故告请神主，有出就正寝之文，我国之人无正寝而袭称正寝，颇为未安，今俗改称正堂，不知可否？'答：'正寝谓前堂，今人以家间设祭接宾处通谓之正寝。"②（P4565）正寝不必改为正堂，正寝就是前堂，使今俗与正寝结合，以前堂设祭接宾处为正寝。

礼的民族化创造的基本点是"缘仁情"，即缘韩民族之人情。"既曰朔望奠，则固当不比于朝夕之略，世俗所为，合于高氏礼，斯为得之。朱子谓如朝奠仪者，谓只一献无其他，三献节文耳。非谓设馔只如朝奠也，但礼缘仁情，设馔有加于朝夕而只献一杯，近于欠略。"③（P4493）退溪认为礼缘仁情，即人的情感。这是制定礼的出发点。朱熹讲朝奠仪只献一杯，近于欠略，在仁情上过不去，所以作了新的变化。这也体现了礼的"与时偕行"。问"华藻之荐，篚篹之用，古人所尚，而朱子之时已不能复，今之时又与朱子时不同，何时？"退溪曰："温公《书仪》已不能尽依古，朱子《家礼》的古礼，《书仪》而又简于《书仪》，今俗又异于朱子时，安得一一依得。"④（P4177）礼依时代的变化而变化，司马光的《书仪》，已不泥于古礼，朱熹的《家礼》又酌古礼和《书仪》，比《书仪》又简易，韩国的今俗异于朱子，所以不必都依朱子之礼。这也是礼的民族化创造的依据——"与时偕行"。

退溪先生是醇儒，其贯通礼仪，纵横深究，无可比者。退溪一生所为乃性理之学，圣贤之学，别无旁骛。其为学的规模甚大，"宁学圣人而不至，不欲以一艺一行成名"⑤（P181），素以"学不践履，虽有所知，奚

---

① ［韩］《退溪学文献全集》（九），《启明汉文学研究会研究资料丛书》，学民文化社，1991 年版。

② 同上。

③ 同上。

④ 同上。

⑤ ［韩］《退溪学文献全集》（七），《李子粹语》（卷一）《启明汉文学研究会研究资料丛书》，学民文化社，1991 年版。

贵"①（P201）自励。学问之重点在"四书"和《心经》，而重点之重点在于持敬进修，反躬践履。然而于易学功夫极深，至熟至精。《荀子·大略》说："善为《易》者不占。"即是认为真正懂《易》的人是不用卜筮的，直接用《易》的卦和辞认识世界，指导行动，退溪恰是善为《易》的人。

---

① ［韩］《退溪学文献全集》（七），《李子粹语》（卷二），《启明汉文学研究会研究资料丛书》，学民文化社，1991 年版。

全球视野下儒学的当代价值与未来展望

——第二届"中韩儒学交流大会"的探索

石永之　孙聚友

《光明日报》（2015 年 10 月 12 日 07 版）

2014 年 7 月，中华人民共和国国家主席习近平在访问韩国期间，与韩国总统朴槿惠达成共识，双方共同商定努力将中韩人文交流共同委员会机制打造成为加强两国人文纽带的重要平台，并对外发布了《2014 年中韩人文交流共同委员会交流合作项目名录》。其中，"中韩儒学交流大会"是合作项目之一。

为落实中韩两国元首就人文交流达成的共识，中国外交部将"中韩儒学交流大会"的中方事宜交由山东省人民政府外事办公室负责，山东省人民政府指定山东社会科学院具体承办；韩国外交部将"中韩儒学交流大会"的韩方事宜交由驻青岛总领事馆负责，韩国国立安东大学孔子学院具体承办。在中韩双方的共同努力下，2014 年 8 月，首届"中韩儒学交流大会"在山东济南成功举行，取得很好的社会反响。同时，山东社会科学院和韩国国立安东大学还分别成立了"中韩儒家文化研究中心"和"韩中儒教文化研究中心"。

2015 年，"中韩儒学交流大会"再次被列为中韩人文交流共同委员会交流合作项目之一。8 月 17 日，由山东社会科学院、中国孔子基金会、中国孔子研究院、韩国国立安东大学、韩国国学振兴院、韩国大邱教育大学共同主办，山东社会科学院国际儒学研究与交流中心、韩国国立安东大学孔子学院等共同承办的第二届"中韩儒学交流大会"在山东济南召开。来自中国社会科学院、中国孔子基金会、中国孔子研究院、北京大学、复旦大学、中国人民大学、武汉大学、山东大学、华东师范大学、山东社会科学院以及韩国国立安东大学、韩国国学振兴院、韩国大邱教育大学等高校和研究机构的 60 多位儒学研究专家学者，围绕"中韩儒学比较与发展"的主题，就儒学的当代价值和意义、儒学与社会主义核心价值观、儒家治国理政思想的现代意义、儒家思想与道德建设、儒学在东亚的传播、儒学的未来发展等议题，进行了深入广泛的交流探讨。

儒学的当代价值和意义

儒学是人类文明的宝贵财富。在两千多年的历史发展中，在对自然、社会和人生等的认识实践中，儒学形成了许多富有哲理的深邃思想，发挥了广泛而显著的社会功能，对中华民族、东亚乃至整个人类的进步与发展都有不同程度的影响。当今时代，作为人类优秀传统文化思想资源的儒学具有怎样的价值和意义？就此问题，与会代表发表了自己的观点。山东省政协原副主席、山东师范大学齐鲁文化研究院院长王志民指出，儒学所彰显的"天下为公"的人文之道，所崇尚的"明道救世"的价值取向，积淀着人类最深沉的精神追求，具有超越时空的普遍指导意义。结合中韩两国历史与现实的发展来研究儒学，不仅能够揭示儒学所发挥的具体社会作用，而且能够针对全球化时代人们普遍关注的社会问题，探寻出儒学的现实价值。山东社会科学院党委书记唐洲雁指出，两千多年来，儒学由邹鲁之地走向中华大地，又由中国走向东亚，由东亚走向世界，在不同的时间、不同的地域、不同的国家呈现出不同的样态，对人类文明进步作出了重大贡献。作为中国传统文化的重要组成部分，儒学蕴藏着丰富而深刻的治国理政、道德建设的思想，反映了中华民族对道德完善和社会进步的精神追求和理性探索，对于解决当代人类社会面临的难题，有着重要而深刻的现实启示。探讨儒学的当代价值，应从不同的国情出发，研究儒学的历史作用，探讨儒学的转换和发展，加强儒学研究的交流。山东社会科学院院长张述存认为，儒家思想在古代社会对中韩两国文化传统的发生、发展起到了支撑作用，也对当今社会有着重要影响。在加大中韩两国经济交往的同时，全方位促进两国人文交流，特别是加强儒学研究，实现儒家文明的创造性转化和创新性发展，发挥儒家优秀思想在当代社会中应有的引领作用、教化作用、凝聚作用和导向作用，对中韩两国乃至整个世界的未来发展，有着极其重大的理论意义和实践价值。韩国驻青岛总领事馆总领事李寿尊认为，历史上，儒学在韩中两国产生了很大的影响，今天依然发挥着巨大的影响力。韩国之所以在产业发展与经济复兴方面取得了巨大成就，正是因为深入韩国国民日常生活的儒家精神所缔造的强大精神力量。今天，中韩两国在经济合作的同时，应进一步提高合作层次，开展包括教育、文化等人文交流在内的全方位合作。中韩两国关系应在两国人民共同拥有的儒学精神价值的基础上，共同深化发展。

培育和践行社会主义核心价值观是当今中国的热点话题。华东师范大学哲学系教授陈卫平对历史上儒学在建构和培育核心价值观过程中的做法和经验进行了总结和反思，认为至少有三点历史经验值得参考和借鉴：第一，理论上，核心价值观既要有不同层面，又要有贯彻不同层面的本体依据。儒家"五常之道"（仁义礼智信）作为传统社会的核心价值观，即包含了国家、社会和个人三个层面的内容，而这三个层面作为有机的整体，最后皆归本于"仁"。第二，制度上，核心价值观的形成有赖于制度化的建构。历史上，儒学价值观作为传统的主流价值观，即是通过确立礼仪制度来实现的。第三，文化上，要围绕核心价值观建构一套合适的话语体系。清代《四库全书》作为核心价值观话语体系的构建颇具代表性，即坚守基本价值和多元包容相结合，坚守基本价值和对接历史相结合，坚守基本价值和艺术形象相结合。

儒学的创新与发展离不开现实文化语境，当前我们面临的时代问题在于如何实现马克思主义、中国传统文化和西方文化传统三者之间的相互融合。武汉大学哲学学院院长吴根友从知识与思想两个维度给出建议。他认为，从知识的视野说，中、西、马之间相互吸收，又各自发展。就思想的视野说，分别有三个内容，即"新仁学"、自由意志和社会"实践"观念。"新仁学"是以传统的"仁学"思想为依托，吸收现代西方的新人道思想尤其是马克思主义的人学思想内容，而形成的适合当代社会发展的仁学思想；承认自由意志，则是现代西方文化贡献于人类的最有价值的思想遗产，也是现代伦理学、法哲学的思想原点；马克思主义的社会"实践"概念不仅内在地包含传统文化道德实践的内容，而且远比道德实践的内涵丰富得多。两种"实践"观念交融在一起，可以丰富我们对社会"实践"观念的理解，进而也为思想的创新、创造与发展提供更加广阔、更加丰富的生活资源。

针对儒学与现代化的关系，山东大学儒学高等研究院教授黄玉顺认为，儒学本然地蕴含着现代性。儒学的现代性不仅源于中国社会的现代转型，更是基于儒学自身的基本原理，即"仁·义·礼"的理论建构。这个原理要求根据正义原则（义）——包括超越差等之爱而追求一体之仁的正当性原则和顺应特定时代的基本生活方式的适应性原则——来"损益"即变革社会规范及其制度（礼），即儒学自身的基本原理决定了儒学本身就是一个活的、开放的体系，本身就具有自我更新的机能。就儒学与东亚现代化的关系，北京大学中国文化研究中心教授李翔海认为，儒学是形成东亚式现代化道路特质的重要原因。儒学不仅可以提供不同于基督教文化的精神动力，而且在维持社会的持续发展、保持社会横向关系的和谐平衡以及在微观经济管理方面，提供了独具特色的思想资源。

当下的儒家文化复兴是在经济全球化背景下展开的。复旦大学哲学系教授林宏星认为，"儒家文化的复兴"必须放在"全球化"的背景下来进行，"全球化"既可以理解为一种事实，也应该理解为一种精神。"复兴"传统文化要在"全球化"的架构和视野下对此传统文化的价值作一切己的自我认识。对于传统（儒家）文化而言，在"全球化"的背景下，惟其认识自己，克服自己，才能超越自己，以获得新的生命活力。

针对资本主义生活方式所暴露出来的种种弊端，韩国安东大学教授尹天根指出，现代资本主义社会把人变成了纯粹的经济动物，人失去了其应有的幸福和满足。源于西方的资本主义并不是人类选择的最终生活方式，现代生活有必要接受儒家传统的调整，让人类在追求内在而不是外在价值的过程中获得那份属于人的愉悦和富足。在展望人类未来的时候，把生活从资本主义利益博弈的战场中抽出来，让儒学进入我们的生活，用儒家人性化的道德文化重构我们的生活方式。

治国理政与道德建设

道德建设与治国理政，按照中国文化的传统话语讲就是内圣与外王。如何重新解释内圣与外王的关系，如何重开新内圣、发展新外王？山东社会科学院国际儒学研究与交流中心副主任石永之认为，传统的内圣外王应用于皇权时代的家族社会，当今时代，民权取代皇权，家族日益消亡，应以家庭伦理和规则伦理取代家族伦理，并以新儒学补救信仰缺失之弊端，此为儒家新内圣。新外王的民主政治以仁爱共识为基础，首先是天下主义，其次是平等自由主义。儒家内圣外王的新连接应该回到儒家的源头活水处，合孟荀，折衷于孔子，其思想结构就是：仁爱、平等、自由。与石永之对内圣与外王全盘照接，又全部重新解释有所不同，山东社会科学院国际儒学研究与交流中心研究员路德斌认为，儒家"内圣外王"之道并非只是一种政治的理想与设计，在过去的夏、商、周时期，尤其在有信史可据的周朝，作为一种治道模式，它确确实实在现实政治中运作过，并在很大程度上实现过。这也是孔、孟儒家对"内圣外王"之道崇信不疑的根据。而按照荀子的思考，在国家治理层面，治道的根本只有一个，那就是"礼义法度"。但在中国的基层社会，"内圣外王"依然切实有效，这种思想在今天依然具有借鉴意义。

针对儒家治国理政思想中法治和德治的关系问题，中国孔子研究院院长杨朝明指出，在儒家的价值体系中，"道"是最高的价值诉求，"德"则是行为的准则和规范。而就治国理政来说，德法并用，德法统一，是儒学一贯的治道理念。"夫德法者，御民之具，犹御马之有衔勒也。"治国如御马，御马必有衔勒，治国必以德法。

韩国忠南大学教授李镇卿指出，儒家思想作为政治原理之所以能够在历史上主导东亚的社会和历史，主要原因就在于儒家的治道理念是一个开放的、二元互补的结构。道德与功利、德礼与法刑、君权与臣权等，既是对立的，又是互补的，既是稳定的，又有与时俱进的灵活性。这对于现代社会治国理政思想的发展具有重要的理论意义。

中国学术界近年来对儒家正义论的关注和研究引起了韩国学者的共鸣和回应。韩国弘益大学教授朴星奎特别研究了孔子的正名思想。他指出，"正符合事实之名"是孔子正名论的第一要义，这就是孔子说的"君君、臣臣、父父、子子"，即A有A的样子，这表明，"正义"这个词只有针对名副其实的事情才能说是正义的。无道的社会总是根据权力和金钱随意定名，这必然名不副实，这样的社会就会混乱。韩国国立安东大学孔子学院韩中儒教文化研究中心专任研究员李承模通过自己对"正义"观念的考察以及东西方正义观的比较，指出儒家以"仁"为人之安宅、以"义"

为人之正路的正义观与西方传统的正义观不同。如果说西方的"正义"是以"我"为中心，那么孔子的"正义"就是以"我们"也即以"人类"为中心。只有以"人类"为中心、珍视人类生命的社会才是正义的社会。

学者们就儒家思想与当今社会道德建设的关系进行了深入探讨。山东社会科学院国际儒学研究与交流中心主任孙聚友认为，基于儒家思想对人的存在完善的认识出发，以"和而不同"为基本精神、以"己所不欲，勿施于人"为基本原则的儒家和谐观，是和谐社会秩序建构、和谐经济关系确立、和谐身心关系实现的重要指导原则和实践方法。

中国人民大学哲学院教授温海明认为，孟子心性论在儒家发展的大多数时期是、今天仍然是把古老的儒家地域性伦理发展成为全球性伦理的根本缘发动力，但有必要对孟子心性论做当代哲学与宗教性的双重建构。在哲学上，孟子的心性论需要从一个动态的缘发关系型状态加以重构，从而能够立足当代儒家社会现实与西方哲学对话；在宗教上，孟子心性的宗教性深度和广度需要在西方宗教性维度的对照下得到确定，从而在中国当代社会的宗教性重构当中成为根本性的宗教精神原点。这也就是说，在经济全球化的今天，通过哲学与宗教性的双重建构，儒家的修身养性思想是将儒家地域性传统伦理发展成为具有全球伦理意义的重要动力资源。

在近现代西方的自由主义思潮中，共同体主义（或者叫作社群主义）是在批判个人主义的极端唯我论的情况下出现的，但对于什么是共同体，西方学界内部存在分歧，东西方学界对这个概念的理解差异更大。韩国学者在交流中对东西方"共同体"概念进行了深入探讨。韩国国学振兴院首席研究委员金钟锡认为，把儒学思想原原本本地照搬到现代是不可行的。在现代社会，儒学之所以被重视，之所以仍然被反复讨论，是因为共同体的问题——如何共同生活，这是人类始终要面对和处理的重要问题，而"共同体"论正是儒学的核心内容和价值所在。儒学的"共同体"思想可以表述为"为道德原理的自我献身"。他通过对张载《西铭》以及李退溪《西铭考证讲义》两个文本中所蕴含的儒家"共同体"思想的诠释，指出儒家思想为人类共同体的存在和发展提供了一套本体层面的基本原理和实践层面的关系原则，这是儒家思想对现代社会的重要贡献。韩国大邱教育大学教授张闰洙具体梳理了"共同体"的概念，指出儒家"共同体"

大体由三个部分组成，即由父母和子女结合而成的自然共同体——家，由老师和学生结合而成的学问共同体，由乡村扩展至国家而形成的乡、国共同体。他指出，儒家的"礼"有三个层面即家礼、学礼、乡礼或国朝礼，这三个层面的礼在传统社会中为维护共同体的存在都发挥了不可替代的作用，但在今天同样面临着新的课题，需要加以改变。他认为，以"敬"为本质和精神的"礼"具有根本原理（体）的"不变性"和仪礼形式（用）的"可变性"，在探索和制定适时之礼的过程中，要尊重不同习俗下的"礼"的多样性及其文化和历史，避免陷入"自我文化中心主义"。这就是说，可以在仪礼形式即礼之用的层面，接纳不同形式的礼及其背后的历史和文化。

《周易》古经乃群经之首、大道之源。专家们就易经与中韩两国儒学的关系进行了深入细致的研究。山东大学周易研究中心教授李尚信小中见大，通过对《丰》卦详细而具体的研究，提出《丰》卦的主题是讲明德之丰，爻辞围绕明德之丰而展开，明德有被遮蔽的时候，当明德被遮蔽后，其丰大之明德有一个从被遮蔽到重新复显的过程。古人倡导的是明德之丰大，而不是物质享受的奢侈或丰大。《周易》古经很可能是中国思想史上第一部明确谈到去蔽的著作，荀子的去蔽思想无疑是对《周易》古经去蔽思想的深化与发展。《丰》卦讲明德与《大学》的明明德有显而易见的联系，而《丰》卦讲明德被遮蔽而不是完全消失，此一理路为《中庸》所继承并发扬光大，而开显出中国哲学人性论的已发和未发、已显和未显的重要和基本理论。

李退溪是韩国儒学的代表人物之一，中韩两国学者有多篇论文论及李退溪先生的性理学思想。就《易》经与韩国大儒李退溪思想之间的关系，中国孔子基金会教授彭彦华认为，李退溪学《易》讲《易》述《易》，完全是为了进修践履。李退溪既继承朱子，又与朱子有所不同。他认为"《易》乃理数渊源之书。"李退溪对《周易》的时中之义体悟甚为精到，而且身体力行。他主张礼有因革损益，有常有变，礼在生活实践中应当从俗、从宜、从权，其基点是"缘仁情"。

综上所述，儒家思想蕴含着人类达于至善的丰厚滋养，需要我们以笃守善道的历史责任感和执道弘毅的现实使命感，深入研究和努力弘扬儒家思想，推动儒家思想的国际研究和创新发展。今天的人们既享受着现代化、全球化带来的种种便利，又承受着与之相伴随的种种艰苦与磨难，儒学也许可以为克服这些艰苦与磨难提供有益的帮助。可以说，第二届"中韩儒学交流大会"的召开是落实两国元首的共识，也是顺应时势人心的举措，既促进了儒家思想的进一步深入研究，又极大地推动了中韩两国的人文交流进一步走向深远未来。

（作者单位：山东社会科学院国际儒学研究与交流中心）

后　记

2014 年 7 月，国家主席习近平在访问韩国时，同韩国总统朴槿惠就加强两国人文纽带、推动人文交流达成共识，两国元首商定共同努力将中韩人文交流共同委员会机制打造成为加强两国人文纽带的重要平台，并对外发布了《2014 年中韩人文交流共同委员会交流合作项目名录》，其中，"中韩儒学交流大会"是合作项目之一。主办单位：中方为山东省人民政府，韩方为韩国外交部、韩国驻青岛总领馆。2015 年，"中韩儒学交流大会"再次被列入《2015 年中韩人文交流共同委员会交流合作项目名录》。为了落实两国元首的决定，完成"中韩儒学交流大会"的合作项目，在中韩双方的共同努力下，在山东省人民政府外事办公室和韩国驻青岛总领事馆的直接指导下，由山东社会科学院和韩国国立安东大学联合中国孔子基金会、中国孔子研究院、韩国国学振兴院等单位主办，山东社会科学院国际儒学研究与交流中心和韩国国立安东大学孔子学院具体承办，"中韩儒学交流大会"分别于 2014 年 8 月和 2015 年 8 月在山东省济南市成功举办两届。《全球视野下儒学的当代价值与未来展望》一书，即是两届"中韩儒学交流大会"的论文结集。

作为《中韩人文交流共同委员会交流合作项目名录》之一，两届"中韩儒学交流大会"得到了中韩人文交流共同委员会、国际儒学联合会、中国孔子基金会、中国孔子研究院、山东省人民政府外事办公室、韩国驻青岛总领事馆等相关单位的鼎力支援，也得到了《经济日报》社、《光明日报》编辑部、《大众日报》社等媒体的大力支持。特别是韩国国立安东大学大学院院长李润和先生，30 年来为中韩儒学的研究与交流作出了重要贡献，为两届会议的成功举办付出了大量心血。在此，谨对以上单位和个人，表示衷心感谢！

　　两届"中韩儒学交流大会"期间，来自北京大学、复旦大学、中国人民大学、国际儒学联合会、中国社会科学院、中国孔子基金会、中国孔子研究院、武汉大学、华东师范大学、山东大学、山东社会科学院以及韩国成均馆大学、韩国国立安东大学、韩国国学振兴院、韩国大邱教育大学等机构的专家学者，围绕着中韩儒学的比较与发展、儒学的传承和创新，就儒学的当代价值和意义、儒学与社会主义核心价值观、儒家治国理政思想的现代意义、儒家思想与道德建设、儒学在东亚的传播、儒学的未来发展等议题，进行了深入广泛的交流探讨，在推动儒学思想的创造性转化和创新性发展上，取得了新的突破。

　　《全球视野下儒学的当代价值与未来展望》一书，是山东社会科学院创新工程重大支撑项目。山东社会科学院国际儒学研究与交流中心《国际儒学论丛》编辑部对韩方论文进行了中文编辑校对，编辑部主编李军为本书的编校做了大量工作。全书由孙聚友、石永之编辑成册。

　　本书的出版，得到了山东社会科学院和韩国驻青岛总领事馆的大力支持。中国社会科学出版社以及责任编辑冯春凤女士，为本书的顺利出版付出了辛勤劳动。在此，谨表示衷心感谢！

编者
2015 年 10 月